本书由浙大城市学院资助，
为浙大城市学院科研成果

古希腊罗马哲学原典集成

主编 王晓朝

斐洛全集

上卷

[古罗马] 斐洛 著 王晓朝 译

人民出版社

"古希腊罗马哲学原典集成"
丛书要目

第 1 册

《苏格拉底以前的哲学家残篇汇编》

《色诺芬哲学著作选》

第 2—4 册

《柏拉图全集》

第 5—8 册

《亚里士多德全集》

第 9 册

《伊壁鸠鲁学派著作残篇汇编》

《斯多亚学派著作残篇汇编》

《学园派著作残篇汇编》

《物性论》（卢克莱修）

《塞克斯都·恩披里柯著作集》

第 10—12 册

《斐洛全集》

第 13—17 册

《西塞罗全集》

第 18 册

《古代诺斯替主义经典文集》

第 19—20 册

《普罗塔克哲学著作集》

第 21 册

《哲学文集》（琉善）

《沉思录》（马可·奥勒留）

《爱比克泰德著作集》

《神学要义》（普罗克洛）

《论风格》（德米特里）

第 22 册

《塞涅卡哲学著作集》

第 23 册

《九章集》（普罗提诺）

"古希腊罗马哲学原典集成"
丛 书 总 序

　　古希腊罗马哲学诞生于世界文明发展史上的"轴心时代"。它历时久远，学者众多，流派纷呈，典籍丰盛，诚为世界古代文明之瑰宝。从人类思想史来看，古希腊罗马哲学是整个西方哲学的源头和初始阶段。"在希腊哲学的多种多样的形式中，差不多可以找到以后各种观点的胚胎和萌芽。"（恩格斯语）20世纪初，古希腊罗马哲学大量传入中国，成为中国现代学术的一个重要研究领域，成为中国现代哲学发展的重要思想资源。改革开放以来，中国的古希腊罗马哲学研究者坚持翻译与研究并重，译介了大量原典，促进了研究的深入，经典诠释和文本解读成为古希腊罗马哲学研究的重要方法。

　　古希腊罗马哲学研究在原杭州大学和四校合并以后的浙江大学有着悠久的历史和光荣的传统。严群先生（1907—1985）是福建侯官人，字孟群，号不党，著名哲学家、哲学史家、翻译家。他是严复先生的侄孙，甚受严复先生钟爱。1935年他负笈西行，赴美国哥伦比亚大学研究院深造，1938年转入耶鲁大学研究院古典语文系，学习梵文、希腊文、拉丁文、希伯来文、意大利文等多种语文。1939年回国以后，他先后在燕京大学、浙江大学、浙江师范学院、杭州大学任教。1983年担任杭州大学古希腊哲学研究室主任。严群先生学贯中西，经常用中西比较的方法研究哲学。他"平生素抱尽译柏氏（柏拉图）全书之志"，视翻译为沟通中西哲学文化之要途，为中国哲学界开辟古希腊哲学研究贡献良多。

陈村富先生是我国著名的哲学史家、宗教学家。1964 年他于北京大学哲学系西方哲学研究生毕业，1965 年在中国社科院哲学研究所从事外国哲学的翻译和研究工作，1976 年到杭州大学工作，1986 年被破格提拔为教授。历任杭州大学哲学系主任、浙江大学基督教与跨文化研究中心（教育部哲学社会科学创新基地）主任。他主要研究古希腊哲学和基督教的跨文化传播。20 世纪 90 年代初，他在原杭州大学成立了相关研究机构，在中国高校首开宗教文化研究风气之先河。他自始至终参加了哲学界的跨世纪工程《希腊哲学史》多卷本的撰写，为这一重大项目的完工作出重要贡献。他在《希腊哲学史》第四卷中倡导地中海文化圈的研究，有力地推动了中国学术界的跨文化研究。他还出版了《转型期的中国基督教》等重要著作，主编《宗教文化》（1—5 辑）。在他的带领下，一大批青年学者茁壮成长，形成了跨文化研究的浙大特色和浙大学派。2021 年 11 月，陈村富先生受聘为浙大城市学院名誉教授。2022 年 3 月 18 日，浙大城市学院新时代马克思主义宗教学研究院成立。陈村富先生担任研究院名誉院长。

薪火相传，学林重光！一百年前，中国学者吴献书率先翻译古希腊大哲学家柏拉图的原著《理想国》（商务印书馆 1921 年版），是为中国哲学界系统译介古希腊哲学原典之肇始；一百年后，我们研究院隆重推出译丛——"古希腊罗马哲学原典集成"，以此纪念先贤，激励后学，秉承初心，砥砺奋进，完成译介全部古希腊罗马哲学原典的任务，努力开创中国哲学界古希腊罗马哲学研究的新局面，为深入开展文化交流、文明互鉴、构建人类命运共同体贡献力量！

感谢人民出版社的大力支持！感谢责任编辑张伟珍女士付出的辛劳！

王晓朝

2022 年 7 月 1 日

于杭州浙大城市学院教师公寓

目 录 Contents

001 ｜ 中译者导言

025 ｜ 斐洛著作篇名及缩略语表

001 ｜ 论创世

046 ｜ 喻意解经

155 ｜ 论基路伯

184 ｜ 论亚伯与该隐的献祭

220 ｜ 恶人攻击善人

261 ｜ 论该隐的后代与放逐

302 ｜ 论巨人

316 ｜ 论神的不变性

350 ｜ 论耕作

383 ｜ 论挪亚的农作

416 ｜ 论酗酒

458 ｜ 论清醒

474 ｜ 论语言的变乱

513 ｜ 论亚伯拉罕的移居

563 ｜ 谁是神物的后嗣？

中译者导言

斐洛（Philo of Alexandria，约公元前 20 年—公元 50 年）是古代地中海世界最重要的犹太思想家、神学家、哲学家。在一个民族多样、文化多元的古代世界里，斐洛将犹太教的教义与古希腊哲学学说融为一体，开辟了一条犹太教与希腊哲学相结合的道路。他的思想是一种将哲学包容于自身的神学思想，或者说是一种高度哲学化的神学。系统考察斐洛的著作和思想，有助于我们了解古代希伯来文化的发展，把握"两希文化"的碰撞与融合，厘清西方文化发展的源流。翻译和出版《斐洛全集》，对于推进中国学术的现代化和世界化，构建人类命运共同体，具有重要的思想意义和学术价值。

一、斐洛的著述与生平

斐洛是一位多产的作家。他生活的年代距今已有 2000 多年，但他的著述基本完整地保留下来。一般说来，古代地中海世界的思想家、哲学家人数众多，著述丰富，但其形态各异，分布不均。若干大哲学家，如柏拉图、亚里士多德、卢克莱修、西塞罗、塞涅卡、普罗提诺、奥利金、奥古斯丁，他们的著作基本完整地保留下来。斐洛也是其中之一。

斐洛现存著述 36 种，篇名如下（中文篇名—篇名缩略语—拉丁文篇名—英文篇名）：

1.《论创世》（Op., De Opificio Mundi, On the Creation）

2.《喻意解经》三卷（Leg. All., Legum Allegoria, Allegorical Interpretation）

3.《论基路伯》（Cher., De Cherubim, On the Cherubim）

4.《论亚伯与该隐的献祭》（Sac., De Sacrificiis Abelis et Caini, On the Sacrifices of Abel and Cain）

5.《恶人攻击善人》（Det., Quod Deterius Potiori Insidiari Soleat, The Worse Attacks the Better）

6.《论该隐的后代与放逐》（Post., De Posteritate Caini, On the Posterity and Exile of Cain）

7.《论巨人》（Gig., De Gigantibus, On the Giants）

8.《论神的不变性》（Quod Deus., Quod Deus Sit Immutabilis, On the Unchangeableness of God）

9.《论耕作》（Agr., De Agricultura, On Husbandry）

10.《论挪亚的农作》（Plant., De Plantatione, On Noah's Work as a Planter）

11.《论酗酒》（Ebr., De Ebrietate, On Drunkenness）

12.《论清醒》（Sob., De Sobrietate, On Sobriety）

13.《论语言的变乱》（Conf., De Confusione Linguarum, On the Confusion of Tongues）

14.《论亚伯拉罕的移居》（Mig., De Migratione Abrahami, On the Migration of Abraham）

15.《谁是神物的后嗣?》（Quis Her., Quis Rerum Divinarum Heres Sit, Who Is the Heir）

16.《论预备性的学习》（Congr., De Congressu Eruditionist Gratia, On the Preliminary Studies）

17.《论逃走和遇见》（Fug., De Fuga et Inventione, On Flight and Finding）

18.《论更名》（Mut., De Mutatione Nominum, On the Change of Names）

19.《论梦》二卷（Som., De Somniis, On Dreams）

20.《论亚伯拉罕》（Abr., De Abrahamo, On Abraham）

21.《论约瑟》（Jos., De Iosepho, On Joseph）

22.《摩西传》二卷（Mos., De Vita Mosis, Moses）

23.《论十诫》（Decal., De Decalogo, On the Decalogue）

24.《论专门的律法》四卷（Spec. Leg., De Specialibus Legibus, On the Special Laws）

25.《论美德》（Virt., De Virtute, On the Virtues）

26.《论赏罚》（Praem., De Praemiis et Poenis, On Rewards and Punishments）

27.《善人皆自由》（Quod Omn., Quod Omnis Prous Liber sit, Every Good Man Is Free）

28.《论沉思的生活》（Vit. Cont., De Vita Contemplativa, On the Contemplative Life）

29.《论世界的永恒性》（Aet., De Aeternitate Mundi, On the Eternity of the World）

30.《福拉库斯的行迹》（Flacc., In Flaccum, Flaccus）

31.《为犹太人申辩》（残篇）（Hyp., Hypothetica/Apologia pro Iudaeis, Apology for the Jews）

32.《论天命》（残篇）（Prov., De Providentia, On Providence）

33.《向盖乌斯请愿的使团》（Leg., De Legatione ad Gaium, On the Embassy to Gaius）

34.《创世记问答》四卷（Quaest. in Gn., Questiones et Solutiones in Genesin, Questions and Answers on Genesis）

35.《出埃及记问答》二卷（Quaest. in Ex., Quaestiones et Solutiones in Exodum, Questions and Answers on Exodus）

36.《论动物》（Anim., De Animalibus, On Animal）

斐洛的大多数著作保存完整，只有《为犹太人申辩》和《论天命》是残篇，原文因古代基督教历史学家欧西庇乌（Eusebius，约 260 年—340 年）摘引而得以存留。这些著作的原文大部分是希腊文的，也有小部分是亚兰文的。《创世记问答》和《出埃及记问答》的原文仅存亚兰文本。《论动物》有亚兰文本和四节希腊文残篇，20 世纪 80 年代初，由西方学者翻译成英文出版。①

斐洛的著作很难分类。从斐洛现存著作的形式来看，他的大部分著作是释经学著作，亦即对"摩西五经"的诠释；其次是一些历史性的护教学著作，包括《福拉库斯的行迹》、《为犹太人申辩》、《向盖乌斯请愿的使团》、《论沉思的生活》等；还有一些著作可称为神学或哲学著作，包括《论世界的永恒性》、《论动物》等。由斐洛思想本身的特质所决定，我们的研究不能局限于他的哲学著作，而应对他的全部著作加以综合解读。

有关斐洛生平的材料很少，主要来自斐洛本人这些传世著作中包含的传记性段落。我们对斐洛个人的生活、人格和思想的任何叙述都依赖于这些有限的材料。

掌握了斐洛著作的概况以后，让我们来了解一下他的生平事迹。"斐洛"是个希腊名字，其词义是"爱"。我们知道，叫这个名字的希腊哲学家还有学园派的斐洛。作为我们解读对象的这位犹太人思想家通常被称做犹太人斐洛（Philo Judaeus）或亚历山大里亚的斐洛（Philo of Alexandria）。亚里山大里亚是这位思想家生活的地方。

"斐洛的一生和活动在年代上属于罗马帝国时期；但在实质上他属于希腊化时代，这一时代为他的思想提供了基础。"②古代犹太历史学家约瑟福斯（Josephus, 约 37 年—100 年）与斐洛大约生活在同一时代，他的重要著作《犹太人古代史》有一小节提到斐洛：

"亚历山大里亚的犹太居民与希腊人之间出现了骚乱，不和的双方各选择了三名使者去向盖乌斯请愿。亚历山大里亚人一方派出的使者之一是阿庇翁，他说了许多污蔑犹太人的话，在他提到的许多事情中，他说他自己指控

---

① Terian, A., *Philonis Alexandrini De Animalibus: The Armenian Text with an Introduction, Translation, and Commentary*, Studies in Hellenistic Judaism, Supplements to Studia Philonica 1, Chico: Scholars Press, 1981.

② [德]策勒尔：《古希腊哲学史纲》，翁绍军译，山东人民出版社 1996 年版，第 284 页。

犹太人否定属于凯撒的荣耀；因为当时所有罗马帝国的臣民都在为盖乌斯建造神坛和神庙，普遍地把他当做神来对待，而只有这些犹太人认为，建立塑像来荣耀他，以及以他的名字起誓，这在他们看来是一件可耻的事情。阿庞翁提出许多严厉的指控，希望藉此能唆使盖乌斯愤恨犹太人，而盖乌斯很有可能会这样做。而犹太人的使团首领斐洛在各方面都很有造诣，他是'阿拉巴克'亚历山大的哥哥，对哲学并非不精通，他做好了准备前去驳斥那些指控；可是，盖乌斯不让他作申辩，命令他退下，因为盖乌斯已经发火了，公开说要让犹太人遭受巨大灾祸。斐洛在受到这样的污辱之后走了出去，他对那些和他一起来的犹太人说，他们应当鼓足勇气，因为盖乌斯的话的确表现出他对犹太人的愤怒，但他的行为实际上已经招来了神的愤怒。"①

从上述描写，我们得到这样一些信息：（一）斐洛属于亚历山大里亚的犹太人社团，享有较高的声誉；（二）当时的罗马皇帝是盖乌斯·卡利古拉，在与希腊人的冲突中，斐洛代表犹太人社团向皇帝请愿；（三）斐洛的弟弟亚历山大担任过"阿拉巴克"（Alabarch）这样的官职；（四）斐洛精通哲学，宗教信仰非常虔诚。

结合其他材料，我们先来确定一下斐洛的生活年代。公元39年或40年，当时的罗马皇帝是盖乌斯·凯撒（Gaius Caesar），但人们又叫他盖乌斯·卡利古拉（Gaius Caligula，37年—41年在位）。卡利古拉是他的诨名，意思是"穿皮靴的小子"。他生性愚钝，粗鲁无知，近于狂悖，曾制订了一项想要把犹太人全部从亚历山大里亚城清除出去的计划。于是，亚历山大里亚的犹太人社团组织了一个代表团去罗马申诉。

斐洛本人写过一篇题为《向盖乌斯请愿的使团》的文章，记述这次使命。从行文来看，他除了讲述自己做过的事和说过的话以外没有再介绍自己，但那些选择他担当这项工作的人肯定认识他很久，对他很了解，因此把他当做

---

① Josephus, F., The Antiquities of the Jews, 18：8.1, The Works of Josephus, Translated by William Whiston, Hendrickson Publishers, 1995.

实际的领导人。可见，斐洛在亚历山大里亚的犹太人社团中有相当影响。斐洛在这篇文章中提到这一事件时说自己"上了年纪、头发花白"①。这种说法在犹太人中一般指 60 岁或 70 岁。据此，可以推测斐洛大约出生在公元前 20 年，即犹太大王希律（Herod the Great，公元前 37 年—公元 4 年在位）当政的时代。

没有材料说明斐洛什么时候去世。假定他活了 70 岁，那么他大约于公元 50 年去世。就这样，他与基督教的创始人耶稣和保罗实际上是同时代人，但没有任何材料表明斐洛知道他们的生活和工作。

约瑟福斯没有提供多少关于斐洛的材料，但却提供了几段关于他的父亲和弟弟的材料，有助于我们了解斐洛的家庭。斐洛出身于世代富裕之家。他的父亲名叫亚历山大（Alexander），曾担任罗马人在亚历山大里亚城的财政官，兼管行政，官名是"阿拉巴克"。约瑟福斯说亚历山大"在家族和财产两方面都是亚历山大里亚城里他的同时代人中最显赫的，而且他在宗教虔诚方面比他的儿子要好，因为他的儿子亚历山大没有坚持他的国家的宗教"②。这里提到的老亚历山大的儿子亚历山大是斐洛的兄弟，全名叫提庇留·亚历山大（Tiberius Alexander）。提庇留抛弃了犹太教，走了一条从政的道路，取得了骄人的地位和荣耀。他起先在埃及当行政官（Epistrategos）③，后来于公元 46 年继卡斯庇乌·法都斯（Caspius Fadus）之后，被任命为罗马人的巴勒斯坦地方兼管行政的财政长官（Procurator）。④ 这个人似乎也很有远见，善于利用财富进行政治投机。他是罗马皇帝克劳狄（Claudius，41 年—54 年在位）的"老朋友"，曾当过克劳狄的母亲安东尼娅的管家。犹太大王希律·阿格里帕尚未执政时处境相当落魄，到处流浪，提庇留曾为他支付了二十万德拉克玛⑤赎金。

---

① 斐洛：《向盖乌斯请愿的使团》1。
② Josephus, F., The Antiquities of the Jews, 20：5.2.
③ Josephus, F., The Wars of the Jews, 2：18.7.
④ Josephus, F., The Wars of the Jews, 2：11.6.
⑤ 德拉克玛，希腊货币名，约合银 4.4 克。

不过，也有学者认为斐洛之弟亚历山大和作了大官的亚历山大是两个人。由于史料之缺乏，我们只能存而不论。父兄的显赫似乎对斐洛的影响不大。他没有像他们那样醉心于从政，也没有材料说他本人是巨富，但可以肯定的是优越的家境使他能够获得良好的教育。看来，犹太民族的精明能干确实有传统，经商可以巨富，从政可以飞黄腾达，做学问可以成为大思想家。这些令人羡慕的生涯，亚历山大父子三人都占全了。

斐洛很少提到他自己的私生活，我们甚至无法断定他是否结过婚。斐洛说过这样的话："如果妻子是个淫荡之人，那么她有巨大的威力可以诱惑她的丈夫，使他麻痹，因为她的罪恶之心使她的哄骗加剧。"[1]"但是如他们所说，爱是一种变化无常的情欲，因此没有一样爱是稳固的。"[2] 这两句原文引起学者们的猜测，认为斐洛可能结过婚或有过爱情生活。然而，这些话很像是一些格言，实在不足以作为推论的依据。由于斐洛也对父母和子女的关系发表过见解，我们只能说，他很可能结过婚，有过家庭，但没有确凿的材料可以证实。

斐洛似乎是个好静不好动的人。他一生绝大部分时间都生活在亚历山大里亚城，极少外出。他自己提到过的有去罗马请愿和去耶路撒冷圣殿朝觐。他说："叙利亚有一座海滨城市名叫阿斯卡隆。当我在赴故土的圣殿献祭的途中经过那里时，看到不计其数的鸽子停在大路上，几乎每所房子上都有。"[3] 除此之外，我们就不知道他还去过其他哪些地方了。

二、希腊化时期的地中海文化世界

斐洛是西方古代最重要的犹太思想家。"斐洛的一生和活动在年代上属于罗马帝国时期；但在实质上他属于希腊化时代，这一时代为他的思想提供

---

[1] 斐洛：《向盖乌斯请愿的使团》39。
[2] 斐洛：《向盖乌斯请愿的使团》61。
[3] 斐洛：《论天命》2∶64。

了基础。"① 斐洛把犹太教义与柏拉图哲学相结合，开辟了犹太教与希腊哲学相结合的道路。他的思想体系是一种将哲学包容于自身的宗教神学，或者说是一种高度哲学化的神学。称他为"神哲学家"还是比较贴切的。

所谓"犹太—希腊哲学"指的是在亚历山大大帝东征（公元前334年）以后，从犹太教思想与希腊哲学思想的碰撞与融合中产生出来的、带有明显融合"两希文化"（希伯来与希腊）特征的一种哲学。策勒尔说："由斐洛和他的前辈所代表的犹太—希腊哲学表现为一种彻底的折衷主义和一种宗教调和主义的结合，并且是向神秘主义的一种过渡。犹太人尽管有他们独特的排外性，也不能不受到希腊化时期所发生的希腊和东方世界融合的影响。"② 这一论断在使用折衷主义这个术语时不够准确，但他指出犹太—希腊哲学具有融合两希文化的特征则是正确的。从实际情况来看，斐洛的神学和哲学思想体系是融合两希文化的典型，但不是它的全部。具有明显融合特征的犹太—希腊哲学在希腊化时期有一个渐进的发生过程。

希腊化时期的犹太人始终面临两种冲突：一是塞琉西王国统治的亚洲与托勒密王国统治的埃及之间为占有巴勒斯坦地区而引发的军事与政治斗争；二是希腊人的生活方式的扩展与希伯来人本有的生活方式的冲突。亚历山大帝国初建时，以色列人的国家犹大国原先被划归托勒密王国，但是塞琉西王国不想失去这块通达地中海的要地，更希望控制大马士革和耶路撒冷的贸易。在后来发生的战争中，托勒密王国是胜利者。犹大国受托勒密王朝的统治长达一个多世纪（公元前312年—前198年）。犹太人每年需要支付高额贡金，但保持了较高程度的自治，由耶路撒冷世袭的祭司长和长老议事会掌握政治和法律事务。

公元前198年，塞琉西国王安提奥库斯三世打败了托勒密五世，把犹大国接纳为塞琉西王国的一个组成部分。犹太人早已厌恶了埃及人的统治，把

---

① [德]策勒尔：《古希腊哲学史纲》，翁绍军译，山东人民出版社1996年版，第284页。
② [德]策勒尔：《古希腊哲学史纲》，翁绍军译，山东人民出版社1996年版，第276页。

安提奥库斯三世夺取耶路撒冷视为民族解放。但是安提奥库斯三世的继承人安提奥库斯四世竭力推行希腊化政策，强迫巴勒斯坦的犹太人接受希腊文化。他无视犹太祭司长的世袭制度，指派主张希腊化的犹太人参孙充任祭司长，建立希腊式体制。参孙及其继任者美尼劳斯竭力推进希腊化进程。在他们任内，耶和华与宙斯合而为一，犹太神殿中的器皿被出售，若干犹太社区内已用祭品供奉希腊诸神。耶路撒冷开设了体育馆，犹太青年，甚至连祭司都赤身裸体去参加体育比赛，有些犹太青年竟然接受手术去补救生理上的缺陷，以免被人认出他们的民族。

公元前 168 年，耶路撒冷的犹太人利用安提奥库斯三世暂时被逐的机会，罢黜希腊官员，杀死推行希腊化的犹太人首领，扫除犹太神殿中的异教事物。后来安提奥库斯三世兴兵进军耶路撒冷，恢复美尼劳斯的最高权力，强迫犹太人接受希腊化。犹太人的神殿被改为供奉宙斯的神庙，希腊式的圣坛取代犹太式的旧坛，祭品改为全猪牺牲。守安息日被禁止，行割礼被宣布为大罪。犹太宗教仪式全被禁止。凡是不肯吃猪肉或持有律法书的皆予囚禁或处死。安提奥库斯三世还将耶路撒冷付之一炬，拆毁城墙，把犹太居民卖为奴隶。耶路撒冷城中一切有形的犹太教皆被铲除。然而，尽管措施严厉，这场希腊化运动仍然未能达到目的，正统的犹太人坚决反对希腊化，他们仍旧遵循先祖的传统，对希腊文化毫不妥协。

公元前 190 年，强盛起来的罗马打败了塞琉西王国的军队。公元前 165 年，以色列人趁塞琉西王国式微，在祭司玛塔赛亚的儿子、绰号玛喀比（意为锤子）的犹大、约拿单、西门三兄弟的领导下起义，恢复耶路撒冷的圣殿；又靠与罗马结盟，于公元前 141 年取得以色列的独立。玛喀比家族统治的初期还能励精图治，但后来内部又发生分裂。以色列两派首领为争夺耶路撒冷大祭司的职位，都向罗马争取支持。公元前 63 年，罗马大将庞培进军耶路撒冷，屠杀 12000 名犹太人，扶植起一名傀儡，把以色列王国交由罗马的叙利亚总督管辖。从此以后，以色列沦为罗马帝国的附庸。散居在罗马帝国各行省的犹太人都已成为帝国的顺民，而居住在巴勒斯坦的犹太人则还在不断地进行反抗。

亚历山大里亚是希腊化时期新的文化中心。希腊化的浪潮首先在军事、民政、经济等方面显露，进而渗透到社会生活的方方面面。"其后，希腊化也对我们想要研究的处在这一背景之中的领域——文学、哲学、宗教产生影响。然而，要对这些领域进行渗透，外来者需要一座桥梁，希腊化时期通用的共同语言，即希腊共同语提供了这样一座桥梁。"[①] 在亚历山大里亚，希腊语成了各民族通用的共同语言，成为各种文化活动的工具。一卷希腊文著作可以为埃及或近东任何受过教育的人所了解。数以千计的作家为了满足一大批读者的需要，写了若干万卷书。现在仍为人们知道名字的希腊化时期的作家有1100人，不知名的则更多。[②] 埃及莎草纸和帕伽玛羊皮纸是当时写作和收藏用的主要纸张。速记法发明了，专司制作图书复本的抄写员出现了。一批学者把图书分类，撰写一些学科的发展史，编纂各种名师杰作的定稿本，给经典著作添加注释。

亚历山大里亚是当时地中海世界最现代化的城市。公元前200年左右，亚历山大里亚城的人口总数约为40万至50万人，其中有马其顿人、希腊人、犹太人、波斯人、叙利亚人、阿拉伯人、黑人，等等。[③] 犹太人的数量约占五分之一。早在公元前7世纪，位于北非的埃及就是古希伯来人的居留地。在波斯征服犹太人期间，又有很多犹太商人来到这里。亚历山大大帝曾鼓励犹太人移居亚历山大里亚城，并且答应给予他们与希腊人同等的权利。托勒密一世占领耶路撒冷以后将数以千计的犹太俘虏带往埃及。到了公元初，整个埃及已经有了100万犹太人，其中有许多住在亚历山大里亚的犹太人区。这个区域不是隔离区，也不是特区，而只是犹太

---

① Hengel, M., *Judaism and Hellenism: Studies in their Encounter in Palestine during the Early Hellinistic Perid*, Worcester, 1991, p.57.

② 参见［美］杜兰：《希腊的生活》，见《世界文明史》第2卷，台北幼狮文化公司1995年版，第207页。

③ 参见［美］杜兰：《希腊的生活》，见《世界文明史》第2卷，台北幼狮文化公司1995年版，第197页。

人居住特别集中的地方。犹太人在这里居住了两三代以后，懂得希伯来语的越来越少，律法的宣读必须继以希腊语的解释，从这些解释中产生了依据经典句子讲道的仪式。托勒密二世统治期间，犹太人的圣书旧约经卷被译成希腊语，即"七十子译本"（Septuagint），以方便那些已经忘了母语的犹太人。公元前3世纪末，犹太学者完成了古文学的编纂工作，结束了旧约经文的汇集。他们认为先知的时代已经过去，许多经卷被编入经外书（Apocrypha），不被视为正典。

亚历山大里亚是两希文化融合最彻底的地方，用希腊哲学的观点来解释犹太神学是这种文化融合最明显的表现。浪迹天涯的犹太人比较容易接受希腊文化的影响。他们试图协调希腊哲学与犹太神学，因此一方面从希腊思想中选择那些最能与犹太宗教相配合的成分；另一方面则以寓言解说犹太经典，以便与希腊思想沟通。在希腊哲学观念和理性思维方法的影响下，原先蕴涵在犹太民族思想中的哲理突显出来，并与希腊哲学观念结合在一起。从保留至今的犹太文献来看，这是一个从智慧文学发展到哲学护教论的过程。犹太智慧文学的代表作有：《便西拉智训》、《传道书》、《巴录书》、《阿里斯提亚书信》、《玛喀比四书》、《伪福基利德斯诗篇》、《所罗门智训》。这些作品显示出希腊哲学观念对犹太民族的强烈影响和犹太民族思想发生的重要变化。从犹太智慧文学的发展可以看到一个重要走向：在希腊化文明的影响下，犹太知识分子一方面坚持自己原有的宗教信仰，赞美本民族的传统智慧；另一方面又持开放态度，力图将自己的文化传统与希腊通俗哲学相结合。在具体的著作中，这种融合的程度不一样，作者的立足点和自觉程度也有很大差异，但这种融合趋势却是共同的。犹太智慧文学说到底还不是以逻辑论证为基本方式的纯哲学，但只要我们看到希腊哲学本身所具有的广阔含义及其多种多样的哲学文体，那么可以说，某些犹太智慧文学作品就是最早的犹太哲学著作，至少，我们可以说，犹太智慧文学是孕育犹太哲学思想的母体，是犹太哲学著作的前身。它们的形式是文学的，但其中蕴涵的哲理是犹太民族形上思维的结晶。

除了文学的通道以外，犹太哲学的产生还有另一条通道：释经学。这条道路不是由文学家而是由神学家开通的。托勒密六世（约公元前 186 年—前145 年）统治时期，犹太神学家迈出了调和犹太神学思想和希腊哲学的第一步。犹太观念与希腊观念联姻的最初的直接踪迹可在一位名叫阿里斯托布罗的亚里士多德学派的犹太哲学家的一篇论文中看到，这篇论文的主题是诠释"摩西五经"。阿里斯托布罗是亚历山大里亚的犹太人。他没有完整的著作传世，仅仅由于早期基督教父亚历山大里亚的克莱门、欧西庇乌在自己的著作中提到过他的一些观点，我们才知道有这么一位犹太哲学家。

阿里斯托布罗试图沟通犹太思想与希腊哲学。他认为，旧约圣经与希腊哲学的教导是和谐的，希腊思想家俄耳浦斯、荷马、赫西俄德、毕泰戈拉、柏拉图，都从犹太经典中吸取过知识，把犹太思想转换成希腊人的思想。他还试图用斯多亚学派的寓意解译法去消除犹太圣经中的神人同形同性论，以此调和犹太思想与希腊思想。他把神理解为超验的、不可见的存在，凡人的灵魂不能见到神，因为只有纯理智① 才能见到神。他声称，斯多亚学派的世界灵魂不是神本身，而只是神的一个方面，神的大能统治着万物。他说，摩西使用可见事物的形像来告诉我们自然的安排和重要事物的构成。旧约中的神人同形同性论的说法按这个原则得到解释。例如，神的手表示神的权能，神的脚表示世界的稳定性。可见，阿里斯托布罗引用希腊哲学观点削弱了旧约中的神人同形同性论思想，但他的思想基调仍然是犹太人的和有神论的。

希伯来思想与希腊哲学的融合是两希文化融合的关键和集中表现。在一个普遍希腊化的文化环境中，希伯来思想与希腊哲学发生接触、碰撞与融合是不足为奇的。通过文学与释经学这两条通道，犹太民族也产生了自己的哲学家。在希腊化时期行将终结之际，犹太民族产生了自己伟大的思想家斐洛。"在这些亚历山大里亚的犹太人中间，产生了一个哲学学派，自觉地、

---

① 即逻各斯，通译"理性"，在斐洛全集中译为"理智"，以示有别于西方近代哲学中的"理性"概念。

有意地、系统地按照一个完全不同起源的信仰和传统，再造希腊哲学。"①

斐洛的教育背景是双重的，即犹太式的和希腊式的，或者说得更确切一些，是融合式的。斐洛是犹太人，但斐洛这个名字却是个希腊人的名字，与亚历山大里亚这座城市相连。犹太人社团在亚历山大里亚建城以后不久就在这里定居。到了斐洛生活的时代，这里的犹太人已经有 100 万人，超过了巴勒斯坦犹大国的人口。它被称做"大都市"，是罗马帝国第二大城市，其地位和重要性仅次于罗马。斐洛在提到亚历山大里亚的时候有一种自豪感，称为"我们的亚历山大里亚城"。② 他提到城中有许多犹太会堂，每逢安息日，人们诵读希腊文的旧约经卷七十子本。他还提到这个希腊文圣经的有趣的翻译过程。③ 亚历山大里亚的犹太人在各个犹太人的流散地中是最为希腊化的。在这样的环境中接受双重的，或者融合式的教育，不足为奇。

斐洛是犹太人，但他用希腊语思考与写作。这种状况并不影响他对圣经，特别是摩西五经的理解。"学者们一致赞同，斐洛接受过细致的圣经训练，但他使用的是希腊译文，没有证据表明斐洛掌握希伯来文，即使他懂那么一点儿。"④ 他的释经著作表明他在理解犹太圣经方面不比传统的犹太人差。有些西方学者提出这样的问题：斐洛是犹太人还是希腊人？这个问题当然不是从种族而是从宗教或思想的角度提出来的。实际上是在问：在一个希腊化的世界中，斐洛的思想被希腊化了呢，还是在吸收了大量的希腊思想因素以后，仍旧保持着对犹太教的忠诚？⑤

受整个文化环境的影响，斐洛在日常生活中已经像大多数亚历山大里亚的犹太人一样希腊化了。然而由于犹太教的传统影响力，也由于斐洛本人的

---

① Wolfson, H. A., *Philo: Foundation of Religious Philosophy in Judaism, Christianity, and Islam*, Cambridge, Mass.: Harvard University Press, Vol.1, 1948，p.4.

② 斐洛：《向盖乌斯请愿的使团》150。

③ 参见斐洛：《摩西传》2∶26—44。

④ Goodenough, E. R., *An Introduction to Philo Judaeus*, Second Edition, Oxford, 1962, p.9.

⑤ Cf. Williamson, R., *Jews in the Hellenistic World: Philo*, Cambridge University Press, Cambridge, 1989, p.2.

精神追求，使得他在宗教信仰上仍旧保持着犹太教的正统信仰。斐洛著作中有许多段落表明他是一个非常虔诚的正统犹太教徒，不仅忠诚于他在亚历山大里亚和巴勒斯坦的犹太人同胞，而且也忠诚于犹太教及其教义。不管别人怎么看，他对犹太教义的忠诚无人能超得过他。斐洛称自己是"摩西的追随者和门徒"①和"摩西的门徒"之一。②他认为割礼具有象征的意义，但并不认为应当放弃遭到其他民族嗤笑的割礼，而应当继续恪守这条犹太律法。③然而，恪守犹太教义和某些犹太律法并不意味着他思想上的保守。实际情况是，"两种思想传统，犹太人的和希腊人的，在他的心灵中如此完全地融合在一起，以至于斐洛是比较希腊化的还是犹太化的这个人们喜爱争论的问题实际上没有什么意义。用这两种思想之纱，他织出了自己的织物。他按摩西去读柏拉图，也按柏拉图去读摩西，最后确信双方讲的是一回事。他确实说过柏拉图窃取了摩西的思想，但他对圣经的解释读来经常像是他以为摩西受过柏拉图的训练"④。斐洛也没有把圣经或神学与哲学对立起来，而是将摩西的智慧视为哲学的顶峰。

斐洛爱好哲学。对斐洛来说，哲学包括整个希腊教育的整个体系，也包括以往所有学派的哲学学说。除了希伯来传统的教育以外，斐洛接受希腊文化的熏陶。他毫不费力地引用希腊古典诗人和戏剧家的话，表明他精通希腊历史。他对希腊古典哲学家也相当了解。"当然他并不喜欢所有的哲学学说，斯多亚学派的唯物主义和伊壁鸠鲁的人本主义在他看来是荒谬的。但这些哲学学派显然也使他神往，就像以简洁的文字形式表达的圣经教训那样，如果不是更加吸引人的话。那些从四面八方注入希腊化的搅拌器中来的神秘宗教观念也深深地推动了他。"⑤斐洛把语法、几何、音乐理论的学习称做"使

---

① 斐洛：《论专门的律法》1：345。
② 参见斐洛：《谁是神物的后嗣？》81。
③ 参见斐洛：《论亚伯拉罕的移居》92。
④ Goodenough, E. R., *An Introduction to Philo Judaeus*, p.10.
⑤ Goodenough, E. R., *An Introduction to Philo Judaeus*, p.10.

女"，而将哲学称做"主母"或"合法妻子"。① 但斐洛并没有把哲学看得至高无上，因为在同一论文中，斐洛马上又将哲学称做"智慧的使女"。"确实，正如学校里的科目有助于获得哲学，哲学也有助于获得智慧。因为哲学是智慧的实践或学习，智慧是关于神的事物、人的事物，及其原因的知识。因此，正如各门知识是哲学的使女一样，哲学也是智慧的使女。"②

在《论专门的律法》中，斐洛说："我曾经有闲暇研究哲学，对这个宇宙及其内容进行沉思，使它的灵成为我的灵，浸淫于它的种种壮丽、美好和真正的幸福；在这段时间里持续与我为伴的是神圣的主题和真理，我快乐地徜徉于其中，永不生厌腻烦。我没有低劣卑鄙的思想，也不会为了荣华富贵或身体舒适而奴颜婢膝，我生来高尚的灵魂始终高高在上，为神所激励，与日月星辰、众天和宇宙同行。然后，我从太空极高之处俯视尘圜，就好像站在守望台上用我的理智之眼检视一切未知的凡俗之物，为自己得以摆脱凡人的生活灾难而自谓有福。"③ 由此可见，斐洛将学习哲学当做一种精神修炼与探险。为了追求内心精神方面的完善，他得向洪水般的世俗事务作斗争，得抗拒世俗事务的诱惑。然而由于有了他那自诩为能从太空极高之处俯视尘圜的"理智之眼"，有了"理智之眼"的守望和指引，有了这种精神性的追求，斐洛才得以在犹太神学和希腊哲学两个领域青史留名。

三、斐洛的喻意解经法

斐洛的绝大部分著作是对犹太教经典"摩西五经"（Pentateuch）所作的诠注，只有少数例外。他的解经方法是所谓的"喻意法"（allegorical exegesis），或译"寓意法"、"寓意解经法"。因此，我们在阅读斐洛原著之

---

① 参见斐洛：《论预备性的学习》74。
② 斐洛：《论预备性的学习》79。
③ 斐洛：《论专门的律法》3：1—6。

前，先得弄清喻意解经法的基本内容。

希腊文 allegoria（英文 allegory）的意思是寓言和譬喻。创作寓言和使用喻意法解经有一定的联系，但不是一回事。作家可以通过创作寓言来间接地表现自己的观点和思想，就作者所要表达的思想来说，寓言中的人物和故事情节只具有象征意义，但不是作者想要用来与他的读者们交流和沟通的真相。简言之，喻意法是对经文中使用的寓言和譬喻的解读。

相对于传统读经来说，喻意法实际上是一种新的思维方式。它的方法论起点是，"在典籍或经文可见的字面意义下，还有一层真正的意义。……但是，如果我们假定，某一份文献含有隐秘的意义，而又没有解开这个秘密的线索，那么解释起来就困难了。事实上，我们最基本的问题乃是，要确定这一份文献是否真的有隐秘的含义。如果有，其次的问题是，这一个隐秘的意思，是出于作者自己的意思，或是解释者自己加进去的。假如没有什么暗示、线索或任何蛛丝马迹，让我们看到某一段文字是寓意故事，以及原作者藉着这个寓意故事所要教导的东西，那么我们就是站在一个十分不稳定的根基上。"①

喻意解经法在斐洛那个时代已经不是什么新鲜事物。在斐洛之前，希腊人已经在使用这种方法。希腊宗教没有类似犹太教、基督教的圣经，荷马、赫西俄德等宗教诗人留下来的诗歌就是希腊宗教的圣经。怀疑荷马，或是对他有所质问，在相当长时期内都被视为反宗教或无神论的行为；然而，从泰勒斯开始的希腊哲学和从希罗多德开始的历史学到了斐洛的时代已经发展出政治学、伦理学、逻辑学等理论科学。这两个方面无疑处在一种对立之中，每一个生活于那个世界之中的希腊人都会感觉到"宗教诗歌神话"传统和"理论科学"传统之间的紧张关系。为什么在理论科学已经相当发达的时候，荷马、赫西俄德的权威仍旧没有被抛弃呢？这两种传统之间的紧张关系又是怎样化解的呢？"这个问题一方面是卫道性的，另一方面则是关系到解释方法的。很有趣的，宗教上的卫道学和寓意解释法，是出于同一个历史根源。这

---

① ［美］兰姆：《基督教释经学》，詹正义译，香港活泉出版社 1983 年版，第 23 页。

种紧张关系，因为采用寓意法解释宗教的遗产，而被解除了。他们不按字义来解释诸神的故事和诗人的著作。他们认为，在这些作品字义的下面，含有秘密的、真正的意义。"①希腊古典时期，宗教神话与理论科学的张力可以说达到极致，柏拉图表达了要把诗人驱逐出理想国的愿望。然而进入希腊化时期以后的几个世纪中，许多希腊学者使用喻意法发掘荷马和赫西俄德的诗歌所隐藏的意义，斯多亚学派也凭借这种方法从古老的神话中解读出他们自己的形而上学体系以缓解这种张力。作为一名知识渊博、思想开放的犹太知识分子，斐洛运用喻意法来调解理性与信仰是不足为奇的。

斐洛是一名虔诚的犹太教徒，对犹太教经文抱着一种严肃的态度。他认为圣经是在神的圣言"逻各斯"的激励下产生的，"是对一切人说的"，②"绝对不可能被证伪"。③希伯来圣经的作者们在写作圣经时处在一种与哲学家相仿佛的状态，所不同的是，哲学家们受到激励而回忆起那超越感觉世界和物质世界的理念，而写下圣经的犹太先知们在圣灵的激励下"无所不知"，因为此时他们拥有"精神的太阳和明媚的光照，对感觉不可见的只能由理智加以理解的事物有充分清晰的把握"。④希伯来圣经的希腊文译者在从事翻译时也被同样的圣灵所激励，因此能够准确无误地把希伯来文经文转换成希腊文。犹太人虽然生活在祖先的律法之下，但这并不意味着他们能够完全理解圣经的意义，因为，"人的灵魂不受到圣灵的激励是不可能理解的"。⑤犹太人拥有圣经，诵读经文，但是对圣经的理解不能停留在字面含义上，而要加以详尽的阐释。理解意味着透过经文的字面含义，真正把握圣经的真义。斐洛这样的圣经观赋予犹太学者以正确解释圣经的重任。

斐洛虽然是一位虔诚的犹太教徒，但他决不认为经文的字面意义就是圣

---

① [美] 兰姆：《基督教释经学》，詹正义译，香港活泉出版社1983年版，第24页。
② 斐洛：《论更名》215。
③ 斐洛：《论亚伯拉罕》258。
④ 斐洛：《论专门的律法》4：192。
⑤ 斐洛：《善人皆自由》80。

经的真义，而他自己对经文的哲学化的理解才是真理。他有时候也像文学家一样创造出某些寓言，用这些寓言表达他的信仰，但是他创造的寓言，不是纯粹文学性质的寓言，而是在道出寓言后马上揭示其真理、道德、灵修和形而上学的意义。斐洛的长处不在于创作寓言，而在于喻意解经。他几乎把圣经中的各类内容、人名、地名、谱系、数目、故事，都当做寓言性质的东西，并进行了富有创造性的解释。

斐洛的喻意解经法是他维护犹太教信仰的重要思想工具。他认为，犹太教决不仅仅是遵守宗教祭仪和接受经卷的字面含义，而是接受经卷的"奥义"（Mystery）。未经喻意解释过的经文只不过是"在空洞的咒语的驱使下伴随着愚蠢的话语和祭仪的词和短语"，而不能接近"最神圣的奥秘①。因此，研习圣经不能止于对经文字面意义的理解。但是，斐洛并不认为经文的字面意义是没有用的。他只是认为，仅仅理解字面意义乃是程度较低的理解。字面的意义是圣经的身体，而其寓意乃是圣经的灵魂。他把圣经的字面意义比做身体投下的影子。② 它所象征的属灵的意义才是它真正的、深奥的真理。它不想贬抑圣经的字面意义，更不是要废除它。正如人有身体和灵魂，人必须重视身体，因为这是灵魂的帐篷。同样，平易的字义也应当被重视。③ 他指出了圣经的字面含义是重要的，但是通过喻意解释出来的圣经含义更加重要。因为这是圣经或神想要对人说出的更加深层的东西。

斐洛在使用喻意法解释圣经的过程中，也引入了一些希腊修辞学的专门术语和知识。但是，斐洛与拘泥于字面意义的"字义解经者"（literalist）不同。所谓字义解经法就是按照经文字面意义来解释圣经，除非经文字句本身无法按字面意义加以解释。如经文中的象征性语言、寓言、故事等。字义解释的精神乃是，经文的含义仅止于字面的意义，除非我们有足够的理由为它作超过字义的解释。即使作超过字义的解释时，也要受到控制原则的管制。

---

① 斐洛：《论基路伯》42。
② 参见斐洛：《论语言的变乱》190。
③ 参见斐洛：《论亚伯拉罕的移居》89—93。

斐洛则认为，字义解经者由于太过于注重字句细节，结果反而忽略了经文的精义，把一些无关紧要的东西解释得过分了。正因为他们高举经文的字句，结果反而丧失了该经文的真正意义。斐洛的喻意解经法是从圣经的字面含义迈入圣经的本质含义的通道。他运用喻意解经法，努力捕捉摩西五经的超越字面的更深含义。他藉着这个方法固守律法的句子，同时又把字句看成是神所设下的"帕子"，遮盖着很适合他的整套复杂的希腊哲学思想。

斐洛不是一般的犹太解经师，而是一名不寻常的犹太知识分子。在一个理智化（哲学化）程度很高的文化环境中，他对希腊哲学的兴趣很大，以至于他本人也成了一名哲学家。柏拉图主义、斯多亚主义、新毕泰戈拉主义都是他热情拥抱的对象。柏拉图的型相实在论更是给他提供了一个基本的思维模式。因此当他面临着调和他已有的犹太宗教和道德理想与希腊哲学理念的时候，他必须处理好两个问题：第一，作为一名犹太人，他继承了祖先们的思想遗产，无论如何他不能使他的犹太同胞认为他的解经是不可接受的，不能使他的结论达到否定原有信仰的地步；第二，他的解经必须引入希腊哲学范畴和思想，否则他就会与传统的犹太解经师置于同一行列，而不能完成调和犹太教与希腊哲学的任务。所幸的是，当他必须处理这些问题时，喻意解经法已经存在。他娴熟地使用了这个工具，从圣经文字中推演出哲学理念来。依靠这个方法，斐洛能够证明启示宗教的真理和哲学家的真理是完全一样的。

斐洛时代的犹太人还面临着另外一种紧张关系：一方面是他们自己民族的圣书；另一方面是希腊哲学传统。要他们否定摩西五经的价值是不可思议的，而在一个希腊化的文化环境中，完全拒斥希腊哲学也只能是部分犹太人的立场。以斐洛为代表的犹太哲学家为了化解这种紧张关系，采用了与希腊人相类似的喻意解经法，并运用发挥到极致。旧约经卷的研究表明，犹太人自身的传统中已有喻意解经的成分，斐洛之前的犹太拉比已经在使用喻意法解经，以便使古代律法能够运用于当下。希伯来圣经的希腊文译本在涉及希伯来经本中的神人同形同性论的用语时已有喻意解经的倾向。可以说，斐洛的喻意解经法同时受到希腊人和希伯来前辈们的影响，而朝着这个方向努力的也绝不是只有斐洛，在他之前已有阿里斯托布罗的工作。不过，斐洛的独特贡献在于，他采用了一套精致的喻意解经体系，调和了希伯来宗教信仰和希腊哲学，在精神层面极大地推进了两希文化的融合。斐洛对旧约经卷所做的推论具有很大的创造性，对于希伯来思想与希腊思想的融合有重要作用。无疑，按照通常的经文注释法来衡量斐洛的工作，我们可以说斐洛的诠释具有任意和空想的性质，拘泥于圣经字面含义的读者也会对斐洛的诠释感到反感，然而只要我们认定理智有权对圣经话语作出自己的理解，那么我们就不能否定斐洛的诠释具有一定的合理性。

我们在前面已经指出，斐洛是一名虔诚的犹太教徒，圣经的每个词在他看来，都是在圣灵激励下产生的，由神指点的七十子译本是这样，希伯来原文也这样，"全智的"摩西说的话更是如此。但同时他又深深地意识到，先知在圣灵激励下对事实所作的陈述不一定具有字义上的真实性，这些神圣的话语如果只按字面意义去理解有时就会变得不可信，会出现意义上的不妥，甚至也无法把握其中蕴涵的思想。他祈愿能在神恩的帮助下，通过沉思来领悟和提取出这些思想，使理智沐浴神的理智（逻各斯）的光芒。可以说，斐洛把最强烈的宗教信仰与最自由的理性批评结合在一起了。

尽管斐洛不是喻意解经法的发明者，但是我们有理由肯定斐洛在发展喻意解经法上的巨大贡献。斐洛对《圣经》的喻意解释，不仅开创了犹太教、基督教专事研究和诠释《圣经》的学科"解经学"的漫长历史，而且为后来西方世界用哲学服务于宗教神学的传统奠定了基础。"在怎样将希腊化思想与希伯来思想结合方面，他作出了伟大的示范。在后来的基督教神学中，二者果然结合在一起了。在罗马世界的其他地方，斐洛所代表的这种结合过程都比不上在亚历山大发展得更加充分。"① 在逐一解读斐洛的各篇著作以后，我们对斐洛的重要作用会有进一步的认识。

---

① ［美］威利斯顿·沃尔克：《基督教会史》，孙善玲等译，中国社会科学出版社 1991年版，第 19 页。

以"摩西五经"为代表的希伯来思想与希腊哲学的融合是两希文化融合的关键和集中表现。在一个希腊化的文化环境中，希伯来思想与希腊哲学发生接触、碰撞与融合是不足为奇的。通过学习和运用希腊哲学，犹太民族产生了自己的哲学家，尽管这种哲学有着浓厚的希腊色彩，披着犹太神学的外衣。

在以往的研究中，由于希腊古典文化的辉煌成就及其在世界史上的重要地位，希腊化时期和罗马帝国时期的文化发展很容易被人们误解为希腊古典文化的扩展和延续，而希腊哲学作为希腊古典文化的精神代表，又使希腊化时期产生的各种哲学均被视为希腊古典哲学的延续。然而，我们列举的一些事实已经表明，这样的理解是错误的。相反，如果我们考虑到希腊化时期东西方文化的双向交流和融合，我们宁可将希腊—犹太哲学视为犹太神学与希腊哲学的有机融合。

我们看到，犹太教的一神论信仰制约着斐洛对希腊哲学吸收和使用。对于希腊哲学，他不可能全盘照搬，也不可能拿来就用，而要有一个消化、融合的过程。这种宗教信仰与哲学理论的结合为后世宗教思想家起了示范作用。我们在后来的罗马帝国思想发展史中看到，早期基督教的教父思想家们沿着斐洛开辟的道路继续前进，最终以一种新生的基督教神学将古希伯来和古希腊文化的精神遗产整合在一起。而要具体解答这种文化融合何以可能，唯有深入到微观层面，通过阅读斐洛的原著，方能作答。而这正是我们翻译斐洛全集的目的。

四、中文版《斐洛全集》的翻译与体例

我对斐洛的学术研究兴趣始于20世纪90年代初。记得在我赴英国利兹大学留学之前，我曾打算以斐洛思想研究为我的博士学位论文题目，但后来调整为对早期基督教教父思想家的研究。博士毕业回国以后，我重拾

斐洛思想研究，翻译出版了斐洛著作第一册（斐洛：《论创世记——寓意的解释》，汉语基督教文化研究所，香港，1998 年），也发表了以下几篇关于斐洛的研究论文：

《俯视尘圜的理智之眼——论犹太哲学家斐洛对圣经的解读》，《清华哲学年鉴（2000）》，河北大学出版社 2001 年。

《跨文化背景下的经典诠释及其对传统的影响——以斐洛对摩西五经的解读为例》，梁工主编：《圣经与文学阐释》，人民文学出版社 2003 年。

《论犹太—希腊哲学诞生的两条通道》，《外国哲学》第 16 辑，商务印书馆 2004 年。

我的博士生李磊（2001 年入学）和谢伊霖（2014 年入学）在选择博士学位论文研究题目时，以斐洛思想为题。他们的选择也迫使我要加大对斐洛思想研究的力度，以便在对他们进行指导时不会"以其昏昏，使人昭昭"。

2014 年，承蒙学界同行专家慧眼相识与抬举，我申请的国家社会科学基金重点项目"斐洛全集的翻译与综合研究"（14AZX010）得以立项，遂于该年开始启动《斐洛全集》的工作。我在学术研究中历来是翻译与研究并重，在可能的情况下力求二者良好的结合。从翻译的角度看，《斐洛全集》是我个人翻译的第三位古希腊罗马哲学家的全集（柏拉图、西塞罗、斐洛）。

中文版《斐洛全集》翻译和出版斐洛的全部现存著作 36 种。它以娄卜丛书《斐洛文集》（Colson, F.H., and Whitaker, G.H., *Philo, Greek Text with Introductions and an English Translation*, 10 Vols, Loeb Classical Library, London and Cambridge, Mass., 1953.）为中文翻译的蓝本。这个集子是学者们的最常用译本。前十卷收录了斐洛的全部现存希腊文著作，并有英译文对照，后两卷增补了斐洛的那些仅有亚兰文本的著作（Marcus, R.Philo Supplement, *Translated from Ancient Armenian Version*, 2 Vols, Loeb Classical Library, London and Cambridge, Mass., 1953.）。

斐洛的《论动物》的翻译蓝本是：Terian, A., *Philonis Alexandrini De*

Animalibus: The Armenian Text with an Introduction, Translation, and Commentary,
Studies in Hellenistic Judaism, Supplements to Studia Philonica 1, Chico: Scholars
Press, 1981.

中文全集在翻译过程中还部分参考了荣格英译《斐洛著作集》(*The
Works of Philo*, Translated by C. D. Yonge, Hendrickson Publishers, Inc.,
Massachusetts, 1993.) 这个英文集子最初以四卷本的形式于 1854 年—1855
年出版 (*The Works of Philo Judaeus, the Contemporary of Josephus*, Translated
from the Greek, London: Henry G. Bohn.),1993 年出了新版。

斐洛的著作各篇长短不一，希腊原文的汇编者将较长的著作分为卷
(Book)、章 (Chapter)、节 (Section)，较短的仅分章和节；英译文中仅标注
卷和章，但未标注节。文中各章实际上都很短，少则 300 字，多则 900 字，
很少有超过 1000 字的。这个中译本用【】表示章数，用 [ ] 表示节数。

斐洛在其著述中大量引用希腊语圣经，而本书在翻译这些圣经引文时主
要参考中译和合本圣经，其文本与斐洛所引希腊语圣经有很大差别。本书在
翻译斐洛直接或间接引用的圣经引文时在注释中加注和合本圣经原文，以便
读者用它与斐洛的引文加以对照。斐洛直接引用的文本与和合本完全一致
时，则不在注释中加注原文。连续多次引用一句圣经原文，仅在第一次加注
原文。

娄卜丛书版《斐洛文集》中的每篇译文都有英译者撰写的分析性的引介
(Analytical Introduction)。本书在译出每篇正文的同时，参考英译者的分析
性引介，编写每篇译文的中文提要。娄卜丛书版《斐洛文集》原有大量注释
和附录 (Appendices)。我从实用的角度出发，对文集中的原有注释、附录
作综合取舍，给中译文添加必要的注释。娄卜丛书版《斐洛文集》第十卷原
有四个专门的索引（圣经引文索引、专名索引、译者注释索引、译者注释中
的希腊文索引），我参照其中的专名索引，编制了中译本《斐洛全集》的索引。
希望这些工作能有助于读者的阅读！

本书能够出版，首先要感谢浙大城市学院对我的厚爱和对学术工作的大

力支持！我于 2021 年 7 月受聘为浙大城市学院特聘教授，感谢学校助我圆了我的学术梦！

感谢人民出版社的领导、编辑张伟珍女士一如既往的支持！

感谢人民出版社为本书出版付出辛劳的同志！

2022 年 7 月 1 日

于杭州

斐洛著作篇名及缩略语表

希腊文	中文	拉丁文	英文	缩略语
ΦΙΛΩΝΟΣ ΠΕΡΙ ΤΗΣ ΚΑΤΑ ΜΩΥΣΕΑ ΚΟΣΜΟΠΟΙΙΑΣ	论创世	De Opificio Mundi	On the Creation	Op.
ΝΟΜΩΝ ΙΕΡΩΝ ΑΛΛΗΓΟΡΙΑΣ ΤΩΝ ΜΕΤΑ ΤΗΕ ΕΞΑΗΜΕΡΟΝ ΤΟ ΠΡΩΤΟΝ	喻意解经	Legum Allegoria	Allegorical Interpretation	Leg. All.
ΠΕΡΙ ΤΩΝ ΧΕΡΟΥΒΙΜ ΚΑΙ ΤΗΕ ΦΛΟΓΙΝΗΣ ΡΟΜΦΑΙΑΣ ΚΑΙ ΤΟΥ ΚΤΙΣΘΕΝΤΟΣ ΠΡΩΤΟΥ ΕΞ ΑΝΘΡΩΠΟΥ ΚΑΙΝ	论基路伯	De Cherubim	On the Cherubim	Cher.
ΠΕΡΙ ΓΕΝΕΣΕΩΣ ΑΒΕΛ ΚΑΙ ΩΝ ΑΥΤΟΣ ΤΕ ΚΑΙ Ο ΑΔΕΛΦΟΣ ΑΥΤΟΥ ΚΑΙΝ ΙΕΡΟΥΡΓΟΥΣΙΝ	论亚伯与该隐的献祭	De Sacrificiis Abelis et Caini	On the Sacrifices of Abel and Cain	Sac.
ΠΕΡΙ ΤΟΥ ΤΟ ΧΕΙΡΟΝ ΤΩΙ ΚΡΕΙΤΤΟΝΙ ΦΙΛΕΙΝ ΕΠΙΤΙΘΕΣΘΑΙ	恶人攻击善人	Quod Deterius Potiori Insidiari Soleat	The Worse Attacks the Better	Det.
ΠΕΡΙ ΤΩΝ ΤΟΥ ΔΟΚΗΣΙΣΟΦΟΥ ΚΑΙΝ ΕΓΓΟΝΩΝ ΚΑΙΝ ΩΣ ΜΕΤΑΝΑΣΤΗΣ ΓΙΓΝΕΤΑΙ	论该隐的后代与放逐	De Posteritate Caini	On the Posterity and Exile of Cain	Post.
ΠΕΡΙ ΓΙΓΑΝΤΩΝ	论巨人	De Gigantibus	On the Giants	Gig.
ΟΤΙ ΑΤΡΕΠΤΟΝ ΤΟ ΘΕΙΟΝ	论神的不变性	Quod Deus Sit Immutabilis	On the Unchangeableness of God	Quod Deus.
ΠΕΡΙ ΓΣΩΡΓΙΑΣ	论耕作	De Agricultura	On Husbandry	Agr.
ΠΕΡΙ ΦΥΤΟΥΡΓΙΑΣ ΝΩΕ ΤΟ ΔΕΥΤΕΡΟΝ	论挪亚的农作	De Plantatione	On Noah's Work as a Planter	Plant.
ΠΕΡΙ ΜΕΘΗΣ	论酗酒	De Ebrietate	On Drunkenness	Ebr.

希腊文	中文	拉丁文	英文	缩略语
ΠΕΡΙ ΩΝ ΝΗΨΑΣ Ο ΝΩΕ ΕΥΧΕΤΑΙ ΚΑΙ ΚΑΤΑΡΑΤΑΙ	论清醒	De Sobrietate	On Sobriety	Sob.
ΠΕΡΙ ΕΥΓΧΥΕΩΣ ΔΙΑΛΕΚΤΟΝ	论语言的变乱	De Confusione Linguarum	On the Confusion of Tongues	Conf.
ΠΕΡΙ ΑΠΟΙΚΙΑΣ	论亚伯拉罕的移居	De Migratione Abrahami	On the Migration of Abraham	Mig.
ΠΕΡΙ ΤΩΥ ΤΙΣ Ο ΤΟΝ ΘΕΙΝ ΕΣΤΙΝ ΚΛΗΡΟΝΟΜΟΣ ΚΑΙ ΠΕΡΙ ΤΗΣ ΕΙΣ ΤΑ ΙΣΑ ΚΑΙ ΕΝΑΝΤΙΑ ΤΟΜΗΣ	谁是神物的后嗣？	Quis Rerum Divinarum Heres Sit	Who Is the Heir	Quis Her.
ΠΕΡΙ ΤΗΣ ΠΡΟΣ ΤΑ ΠΡΟΠΑΙΔΕΥΜΑΤΑ ΣΥΝΟΔΟΥ	论预备性的学习	De Congressu Eruditionist Gratia	On the Preliminary Studies	Congr.
ΠΕΡΙ ΦΥΓΗΣ ΚΑΙ ΕΥΡΕΣΕΟΣ	论逃走和遇见	De Fuga et Inventione	On Flight and Finding	Fug.
ΠΕΡΙ ΤΩΝ ΜΕΤΟΝΟΜΑΖΟΜΕΝΩΝ ΚΑΙ ΩΝ ΕΝΕΚΑ ΜΕΤΟΝΟΜΑΖΟΝΤΑΙ	论更名	De Mutatione Nominum	On the Change of Names	Mut.
ΠΕΡΙ ΤΟΥ ΘΕΟΠΕΜΠΤΟΥΣ ΕΙΝΑΙ ΤΟΥΣ ΟΝΕΙΡΟΥΣ	论梦	De Somniis	On Dreams	Som.
ΒΙΟΣ ΣΟΦΟΥ ΤΟΥΚΑΤΑ ΔΙΔΑΣΚΑΛΙΑΝ ΤΕΛΕΙΩΕΝΤΟΣ Η ΝΟΜΩΝ ΑΓΡΑΦΩΝ Ο ΕΣΤΙ ΠΕΡΙ ΑΒΡΑΑΜ	论亚伯拉罕	De Abrahamo	On Abraham	Abr.
ΒΙΟΣ ΠΟΛΙΤΙΚΟΥ ΟΠΕΡ ΕΣΤΙ ΠΕΡΙ ΙΩΣΗΦ	论约瑟	De Josepho	On Joseph	Jos.
ΠΕΡΙ ΤΟΥ ΒΙΟΣ ΜΦΥΣΕΩΣ ΛΟΓΟΣ ΠΡΩΤΟΣ	摩西传	De Vita Mosis	Moses	Mos.
ΠΕΡΙ ΤΩΝ ΛΟΓΩΝ ΟΙ ΚΑΙ ΤΟΥ ΚΕΦΑΛΑΙΑ ΝΟΜΩΝ ΕΙΣΙΝ	论十诫	De Decalogo	On the Decalogue	Decal.
ΠΕΡΙ ΤΩΝ ΕΝ ΜΕΡΕΙ ΔΙΑΤΑΓΜΑΤΩΝ	论专门的律法	De Specialibus Legibus	On the Special Laws	Spec. Leg.
ΦΙΛΩΝΟΣ ΠΕΡΙ ΑΡΕΤΩΝ ΑΣ ΣΥΝ ΑΛΛΑΙΣ ΑΝΕΓΡΑΨΕ ΜΩΥΣΗΣ ΗΤΟΙ ΠΕΡΙ ΑΝΔΡΕΙΑ ΚΑΙ ΕΥΣΕΒΕΙΑΣ ΚΑΙ ΦΙΛΑΝΘΡΩΠΙΑΣ ΚΑΙ ΜΕΤΑΝΟΙΑΣ	论美德	De Virtute	On the Virtues	Virt.

续表

希腊文	中文	拉丁文	英文	缩略语
ΠΕΡΙ ΑΘΛΩΝ ΚΑΙ ΕΠΙΤΙΜΙΩΝ	论赏罚	De Praemiis et Poenis	On Rewards and Punishments	Praem.
ΠΕΡΙ ΤΟΥ ΠΑΝΤΑ ΣΠ ΟΥΔΑΙΟΝ ΕΛΕΥΘΕΡΟΝ ΕΙΝΑΙ	善人皆自由	Quod Omnis Prous Liber sit	Every Good Man Is Free	Quod Omn.
ΠΕΡΙ ΒΙΟΥ ΘΕΩΡΗΤΙΚΟΥ Η ΙΚΕΤΩΝ	论沉思的生活	De Vita Contemplativa	On the Contemplative Life	Vit. Cont.
ΠΕΡΙ ΑΦΘΑΡΣΙΑΣ ΚΟΣΜΟΥ	论世界的永恒性	De Aeternitate Mundi	On the Eternity of the World	Aet.
ΕΙΣ ΦΛΑΚΚΟΝ	福拉库斯的行迹	In Flaccum	Flaccus	Flacc.
ΥΠΟΘΕΤΙΚΩΝ (ΥΠΕΡ ΙΟΥΔΑΙΩΝ ΑΠΟΛΟΓΙΑΣ)	为犹太人申辩	Hypothetica/ Apologia pro Iudaeis	Apology for the Jews	Hyp.
ΔΕ ΠΡΟΝΙΔΕΝΤΙΑ	论天命	De Providentia	On Providence	Prov.
ΦΙΛΩΝΟΣ ΑΡΕΤΩΝ ΠΡΩΤΟΝ Ο ΕΣΤΙ ΤΗΣ ΑΥΤΟΥ ΠΡΕΣΒΕΙΑΣ ΠΡΟΣ ΓΑΙΟΝ	向盖乌斯请愿的使团	De Legatione ad Gaium	On the Embassy to Gaius	Leg.
	创世记问答	Questiones et Solutiones in Genesin	Questions and Answers on Genesis	Quaest. in Gn.
	出埃及记问答	Quaestiones et Solutiones in Exodum	Questions and Answers on Exodus	Quaest. in Ex.
	论动物	De Animalibus	On Animal	Anim.

论　创　世

提　要

本文的希腊文标题是"ΦΙΛΩΝΟΣ ΠΕΡΙ ΤΗΣ ΚΑΤΑ ΜΩΥΣΕΑ ΚΟΣΜΟΠΟΙΙΑΣ"，意思是"斐洛论摩西有关创世的叙述"，英译为"On the Creation"。本文的拉丁文标题是"De Opificio Mundi"，缩略语为"Op."。中文篇名译为"论创世"。原文共分 61 章（chapter），172 节（section），译成中文约 3.5 万字。

摩西（Μωυσῆς，Moses，约公元前 13 世纪）是古希伯来人的民族英雄，犹太教的创立者和最伟大的先知。希伯来圣经"律法书"有五部经典：《创世记》、《出埃及记》、《利未记》、《民数记》、《申命记》。据传，摩西是五部律法书的作者，因此这五部经典被称做"摩西五经"。斐洛使用大量希腊哲学概念和理论来诠释希伯来圣经，对经文作理智（理性）的解释。本篇的基本内容是斐洛对圣经《创世记》第 1 章和第 2 章部分经文的详细解读。

序论（1—25 节）：摩西有关创世的叙述是一种宇宙生成说，恰当地处理这个崇高的主题，可以用做"律法书"的绪言。这个世界，亦即宇宙，是有起源的，是被造的，而造物主本身是无起源的，造物主按照秩序创造了这个世界。创造世界的神在"六日"内创世，把整个宇宙和人创造出来。造物主是善的，祂在创世之后照管着被造物，把丰盛的礼物馈赠给被造物。神在创造这个可见的世界时，首先构造了一个理智世界，进而以此为原型，构造出这个物质的世界。物质世界是理智世界的摹本，把众多感性对象包容于自身。而无形体的理智世界存在于神的理智之中，就像城市的设计图存在于建筑师的心灵中。

理智世界的被造（26—31节）：首先指出"起初"这个词不具有时间意义，不能理解为时间的开端，而是在表示某种秩序。造物主按照确定的顺序创造万物，首先被造的是无形体的天、不可见的地、气、虚空，然后是水、生命气息和光。它们都属于理智世界，唯有心灵才能识别它们。理智世界的创造在第一日完成。理智世界是后来被造的可感世界的原型。

可感世界的被造（32—88节）：创造可感世界从第二日开始，到第六日结束。造物主在第二日造出可感世界，区分天空与大地。造物主在第三日安排装饰大地，吩咐大地生长出青草、谷物、树木等所有植物。造物主在第四日给绚丽多彩的天空定位，用日月星辰装饰天空。数字四具有奇妙的性质：天空按照四这个完善的数字来装饰；四在音乐中产生谐和音；四是创造天空和世界的起点，宇宙用四种原素塑造；每一年分为春夏秋冬四个部分。光给身体和心灵带来恩惠，引导人的视野向上注视天体，由此产生哲学，各种天体产生的目的是放光、预示未来、标定季节、度量时间。造物主在第五日创造有五官的各种生灵。首先造出水中的生灵，即鱼类和海中的怪兽，然后造出各种鸟类，作为水中生灵的姊妹族。接着，造物主吩咐大地产出形体气力各异的各种动物。为了使一切圆满，造物主在第六日创造了人，并赋予人最优秀的心灵，人是按照神的形像和样式被造出来。神在创造万物的时候，最先造天，最后造人。人最后出现有四个原因：(1) 人是与造物主最相似、最亲近的生灵，让人最后产生时可以看到一切都已经为他准备好了；(2) 让人可以使用神的恩赐，无忧无虑地生活，没有贪欲，没有灵魂中的战争，保持高尚的道德；(3) 人是雏形的天，天是不可朽的，人是可朽的，但又是高尚的，神把天置于起点，把人置于终点，让被造物的起点和终点有一种亲密的联系；(4) 让所有在人之前产生的动物对人产生敬畏，把人当做主宰或主人来崇拜。人在创世序列中最后出现，并不表示他的地位低下。

七的神圣性质（89—128节）：神在六日内创造世界以后，赋予其后出现的第七日以尊严，并宣布它是神圣的。七具有神奇的性质，在理智世界和可感世界都发挥重要作用。七的性质体现在下述方面：（1）在无形体的事物中（89—100节）；（2）与天体的关系（101—102节）；（3）在人的生长阶段中（103—106节）；（4）在级数中（107—110节）；（5）在所有可见的存在物中（111—116节）；（6）在人以及人所看见的一切事物中（117—119节）；（7）在语法和音乐中（120—128节）。

人类始祖的被造与堕落（129—147节）：神用地上的尘土造人，将生命之气息吹在他的脸上，由此创造了世上第一个人，他是人类的祖先。这样造成的人是可感的，是土性的基质和生命气息的复合体。他的身体和灵魂都被造就为最优秀的，比在他之后产生的人要优越得多。这个人按神的要求给动物命名。没有任何被造物可以是永久的，凡是可朽的事物必定要发生变易和倒退，所以人也不可避免地要经历苦难和不幸。伊甸园象征灵魂的主宰力量，蛇象征快乐，快乐通过女人来诱使男人堕落，由此带来了严重的后果。为了获得快乐，人给自己带来了死亡，颠覆了以往不朽与幸福的生活。

结语（148—172节）：摩西有关创世的论述有五个要点：（1）神的永恒存在；（2）神的唯一性；（3）世界的非永恒性；（4）世界的唯一性；（5）神的远见。

正　文

【1】[1] 有些立法者①直截了当、不加修饰地制定出一套为其民众公认为正确的礼教准则，有些立法者则把他们的想法纳入诸多无关琐事之中，使民众如坠雾里，反把真相隐藏于其虚构之中。[2] 摩西摈弃这两类做法，认为第一种做法缺乏哲学家彻底探查原因的艰苦努力，另一种做法充满虚假和欺骗，而他自己则以一篇令人肃然起敬的、感人的绪言②引入他的律法。一方面，他避免突兀其来地道出该做什么或该防范什么；另一方面，为了使那些生活于律法之下的人接受律法必须使他们的心灵有所准备，所以他自己避免虚构神话或默认别人的虚构。[3] 他的绪言，如我所述，可以激起我们最高程度的崇敬。绪言叙述了这个世界的创造，既涉及世界与律法之间的和谐，又提到遵守律法的人藉此而成为这个世界③的忠实公民，按照自然的目的和意愿规范他的行为，而整个世界本身的管理也要顺从自然。④[4] 的确，迄今为止尚无哪位诗人或散文家能够公正地判明蕴涵在这篇有关创世的绪言中的美妙看法。因为，它们已经超越我们言语和聆听的能力，它们如此伟大与庄严，乃至于无法加以调节，使之适合凡人的舌头和耳朵。[5] 然而，它们一定不能在静默中被忽略。不，为了这位神所钟爱的作家，我们甚至必须冒险超越自身的能力。在我们自己的库房里，我们提取不到什么东西，但是面对遇到的一系列问题时，我们会提到一些观点，我们可以相信这些观点是

---

① 立法者（νομοθέτης）在希腊城邦里是政治家，为城邦生活制定习俗、礼教和法律。希腊文 νόμος 一词不仅指法、法律，也指习俗和礼教。斐洛也用 νόμος 转译希伯来人的宗教律法，摩西就是传递神的律法的先知和立法家。

② 绪言，指《创世记》第 1—2 章。

③ 世界（κόσμος），此处指的是宇宙。

④ 此处可以看出斐洛受斯多亚学派观点的影响。"芝诺第一个指定了人的目的，按照自然生活。"（第欧根尼·拉尔修：《名哲言行录》VII. 87）"世界公民"（κοσμοπολίτης），参见 ［德］亚尼姆：《老斯多亚学派残篇》I. 262。

凡人的心灵在热爱与追求智慧时获得的。[6] 最小的纹章在雕刻匠的手掌中也有巨像的轮廓。所以，记录在律法书中的创世之美可以被细微地描述出来，它们在创世之际是超验的，其光芒令观者的心灵眩晕。但是，有一件事我们必须首先注意，一定不能在静默中加以忽视。

【2】[7] 有些人崇敬的是这个世界而不是世界的创造者，他们声称世界没有开端、世界是永恒的，同时又虚伪地、不虔敬地把神设定为庞大而无活力的东西；而我们正好相反，我们必须对神作为造物主和父亲①的力量感到震惊，而不是把不相称的尊严赋予这个世界。[8] 摩西，由于已经达到哲学的顶峰，并且已经领悟关于自然的学问中最伟大、最基本的部分，必定会承认宇宙万物必须由两部分组成，一部分是主动的原因，另一部分是被动的物体；主动的原因就是那完全纯洁、毫无污染的宇宙心灵、超验德性、超验知识、超验的善本身和美本身；[9] 被动的部分本身不能拥有生命和运动，在心灵使它产生运动、具有形状和加速的时候，它就变成最完美的杰作，亦即这个世界。那些断言这个世界无起源的人下意识地取消了所有事物中最有益的、必不可少的、激发虔敬的东西，亦即神意②。[10] 因为，被创造的东西由它的父亲和创造者来照管是合情合理的。我们知道，父亲对他的子孙，工匠对他的作品，都会加以保存，用各种方法使它们的所有部分都得到保护，使之不至于丢失或遭到损害。他会热心地想要以各种方式为它们提供有益和有利的东西，而没有生成的事物和非被造的事物与创造者之间却不能构成这种联系。[11] 这是一种毫无价值、心怀恶意的学说，将混乱置于井然有序的世界，使之没有保护者、仲裁人或审判官，没有任何管理和指导所有事务的职司。[12] 摩西不是这样。这位大师认为无起源的东西不属于可见事物的序列，因为一切可感事物都是不断生成变化的，决不会长期保持同一状态，他把不可见的事物和理智的对象规定为无限的亲属，认为它们之间

---

① 父亲（πατρὸς），亦译天父。
② 神意（πρόνοια），亦译天命。

有着最密切的联系；而对那些感官的对象，他常用"生成"或"变易"这些词作为它们的恰当名称。既然这个世界是可见的，又能被感官所感知，那么它也一定有起源。就是基于这个论点，摩西叙述了这个起源，谈论了神工的庄严。

【3】[13] 摩西说这个世界在六日内被造出来，这不是因为世界的创造者需要一段时间做工，我们必须认为神同时做完所有事情，要记住这里讲的"所有"也包括"神"发布创世的命令和产生创世的念头。之所以提到六日，乃是因为那些有生成的事物需要秩序。秩序和数字① 有关，按照自然法则，六是最有生育力的数，因为如果我们从一开始数起，六是第一个完全数②，它与它的诸因子之积相等（亦即一乘二乘三），它也与它的诸因子之和相等（亦即一加二加三），它的一半是三，它的三分之一是二，它的六分之一是一。③ 我们可以说，按其本性，它既是阳性又是阴性，是两种不同力量作用的结果。因为在事物中，奇数为阳，偶数为阴。若以奇数三为起点，乘以偶数二，二者相乘的结果为六。[14] 为了成为一切有生成的事物中最完美的，这个世界必定要按照一个完全数来构成，这个数字就是六；又因为它本身的存在源于一个混合物，所以它应该烙有混合数的印记，亦即它应当是奇与偶的结合，应当包含阳性和阴性的始基，阳性播种，阴性承受种子。[15] 他把这个整体的某些部分指定给这些日子中的每一日，但不包括第一日，甚至不称第一日为"第一"，以免将它与其他日子一起计量，而只是称之为"一"。④ 他用了一个精准的名称来实现目的，用这个称呼可以识别和表达这个单元的本性，这个单元就是"一"。

【4】我们必须尽可能多地列举包含于其中的要素。要列出所有要素是不

---

① 数字（ἀριθμος），亦译数、数目。

② 完全数（τέλειόςἀριθμος）是一些特殊的自然数。它所有的真因子（即除了自身以外的约数）之和恰好等于它本身。完全数又称完美数或完备数。

③ 参见柏拉图：《国家篇》VIII. 546b；奥古斯丁：《上帝之城》XI. 30。

④ 《创世记》1：5。"有晚上，有早晨，这是头一日。"

可能的。它的最卓越的要素是理智的世界，如这篇处理"一"的文章如示。[16] 因为神既然是神，如果要创造一个美丽的摹本，那么被造的这个摹本决不会偏离那美丽的原型；而感性之物没有一样会是完美无瑕的，它们不是照着那个只有理智才能识别的原型造出来的。所以，在想要创造这个可见世界时，神首先完美地构造了这个理智世界，以便在祂创造物质世界时可以使用这个完全像神的、非物质的原型，作为后来的创造，物质世界的创造是先前理智世界的创造的摹本，集众多感性对象于自身，其种类与理智世界所包含的对象一样多。[17] 谈论或想象由型相①组成的世界存在于某个地方是不合理的；但若我们小心地留意我们这个世界的事物所提供的某些影像，我们可以懂得这个理智世界是怎样由型相构成的。为了满足某位国王或总督追求专制权力的膨胀野心，他会乐意建造一座城市，以便在他的好运上增添一些新的光彩，于是就会有一些训练有素的建筑师络绎不绝地到来。他们根据最有利的气候和最便利的地理位置，首先在自己心里绘出要建造的这座城市的各个部分，神庙、运动场、市政厅、市场、港口、船坞、街道、城墙、住宅、公共建筑，等等。[18] 就这样，这座城市首先在建筑师心中产生，就好比先用蜡块把那些不同物体的形状塑造出来，他此时携带着这座城市的形像，是他心灵的产物。然后，建筑师凭借内在的记忆力，回忆起这座城市各部分的形状并且更加清晰地刻出它们的标记；作为一个高明的匠人，他开始用石头和木材建造这座城市，在此其间他始终注视着城市的原型，使被造的、可见的有形物体的每一部分都与无形体的型相相吻合。[19] 我们有关神的思想正应如此。我们必须设想，当神决意要建造一座伟大城市的时候，祂首先构想城市各部分的模型，从而构造出一个只有心灵才能识别的世界，然后以此为原型，我们的感官所能感受到的这个世界才被创造出来。

【5】[20] 尽管在建筑师的心中预先构造出来的这座城市在外部世界没

---

① 型相（ἰδέα, εἶδος）是柏拉图哲学的核心概念，现有中译名很多，如理念、观念、理型、埃提、概念、形、相、形式、意式、通式、原型、理式、范型、模式、榜样、模型、式样，等等。斐洛受柏拉图影响很大，但翻译斐洛仍需根据具体语境选择恰当的译名。

有位置，但是它存在于匠人的灵魂① 中，如同被一枚印章盖上了印记；这个由型相构成的宇宙更是如此，除了在神的理智② 那里，没有别的位置，神的理智是这个有序框架的作者。还有其他地方能足以适合神的力量接受或包容一切非复合的、非调和的事物吗？我要说，唯有此处。[21] 创造宇宙的正是这样一种力量③，它以真正的善而非以其他东西为源泉。在我看来，对刻意想要寻求创造万物原因的人来说，如果他说万物之父和万物的创造者是善的，那是不会错的，的确也有古人这样说过；由于这个原因，造物主不会吝惜把自己的优秀本性赋予每一个自身并不美和可爱、但却可以转化生成为万物的在者。[22]在者本身没有秩序、性质、灵魂，没有相似性；它充满矛盾、误判、失调；但它能够转化，彻底转变为最佳者，变成与先前所有性质都不同的事物，变得有序、有质、有生命、一致、相同、相似，有完善的调适与和谐，拥有所有那些更加优秀的模式具有的性质。④

【6】[23] 没有谋士帮他作决定（有谁能在神的身旁），神决意将丰富无限的馈赠赐予处在神恩之外而自身又不能获得善物的世界。但神赐的馈赠并非神自身拥有馈赠的最大部分，而是与承受者的能力相应，因为神的馈赠是没有终结或限制的。这个被造的世界所承受的馈赠与神自身拥有的馈赠性质不同，因为神的权能是无穷的，而被造的世界由于太虚弱，乃至于不能容纳丰盛的馈赠，如果竭力去承受就会崩溃，能够适当调适的神会让每一位接受者各得其份。[24] 如果有人想用比较简洁明了的方式来表达自己的见解，他会说那个只有理智才能识别的世界无非就是已经从事创世行动的神的理

---

① 灵魂（ψῡχή）。

② 理智（λόγος）。λόγος 是个阳性名词，拉丁化转写为 logos，中文音译为"逻各斯"。该词由动词 λέγω（说）变化而来。主要释义有：道、说、言、言词、话语、语词、说明、解释、陈述、演说、道说、推理、原因、论证、尺度、定义、公式、格言、命令、对象、主题、思考、思想、理智、真理、真相、计算、尺度、原则、原理、规律、对应关系、比例、神谕、神的智慧、神的言词、神的理智、圣言、圣道，等等。

③ 力量（δύναμις），亦译权柄。

④ 参见柏拉图：《蒂迈欧篇》29e。

智。因为，返回我们刚才所举的例子，那座只有理智才能识别的城市无非就是建筑师设计城市时的理智能力。[25] 这是摩西的主张，而不是我的主张。摩西记述了造人以后向神谢恩，他说人是照着神的形像被造的。① 如果说事物的部分是形像的形像，那么事物的整体显然也是形像的形像；如果整个创世，我们的感官所能感觉到的整个世界（由于它比任何人的形像更伟大），是一个神的形像的摹本，那么它显然也能彰显这枚作为原型的印章，亦即神的理智，这就是我们断言要用心灵来察觉的世界。

【7】[26] 摩西说："起初，神创造天地。"② 在这个地方，"起初"这个词并非如某些人所认为的那样具有时间意义，因为在有世界之前不会有时间。时间与世界同时产生，或者在世界之后产生。这是因为，时间是可度量的空间，③ 由世界的运动所决定，又因为运动不能先于运动的物体，因此运动必定在运动的物体之后产生，或者与之同时产生，所以，时间必定与世界同时产生，或者在世界产生之后才有时间。冒险证明时间先于世界有违哲学的精神。[27] 由于"起初"这个词在这里不能理解为时间的开端，所以它像是在表示某种秩序，因此，"起初神创造"相当于"神首先创造天"。天应当首先存在，它是被造物中最优秀的，也是从存在的最纯洁的部分中造出来的，它注定要成为可见诸神最神圣的显现和居住的场所，这样理解确实是合理的。[28] 即使造物主同时创造一切事物，秩序无论如何也是极为美好地产生的所有性质之一，因为美是混乱无序的缺乏。所谓秩序就是事物或前或后相继产生的既定的顺序，尽管在完成了的产品中看不见顺序，但顺序存在于制造者的设计中；因为只有这样，这些事物才能完全精确地塑造出来，才能不偏离其运行的轨道，或者不互相碰撞。[29] 所以，造物主首先造出无形体的天和不可见的地，以及气和虚空的基本型相。摩西把气称做黑暗，因为

---

① 参见《创世记》1：27。"神就照着自己的形像造人，乃是照着他的形像造男造女。"

② 《创世记》1：1。

③ 这是斯多亚学派的时间定义。参见 ［德］亚尼姆：《老斯多亚学派残篇》，II. 509。斐洛在《论世界的永恒性》中也提到过这个观点。

气在孤身独处时是黑暗的；摩西把虚空称做"深渊"，因为虚空是一片巨大的、深不可测的区域。然后，神造出水、生命气息、光的无形体的本体①，光是这些被造物中最高的。还有，按照顺序，光排在第七，它也是无形体的型，只有理智才能识别，光就是太阳和天上所有发光体的无形体的型。

【8】[30] 摩西把特殊的荣誉赋予生命气息和光。他把生命气息称做神的气息，因为生命气息是生命的最大给予者，而神是生命的创造者；至于光，他说光是格外美好的②；因为理智的东西放射的光辉远胜于可见的事物，如同光明必定远胜于黑暗，白天远胜于黑夜，心灵作为整个灵魂的主宰远胜于肉眼。[31] 唯有理智才能识别的不可见的光，现在成为神的理智的形像，把这种光引入我们的视野；它是一个超越天体的星座，是那些感官清晰可见的星座的源泉。把它称做"全光"是不会错的，太阳、月亮，以及恒星和行星，均各自按比例和能力从它那里取得适宜的光；那纯粹的、未被削弱的光照，一开始从理智转变为感性，就会变得暗淡，因为没有任何感官的对象可以避免暗淡。

【9】[32] 他说"渊面黑暗"③也是对的。因为从某种意义上说，气位于虚空之上，气扩散开来填满整个庞大孤寂的虚空，填满从月亮到我们之间的所有区域。[33] 先于太阳被造的理智之光点燃之后，它的对手黑暗就撤退了；因为神完全知道它们之间的对立和冲突的本性，用一道分离之墙把它们隔开。然而，为了使它们避免由于不断冲撞而引起的混乱，防止在盛行和平之处发生战争，以及在有序宇宙中发生无序，他不仅分隔光明和黑暗，而且还在发生争端之处设立界标，藉此约束各方的端点；因为，光明与黑暗一旦成了真正的邻居，必然会进行扩张，并且会为了争夺主权而无休止地发生冲突，从而产生混乱状态。在这种情况下，它们的相互骚扰被设定在它们之间的边界所阻挡和约束。[34] 这些边界就是黄昏和拂晓。拂晓温和地约束着

---

① 本体（ουσία），音译"乌西亚"，亦译为基质、本质、实在、实体。
② 参见《创世记》1:4。"神看光是好的，就把光暗分开了。"
③ 《创世记》1:2。"地是空虚混沌。渊面黑暗。神的灵运行在水面上。"

黑暗，报道日出的音信；黄昏伴随着日落，温和地欢迎黑暗的到来。然而，我们必须把它们，我指的是拂晓和黄昏，列为无形体的、理智的事物，因为它们没有任何感官，它们只是模式、尺度、类型和印记，而这些都是无形体的，为创造其他物体而设。[35] 光明产生，黑暗被逐出其径而退隐，黄昏和拂晓被设定在光明与黑暗之间作界标，由此而来的必然结果就是时间尺度的产生。它的创造者称它为"日"，不是"头一"日，而是"一"日，用这样的表述是由于理智世界的唯一性，亦因为"日"与数字"一"有自然的亲属关系。

【10】[36] 然后，这个无形体的世界完成了，并被坚实地安放在神的理智之中，而感官可享的世界在那无形体的原型之后成熟待产。造物主首先造出这个世界最优秀的部分，这就是天，由于它有形体，因此祂极为正确地称之为苍穹①；因为这个物体是立体的，它有三重向度。②确实，我们在设想一个立体的东西和一个物体是什么样的时候，除了把它们想象为朝着各个方向延展之外，还能怎么想呢？所以，与无形体的、纯理智的事物相区别，祂把这个像物体的、能被我们的感官所感受到的天空称为苍穹是合适的。[37] 在给它定名之后，祂就称它为"天"。祂这样做没有错，因为天是万物的边界，又是可见事物中最先产生的。③祂称天空被造的时间为"第二日"，这样就把整个一日的间隔赋予了天空。祂这样做是考虑到天空在感性事物中所据有的尊严地位。

【11】[38] 然后，在下一阶段，巨量的水被倾泻到大地上，并在大地各处寻找自己的出路，就好像穿越一块充满潮气的海绵。沼泽和泥潭产生了，土和水混合在一起，像一块大面团被揉制成无形状的或各部分无区别的单一

---

① 参见《创世记》1：6。"神说，诸水之间要有空气，将水分为上下。"苍穹（στερέωμα）一词有天空、立体、结实等义。

② 指长、宽、高。

③ 天（ούρανός）、边界（ὅρος）、看见（όρᾶν），希腊语的"天"由"边界"和"看见"二词合成，因此天是万物之边界，又是可见的事物。

的东西。由于咸水会使谷物和树木不能生长，神接着吩咐所有的咸水聚集在一起，从大地各处的微孔流向同一处。于是旱地出现了。新鲜的淡水留下来保持土地的永久。因为，适量提供新鲜淡水可以将各个分离的部分黏连起来，也可以防止因完全干燥而产生的贫瘠和荒芜，又能使土地像个母亲，为后代提供两类营养物，不是只提供固体食物，而是提供两种，即食物和饮料。因此，大地像乳房似的拥有丰富的血管。这些血管张开的时候就出现河流和清泉。[39] 为使大地拥有无限的生育力，神也让地下水道渗入丰饶的沃土。把这些成分安排有序后，神给它们起名，称旱地为"地"，称与旱地分离的水为"海"。

【12】[40] 然后神开始安排大地，因为祂吩咐大地长出青草和谷物，既有各种杂草，也有丰饶的牧草，以及其他所有能给牛羊做饲料和能给人作食物的东西。祂又促使各种树木生长，一样也没有遗漏，包括野生的树木或被我们称为果树的树木。[41] 然而，与现在的自然秩序完全不同的是，那个时候所有树木生长出来就已经结满果实。而现在，整个过程是轮流发生的，有的树在这个时候结果，有的树在那个时候结果，所有果树不会在同一季节结果。众所周知，这是因为播种在先，生长在后。播种使种子的根向下生长，好像打下根基。然后向上生长，长高，长成主干和茎梗。再往后，发芽长出树叶。最后是整个生长过程最辉煌的一段，结出果实；此外，果实也不是一下子就完全成熟，而是经历各种性质方面的变化。也就是说，果实的大小和性质各异。它们的最初形态是一些微小的、不可再分割的薄片。这些薄片如此微小，乃至于肉眼无法看清，把它们说成"最初的感性物"没有错。再往后，它们逐渐生长，得到灌溉和营养物的滋养，得到柔风的吹拂，风因寒冷而加剧，因升温而温暖，最后才长成一定大小的果实。果实长得越大，形状就越多样，就像有画家用灵巧的双手给它们描上不同的颜色。

【13】[42] 如上所述，神在最初创造万物的时候就已经使在大地上生长的所有草木完美。此时树上结的果实不是生的，而是已经成熟，可供其后产生的动物直接享用。[43] 然后，神吩咐大地长出所有植物，大地此时就像

已经长期孕育并处在分娩过程中，长出各种农作物、树木，此外还有无数的
果实。这些果实不仅为动物提供食物，而且也为它们自身物种的长期繁衍提
供营养，果实中包含着种子本体①。万物的理智隐藏在这些本体中，是不可
见。随着季节循环，这些始基会扩张和显露。[44] 因为神想要自然按照能
返回起点的过程运行，所以神赋予物种永恒性，使之成为永存的分有者。由
于这个原因，祂引导开端迅速走向终点，又让终点顺原路返回开端。这就是
为什么植物长出果实，这是从开端而来的终点，而果实中又包含着能长成植
物的种子，这是从终点而来的开端。

【14】[45] 第四日，大地已经造就，神就给绚丽多彩的天空定位。祂没
有把天的位置放得低于大地，给比较低级的被造物以优先地位，也没有把天
空这种比较高级的、更具神性的事物放在次等位置上，而是以祂伟大的权能
清晰地确定了它们的秩序。神预知未来世代人的思维方式，知道他们会去思
考那些看上去可能的或只是似乎有理的事情，知道他们会使用许多论证来支
持他们的观点，而不以全然的真理为目标；神又知他们会去相信现象而不相
信神、尊崇智术而不崇尚智慧；神又知他们会按时观察日月的升落——夏季
和冬季的变化依赖它，春季和秋季的变化也取决于它——并且设想天体有规
律的运动是大地每年生成的一切事物的原因，还会有人因无比狂妄或极度无
知而危险地把首要位置归于任何被造物，[46] 因此神说，"让他们回过头来
想想这个宇宙的最初创造，想想日月产生之前在大地上生成的所有种类的植
物和果实；思考这些可以让他们在心中形成一种展望，知道以后在大地上产
生的事物也是遵从天父的命令、在能使天父喜悦的时候产生的"。神不需要
那些属天的后裔，神赋予它们力量，但未赋予它们独立；神就像抓着缰绳的
驭手，或者像掌舵的舵手，指引着万物走向祂喜悦的方向，这就是律法和正
义的要求，神在这样做的时候无须他者在旁；对神来说，一切都是可能的。

---

① 种子本体（σπερματικοίουσίας），事物的基质。斯多亚学派设想，种子逻各斯
（λόγος σπερματικός）可以在无数的种子中显现自身，从而把形式赋予事物。参见［德］亚
尼姆：《老斯多亚学派残篇》I.93。

【15】[47] 以上就是天空得到装点之前大地长出各种植物的原因。但是后来天空是按照一个完美的数字来恰当装点的，这个数字就是四。把四称做十这个完全数的基础和源泉是不会错的，因为十实际上就是潜在的四；也就是说，把数字一至四加在一起，就产生十。四是一个可以用来划分其他无限的后续数的界线；以此为转折点那些数反复变化，重复演进。[48] 四也包含音乐中的谐和音的比例，四度音程产生谐和音，五度音程也产生谐和音，还有单八度音和双八度音。最完美的和声就是由这些谐和音构成的。按照一又三分之一的比率产生四音符的谐和音，按照一又二分之一的比率产生五音符的谐和音，单八度音的比率是二，双八度音的比率是四。这些比例都包含四这个数，一又三分之一就是四比三；一又二分之一就是六比四；二就是四比二；四就是四比一。

【16】[49] 四这个数字还有另外一个奇妙的性质可以说一说，也可以用心想一想。这个数字最先显示立体事物的性质，在它之前的那几个数字显示的事物没有真正的实在。在所谓几何学中，一表示点，二表示线。一扩展自身，可以构成二，点扩展自身，可以构成线；线有长度，没有宽度；若加上宽度，其结果就可构成面，这就属于三的范畴了；要使它成为立体的面还需要一样东西，即深度，把它添加于三就产生四。所有这些结果表明四这个数字极为重要。就是这个数字把我们引出无形体的、只适合理智的存在领域，把我们引入有三个向度的物体，它依其本性首先进入我们感官的范围。[50] 如果有人听不懂我的意思，只要想想大家非常熟悉的玩坚果的游戏，都能明白。玩坚果的人习惯把三颗坚果全部摆在一个平面上，然后在上面加上另一颗，由此构成一个角锥体。处在一个平面上的三角形只涉及数字三；加上一颗坚果产生数字四，但在形状上构成一个角锥体，由于这一向度的增加而产生了一个物体。[51] 此外我们还必须记住，四这个数字在自然数中第一个包含正方形于自身，它是公正和平等的尺度，只有在这个数中，无论是把相同的因数相加或者相乘，用二加二，或者用二乘二，结果都是四，由此表现出一种极为和谐的形式，而其他数字都不可能这样；比如六，它是两个

三之和（如同四的情况一样），但它不是三与三相乘之积，那样会产生一个不同的结果，就是九。[52] 四还有其他一些能力，对此我们将在那篇专门讨论四的论文中详细论述。此处只须指出四是创造天空和世界的起点也就够了；因为这个宇宙是用四种原素塑造的，就像从一个源泉中流出，宇宙出自数字四；此外还有一年四季，与动植物的生成有关，一年分为春夏秋冬四个部分。

【17】[53] 上述这个数字的本性如此高尚、令人尊崇，难怪造物主在第四天用完美的、最神圣的装饰品，亦即发光的天体，来照耀天空；知道光是一切事物中最优秀的，所以神使之成为不可或缺的视觉手段，而视觉是所有感觉中最优秀的；理智在灵魂中的地位就像眼睛在身体中的地位，二者的作用都是看，一个看心灵中的事物，另一个看感性的事物；二者都有需要，理智需要知识以知晓无形体的对象，眼睛需要光线以识别物体的形状。光已经证明其本身是赐予人类的其他许多恩惠的源泉，哲学①是这些恩惠中最显要的，是一切恩惠中最伟大的。[54] 有光的向上引导，人的视觉能力识别出天体的本性及其和谐运动。他看见恒星和行星如何有序地作环形运动，前者在不变的轨道上运行，所有恒星都一样，而后者有两种旋转，相互之间并不和谐。他把所有这些天体的舞蹈节律都标定下来，看到一种完美的音乐法则调节着它们的运行，视觉在人的灵魂中产生一种不可言喻的喜悦和欢乐。灵魂享受了视觉展现的众多美景之后仍不满足。于是如通常所发生的那样，它开始忙于向自己提问：这些可见物的本体是什么？它们实际上是无起源的，抑或它们有一个存在的开端？它们的运动方式是什么？支配它们的原则是什么？出于对这些问题的考察，哲学产生了，而进入人类生活的善物中没有比哲学更完善的善物了。②

【18】[55] 我已经说过，原初的理智之光属于无形体世界的序列，带着

---

① 哲学的顶峰是目睹神明、与神合一，这与光照息息相关。参见柏拉图：《国家篇》，VII. 514a—518b。

② 本节思想基于柏拉图《蒂迈欧篇》47a—b。

原初的理智之光，神创造出我们的感官能够感受到的天体。这些天体有神圣的、极为美丽的形像，神把它们安放在天空中，如同安放在属于有形存在者的、最纯洁的神庙中。祂这样做使天体能服务于多种目的。一个目的是发光，另一个目的是做标记，第三个目的是恰当地划分季节，最后一个目的是为了确定年、月、日；众所周知，天体可以用作时间的尺度，也可以产生数字。[56] 这里提到的这些天体所能提供的各种有益的服务不言而喻，但我们应当尽可能准确地把握真相，按照理智的解释，循序渐进，不出偏差。所有时间已被分成两部分：白天和黑夜，天父把白天的主权授予太阳，就像把主权授予一位伟大的国王，而把黑夜交给月亮和众多的星辰支配。[57] 太阳拥有的伟大支配权和统治权在已经提到过的这些事实中可以找到最清晰的证明：太阳本身独自支配着一半时间，白天由它单独统治；另一半时间指定给其他所有星辰和月亮，得到黑夜这个名称。太阳升起之时，可见的众星不仅变得模糊，而且因阳光的倾泻而变得看不见了；太阳下山以后，它们才开始按照自身真正的性质发光。

【19】[58] 如摩西本人所说，这些天体存在的目的不仅是给大地放光，而且是给未来的事件提供时间标记。根据它们的升降和盈亏、它们出现和消失的季节，或者根据它们其他运动的更替，人们可以推测未来，预测收成的好坏、牲畜的增减、天气的好坏、有风或无风、河水的涨落、海水的平静或狂暴，以及季节的怪异现象，如寒冷的夏天，或灼热的冬天，或秋季般的春季，或春季般的秋季。[59] 确实，依据这种以天体运动为基础的推测，人们已经预测到大地的震动和其他无数异常事件，由此证明下面这句话是真理，"造光体，作记号"①。还有，这句话接着又说"定节令"。摩西肯定有很好的理由依据"节令"懂得一年四季。因为"节令"的含义不就是"完成的时间"吗？一年四季引导一切事物趋向完成，谷物的播种和种植，牲畜的生

---

① 《创世记》1：14。"神说，天上要有光体，可以分昼夜，作记号，定节令、日子，年岁。"

育和成长，等等。[60] 创造天体也是为了提供时间尺度，因为日、月、年是依据太阳、月亮和其他天体有规律的旋转来确定的。这件事本身也表明天体提供的服务是最有用的，我的意思是，数是这个世界秩序的一部分，而时间仅靠其流逝就指明了这个世界秩序。一出自一日，二出自两日，三出自三日，三十出自一月，与十二个月的总日数相等的数出自一年，无限这个数出自无限的时间。[61] 在天体构成和运动的范围内，有如此众多重要的恩惠。自然的其他运作数量何其多也，在我看来，它们确实在扩展！这些运作对我们来说是难以理解的，因为万物并非都处在凡人的视野之内，然而它们作为一个永恒的整体在一道发挥作用；这些运作多种多样，但都处在神为他的宇宙设定的、不可更改的法令或律法之下。

【20】[62] 大地与天空各自恰如其分地得到装点，如上所述，大地在第三日，天空在第四日，然后在第五日，造物主着手塑造各类生灵①，从水中生灵开始，因为水中生灵与数字五的联系不像动物那么密切。用感官认知是生灵与无生命物的区别，但它们的区别还不止这一点；感官有五种，视觉、听觉、味觉、嗅觉、触觉；造物主把物体的某些具体方面分别指定给感官，也赋予感官考察物体的能力，使之能鉴定被它注意到的对象。颜色靠视觉来考察，声音靠听觉来考察，滋味靠味觉来考察，气味靠嗅觉来考察，触觉则鉴定各种物体的软和硬、平滑和粗糙，以及感知物体的冷热。[63] 然后，造物主吩咐各种鱼和海怪成形，这些生灵的居所、大小、性质各不相同；不同的海出产不同的鱼，而非到处都有所有种类的鱼。这是我们可以预期的，因为有些种类乐意在咸水湖中生活，而不乐意在真正的深海生活，有些种类乐意在港湾和开阔的锚地生活。它们既不能爬上陆地，又不能远离陆地；那些经常出没于深海的鱼也会避开峭壁矗立的海岬、海岛或礁石。有些鱼在平稳的水中兴盛，有些则在汹涌的波涛中成长；由于用力抗击波浪的拍打和突袭，它们肌肉强健，精力充沛。紧接着，造物主造出各种鸟类，作为水中生

---

① 生灵，亦译"生物"、"活物"。

灵的姊妹族，两类动物都是浮动的。祂赋予在空气中飞翔的生灵以完美的形态。

【21】[64] 水和气现在都已得到适合它们的生灵，造物主又吩咐大地产出尚未被造的事物。一旦造出植物，陆地上就需要动物了。所以神说："地要生出牲畜、野兽和爬行动物，各从其类。"① 于是，大地按照吩咐，产出形体气力各异、能攻击或防卫的各种动物。[65] 为了使这一切圆满，神创造了人，祂以什么方式造人，是我现在就要说的，但我首先要指出摩西叙述生命产生时用过的秩序链条是极为完善的。在动物的各种生命形式中，鱼类造得最粗糙，各方面最优秀的人类造得最精致；介于二者之间的是地上行走的和空中飞翔的动物。因为赋予这些动物的生命本体② 比鱼类强，但比人类弱。[66] 所以，在有生命的族类中，鱼类最先被造出来，它们的身体③ 控制着它们的灵魂或生命。所以在某种意义上，它们是动物又不是动物，是无生命而会动之物。生命的种子是后来植入它们身体的，为的是让它们的身体能持久，据说这就像把盐加入肉中，使之不易腐烂。在鱼类之后，神造出鸟类和陆地动物；因为，当我们谈到它们时，可以发现它们有着比较敏锐的感官，它们的形体结构和各种性质都清楚地表明生命已经植入。如前所述，为了使一切圆满，神创造了人，并赋予人最优秀的心灵，心灵是生命的生命，就像眼睛的瞳孔；关于这一点，那些比旁人更多地研究过事物本性的人说，心灵是眼睛的眼睛。

【22】[67] 那个时候，万物确实是同时成形的。尽管万物一道成形，但生命的有机体后来实际上又是逐个生成的，这为我们提供了一种纲要式叙述的必然秩序的原则。在具体的生灵中我们发现了这样一种顺序，它始于本性最低级的生灵，终于本性最优秀的生灵；本性最优秀的生灵是什么，这正是

---

① 《创世记》1：24。"神说，地要生出活物来，各从其类。牲畜，昆虫，野兽，各从其类。事就这样成了。"

② 生命本体（ἡ ψυχικῆς οὐσίας），亦可译"生命本原（life-principle）"。

③ 身体（σῶμα），亦译肉体、肉身。

我们要继续说明的。精液是生灵的最初起点。它是一个地位很低的基质，类似泡沫，是肉眼可见的。一旦被放入子宫，它就凝固，获得运动，马上开始生长。①生长比精液要好，因为在被造物中运动比静止要好。但是，自然，或生长，就像一名工匠，或者更加恰当地说，像一门完美的艺术，在构造生灵时把潮湿的始基分布到身体的肢体和各个部分，把生命气息的本体赋予灵魂的官能，给它们提供营养，使它们产生感觉。我们现在必须暂缓讨论理智能力，因为有人说理智是从外部来的，而且是神圣的、永恒的。[68]就这样，自然的生长始于精液那样微不足道的东西，但终于拥有最大价值的事物，亦即动物和人的构成。我们现在发现，完全相同的事情在这个宇宙被造时也发生过。造物主在决意构造生灵时，按秩序首先造出来的生灵，即鱼类，是比较低等的，如果我们可以这样说的话；而那些按秩序最后出现的生灵，亦即人类，是最优秀的；在这两个极端之间出现的是其他生灵，这些生灵优于在它们之前产生的，劣于在它们之后产生的，亦即陆地上的生灵和空中的鸟类。

【23】[69] 如我前述，摩西告诉我们，在那以后人按照神的形像和样式被造出来。②他这样说是正确的，因为除了人，没有其他大地的产物更像神。别以为这种相似是身体方面的，因为神没有人的形体，人的身体也不像神。不，这种相似是心灵方面的，"形像"这个词只是用来指理智这个灵魂的最高成分；以某个心灵为模型，甚至以宇宙心灵为原型，后续产生的那些生灵的心灵才被塑造出来。③人的心灵就像一尊仿造的神，人携带着心灵，视之如神明并把它当做敬畏的对象来供奉，因为心灵在人身上所占的地位有如那个伟大的君主在宇宙中所占的地位。心灵是不可见的，而它自身能看见一切；它能理解其他事物的本质，而它自身拥有的本体是不可理解的；它依

---

① 生长（φύσις），该词亦有"成长"、"自然"的意思。

② 参见《创世记》1：26。"神说，我们要照着我们的形像，按着我们的样式造人，使他们管理海里的鱼，空中的鸟，地上的牲畜，和全地，并地上所爬的一切昆虫。"

③ 参见柏拉图：《蒂迈欧篇》30a—c。

靠技艺和知识开辟出四通八达的道路，每一条都是宽阔的大道，穿越陆地和海洋，审视二者包含的原素。[70] 还有，心灵的生性高于以太和苍天，它展翅翱翔，沉思天空和它的各个方面，对智慧的热爱指引着它的步伐，它按照完美的节律与行星和恒星共舞。[71] 就这样，心灵凝视着感官可察觉的一切本体之外的事物，抵达理智世界的边界，在这个极为可爱的世界里看到种种美景，甚至看到可感事物的原型和源泉，它陶醉在理智的迷狂之中，就像那些酒神狂女，全身被一种更加远大的期盼和更加高尚的欲望所占据。借此它漂移到心灵可察觉的事物的顶端，似乎上路趋向于"伟大的君王本身"；但就在盼着想要见到祂时，一道激流般的强光射出，在强光的照射下，理智之眼眩晕了。① 由于形像并不总是与它们的原型或模型相同，而是有许多不同之处，这位作家② 在"按照形像"后面加上"按照样式"，以表示一种准确的投射，这样的表达更清楚，这样做是有意识的。

【24】[72] 有人可能会恰当地提问，为什么摩西在叙述造人的时候，不像叙述创造其他生灵那样只有一个造物主，而是如经文所示有几个造物主？因为摩西是这样叙述宇宙之父的话语的："我们要照着我们的形像，按着我们的样式。"我会问："作为万物主宰的神需要其他任何事物吗？"或者可以这样问："为什么神在造天造地造海时不需要任何同工，但却不能离开其他同工的帮助，用他自身无须任何帮助的力量去创造人这样软弱无力的、可死的生灵？"这个问题最详尽的答案只有神自己知道，但若有依靠或然推理得出的似乎有理的回答，我们一定不要隐瞒。[73] 这个回答是这样的：在存在者中，有些既不分有美德也不分有邪恶，如植物和无理智的动物；植物没有德性是因为它们没有动物的生命，不能自觉地接受印象；无理智的动物没有德性是因为它们没有心灵和理智；心灵和理智是邪恶和美德的居所，德性依其本性居于心灵和理智之中。还有一些存者只有美德，没有邪恶。这就

---

① 柏拉图在《斐德罗篇》246a—249d 中描述过灵魂上天抵达型相世界。
② 指摩西。

是天体，据说它们不仅是有生命的生灵，而且是被赋予了心灵的生灵，或者倒不如说，它们有自己的心灵；它们从来就是优秀的，不受邪恶的影响。还有一些存在者拥有混合的性质，比如人，其性质是矛盾的，既是智慧的又是愚蠢的，既能自控又能放荡，既有勇敢也有胆怯，既有正义也有不义；简言之，既善良又邪恶，既高尚又下贱，既有美德又有邪恶。[74] 说神、宇宙之父，只创造了那些优秀的事物是最恰当的，因为这样的存在者与他有亲属关系。创造那些既不善又不恶的存在者与神亦非不相容，因为这些存在者也和嫌恶神的邪恶无关。对神来说，创造那些带有混合性质的存在者一方面是适宜的，另一方面并非如此；说它适宜是因为它们拥有某些较好的始基，作为自身的成分，说它不适宜是因为它们包含着矛盾的、较差的始基。[75]所以我们看到，摩西说，只有在造人的时候神才说"我们要造"，这个表述清楚地表明神在创造人的时候有其他的同工。最后，当人正当地行事、其思想和行为都无可指摘时，神、宇宙的主宰，可以作为他们的源泉；而神的某些下属则要对相反类型的思想和行为负责；因为父亲不可能是他的后嗣所犯罪恶的原因，邪恶和恶行是罪恶。①[76] 摩西把这个种族称做"人"，此时他是相当崇敬的，他还说"造男造女"，尽管个别的人此时还未成形。因为原初的族类是从"种"开始展现的，就像用一面镜子向那些拥有敏锐视觉的人展示。

【25】[77] 那么显然可问，在这个世界的创造中人为什么最后出现，因为如圣书所示，天父和造物主最后创造人。然而，那些比旁人更为深刻地研究摩西律法、精细地考察它们内容的人会认为，神在把人造成与祂自己一道分有心灵和理智这些最优秀的天赋的时候，也没有吝惜其他礼物，而是事先为人准备了世上的一切。因为人是与他最亲密、最接近的生灵，让人在产生时不缺乏任何生计而美好地生活是神的意愿。祂慷慨大方地把所有可供享受

---

① 斐洛此处的思想可能源于柏拉图《蒂迈欧篇》41，42，柏拉图在那里说，神创造了年轻的神或从属的使者，执行同一理智工作，神不需要对恶负责。

的东西都提供给人类；为了使人生活得更好，祂提供了沉思天体的本能，靠着这种沉思，心灵感受到对天体知识的热爱和期盼。哲学由此而生，人虽会朽坏，但藉此却能变得不朽。[78] 就好比宴会尚未准备妥当，主人不会发出邀请，又好比举办体育竞技和表演的人在召集观众进场之前总要准备一些格斗或杂耍以娱乐观众的耳目，以完全相同的方式，万物的主宰像组织竞技的人或请客的主人那样，在请人赴宴或观剧时会事先准备好所需要的一切。祂希望人一来到这个世界，可以马上看到一席宴会和一幕神圣的戏剧：一方面，这个世界充满大地、河流、海洋和天空生成的万物供人使用和娱乐；另一方面是所有物类的壮观景象，它们的本体和性质是最醒目的，它们神奇的循环运动秩序井然，沿着和谐的轨道适当地运动着。看到这些，我们完全可以说这是一种真实的音乐，是其他音乐的根源和模式，后续世代的人类把这些形像刻在他们的灵魂里，留下一门对人生至关重要的、有益的技艺。

【26】[79] 这显然就是人在万物之后被造的第一个原因，但我们还必须提到第二个并非不可能的原因。人产生之后发现所有为生命所必需的给养都已经有了。这是为了能够让他们指引后代。自然似乎在大声呼喊，你们要像人类的始祖一样无忧无虑地生活，到处都有丰盛的物品供给他们的需要。要是非理智的快乐没有控制灵魂，贪婪的淫欲没有掠取和追求荣耀与财富，权力的欲望也没有夺取生命的控制权，没有降低或压抑心灵使之沮丧，要是恐惧这个邪恶的谋士没有排斥心灵去追求崇高，也没有愚蠢、胆小、不义，以及其他无数邪恶对人进行攻击，那么人类的生活理应如此。[80] 然而，事情就像现在这样，所有刚才列举的邪恶都占了上风，人毫无约束地放纵自己，只剩下无节制的、罪恶的欲求，这种欲求甚至连名字都是有罪的，于是为了惩罚邪恶，出现了一种恰当的处罚。这种处罚就是使获取生活必需品变得困难。于是人只好开垦草原，用泉水和河水灌溉，耕地播种，终身不断、日夜不停、不知疲倦地承受耕耘的辛劳，但仍难以获得必需的物品，不能按时获得充足的劣质食物；庄稼由于许多原因遭受灾害，被暴雨蹂躏，被冰雹

砸毁，被大雪冻坏，被狂风连根拔起；水和空气可以用许多方式毁坏庄稼的果实，使人一无所获；[81] 如果人的无节制的情欲冲动能够平息下来，能够自控而减弱，追求恶的渴望能被正义所监视，简言之，如果他们怂恿的邪恶和无结果的行动能让位于美德和与美德相应的行为，灵魂中的战火会被扑灭，而在所有战争中，这种战争是名副其实的，是最可怕、最悲惨的，而和平会盛行，以宁静平和的方式为我们各种能力的发挥提供良好的秩序；会有这样的希望，热爱美善之物的神也热爱人，会为我们的族类提供同时产生、同时具备的一切善物。这样做显然更为简便，无须诉诸农夫的技艺去生产原先没有的东西，而只是提供已经备好的丰盛食物。

【27】[82] 上面所述足以解释第二个原因。第三个原因是这样的：神决心让被造事物的起点和终点之间有一种亲密的爱的联系，于是最先创造的是天，最后创造的是人；一个是感官最完善、不可朽的对象，另一个是大地所生事物中最高尚的，但却是可朽的，说实话，人确实是雏形的天。人在其自身中，像神圣的形像那样，拥有与星宿相应的天赋。他有能力从事科学和艺术，能够获得知识，能够获得诸种美德。由于可朽者与不可朽者在本性上是对立的，神把各类事物中最优秀的东西置于开端和终点，如我所说，天位于起点，人位于终点。

【28】[83] 最后，还有一个蛮有说服力的理由。人必须在所有被造物之后产生，为的是人最后突然出现在动物面前，能使动物产生惊恐；动物一看到人，肯定会极度惊愕，把他当做主宰或主人来崇拜；各种动物一看到人就都驯服了，那些生性最野蛮的动物一看到人马上就变得最服管教；它们之间仍然会有不驯服的争斗，但只对人表现出温顺与驯服。[84] 亦因这缘故，天父不仅使作为生灵的人在本性上拥有恰当的主权，而且委任他为生活在月亮下、活动在陆地上、在海中游泳、在空中飞翔的所有生灵之王。神让生活在土、水、气三种元素中所有会朽坏的生灵臣服于人，唯有天体除外，它们获得的本性更加神圣。我们眼前发生的事为人的统治提供了最清晰的证明。一大群公牛有时被一个相当普通的人驱赶，这个人既没穿盔甲、带铁制的武

器，也没有带任何保护自己的东西，他身上只披着一块羊皮，手持一根木棍，用来给牛群指路，也可供牧人在旅途疲劳时倚靠。[85] 看那，牧羊人和牧牛人带领着大批羊群或畜群。他们甚至并不强壮有力，也不精力充沛，但却使那些看到他们的牲畜产生惊恐。而那些筋骨强健、拥有天然自卫武器的牲畜在人面前都非常胆怯，就像奴仆站在主人面前听从吩咐。公牛套上轭具，成天耕地，彻夜干活，只有一些农夫的手在指挥它们；公羊长着厚厚的羊毛，春天一到，它们温顺地站着，甚至按照牧羊人的吩咐平静地躺倒，把羊毛奉献给牧羊人，它们的天性把牧羊人当成了它们的国王。[86] 更有甚者，马在所有动物中是最有激情的，但也很容易用马嚼子控制，勒上嚼子就可以防止马暴躁不安和逃跑。马背是凹陷的，像个舒适的座位。骏马高高地驮起骑手，奔驰着送骑手去想要去的地方。骑手稳稳地骑着马，沉着镇静，用马的身躯和四蹄来走完自己的行程。

【29】[87] 任何人想要扩大这个议题都有许多话可说，以证明没有任何动物可以逃脱人的管辖，或能从人的统治下得到解放，我说过的事实已经充分证明了这一点。但有一个要点不能忽视。人在这个被造事物的系列中最后产生，这一事实并不表明人在这个系列中的地位是低下的。驭者和舵手就是明显的例证。[88] 驭手尽管产生于马之后，所获得的位置也在马的后面，但仍握有缰绳，能按自己的意愿驾驭马匹，一会儿让它小跑，一会儿又勒住缰绳让它们不要跑得太快。舵手也一样，他们在船的最后面的位置掌舵，但我们可以说他们的地位优于船上其他所有人。所以，造物主在创造一切事物之后造人，让人做驭者或舵手，驾驭和掌管大地上的事物，照料动物和植物，人就像臣服于元首和大王的总督。

【30】[89] 整个世界按照六这个数字的性质造完以后，天父赋予其后出现的第七日以尊严，颂扬它，并宣布它是神圣的；因为它是一个节日，不仅是一个城市或一个国家的节日，而且是整个宇宙的节日，只有它可以被严格地称为"公共的"，属于所有民族，是这个世界的生日。[90] 我怀疑是否有人能够恰当地歌颂数字七的性质，因为这些性质超越任何话语，难以言表。

然而，尽管它比歌颂它的话语更美妙，我们也没有理由对它保持沉默。反过来说，尽管想要道出七的全部性质或基本要点是不可能的，我们仍旧需要勇敢地试着说出七的性质，至少在我们理智的范围内。[91] 七或第七在两个不同的意义上使用。数字十之内有七。七由七个单元组成，一个单元重复七次就合成了这个数。数字十之外有七。从一开始，反复倍增或三倍增七次，或者按规则使一多倍增长，都会形成新的数；比如，数字六十四是通过从一开始就反复倍增而产生的，数字七百二十九是从一开始，反复三倍增而产生的。这些构成中的每一种都不能小看。第二种构成显然更加优越。[92] 因为任何有规则进展的第七项，从单元开始，带着二和三的比率，或任何其他数字的比率，其结果就是平方和立方；它们包括两种形式，即无形体的本体和有形体的本体，无形体的形式通过平方而构成平面，有形体的形式通过立方而构成立方体。[93] 已经提到过的那几个数字是最明显的证据：比如，从一开始反复倍增，第七次得到六十四，作为平方数，它是八乘以八的结果，作为立方数，它是四乘以四，然后再乘以四的结果；又比如，从一开始，反复使之三倍增，第七次得到七百二十九，作为平方数，它是二十七乘以其自身的产物，它又是九的立方数，即九乘以九再乘以九。[94] 如果有人不以一为起点，而是另外取一个数字为起点，再以相同的方式倍增至第七次或三倍增至第七次，或连续相加至第七次，那么他肯定也会看到所得的数既是一个立方数又是一个平方数：比如，从六十四开始，连续倍增至第七次得到四千零九十六，这个数既是一个平方数又是一个立方数，它是六十四的平方，是十六的立方。

【31】[95] 我们必须过渡到另一类七，即包含在十之内的第七。它展现出来的神奇性质丝毫也不比前一类逊色。比如一、二、四相加构成七，其中有两个数与和谐有特殊关系，即二重和四重，前者产生和谐，而后者产生双倍的和谐。除此之外，七还可以接受其他划分，就像一匹置于轭下的牲畜。七首先可以分为一和六，然后可以分为二和五，最后可以分为三和四。[96] 这些数字构成的比例最具有音乐性，因为六和一构成一个六重的比例，当我

们从数字过渡到和声的比例时，这个比例构成一个音程中最大的音距，从最高的音符到最低的音符，如我们将要证明的。五比二这个比例表现出和声中的最完全的力量，几乎超越和声，这一事实最清楚地在音乐理论中得到确证。四比三产生最初的和谐，它是一倍半的比率，或四度音程。

【32】[97] 七（或第七）还展示出另外一种属于它的美，是我们心灵沉思最神圣的对象。由于它由三和四构成，所以它表现了宇宙间所有固定不变的东西和直立的东西。我们必须指出为什么会这样。直角三角形是具有特定形状的图形的起点，是由某些数字，亦即三、四、五构成的。三和四，作为七的组成部分，产生了一个直角。由于钝角和锐角是不规则、无次序、不平等的显现，因此某个角可以比其他角更钝或更锐，而一个直角不能与其他直角相比较，也不能比其他直角更直或更能保持其自身而又不改变它的特定性质。既然直角是特定图形的起点，它作为三角形，亦即直角的基本要素，是由构成七的数字，亦即三和四，一道提供的，所以七应当合理地被认为是一切图形和特定形体的根源和起点。①[98] 除了上面已经说过的这些事，我们必须提及另一个要点，即三是一个属于面的数字。一是点，二是线，三是面，而四是一个体，用加一的方法，或者用给面增加一个维度的方法，可以构成体。由此显然可见，如此构成的七是一切平面几何和立体几何的起点，或者准确地说，它是有形体和无形体的事物的起点。

【33】[99] 七这个数字的本性庄严可敬，与十以内的其他所有数字相比，具有独特的性质；这些数有些产生别的数，有些被别的数所产生，有些兼有两种情况，既产生别的数又被别的数产生，只有七不属于这些范畴。我们必须提供证据来证明这一点。一产生其他所有后续数而不被任何数所产生；八通过两个四相加而产生，但不能产生十以内的任何数；四兼有两种情况，既作父母，又作子女；因为四的倍增产生八，而四又是通过两个二相加而产生的；只有七的性质，如我所述，既不产生其他数，又不被其他数产生。[100]

---

① 斐洛受新毕泰戈拉主义思想影响，以几何图形作为沉思的对象。

由于这个原因，其他哲学家把这个数与无母亲的事物和处女神尼刻①联系起来，据说她是从宙斯的头颅中产生的，而毕泰戈拉学派把它与万物之首②相连；因为既不产生又不被产生的东西保持不动的状态，而创世是在运动中发生的，在产生和被产生两种情况下都有运动，一种情况下运动使之能产生，另一种情况下运动使之能被产生。只有一样东西既不引起也不经历运动，这就是最初的主宰和统治者。可以恰当地说，七是它的象征。费洛劳斯③的下述话语为我说的观点作了补充，他说："万物有一个最高的主宰，亦即神，它永远是一，永存常住，没有运动，只有他自己与他本身相同，而与其他一切事物不同。"

【34】[101] 所以，在只有理智才能察觉的事物的范围内，七展现为不运动和无情欲；而在可感事物中（在行星的运动中），它是一个最基本的力量，一切陆地上的事物都从它那里得到益处，在月亮的旋转中亦如此。我们必须思考为什么会这样。从一开始，加上到七为止的后续各数得到二十八。这是一个完全数，与它自身的因子之和相等。④这个被产生的数就是月亮返回原初形态的天数，月亮逐日亏损直至某一日又开始变盈。这种形体变化是感官能够感觉到的，因为从新月开始七天内月亮变成半月，又在同样的天数内变成满月，然后又以同样的方式返回，就像参加赛跑的人跑过两条跑道，在七天之内又由满月变成半月，然后又以同样的天数从半月变成新月。这四部分的天数构成了前面所说的这个数。[102] 那些惯于用话语表现他们特殊力量的人也把七称做"完善的携带者"，因为物体世界的一切事物都由七带向完善。有关这一点的证明可以从下述情况导出：每个有机体均有长、宽、高三个维度和点、线、面、体四个限度⑤；三个维度和四个限度合在一起得

----

① 尼刻（Νίκη），希腊胜利女神，常与雅典娜混淆，希腊神话传说中说雅典娜产自宙斯的头颅。希腊传统宗教与罗马宗教合流后，尼刻相当于罗马胜利女神维多利娅。

② 或译"宇宙的主宰"，参见下文。

③ 费洛劳斯（Φιλόλαος），毕泰戈拉学派哲学家，约公元前5世纪。

④ 完全数，参见本文第3章注，28是它自身因子之和(1+2+4+7+14)，496和8128也相同。

⑤ 限度（ὅρος），英文译为limit，该词亦表示数列中的某个项（term）。

到七，若非作为十的基础的最先的几个数字，一、二、三、四，已经包含在七的性质之中，按照三个维度和四个限度来度量物体是不可能的；这里提到的这些数字有三个区间，从一到二，从二到三，从三到四；这些区间中有一、二、三、四这四个限度。

【35】[103] 除了已经提到的证据外，男人的成长阶段，从幼年到老年，也表现出数字七的完善力量，可以用下列性质来衡量：头一个七年是长牙齿的时候；第二个七年已有射精能力；第三个七年长出胡须；第四个七年增长体力；第五个七年是结婚的最佳年龄；第六个七年是理智最健全的时候；第七个七年是心灵和理智不断改善和发展的时候；第八个七年心灵和理智都已完善；第九个七年由于更加完全地驯服了情欲，于是出现节制与温和；第十个七年趋向令人满意的生命终结，而此时身体器官依然结实；因为持续很久的老年不会使这些器官的机能减弱和衰退。[104] 雅典的立法者梭伦① 与其他人一样，曾用下列诗句描写人生的各个阶段：

> 头一个七年，婴儿长成尚未成熟的男孩；
> 他的乳牙长出又脱落，像篱笆围住舌头。
> 上苍让他度过第二个七年，
> 标志少年的诸多迹象出现。
> 生命的第三个阶段，肢体飞快长大，
> 下巴上长出稚毛，少年迹象离开脸庞。
> 第四个七年精力充沛、孔武有力，
> 众人皆信，男孩已成强壮的男人。
> 第五个七年里，他可以娶一位新娘，
> 替他生养后代，有人继承他的名字。
> 第六个七年拥有最好的识别能力，

---

① 梭伦（Σόλων），雅典立法家，生于公元前 639 年，卒于公元前 559 年。

不会胡思乱想，也不会任意妄为。

到了第七、第八个七年，

识别和语言能力变得最强。

第九个七年，言语和智慧虽强，

足以获得较多成就，但比前一阶段要弱。

到了第十个七年，人的生命走向终结，

并非来的过早的死亡，作为一种命运向他招手。

【36】[105] 梭伦用上述十个七年来度量人生。医生希波克拉底[①] 则说人生有七个年龄段：幼年、少年、青少年、青年、成年、壮年、老年。这些年龄段是用七的倍数来度量的，尽管人生各个时期与年龄段并非逐一对应。他的原话是这样的："人的一生有七个时期，可称为幼年、少年、青少年、青年、成年、壮年、老年。七岁之前是幼年，是他乳牙脱落的时期；到达发育期之前是少年，亦即到两个七岁之前；到三个七岁之前，他的下巴长出稚毛；到四个七岁之前是青少年，整个身体发育完成；到四十九岁之前，亦即七个七岁之前是成年；到五十六岁以前是壮年，即八个七岁；从那以后是老年。"[106] 下面这些话也有人提起，用来赞扬在自然中占有神奇地位的数字七。七由三加四构成。从一开始，若我们使之倍增，我们会看到第三个数是一个平方数，第四个数是一个立方数，而第七个数（七由三和四构成），既是平方数又是立方数。这第七个数是六十四，它既是立方又是平方。这样，第七个数确实带来完美。七与两种东西对应，通过平方数与面相应，因其本性与三有关，通过立方数与立体相关，因其本性与四有关，三和四构成七。

【37】[107] 然而，还可以说，七不仅带来完善，而且带来绝对的和谐，

---

① 希波克拉底（Ἱπποκράτης），希腊著名医学家，约生于公元前 460 年，卒于公元前 377 年。

在某个意义上它是最美的比例，内中包含所有的和谐，通过四音程、五音程或八度音产生和谐音；此外还有各种级数，包括算术级数、几何级数，以及调和级数。这些比例由下列数字构成：六、八、九、十二，八与六符合比例四比三，规范四音程的和谐音；九与六符合比例三比二，规范五音程的和谐音；十二与六符合比例二比一，规范八度音的和谐音。[108] 如前所述，它也包含各种级数。六、九、十二构成算术级数，位于中间的数比前一个数大三，比后一个数小三；几何级数由四个数字构成（六、八、九、十二），因为十二与九之比和八与六之比相同，其比例都是四比三；调和级数由三个数字组成（六、八、十二）。[109] 检验调和级数有两种方法。一种方法是，最后一项与第一项的关系相当于末项超过中项的部分与中项的首项部分之比。从摆在我们面前的这些数字，六、八、十二，可以获得清楚的证明，末项十二是首项六的两倍，其项差也为两倍，因为十二比八大四，八比六大二，四是二的两倍。[110] 另一种检验调和级数比例的方法是这样的。无论中项比首项大多少，末项都会比中项大相同比例的部分；在这里作为中项的八比首项六大三分之一，八减去六，余数为二，二是六的三分之一；而中项八也比末项十二小相同比例的部分，十二减八，余数为四，四是十二的三分之一。

【38】[111] 上述纲要性内容足以显示贯穿在图形、数字组合，或无论我们该怎么叫它的这些事物中的尊严；在无形体的理智范围之内，七的所有这些性质，乃至更多性质，都能被发现。但它的本性抵达得更远，延伸到所有可见的存在物，延伸到天空与大地，延伸到宇宙极远的边界。因为，这个世界的哪个部分不是七的钟爱者，不在欲望的驱使下追求七呢？[112] 让我们举一些例子。有人告诉我们，天空被七条环带所围绕，它们的名字是：北极区、南极区、夏至区、冬至区、春分区、黄道带，此外还有银河。地平圈不属于其中之一，因为它是一种主动的观察，是我们视觉的产物，它随着视觉的敏锐或迟钝，切割着圆周线，或大或小。[113] 行星围绕恒星运动，是天上的主人，它们按七个等级排列，显然与天空和大地有着密切的关系。行

星使其中之一（天空）旋转，产生所谓的一年四季，使这些季节千变万化，或平和，或晴朗，或多云，或不寻常的暴风；它们使河流泛滥或干涸；它们把草原变成沼泽，又使沼泽干涸；它们使大海产生潮汐，落潮与涨潮；退潮时海湾出现大片沙滩，顷刻后，潮水回涌，沙滩又成为深海，不仅能停泊小舟，而且能停泊载货数吨的大船。是的，行星使大地上的万物，有生命的动物和结果实的植物，生长、成熟，使它们的天然力量能够发挥圆满，使新果能在老树上生长成熟，为需要者提供丰富的食物。

【39】[114] 还有，被称做水手护卫者的大熊星座由七颗星组成。舵手看着它们，在海上开辟出无数条航道，从事着这项超越凡人信心和力量的事业。通过观察我们提到名字的这些星辰，他们发现了至今不被人知的国家，大陆上的居住者发现了岛屿，岛屿上的居住者发现了大陆。现存一切事物中最纯洁的天空应当给神最钟爱的生灵以启发，这样人类才能发现藏匿在大陆和海洋中的这项秘密。[115]除了已经提到的这些事例，昂宿星团值得一提，它由七颗星组成，它们的出现和消失给人类带来巨大益处：它们从天空中消失，农夫就耕起垄沟，准备播种，而在它们将要升上天空的时候，它们宣告收获的时候到了；当它们升上天空的时候，它们使大地上的农夫欢乐，这是在通知他们收割庄稼，以备需用；他们还快乐地储藏食物，以供日用。[116]白天的主人太阳也是这样。它带来每年两个平分点：春分和秋分。春分点在白羊星座，秋分点在天秤座。这些都为第七这个数字的神圣尊严提供了清晰的证据，因为每个平分点出现在第七个月。这也是按照律法设立最大的国家节日的时候，因为这两个时期是地上所有果实成熟的时候。春天①麦类成熟，播种其他庄稼，秋天葡萄和其他大部分果树结果。

【40】[117] 然而，按照某种天然的同情心，地上的事物依赖天上的事物，数字七的原则起始于上苍，但也向下造访凡人。比如，撇开理智不谈，我们

---

① 斐洛似乎具有后来犹太人的信念，认为他们的神圣年始于春季，他们的民用年始于秋季。

灵魂的其他部分可以分为七个部分，即五种感觉，加上言语能力，最后是生育力。① 所有这些部分都像木偶一样活动，理智之线牵引着它们，它们动静不一，每个部分都有相应的姿态和运动。[118] 按同样方式，可以进一步考察身体的外部和内部，可以看到它们各由七个部分组成。可见的外部是头、胸、腹、两个上肢和两个下肢。身体内部的组成部分被称做内脏，有胃、心、肺、脾、肝、两个肾。[119] 还有，头作为动物身上最主要的部位，也有七个最主要的部分：两眼、两耳、两鼻孔，第七个是嘴。如柏拉图所说②，通过这些部分，可朽的东西有了入口，不朽的东西有了出口；食物和饮料进入身体，可朽的营养物供给可朽的身体，但言语从口而出，依循不朽灵魂的不朽法则，藉此指导理智的生活。

【41】[120] 若按种类来划分，用视觉这种最高贵的感觉来识别的对象分有我们正在谈论的这个数；可见的事物有七种：物体、广延③、形状、尺寸、颜色、运动、静止，除此之外没有别的。[121] 声音也有七种：尖锐的音、沉重的音（抑音）、圆滑的音、粗糙的音（或送气音）、第五种是轻微的音（或不送气的音）、第六种是长音、第七种是短音。[122] 运动同样也有七种：向上、向下、向左、向右、向前、向后、环形。舞蹈最清楚地表现出这些运动种类。[123]（有人指出）身体的排泄也受我们所说的这个数字的限制：通过眼睛流出眼泪；通过鼻孔排泄净化头部；通过嘴巴吐痰；还有两个器官排泄秽物，一个在前，一个在后；位于第六的是全身的皮肤，排汗；位于第七的是男子的生殖器官，通过它自然而正常地排泄精子。再者，精通自然过程的专家希波克拉底说，精子的固化和胚胎的成形都在七日内发生。[124] 还有，妇女月经的洁净过程至多七日。子宫孕育胚胎的自然过程也在第七个月里完成，最奇怪的是七个月的胎儿出生可以成活，而八个月的胎儿

① 把灵魂分为八个部分，这种分类法是斯多亚学派的，参见［德］亚尼姆：《老斯多亚学派残篇》II. 327。
② 参见柏拉图：《蒂迈欧篇》75d。
③ 意为"多向度的延伸"。

生下来反而不易成活。[125] 有几种身体疾病也是这样，体内紊乱而引起的持续高烧在第七天特别危险；因为第七天是生命斗争决定性的一天，给有些人带来康复，给有些人带来死亡。

【42】[126] 数字七不仅在已经提到过的这些领域产生影响，而且在语法和音乐这些最高级的科学中产生影响。比如，七弦竖琴，与行星的唱诗班相应，产生最高贵的旋律，把七弦竖琴说成是所有乐器之王并不过分。在语法中，有七个字母① 被称做元音或"响音"，因为它们显然自身就能发声，而且又能与其他字母相拼，使字母组合发音。一方面它们填补"半响音"的空缺，使发音完整充分；另一方面它们改变"非响音"（辅音）的性质，通过呼吸把它们自己的能力输入辅音，从而使本来自身不发音的字母能够发音。[127] 根据这些理由，我认为那些最先给事物恰当地起名字的人是聪明的，把这个数字称做七（ἑπτά）乃是因为它配得上"敬畏"（σεβασμός），上苍的"尊严"（σεμνότης）渗透于其中。罗马人在希腊人省略"σ"这个字母的地方加上这个字母，使之更加清楚，因为他们更加准确地把这个数字称做"septem"，如我所说，七这个数字是从"可敬"（σεμνός）和"敬畏"（σεβασμός）这两个词派生而来的。

【43】[128] 人们有关数字七的这些论述和反思，以及其他更多论述，道出了这个数在自然界中应当获得崇高尊荣的原因，希腊人和其他民族在数学和天文学领域得到公认的研究者都这么看，而美德的热爱者摩西也揭示出与七相应的特殊尊荣。他在最神圣的律法石板上刻下了数字七的美，把七印在所有在他之下的人的心灵中，吩咐他们在间隔六天之后，要把第七天当做神圣的，这一天不能用于为了获得生计要做的工作，而是给他们时间用于学习哲学、改善品性、反省良心。良心就像站立在灵魂中的法官，从来不会在发出谴责时感到窘迫，有时用尖锐的恫吓，有时用温和的训诫；恫吓用于故意的恶行，训诫用来防患于未然，因为恶行此时似乎还不是故意的，因此需要告诫。

---

① 希腊语有七个元音字母。

【44】［129］在叙述创世传说的结论部分，他说："这是一本有关创造天地的书，天空和大地生成之时，神在那一日造了天空和大地，还有尚未出现在大地上的田野里的各种草木，以及尚未成长的田野里的所有青草。"① 他在这里很清楚地描写，无形体的型相只出现在心灵中，通过型相，就像盖印一样，与我们感官相遇的、完成了的物体才被塑造出来，不是吗？他告诉我们，在大地长出青草的嫩芽之前，青草的本性已经呈现，但不具有物体的形状；在田野里的青草长出来之前，不可见的青草已经存在。［130］我们必须假定，其他所有物体也是这样，感觉对这些物体下判断，原初的形式和尺度存在于先，后来产生的所有物体从它们那里获得形状和大小；尽管摩西在这里没有详细讨论所有细节，而只是为了简洁明了作了总体性的一般论述，他所说的仍然给了我们一些有关宇宙本性的启示，不使用无形体的原型就不可能在感性世界产生成形的产物。

【45】［131］注视着创世的秩序，小心地观察后来产生的与先前已有的东西之间的联系，他接着说："有泉水从地上流出，滋润遍地。"② 其他哲学家说水是造就世界的四元素之一。但是，摩西惯于用锐利的眼光去观察和理解那极为遥远的对象，他确实把大海当做一种元素，当做整个世界的第四部分，而他的后继者称之为大洋，我们现今航行的海在大小上与之相比仅仅是一些海湾；但是摩西区分了可饮用的淡水和咸水，把淡水归于陆地，把淡水看做陆地的一部分，而不是海的组成部分。为了达到前面已经提到过的目的，淡水这个部分的性质就像胶水一样把大地黏连在一起；大地如果干涸了，没有湿气穿过诸多缝隙渗透其中，就真的会变成碎片。大地之所以能够结合与持久，部分原因是生命气息使之结合为一，部分原因是有了湿气，使大地能避免干涸破碎，能持续地结合在一起。［132］这是一个原因，而我还必须提到另一个原因，尽管这个原因只是一种对真相的猜测。离开潮湿的始

---

① 《创世记》2：4—5。"创造天地的来历，在耶和华神造天地的日子，乃是这样。野地还没有草木，田间的菜蔬还没有长起来，因为耶和华神还没有降雨在地上，也没有在耕种。"

② 《创世记》2：6。"但有雾气从地上腾，滋润遍地。"

基，没有任何一种土生的东西能够成形。种子的存放表明了这个道理，种子要么是湿的，就像动物的种子；种子要么是干的，没有潮湿就不会生长，这是植物的种子。由此清晰可见，我们已经提到的潮湿的始基肯定是产生万物的大地的一部分，恰如妇女的月经所起的清洁作用；所以自然科学家告诉我们，潮湿的始基也是胎儿的自然本体。[133] 我将要说的事情与已经说过的事情完全一致。自然赋予每一位母亲丰满的乳房，为将要出生的婴儿准备食物。众所周知，大地也是一位母亲，所以最早的人认为把她称做"得墨忒耳"（Δημήτηρ）是恰当的，这个名字由母亲（μήτηρ）和土地（γῆ）合成；因为如柏拉图所说，不是大地摹仿妇女，而是妇女摹仿大地。① 诗人们非常正确地按照习惯称大地为"万物之母"、"结果实者"、"潘多拉"或"给予一切者"，就是因为大地是所有动植物产生、存在、持续的最初原因。因此，自然恰当地赋予大地这位最古老、生育力最强的母亲以乳房，亦即河流和清泉，使植物能得到灌溉，使所有动物能够畅饮。

【46】[134] 在此之后，摩西说："神用地上的尘土造人，将生命之气息吹在他的面里。"② 据此，摩西也非常清楚地表明，这样造成的人与早先产生于神的形像的人有巨大差别；因为这样造成的人是感觉的对象，已经拥有如此这般的性质，由身体和灵魂组成，有男有女，天生有死；而根据（神的）形像产生的人只是一个型相、类型或印章，他只是思想的对象，无形体男女之分，是天生不朽的。[135] 然而，这个个体的人，感性的对象，是土的本体和神的气息的复合物；因为身体是这位造物主用地上的尘土塑成人的形状而造就的，但是灵魂却不需要用什么东西造成，而是来自天父、万物的主宰；因为神吹入人体的无非就是神的气息，为了我们种族的利益，从有福的、幸福的存在者那里移居过来，因此，哪怕到了最后，它的可见部分③ 是

---

① 参见柏拉图：《美涅克塞努篇》238a。

② 《创世记》2：7。"耶和华神用地上的尘土造人，将生气吹在他鼻孔里，他就成了有灵的活人，名叫亚当。"

③ 即人的身体。

可朽的，它的不可见部分①也会是不朽的。所以，可以恰当地说，人介于可朽与不朽之间，按其所需分有不朽与可朽，在被造时就被造就为可朽与不朽的，在身体方面可朽，在心灵方面不朽。

【47】[136]在我看来，这个大地所生的第一个人是我们整个族类的祖先，他的存在的各个部分都被造就为最优秀的，灵魂和身体均如此，比在他之后产生的人要优越得多；因为这个人确实是"美的和好的"。②他的身体的优美形态可以从三方面得到证明。第一个证明是这样的，当天下之水聚在一处、得到"海"的名称时，新显露出来的旱地所产生的质料是单纯的、不易混杂或融合的，而且也是柔和的、易于制作的，从中产生出来的事物是天然无瑕疵的。[137]第二，神不像是随意从大地某个可以提供泥土的地方取来黏土，或者是仓促地塑造人的形体，而是挑选了最纯粹、最适宜制造人体结构的物料，精心塑造；因为这个神圣的居所或神龛是为理智的灵魂建造的，人体携带着灵魂就像携带着神圣的形像，灵魂是一切形像中最像神的。[138]第三个证明是这样的，它比已经提供的这两个证明要强得多，造物主在技艺上，以及在其他各个方面都极为卓越，而人体自身的每个部分不仅应当有合理的尺寸，而且应当最精确，适宜整个人体的构成。为了使人体各个部分匀称，神把血肉赋予人体，让人体有丰富的肤色，想让最先造出来的这个人看上去尽可能地美丽。

【48】[139]很明显，这个人的灵魂也是最优秀的；因为我们知道，造物主在创造时使用的模型不是取自已经被造的事物，而是如我所述，是取自造物主自己的理智。根据这个解释，摩西说，当神的气息吹拂在这个人的脸上时，人就被造就为神的理智的形像和摹本。脸是感官的处所。通过感官，造物主赋予人体以灵魂。当神把至高无上的理智安置在人的存在的主要部位时，他让各种感官陪伴理智去识别颜色、声音，以及滋味和气味等等。离开

---

① 即人的灵魂。
② "美的和好的"对希腊人来说意味着"完善"，"应当如此"。

感官的感觉，理智本身不能单独去识别它们。完善的、美好的原型的摹本必定也是完善的、美好的。但是神的理智超越了美，亦即存在于自然中的美。神不仅用美来进行装饰，而且神本身也真是美的最好的装饰品。

【49】[140] 我想，这就是被造出来的第一个人，在身体和灵魂两方面都优于所有现在还活着的人，以及所有在我们之前的人。我们的源头是人，而这个人是神创造的。工匠越杰出，作品就越优秀。处在青春期的东西总比青春期已过的东西要好，动物、植物、果实或其他自然界的东西均如此，所以，最先塑造出来的这个显然处在我们整个种族的青春期，它的后代从来没有获得同样的青春，后续世代的人在形态和能力方面变得越来越弱。[141] 我观察到雕塑和绘画也发生同样的情况：临摹劣于原本，按照摹本临摹或雕刻出来的东西更劣于摹本，因为它们距离原型更远。磁性的情况也一样，最先接触到磁铁的铁环黏得最牢，其次的那个铁环就黏得松一些。第三个铁环黏在第二个铁环上，第四个黏在第三个上，第五个吸附在第四个上，这样一长串铁环都被一块磁铁吸引而粘附在一起，但各自获得的吸力不同，离起点越远，吸引力越小，引力因距离变远而减弱。人类显然也在经历相同的事情。世代相继，身体和灵魂所获得的力量和性质都变得越来越弱。[142] 如果把我们这个族类最初的祖先不仅称做第一人，而且称做唯一的世界公民，我们就完全说出了真相。因为，这个世界就是他的城市和居所。① 那时没有人造的建筑，没有用石头和木材造出来的房屋。这个世界就是他的祖国，他无忧无虑地生活在世界上，配得上统治大地上所有的居住者，一切可朽的东西在他面前颤抖，被他管束或被迫服从，把他当做主人。所以，他生活在舒适安全之中，不会遭受攻击，也不会有战争。

【50】[143] 由于每一秩序井然的国家都有一部法律，这位世界公民同

---

① 关于"世界公民"，参见本文第1章。斯多亚学派以及其他一些派别都拥有人类祖先优于后代的观点。

样也必须遵守整个世界都需要遵守的法；这部法就是自然的正确关系，更恰当地说，它应当被称做"命定"或"天命"，因为它是神圣的律法，与此相一致，所有存在者都得到相应的一部分律法，天命严格而恰当地落在它们头上。这个国家和政体在有人之前必须有公民。这些公民应当被说成是这座伟大城市的居民，这座城市是指定给它们的居所，它们在这个最伟大、最完善的共同体里注册。[144] 这些只具有灵性和神性的公民是谁呢？它们有些是无形体的、只有心灵可以识别；有些有形体，比如星辰。与这些公民相识和协作，人才能生活在纯粹的极乐之中，接近这座城市的主宰，因为圣灵已经完全渗入人心，人诚心竭力用他的言行使这位天父和君王喜悦，步步跟随，行走在美德开辟的大道上，神生养了灵魂，灵魂把神当做自己的目标，因此对这些灵魂来说，完全与神一致、亲近神是合法的。

【51】[145] 我们说，在身体和灵魂方面，被造的第一个人的各部分之美与现实相距很远，但对我们的能力来说却是可能的。他的后裔，由于分享了始祖产生时的最初形像，不能不保留一些与始祖为亲属的记号，尽管这些记号也模糊了。那么，这种亲属关系是什么呢？[146] 每个人在他的心灵方面都是神的理智的同盟者，因为人作为神圣大自然的摹本、残片或光芒而产生，人的身体结构与整个世界结盟，是由土、水、气、火这些元素组成的，每种原素都有所贡献，提供充分的质料，以备造物主取来塑造这个可见的形像。[147] 还有，人生活在我们说的这些元素中就像在家里一样舒适自在，因为这些元素构成的地方对人完全相宜，人与这些元素有亲族关系，人可以改变他的活动范围，时而逗留在一处，时而逗留在另一处。因此，我们可以严格地说，人就是土、水、气、天这四种原素。因为就人的居所和向陆地搬迁来说，他是陆地动物；就人经常潜水、游泳和航海来说，他是水中动物，商人、舵手、捕捞紫火鱼和牡蛎的渔民，或一般的渔夫最清楚地证明了我说的话；就人的身体可以离开地面，上升到空中，可以说他是在空气中行走。此外，也可以说人是属天的，因为他凭藉视觉这个最主要的感官接近了太阳、月亮、行星、恒星。

【52】[148] 摩西也很好地把给动物起名字的事归因于第一个人，① 这件事是智慧和王权的事务，第一个人拥有智慧，他的智慧是向神的智慧学来的，是由神的智慧亲口传授的，因为他是神亲手造的；此外，他是国王，给他的属下起名字与他统治者的身份相称。我们可以猜测，第一个人被造就为最崇高的，因为神在塑造他的时候极为小心，神赋予他第二位的尊位，让他成为自己属下的总督和其他万物之主。人繁衍数代以后，由于年代久远，这个种族失去了它的青春活力，但无论如何，人仍旧是非理智的生灵的主人，像火炬传递一样，② 平安地保存着从第一个人那里传递下来的至上权威和统治权。[149] 所以摩西说，神把所有动物带到亚当面前，想看他会给它们起什么名字。这并非神有什么疑问，神是无所不知的，而是因为神知道自己已经在可朽的人身上安放了能自主理智思考的天然能力，所以神本身可以不必参与可能有缺陷的行为。不，神这是在考验人，就像一名教师对待学生，点燃他的内在能力，让他表现出自身的某些才能，让人能够依靠自身的才能，准确无误地给那些动物命名，使这些名字能够清楚地表现动物的特性。[150] 此时灵魂中的天然理智能力仍是纯粹的，没有受到虚弱、疾病或恶习的打扰，他接受的由物体和感性对象产生的印象是绝对真实的，他给这些动物所起的名字也是完全适宜的，道出了被命名的动物的根本性质及其与其他动物的区别，这样一来，只要说出它们的名字，也就理解了它们的性质。第一个人的行为如此高贵，因此也就抵达了人类幸福的边界。

【53】[151] 由于没有任何被造物是永久的，可朽的事物必定要发生变异和倒退，所以那第一个人也不可避免地要经历某些苦难和不幸。对他来说，女人是他应受谴责的生活的开始。因为当他独自生活的时候，与这种孤寂相一致，他的进一步成长与世界是一样的，也像神一样；他在灵魂中接受

---

① 参见《创世记》2：19。"耶和华神用土所造成的野地各样走兽，和空中各样飞鸟，都带到那人面前看他叫什么。那人怎样叫各样的活物，那就是它的名字。"

② 手擎火炬赛跑的形象非常普遍，柏拉图也使用过这个形象。参见柏拉图：《国家篇》I. 328a，《法篇》VI. 776b。

的印象是由每一事物的本性造成的，他没有接受事物的所有印象，而是接受一个可朽的凡人所能盛载的印象。但是，当那个女人也被造出来以后，那个男人看到一个与自己相似的形像便感到喜悦，于是靠近她，和她打招呼。[152] 看不到有哪个活物比那个男人更像自己，这个女人心里充满欢乐，羞答答地回报了男人的问候。爱情随之产生，他们就像一个生灵被分成两半，现在适宜合为一体，他们各自都有寻求交合的愿望，想要生育像他们一样的后代。这种愿望同样产生了肉体的欢娱，这种快乐是过失与犯法的开端；为了获得这种快乐，人给自己带来了死亡，颠覆了以往不朽与幸福的生活。

【54】[153] 我们读到，当那个男人还在过着孤独的生活、那个女人还没有被造出来的时候，神建立了一个园子①或乐园，与我们所熟悉的花园不一样：因为在我们的花园里，草木是没有灵魂的；花园里有各种各样的树木，有些始终开着花，为的是给眼睛带来不间断的欢乐，有些只在春天开花，为的是孕育年轻的生命；有些树经过人的改良，为人结果，不仅给人提供必要的营养，而且满足人的奢侈生活；还有些园子长出不同的果子，给野兽提供食物，满足它们的实际需要。但是，在这个神圣的园子或乐园中，所有植物都被赐予灵魂或理智，产出美德之果，洞察力和辨别力在园中也不会缺失，能够识别美丽与丑恶，园中的生命是无疾病的、不会腐朽的，园中的一切都具有这样的性质。[154] 我认为，这段描述的含义是寓意的而非字面的；因为大地上从未出现过有生命的树或有理智的树，今后也不会出现。不，摩西显然是在用园子作象征来表示灵魂的统治能力，灵魂里面充满无数的意见，就像园子里有无数的草木；他用生命之树来象征对神的敬畏，这是最大的美德，灵魂藉此获得不朽；他又用能知善恶的树来象征道德的审慎，这种美德占据中间地位，使我们能够区别本性对立的事物。

【55】[155] 在灵魂中建立这些标准以后，神就像一名法官，观察灵魂有什么动向。当神看到它倾向于邪恶，轻视能够获得不朽生命并对神畏惧的

---

① 《创世记》2：8．"耶和华神在东方的伊甸立了一个园子，把所造的人安置在那里。"

圣洁，神就把它赶出那个园子，如我们所料定的那样，并且不给冒犯和蔑视治疗的灵魂以返回乐园的希望。当然，他们受骗的原因也应当受到最大的谴责。这件事我们不能闭口不谈。[156]据说古时候地生的、有毒的爬虫能发出人的声音，有一天，它接近那第一个人的妻子，责备她犹豫不决、顾虑重重，不去摘那看上去最美、滋味最好、最有用的果子，因为吃了那果子，她就能识别善恶。据说，那个女人没有进一步思考这个建议，而是在缺乏稳定根基的心灵的怂恿下同意去吃那果子，还把一些果子给她丈夫吃；这就使他们马上脱离朴素无邪，进入邪恶的状态；天父一怒之下给了他们恰当的惩罚。他们的行为应当引起愤怒，因为他们已经错过了不朽的生命之树，无法抵达美德的圆满，他们原来是能从中获得长生和幸福的。然而，他们却选择了暂时、可朽的存在，这实际上不是一种存在，而只是一段充满不幸的时期。

【56】[157]这些叙述不是诗人和智者乐于做的神话虚构，而是使"型相"变得清晰可见的模式，凭借喻意解经，我们可以明白其中深层次的含义。遵循可能有理的推测，人们会说那条蛇是快乐的恰当象征。因为，第一，它是腹下无足的爬行动物；第二，它以土为食物；第三，它的牙齿有毒，会本能地杀死它咬住的东西。[158]快乐的热爱者具备所有这些特征，因为肥胖使他身躯下坠，无力抬头，酗酒使他失足；他不食用天上的食物，亦即通过言谈和学理为沉思的爱好者提供智慧，而是食用地上四季轮回出产的东西，这些东西引起酗酒、挑剔和贪婪。这些食物激发肚腹的欲望，使之迸发、鼓胀、变成烈焰，使人变成贪食者。它们同时也会激发他的性欲，因为他用舌头舔食那些食物提供者和制造蜜饯者的劳动成果。他极力扭动他的头去捕捉那些精美食物的气息和味道，一看到丰盛的餐桌，就俯伏上去，在食具中打滚，恨不得一口气吞食所有的菜肴。他的目的不是平息他的饥饿，而是吞食摆在他面前的一切，不留下任何东西。[159]因此我们看到的无非就是那条牙齿有毒的蛇，它就是这些无节制行为的代理人和管理者。它切割、嚼咽所有能吃的东西。先是把它们送到舌头上去品尝，它是味道的鉴定者，然后就

送进咽喉。无节制的饮食本质上是有害的、致命的，因为吃下去的东西没有时间消化。在吞下的美味佳肴被消化之前，它们已被排泄出去。[160]我再重复一下，那条蛇据说会发出人声。① 这是因为，快乐雇有无数的武士和卫兵，它们会保护她，支持她。因而她大胆地说自己拥有对一切事物的至上主权，无人能逃脱她的辖制。

【57】[161]最初那个男人接近那个女人时当然有快乐在指引他们，通过快乐他们生育出新的生命，其后代很自然地对快乐感到舒适，乐于享受，而在面对快乐的对立面时，他们会感到忧伤。这就是为什么婴儿在出生时要大声哭喊，好像周围无比寒冷；离开了长期居住的温暖的子宫，他突然接触到空气，来到寒冷的不习惯的地方，于是他大吃一惊，发出哭声，这就最明白不过地表达了他的痛苦和受苦时的烦恼。[162]还有人说，任何生灵都追逐快乐，视之为必要的而又基本的目标，而人尤甚。因为，其他生灵只通过味觉和其他生殖器官来寻求快乐，而人还用其他感官，用耳朵和眼睛去寻求所有能够提供刺激的景观和声音。在赞美快乐，说它与生灵有着密切联系和亲属关系的时候，还有大量的论述。

【58】[163]但是，我们已经说过的内容足以清楚地表明那条蛇为什么会发出人声。由于这个原因，我想，哪怕是在专门的律法中，当这位立法者写到哪些动物可吃、哪些动物不可吃时，特别赞扬了所谓的"斗蛇者"。② 这是一种爬虫，脚上有腿，可以从地上蹦到空中，像蚱蜢一样。[164]我认为，所谓斗蛇者无非是一个象征，代表着自制，与酗酒和快乐进行无休止的无终结的搏斗。自制格外欢迎朴素和节制，因此对一种严谨高尚的生活方式来说，自制是必要的；而放荡格外欢迎的是浮夸和奢侈，它们使人的灵魂和肉体疲软，变得骄奢淫逸，由此产生有罪的生活，这种生活在心灵正常的人看来，比死亡更糟糕。

---

① 伊壁鸠鲁学派认为快乐是人追求的目标，斐洛在文中批评伊壁鸠鲁学派的观点。

② 《利未记》11：22。"其中有蝗虫、蚂蚱、蟋蟀与其类；蚱蜢与其类；这些你们都可以吃。"

【59】[165] 快乐不敢冒险用诡计欺骗那个男人，而是对那个女人进行欺骗，把她作为欺骗男人的工具。这是一个有效、恰当的观点：在我们看来，心灵相当于男人，感觉相当于女人；快乐首先与感官接触并把握它们，通过感官欺骗心灵本身的至上权威；感官屈服于快乐所施的巫术，对快乐提供的东西全盘接受，视觉接受各种颜色和形状，听觉接受和谐的声音，味觉乐意接受精美的味道和芬芳的香味；感官全都接受各种礼物，并把自己奉献给理智，就像奴仆事奉主人，劝诱理智不要拒斥任何东西。理智因此落入圈套，变为臣民而非统治者，变为奴仆而非主人，变为异邦人而非公民，变为有死的而非不朽的。[166] 简言之，我们一定不要忽略这样一个事实，快乐是渴望与情人相会的荡妇，是盼望拉皮条的带来嫖客的妓女。感官的行为就像拉皮条的，为快乐获取情人。各种感官都落入了圈套，快乐要想控制心灵就很容易了。在我们身上，感官把所看见的东西传达给心灵，它们的报告是充分的、清晰的，由此在心灵中留下一些对象的形像，并对心灵产生相应的影响。心灵就像蜡块，接受感官传来的印象，藉此识别物体的特点，如我前述，仅靠自身，心灵不可能做到这一点。

【60】[167] 那些最先成为情欲奴隶的人是极为悲惨的，由于得到快乐支付的工钱，他们的疾病很难马上治愈。由于那个女人的过错，带来后来妇女分娩时的剧痛，各种苦难和悲伤贯穿着生命的其他阶段。首要的苦难有妇女生产之痛苦、扶养子女之艰苦、在疾病和健康问题上的痛苦、在好运和厄运中的痛苦。其次，她尝到了被剥夺自由的滋味，丈夫成为他身边的权威，丈夫的命令她必须服从。那个男人也遭受辛劳之苦，必须汗流满面地在地里劳作，方才得以糊口。他没有了那些无须任何农作技艺就能从地里长成的好东西。他的生命都耗费于不间断的劳作，获取食物和生计，以免饿死于饥荒。[168] 我想象，正如太阳和月亮在这个世界被造以后就遵循神的旨令不停地放射光芒，把罪恶驱逐出天空的疆界，大地的深厚沃土也是这样，无须农作技艺的帮助，也会随着季节的变化产出丰硕的果实。然而，当邪恶开始俘获较好的美德以后，神恩流水不断的清泉干涸了，不再给那些不配得到

恩惠的人提供福泽。［169］如果人类已经在经受适当的惩罚，那么这种由于对神忘恩负义而受到的惩罚一定要靠它的施恩者和保护人的理智来赦免。由于神是仁慈的，因此他减轻了惩罚，让人类能延续，但不再像从前那样提供现成的食物，人也不再能在空闲和饱足之中沉溺，在犯了过错以后再加上懒惰。

【61】［170］这就是那些最初的人的特点，他们开始的时候享有纯洁与朴素的生活，而后来则宁要邪恶，不要美德。摩西有关创世的记述给了我们许多教导，在我们已经谈论过的内容中，有五点是讲得最好的：第一，神是永恒的，来自永恒。这个观点与无神论者有关，有些无神论者对神的永恒存在犹豫不决、怀有二心，更有大胆者声称神根本不存在，但这只是人的论断，是在用神话和虚构模糊真相。［171］第二，神是一。这个观点与多神论者的看法有关，他们把最邪恶的暴民统治这种政体从地下搬到天上而不感到脸红。第三，如我前述，这个世界是生成的。这是因为有些人认为这个世界没有开端，是永恒的，这样一来，他们就没有把任何优先性指定给神。第四，这个世界也是一，就像它的创造者一样，它的创造者把祂的作品也造的像祂本身一样具有唯一性，祂使用了所有现存的质料以造就一个整体；因为，这个世界若不是用曾经是整体的那些部分来构造的，那么它就不会是一个整体。有些人认为有不止一个世界存在，还有一些人认为世界的数量是无限的。这样的人确实无限地缺乏他们本来应当知道的知识。第五，神预先对这个世界做过安排。在人世间，父母为子女预先做打算，与此相应，造物主会关心祂所造的事物，而被造物需要自然的律法与法规。①［172］开始学习这些事情的人要用理智，而不是靠道听途说，在他的灵魂中刻上神奇而又珍贵的真理的印象。他要懂得：神是永恒的，来自永恒；神就是一；神创造了

---

① 斐洛一面总结摩西的教导，一面批评希腊哲学家的一些观点：（1）神的存在是可疑的，这是希腊怀疑主义者的观点；（2）世界没有开端，斐洛认为这是亚里士多德的观点，而毕泰戈拉、柏拉图、斯多亚学派认为世界有开端；（3）有许多个世界，这是原子论学派的观点；（4）没有什么神意或天道，这是卢克莱修等人的观点。

世界，并且只创造了这一个世界，这个世界像神本身一样是唯一的；神对祂的创造物事先做了精心安排，引导他们过一种神圣的幸福生活，因为人的品性是用真理塑造的，是虔诚和神圣作用的结果。

喻意解经

提　要

本文的希腊文标题是"NOMΩN IEPΩN AΛΛHΓOPIAΣ TΩN META THE EΞAHMEPON TO ΠPΩTON"，意为"关于《创世记》第二、三章的喻意解释"，英译者将其译为"Allegorical Interpretation"。本文的拉丁文标题为"Legum Allegoria"，缩略语为"Leg. All."。中文标题定为"喻意解经"。原文共分 3 卷（book）：第 1 卷分为 33 章（chapter），108 节（section）；第 2 卷分为 26 章，108 节；第 3 卷分为 90 章，253 节。全文译成中文约 8.8 万字。本文的内容是《论创世》一文的延续。作者运用希腊哲学术语和理论，对希伯来圣经《创世记》（II., III.）的经文作喻意解读。

第一卷（1—108 节）：心灵和感觉，用数字六指称属地的事物，用数字七指称属天的事物（1—18 节）。心灵和感觉起源于神的理智，白天和理智都表示神的心灵或理智（19—20 节）。用地指称心灵可知的东西，用田野指称感官和可感的事物；心灵在思维中结果，感觉在感受中结果（21—27 节）。心灵的清泉浇灌大地的脸，心灵、感觉、感觉对象相互依存（28—30 节）。造物主用泥土制作的那个人属土，按照神的形像被造的那个人属天。神把生命气息吹入属土之人，使他成为生灵。神为什么朝着脸吹气？因为脸是感官的主要位置，脸代表心灵。心灵激励感官，使之产生感觉。心灵的能力小于宇宙心灵（31—42 节）。

园子和树：用神建园子说明尘世智慧只是上天智慧的摹本。用园子指称美德，用伊甸指称产生丰盛的幸福。人被安置在园子里照管它，也就是说把他的整个心灵给了美德。园子里有两个人，一个属天，一个属地。一个人是被造的，另一个人是被塑造的。前者耕种和看护美德，后者被赶出园子（43—55节）。用树指称具体的美德。用悦人眼目的树指称理论美德；用可做食物的树指称实践美德。象征美德的生命之树在园中；分别善恶的树虽然在园中，实际上在园外，因为它接受了恶（56—62节）。

美德与善行：用四条河指称具体美德，它们来自一般的美德，即园子。用比逊河表示审慎。用基训河表示勇敢。用希底结河表示自制。用伯拉河表示公正（63—76节）。用珍珠表示善意，用红玛瑙表示善行。用犹大代表感恩，用以萨迦代表高尚的行为。摩西在提到蓝宝石的时候没有同时提到红宝石，因为赞美和感恩使人超越自身，超越尘世的一切（77—84节）。审慎和勇敢包围和捕获愚蠢和胆怯。自制只能面对快乐与之抗争。公正既不能包围也不能对抗，只能进行裁决（85—87节）。

亚当与园子：用被安置在园子中的人指称心灵，它被安放在美德中实践和记忆美德（88—89节）。亚当这个名字的意思是土，它指的是那个被塑造出来的属地的人。属天之人不需要耕种和看护，也不需要禁令或鼓励。神的吩咐对灵魂发出，随意这个词表示灵魂的咀嚼，随意地吃表示内心顺从（90—99节）。神的吩咐针对众人，而非只针对一个人。原因是有大量低劣的人（100—104节）。凡人皆有之死与灵魂之死有区别（105—108节）。

第二卷（1—108节）：情欲的性质，从独居这个词开始，引申出神的唯一性，指出属地之人总是与情欲相伴（1—3节）。帮手表明那个后来被造的人是神赐给属地之人的礼物。野兽指感觉和情欲，是神赐给心灵的。情欲是人的助手，也经常是人的敌人（4—5节）。神创造夏娃的故事是一个用来说明感觉起源的神话。把女人带给那个男人就是把感觉介绍给心灵，心灵对此表示欢迎，把感觉当成自己的（6—18节）。亚当和夏娃两人都是裸体的，意思是他们都是不善不恶的。亚当和夏娃在心灵和感觉方面都不活跃，无羞耻感（19—43 节）。

情欲的失德：主动的感觉内在于心灵之中，心灵假设出来的念头是狭隘的，有罪的。拉结向雅各提出"你给我孩子"的要求，但"使利亚生育"的是神。心灵被感觉纠缠，会有抛弃神、不爱神的危险。利未做了高尚的选择，把神作为他的产业。裸体的一个含义是摆脱情欲以后的自由。所用例证有：摩西将帐篷支搭在营外，亚伦赤身进入至圣所，拿答和亚比户把他们的袍子留给米利沙和以利撒反，亚伯兰离开本地、本家，以撒得到禁令不要下埃及，雅各身体的光滑。裸体的另一含义是丢失美德，所用例证有挪亚的失态。心灵和感觉一起把握对象，它们需要有某些联合方式（44—75 节）。

控制情欲：就像旷野中咬人的蛇，情欲对美德发起攻击。自制具有治疗功能，就像摩西制造的那条铜蛇。快乐使人精神恍惚，就像沙漠中的蝎子叮咬后的作用。灵魂的饥渴要用智慧来平息，就像神用吗哪来平息它的饥饿。摩西的杖和雅各一样，表示理智，扔下杖就是偏离理智。马代表情欲，驭手代表心灵，自制的理智变成蛇咬伤马，使等待神拯救的心灵得救；在摩西的颂歌中，马和骑在马上的人，即由心灵驾驭的四种情欲被投入海中（76—108 节）。

第三卷(1—253 节)：被流放的人，拿躲避神的那个人与摩西做对照(1—15 节)，指出摩西不躲避神而躲避法老（分散）；与雅各对照（16—22 节），雅各躲避物质的诱惑（拉班），朝向美德的高峰（基列山）；与亚伯拉罕对照，他忠于神，拒绝这个世界提供的东西（所多玛国王）(23—31 节)。引用多处经文，指出那个在自身中隐藏的人因拒绝神而一事无成（32—35 节），他秘密地隐藏错误观念的罪恶（36—37 节），把邪恶埋藏在自己松散的心灵中（38—39 节）。真正的心灵应当从自我向神飞升（40—41 节），应当离开肉身与神同在（42—44 节），应当向神开启心灵中的一切，应当超越自我，寻求神（45—48 节）。"你在哪里"这个呼唤对心灵发出，表明心灵能够接受指导（49—54 节）。感觉与心灵同时察觉，并给心灵提供察觉的场合（55—58 节）。心灵总是与感觉一起出现，感觉不会歪曲任何对象，快乐使对象变得虚假（59—64 节）。

快乐、原罪：神咒诅蛇（快乐），不给它辩白的机会。被杀的珥是肉体，灵魂在圆满无缺时知道自己只是肉体的负荷者（65—78 节）。律法书提供大量事例，说明神最初的恩典。挪亚"在主神面前蒙恩"，神使麦基洗德成为祭司与和平之王（79—81 节）。亚伯兰生来就是善的。神在以撒出生以前使他蒙恩。雅各和以扫还未出生，他们的名份已由神判定（82—94 节）。神提比撒列的名，因为他的名字的含义是在神的影像中。总之，人必须祈祷，领悟神的善（95—103 节）。

咒诅快乐：胸部是激情的处所，亚伦依靠清晰和真实控制激情，摩西要把它完全割除。肚腹是情欲的处所（104—150 节）。身体需要迫使我们用智慧看守一切非理智的东西（151—160 节）。属土的身体由土来滋养，属天的食粮滋养灵魂。神用他的理智或话语喂养我们。快乐与感觉彼此为仇，二者经常发生战争（161—181 节）。雅各和以扫的搏斗象征着理智与情欲的搏斗。理智不会放过情欲，直到情欲屈服，承认自己已经被推翻和征服（182—199 节）。

感觉与理智：女人就是感觉，感觉经历悲痛，发出叹息。叹息有两种：一种由那些想要干坏事而又得不到机会的人发出，这种叹息是恶的；另一种由那些对以往的过失表示后悔的人发出，这种叹息是善的（200—213 节）。感觉要服从她的丈夫（理智）（214—245 节）。感觉是无理智的，是灵魂的一个组成部分。心灵努力把握感觉，这种努力使心灵劳苦。愚蠢的心灵总是偏离正确的理智。凡俗的本性起源于大地，在走完生命之途以后回归大地。这条路不是平坦的大路，而是崎岖不平的小径，路边充满荆棘和蒺藜（246—253 节）。

正　文

第一卷

【1】[1]"天地万物都造齐了"①。摩西已经谈论了心灵和感官的被造，接着就开始完整地阐述二者的完成。他不是说个别心灵或具体感觉已经抵达圆满，而是说心灵和感官的原本是完满的。他用象征性的语言把心灵称做天，因为天空是那些只有心灵才能识别的事物的居所；他把感觉称做地，因为感觉的构成较多地具有属土的性质和像物体那样的性质。"世界"，在心灵的情况下，指的是所有无形体、只能为心灵所识别的事物；而在感觉的情况下，表示有形体的、任何感官能感受的事物。

【2】[2]"到第七日，神造物的工已经完毕。"② 如果有人认为这个世界在六天之内，或在某一段时间被造出来，那么这种看法相当愚蠢。为什么？因为每段时间都是白天与黑夜的前后相继，而昼夜只能由太阳在大地上面和下面的运动所产生；然而，太阳是天空的一部分，所以必须承认时间的被造无疑比世界要迟。所以，正确的说法应该是，这个世界不是在时间中被造就的，而时间是由这个世界产生的，天空的运动标志着时间的性质。[3] 因此，当摩西说"他在第六日完成他的工"时，我们必须明白他在这里列举的不是日子的数量，而是在使用一个完全数，亦即六；因为这个数字是第一个与构成它自身的分数③ 之和相等的数：二分之一、三分之一、六分之一。六又可以通过它的两个不相等的因数相乘而产生，即二乘三。[4] 看那！这样

---

① 《创世记》2：1。
② 《创世记》2：2。"到第七日，神造物的工已经完毕，就在第七日歇了他一切的工，安息了。"
③ 分数的另外一个意思是"部分"。

一来，数字二和数字三就撇下了数字一具有的无形体的性质。数字二是事物的形像，可以视为分割或划分事物的结果；而数字三是立体的形像，因为立体容许三重划分。再者，数字六与动物的运动有联系，[①] 这种运动是由工具性的肢体提供的，装备了这种工具的身体天然适宜朝六个方向移动：前、后、上、下、左、右。然而摩西想要说明的是，被造的凡俗事物与那些不朽事物之间有相似性，这些凡俗事物按照对它们适宜的数的构成方式产生。如上所述，祂使凡俗事物与数字六对应，使那些幸福的、神圣的事物与数字七对应。[5] 因此，首先是在第七日，在结束了凡俗事物的创造后，造物主开始塑造那些比较神圣的东西。

【3】神决不会停止创造，就像火的性质是燃烧、雪的性质是寒冷一样，神的性质是创造；他也决不能停止创造，因为他是一切行动的源泉。再者，摩西说得非常好，神"使……休息"，而非神"休息了"；因为，神使那些显然正在创造中的事物休息，尽管这些事物实际上还没有运作，而神本身决不会停止创造。[6] 由于这个原因，摩西在"从他开始的地方"这些词后面加上"使……休息"这个词。因为，用人的技艺制造的东西在完工后就停滞了，保持它们的原状，而神的技艺的产物在完工后就开始运动，因为它们的完工是其他事情的开端，就好比白天的终结是夜晚的开端。[7] 一个月或一年的开始也当然应当被视为已经逝去的一段时间的界线；出生依赖其他事物的衰败，而衰败也带来新的生育。有句格言道出了真理：

> 万物有生必有死，
> 灰飞烟灭遁形踪，
> 新生其中。[②]

---

① 参见亚里士多德：《伦理学》III. 1, 6。
② 欧里庇德斯：《残篇》839。

【4】[8] 自然以数字七为乐，因此会有七颗行星在平衡恒星的统一运行。大熊星座因为有七颗星而呈现圆满状态，不仅使商业产生，而且是人类友谊和统一的根源。[9] 另外，月亮按照七产生变化，是对属土事物最富同情心的一颗星。确实，一切与我们凡人有关的东西都有来自上天神圣的起源，为了我们的福利，它们的运作由七来主宰。有谁不知道七个月的胎儿可以分娩，而那些孕期更长些的，在子宫里待上八个月的胎儿，反而会被当做死胎来看待？[10] 有人说，人在其生命的头一个七年里已经成为理智的存在者，在此期间他已经能用获得的理智能力来表达日常的名称和动作；在人的生命的第二个七年里，他有了能产生结果的能力，结果的意思是能再造与自身相同的东西，在大约十四岁的时候，我们能够生育和我们一样的后代。此外，第三个七年期是人发育的终结，因为到二十一岁为止，人的身体都在增高，许多人把这个时期称做青春期。[11] 还有，灵魂的非理智方面由七个部分组成：五种感官、言语器官、生殖器官。[12] 身体也有七种运动：六种是呆板的，第七种是环形的。内脏也有七个：胃、心、脾、肝、肺、两个肾脏。躯体也有同样的数目：头、颈、胸、手、肚、腹、足。脸是生灵最高尚的部分，由七个孔组成：两眼、两耳、两鼻孔、再加上嘴，共为七孔。[13] 分泌物有七种：眼泪、黏液、唾液、精液、从两个管道排出的废物以及从全身渗出的汗液。此外，对疾病来说，患病的第七日是最关键的一天。妇女的月经也延续七日之久。

【5】[14] 这个数字的力量也在多门技艺中表现。例如，在语法中，最优秀或最有影响力的字母，亦即元音，有七个；在音乐中，把七弦琴称做乐器之王是完全正确的，因为众所周知，等音是旋律中使用的最庄严的音符，而用七弦琴最适宜演奏等音。发音也有七重：锐音、抑音、圆滑音、送气音、不送气音、长音和短音。[15] 七又是六这个完全数之后的第一个数，有点类似跟在数字一后面那种情况。而其他十以内的数或是被别的数产生，或是参与构成十以内的其他数或十本身。七既不产生十以内的任何其他数字，也不被这些数产生。据此，毕泰戈拉学派沉迷于神话，把七看做是无母的，或者

视之为永远纯洁的处女，因为它既不是从子宫中出生的，也不会生育。①

【6】[16]"神就在第七日歇了他的一切的工，安息了"②。这句话的意思就相当于说，神此时停止塑造可朽的事物，开始创造那些神圣的，并与七的性质相一致的东西。如果按照人的生命和性格的养育做解释，那么这句话的意思是，当以七为基调的神圣理智③在灵魂中产生的时候，六与灵魂产生一切可朽事物就停顿下来。

【7】[17]"神赐福给第七日，定为圣日"④。既给这种安排赐福，又使之成圣，神使第七日与处在运动中的真正的神光相和谐，赐福和祝圣表明了二者间的密切联系。就是这个原因，摩西要对那些起大誓的人说，如果发生突变或者心灵被玷污，就不再神圣了，但是"前面这些日子不算在内"。这样说完全正确。因为，不神圣的性质没有价值，不值得计算，而值得计算的性质是神圣的。因此，他这样说是对的，神赐福给第七日并定之为圣日，"因为在这日神歇了他一切创造的工"⑤。[18] 为什么用七和完美的光来引导自身的人是有福的和圣洁的，其原因在于凡俗事物的创造在这一日到来时停止了。事情确实如此，当最辉煌、最真实、最神圣的美德之光渐露端倪的时候，具有相反性质的创造就停止了。但是我们已经指出，神在歇工的时候并没有停止创造，而是开始创造别的事物，因为祂不仅是个工匠，而且也是有生成的一切事物之父。⑥

【8】[19]"创造天地的来历，在神造天地的日子，乃是这样。"⑦ 也就是说，"这个按照数字七运动的完善的理智，既是心灵的最初根源，心灵按照

---

① 斐洛在《论创世》30—43 章详细阐述数字七的意义。

② 《创世记》2：2。安息的字义为"使……休息"。

③ 神圣理智（ἁγιοςλόγος）。

④ 《创世记》2：3。"神赐福给第七日，定为圣日，因为在这日神歇了他一切创造的工，就安息了。"

⑤ 《创世记》2：3。"歇"这个词的严格含义是"使之停止"。

⑥ 斐洛在这句经文中发现了这样一种含义，作为天父的神的活动是无休止的。

⑦ 《创世记》2：4。"创造天地的来历，在耶和华神造天地的日子，乃是这样。"该句按字面直译应为："此书谈论的是天与地被造时的源起。"

最初的型相安排自身，又是心灵范围内的感觉（如果允许这种表达）的最初根源，感觉按照最初的原本安排自身"①。摩西用"书"来指称神的理智，其他一切事物的构成都写在上面，在上面留有印记。[20]但你们不能设想神在某一段有限的时间内造就万物，而应当知道，有死的事物的创造过程是无法观察、无法描述、无法理解的。他还说"当它成形之时"，在这里他没有用明确的界线去限定时间，因为生成的事物是在那没有明确界限的原因②的支配下产生的。宇宙在六日内生成的想法也有一个终点。

【9】[21]"当日，神造天造地，又在葱绿在地出现之前创造了田野的葱绿，在草木出苗头之前创造了田野的草木，因为神还没有降雨在地上，也没有人耕地。"③在前面，摩西称这日为"书"，因为他把天地的被造说成是一起造就的；藉其自身崇高的显现和光芒万丈的理智，神创造了天地，既创造了心灵的原本，以象征性的语言称之为"天"，又创造了感觉的原本，象征性地称之为"地"。祂把心灵的原本和感觉的原本比做两种田野，因为它们结果实，心灵在思维中结果，感觉在感受中结果。[22]摩西的意思是这样的。在具体、个别的心灵之前，有某个原本作为它的原型和模型，在具体的感觉之前，有某个感觉的原本与具体感觉相连，就像一枚印章给感官产生的感觉留下形式的印记；正因如此，在理智可知的个别对象产生之前，已经存在一类事物，被称做"理智可知"本身，该类事物的成员由于分有理智可知的事物本身而获得这个名称；在感官的个别对象存在之前，也已经存在一类事物，被称做"感官可感"本身，所有感官的对象由于分有感官可感本身而变成现在这个样子。[23]摩西把"理智可知的东西"称做"田野的葱绿"，因为，就像一块绿色草木生长开花的田野，理智可知的东西从心灵中生长出来。所以，在具体的理智可知的东西产生之前，造物主已经造就了完全抽象的"理

---

① 把感觉视为心灵范围内的行为是斐洛的观点。
② 原因（αἰτία）。
③ 《创世记》2：5。"野地还没有草木，田间的菜蔬还没有长起来，因为耶和华神还没有降雨在地上，也没有人耕地。"

智可知"，作为一般的存在。他正确地把这个一般的存在称做"所有"，因为具体的理智可知的东西是部分，不是全部，而这个一般的存在才是全部。

【10】[24] 他说，"在草木出苗头之前"，这就是说，在感官的具体对象出现之前，已经存在造物主预先想到的"感官可感的"种类，亦即他称做"所有"的东西。他把感官可感的东西比做草木是很自然的。正如草是无理智的动物的食物，所以感官可感之物也指定给灵魂的非理智部分。否则，他为什么要在说了"田野的葱绿"之后又说，"和所有草木"，就好像田野的葱绿不可能变成草木似的？事实上，"田野的葱绿"是"理智可知的"，是心灵的产物，而"草木"是"感官可感的"，是灵魂的非理智部分的产物。[25] 他接着说："因为神还没有降雨在地上，也没有人耕种。"这些词表明他对存在的法则有深刻的认识。这是因为，如果神不对感官下雨，感官是可感对象呈现于其上工具，那么心灵既不会有任何东西可以拿来操作，也不会着手在感觉领域劳作。如果没有万物的原因对心灵倾泻可见的颜色、可听的声音、可尝的滋味，以及对其他对感官适用的对象，就像降雨或湿气一样，那么心灵仅靠自身是无所作为的。而只要神开始浇灌感官，心灵也就马上成为沃土的耕种者。[26] 感官的原本不需要滋养，而被形象地称为"雨水"的"感觉"的营养就是感觉的具体对象，它们当然是物体；而其原本与物体无关。这样，在具体个别的物体被造之前，神没有对被摩西称做"地"的感觉的原初型相降雨，这表明神没有给它提供营养，因为这个型相绝对不需要任何可感的对象。[27] "也没有人耕种"，这些词的含义是这样的：心灵的原初型相中没有感觉的型相，因为我的心灵也像你们的心灵一样，通过感觉的对象产生感觉，但是心灵的原初型相，由于没有与之相适应的具体的物体存在，所以不会产生感觉的原初型相；若要劳作，就要凭借感觉的对象来进行，而在原初型相中，没有感觉对象这样的东西。

【11】[28] "但有清泉从地上腾，滋润遍地。"① 摩西把心灵称做大地的"清

---

① 《创世记》2：6。

泉"，把感觉称做大地的"脸"，因为在万物中行使先见的自然，在身体的各个部分中把这个最适合感觉进行特殊活动的地方指定给感觉；心灵像清泉浇灌着感觉，给它们分别送去适量的泉水。然后，看那，生灵的力量像链条上的环节互相连接；有三样东西：心灵、感觉、感觉的对象。感觉位于中间，而心灵和感觉的对象处于两端。但是心灵既没有力量运作，亦即以感觉的方式发出它的能量，除非神向它派送感觉的对象，就像对它下雨，也没有任何好处会从感觉的对象中派生，除非心灵像一道清泉，在降雨的时候伸展自身抵达感觉，使它从宁静变为骚动，以把握呈现于它的对象。[29] 这样，心灵和感觉的对象始终处于循环往复的给予和接受之中，一方面做好准备，接受感觉作为它的质料；另一方面，就像一名工匠，朝着外在物体的方向移动感觉，使感觉对物体产生一种冲动。因为生灵在两方面优于无生命的东西：生灵可以接受印象①，又可主动地接近物体，产生感觉。[30] 外在物体被拉近后产生了印象，通过感觉给心灵打上印记；而与这种前面讲过的力量密切相关的主动的冲动来自心灵的自我延伸，它通过感觉发挥作用，并由此与呈现于它的对象接触，朝着它进发，努力抵达它，并捕获它。

【12】[31] "神用地上的尘土造人，将生气吹在他鼻孔里，他就成了有灵的活人。"② 人有两种：一种属天，一种属地。属天的人是按照神的形像造成的，与可朽的、属地的本体无关；属地的人由散布在各处的质料组成，他称这些质料为"尘土"。由于这个原因，他说，属天的人不是塑造而成的，但烙有神的形像的印记，而属地的人是造物主塑造的作品，但不是神的后代。[32] 我们必须认为这个用土造出来的人是心灵与肉体的混合，但却还没有完全溶化成一块。这种尘世的心灵，如果神没有将真正的、生命气息的

---

① 印象（φαντασία），有时译成呈现，有时译为心灵图景，是心灵接受的印记（τύπωσις）。斯多亚学派论印象，参见第欧根尼·拉尔修：《名哲言行录》VII.45；[德] 亚尼姆：《老斯多亚学派残篇》II.52 以下。

② 《创世记》2∶7。"耶和华神用地上的尘土造人，将生气吹在他鼻孔里，他就成了有灵的活人，名叫亚当。"

力量吹入，实际上也是可朽的。当神这样做的时候，那个人便不再是一个塑造品，而是变成一个灵魂。这个灵魂不是无能的和有缺陷的，而是有心灵的和真活的；因为他说："那人就成了一个有灵的活人。"

【13】[33] 可以提出这样一些问题：第一，为什么神会认为值得向这个凡俗的、爱恋肉体的心灵吹入神圣的生气，而不是向那根据神自己的形像创造的心灵吹入生气？第二，"吹生气"的含义是什么？第三，为什么将生气吹在脸部？第四，尽管他说"神的灵运行在水面上"①表明他懂得"灵"这个词的意思，但他在这里为什么要说"生气"而不是"灵"？[34] 回答第一点疑问，首先，我要说的是神乐意给予，乐意把好东西赐给所有那些哪怕是不完善的事物，同时鼓励它们追求美德，参与美德。通过展示自身丰盛的财富来表现这一点，神即使对那些不会因此而派生重大利益的事物也有充足的赐予。神在其他场合也清楚地显示了这个特点。祂在海上下雨，让清泉从沙漠深处涌出，让泉水满溢形成河流，以浇灌贫瘠荒芜的不毛之地，还有什么能比这些更清楚地证明神从来不吝惜自己极为丰盛的财富和利益呢？这就是祂创造的灵魂不会缺乏美德的原因，尽管有些灵魂不会去实施美德。[35] 其次，我要说的是，遵从律法、履行义务，这是神的意愿。当然了，那些没有吸入真正的生命、没有体验过美德的人，在其因过犯而受罚的时候会说，这种惩罚不公正，因为他还没有体验到善，因而在善行上有误，所以应当受责罚的是神，因为神没有给他吹入善的观念。不，他甚至有可能说他根本无罪，因为如某些人所说，非自愿的或不自觉的行为不应算作错误的行为。[36] 我们注意到，"吹气"在这里相当于"有灵"或无灵魂的东西"有了灵魂"②；因为神禁止我们受那种极为愚蠢的说法的影响，认为神用了嘴或鼻孔这样的呼吸器官；神不但不具有人的形像，而且也不属于任何物类。然而这个说

---

① 《创世记》1：2。

② "吹气"（ἐνεφύσησεν），"有灵"（ἐνέπνευσεν）、"有了灵魂"（ἐψύχωσε）。ἐνέπνευσεν 由 ἐν（入）和 πνείω（吹风、呼吸）组合而成，而 πνείω 又与 πνεῦμα（灵）相关，有了气息就是有了灵魂。

法也清楚地道出某些与自然一致的东西，因为它意味着三样必要的东西：吹者，承受者，被吹者。[37] 神是吹气者，承受者是心灵，被吹者是灵或生气。从这三个前提中，我们能推导出什么来呢？神投射出这种能力，它起于神自身，通过吹入生气的中介抵达承受者，因此三者是统一的。[38] 由此，我们可以获得有关神的观念，除此之外，这件事还能有什么目的呢？若非神对灵魂吹入生气以把握它，灵魂怎么能够想象到神呢？若非神把心灵提升到自己身边来，人的心灵决不会冒险攀高去把握神的本性，只有吹入了生气，人的心灵才有可能提升，人的心灵才能打上那种能力的印记，而那种能力处于人可以理解的范围之内。[39] 那吹在脸部的气息既可做生理方面的理解，又可做伦理方面的理解。从生理上来说，感官设在脸部，而脸部比身体其他所有部位更有灵气。从伦理上来说，就像脸部是身体的主要部分一样，心灵也是灵魂的主要部分。神只对这个部分吹气，因为祂认为对别的部分吹气是不合适的，无论是感觉器官，还是言语器官或生殖器官。它们的能力属于第二等。[40] 那么，它们也能接受灵气吗？显然要依靠心灵。心灵把从神那里接受来的东西传递到灵魂的非理智部分，让它们分享。因此，神把灵气赋予心灵，心灵则把灵气赋予灵魂的非理智部分。这样说来，心灵就是灵魂的非理智部分的神。[41] 神也曾以同样的方式毫不犹豫地说，摩西是"法老的神"。① 某些东西成形要依靠神的能力，也要通过神的运作；而另一些东西成形只需要依靠神的力量，而不需要通过神的运作。产生最优秀的东西既要依靠神，也要通过神。比如，他马上就说："神立了一个园子"②。心灵属于这一类事物。而灵魂的非理智的部分由神的力量造成，但无须通过神的运作，它们通过的是心灵把握和主宰灵魂的理智力量。[42] 他使用的词是"气息"，而不是"灵"，③ 这意味着两者之间有区别。因为"灵"意味着力量、活力和能力，而"气息"就像是空气或温柔平和的雾。依照形像或原型造出来的心

---

① 《出埃及记》7：1。"神对摩西说，我使你在法老面前代替神。"

② 《创世记》2：8。"耶和华神在东方的伊甸立了一个园子，把所造的人安置在那里。"

③ "气息"（πνοὴν）和"灵"（πνεῦμα）含义相近。

灵可以说分有"灵",因为它的理智能力拥有强健的活力;而从质料中造出来的心灵必定分有轻薄的空气。它就像香料散发气味那样在蒸发,香料只要存放在那里,即使不燃烧,也一直有甜甜的香味散发出来。

【14】[43]"神在伊甸太阳升起的方向立了一个园子,把所造的人安置在那里"。① 摩西用了许多词汇来表明崇高的、属天的智慧有许多名称,比如"开端"、"形像"、"神的显圣",等等。他现在通过"神立园子"来指明,属地的智慧只是它的原型的一个摹本。[44] 如果从人的心灵出发去想象神在耕种土地和立园子,那么这种想法是非常亵渎的。我们马上会感到困惑,神出于什么动机要做这些事?既不会是为了祂自身的愉快做这些事来恢复精力,也不会是为了舒适。[45] 别让诸如此类的神话进入我们的心灵,因为即使整个世界也不是神建造祂的住所的恰当地点。神就是祂自己的住所,为自身所填充,其自身是自足的。所有其他事物都含有缺乏、贫困和虚空,但神不被其他事物包含,因为神是它自身,是元一,是全部。[46] 因此,神是在为可朽的种类耕种属地的美德,它是属天的美德的摹本和复制品。神怜悯我们人类,看到人类充满疾病,因此祂使属地的美德植下根来,救助患病的灵魂。如我前述,它是属天的美德原本的摹本,摩西给这原本起过很多名称。美德被形象地称做"园子",这伊甸园的位置也被专门确定下来。"伊甸"这个词意味着"丰饶"。美德与和平、利益和欢乐协调,而真正的丰饶是由这些东西组成的。此外,所立的园子朝着太阳升起的方向,因为正确的理智既不会堕落也不会熄灭,它的本性是不断增长,我认为这就好比是太阳升起填补着黑暗的天空。美德也是这样,它在灵魂中升起,照亮灵魂的昏暗之处,驱散它的黑暗。[47] 他说:"神把所造的人安置在那里。"由于神是善的,他要训练我们人类把追求美德作为最恰当的行为,所以,他显然是为了这一目的而把心灵安置在美德之中,让它做一个好园丁,必须只关注美德而非其他。

---

① 《创世记》2∶8。

【15】[48] 现在有人会问，既然摹仿神的作品是虔诚的行为，那么为什么神可以立园子，而我却不能在祭坛旁立一个园子呢？因为经上说过，"你不可为自己立园子，也不可在坛旁栽什么树木"①。对此我们又该怎样解释呢？该这样解释：神在灵魂中建立美德，但心灵表示它心目中没有神，而是充满自爱，把自己等同于神。心灵的本分是被动的，却当自己是主动的。所以当神在灵魂中栽种高尚品德时，心灵却说"我栽种"，这是一种亵渎的罪恶。神要栽种时，你就不应当栽种。[49] 如果你确实想要在灵魂中栽种，哦，心灵呀，你只能栽种结果的树木，而不要立一个园子。因为，园子中既有野生树木，也有果树。在灵魂中栽下贫瘠的、坏的树木去和结果的、美德之树相伴，就像是麻风再度生长，就像不协调的颜色混杂在一起。如果你已经把异质的、不能混杂的东西放在一起，那么就把它们分开，与纯洁的、结果的、纯贞的东西区别开来，免得玷污神。由供奉牺牲的祭坛来表示的正是这样一种东西。如说任何东西都是灵魂的独立作品都是悖理的，因为没有任何一样东西是与神无关的。[50] 这种说法把贫瘠不育与结果实混为一谈，这是一种污秽，而只有纯洁的东西可以献给神。哦，心灵，你若违反任何一个方面，都会伤及自身，而不会伤及神，这就是经上要说"你不可为自己栽种"的原因。对神来说，他不需要这样的耕作，更不必说栽种坏东西。[51] 经上又说："你不可为自己造。"在另一处也说："你们不可作什么金银的神像与我相配，不可为自己作金银的神像。"② 有些人认为神属于某种类型，或者认为神不是唯一的，或者认为神不是无起源的、不朽的，或者认为神不是不能变化的，他们都是错认了自己，而不是错认了神。因为经上说："你不可为自己造。"我们必须认为神不属于任何类型，神是元一，是不朽，是不变。[52] 不这样看的人，他的灵魂受到了虚假的无神论观点的传染。难道你们没有看到，即使到了神把我们带入美德，而我们也已经进入美德，我们栽种

---

① 《申命记》16：21。"你为耶和华你的神筑坛，不可在坛旁栽什么树木作为木偶。"
② 《出埃及记》20：23。"你们不可作什么神像与我相配，不可为自己作金银的神像。"

的不是不结果的东西，而是每棵树都"适宜作食物"的时候，祂仍旧责令我们不可吃它们，"如未受割礼的一样"①吗？这表明，我们栽种的是观念，祂要求我们修剪自傲，而自傲的本性是不洁的。

【16】[53] 谈到那个神塑造的人时，经文只说神"把他安置在园中"。稍后处，经文说，"神主把他所造的人安置在园中，使他耕耘看护"②，这里说的人又是谁呢？这里说的似乎是另外一个人，是根据形像和原型造出来的人。由此可见共有两个人被带进园中，一是被塑造之人，另一是根据形像造就之人。那根据形像而造的人的活动不仅是栽种美德，而且也是耕种和护卫美德，这就意味着他要认真留意他在训练中所听到的和所练习的东西。[54]但那个被塑造的人既不耕种美德又不护卫美德，而只是被神丰裕的恩惠置于真理之前，然后马上就被流放至美德境外。由于这个原因，在描写神只将他安置在园中的那个人时，摩西用了"被塑造的"这个词，而描写那个被赋予修理看护之责的人，摩西不仅说他是"被塑造的"，而且说他是"神所造的"；一个是神接受的，另一个是神遗弃的。神赠予他所接受的人三项礼物，就是：心灵的灵巧，做事的持久，护卫的坚韧。[55] 心灵的灵巧就是"安置在园中"，做事的持久就是实施高尚的行为，护卫的坚韧就是守护和维持神圣训诫的记忆。"被塑造的"心灵既不能保持美德，也不能实施高尚的行为，只有理解这些高尚行为的灵巧，除此之外没有别的。于是，被安置在园中之后不久，他就逃跑了，并被神遗弃了。

【17】[56]"神使各样的树从地里长出来，可以悦人的眼目，其上的果子好作食物。园子当中又有生命树和分别善恶的树。"③ 他此处提到神在灵魂中种下了美德之树。它们是几种个别的美德，指相应的活动、道德上的完全

① 《利未记》19：23。"你们到了迦南地，栽种各样结果子的树木，就要以所结的果子如未受割礼的一样。"
② 《创世记》2：15。"耶和华神将那人安置在伊甸园，使他修理看守。"
③ 《创世记》2：9。"耶和华神使各样的树从地里长出来，可以悦人的眼目，其上的果子好作食物。园子当中又有生命树和分别善恶的树。"

胜利，以及哲学上称做本分或共同义务的东西。这些就是园中的树木。他用这些树木作象征，善的东西是最美好、最悦目的。[57] 有些技艺和科学确实是沉思的，但不是实践的，比如数学和天文学；有些是实践的，但不是沉思的，例如木匠和铜匠的技艺，以及所有可称做创制的技艺。① 但是，美德既是沉思的又是实践的，因为它显然与沉思有关。哲学是导向美德的通道，它的三个部分与美德相关联：逻辑学，伦理学，物理学。②[58] 美德也与行为有关，因为美德就是整个人生的技艺，而人的生活包括人的所有行为。当美德与沉思和实践相关联时，它在各个方面就极为优秀，因为，关于美德的沉思确实是完美的，而实践美德和操练美德是对努力追求美德者的奖赏。因此摩西说，它既是"美的悦人眼目的"，这是表示它的沉思方面，又是"好作食物的"，这是在指出美德在实践和操练中是优秀的。

【18】[59]现在，生命树是最全面意义上的美德，有些人把它说成是善。具体的美德从它那里派生出来。这就是为什么它也被放在园子中间，占据一个中心位置，使它可以像个国王似的受到各方侍卫的保护。但也有人说生命树就是人的心，因为它是生命的根源，自然地被安放在身体的中心位置，因为人心乃是最具霸权的。[60] 这些人应当记住，他们所提出的观点具有物理学的价值，但没有哲学的价值；而我们在前面已经提到，最全面的美德被称做生命树。因此，他把生命树说成是位于园子中心，但在提到另外那棵"分别善恶的树"的时候，他没有说清它在园内还是在园外，在说了"和分别善恶的树"这几个词以后，他就停顿下来，没有说明它在什么地方。他的沉默在于他想要防止那些对自然哲学一无所知的人疑心那个地方是知识的处所。[61] 那么它在什么地方呢？这棵树既在园内又在

---

① 亚里士多德在《形而上学》（VI.1）中作出过更加精细的分类，亦即分为沉思的（θεωρητικαί）、实践的（πρατικαί）、创制的（ποιητικαί），雕塑和诗歌属于创制的。

② 亚里士多德在《论题篇》（I.14,105b20）将哲学划分为"伦理学、自然哲学、逻辑学"三个部分。第欧根尼·拉尔修（《名哲言行录》VII.39）说斯多亚学派作过这种划分，他在另一处（VII.39—40）提到斯多亚派的芝诺把哲学理论分为"关于自然的，关于伦理的，关于逻辑的"，把哲学比做"丰产的土地"，把逻辑学比做"环绕四周的篱笆"，把伦理学比做"果实"。

园外，其本体在园内，其潜能在园外。为什么会这样呢？我们的主宰部分是感受一切的，像一块蜡，承受所有美和丑的印象；连那个取代者雅各①也承认，"这些事都归到我身上了"②。同样，宇宙万物的无数印象都归到灵魂上。当它承受完善美德的印记时，它就成为生命树，当它承受邪恶时，它就成为知善恶的知识树。但是罪恶已从神圣的歌队中被驱逐。③因此，一方面我们实际上已经认为这个主宰部分在园中，因为它拥有那属于园子的美德的印记；另一方面，它实际上又不在园中，因为邪恶的印记与那神圣的太阳升起的地方不相容。[62]你们可以这样理解我的意思。我的主宰部分此时位于我的身体中，如果它在思考某个国家，那么从潜能来看，它实际上在意大利或西西里，如果它在思考天，那么从潜能来看，它实际上在天上。这种事情也经常发生，那些实际位于世俗之地的人，如果能够建起美德的形像，那么他们实际上处于神圣的地方。另外，那些位于圣地的人的心灵可以是亵渎的，因为他们的心灵接受恶的印象，趋向无价值的东西。这样的邪恶既在园中，又不在园中，因为它可以真的在园中，但按照本体来说，它不在园中。

【19】[63]"有河从伊甸流出来滋润那园子，从那里分为四道：第一道名叫比逊，就是环绕哈腓拉全地的。在那里有金子，并且那地里的金子是好的；在那里又有珍珠和红玛瑙。第二道河叫基训，就是环绕古实全地的。第三道河叫希底结，流在亚述的东边。第四道河就是伯拉河。"④用这些河来表示具体的美德就是他的目的。[64]这些美德有四种：审慎，自制，勇敢，

---

① 雅各（Ἰακώβ），以撒之子，以扫之弟，用计夺长子名份，故为"取代者"。见《创世记》27。

② 《创世记》42：36。"他们的父亲雅各对他们说，你们使我丧失我的儿子，约瑟没有了，西缅也没有了，你们又要将便雅悯带去。这些事都归到我身上了。"

③ 参见柏拉图：《斐德罗篇》247a。

④ 《创世记》2：10—14。这里出现多处地名，译名从圣经和合本。比逊、基训、希底结、伯拉为四条河的名字，希底结即底格里斯河，伯拉即幼发拉底河。哈腓拉、古实、亚述为地区名或国名，古实即埃塞俄比亚。

公正。① 这四条河从一条最大的河中流出，这条河就是最全面的美德，我们称之为"善"。四种美德就是四条支流。最全面的美德从伊甸园，即神的智慧中流出，充满欢乐、光明、喜悦和荣耀，为它自己只依靠它的父神而感到自豪。具体的美德有四种，最全面的美德派生出具体的美德，它们像河流那样浇灌着丰硕的果实，伴随着高尚的行为滚滚流淌。[65] 让我们也来看一下具体用语。经上说："有河从伊甸流出来滋润那园子。""河"指的是最全面的美德，善。它从伊甸流出来。伊甸就是神的智慧，就是神的理智，最全面的美德就是照着神的理智生成的。最全面的美德滋润那园子，也就是说，它浇灌着具体的美德。摩西不是在方位的意义上而是在主权的意义上使用"道"② 这个词。因为每种美德都确实是主权，是一位女王。"分为"相当于"分界"。审慎对那些已经做了的事情划定界线；勇气对那些要忍受的事情划定界线；自制对那些被选择的事情划定界线；公正对那些被奖赏的事情划定界线。

【20】[66] "第一道名叫比逊，就是环绕哈腓拉全地的。在那里有金子，并且那地里的金子是好的；在那里又有珍珠和红玛瑙。"③ 四美德之一是审慎，被称做"比逊"，因为审慎就是"有节制"，监督灵魂，使之不作恶。它环绕哈腓拉全地，这就是说，它温和地抚育照料着优美和文雅的气质。[67] 在所有可熔炼的金属中金子被公认为是最优秀的，同样，在灵魂拥有的美德中，审慎最为人们认可。"在那里有金子"这几个字不仅表示地点，而且也表示神是那里的宝库。甚至审慎也像金子般闪闪发光，它经过烈火的熔炼，非常珍贵。审慎被认为是神最优秀的宝藏。与审慎的处所相对应有两样具体的东西：一是那个审慎的人，另一是实施审慎的人。他把他们比做珍珠和红玛瑙。

---

① 希腊道德哲学历来有四主德之说，斐洛在这里的提法是：审慎（φρόνησις）、自制（σωφροσύνη）、勇敢（ἀνδρεία）、公正（δικαιοσύνη）。

② 上述圣经引文中四道河的"道"。

③ 《创世记》2：11。"第一道名叫比逊，就是环绕哈腓拉全地的。在那里有金子。"

【21】[68]"第二道河名叫基训，就是环绕古实全地的。"① 这条河象征性地代表勇敢，因为基训这个词的字义是"胸膛"或"碰撞"。两者都有勇敢的意思，因为，勇敢的处所在人的胸部，心脏也在这里，是完全装备起来用于自卫。所谓勇敢就是关于必须忍受的、不必忍受的和介于两者间的事情的知识。② 它包围和攻打古实全地。"古实"这个名称有人解释为"卑劣"。胆怯是一种卑劣，而勇敢则是卑劣和胆怯的对手。[69]"第三道河名叫希底结，流在亚述的东边。"③ 第三种美德是自制。人们认为它与快乐为敌，能够指引人摆脱软弱，因为"亚述"用希腊语来表达，意思是"指导"。摩西还把欲望比做老虎，老虎是最难驯服的野兽，欲望要用自制来克服。④

【22】[70] 值得查考的是，为什么在这里要把勇敢放在第二位，把自制放在第三位，而把审慎放在首位？为什么他没有提出其他不同的美德秩序？必须看到，我们的灵魂有三重，一重是理智，一重是情感，还有一重是欲望。⑤ 我们发现，头部是理智的位置和处所，胸部是情感的处所，腹部是欲望的处所，各有一种美德与之相连。审慎相对于理智部分，因为审慎就是那种关于我们该做什么和不该做什么的知识；勇敢相对于情感部分；自制相对于欲望部分，我们依靠自我节制来克服我们的欲望。[71] 头部是人最先和最高的部分，胸部是第二位的，腹部是第三位的。灵魂也是这样，理智能力处于首位，情感处于第二位，欲望处在第三位。美德亦如此，审慎处于首位，它在灵魂的第一部分活动，控制心灵，位于身体的第一部分，亦即头部；第二位是勇敢，在情感范围内活动，在灵魂的第二部分据有处所，位于身体的相应部分，胸部；第三位是自制，它起作用的区域是腹部，腹部当然

---

① 《创世记》2：13。"第二道河名叫基训，就是环绕古实全地的。"

② 这个定义是斯多亚学派的。参见［德］亚尼姆：《老斯多亚学派残篇》III. 262 以下。

③ 《创世记》2：14。"第三道河名叫西底结，流在亚述的东边。第四道河就是伯拉河。"

④ "老虎"和"希底结河"（底格里斯河）在希腊文中的拼写是一样的，都是 Τίγρις。

⑤ 这一理论源自柏拉图，参见柏拉图：《斐德罗篇》246 以下，《蒂迈欧篇》69c，《国家篇》439d。斐洛实际上在 23 章以下再造这一形象，但没有使用柏拉图的两匹马的性质的区别。灵魂三个部分的不同处所取自柏拉图：《蒂迈欧篇》69e，90a。

是身体的第三部分，欲望的位置被规定在灵魂的第三部分。

【23】[72] 他说："第四道河就是伯拉河。"①"伯拉"的意思是"多产"，象征着第四种美德"公正"。公正确实是多产的美德，它给心灵带来快乐。那么，它在什么时候出现呢？在灵魂的三个部分和谐的时候。和谐对它们来说就是优越当主权。例如，当灵魂的两个部分，情感和欲望，像马匹由驭手驾驭那样由理智能力来指引的时候，公正就出现了。因为，让优秀者在各时各处实行统治，低劣者被统治，这就是公正。[73] 理智能力是比较优秀的，欲望和情感是比较低劣的。反之，当高尚的情感和欲望变得倔强而难以控制，它们冲动地牵扯着驭手，即理智，把它从驭手的位置上拉下来置于轭下，而由情欲来执掌缰绳，在这种时候，不公正就占据了上风。这种情况的发生只能归罪于驭手的拙劣技能，他把整个队伍引上了悬崖峭壁，需要有经验和技艺的驭手才能把它引向安全之地。②

【24】[74] 现在让我们按下面这种方式，继续讨论这个主题。"比逊"表示"嘴巴的变化"，"哈腓拉"表示"产妇的阵痛"；因此它们的含义显然是审慎。很多人佩服那些诡辩者，他们在争论的时候非常能干，能审慎地发表自己的意见。但摩西知道，这些人确实热爱发表言论，但决不是审慎的人。因为审慎可以在"嘴巴的变化"，亦即在发生转换的言语中被识别出来。这也就等于说，审慎不表现在言语中，而表现在行动和诚实的行为中。③[75]"审慎"用一道围墙环绕哈腓拉，或"处在阵痛中的愚蠢"，包围它，推翻它。产妇的阵痛是"愚蠢"极为恰当的名称，因为愚蠢的心灵恋慕着力不能及的事情，永远处在阵痛的折磨之中。当它迷恋金钱、荣耀、快乐或其他时，就是这种情况。[76] 但是，尽管它处在产妇的阵痛中，却决不会有生育，因为卑鄙者的本性没有生育的能力。它想要生育，但会转变为不幸的流产或小产，胎儿肉已半烂，相当于灵魂死亡。同样，亚伦，即神圣的

---

① 《创世记》2：14。

② 参见柏拉图：《斐德罗篇》253d。

③ 即从理论范围转移到实践范围。

理智，请求摩西，让神的慈爱治愈米利暗的疾病，让她的灵魂可以不处于罪恶和产妇的阵痛中，所以他说："求你不要使她像那出母腹，肉已半烂的死胎。"①

【25】[77]经上说："在那里有金子。"②这里的意思不仅是金子"在那里"，而且是"在神那里，金子是祂的"。因为摩西把审慎比做金子，一种单纯的、纯粹的、经过烈火冶炼的、珍贵的东西③。审慎在那里处在神的智慧之中，它在那里，不是智慧的占有物，而就是它，就是智慧本身。[78]神创造了它，使它成为神的。"那地的金子是好的"，"那么，还有其他不好的金子吗？"是的，确实如此，因为审慎有两种：一种是全面的，另一种是个别的。我的审慎是个别的，是不好的。我死的时候，它也随我一同死亡。但是全面的审慎是好的。它的处所在神的智慧中，在神的居所。它本身是不死的，因为它处于一个不灭的居所。

【26】[79]"在那里又有珍珠和红玛瑙。"④珍珠和红玛瑙用来表示善的两个具体表现，指拥有善意的人和实行善德的人。前者的决定性因素是潜在的善意，后者是实行了的善德。因为善有这些具体表现，所以神在那属地的人身上种下善意（个别的）和善德（一般的）。因为，理智活动如果不准备欢迎善，不接受善的印记，那么在美德中还有什么利益可言呢？所以很自然地，在有善意之处就有拥有善意之人和实行善德的人，它们是两种宝石。犹大⑤和以萨迦⑥似乎就是这两种人。[80]一种是按神的实际智慧去实行，对神感恩的人，神赐予无限的善；而另一种从事高尚的有价值的工作。

---

① 《民数记》12∶12。亚伦和米利暗毁谤摩西，米利暗患麻风病。

② 《创世记》2∶11。

③ 东西（οὐσα），英文译为"substance"。

④ 《创世记》2∶11。

⑤ 犹大（Ἰούδας），雅各之子，利亚所生。《创世记》29∶35。"她又怀孕生子，说，这回我要赞美神，因此给他起名叫犹大（就是赞美的意思）。这才停了生育。"

⑥ 以萨迦（Ἰσσάχαρ），雅各之子，利亚所生。《创世记》30∶18。"利亚说，神给了我价值，因为我把使女给了我丈夫。于是给他起名叫以萨迦（就是价值的意思）。"

因此，犹大代表赞美神的人，利亚生下他后才停止生育，而以萨迦代表从事高尚、有价值工作的人，他"低肩背重，成为服苦的仆人"①。摩西在谈到他的时候说，他的灵魂中种有"奖赏"。也就是说，他的劳作并非枉然，神使之圆满，他会得到酬报。他在别处谈到那些可敬的长老时也涉及这一点。[81] 他在谈论大祭司的袍子时说："要在上面镶宝石四行：第一行是红宝石，红璧玺，红玉。"刻上流便、西缅、利未②三人的名字。"第二行是红宝石和蓝宝石。"③ 蓝萤石是一种蓝宝石。犹大的名字被刻在红宝石上，因为他位列第四。以萨迦的名字被刻在蓝宝石上。[82] 那么为什么他在提到"蓝宝石"的地方没有同时提到"红宝石"呢？④ 因为犹大的气质倾向于感恩，这种气质与身体和物体无关。用这个词来表示感恩，确实生动地描述了被引导脱离自身后的感恩。心灵脱离本身，把自己奉献给神，如以撒或"喜笑"⑤ 所为，每当这种时候，它在谢恩时就趋向于那存在的"唯一者"。如果心灵以为自己是一切事物的创造者，那么它就远离正道了。为神保留地位，对神谢恩。[83] 我们必须看到，谢恩本身不是灵魂产生的，而是使灵魂"谢恩"的神的运作。犹大在谢恩时确实是不朽的，但对以萨迦来说，他已经在辛勤地劳作，因此相应地也就需要一个质料的肉体。因为，若是没有眼睛，他再努力也无法阅读，若是没有耳朵，他又怎能听到鼓励的话呢？若是没有肠胃和良好的消化过程，他又怎能吃喝呢？这就是他也被比做宝石的原因。[84] 是的，只是颜色不同。红宝石的色彩属于那些谢恩的人，因为他们在对神谢恩时，被火所充满，具有一种清醒的陶醉。对那些仍在辛勤劳作的人来说，蓝宝石的色彩是恰当的，因为正在练习和训练的人脸色是苍白的，既因为劳作之艰辛，也因为他们担忧自己的愿望不能达成。

---

① 《创世记》49：15。"他以安静为佳，以肥地为美，便低肩背重，成为服苦的仆人。"

② 流便（Ρουβήν）、西缅（Συμεων）、利未（Λευί），均为雅各之子，利亚所生。参见《创世记》29：32—34。

③ 《出埃及记》28：17 以下。

④ 亦即在《创世记》2：12 处。

⑤ 以撒（Ισαάκ）的词义是"喜笑"。参见《创世记》17：19。

【27】[85] 我们还要进一步查考，为什么经上要说比逊和基训这两条河环绕某些国家，一条环绕哈腓拉，另一条环绕古实，而在提到其他河流的时候不这样？关于希底结，经上说它与亚述相对；而关于伯拉河，经上没有说它与任何国家相对。然而实际上伯拉河环绕许多国家，也与许多国家相对。由此可见这段话的主题不是河流，而是改善德性。[86] 我们必须看到，审慎和勇敢能够构筑围墙包围相反的邪恶，即愚蠢和胆怯；也能捕获它们，因为它们都是虚弱的，易于捕获的。愚蠢者容易被审慎者捕获，胆怯者任凭勇敢者摆布。自制则相反，它无力去包围欲望和快乐，欲望和快乐难以被自制打倒和降服。你们难道看不出，即使是最能自制的人也被迫屈服于饮食之类的凡人的欲望吗？从滋味中得到的快乐就是在饮食中产生的。所以，我们必须赞同对欲望和贪欲做斗争，把它作为一项原则。这就是为什么"希底结河"与亚述相对，亦即自制与快乐相对抗的原因。[87] 然而，公正，伯拉河所表示的德性，既不用岩壁围困任何国家，也不抵抗任何进犯。为什么会这样？因为正义的作用就是给每个人规定他应得的一份。① 它所起的作用不是原告，也不是被告，而是法官。正如法官的事务不是去征服任何人，更不是发动战争去反对他们，而是进行审判，奖赏公正者，所以公正不是任何人的敌人，而是按照各样事功赏善罚恶。

【28】[88] "主神将那人安置在园中，使他修理看护。"② 如前所述，"被造的人"与"照此塑造出来的人"是不同的。"照此塑造出来的人"指那个属地的心灵，而那个"被造的人"却是用非质料、非可朽的材料造成的，神赋予这个人一种比较纯洁的气质。后来，神不愿让这个纯洁的心灵离开自己，就把它安置在有根基能生长的美德之中，让它耕耘看护美德。[89] 许多人在实行美德以后都会发生变化，但神赋予这个拥有神所提供的确定知识的人双重便利，既让他修行美德，又让他永远培植和看护各种美德，决不与

---

① 这是斯多亚学派的定义，参见［德］亚尼姆：《老斯多亚学派残篇》III. 262。
② 《创世记》2：15。"耶和华神将那人安置在伊甸园，使他修理看守。"

美德脱离。所以，"耕耘"表示实践，而"看护"表示牢记。

【29】[90]"主神吩咐亚当说：园中各样树上的果子，你可以随意吃，只是分别善恶树上的果子，你不可吃，因为你吃的日子必定死。"① 在这里，我们必须提出问题：神吩咐亚当什么？亚当是谁？因为在此之前没有提到过亚当的名字，此处是第一次。亚当可能就是前面提到的那个被塑造出来的人的名字。他说"把他叫作土"，② 所以当你听到"亚当"这个词的时候，你必须明白，这就是那个属地的、可朽的心灵，因为那个按照神的形像创造出来的心灵不是属地的而是属天的。我们还必须追问，为什么亚当给其他所有活物起名，但没有给自己起名？这个问题我们该怎么回答呢？我们每个人的心灵能理解别的东西，但却不能理解自己，就好比眼睛能看到别的东西，但不能看见自己。[91] 所以，心灵能理解别的对象，但不能认识它自己。它能说出它自己是什么，属于什么种类吗？它能肯定自己是呼吸、血、火、气或是别的什么东西吗？它甚至无法说出它自己是不是一个形体，也无法说出自己是否不朽。这样查考神的本体的人，不就是傻瓜吗？因为，那些不能认识自己心灵本体的人怎么会有关于宇宙灵魂③的准确观念呢？而神可以被理解为宇宙灵魂。

【30】[92] 因此亚当，那个心灵，尽管给别的东西命名和识别它们，但理所当然地没有给自己起名，因为他不知道自己的性质。神把命令给予这个心灵，而不是给予那个按照神的形像和根据原初理念创造的人。因为后者，即使并不迫切需要，也生来拥有美德，而前者离开训导，就不能拥有智慧。[93] 指令，禁令，伴随着鼓励的诫命，这三者之间是有区别的。禁令涉及恶行，适用于恶人。指令涉及那些能正确行事的人的职责，鼓励适用于那些

---

① 《创世记》2：16—17。"耶和华神吩咐他说，园中各样树上的果子，你可以随意吃。只是分别善恶树上的果子，你不可吃，因为你吃的日子必定死。"

② "亚当"的词义就是"土"。

③ 这个表达法是斯多亚学派的，参见［德］亚尼姆：《老斯多亚学派残篇》I.532.，II,774。

中间状态的不好不坏的人。因为这种人没有犯罪，用不着任何人去给他下禁令，但他们也没有按正确的理智要求去做事。所以他们需要鼓励，用鼓励去教会他们戒除罪恶，激励他们高尚地行事。对那按神的形像造就的完善的人没有必要给予指令，禁令或鼓励。完善的人不需要它们。[94] 恶人需要指令和禁令，儿童需要鼓励和教导。这就好比完全掌握音乐或文字的大师不需要关于这些技艺的说明，而那些缺乏技艺的人会感到困惑，无力去把握它们，这些人确实需要那些我们可以称之为法则或规则的东西，以及有关这些技艺的指令和禁令。初学者总是需要教导的。[95] 很自然，神确实在我们之前已把诫命和鼓励给予那个不好不坏的、中间状态的属地之人。"主"和"神"这两个神圣的称号被用来强调这种鼓励。经上说"主神吩咐他"，也就是说，他必须服从劝诫，神才视之为与恩典相配，而他若反叛，就会从主那里被驱逐，主对他拥有主权。[96] 同样也是由于这个原因，当他被神从园中逐出时，圣书的作者用了同样的称号。他说："主神便打发他出园去，耕种他所自出之土。"① 这表明，作为主人和恩人的"神"发出了诫命，神以两种资格对违抗主人和恩人的人进行惩罚。祂用敦促那人服从的力量去驱逐那不服从的人。

　　【31】[97] 神的吩咐是这样的："园中各样树上的果子，你可以随意吃。"② 祂推动那个人的灵魂去获得利益，不是从一棵树上，或从一种美德中，而是从所有美德中。因为，"吃"象征着滋养灵魂，灵魂通过获得高尚的事物和正确地行事得到滋养。祂不仅说"可以吃"，而且说可以"随意吃"，亦即咀嚼营养物。不是像普通人那样吃，而是像运动员那样吃，从中可以获得气力。[98] 因为，众所周知，教练对运动员的吩咐不是囫囵吞枣，而是细嚼慢咽，以便使他们长得强健。运动员和我取食的目的不一样。在我只是为了维持生命，而在运动员则是进一步为了长成强健的身体。所以，细嚼慢咽食

---

① 《创世记》3：23。"耶和华神便打发他出伊甸园去，耕种他所自出之土。"
② 《创世记》3：23。

物是训练的一个要点。这就是"你们可以随意吃"的意思。[99] 让我们尝试着更加准确地表达它的含义。孝敬父母是"可吃的"和"有营养的"美德。但是，孝子和逆子对父母的态度不同。后者只是按习俗办事，他们不是"随意吃"，而是简单地吃。那么，子女有"随意吃"的时候吗？他们在仔细探求孝敬父母的原因以后，认定这种行为是高尚，此后他们的吃是随意的。这个原因是：父母生育我们，哺养我们，教育我们，把所有好东西留给我们。崇敬那存在的唯一者这种美德也是"可吃的"。如果我们仔细探讨这个观念和了解它的原因，这种表现是"随意的"。

【32】[100] "只是分别善恶树上的果子，你不可吃。"① 这棵树不在园中。因为神吩咐他们吃园中的各样树上的果子，但不可吃这棵树上的果子，因此它显然不在园中。之所以如此是很自然的，我在前面做过解释②，从本体来看，它不在园中，但从潜能来看，它在园中。[101]这就好比所有印记都在蜡块中，但只有一个印记被造出来，所以在灵魂中也一样，灵魂的性质就像蜡块，所有类型都被包含在灵魂中，但灵魂没有进行真正的制作；而刻在蜡块上的唯一的印记在起作用，只要没有其他印章用更清晰、更鲜明的印记去覆盖，这个印记就不会被抹去。[102] 接下去，我们要提出另外一个问题。当神吩咐可以吃园中各样树上的果子时，祂是对一个人说的；但当祂发出禁令不能吃那能知善恶的树上的果子时，祂是对不止一个人说的。在前一种情况下祂说，"你可以吃园中各样树上的果子"；但在后一种情况下，祂说，"你们不可以吃，在你们吃的日子"，而不是说"你吃"。祂说的是"你们必定死"，而不是说"你必定死"。我们首先要说，在那原初之处，善是单一的，而恶是众多的。因此，当时要找到一个贤人③都是困难的，而低劣者不计其数。所以，神恰当地吩咐一个人在美德中寻找营养，而责令众人远离恶行，因为作恶的是众人。[103] 还有，获取和实践美德必须具备一样东西，即我们的心灵。但身体不

---

① 《创世记》2：17。"只是分别善恶树上的果子，你不可吃，因为你吃的日子必定死。"
② 参见本文第 18 章。
③ 亦可译为"聪明人"。

仅不能协助实现这一目的，反而在实际上构成障碍。心灵的事务与肉体及肉体的需要疏远几乎可以认定为公理，^① 而对作恶者来说，不仅他的心灵处于某种状态下，而且他也必须有感受能力和语言能力，即肉体的能力；这些能力都是那些低劣者为了充分满足他们特殊形式的罪恶要求所必需的。若无语言器官，他怎能泄露神圣的和奥秘的真相呢？若无胃、腹、味觉器官，他又怎能纵情享受呢？[104] 所以，根据不同情况的需要，神只引导心灵去获得美德。因为，如上所述，获得美德只需要心灵；而追求罪恶需要几种能力：灵魂、感觉、肉体的能力，罪恶在展现自身时需要使用它们。

【33】[105] 祂接着说，"你们吃的日子，必定在死中死去。"^② 但是我们看到，他们吃了以后不但不死，而且生育子女，成为其他生命的创造者。对此我们该怎么理解呢？死有两种：一种是一般的人的死亡，另一种是灵魂的死亡。[106] 所谓人的死亡就是灵魂与肉体的分离，^③ 而灵魂之死则是美德的衰退和邪恶的入侵。由于这个原因，神不仅说"死"，而且说"在死中死去"，这里死去的是那个被各种罪恶的情欲所埋葬的灵魂。这种死亡实际上是等待着我们众人的那种死亡的反论。[107]后者是互相对抗着的两个对手的分开，亦即肉体和灵魂的分离；而前者是冲突着的二者的相遇，而且在冲突中，低劣的肉体征服了优越的灵魂。但是要看到，当摩西说，"在死中死去"的时候，他指的是"受惩罚而死"，而不是指自然过程中发生的死亡。自然发生的死亡是灵魂与肉体的分离；"受惩罚而死"发生在灵魂丧失了美德生活、只生活在罪恶之中的时候。[108] 赫拉克利特在这一点上追随摩西的教导，他非常精辟地说："我们存在于他们的死亡之中，死在他们的生命中。"他的意思是，当我们活着的时候，灵魂是死的，是被埋葬在肉体里的，就像在墓穴中一样；因此我们应当死去，以便让灵魂继续适当地活着，让它从肉体中

---

① 参见柏拉图：《斐多篇》65a。
② 《创世记》2：17。"只是分别善恶树上的果子，你不可吃，因为你吃的日子必定死。"
③ 柏拉图：《斐多篇》64c。

被解放，灵魂是被束缚在这有毒的尸体中的。①

第二卷

【1】[1]"主神说，那人独居不好，我们要为他造一个配偶帮助他。"② 哦，先知哪，为什么那人独居不好呢？他说，因为独居者独居是好的，但只有神是一，是独居的，是独一无二的，其他没有任何东西能和神一样。因此，独一无二者独居是好的，也确实只有提到独居的神的时候才能用到"好"这个字眼。顺理成章，那个人独居是不好的。[2] 还有另一种方式可以使我们弄懂"神是独居的"这个说法。它表示没有任何东西可以在创世之前与神同在。那么，宇宙生成之后，也没有任何东西会与神在一起吗？不会，因为神绝对不需要任何东西。也还有一种更好的解释，神是独一无二的，就其本性而言，它是单一体而不是复合体。神是一个统一体，而我们每个人和所有其他被造物都是用许多东西造出来的。例如，我是一个多样事物的统一体，既是灵魂又是肉体。理智和非理智的部分属于灵魂，冷暖、轻重、干湿等不同的性质属于肉体。[3] 但是，神不是一个由许多部分组成的复合的存在者，也不会与其他任何事物混合。因为，无论把什么东西加给神，这样东西都必定优于、劣于或等于神。但是无物能与神相等或优于神，也没有劣于神的东西能化解为神。神若是能吸收任何比祂低劣的东西，祂自己也会变成低劣的；神若是能变得低劣，也会败坏。即使是想到这一点，也是对神的一种亵渎。因此，"一"或"单一"是确定神所属范畴的唯一标准。更确切地说，神是"单一"的唯一标准，因为所有的数字都像"时间"一样，产生于宇宙之后，而神先于宇宙，是宇宙的创造者。

---

① 参见柏拉图：《高尔吉亚篇》493a；《克拉底鲁篇》400b。
② 《创世记》2：18。"耶和华神说，那人独居不好，我要为他造一个配偶帮助他。"

【2】[4] 任何人独居都不好。因为人有两种：一种是按照神的形像造出来的，另一种是用泥土塑造出来的。那个按神的形像造出来的人独居不好，因为他渴望得到神的形像。神的形像是摹本的原型，每一个摹本都渴望得到原型，它的位置在原型旁边。那个从土中造出来的人独居更不好。不，这是不可能的。因为，与如此造就的心灵紧密相连的有感觉、情欲、德性和成千上万的存在物。[5] 和这第二个人相连的有他的助手。首先，这个助手是被造的，因为经上说，"让我们为他造一个助手"；其次，这个助手在被帮助的那个人之后产生，因为此刻神已经先把那个心灵造就，并将要制造他的助手。在这些具体场合，他用这些带有外部性质的词语，表达更深的含义。感觉和情欲是灵魂的助手，在灵魂之后产生。我们将看到它们以什么方式辅助灵魂，现在让我们集中精力，先来谈谈它们的产生迟于灵魂。

【3】[6] 按照最优秀的医生和自然哲学家的看法，心脏的形成先于整个身体的形成，就像造房子打地基，或者像造船，先造龙骨，船体的其余部分就建造在它上面。他们提出这一论断的理由是：人死后，心脏仍在跳动，心脏的腐烂也迟于整个身体的腐烂，就像心脏的产生先于身体一样。同理，他们认为，灵魂的主要部分比整个灵魂要年长，而灵魂的非理智部分比较年幼。这位先知在这里还没有联系非理智部分的被造，但他马上就会讲述。灵魂的非理智部分是感觉和激情，情欲是感觉的产物，无疑，它们并非我们自身任何选择的结果。① 这个助手是迟生的，当然也是被造的。[7] 现在来考虑我们放到后面来讨论的那个要点，感觉和情欲怎样帮助灵魂。除了用视觉做助手，我们的心灵还有什么办法能识别物体的白与黑吗？不使用听觉做助手，我们怎能区别音乐家的歌喉是甜美的还是走了调的呢？除了与嗅觉联盟，心灵怎能识别香水的气味是令人愉快的还是不受欢迎的？不用味觉做助手，心灵怎能辨别气味呢？心灵要区别物体的平滑或粗糙，怎么办？只有靠

---

① 斯多亚学派认为，激情（πάθη）本身也是一种精神判断。参见第欧根尼·拉尔修：《名哲言行录》VII.111。

触摸。[8]除了已经说过的这些感觉以外，还有另外一类助手，也就是激情。因为，快乐和欲望对我们种族的永久延续是有贡献的，痛苦和恐惧就像虫咬针刺，警告无所顾忌的灵魂；气愤是保护性的武器，给许多人带来裨益；其他激情亦如此。这也表明，这位先知说这位助手必须"和它相应"是完全正确的。因为，这位助手在各方面都与心灵紧密相连，就像同一血缘的兄弟。感觉和激情是灵魂的组成部分，也是灵魂的产物。

【4】[9] 这个助手有两种形式：一种在激情中活动，另一种在感觉中活动。此时，神只创造出前一种形式，因为经上说："神用土所造成的野地各样走兽，和空中各样飞鸟，都带到那人面前看他叫什么。那人怎样叫各样的活物，那就是它的名字。"① [10] 你们看，我们的助手是谁？是野兽，也就是灵魂的激情，因为在说了"让我们造一个助手帮助他"以后，他还说"神造了野兽"，这就意味着野兽是我们的助手。但把野兽都称做我们的助手并不恰当，只是曲解词意。野兽实际上是我们的对手。正如不同国度之间的同盟者，有时也会变成叛徒和逃兵。在私人友谊中，奉承者往往是敌人，而不是同志。[11] 他在这里把"天"和"野地"这两个术语用做同义词，它们的意思都是心灵。因为，心灵像野地，有无数的草木；心灵也像天，有优秀的品质，是像神的和神佑的。他把情欲与野兽和鸟类联系起来，因为它们是野蛮的，不驯服的；它们把灵魂撕成碎片，因为它们就像有翅膀的东西；它们飞向心灵，因为情欲的骚扰是剧烈的，不可抗拒的。[12] 他在"造"这个词后面加上"又"字，决非多余。为什么呢？因为在前面，在提到造人之前，在关于第六日的那些话中，他也提到了造野兽。他说："地要生出活物来，各从其类，牲畜、昆虫、野兽。"② 那么为什么现在神又要造出其他野兽，而不满足于那些先前造出来的野兽呢？从伦理学的观点来看，我们必须说，在

---

① 《创世记》2：19。"耶和华神用土所造成的野地各样走兽和空中各样飞鸟都带到那人面前，看他叫什么。那人怎样叫各样的活物，那就是它的名字。"

② 《创世记》1：24。"神说，地要生出活物来，各从其类。牲畜，昆虫，野兽，各从其类。事就这样成了。"

被创造的事物中，恶类居多，最坏的东西正在从中产生出来；从哲学的观点来看，我们的回答必须是，在前一场合下，当神从事第六日的神工时，祂造就的是情欲的原初的种类，而现在祂在塑造情欲的属类。这就是为什么摩西要说"神又造了"。[13]那在先前的场合被造出来的是种类，有以下说话为证："地要生出活物来"，不是按照属类而是"按照种类"。我们看到神在每个场合下都按这种方式做工。在属类之先，神先完成种类。在造人的时候也是这样。最先造成的是种类的人，先知说人的种类中有男的和女的两种，然后神造就了亚当，这是完成了的形式或属类。

【5】[14] 先知现在提到的是这种助手。他放在后面提到的是另一类助手，亦即感觉。他推迟了这个论题，先系统地谈论命名，直至造物主着手造女人。此处，无论他的文字表述还是意喻解释都引起我们的崇敬。从文字方面来说，我们尊敬这位"立法家"描写的那个最早给动物命名的人。希腊哲学家①确实说过，最早给事物命名的人是贤人。摩西说的比他们更好，他说给事物命名的不是一些古人，而是那第一个被造出来的人。[15] 他的目的是要说明，亚当首先被造出来作为人的始祖，其他所有人都由他而来，所以没有其他人能比他更应被视做最先使用语言的人。若无名称，语言就不存在。再说，若有许多人给事物命名，那就不可避免地会造成混乱和误解。不同的人会按不同的原则给事物命名，若由一个人命名，就能使名称和事物和谐一致。名称作为一个符号确定地给予某事物，对所有人都相同，对每个被命名的对象都相同，对依附于名称的意义都相同。

【6】[16] 在伦理学的范围内，他所说的话起着这样的效果。我们经常用"什么"（τί）这个词代替"出于什么理由"（διὰ τί），即"为什么"（τί），②比如，你出于什么理由洗澡？你出于什么理由走路？你出于什么理由交谈？这些句子中的"什么"的意思都是"为什么"。所以，这位先知说"看他叫

①　这里提到的希腊哲学家可能指毕泰戈拉和柏拉图。参见柏拉图：《克拉底鲁篇》401b；西塞罗：《图斯库兰争论集》I. 62。

②　希腊文 τί 的意思是"什么"，希腊文 διὰ τί（出于什么理由）可简写为 τί。

什么"，其含义大体上应当理解为"为什么心灵要与每个活物见面并给它们起名，是否仅仅因为所有凡俗之物都与情欲和邪恶有必然联系而无法推辞，或者还因为这是一种超越理智的需要。这样做是为了满足血肉之躯的需要，还是因为相信它们是善的，比其他事物更值得尊崇"。[17] 举个例子来说明一下。一个被造的存在物不能没有快乐，但卑微的人会把快乐当做完善的，而高尚的人只把快乐当做必需的，要记住，凡俗之物只能从快乐中产生。再说，卑微的人把获取财富当做至善，而高尚的人只把它看做必要的和有用的，仅此而已。因此，神无疑想要看到并确定心灵如何被吸引和对这些东西的态度，这些东西无论是善的、不善不恶的或恶的，在特定条件下都有用处。[18] 于是神召集万物，把它们当做活物来欢迎，因为它们对那个灵魂有用。从而，那个名称不仅是被指称的事物的名称，而且成为指称它的那个人的名称。比如，如果他欢迎快乐，他就可被称为热爱快乐的人；如果他欢迎欲望，他就可被称为热衷于实现欲望的人；如果他欢迎放纵，他就是放纵者；如果他欢迎胆怯，他就是胆小鬼，等等。[①] 正如人的品格是由美德决定的，根据人具有的美德，他可被称做智慧的、头脑清醒的、正义的，或勇敢的，同理，每当他自己主动地对那些相应的倾向表示衷心欢迎的时候，我们可以根据这些恶把他称做不公正的、愚蠢的、野蛮的。

【7】[19]"神使他沉睡，他就睡了。于是取下他的一条肋旁"，[②] 以及后面的话。这些话的字面含义具有神话的性质。有谁会承认，一个女人，或一个人，能从一个男人的半边躯体中生出来呢？有什么东西可以阻止"第一因"[③] 像造男人一样造女人，亦即用泥土来塑造她呢？因为，不仅创造主仍旧是同一个，而且造人的材料实际上是无限的。[20] 为什么躯体有那

---

① 这种观点是斯多亚学派的，参见［德］亚尼姆：《老斯多亚学派残篇》S.V.F.II.457—460。

② 《创世记》2：21。"耶和华神使他沉睡，他就睡了。于是取下他的一条肋骨，又把肉合起来。"

③ 第一因（τὸ αἴτιον），亦译始因、初因。

么多部分可以选择，而神在造那个女人时不是从其他部分，而要从那半边躯体中造出那个女人来呢？他是从躯体的哪一边取下那条肋骨来的呢？我们可以假设，这里只提到两边躯体，而没有提到躯体实际上有很多面。那么神是从那个人的左边还是右边取下肋骨来的呢？如果神用血肉填满他取下肋骨后留下的那一边的空位，我们可以设想另一边躯体不是血肉造成的吗？我们躯体的各个部分确实都是成双成对的，是用血肉造成的。对此我们又该怎么看？[21]"躯体"是用来表示"气力"的一个日常用语。说一个人有"躯体"相当于说，他是强壮的。我们说一个强壮的运动员有"粗壮的躯体"，说一个歌手有"躯体"也相当于说他有巨大的肺部力量去歌唱。说完这些，我们还需进一步注意到，那个心灵在还没有穿上衣裳，亦即还没有被肉体囚禁之前（当那个心灵说话时，它还没有被囚禁）有许多能力。它有黏结的能力、生长的能力、过有意识生活的能力、思想的能力，以及其他种类各有差异的无数的能力。[22]石头和木头之类无生命的东西与其他东西一样都有黏结的能力，我们的骨头就像石头，也分有这种能力。植物有生长的能力，而我们身上的东西，比如我们的指甲和头发，和植物相似，"生长"就是能移动自身的黏结能力。有意识的生活是生长的能力再加上接受印象的能力和作为冲动的主体的能力。无理智的生物也分有这种能力。我们的心灵确实包含与无理智的生物相似的这部分能力。[23]此外，思想的能力是心灵独有的，它很好地被更像神的那些存在物所分有，在和凡俗事物有关的范围内，主要是人才有这种能力。这种力量或者才能是双重的。我们是理智的存在物，一方面分有心灵，另一方面能够言语。哦，灵魂中还有另一种和上述能力相连的力量或才能，亦即接受感性印象的能力。这位先知正在谈论的就是它，因为先知此刻想要揭示主动感觉的起源。逻辑推论会引导他这样做。

【8】[24]感觉作为心灵的助手和同盟军，它的产生必定紧接在心灵之后。神在造就心灵之后创造了主动的感觉。这是一种创造性的技艺，在秩序和能力上都位于心灵之后。神这样做是为了造就整个心灵，使心灵能感知呈

现于它的物体。那么，感觉是怎样产生的呢？如这位先知本人所说，它是在心灵睡着时产生的。事实上，心灵睡着了，感觉就开始；反之，心灵醒来了，感觉就平息。[25]下面的事实可以证明这一点。每当我们想要准确地理解一件事，我们就急于进入一个孤寂的境地，我们闭目塞听，对我们的感官能力说"再见"，此时我们就能看到，心灵骚动警醒，感觉的能力就被压制了。[26]还要注意一点。让我们来看那个心灵睡着时发生的事情。当眼睛注视着画师或雕刻家的杰作引起感觉能力骚动升腾的时候，心灵就变得迟钝，不再对思想的对象进行思索。当耳朵想要倾听美妙的声音的时候，心灵能对属于它的范围内的任何东西使用它的理智能力吗？当然不能。实际上，当味觉被充分激起，正在大嚼大咽美味佳肴的时候，心灵发现自己几乎完全脱离工作状态。[27]这就是为什么摩西害怕的并不是心灵入睡，而是完全死去。他在另一处说："在你器械之中，当预备一把锹，你出营外便溺以后，用以铲土，转身掩盖不体面的东西。"①他用"锹"这个词象征挖出隐秘事物的心灵。[28]神吩咐那个人把它带在情欲部位，这部分必须多加约束，不能松弛和懈怠。无论是那个心灵放松了对它自己那个部分的约束，屈尊于情欲，或是"出营外"，屈从于肉体的需要，都必须实行这种约束。这就是事实真相。[29]每当心灵忘记自己处在节日聚会的奢侈之中，受那些能产生快乐的东西支配的时候，我们就被束缚住了，留下我们的不体面的东西没有掩盖。但若理智能表明自己能强到足以抑制情欲的地步，我们就既不会喝得酩酊大醉，又不会像饕餮者那样暴食，而是放弃这种愚蠢，有节制地进食。[30]因此，感官的苏醒意味着心灵的入睡，心灵的苏醒意味着感官的懈怠；恰如太阳升起以后，其他天体就看不见了；太阳落山以后，其他天体就会显现。心灵就像太阳，苏醒以后就把感觉掷入阴影之中，如果心灵入睡，感官就会发光。

---

① 《申命记》23：13。"在你器械之中当预备一把锹，你出营外便溺以后，用以铲土，转身掩盖。"

【9】[31] 说完这一点，我们还需解释摩西所用的术语怎样与上述含义一致。摩西说："神使它沉睡，他就睡了。"① 他的用语相当正确。因为心灵的入定和改变就是入睡，当心灵不再对适合于它的对象思索时，心灵就入定，当心灵不再工作时，它就入睡了。[32] 摩西也正确地说，那个心灵的转变不是它自己推动的，而是神推动的；是神使他入睡，亦即把睡眠带给它。我们可作如下证明：若这种转变是由我们自己掌握的，在我想要转变的时候，应当能够转变它；这种转变若是我的特意选择，我也应当能够保持不变。但实际上，这种变化对我来说是相斥的。许多时候，当我想要接受某些正确思想时，就会被翻腾而来的有关不适当的事情的思绪所扰乱。相反，在承受某些邪恶观念时，我用健康的思想洗去邪恶的东西，② 亦即神用祂的恩典在我灵魂的苦涩之处倾注甜蜜的气息。[33] 每个被造物都一定会发生变易，因为这是它的属性，尽管这不是神的属性。但是，在发生变易以后，有些东西一直在变化，直至完全毁灭；另外一些东西也在不断变化，但只经历一切有血肉的事物都会倾向的经验，这些血肉之躯瞬时即可复原。[34] 由于这个原因，摩西说"他不容灭命者进你们的房屋，击杀你们"③。神实际上允许"灭命者"——毁灭表示心灵的变易或转变——进入灵魂，以显示相对于被造物的独特的东西在那里，但神不会让可以目睹神的以色列后代④ 如此改变，而是迫使他们站起来显现，就像从深水中出来复原一样，通过改悔承受他的死亡的打击。

【10】[35]"神取下他其中一肋旁。"⑤ 神从那个生灵的诸多能力中取下其中一种，即感觉的能力。此处，"取下"这个词一定不能理解为"移走"，而

———————

① 《创世记》2：21。
② 斐洛在此处采用柏拉图的说法，见《斐德罗篇》243d。
③ 《出埃及记》12：23。"因为耶和华要巡行击杀埃及人，他看见血在门楣上和左右的门框上，就必越过那门，不容灭命的进你们的房屋，击杀你们。"
④ 斐洛在此处将以色列的词根解释为"可目睹神的族类"（τὸ ἴδιον ἐνδείζηται τοῦ γενητοῦ）。
⑤ 《创世记》2：21。

应理解为"登记"、"注册"，就像我们在别处看到"计算掳来的总数"①。那么，这里想要表达的意思是什么呢？"感觉"这个词可以在两种方式下使用：第一，指我们睡着时的状态；第二，在活动的意义上使用。[36] 由于第一种意义的感觉是一种状态，我们从中得不到什么利益，因为它不能使我们理解与我们有关的对象。从第二种感觉中，亦即作为一种活动的感觉，我们得到益处，因为我们对感性事物的认知由此而成为可能。[37] 在创造心灵时神已经产生了第一种作为睡眠状态的感觉（其实当时神在心灵中创造了许多处于睡眠状态的能力），现在神要造出作为活动的感觉。活动的感觉从静止睡眠状态的感觉开始，并在抵达血肉之躯和感觉器官的时候产生，正如种子被推动而促成植物的生长，活动也就是静态的事物受到推动。

【11】[38]"神把肉合起来"，② 这就是说，神使原来仅仅是一种状态的感觉变成一种活动，让它延及肉身和整个身体表面，从而使感觉得以实现。然后他又说："他造成一个女人。"③ 由此可见，"女人"是感觉最恰当最准确的名称。恰如男人是主动的，女人是被动的，心灵的职份是主动的，感觉的职份也像女人，是被动的。[39] 从我们眼前的事情中就可以很容易地明白这个道理。视觉相对于视觉的对象来说是被动的，对象使视觉运动，产生白、黑或其他颜色。听觉也受声音的影响，味觉受滋味的影响，嗅觉受气味的影响，触觉受粗糙或平滑的东西的影响。感觉能力全都是睡眠状态的，直至外物靠近，使之产生运动。

【12】[40]"神领她到亚当跟前。亚当说，现在，这是我骨中的骨，肉中的肉。"④ 神把活动着的感觉引向心灵，因为神知道感觉的活动和认知能力

---

① 《民数记》31∶26。"你和祭司以利亚撒，并会众的各族长，要计算所掳来的人口和牲畜的总数。"

② 《创世记》2∶21。

③ 《创世记》2∶21。

④ 《创世记》2∶22—23。"耶和华神就用那人身上所取的肋骨，造成一个女人，领她到那人跟前。那人说，这是我骨中的骨，肉中的肉，可以称她为女人，因为她是从男人身上取出来的。"

一定会回归到它们的起点心灵那里去。心灵看到了感觉，从前心灵拥有它，但它是作为一种潜在的和睡眠状态的能力，现在成了一个完成的产物，一种活动，而且正在活动着，于是心灵大为惊讶，高声宣称感觉对它来说并非外在的，而是完全属于自己的。[41]"这是我的骨中之骨"，也就是说，"这是我的各种能力中的一种能力"，"骨"的意思在这里是"能力和力气"，指出自我感觉是一种感觉；他又说"这是肉中的肉"，因为心灵使感觉承受它感觉到的一切，心灵对感觉来说是源头，是基础。[42]我们还可稍微留意一下，这里加上了"现在"这个词，他在此处说"现在，这是我骨中的骨"。感觉本身是即时性的，只与当前时间相连。无论过去、现在和将来都在心灵的范围内，心灵把握当前事物，回忆过去的事物，展望未来的事物。[43]但是，感觉没有能力依靠与希望或期盼相应的经验去展望未来，也不能回忆过去，感觉只能受当下的使之运动的事物的影响。例如，眼睛在当前呈现的白的东西的影响下拥有白的感觉，但那些当前没有呈现的东西对它没有影响。心灵则相反，当前不呈现的东西也能使之活动，如果是过去的事物，就通过回忆；如果是将来的事情，就通过希望或期盼。

【13】[44]"这一个可以称之为'女人'"。① 如前所述，感觉可被称做"女人"。因为，她是从那个男人那里"被取出"来而开始活动的。那么，为什么再加上"这一个"一词呢？因为还有另一个感觉不是从心灵中取出来的，而是与这个感觉一起产生的。如我前述，有两个感觉，一个作为睡眠状态而存在，另一个作为活动而存在。作为睡眠状态而存在的感觉不是从那个人，亦即心灵那里取出来的，而是与他一同成长。[45]我已指出，心灵产生之时，有许多潜能和状态与之相伴而生，比如理智能力，兽类生活的能力，成长的能力。感觉也是这样。但是作为活动而存在的这个感觉出自心灵，它作为一种状态内在于感觉，同时也可以作为一种活动。这样一来，以运动为主要特征的第二个感觉已经由心灵本身产生出来。[46]如果有人认为，万物严格

---

① 《创世记》2：23。

说来均从心灵或感觉中派生，那么这人是个肤浅的思想家。你们不是看到那个坐在神像上的拉结①的感觉被那"看见的人"②训斥吗？她以为运动在心灵里拥有根源。所以她说："你给我孩子，不然我就死了。"③但他回答说："哦，女人，充满着虚假的想象，万物的起源不是心灵，而是神，生于心灵的神是唯一的根源。"所以，他又说："叫你不生育的是神，我岂能代替他作主呢？"④[47]又可以利亚的事⑤作证，只有神才能使人生育。经上说："神见利亚被恨，就使她生育，拉结却不生育。"⑥开启子宫是男人特有的功能。凡俗的种类易于仇恨美德，但神已经掷荣光于美德，允诺被恨的利亚生下长子。[48]神在别处说："人若有二妻，一为所爱，一为所恶，所爱的所恶的，都给他生了儿子，但长子是所恶之妻生的。……不可将所爱之妻生的儿子立为长子，在所恶妻子生的儿子之上。"⑦因为被恨的美德的产物是最先的和最完善的，而所爱的快乐的产物是最末的。

【14】[49]"因此，人要离开父母与妻子连合，二人成为一体。"⑧心灵在成为感觉的奴隶时，为了感觉而抛弃了神，宇宙之父，也抛弃了神的美德与智慧，万物之母。它破开感觉，与之纠缠在一起，成为一体，演变为感觉，变成一个肉体，一个经验。[50]我们注意到，不是那个女人纠缠男人，相

---

① 拉结（Ραχήλ），雅各之妻。参见《创世记》29：16。

② 所谓"看见的人"就是指雅各。雅各后来易名叫"以色列"，而"以色列"，按前述，斐洛解释为"可见神的族类"。

③ 《创世记》30：1。"拉结见自己不给雅各生子，就嫉妒她姊姊，对雅各说，你给我孩子，不然我就死了。"

④ 《创世记》30：2。"雅各向拉结生气，说，叫你不生育的是神，我岂能代替他作主呢。"

⑤ 利亚（Λεία），雅各之妻，参见本文第1卷第26章。

⑥ 《创世记》29：31。"耶和华见利亚失宠（原文作'被恨'，下同），就使她生育，拉结却不生育。"

⑦ 《申命记》21：15—16。"人若有二妻，一为所爱，一为所恶，所爱的，所恶的都给他生了儿子，但长子是所恶之妻生的。到了把产业分给儿子承受的时候，不可将所爱之妻生的儿子立为长子，在所恶之妻生的儿子以上。"

⑧ 《创世记》2：24。"因此，人要离开父母与妻子连合，二人成为一体。"

反，是那个男人纠缠女人，亦即心灵纠缠感觉。当优秀的东西，即心灵，与低劣的东西，即感觉，成为一体，心灵就把自身纳入低劣的肉体之列，成为感觉和情欲的动因。但若低劣的感觉跟随优秀的心灵，那就不会有肉体，而是二者都成为心灵。[51]然而，那个男人，就像先知所描写的那样，他宁可爱情欲，而不爱神。但是，也还有一种不同的人作了相反的选择。甚至利未"也对他的父母说'我未曾看见你们'"①。不认弟兄，也不认他的儿子。[52]这个人拒认父母，即他的心灵和肉体，把神作为他的产业，"因为神本身是他的产业"②。情欲成了爱情欲者的产业，但利未这位爱神者的产业是神。你们不是还看到摩西的描写吗？在第七个月的第十天，他们要带来两只公山羊拈阄，"一阄归于主，一阄用于驱邪"③。因为在各种行动中，热爱情欲者的产业都是需要回避的邪欲。

【15】[53]"当时夫妻二人，赤身露体，并不羞耻。""神所造的，唯有蛇比田野的一切活物更狡猾。"④那个心灵没有穿上邪恶之衣，也没有穿上美德之衣，而是绝对裸体的，恰如婴儿的灵魂，既不善也不恶，是赤裸裸的，没有任何掩饰。[54]美德和邪恶是灵魂之衣，灵魂藉此遮掩和隐匿。善是优秀的灵魂的外衣，恶是低劣的灵魂的外衣。现在受造而来的赤裸的灵魂有三条道路可以走。其中之一是保持不变，不染上任何邪恶，剥去任何情欲外衣，丢得远远的。由于这个原因，"摩西素常将帐篷支搭在营外，离营却远，他称这帐篷为会幕。"⑤[55]这句话的含义是，那个热爱神的灵魂剥去身上的衣服，摆脱与肉体亲近的东西，远远避开它们，在完善的美德的法令中

① 《申命记》33：9。"利未"，雅各之子，利亚所生，参见《创世记》2：24。
② 《申命记》10：9。"所以利未人在他弟兄中无分无业，耶和华是他的产业，正如耶和华你神所应许他的。"
③ 《利未记》16：8。"为那两只羊拈阄，一阄归与耶和华，一阄归与阿撒泻勒。"
④ 《创世记》2：25，3：1。"当时夫妻二人赤身露体，并不羞耻。""耶和华神所造的，惟有蛇比田野一切的活物更狡猾。蛇对女人说，神岂是真说，不许你们吃园中所有树上的果子么。"
⑤ 《出埃及记》33：7。"摩西素常将帐篷支搭在营外，离营却远，他称这帐篷为会幕。凡求问耶和华的，就到营外的会幕那里去。"

定居下来。神也证明它所爱的事物是高尚的。他说："所以，它被称为证人的帐篷。"他没有提到谁这样称呼这顶帐篷，以至于那个灵魂去思索为热爱美德的心灵作见证的是谁。这就是大祭司为什么不能穿着袍子进入至圣所的原因。①[56] 他要脱去灵魂的意见和印象的外袍，放在后面给那些喜欢表面事物、看重相似之物胜于实在之物的人看。他要赤身进入会幕，不能有彩色的滚边，也不能有铃声。他要将灵魂之血作奠酒，把整个心灵作馨香，奉献给神，我们的救星和恩人。[57]拿答和亚比户② 也是这样，他们靠近神，于是失去了有死的生命，成为不朽生命的分有者，他们脱去空洞的凡俗的荣耀而成赤身。如果他们不是先变成赤裸的，挣脱各种情欲和肉体的束缚，那些把他们抬走的人也不会将他们裹上袍子，因为他们的赤身和摆脱肉体不应被亵渎思想干扰而败坏。并非每个人都必须沉思冥想神的奥秘，只有那些能隐匿和保密的人才应如此。[58]因此，米沙利和以利撒反③ 不是把拿答和亚比户穿着袍子抬到营外，而是给他们换上自己的袍子，因为此时拿答和亚比户已经被火烧灭，被抬上天堂。拿答和亚比户已被脱去所有衣服，赤裸裸地献给神，他们的衣服留给了米利沙和以利撒反。此处，袍子指的是非理智的部分，理智藉此而隐匿。[59]亚伯拉罕也是赤裸的，当他听到"你要离开本地、本家"的时候。④ 以撒实际上没有成为祖露的，但他经常是赤裸的，无肉体的，因为神给他禁令，"你不要下埃及去"⑤。"埃及"指的是肉体。雅各也喜欢祖露灵魂，他的光滑表示赤裸，我们读道："以扫浑身是有毛的，而雅各

① 参见《利未记》16：1 以下。
② 拿答（Ναδάβ）和亚比户（Αβιούδ），亚伦之子。"亚伦的儿子拿答、亚比户各拿自己的香炉，盛上火，加上香，在神面前献上凡火，是神没有吩咐他们的。"参见《利未记》10：1，10：2—5。
③ 米沙利（Μισαδαί），乌薛之子。参见《利未记》10：4。
④ 参见《创世记》12：1。"耶和华对亚伯兰说，你要离开本地，本族，父家，往我所要指示你的地去。"
⑤ 《创世记》26：2。"耶和华向以撒显现，说，你不要下埃及去，要住在我所指示你的地。"

身上是光滑的。"① 于是他娶了利亚为妻。

【16】[60] 这是赤膊或袒露的一种最高尚的形式。另一种赤膊的性质正好相反，它是当灵魂变得愚蠢和发狂、美德发生转变时的赤身。挪亚经历过这种赤身。他喝醉了酒，赤着身子。但是感谢神，这种由于心灵状态发生变化、美德失落而发生的赤裸没有被外人看见，只有他的家人看见了，当时他待在家里，因为经上说的是，"他在屋子里赤着身子"②。贤人犯了罪，不会像恶人那样乱跑。一种人的恶是要传播的，另一种人的恶会受到抑制。所以挪亚醒了酒，也就是说，他悔改了，从病态中复原了。[61] 让我们再仔细地考虑一下发生在这间屋子里的赤身。当那个心灵处于反常状态、只有某些施暴的念头、但还没有付诸行动的时候，罪行是在灵魂的处所和房屋里犯下的。但若又加上某些恶行的计划并付诸实施，那么不公义的行为也越出了家门。[62] 就是由于这个原因，迦南受到咒诅，因为他把那个灵魂的变化告诉了门外的人。③ 这表明他使受影响的范围变得更大更远，在恶念之上进一步加恶，甚至用行动来完成它。另外，闪和雅弗④ 则受赞扬，因为他们没有参与那个灵魂的行为，而是设法掩盖它的可悲的变化。那个灵魂的誓言和决定也因此被废除，这些誓言是在她们的父亲或丈夫的家中立下的。⑤[63] 这些东西不能使她们平和，进而增强那个灵魂消除过失的力量，因为在那种情况下，万物之主自己也"会洁净她"。但是他离开了，没有废除有关寡妇或有关经上所指的誓言，"她所许的愿并约束自己的话"，"要约束她，吩咐她"。⑥ 这样做是合理的。她被赶出家门不仅因为有某些变化，而且因为

---

① "雅各对他母亲利百加说，我哥哥以扫浑身是有毛的，我身上是光滑的。"(《创世记》27：11) 以扫娶利亚为妻。利亚（λεία）这个名字是"光滑"（λεῖος）这个词的阴性形式。

② 《创世记》9：21。义人挪亚，参见《创世记》6：9。

③ 迦南（Χαναάν），含之子。含把父亲赤身的事告诉兄弟，咒诅降到迦南身上。参见《创世记》6：18—25。

④ 闪（Σὴμ）、雅弗（Ἰάφεθ），挪亚之子。参见《创世记》6：10。

⑤ 参见《民数记》30：4 以下。

⑥ 《民数记》30：10。"许了愿或起了誓，约束自己。"

犯下恶行，这种恶已经无法通过丈夫的训诫或父亲的劝告而得到矫正。[64] 产生赤裸的第三种形式属于中间状态，或者是中性的。此处心灵是非理智的，既非善又非恶。先知谈论的赤裸是这种形式的。婴儿也是这种情况。"亚当与他的妻子，二人赤身露体"①。这句话的意思是，心灵和感觉都还没有发挥作用，二者都是赤裸裸的，前者没有产生精神活动，后者没有产生感性活动。

【17】[65] 让我们再来看"他们并不羞耻"这些词。有三点可作考虑：不羞耻、羞耻、既不感到羞耻也不感到不羞耻。不羞耻是相对于低劣的人来说的，感到羞耻是相对于高尚的人来说的，既不感到羞耻也不感到不羞耻是相对于那些缺乏正确的理解力、缺乏羞耻感的人来说的。[66] 先知此刻谈论的是最后这种人。因为他们此时还没有分辨善恶，不可能不羞耻或马上感到羞耻。不羞耻的例子就是所有那些不体面的行为。心灵本来应当隐匿那些可耻的事，但它却自吹自擂，引为自豪。在米利暗的例子中也是这样，她说话反对摩西，说："她父亲若吐唾沫在她脸上，她当不耻辱七天吗?"②因为竟敢在摩西应当受到赞扬的地方去挑剔，这是十足的无耻和大胆。[67] 与"在我全家尽忠的"③摩西相比，感觉是神和天父所轻视的；让摩西娶那位古实女子的是神自己，女子指的是坚定、坚强和刚毅。摩西应该受到高度赞扬，他娶了那位古实女子，但他受过烈火考验的本性不会改变。因此，就像眼睛里看上去是黑色的那个部分④，所以灵魂的视觉能力得到了古实女子的称号。[68] 那么，在看到邪恶带来的许多后果以后，摩西只提到其中之一，亦即参与可耻的行为，他为什么说"他们并不羞耻"，而不说"他们没有做不义之事"、"他们没有犯罪"或"他们没有错"呢？理由并不难找。对唯一真神

---

① 《创世记》2：25。"当时夫妻二人，赤身露体。"
② 《民数记》12：14。"耶和华对摩西说，她父亲若吐唾沫在她脸上，她岂不蒙羞七天么，现在要把她在营外关锁七天，然后才可以领她进来。"
③ 《民数记》12：7。"我的仆人摩西不是这样。他是在我全家尽忠的。"
④ 指"瞳仁"。

起誓，我相信没有比设想我们自己在运用我们的心灵和感觉更加可耻的事情了。[69] 我自己的心灵是它发挥作用的主宰吗？怎么会呢？它知道它自己的存在吗？它知道自己是怎样产生的吗？感觉是感官感受的根源吗？这些说法怎么可能成立呢，因为它们已经超越了心灵自身的认知范围？在贪食、醉酒、愚蠢这些情况下，你们不是看到那些以为是自动的心灵经常缺乏精神力量吗？那么，心灵的运作在什么地方显示自身？感觉不是经常失去感受能力吗？我们有时候想看而看不到，想听而听不到。[70] 每当心灵片刻间放弃注意而去接受其他精神对象时，这种情况就会发生。在它们是赤裸的时候，心灵没有自我运作，感觉也没有感受，它们没有什么东西可以感到羞耻；然而一旦开始认知，它们就陷入可耻荒唐的行为。不仅在讨厌的暴饮暴食、沮丧、疯狂的时候，而且也在生活的其他时候，它们经常表现为愚蠢可笑，而非拥有健全的知识。当身体的感觉是主宰的时候，心灵处于奴仆的地位而不关注适合它的对象；一旦心灵占据支配地位，身体的感觉就无事可做，没有能力去把握任何感觉的对象。

【18】[71] 现在，"主神所造的，唯有蛇比田野一切的活物更狡猾"①。心灵和身体的感觉这两样东西已经产生了。它们被造以后处于赤裸状态，必须要有第三样存在者，亦即快乐，使它们能一起去认知精神的对象和身体感觉的对象。离开身体的感觉，心灵不能认知动物、植物、石头、木头或任何物体的形状；离开心灵，身体的感觉也不能发挥感觉的作用。因此，它们二者必定要一起去认知它们周围的对象。能把它们连接在一起的那个第三者，除了是在快乐的统治和支配下的爱欲又能是谁呢？先知给它起了"蛇"这个象征性的名字。[72] 造物主，神，极好地设计了它们被造的秩序。首先，神造出心灵，那个人，因为心灵是人最可尊敬的部分；其次，神造出身体的感觉，那个女人；然后，在他们之后造出快乐。但是，快乐作为思想对象此时

---

① 《创世记》3：1。"耶和华神所造的，惟有蛇比田野一切的活物更狡猾。蛇对女人说，神岂是真说，不许你们吃园中所有树上的果子么。"

只是潜在的，它们的年纪不同；而在真实的时间中，他们的年纪是相同的。因为灵魂携带所有这些部分，有些部分是真实存在的，有些部分是潜在的，将要实现的，哪怕此时它们还没有抵达圆满。[73] 把快乐比做蛇的原因如下。快乐的运作就像蛇一样曲折多变。它以五种方式开始它的滑动过程，因为"快乐"由视、听、尝、嗅、触引起；那些与性交相关的快乐程度最激烈，因为这是自然规定的生殖方式。[74] 快乐潜入灵魂的所有非理智部分的器官是我们称它变化多端的一个原因，但并非唯一原因。我们说它变化多端也因为它的各个部分都能盘绕着滑行。例如，变化多端的快乐通过视觉而获得由各种绘画或雕塑所能提供的快乐，各种艺术创造的、使眼睛陶醉的东西所能提供的快乐，以及由植物生长、开花、结果所发生的变化所能提供的快乐。[75] 同样，耳朵从笛子、竖琴这些乐器和各种无理智动物发出的优美声音中得到快乐，例如燕子、夜莺或其他天性善唱的鸟；也能从被赋予理智的存在物的悦耳的言语中得到快乐，比如音乐家的歌唱，演员在喜剧或悲剧舞台上表演的戏剧。

【19】[76] 餐桌上的快乐有哪些可以用来说明我的观点呢？粗略地说来，摆放在我们面前的菜肴用它们的美味搅动我们的感官，其数量就像快乐的种类一样多。快乐的种类如此之多，不是很适宜比做蛇这种弯弯曲曲的动物吗？也由于这个原因，我们灵魂的这个部分可以比做一群在城中造反的暴民，渴望着埃及的居所，亦即它们总是与带着死亡的快乐相遇。[77] 不是那个将灵魂与身体分割的死，而是那个用邪恶毁灭灵魂的死。我们从经上读道："于是神使火蛇进入百姓中间，蛇就咬他们，以色列人中死了许多。"① 无节制地沉迷于快乐肯定会给灵魂带来死亡，没有任何事情能如此确定。[78] 死去的不是我们灵魂中居主宰地位的部分，而是被统治的部分，像粗鲁的牲畜的那个部分。只要它不忏悔认错，就会招致死亡。那些人到摩西那里说：

---

① 《民数记》21：6。"于是耶和华使火蛇进入百姓中间，蛇就咬他们。以色列人中死了许多。"

"我们怨渎神和你，有罪了。求你祷告神叫这些蛇离开我们。"① 在这里，他们不是说"我们怨渎，我们有罪"，而是说"我们有罪，我们怨渎"。因为那个心灵犯了罪，因而远离美德，它在这个时候责备神，把自己的过失推诿给神。

【20】[79] 那么，有什么办法能够治愈他们遭受的苦难？可以另外造一条蛇。这条蛇在种类上与夏娃的那一条不同，它就是自制的原则。因为，自制能与快乐这种因事情变化而发生变化的德性相对抗，它是能够抵制它的敌人快乐的一种德性。所以，神吩咐摩西造出那条代表自制的蛇，祂说："为你自己制造一条火蛇，挂在杆子上。"② 你们要注意，摩西不是为了别人制造这条蛇，而是为了自己。因为神的吩咐是"为你自己造一条蛇"。由此可知，自制并不是每个人都拥有的，而只属于神所钟爱的人。[80] 我们必须考虑摩西为什么要制造一条铜蛇，因为神并没有吩咐他用什么材料造蛇。原因可能如下：第一，质料并非神的天赋中的一个成分，神用质料造成这样或那样事物，而我们凡人的天赋却总是包裹在质料之中。第二，摩西喜爱没有物体外形的优美，而我们的灵魂因为不可能脱离肉体，只能描绘出有物体外形的优美。[81] 然而，像铜这种坚硬的质料一样，自制的原则是强大的、不可抗拒的，神所钟爱的人的自制可能是最珍贵的，像金子一样，通过逐步吸收智慧，自制在那个人的灵魂中占据了第二的位置。所以，"凡被咬的，一望这蛇，就必得活"③。这一点对极了。当心灵被快乐、夏娃的蛇，所咬的时候，若能在灵魂中看见自制的美、摩西的蛇，进而望见神本身，它就能得活，只要让它看见。

【21】[82] 你们难道没有注意到，居于主导地位的智慧撒拉说"凡听见

---

① 《民数记》21：7。"百姓到摩西那里，说，我们怨渎耶和华和你，有罪了。求你祷告耶和华，叫这些蛇离开我们。于是摩西为百姓祷告。"

② 《民数记》21：8。"耶和华对摩西说，你制造一条火蛇，挂在杆子上。凡被咬的，一望这蛇，就必得活。"

③ 《民数记》21：8。

的必与我一同喜笑"？① 假定有人听到那种德性已经产生了"喜笑"（以撒），他马上就会唱赞美喜笑的歌。听见以撒出生的那人是"喜笑"的同伴，所以那个清楚地看见自制和神像的人也避开了死亡。[83] 但是，许多灵魂由于缺乏持久、自制、抛弃欲望，只能承受神的大能，接受变成低劣者的转变方式，而造物主明确地区分了祂自己和祂的创造物。祂自己永远坚定不移，而祂的创造物在动摇，趋于相反的方向。[84] 这位先知说："引你经过那大而可怕的旷野，那里有火蛇、蝎子、干旱无水之地。他曾为你使水从坚硬的磐石中流出来。又在旷野，将你列祖所不认识的吗哪赐给你吃。"② 你们看，灵魂不仅在埃及受到情欲的吸引而受陷于蛇，而且也在旷野之中被那快乐，那精巧的像蛇一样的情欲叮咬。在这里，快乐的行为方式得到了一个最适当的名称，被称为咬。不仅那些在旷野里的人被快乐叮咬，而且那些四散的人也被叮咬。③ [85] 因为，有许多时候，我弃绝朋友和同胞进入旷野，想要全神贯注于需要沉思的主题，但这样做并无什么好处，我的心灵被情欲叮咬而恍惚，驱向于相反的事情；另外，我们在人群中有时也能集中精力，神会驱散那骚扰灵魂的人群。神教导我，有利条件和不利条件并非由不同地点引起，而是由祂决定的，是神随祂意在推动和引导着灵魂之车。[86] 回过头来再谈谈灵魂在旷野被蝎子，亦即"四散"叮咬。干渴的情欲抓住它，直到神从祂坚强的智慧中送出清泉，解救那背离神的灵魂的饥渴。那坚硬的磐石就是神的智慧，这是神最高、最主要的力量。神用智慧使爱神的灵魂解渴。有水喝了以后，他们也得到"吗哪"④ 做食物。吗哪是一种最普遍的东西，因为它被称做"某种"，这个词表示"最普遍的种类"。但是，神是最初的存在，其次是神的理智，其他一切事物仅存在于神的理智之中，但受它们主动的影

---

① 撒拉（Σάρρα），亚伯拉罕之妻。《创世记》21：6。

② 《申命记》8：15 以下。

③ 斐洛在这里转而谈论"四散"，因为四散（σκορπίζω）与蝎子（σκορπίος）词形相似。

④ 吗哪，食物的名称。"这食物，以色列家叫吗哪，样子像芫荽子，颜色是白的，滋味如同掺蜜的薄饼。"《出埃及记》16：31。

响，这些事物在某些情况下，像那些非存在的东西一样好。

【22】[87] 现在请注意，那个在旷野中转变的人和那个在埃及也这样做的人是有区别的。一个受到了蛇致命的叮咬，亦即贪得无厌的快乐使他死亡，而另一个有所约束的人只是被快乐叮咬和逃散，不至于丧命。这就是说有一个人被自制所治愈，自制就是聪明的摩西制造的那条铜蛇，而其他人被神恩赐的泉水治愈，这清泉就是神从祂自己的智慧之泉中溢出的最优秀的智慧。[88] 像蛇一样的快乐甚至也并不因为神最钟爱摩西而有所收敛。我们读道："他们必不信我，也不听我的话，必说'耶和华并没有向你显现'。我该怎么办呢？神对摩西说：'你手里是什么？'他说：'是杖。'神说：'丢在地上。'他一丢下去，就变作蛇，摩西便跑开。神对摩西说：'伸出手来拿住它的尾巴，它必在你手中仍变为杖。如此好叫他们信你。'"①[89] 人怎样才能信神呢？唯有懂得万物皆变，唯有神不变这个道理。因此，神问这个贤人手里拿的是什么，或者说什么在他的灵魂的主动的活动中，因为手表示活动。他回答说，是"教化"，这个名称用"杖"来表示。所以雅各，那个情欲的替代者也说："我先前只拿着我的杖过这约旦河。"②"约旦"这个词的意思是"降下"或"走下"。所有那些在邪恶和情欲的推动下干出来的事情都属于低下的、凡俗的、可朽的本性。高于邪恶和情欲、接受了规范的心灵教化自己，故此能够过河。这句话词义上指的是，他手持杖过河，亦即被驯服。

【23】[90] 因此，神所钟爱的摩西的答复好得很。因为，拥有美德的人在行动中实际上依据杖一样的戒律，来平息和规范心灵的骚动和混乱。这根杖一掷出就变成蛇，这是很自然的，因为灵魂如果撇开戒律，顷刻便由爱美德者变成为爱快乐者。所以摩西逃离它，因为爱美德者逃避情欲和快乐。[91] 但是请注意，神并不赞赏他的逃避。哦，我的心灵呀，因为这样做适宜你们这些没有被造为完善的人，没有得到逃避情欲的训练，但对完善的摩

---

① 《出埃及记》4：1—5。
② 《创世记》32：10。"你向仆人所施的一切慈爱和诚实，我一点也不配得。我先前只拿着我的杖过这约旦河，如今我却成了两队了。"

西来说不应该停止与情欲作战，而应该抗拒情欲，战斗到底。否则，看到没有什么东西能够发出警告或制止它们，它们便会夺路冲向灵魂的要塞，照着一个无法无天的统治者的样子在灵魂中掀起风暴，把整个灵魂洗劫一空。[92] 因此神也责令他"拿住它的尾巴"。意思是"不要让快乐的反对和它的残暴使你胆怯。这是关键时刻，赶快控制它，平息它，这样它马上就会由蛇变杖，也就是说快乐将处在戒律手中"。但它"在手中"，在贤人的行为中得到控制。这是非常正确的。手若不先伸出去，就不可能抓住快乐，把握它，也就是说，灵魂应该首先认识到它的所有成就和成功都应归结为神的万能，而不应把任何东西归功于人本身。[93] 那个睁着眼睛的人决定逃避那条蛇，他制造了另外一条蛇，"自制的原则"，即那条铜蛇，使那些被快乐叮咬的人可以凭着看见自制而过上真正的生活。

【24】[94] 雅各祈求神，让但①变成这种蛇。他明智地说："但必判断他的民，作以色列支派之一。但必作道上的蛇，路中的虺，咬伤马蹄，使骑马的坠落于后。神啊！我向来等候你的救恩。"②在利亚所生的孩子中，以萨迦是雅各的第五个嫡子，若把悉帕③的两个儿子也算在内，以萨迦是第七个。但在雅各所有儿子当中，但是第五个，是拉结的使女辟拉④与雅各所生。这件事的意义我将在另一篇文章中探讨，在这里我们需要对但做进一步的研究。[95] 那个灵魂有两类产物，一类是神圣的，另一类是可灭的。那个灵魂已经生下了较好的种类，有了它，那个灵魂就停止生育。因为一旦她完全敬仰神，向神谢恩，那就没有什么更好的东西值得她去获取的了。这就是她生了犹大，即赞美和谢恩以后就停止生育的原因。那个灵魂于是就去塑造凡俗的种族。[96] 凡人由吞咽而来，因为滋味像一个源泉，是生物延续生命

---

① 但（Δάν），雅各之子。
② 《创世记》49：16—18。"但必判断他的民，作以色列支派之一。但必作道上的蛇，路中的虺，咬伤马蹄，使骑马的坠落于后。耶和华阿，我向来等候你的救恩。"
③ 悉帕（Ζέλφας），利亚的使女，雅各之妾。参见《创世记》30：9。
④ 辟拉（Βάλλας），拉结的使女，雅各之妾。参见《创世记》30：4。

的根源。辟拉的词义是"吞咽"。这个女人生下了但，这个名字的意思是筛选或区分。因为这个种族区分不朽的东西和凡俗的东西。所以他的父亲祈祷让他成为自制的爱好者。[97] 但是他没有为犹大作这样的祈祷，因为犹大已经具有赞美和使神喜乐的品德。所以他说："让但作道上的蛇。"灵魂是我们的道路，因为只有在路上我们才能看出存在者的区别，死的或活的、无理智的或有理智的、善的或恶的、奴隶或自由人、年轻或年老，男的或女的，外国人或本地人，有病的或健康的，残废的或健全的；灵魂中的活动也一样，一方面有死的、残缺的、有病的、被奴役的、女性的，以及其他无数充满伤残的；另一方面则有活生生的、完全的、男性的、自由的、健康的、成年的、好的、真的，在其真正的意义上，是在其家园中的活动。[98] 所以，让自制的原则成为横在灵魂之路上的蛇，这条道路与生命的各种境况相连。让它横在那条陈旧的道路上，那么这条陈旧的路又是什么呢？美德之路不是陈旧的，因为几乎无人走它，而邪恶之路是陈旧的。他要求那蛇埋伏在那条情欲和邪恶的陈旧的道路上，让逃离美德的理智能力在这条路上耗尽它们的生命。

【25】[99] "咬伤马蹄"①。攻击脚部可以使被造的、可灭的生命站立不稳，这样说再合理不过。情欲就像一匹马，也是四条腿的动物②，冲动、固执、任性、难以驾驭。但是自制的原则喜欢撕咬、毁伤情欲。蹄子被咬伤的情欲使"骑马的坠落于后"。[100] 我们必须懂得，"骑马的"就是指骑在情欲上的心灵。情欲被推翻时，心灵亦同时掉下来。心灵不向前坠落，意思是别让它走在情欲之前，而要走在情欲之后，这样才能学会自制。这里讲的内容包含一条坚定的原则。如果开始作恶时那个心灵坠落在后，就不会做什么坏事；如果在经历了非理智的情欲冲动以后，它不是跟随情欲，而是滞留在后，也能得到最好的报酬，甚至可以豁免情欲。[101] 因此，那位先知懂得

---

① 《创世记》49：17。

② 斯多亚学派也用"四条腿"指代四种情欲。参见 [德] 亚尼姆：《老斯多亚学派残篇》S.V.F. III.381 以下。

要坠落在后以逃避情欲，他又说要"等候神的救恩"，因为他确实是由于坠落在情欲之后、在行动中也没有实施情欲而得到神的拯救。让我的心灵也有这样的坠落，以等候神的拯救，进入天堂，而决不要骑上情欲这匹野兽，野的像那匹想要挣脱缰绳的烈马。这位先知知道向后坠落可以逃离情欲，因此他又说"等候神的救恩"。因为那逃脱情欲、没有实践情欲的人实在是被神拯救了。[102] 愿我的灵魂能够这样，从那乱蹦、乱跳、乱跑的情欲之兽身上掉下来，一直等候神的拯救来临，这样便可得着极乐。因此，摩西在向神唱颂歌时说："他将马和骑马的投在海中。"① 意思是神把四种情欲和骑在情欲上面的罪恶的心灵掷入无底的深渊，彻底毁灭它们。这确实是这首颂歌的主旨，其他的意思也都是真的，因为，心灵若能摆脱情欲，就能获得完全的极乐。

【26】[103] 但是我们必须追问，为什么雅各说"使骑马的坠落于后"②，而摩西要歌颂淹死马和骑马的。我们必须明白，被淹没的是埃及人的品性，它要逃走，也是从水底下逃走，亦即藏在情欲的激流中，而那坠落于后的骑马者不属于情欲的爱恋者。证据之一是它被称为"骑马的"，而其他的被称做"骑马的人"。骑马的做的事情是驾驭他的马，马不服从缰绳的束缚就给它上嚼子。而骑马的人任凭那畜生把他送往任何地方。[104] 在海上也是一样，舵手的职能是指引船舶的航向，而旅客则是体验船上的经历。同理，驾驭情欲的骑手没有淹死，而是从情欲身上下来，等待来自神的拯救。[105] 现在，《利未记》中的圣言指点他们吃东西，经上说："有足有腿，在地上蹦跳的，你们还可以吃。"③ 这样的动物有蝗虫、野蝗虫、蚱蜢，第四样是蟋蟀。事情理应如此。因为，蛇一般的快乐是无益有害、以我为主的，与快乐

---

① 《出埃及记》15：1。"那时，摩西和以色列人向耶和华唱歌说，我要向耶和华歌唱，因他大大战胜，将马和骑马的投在海中。"

② 《创世记》49：17。

③ 《利未记》11：21。"只是有翅膀用四足爬行的物中，有足有腿，在地上蹦跳的，你们还可以吃。"

对立的本性必须是健康的，充满益处的。[106] 哦，我的心灵呀，你是否也想抗拒一切情欲，乃至抗拒快乐，因为"神所造的，唯有蛇比田野一切的活物更狡猾"，① 而快乐是一切事物中最狡猾的。[107] 为什么会这样？因为万物都被快乐所吸引，恶人的生活被快乐所主宰。产生快乐的东西可以通过各种狡诈的方式获得，金、银、荣誉、地位、作为感觉对象的质料、制造工艺，以及所有其他技艺，都是快乐的侍仆。我们做错事的原因是追求快乐。恶行永远与极端的狡诈连在一起。[108] 因此，那位与蛇做斗争的人决定反对快乐，并且要把这场高尚的斗争进行到底，通过击败那征服其他所有人的快乐，竭诚尽力去赢得那人类从未获取过的高贵的王冠。

第三卷

【1】[1]"亚当和他妻子听见神的声音，就藏在园里的树木中，躲避主神的面。"② 这是摩西在介绍一种学说，说明那个恶人是个流放者。因为，如果美德是一座智慧者享有的城市，不能拥有美德的人已经被驱逐出城，没有能力参与其中，那么他们只能被驱逐和流放。但是，因与美德疏远而引起的流放也使他躲避神。[2] 这是因为，如果智慧者作为神的朋友均处于神的视野中，那么所有恶人显然都会溜之大吉，躲避神，而这种人怨恨正确的理智，亦在意料之中。此外，这位先知用以扫的事说明恶人没有城市或住所。这个浑身有毛的以扫善于干坏事，摩西说："以扫善于打猎，常在田野。"③ 追逐情欲是一种邪恶，生来不适宜在美德之城居住。极而言之，他会追随乡村

① 《创世记》3：1。"耶和华神所造的，惟有蛇比田野一切的活物更狡猾。蛇对女人说，神岂是真说，不许你们吃园中所有树上的果么。"

② 《创世记》3：8。"天起了凉风，耶和华神在园中行走。那人和他妻子听见神的声音，就藏在园里的树木中，躲避耶和华神的面。"

③ 《创世记》25：27。"两个孩子渐渐长大，以扫善于打猎，常在田野。雅各为人安静，常住在帐篷里。"

的草木，过一种无教养的生活。① 充满智慧的人，雅各，属于城市，拥有美德作居所。[3] 这位先知在提到他时说："雅各为人简洁，常住在屋子里。"② 与此相仿的还有那些收生婆，因为敬畏神，神便叫她们成立家室。③ 因为这样的灵魂在寻找神隐藏的奥秘，这就是"救男孩的命"或"给男孩接生"的含义。它们建起美德的根基，把它们的住所建立在美德上。这些例子都已清楚地表明，恶人没有城市或家园，是从美德中被流放的，而善人承受美德作为产业，获取智慧的城市和住所。

【2】[4] 下面，让我们来看看这个人实际上是怎样躲避神的。如果对这些话做喻意解释，那么这种说法是不可能接受的。因为，神充满、渗透万物，在祂存在之处不会留下任何空间。那么，人能占据什么样的处所呢，是在神不存在的地方吗？这位先知在别的地方说的话为这个问题提供了答案。他说："天上地下唯有他是神，除他之外，再无别神。"④ [5] 他又说："我站在你（被造的）面前。"⑤ 因为神在每一个被造物面前，人在任何地方都能找到神，所以没有人能躲避神。对此，我们有什么可惊讶的呢？无论如何，我们决不能逃脱或躲避那些用于创世的基本元素，甚至不能躲避那些被造的东西中的这些成分。例如，如果有人能飞，那就让他在土、水、气、天空或宇宙中自由飞翔，但他必须要有这些元素环绕他，不可能飞离这个世界。[6] 既然人不能逃离这个世界的部分或整个世界，那么他能躲避神的眼睛吗？决不可能。那么，为什么经上要说"他们躲藏"？恶人以为神位于某处，神不是包容的，而是被包容的，因此他想象自己可以躲避神，设想万物的创造者神不在那个地方，把那里选作自己的潜伏地。

---

① 斯多亚学派谈及乡村生活，参见 [德] 亚尼姆：《老斯多亚学派残篇》III.169 以下。

② 《创世记》25：27。

③ 《出埃及记》1：21。"收生婆因为敬畏神，神便叫她们成立家室。"

④ 《申命记》4：39。"所以，今日你要知道，也要记在心上，天上地下惟有耶和华他是神，除他以外，再无别神。"

⑤ 《出埃及记》17：6。"我必在何烈的磐石那里，站在你面前。你要击打磐石，从磐石里必有水流出来，使百姓可以喝。摩西就在以色列的长老眼前这样行了。"

【3】[7] 以下面这种方式来理解是可能的。有关神的真意见在恶人身上是隐秘的、晦涩的，因为他处于完全的黑暗之中，神的光芒没有照在他身上，而人要依靠神的光去探究实在。这样的人不能成为神的同伴，就像长大麻风的人或患漏症的人。前一种人把神和万物都当做相关的原因，因为长大麻风的有两种颜色，但实际上神和万物在性质上是相互对立的，因此只有一个单一的原因，神是一切事物的原因。另外，患漏症的人认为万物皆从这个世界而来，又回归到这个世界中去，他们想象神没有创造任何事物。①[8] 他们还把自己的看法与赫拉克利特的观点联系起来，后者提倡"丰满与缺乏"、"宇宙是一"、"万物互变"，把这样的信条当做"圆满的和必要的"。所以圣言说："你吩咐以色列人使一切长大麻风的，患漏症的，并因死尸不洁净的，都出营外去，无论男女"，②"凡……被阉割的，就是灵魂生产之器官被割去，和奸淫者，从单一的秩序逃走的，不可入神的会。"③ 但是，机智的理智从不隐藏自己，而是热诚地希望显明自身。[9] 你们难道没看到，亚伯拉罕"仍旧站在耶和华面前，……近前来说，'无论善恶，你都要剿灭'"④？这里讲的不就是那个不躲避神、想让神知道自己的人和这个躲避神的人吗？这个人是亵渎的，但他实际上也站在神的面前。躲避神是不公正的，因为，哦，主啊，崇敬神是唯一的公正。虔敬者的情况与亵渎者不一样。我们必须讨论公正的人的情况，这就是他为什么要说"无论善恶，你都要剿灭"的原因。[10] 因为没有人把神当做应受崇敬的来崇拜，而只是把神当做公正的来崇拜。甚至对我们有恩惠的父母也不可能向我们索取与我们从他们那里承受的东西相等的东西，因为我们不可能变成他们的父母。神把宇宙从无中产

---

① 此处表述的观点显然与斐洛的一般观点不同，是赫拉克利特的观点，认为世界是对立物的统一体，相互转化，无须神力的作用。

② 《民数记》5：2。"你吩咐以色列人，使一切长大麻风的，患漏症的，并因死尸不洁净的，都出营外去。"

③ 《申命记》23：2。"私生子不可入耶和华的会。他的子孙，直到十代，也不可入耶和华的会。"

④ 《创世记》18：22 以下。

生出来，我们怎么可能把神当做应受崇敬的来回报或颂扬呢？因此，崇敬神是一种针对我们的美德操练。

【4】[11] 然后，那个灵魂通过三个季节把自己向神显明，这三个季节实际上是整个时间的三重划分，不是那个虚弱的女性情欲在纠缠他，而是表现出一种男性的刚烈和心灵。因为圣言吩咐男性在每年三个季节朝觐以色列人的神。① [12] 摩西也因此而躲避法老，使自己站在神的面前。法老象征着分散，因为他胆敢说他不认识神。② 我们读道："摩西躲避法老逃往米甸地居往。"③ 摩西在考查自然事物的时候，"坐在井边"，等着神送来清泉，平息他的灵魂对善的渴望。所以，他躲避法老，即各种情欲以之为首的不敬神的观念，退避到米甸这个筛选之地考查自己是否坚定，或者思考要不要重新对那个恶人的破坏进行争辩。[13] 他在考虑如果与之斗争，能否取胜，所以他停留在那里等候神，如我所说，看神是否会把那个摆脱了浅薄的深刻的理智赐予他，这理智像湍急的河流，足以淹没追赶而来的埃及人的王，"追赶"指的是他的情欲。[14] 他配得那恩惠，因为在取得那美德源头之地后，他没有停止斗争，直到看见快乐衰竭，失去作为。这就是摩西不从法老那里溜走的原因，因为这样做就是逃跑而不是回归，而他像个运动员似的休息了一下，喘口气，"躲避"的意思就是休战，直至神圣的理智使他的智慧和其他各种美德的力量高涨，帮他重新投入战斗，势不可挡。[15] 但是雅各，那个"取代者"，竭力用欺骗和诡计去获取美德，那个时候他的名字还没有改成"以色列"。他带着自己的东西，亦即他的肤色、形体和肉身，简言之，他的本性，从拉班那里逃走。④ 这种本性通过感觉的对象给心灵留下创伤。因为在面对这些感觉对象时，心灵不能完全击败它们，由于担心败在它们

① 参见《申命记》16：16。"你一切的男丁要在除酵节，七七节，住棚节，一年三次，在你神所选择的地方朝见他，却不可空手朝见。"

② 参见《出埃及记》5：2。"法老说……我不认识这位神，也不容以色列人去。"

③ 《出埃及记》2：15。"法老听见这事，就想杀摩西，但摩西躲避法老，逃往米甸地居住。"

④ 拉班（Λάβαν），雅各的母舅。参见《创世记》31：20 以下。

手上，因此它就逃跑了。雅各这样做有充分的理由得到赞扬，因为摩西说："你们要这样使以色列人……"①，而不是胆大妄为，做那力不能及之事。

【5】[16]"雅各背着亚兰人拉班偷走了，并不告诉他；就带着所有的逃跑，他起身过大河，面向基列山行去。"② 这个说法与自然宗旨完全一致，他逃跑了，没有告诉拉班。因为，拉班代表受到感觉对象支配的那种思维方式。比如，要是看到美的东西，被它俘获，那么它就像是你跌倒的原因，这时候你就要悄悄地溜走，不要告诉你的心灵。也就是说，不要再有其他想法或再做深入思考，因为不断回忆某事是在心灵刻上有关此事的印记的方式，这样做会伤害心灵，常会违反它的意愿，使它毁灭。[17]任何通过各种感觉途径抵达我们的诱惑也具有同一原则。比如在这里，安全与偷偷地溜走联系在一起，而在记忆中反复思想美的东西，反过来又会不断地审讯和奴役我们的理智能力。因此，我的心灵哟，你的坠落已经迫在眉睫，你会落入向你显现的感性物体的圈套，你决不要谈论它们，决不要细想它们，免得被它们捕捉，陷入悲惨的境地。不要这样，快跑吧，宁可要野地里的自由，不要驯服的奴役。

【6】[18]现在我们可以问，经上为什么要说"雅各背着亚兰人拉班偷走了"，就好像雅各不知道拉班是亚兰人似的？在这里，这样说同样是有道理的。因为，"亚兰"的意思是"高地"。雅各，正在受训的那个心灵，当他看到情欲在他面前匍匐，表现得极为高尚、庄重的时候，首先逃跑的是受训的心灵，然后是隶属于心灵的所有部分，有阅读、思虑、膜拜、与高尚心灵相同的自制，以及对日常事务的排斥。[19]他起身越过能把灵魂淹没在情欲中的感性对象的大河。然后，向着那极高的高地，即完善的美德，他"面向基列山行去"。"基列"这个名词的含义是"证人的迁移"，因为神让那个灵魂离开由拉班代表的情欲，并由此证明，迁移有极大的好处，可以使心灵离开邪恶，而邪恶会使灵魂变得低劣，邪恶自己则想攀上美德的高位。[20]

① 《利未记》15：31。"你们要这样使以色列人与他们的污秽隔绝，免得他们玷污了我的帐幕，就因自己的污秽死亡。"句中"以色列人"原意为"见神者的子孙"，"见神者"指雅各。

② 《创世记》31：20。"雅各背着亚兰人拉班偷走了，并不告诉他。"

由于这个原因，拉班发怒了。他是感觉的朋友，其行为由感觉而不是心灵来规范。他追上雅各，问他"为什么要背着我偷走了"，① 而不是留下来享受，聆听那关于物体的、外在的善物的教导？你不仅逃避这种生活，而且带走了我最健全的感觉，即利亚和拉结。因为这些东西和灵魂在一起的时候产生美好的感觉，一旦被移往别处，灵魂就只能变成无知和无约束。这就是他要说"你掳去"的原因，亦即你偷走了我美好的感觉。

【7】[21] 那么，什么是他的美好感觉；他接着解释说："你把我的女儿们带了去，如同用刀剑掳去的一般。…… 告诉我，叫我可以……送你回去。"但是，你不会把这些相互对立的东西② 送走，若要真的送走和释放那个灵魂，你会把所有这些属于肉体和感觉的声音从灵魂中剥去，以这种方式把心灵从恶欲中解放出来。但就像你做的那样，你说准备给她自由，但你的行为表明你仍旧会把她囚禁，你若是用"唱歌、击鼓、弹琴"和适合这些感觉的快乐把她送走，那么你实际上并没有把她送走。[22] 因为我们不只是从你那里逃跑，哦，拉班，肉体和色彩的朋友，而且也是在逃避所有你拥有的东西，包括各种感觉的声音，它们与你的情欲和谐而歌。是我们自己把自己变成这个样子，如果真的如此，让我们至死从事美德的训练，这种学习绝对重要，就像雅各也要学习一样，摧毁那些用金属铸造的外在于灵魂的诸神。摩西禁止人们铸造神像，③ 这种行为方式会熔解美德和幸福，塑造罪恶，把稳定性赋予情欲，在铸造的时候，熔化了的东西会重新稳定和变硬。

【8】[23] 接下去我们从经上读道："他们就把外邦人的神像和他们耳朵

---

① 《创世记》31：26—27。斐洛在这里三次部分引用这两句经文。"拉班对雅各说，你作的是什么事呢？你背着我偷了，又把我的女儿们带了去，如同用刀剑掳去的一般。你为什么暗暗地逃跑，偷着走，并不告诉我，叫我可以欢乐、唱歌、击鼓、弹琴地送你回去。"

② "相互对立的东西"指真正的"幸福"和"快乐"，"唱歌、击鼓、弹琴"代表较低的快乐。斐洛认为，这些东西会和那些被送走的东西一起离去。

③ 参见《利未记》19：4。"你们不可偏向虚无的神，也不可为自己铸造神像。我是耶和华你们的神。"

上的环子，交给雅各，雅各都藏在示剑那里的橡树底下。"① 这些神是恶人的神。雅各没有接受，而是把它们收藏起来，销毁掉。无论从哪方面来看，这样做都是完全正确的。因为，优秀的人不会作恶致富，但会把恶物偷偷地藏起来，远离它们。[24] 同理，当所多玛王狡诈地想要用无理智的东西交换有理智的东西，亦即用马换人的时候，亚伯兰说，凡是你的东西我都不拿，但是他要"伸展"运作他的灵魂，摩西象征性地称之为他的"手"，伸向"至高的神"。他不拿国王的东西，无论是"一根线"还是"一根鞋带"，这样做可以使国王不会说已经把财富送给了睁开眼睛的人，用贫乏换取美德的财富。② [25] 情欲总是被隐蔽起来，置于示剑的看守之下，示剑这个名字的含义是"肩膀"，③ 因为他把辛劳加于快乐，便于严密看守快乐。而情欲在聪明那里消亡，不仅在某个短时间内，而是"乃至此日"，亦即永远如此。因为世界的整个时间是由"日子"来计量的，昼夜循环是一切时间的尺度。也是由于这个原因，雅各把肉体的和感官的东西作为一项特别的遗产赐予约瑟，他为这些事操劳，④ [26] 而对公开赞美神的犹大，雅各没有赐予他什么礼物，而是给了他来自兄弟们的赞美。⑤ 雅各不是从神那里得到示剑，而是凭借"剑与弓"⑥，亦即穿刺和抵挡。因为，贤人支配那些次等的和最初的对象，但在支配它们的时候并不保存它们，而是赠给与之性情相符的人。你们难道没有留意这件关于诸神的事情也是这样吗？雅各显然收下了神像，但没有真正地

---

① 《创世记》35：4。"他们就把外邦人的神像和他们耳朵上的环子交给雅各。雅各都藏在示剑那里的橡树底下。"示剑（Σικίμος），哈抹之子。参见《创世记》33：19。

② 《创世记》14：22—23。"亚伯兰对所多玛王说，我已经向天地之主至高的神起誓，凡是你的东西，就是一根线，一根鞋带，我都不拿，免得你说，我使亚伯兰富足。"亚伯兰（Ἀβραάμ），他拉之子，后改名亚伯拉罕，参见《创世记》11：26，17：5。

③ 或"承担"，亦即"辛劳"。

④ 约瑟（Ἰωσήφ），雅各之子，参见《创世记》47：29。

⑤ 参见《创世记》49：8。"犹大阿，你弟兄们必赞美你。你手必掐住仇敌的颈项。你父亲的儿子们必向你下拜。"

⑥ 《创世记》48：22。"并且我从前用弓用刀从亚摩利人手下夺的那块地，我都赐给你，使你比众弟兄多得一分。"

接受它们，而是把它们藏起来，远离它们，永远"销毁"它们。①[27] 那么，是哪个灵魂成功地藏起了邪恶，不让人看见呢？岂不是那个神对之显现，认为它配得上知道神的奥秘的灵魂吗？因为神说："我所要作的事，岂可瞒着亚伯拉罕呢？"②哦，救世主，你向那个渴望一切美好事物的心灵展示你自己的作品，这是最适当不过的。这就是它要猛烈地驱逐邪恶、总是隐藏和摧毁带来浩劫的情欲的原因。

【9】[28] 那么，我们已经看到的那个把自己藏起来不见神的恶人以什么方式受惩罚呢？先让我们考虑一下他藏在什么地方。经上说："在园里的树木中"③，这指的是心灵的中央，而心灵又是灵魂圈子的中央，那个人从神那里逃离，在他自己的心灵中躲藏。[29]因此有两个心灵：一个是宇宙心灵，就是神；另一个是个人的心灵。逃离自己心灵的人在万物的心灵中栖息。抛弃自己心灵的人承认，一切把人的心灵立为标准的做法都是虚无的，一切都归于神。[30] 另外，那个逃离神的人宣称神不是万物产生的原因，而他自己是万物的原因。比如，有这样一种观点广泛流传，世界上的万物自然发生，独立于它们的指引者，人的心灵自己建立了技艺、行业、法律、习俗以及如何正确对待人与动物的法令。这种观点要么是从政府的角度来立论，要么是从个人行为的角度来立论，个人是个别的人，或者是社团的成员。[31] 哦，我的灵魂呀，你明白这两种观点的差异：一种观点不依赖具体的存在，亦即那被造的、可朽的心灵，全心全意地投身于非被造的、不朽的宇宙心灵，求得庇护；另一种观点正好相反，它拒斥神，犯下可悲的错误，它想要分享心灵的好处，而这个心灵甚至不足以帮助它自己。

【10】[32] 下面的话是摩西立论的基础："人若遇见贼挖窟窿，把贼打

---

① 参见《创世记》35：4。"他们就把外邦人的神像和他们耳朵上的环子交给雅各，雅各都藏在示剑那里的橡树底下。"

② 《创世记》18：17。"耶和华说，我所要作的事，岂可瞒着亚伯拉罕呢？"

③ 《创世记》3：8。"天起了凉风，耶和华神在园中行走。那人和他妻子听见神的声音，就藏在园里的树木中，躲避耶和华神的面。"

了，以至于死，就不能为他有流血的罪。若太阳已经出来，就为他有流血的罪。"① 因为，人若是辟开坚实直立的帐篷去试验只属于神的无限力量，而在要进帐篷时又被发现，那么他是一个窃取他人物品的贼，这里出现的关于逾越的观念只是人自己的心灵在起作用，而不是神在起作用。万物都归神所有，把任何东西归为己有的人都是在盗用他人的东西，会受到致命的打击，这就是自傲，与愚昧无知相近。[33] 摩西没有明显地提到那个打贼的人，因为他无非就是那个被打的人，正好比给自己擦身的人也就是被擦的人，舒展身体的人也就是身体被舒展的人；因为对他自己来说，他既是主动的，又是被动的，既是用力者，又是其影响的承受者。所以，那个把神拥有的东西窃归己有的人也是牺牲品，在他自己的非虔诚和自我欺骗的推动下作出这般恶行。他被人打死应当是一件好事，也就是说，他永远不能实现他的目的了，他的罪恶比较轻了。[34] 罪恶呈现自身，或静或动。行动中的罪恶是完全成熟的，欲将意向推向实现，所以它比静态的罪恶更坏。因而，幻想自己是万物存在之根源而神不是的那个心灵死去了，亦即转为不活动状态，血腥的罪恶没有依附它；它没能完全取消那活生生的学说，亦即把神规定为一切力量的总体的学说。[35] 但若太阳，亦即那明亮地照耀着我们心灵的东西，已经升起，那么它是有罪的，因为它必然会孕育出一个观念，认为自己能识别一切，决定一切，无物能够避开它的决定，它会因为毁坏了这种活生生的学说而死去，这种学说承认神是唯一的原因。确实，它自己是无益的、垂死的，它来到世上只是为了提出那种无生命的、凡俗的、错误的学说。

【11】[36] 与此相一致，圣言对那暗中设立偶像的发出咒诅，这些东西或者是雕刻出来的，或者是铸造出来的，总之是工匠用手制作的。② 哦，心

---

① 《出埃及记》22：2—3。"人若遇见贼挖窟窿，把贼打了，以至于死，就不能为他有流血的罪。若太阳已经出来，就为他有流血的罪。贼若被拿，总要赔还。若他一无所有，就要被卖，顶他所偷的物。"

② 参见《申命记》27：15。"有人制造耶和华所憎恶的偶像，或雕刻，或铸造，就是工匠手所作的，在暗中设立，那人必受咒诅。百姓都要答应说，阿们。"

灵啊，为什么你要在自身珍藏那些错误的观念，把神当做雕刻的偶像，以为神是用各种各样的材料做成的呢？神是没有种类的存在，神是不会朽坏的，而铸造出来的神像是可朽的。为什么你不把这些事情公诸于世？你最终也会学到这些道理，向那些研习真理的人学习是你的责任。由于你掌握了无价值的、诱导有教养者的方法，你就幻想自己精通科学，然而却与真理为敌。这种科学证明自己并无科学，因为你拒绝治疗你的灵魂的无知病。

【12】[37] 在竭力避开那存在的神的时候，这个恶人沉醉于他那语无伦次的心灵。我们可以从摩西说的话看到这一点，"把埃及人打死了，藏在沙土里"①，表明摩西谈论的就是这个人，他认为肉体的事物优先，灵魂的事物无用，并把快乐当做生命的目的和目标。由于注意到埃及王给他添加的重担，②摩西见到了神，而那个国王是邪恶的，情欲也跟随着他。[38] 他看那个埃及人殴打并粗暴地对待那个可见的人；他用整个灵魂左右观看，此时除了神无人在场，其他所有东西都在荒野中摇摆。在打了人以后，那个完全信赖快乐的爱恋者把埃及人隐藏在自己的心灵中，这个心灵是一堆毫无联系的谷粒，而不是美和高尚的结合统一。所以那个埃及人已经被他藏在自己身上了，但那个有骨气的人会离开他，在神那里安身。

【13】[39] 因此他说："神于是领他走到外边，说：'你向天观看，数算众星'。"③由于我们对美德的热爱是无止境的，我们会乐意接受一种全面的观点，但是我们没有能力度量神的富足。然而神喜爱赐予，祂以这种方式告诉我们，他已经为自己在灵魂中播下种子，光彩夺目，充满意义，就像祂在天上安置星辰。[40] 但是在"领出"的后面再加上"外边"不是多余的吗？因为有谁曾被领出到里面来呢？他的意思可能是这

---

① 《出埃及记》2：12。"他左右观看，见没有人，就把埃及人打死了，藏在沙土里。"
② 参见《出埃及记》2：11。"后来，摩西长大，他出去到他弟兄那里，看他们的重担，见一个埃及人打希伯来人的一个弟兄。"
③ 《创世记》15：5。"于是领他走到外边，说，你向天观看，数算众星，能数得过来么。又对他说，你的后裔将要如此。"

样的：神领他到最外面的空间，而不是只领到许多外部空间中的一个，或者可被其他空间包容在内的空间。正好比我们的房屋，妇女居室的外面是男人的住房，中间有走廊，又好比院门在院子的外面，但在通道的里面，甚至在灵魂中也是这样，处在外面的某部分可以在另一部分的里面。[41] 我们必须把他的话理解为，神领着心灵走到最外边。心灵撇下肉体，但却逃进感觉，能得到什么好处呢？拒斥感觉而置身于言语的庇护之下，又有什么益处呢？因为心灵应该被领出去，让它自由，摆脱事物的影响，摆脱肉体感官的需求、似是而非的论证、似乎有理的修辞学，最后摆脱它自己。

【14】[42] 因此他在别处赞美说："天上的神，大地的神，曾带领我离开父家的主"①；寓居在肉体和凡俗中的人要达到与神同在是不可能的；只有当神把他从这所监狱中救出来的时候，他才可能与神同在。因此，以撒，灵魂的喜悦，在他独自默想并与神同在时，也被引导着离开他自己和他的心灵；因为经上说，"天将晚，以撒出来在田间默想"②。[43] 是的，先知摩西也说，"我一出城"，亦即那个灵魂，因为这也是那座给他律法和习俗的凡人的城，"就要举手"，③ 把我所作的一切给神看，请神作证，监督他们中的每一个人，罪恶由此不能隐藏自己，被迫除去一切伪装，暴露无遗。[44] 当灵魂的所有言语和行动都完全诚实和像神了，感觉的声音就停止了，所有那些曾经折磨它的可恶的声音都停止了。因为，可见的东西召唤视觉于自身，声音召唤听觉于自身，香味召唤嗅觉于自身，感觉对象周围的东西都邀请感觉前来。但当心灵离开灵魂之城，在神那里找到自己的行动目标和意向时，所有这些感觉都停止了。

---

① 《创世记》24：7。"耶和华天上的主曾带领我离开父家和本族的地，对我说话，向我起誓说，我要将这地赐给你的后裔。他必差遣使者在你面前，你就可以从那里为我儿子娶一个妻子。"
② 《创世记》24：63。"天将晚，以撒出来在田间默想，举目一看，见来了些骆驼。"
③ 《出埃及记》9：29。"摩西对他说，我一出城，就要向耶和华举手祷告，雷必止住，也不再有冰雹，叫你知道全地都是属耶和华的。"

【15】[45] 确实，"摩西的手发沉"①；因为恶人的行为是轻浮的，贤人的行为应当是沉重的，不可动摇的，不易摧毁的。所以，他们在亚伦里面得平稳。"亚伦"的意思是"理智"和"何珥"。② 因此，这位先知的目的是用象征性的语言告诉你们，万物中最基本的东西，理智和真理，使贤人的行动坚定不移。因此，亚伦死的时候也就是他抵达完美的时候。他上了何珥山，何珥的意思是"光"；理智的终点是真理，真理发出的光芒比光照得更远。理智竭力想要追求的就是真理。[46] 摩西从神那里得到帐篷，把它支搭得更加牢固。那贤人把它当会幕，住在里面。你们难道没有注意到那顶帐篷就是智慧吗？它不在肉体之中，而在肉体之外。摩西用行营象征肉体，营中充满战争以及战争造成的所有罪恶，这个地方没有一处是和平的。他把那顶帐篷称做"证言的"帐篷，亦即由神证明的智慧。是的，"凡求问神的，就到会幕那里去"③。这样说好极了。[47] 哦，心灵哟，你们如果是在追求神，那么就从你们自身中出来努力寻求吧；但如果你们仍旧处在肉体的沉重束缚之中，或者是在自我欺骗，像心灵所熟悉的那样，那么你们尽管好像是在寻求，但并不是真的在寻求。你们的寻求是不确定的，在这种情况下你们怎么能找到神呢？对许多人来说，神并不向他们显现，他们的热情永远不会成功。[48] 然而，单纯依赖自身的寻求已经足以使我们分有善的事物，因为它毕竟是一种追求高尚事物的努力，即使他们没能达到目标，在追求的过程中他们是快乐的。这样，那个回避美德躲避神的恶人在他自己的心灵中隐身，这是一种可悲的对策；而那个摆脱自身，回归唯一者的心灵赢得了这场高尚的比赛，成为无可非议的胜利者。

---

① 《出埃及记》17：12。"但摩西的手发沉，他们就搬石头来，放在他以下，他就坐在上面。亚伦与户珥扶着他的手，一个在这边，一个在那边，他的手就稳住，直到日落的时候。"

② 何珥的希伯来文原义是"光"，生命中没有比真理更明亮的光了。参见《民数记》20：25。

③ 《出埃及记》33：7。"摩西素常将帐篷支搭在营外，离营却远，他称这帐篷为会幕，凡求问神的，就到会幕那里去。"

【16】[49]"主神呼唤亚当，并对他说，'你在那里?'"① 为什么只呼唤亚当一人，而不呼唤他那隐藏起来的妻子？好吧，首先我们必须说，即便在当时的境况下被呼唤的也只是那个心灵，是那个心灵在受到责备，是它的缺陷受到检验。但是，受到呼唤的不仅有这个心灵本身，也有它的所有能力。因为，如果没有这些能力，心灵本身是赤裸裸的，甚至可以说是不存在的；感觉是其中的一种能力，它也就是那个女人。[50] 因此对亚当的呼唤包括对那个女人的呼唤，亚当就是那个心灵，那个女人就是感觉。但是神没有专门召唤她。为什么呢？因为，感觉是非理智的，没有能力接受责备。视觉、听觉，或其他感觉，都不能接受指导，所以感觉不能执行理解事物的功能。神造出感觉来只使它能够区别物体的形式。但是那个心灵能接受指导，这就是神向它提出责问，而不向感觉提出责问的原因。

【17】[51]"你在那里"（ποῦ εἶ）这句话可以作多种解释。第一种解释，不作疑问句而作陈述句解，相当于说"你在某个地方"，ποῦ 上面有抑音符号。因为你以为神在园中行走，被园子包容在内，在你这样想的时候你以为神就像你们中间的某些东西，你可以听到神口中发出的声音，而实际上，神不在某个地方（因为神不被他物包容，而神包容宇宙）；但是，生成的东西要在某处，对它来说，它必须被包容，而不是包容他物。[52] 第二种解释是这样的：这句话的意思相当于"哦，灵魂，你到了哪里?"在这块善地上，你为自己选了什么样的恶果？当神请你分有美德时，你却追求邪恶，当神让你享用生命树，亦即智慧之树，靠它你能拥有生命力的时候，你却贪食无知和腐败，宁愿接受灵魂可悲的死亡而不要真正的生命的幸福，不是吗？[53] 第三种解释，把这句话作问句解，但对这个问句可作两种回答。一种回答是"无处可在"，因为恶人的灵魂无处可以安身，无处可以居住。正因如此，恶人被说成是没有固定位置的。"无固定位置"这个短语表示反对给这种罪恶作任何意义上的定位。这就是那些恶人为什么总是无休止的，不稳定的，像

---

① 《创世记》3:9。"耶和华神呼唤那人，对他说：'你在那里?'"

一阵风随意吹拂，从不遵循任何原则的原因。[54] 另一种回答是，亚当实际上已经作了回答。在"听到我的地方"，也就是那些不能看见神的人所在的地方，那些不愿聆听神的话语的人所在的地方，那些回避万物之创造者的人所在的地方，那些回避美德的人所在的地方，那些没有智慧的人所在的地方，那些因灵魂懦弱胆怯而生活在恐惧和颤抖之中的人所在的地方。因为亚当说："我在园中听到你的声音，我就害怕。因为我赤身露体，我便藏了。"① 他知道我刚说过的这些品质，在前面我也做过充分的论述。

【18】[55] 不管怎样，亚当现在不赤身露体了，稍后出现了这样的话，"他们为自己做衣服穿"。即使在这里，先知也想要教导你们，他说的赤裸不是肉体，而是灵魂，是灵魂的无供养，没有用美德包裹。[56] 那个人说："你所赐给我，与我一起的那个女人，她把那树上的果子给我，我就吃了。"② 很好，他没有说"你赐给我的那个女人"，而是说"与我一起的"；因为赐给我并不表示它是我的所有物，神也给了它自由和任意，它在某些方面并不服从我的心灵的训令。例如，即使心灵不让视觉看，但视觉无论如何总会看见它面前的东西。听觉也一样，即使心灵命令它不要去听，只要有声音到来，听觉一定会让它进入。[57] 至于嗅觉，当气味找到进入的通道时，即使心灵禁止嗅觉欢迎它们，嗅觉仍会闻到气味。因此，神没有把感觉赐予人，而只是让它与人在一起。"在一起"的意思是这样的：感觉和我们的心灵一起觉察到各种事物。例如，可见的物体同时被视觉和心灵注意到；眼睛看到物体，同时心灵又接纳被眼睛看到的东西，觉察到它是黑的、白的、黄的、红的、三角的、方的、圆的，或别的颜色和形状。[58] 又如听觉承受到声音的印象，心灵与听觉同在；为了证明听觉的行为，心灵马上判别声音，确定它是弱的、强的、和谐的、有节奏的，或正好相反，是不和谐的、杂乱的。

---

① 《创世记》3：10。"他说，我在园中听见你的声音，我就害怕。因为我赤身露体，我便藏了。"

② 《创世记》3：12。"那人说，你所赐给我，与我同居的女人，她把那树上的果子给我，我就吃了。"

我们看到其他感觉也都是这种情况。"她把那树上的果子给我"，这些词加得极好，因为，除了感觉，没有其他东西可以给心灵那棵树的感觉。是谁使心灵有可能认识物体或识别它的白色？难道不是视觉吗？是谁把声音给了心灵？不是听觉吗？是谁把气味给了心灵？不是嗅觉吗？是谁把滋味给了心灵？不是味觉吗？是谁使心灵知道粗糙和柔软？不是触觉吗？只有感觉能给我察觉物体的机会，心灵这样说是千真万确的。

【19】[59]"神对女人说：'你作的是什么事呢？'女人说：'那蛇引诱我，我就吃了'。"① 在这里，神对感觉提问，但她答非所问。因为，神的问题是关于那个男人的，而她的回答没有提到那个男人，只涉及她自己。她的回答是"我吃了"，而不是"我给"。然而，如果我们按象征意义理解这段话，这个谜就可以解开，我们可以看到那个女人对问题的回答是贴切的。因为，她在吃的时候，那个男人必然也会吃。[60] 当感觉与感性物体相遇而被物体的印象充满时，心灵也在接触和获取，并以某种方式吸收它提供的营养。她的回答意思是，我给那男人吃并非出于我的意愿，因为每当我接触到那个物体，他也会接受影像和他自己得出的印象，他的行动是非常敏捷的。

【20】[61] 现在我们注意到，那个男人说，是那个女人给的，那个女人说，不是那条蛇在给，而是它在欺骗。因为给予是感觉的特点，但引诱和欺骗是快乐的特点，因为它像蛇一样。例如，感觉真实地给予心灵白、黑、热、冷，没有欺骗。[62] 按大多数不把他们的自然哲学的定律理解得过头的人的看法，物体就是眼睛看到的那个样子。但是，快乐并不按物体的实际状况向心灵报告，而是歪曲它，把无益的东西表现为有益的，甚至就像可恶的妓女在脸上涂脂抹粉以掩盖她们的丑恶。我们也能看到，无节制的男人喜欢暴饮暴食，喜爱大量的烈酒、丰盛的宴席，尽管这些东西对身体和灵魂都有害无益。[63] 我们还可以看到，那些坠入情网的男人，常常对丑陋的女

---

① 《创世记》3：13。"耶和华神对女人说，你作的是什么事呢？女人说，那蛇引诱我，我就吃了。"

人爱得发狂，这是因为快乐欺骗了他们；你几乎也可以说，虽然这些女人具有的特征与美完全相反，但快乐却可以欺骗他们，使他们觉得这些女人具有美丽的外貌和姿色，长处丰满和匀称。他们确实忽略了那些真正的完美无瑕的美，倾心于我提到的这些女人。[64] 所有圆满的欺骗都适合快乐，而给予是感觉的特征，快乐欺骗引诱心灵，不向它显示事物的真实面貌，而是给它虚假的东西，而感觉只给予事物本来的形式，没有诡计和伪造。

【21】[65]"主神对蛇说：'你既作了这事，就必受咒诅，比一切的牲畜更甚；你必用肚子行走，终身吃土。我又要叫你和女人彼此为仇；你的后裔和女人的后裔，也彼此为仇。女人的后裔要伤你的头，你要伤他的脚跟。'"① 神为什么咒诅蛇而不给它辩护的机会，尽管在别的地方他似乎合理地给出诫命，"两个争讼的人应该站在审判官面前"②，在未听取一方证词之前，不应轻信另一方。[66] 无疑，你看到，神没有轻信亚当而对那个女人有偏见，而是给她机会为自己辩护。祂问："你作的是什么事呢"③，而那个女人承认自己错了，因为像蛇一样精明的快乐引诱了她。然而，当那个女人说"那蛇引诱我"的时候，阻碍神查询的事情在这里也来自那条蛇。[67] 那么，是那条蛇引诱她，还是神没有听取任何证词就片面地发出咒诅？我们必须说，那个感觉的出现既不是恶的也不是善的，而是对贤人和傻瓜都一样的中性的东西，当它发现自己在一个傻瓜身上，它就是恶的，当它在一个贤人身上，它就是善的。由于它本身没有恶的性质，而是介于善与恶之间的东西，所以它可以倾向于任何一方，在它没有追随邪恶之前不应当被判定有罪。[68] 但是那条蛇，快乐，本身是恶的，因此，在善人身上找不到它，而恶人自己从蛇那里得到所有的伤害。因此，神这样做是非常恰当的，祂发出咒诅，而不给快乐任何辩护的机会，因为在它身上不会产出任何能有美德的后

---

① 《创世记》3：14 以下。
② 《申命记》19：17。"这两个争讼的人就要站在耶和华面前，和当时的祭司，并审判官面前。"
③ 《创世记》3：13。

裔，它在任何地方总是罪恶的，愚蠢的。

【22】[69] 在珥的例子中，也是由于这个原因，神知道他是个恶人，没有公开审判他就叫他死了。① 珥的意思是"皮的"，神非常清楚，那个肉体，我们的"皮囊"，是恶的，是要谋反灵魂的，甚至是个尸体，是死物。你们必须弄清楚，我们每个人除了是个尸体的负荷者外，什么也不是，身体本身是个尸体，灵魂升天时无须再承担身体的重负。[70] 如果愿意的话，你们会注意到灵魂有多么坚强。大多数最强壮的运动员都不能片刻举起他自己的塑像，但是灵魂能在某段时间里，比如一百年，轻松地举起人的塑像而不困乏；因为神不是现在才杀了珥；不是的，而是神造出来的由珥代表的身体从一开始就是一具僵尸。[71]如我所说，它本质上是邪恶的，要造灵魂的反，但它并非对所有人都显得如此，而只是对神，对任何敬畏神的人显得如此；因为我们读到，"珥在神的眼中看为恶"。当心灵向上高飞，被引进主的奥秘中时，它判决身体是有罪的，敌对的；但当心灵放弃了对神圣事物的考察的时候，就把身体当做朋友、同胞、兄弟。[72] 心灵对身体的亲近就证明了这一点。在这一点上，运动员的灵魂和哲学家的灵魂有一个区别。运动员关心对身体有利的每件事，是身体的爱恋者，会把灵魂本身献给身体；而哲学家被高尚的事务所武装，关注灵魂，而对那实际上是僵尸的身体漠不关心，只关心他最优秀的部分，灵魂，是否会受到与之相连的罪恶的僵尸的伤害。

【23】[73] 你们看到珥不是"主人"杀的，而是神杀的。因为在这里不是作为统治者和总督的神运用君主的绝对权力在摧毁，而是在实施善行和恩典。因为"神"是贯穿于第一因的善的名字，这样的用法使你们可以知道祂不是用权威而是用善，创造了无生命的东西，正如祂也用善创造了生灵。必须这样看问题，在高级事物中清楚地显现的东西也应存在于低级事物的创造

---

① 珥（Eiq），犹大之子，参见《创世记》38：7。"犹大的长子珥在神眼中看为恶，神就叫他死了。"

之中，也应归因于同一力量，归因于第一因的善。这个善就是神。[74]那么，灵魂哟，什么时候你才能完全明白你是一个肉体的负荷者？不是在你圆满无缺，可以赢得赏赐和冠冕的时候吗？因为那个时候你不再是肉体的爱恋者，而是神的爱恋者。如果犹大的儿媳妇成了你的妻子，哪怕是你娶了"他玛"，意思是棕榈枝，胜利的象征，你也会赢得赏赐。这里有一个证明。珥与她结婚，但马上就被发现是邪恶的，被处死。[75] 我们读道："犹大为长子珥娶妻，名叫他玛。"①下面的话是，"珥在神眼中看为恶，神就叫他死了。"②这是因为，心灵携带着胜利的奖品时，它会判处身体死刑。你们看到神咒诅蛇，不让它有辩解的机会，因为它是快乐，同理，神也杀了珥而不公开审判他，因为他是肉体。[76] 我的朋友，如果你们进一步思考，就会发现在灵魂里有些本性造得有缺陷，但有些本性在各方面都极为优秀，值得赞扬，植物和动物就是这样。你们难道没有看到造物主把有些植物造得适宜种植，它们是有用的，有益的，而另一些则是野生的，有害的，是制造疾病、带来毁灭的东西？动物的情况也一样。无疑，蛇，我们现在讨论的主题，是神造的，因为这种动物本身就是健康和生命的毁灭者。蛇对人做的事就是快乐对灵魂做的事，因此蛇被用来代表快乐。

【24】[77] 那么，确实就像神构想出对快乐和身体的憎恶而不说明理由那样，快乐也无理由地推进良好的本性，在赞扬它们的时候宣称它们的任何行为都是可以接受的。每个人都会问，为什么这位先知说挪亚在主神眼前蒙恩③，据我们所知，此时挪亚还没有做出什么功绩，对此我们应当做出适当的回答，挪亚被说成是一出世便具有优秀品质的人，因为挪亚的意思是"静止的"或"公正的"。这表明只有他没有罪行和不义，但他依靠的是高尚的事物，与公义一同生活，这样才得到神的喜爱。他得到喜爱并非如某些人所假设的那样只是得到欢心，而是另外一类喜乐。[78] 这位义人探讨了存

---

① 他玛（Θάμαρ），珥之妻。《创世记》38：6。"犹大为长子珥娶妻，名叫他玛。"
② 《创世记》38：7。
③ 参见《创世记》6：8。"惟有挪亚在耶和华眼前蒙恩。"

在物的性质，得到了一个惊人的发现，万物都是神的恩典，被造的东西无恩典可言，因为被造物本身没有自己的财产，万物都归神所有，也正因为此，恩典就像神的一种所有物而只属于神。所以，对那些问创世的根源是什么的人应当这样回答：创世的根源是善和神的恩典，神把恩典赐给站立在身后的那个种族。世上万物和世界本身都是神的恩典和恩赐。

【25】[79] 使麦基洗德① 成为"和平之王"和"神的祭司"的也是神，"撒冷"的意思就是和平。神没有事先造出麦基洗德的任何行为，但使他一开始就是这样一位国王。他是和平的，配得上做神的祭司。他被称为"公义之王"，与暴君相反，一个是立法者，另一个则是无法无天的。所以心灵是个暴君，它给灵魂和肉体都颁布了严厉的、有害的法令，产生极大的悲哀，我指的是那些罪恶的怂恿和情欲的自由放纵。[80] 但是那位国王首先诉诸劝勉而非法令，然后才发布指令，使那个器皿，我指的是人，能顺利地推进生命的航程，能由一位好舵手掌舵，它就是正确的理智。因此，让我们把那个暴君称做战争的统治者，而把那位国王称做和平之君，公义之王，让他给灵魂提供欢乐作食粮。他带来饼和酒，而这些东西是亚扪人和摩押人② 拒绝提供的，因此他们被逐出神的公会。[81]亚扪人的本性源于他们的母亲，感觉，摩押人的本性源于他们的父亲，心灵；他们认为万物均依附于两样东西，心灵和感觉，对神则不加考虑。摩西说："他们不能入主的会"，因为当我们摆脱埃及的情欲时，"他们没有拿食物和水来迎接我们"③。

【26】[82] 如果让麦基洗德以酒代水，给灵魂喝浓酒，那么它们可能会被一种神圣的陶醉所捕获，会比清醒本身还要清醒。因为麦基洗德是一位祭司，亦即理智，享有一份神性，他的所有关于神的思想都是高尚的、伟大

---

① 麦基洗德（Μελχισεδὲκ），参见《创世记》14：18。"又有撒冷王麦基洗德带着饼和酒出来迎接。他是至高神的祭司。"

② 亚扪人和摩押人，参见《创世记》19：37—38。

③ 《申命记》23：4。"因为你们出埃及的时候，他们没有拿食物和水在路上迎接你们，又因他们雇了美索不达米亚的毗夺人比珥的儿子巴兰来咒诅你们。"

的、精准的。经上说："天上地下唯有他是神，除他之外，再无别神"①，而麦基洗德就是这位至高神的祭司。但是，想象神不能用低劣的、世俗的方式，而要用崇高的语言，用超越其他一切伟大事物的想象，用摆脱一切物体形式的想象，我们可以构成有关至高神的形像。

【27】[83] 亚伯兰做了什么善事使他能得到神谕，离开本地、本族、父家，住到神应许他的地方去？② 那是一座大城，美丽而繁荣。伟大和宝贵是神的恩赐。但神也在一定程度上创造出可敬的美德，因为"亚伯兰"的词义是"崇高的父亲"，父亲和崇高这些名称都值得赞美。[84] 心灵不是像个主人那样威胁灵魂，而是像个父亲那样进行统治，不是把它喜欢的东西给它，而是不管它是否愿意，都给它有益的东西；远离了低劣的事物，疏远了所有把心灵拉向凡俗的事情，心灵升腾入云，把时间用于思考宇宙和宇宙的不同部分；在进一步高升的时候，心灵在不可动摇的、对知识的热爱的推动下探讨神和神性，它不能继续款待原先接受的原则，要进一步改善自己，要寻找一个更好的居所。

【28】[85] 甚至在有些人出世之前，神就已经给了他们善的形式和装备，并决定他们会有最优秀的财产。你们难道没看到，当神允诺亚伯兰会得到以撒的时候，亚伯兰不相信自己还能当父亲？他实际上对神的允诺发笑，说："一百岁的人，还能得孩子吗？撒拉已经九十岁了，还能生养吗？"③神用下面的话给以证实："是的，你妻子撒拉要给你生一个儿子，你要给他起名叫以撒，我要与他坚定所立的约，作他后裔永远的约。"④ 那么，使这个人在

① 《申命记》4：39。"所以，今日你要知道，也要记在心上，天上地下惟有耶和华他是神，除他以外，再无别神。"

② 参见《创世记》12：1。"耶和华对亚伯兰说，你要离开本地，本族，父家，往我所要指示你的地去。"

③ 《创世记》17：17。"亚伯拉罕就俯伏在地喜笑，心里说，一百岁的人还能得孩子么。撒拉已经九十岁了，还能生养么。"

④ 《创世记》17：19。"神说，不然，你妻子撒拉要给你生一个儿子，你要给他起名叫以撒。我要与他坚定所立的约，作他后裔永远的约。"

出生之前就受赞美的是什么？某些好东西到我们手里或在显现的时候才对我们有益，比如健康，身体意义上的优秀，可能还有财富、名誉，因为在广义上它们也可以被称做好东西；有些东西不仅在它们到来时，而且在它们的到来被预言的时候也对我们有益。[86] 比如欢乐，灵魂的一种快乐状态，不仅在它出现和主动作用的时候，而且在它还是一个期待对象的时候就能带来先行的欢快。这又是它拥有的一个特点。其他好东西只用它们自身独特的善来发挥作用，而欢乐既是一种具体的善，又是一种普遍的善。让我们来看它怎样增添和丰富其他所有具体的善。我们为健康、自由、荣誉，以及其他好东西感到欢乐，所以我们真诚地说，除非欢乐附着于它，无物是好的。[87] 但我们为其他好东西而感到欢乐，不仅是在它们已经来到我们面前，或者已经呈现在我们面前，而且也在我们对它们期盼时感到欢乐，就好比我们希望能发财、升官、获奖，或者将要找到治愈疾病的办法，或者将能得到健康和气力，或者将不再无知而成为有知识的人，我们的欢乐是无穷的。正因为欢乐不仅在显现时，而且也在期待中，所以灵魂充满欢乐，神在以撒出生之前就确定他配得上他的伟大的名字，因而也使他蒙大恩，因为以撒的字义是灵魂的欢笑、欢乐、高兴。

【29】[88] 再来看雅各和以扫，当他们还在母腹中时，神就宣布雅各是统治者、领导和主人，而以扫是部属和奴隶。因为生灵的创造主，甚至在祂尚未完全雕凿出祂的作品并使之完善之前，就非常清楚它们的差异和它们晚些时候会表现出来的能力，一句话，即它们的行为和经历。所以，当利百加，那期盼神的灵魂，去求问神的时候，神对她说："两国在你腹中，两族要从你身上出来；这族必强于那族，将来大的要服事小的。"①[89] 在神的判定中，低劣的和非理智的依其本性就是奴隶，而那具有优秀品质的，被赐予理智的则是王公贵族和自由人。不仅当灵魂完全成熟时是这样，甚至当它们的生长还不确定时也是这样。这在任何情况下都是适用的，甚至美德的一缕

---

① 《创世记》25：23。利百加（'Ρεβέκκα），以撒之妻。

喘息也表明它不单只是自由的，而且还是统治者和君王。另外，恶的最平常的开端也是理智能力的奴隶，哪怕它的产物还没有充分显露。

【30】[90] 约瑟带着他的两个儿子，长子玛拿西，次子以法莲，去见雅各。雅各剪搭双手，把右手按在次子以法莲头上，而把左手按在长子玛拿西的头上。约瑟感到不悦，以为他的父亲无意中犯了错误，把手按错了。雅各说这样按没错，"我知道，我儿，我知道，他也必成一族，也必昌大，只是他的兄弟将来比他还大"①。[91] 是谁让这同一个雅各这样说的呢？我们必须说，他们不就是由神在灵魂中造就的、极为必需的记忆和回忆这两种能力吗？二者中，记忆较好，回忆较差。因为前者使被察觉的一切都保持鲜明和清晰，因此不会因为无知而犯错误，而回忆在各种情况下都以遗忘为前导，是残缺的、盲目的。[92] 但是较差的那个回忆却比较好的记忆要年长；回忆有许多遗忘的空白，而记忆是不间断的，无残缺的。当我们一开始学习各种技艺的时候，我们不能马上掌握它们的原则，所以在起步时一定会有所遗忘，然后我们进行回忆。就这样，遗忘和回忆反复进行，结果是准确无误的记忆获胜。因此，记忆是后生的，被塑造为回忆的弟妹。[93] 所以，以法莲是记忆的象征性名字，词义是"结果的"，学者的灵魂在它能够用记忆去稳妥地把握所学技艺的原则时会产出适当的果实。然而，玛拿西代表回忆，因为这个名字据说表示"摆脱遗忘"，想要摆脱遗忘必须回忆。因此，雅各这个情欲的推翻者和训练有素的美德追求者极为正确地把他的右手按在作为有成果的记忆的以法莲的头上，而认为玛拿西，即回忆，只配第二位。[94] 再说另一件事。摩西也特别称赞那些在逾越节第一批来献祭的人，因为他们穿越红海，一直不停地走，与埃及的情欲割断联系，不再追求情欲；而对那些第二批来献祭的人，他给他们次一等的地位，因为他们后来又重蹈覆辙，忘了他们的职责，重新坠入情欲，而先前那批献祭者坚定不悔。所以，出自"摆脱遗忘"的玛拿西与第二批献祭者对应，"结果的"以法莲与第一批献祭

---

① 《创世记》48：19。玛拿西（Μανασσῆ）和以法莲（Ἐφραΐμ），约瑟之子，雅各之孙。

者对应。①

【31】[95] 此外，这是神提到比撒列②的名字召他的原因。神说祂已经给比撒列智慧和知识，祂要让比撒列为主，制作会幕中的一切器具，那是灵魂的工作。尽管到那时为止，神还没有指派过什么工作给他，比撒列也没有什么作为值得神这般器重。我们必须说，此处我们也得到了一个神在灵魂上打上烙印的例子，就像检验硬币一样。要知道那是什么烙印，我们先要弄清这个名字的准确含义。[96] 比撒列的字义是"在神的影像中"。然而，神的影像是神的理智，以理智为工具，神造出世界来。但是这个影像以及可以说成是它代表的东西是后来创世的原型。正好比神是形像的原型，我们刚把这个形像称做影像，即便如此，这个形像也成为其他存在物的原型，比如先知在立法之初就清楚地说，"神就照着自己的形像造人"③，这句话的含义是，这个形像被造出来代表神，而当这个形像获得作为原型的能力时，这个人按照这个形像被造出来。

【32】[97] 现在让我们来看这个形像的性质。最初，有人想寻找想象神的办法。然后，那些最具哲学声誉的人宣称，人可以从这个世界，从它的组成部分，从它们中存在的力量获得对第一因的理解。④[98] 看到一所精心修造的住宅，有入口、走廊、男舍、女舍，以及其他建筑物，人就能得到有关建筑师的概念，因为他会想，如果没有匠人的技艺，住宅决不能完工。若以城市、船舶，以及或大或小的建筑为例，莫不如此。[99] 正因如此，任何人来到这个像是一所巨大的住宅或是一座巨大的城市的世界，看到环绕的苍穹及其包容的万物，看到按照富有韵律的和谐轨道运行的行星和纹丝不动的恒星，看到处在被赋予中心位置的大地，看到水和空气按既定秩序流动构成

---

① 守逾越节的律例典章，参见《民数记》9：6以下。

② 比撒列（Βεσελεηλ），参见《出埃及记》31：2。"看哪，犹大支派中，户珥的孙子，乌利的儿子比撒列，我已经题他的名召他。"

③ 《创世记》1：27。"神就照着自己的形像造人，乃是照着他的形像造男造女。"

④ 斯多亚学派的论证达到同样的效果，参见［德］亚尼姆：《老斯多亚学派残篇》II. 1009以下。

的大地的疆界，看到大地上和水里面有朽的和不朽的生灵，看到无数的植物和动物，看到所有这一切，他一定会说，没有完美的技艺决不可能造出这个世界。但是，创造整个宇宙的造物主是神。那些把他们的推论建立在眼前可见事物基础之上的人通过影像投射的方法来理解神，通过神的作品来察觉这位创造者。

【33】[100] 有一个更加完善、更加洁净的心灵已经被接纳到伟大的奥秘中去。它不是从被造事物那里获得有关第一因的知识，就像人们可以从影像中了解到本质，而是抬头向上看，获得那不是被造的唯一者的清晰形像，从神那里领悟到神和神的影像。我们看到，那就是领悟理智和这个世界。[101] 我说的这个心灵就是摩西，他说"求你将你的道指示我，使我可以认识你"①；他的意思是"我不要通过天、地、水、气或任何其他被造的东西来认识你，我也不要通过你的影像认识你，因为被造事物中的影像已经消解了，而那些非被造事物中的影像是连续的，常在的，确定的，永恒的"。这就是为什么神要提摩西的名，要与他说话的原因。祂也提比撒列的名，但方式不同。摩西从第一因那里直接得到神的清晰的影像。[102] 另一个被察觉的是造物的工匠，对他的察觉要通过推理的过程，源自被造物。因此你们会发现，会幕以及里面的所有器具一开始都是摩西制造出来的，然而才由比撒列制作，因为摩西是制造原型的工匠，而比撒列在仿制它们。[103] 摩西有神的引导，神说，"你要审慎作这些物件，都要照着在山上指示你的样式"②。而比撒列由摩西指点。所有这些正是我们所能期待的。因为在亚伦和米利暗反叛的时候，亚伦是言语，米利暗是知觉，神直接对他们说："若有先知站在主面前，神会在异象中向他显现"，或者说以不清晰的影像向他显现；但对摩西来说，他是"在我全家尽忠的，我要与他面对面说话，乃是明说，不

---

① 《出埃及记》33：13。"我如今若在你眼前蒙恩，求你将你的道指示我，使我可以认识你，好在你眼前蒙恩。求你想到这民是你的民。"

② 《出埃及记》25：40。"要谨慎作这些对象，都要照着在山上指示你的样式。"

用谜语"①。

【34】[104]由此，我们已经发现了两种性质，它们是神亲手制作、塑造、雕刻成型的，一种是本质上有害的、应受谴责的、该咒诅的，另一种是有益的、应受赞美的；神给一种性质打上赝品的记号，给另一种性质打上真正的印记，让我们对此作一高尚而又适宜的赞美，这就是摩西所说的，"神为我们开天上的府库"，②那里有精妙与神圣的光③婚配孕育的理智，神把这光称做"天"；这样的话，恶物的府库就可以关闭了。[105]神那里既有善的府库，又有恶的府库，摩西在那伟大的颂歌④中说："这不都是积蓄在我这里，封锁在我府库中吗？他们失脚的时候，伸冤报应在我。"⑤你们看，恶物的府库是有的。善物的府库是一，因为神是一，因此也只有一个善的府库。但是恶物有许多府库，因为罪恶不计其数。但在这里也可以看出神的善。他打开善物的府库，封闭恶物的府库。[106]保存善物、馈赠善物，延缓对罪恶的惩罚，这正是神的特征。不过摩西夸大了神的慷慨馈赠，说恶物的府库被封闭，不仅在其他时间，而且也在灵魂没能指引双脚保持正确理智的时候，然而在这种时候，灵魂的行为当然应该受惩罚。因为摩西说恶的府库在复仇之日被封闭，这只是表明神圣的理智并不像神那样马上给那些恶人以报应，而是给他们时间悔改，治疗那些失脚的人，使他们能够重新行走。

【35】[107]"主神对蛇说，你必受咒诅，比一切的牲畜野兽更甚。"⑥恰

---

① 《民数记》12：6—8。"耶和华说，你们且听我的话，你们中间若有先知，我耶和华必在异象中向他显现，在梦中与他说话。我的仆人摩西不是这样。他是在我全家尽忠的。我要与他面对面说话，乃是明说，不用谜语，并且他必见我的形像。你们毁谤我的仆人摩西，为何不惧怕呢。"

② 《申命记》28：12。"耶和华必为你开天上的府库，按时降雨在你的地上。在你手里所办的一切事上赐福与你。你必借给许多国民，却不致向他们借贷。"

③ 神圣的光或光明亦即天体，经常被视为神圣的存在者。

④ 斐洛常称《申命记》第32章为颂歌。

⑤ 《申命记》32：34。"这不都是积蓄在我这里，封锁在我府库中么，"

⑥ 《创世记》3：14。"耶和华神对蛇说，你既作了这事，就必受咒诅，比一切的牲畜野兽更甚。你必用肚子行走，终身吃土。"

如欢乐，作为灵魂的一种良好境况，该受祈祷；快乐，即与欢乐类似的情欲，该受咒诅，因为它转变了灵魂的标准，使它降格为情欲的恋人而不是美德的恋人。[108]摩西说："挪移邻舍地界的，必受咒诅！"① 神把生命树立为灵魂美德的地界和律法。而那个人挪移这个地界，代之以死亡之树。"使瞎子走差路的，必受咒诅！"②"暗中杀人的，必受咒诅！"③ 这些恶行都是无法无天的快乐的作为。[109]感觉本身是盲目的，因而也是非理智的，只有心灵才可打开视野，因此，只有与心灵在一起，我们才可以察觉事物。感觉不能把我们带多远，因为依靠感觉我们只得到关于事物的物体形式的印象。所以快乐获取的是受骗的、可怜的、残缺不全的知觉，但它却要担当心灵的驭手，把心灵引向只能看到外表的东西，引向能产生快乐的地方，最后那个残缺不全的感觉也追随它的盲目指引，趋向感觉能感受的东西，在感觉的盲目指引下，心灵会跌翻在地，失去自我控制能力。[110]即使有其他与之相应的东西，心灵也会义不容辞地追随虽有自己的眼睛但已经能力不全的理智能力，以为这样做就会减轻已有的伤害。然而，快乐已经设计了这种诡计反对灵魂，迫使灵魂雇佣盲目的向导，用诡计诱惑灵魂改善从恶，放弃自身的清白而代之以邪恶。这种交换是圣灵禁止的，经上说："不可用坏换好。"④

【36】[111]必受咒诅的就是快乐。我们来看神对它的咒诅有多么恰当。他说这个咒诅比一切牲畜更甚。⑤ 这里的牲畜就是我们的非理智的感觉能力，我们的每一种感觉都要把快乐当做最致命的敌人来咒诅，因为它确实与感觉为敌。[112]事实证明，当我们沉溺于无节制的快乐之中时，我们不能清楚地看、听、闻、尝，我们与对象的接触是模糊的、微弱的。当我们停止沉溺

---

① 《申命记》27：17。"挪移邻舍地界的，必受咒诅。百姓都要说，阿们。"

② 《申命记》27：18。"使瞎子走差路的，必受咒诅。百姓都要说，阿们。"

③ 《申命记》27：24。"利未人要向以色列众人高声说，"

④ 《利未记》27：33。"不可问是好是坏，也不可更换，若定要更换，所更换的与本来的牲畜都要成为圣，不可赎回。"

⑤ 参见《创世记》3：14。"神对蛇说，你既作了这事，就必受咒诅，比一切的牲畜野兽更甚。你必用肚子行走，终身吃土。"

于快乐时，我们就能体验到这一点，但若我们仍在享受它提供的东西，我们自己就被完全剥夺了通过诸感觉的合作取得的依据，到这个时候，我们就好像残废了。因此，感觉不是完全应该受到咒诅，使它的快乐残废吗？

【37】[113] 这咒诅也甚于一切野兽。这里的野兽指的是灵魂的情欲，因为心灵是被它们伤害和摧毁的。那么，为什么快乐比其他情欲更甚？我们可以说，它位于所有情欲的底部，就像是它们的起点或基础。淫欲通过对快乐的爱恋而产生；痛苦出于快乐退缩之时；恐惧的形成也是因为担心失去快乐。显然，所有情欲都依赖快乐，若是最初没有感觉的产物，即快乐，作抵押，感觉或许根本就不会形成。

【38】[114] "你必用肚子行走"①。因为情欲在身体的这些部分，胸部和腹部，有它的巢穴。当快乐需要能产生快感的某些东西时，快乐就缠住肚子和肚子以下的部分。但当快乐失去这些东西时，它就占据胸膛，那是愤怒的处所；因为快乐的爱恋者被剥夺快乐就变得痛苦和愤怒。让我们继续更加仔细地注意它的象征意义。[115]我们的灵魂由三个部分组成，一部分是理智，另一部分是情感，第三部分是欲望。某些哲学家按功能区分这些部分，有些也提到它们占据的部分。他们还说理智部分位于头部，那是国王的位置，那里也还有国王的卫士，头部的感觉是灵魂的卫士。还有，那个国王所在的地方一定也有供他自己居住的地方，就像城市中的堡垒。他们把胸部划给情感的部分，说自然把坚定性给了那个部分，给它安上了一排排强硬的骨头，这样它就被武装成身着胄甲抗击敌人的优秀士兵。他们把肚腹划给灵魂的欲望部分，因为淫欲，非理智的渴求，在那里安家。

【39】[116] 哦，心灵哟，如果你想知道快乐的处所在哪里，请不要考虑头部，那是理智能力所在的地方，在那里你肯定找不到快乐，因为理智是情欲的敌人，不能与之合居一室。理智一占上风，情欲就退却，快乐一征服对手，理智就被流放。[117]我们应该到胸部和腹部去找，那是非理智的部

---

① 《创世记》3：14。

分，是情感和欲望所在之处；这些部分有和我们的选择能力相似的东西和情欲。没有什么东西能够阻止心灵放弃与之适应的纯心灵的兴趣而去迁就比较低级的东西。这种情况出现在灵魂盛行战争之时；我们的理智在这种时候不是一个好战者，而是一个和平的居民，所以理智只能成为战争的俘虏。

【40】［118］现在我们再来看，神圣的理智知道高尚的精神、情感或情欲的动力有多么强，于是给它们各自装上勒马链，而任命理智作驭手或舵手。这里首先要提到的是情感，目的在于治愈它。"你们要将'显示'和'真理'放在决断的胸牌里，亚伦进入主面前的圣地的时候，要戴在胸前。"① 这个胸牌就是说出来的话，位于我们的发声器官，既可以是任意说出来的，又可以是得到审慎批准的。［119］但是圣言的作者正在引导我们判别和明察说出来的言辞，因为他告诉我们那个胸牌不是未经检验的或伪造的，而是"决断的胸牌"，这个说法与"仔细检验过的"是一个意思。他说这种决断过的话起码有两种属性：明晰与真实。他的看法非常正确，因为理智一开始并不能做到明晰，我们没有能力展示灵魂里出现的由外在的东西引起的情感，也不能表达这些东西的性质。

【41】［120］因此我们被迫重新处理这些由言语提供的符号，名词和动词当然一定是理智的，以便使别人可以明了我们的意思，不会误解。这是理智机能第一个不足之处。第二，它不能真实地报告事物。这是因为，如果在别的方面有错误，它又怎能做出清晰的表述呢？在这种情况下，听者必然受骗，产生极大的误解，这不仅是无知，而且是受骗买进了便宜货。［121］我若是指着字母"阿尔法"对一个儿童清晰地说，这是"伽玛"，或是指着"埃塔"对他说这是"欧美伽"，那么对他会产生什么结果？又比如一位音乐教师指着不和谐的音调告诉初学者，这是半音阶的，或者把半音阶说成全音阶，把高音符说成是中音符，把连续音阶说成是不连续的四度音阶，把四度

---

① 《出埃及记》28：30。"又要将乌陵和土明放在决断的胸牌里，亚伦进到耶和华面前的时候，要戴在胸前，在耶和华面前常将以色列人的决断牌戴在胸前。"

音阶的最高音说成是最低音，那么对他们会产生什么结果？他可以做出清晰的表述，但不真实。[122]在这种情况下，他是作恶者，这种恶是言语之恶。但若他能做到这两个要求，既清晰又真实，就能给儿童带来言语的益处，让言语的两个美德都起作用，清晰和真实也可能是言语仅有的美德。

【42】[123] 那么，被检验的言语有自己独特的美德，它被安放在胸部，亚伦的胸，亦即安放在情感部分。在那里，它首先可以得到理智的指引，而不被自己的非理智所伤害。其次，它被安放在清晰之旁，愤怒的性质不会成为清晰的朋友。我们难道看不到那些愤怒的人不仅心灵不清而且言语混乱吗？因此，缺乏清晰的愤怒应当通过清晰来矫正。最后，它必须由真实来指引，因为愤怒会产生许多谬误，与之相伴的是谎言，这也是它的特点。[124]人们都知道，屈服于这种情欲的人很难说实话。他们不是肉体陶醉的牺牲品，而是灵魂陶醉的牺牲品。理智、言语的清晰和言语的真实是愤怒的解毒剂。这三者的本质是同一的，理智由清晰和真实这两种美德相伴，可以治疗愤怒这种灵魂的重病。

【43】[125] 那么与此相关的是谁呢？他与我的心灵无关，也和以后的事情无关，他只和执行祭司职责和纯洁地献祭有关，他就是亚伦。甚至也并非总是这样，他在许多时候会有转折和失误，只有当理智能力持续下去，进入圣所与神圣的决断在一起而不放弃的时候才是这样。[126]心灵带着那些高尚纯洁的意见进入圣所，这是常有的事，但这些意见只是凡人的意见，它们涉及的是简单的责任、高标准的行为、凡人法规的运用、与凡人准则一致的美德。甚至亚伦在这样的情况下也不配在胸前佩戴那块胸牌，因为他拥有足够的美德，但他是唯一进入主的视线中的人，这就是说，他只为神做事，而忽略那些比神次要的东西。[127]他并不需要停止做凡人要做的事，而要努力认识他自己和那唯一者，增多那唯一者的荣光。因为在这种情况下，他会拥有洁净了的、理智驾驭的精神，能使自身非理智的东西消亡，依靠清晰去治愈所有不确定的和混乱的东西，依靠真实去消除虚假。

【44】[128]因此，亚伦不像划破胸部的摩西那么优秀，那是情感的处所。

亚伦苦于不能任意佩戴胸牌，洁净他的胸，因为他担心，如果放松控制，情感就会像一匹马，在某一天突然变得难以驾驭，把整个灵魂拉下悬崖。① 不行，他首先用理智给它勒上皮带，由优秀的驭手控制，使它不敢怠慢；然后他使用言语的美德，即清晰和真实。他用这种方法训练高昂的精神，使它屈服于理智和清晰，也使它自己消除虚假。这不仅能消除许多骚动，而且能使整个灵魂变得温顺。

【45】[129] 如我上述，有这种欲望的亚伦想用已经提到过的这些良药来治疗灵魂，而摩西认为必须用刀子完全割除愤怒的部位以洁净灵魂，因为没有一种节制情欲的方法可以使他满意；他只想完全消除情欲。圣经证明我这样说是对的。经上说："摩西拿羊的胸作为插祭，在主面前插一插，是承接圣职之礼，归摩西的分。"② [130] 好极了，因为这就是那个热爱美德而又为神所钟爱的人所做的事，思考整个灵魂以后抓住那个胸部，亦即情感的部分，把它割除，消除这个好战的部分，使其他部分能够和平。这个胸部不是从这只或那只牲畜身上而是从那只献祭的公羊身上割下来的，尽管祭品中也有一只小母牛。但是他从小母牛旁走过，朝着公羊走去，因为这只公羊充满斗志，喜欢打架，当然就成为受打击的目标。[131] 正因如此，工匠用公羊的头装饰许多战争用品。我们身上与公羊相似的是那不顾一切的争吵，争吵是愤怒之母；同理，那些最喜欢在辩论或集会中争吵的人最容易发脾气。所以摩西必须割除这个喜爱争吵打架的愤怒，这个灵魂不和的产物。[132] 这样做可以使它停止生出有害的后代，成为适宜爱恋美德者的部分，我指的不是胸部，也不是情感的处所，而是去掉它们以后留下的部分，因为神给了贤人一部分超越的能力，使之竟能割除情欲。你们可以看到，这个完善的人在他习得之时总是完全摆脱情欲的。而亚伦是个正在逐渐进步的人，地位较

---

① 斯多亚学派节制欲望的观点，参见 [德] 亚尼姆：《老斯多亚学派残篇》III.443 以下。亚里士多德的相关观点，参见第欧根尼·拉尔修：《名哲言行录》V.31。

② 《利未记》8：29。"摩西拿羊的胸作为摇祭，在耶和华面前摇一摇，是承接圣职之礼，归摩西的分，都是照耶和华所吩咐摩西的。"

低，如我所说，他在实行节制。他的能力还不足以割除胸部和情感部分，但他把拥有美德的理智带给它们，作它们的驭手和向导，这就是那胸牌，亦即清晰和真实。

【46】[133] 但摩西还用下面的话把这种区别表达得更清楚："因为我从以色列人的平安祭中，取了这摇的胸和举的腿，给祭司亚伦和他子孙，作他们从以色列人中所永得的分。"① [134] 你们看，这些人不能只取胸，还必须连腿一起取，而摩西可以只取胸不取腿。为什么呢？因为他是完善的，他的目的不会很卑微，更不会只想节制他的情欲，而是要割除无处不在的所有情欲；而那些人对情欲宣战不是大规模的，而是无足轻重的，他们只是想与之言和休战，就像驭手用缰绳勒马，使它们的冲动有所收敛。[135] 再说，腿是劳苦的象征，这是参与和照料神圣事务的人的特点，他必须辛劳和严守戒律。但是那个蒙神大恩拥有全善的人是无须劳苦的。与摩西相比，那个人通过劳苦获取的美德是不圆满的，而摩西从神那里轻易得到美德无须劳苦。就好比劳苦本身缺乏劳苦的成就并低于这些成就，不完善就是缺乏完善，学习就是缺乏所要学的东西。[136] 这就是亚伦取胸要与腿一起取，而摩西可以只取胸不取腿的原因。摩西把胸称做"特别安放的祭品"，原因是理智必须牢固地安放在愤怒的位置上，尽管理智是一位能驾驭烈马的驭手。但是摩西没有像说到胸那样，说腿是"安放的祭品"，而是说它属于"取了的"。[137] 这样说的原因如下：灵魂一定不能为了美德使自身劳苦，它要做的是把劳苦赶走，把获取美德与神相连，承认自己没有能力变成高尚的，而神能够随意施恩，并且喜欢这样做。除了在举行平安祭的时候，胸和腿都不能取走，这样做是合适的，因为只有在这个时候，灵魂才开始平安，愤怒的处所接受了理智作它的驭手，劳苦来到它里面开始劳作，不是自我满足，而是准备把荣耀归于施恩者神。

---

① 《利未记》7：34。"因为我从以色列人的平安祭中，取了这摇的胸和举的腿，给祭司亚伦和他子孙，作他们从以色列人中所永得的分。"英译者将这句经文中的"腿"（thigh）译成"肩"（shoulder）。

【47】［138］我们已经提到快乐不仅在胸部而且也在腹部，还指出胃是最适宜快乐的地方，因为我们几乎可以把胃说成是储蓄快乐的水库。肚子一填满，对其他快乐的渴望就变得强烈；但若腹中空空，那么它们就变得越来越平静。［139］所以这位先知在另一段话中说："凡用肚子行走的和用四足行走的，或是有许多足的，是不洁的。"① 这段描写与快乐的爱恋者相对应，他们总是跟着肚子走，跟着与肚子毗邻的快乐走。他把用肚子行走的与用四足行走的相提并论，这很自然。因为在快乐范围内情欲有四种，对此我在一篇文章中已经做过论述。② 同理，沉溺于快乐的人是不洁的，迷恋这四种情欲的人也是不洁的。［140］再重复一下前面说过的话，我们应当注意完善的人与正在进步的人之间的区别。我们已经发现那个完善的人从那争吵不休的灵魂中把愤怒的部分割除，以便使它变得温顺、谦恭与平和，心甘情愿地准备面对行为和言语两方面的要求；而那个逐步改善的人无力割除情欲，因为那个胸是亚伦的分，③ 他只能用几经考验的言语，伴之以清晰和真实这两种美德，去约束情欲。

【48】［141］以相同的方式我们可以发现，哲人摩西以他的完善挣脱或清除了快乐，但那个逐渐完善的人没有以彻底的方式对待快乐，而是拒绝行为过度和过分复杂的美食，欢迎简朴的、不可避免的快乐。摩西用的是这样的语言，"又洗了脏腑和燔祭牲的腿"④。这就说得非常好，因为这位贤人将他的整个灵魂献给了神。［142］这个灵魂配得上献给神，因为它完全没有故意或无意的玷污；在这种状况下，这个人清洗了整个腹部和其他相关部分，清除了快乐。他没有清洗身体其他部分，但想要对整个身体这样做；他甚至拒绝必要的食物和饮料，只依靠对神圣事物的沉思来获取营养。因此在另一处

---

① 《利未记》11：42。"凡用肚子行走的和用四足行走的，或是有许多足的，就是一切爬在地上的，你们都不可吃，因为是可憎的。"

② 这篇文章或者是从未写成，或者是已经佚失。

③ 参见《利未记》7：31。"祭司要把脂油在坛上焚烧，但胸要归亚伦和他的子孙。"

④ 《利未记》9：14。"又洗了脏腑和腿，烧在坛上的燔祭上。"

有这样的记载，他在圣山上聆听圣训，神向他宣布律法，"他四十昼夜，也不吃饭，也不喝水"①。[143] 他不仅抛弃了整个腹部，而且也清除了腿，亦即快乐的支持者；但是创造快乐的东西是快乐的支持者，因为这里说到那个逐渐完善的人清洗的是腑脏和腿，不是整个腹部；因为他没有能力彻底清除快乐，而只想去掉里面由那些厨师和蜜饯师精心制作的美食，那些美食家享用的东西，我们也许可以说，这是在给那些主要的快乐供应养料。

【49】[144] 他进一步强调对情欲的节制在那个贤人是一种拒绝，没有受到腹部快乐的约束，而那个逐渐完善的人的行为仍处在诫命之下；因为经上提到那个贤人时说的是"他清洗腹部和腿"②，这样做是本能的，没有人强迫他，但在提到那个祭司时则是"腑脏和腿"，这里没有说"他们清洗"，而是"他们要清洗"。③ 这样说非常准确。因为，完善的人自动趋向善行，而那个在训练中的人需要理智告诉他该怎么做，服从这些指点是高尚的。[145] 我们一定不能忽略，在拒斥整个腹部，亦即那些填满他的腹腔的东西时，摩西实际上也拒斥了其他情欲。这位立法者明确地用其中的一个部分来代表整体；他在述说了最基本的问题以后，其他尚未提及的事情也得到处理。

【50】[146] 填饱肚子是最基本的事务，是其他一切情欲的基础。我们看到，离开腹部的支持，没有别的情欲能够产生，因为自然使腹部成为所有事物的根基。因此，利亚的儿子，即灵魂之善，在雅各的其他儿子之前出生，利亚生了犹大以后才停止生育，犹大的意思是"赞美"，④ 神使拉结的婢女辟拉在她的女主人生育之前生子，创造出奋力追求肉体的典型。辟拉的意思是"吞食"。这位先知明白，没有腹部或"吞食"，身体的其他任何部分或

---

① 《出埃及记》34：28。"摩西在耶和华那里四十昼夜，也不吃饭也不喝水。耶和华将这约的话，就是十条诫，写在两块版上。"

② 《利未记》9：14。

③ 《利未记》1：9。"但燔祭的脏腑与腿要用水洗。祭司就要把一切全烧在坛上，当作燔祭，献与耶和华为馨香的火祭。"

④ 《创世记》29：35。"她又怀孕生子，说，这回我要赞美耶和华，因此给他起名叫犹大（就是赞美的意思）。这才停了生育。"

器官都不能生存，但是腹部支配整个身体以及身体框架，它关心的只是活着。[147] 别让任何微妙之处从您的注意力下溜走，您不会看到有任何说法是无意义的。摩西拿走的是胸，而对腹，他没有拿走，只是清洗。① 为什么呢？因为这个完善的贤人能从整体上拒绝愤怒，能克服他的精神，但他对切除腹部无能为力。即使日常需求极少，蔑视日常生活，节制饮食的人也为自然所迫，要摄取必要的营养。因此，神只让他清洗腹部，使之在过量不洁的食物中得到洁净，这也是神给美德爱恋者的极大的恩典。

【51】[148] 由于这个原因，谈到那个涉嫌犯奸淫的灵魂时，摩西说，如果它弃绝正确的理智，亦即它那个合法的丈夫，而与其他玷污灵魂的情欲行淫，"她的肚腹就要发胀"②，这表明那个灵魂有了在肚腹中永远无法满足的快乐和愿望，它因愚昧而变得贪得无厌，无数的欲望注入肚腹，使它的情欲一直保持。[149] 举例来说，我知道有许多人由于吃得过多而陷入肚腹之灾，而在服了催吐剂以后马上又去暴食暴饮。失控的灵魂中的欲望不能像身体器官那样，用器官的大小来限制。这些器官是一些容器，不能接纳超过它们容积的东西，它们会排斥所有太大的东西。而欲望决不会得到满足，它总是饥渴，想要得到更多。这就解释了跟在"肚腹发胀"那句话后面的"大腿就要消瘦"这几个词。[150] 这就是那个灵魂体验到正确的理智被破坏以后的结果，这个理智就是那使所有高尚事物得以孕育的种子。我们看到后面的话是，"若妇人没有被玷污，却是清洁的，就要免受这灾，且要怀孕"③，这就是说，如果她没有被情欲所玷污，而是忠实于她的合法丈夫，即主要的或完整的理智，她就有能生育的、多产的灵魂，能够生出健全的感觉、正义和所有美德。

---

① 参见《利未记》8：29, 9：14。"摩西拿羊的胸作为摇祭，在耶和华面前摇一摇，是承接圣职之礼，归摩西的分，都是照耶和华所吩咐摩西的。""又洗了脏腑和腿，烧在坛上的燔祭上。"

② 参见《民数记》5：27。"叫她喝了以后，她若被玷污，得罪了丈夫，这致咒诅的水必进入她里面变苦了，她的肚腹就要发胀，大腿就要消瘦，那妇人便要在他民中被人咒诅。"

③ 《民数记》5：28。"若妇人没有被玷污，却是清洁的，就要免受这灾，且要怀孕。"

【52】[151] 那么，被肉体牵制的人是否有可能违背肉体需要呢？这怎么可能呢？但是请看下面的事实。这位神圣的向导告诉那个感到有肉体需求压力的人怎样对待它，亦即只有当他感到真的有这种需求时才去满足这种要求。[152] 首先，他说"你在营外也该定出一个地方"，①"营"的意思是美德，灵魂在美德中扎营。良好的感觉和放纵的肉体需求都不能与之占有同一处所。其次，他说："你们要去外面那里。"为什么要去那里？因为那个灵魂远离良好的感觉而在智慧的处所度日，所以它就不能与任何肉体的朋友相处。[153] 那个时候它得到更加神圣的养料，它在那里发现了所有知识，因而也就真正地为肉体感到后悔。当它离开美德的神圣处所前往营外时，它就转向那些虐待身体使之堕落的物体的事物。那么我该怎么对待它们呢？"你当准备一把锹，你出营外便溺以后，用以铲土。"② 这就是说，理智应置于情欲之上，把它铲除，把它掩埋，而不要让它把你们裹住。因为，神让我们约束我们的情欲，而不是带着它们到处转悠，放纵它们。[154] 所以在超越情欲的那一刻，即所谓逾越节，神晓谕他们"当腰间束带"，③ 换言之，他们的欲望应当加以约束。"锹"就是理智，让理智跟着情欲，防止情欲越轨。这表明，我们只应当满足那些紧急的需求，而对那些过分的要求则应加以避免。

【53】[155] 当我们受到款待、享用美味佳肴时，如果我们带着理智出现在餐桌前，就像带着一面盾牌，那么我们就既不会像贪吃的人那样暴食，也不会像酒鬼那样暴饮，喝得醉醺醺的，胡话连篇；因为，理智会用缰绳勒住情欲，不让它狂奔。以我自己为例，我有多次经历说明这是真的。[156] 我参加过各种日常聚会和豪华晚宴。若我没有带着理智作我的伴当去赴宴，我发现自己成了快乐的奴隶，节俭的主人此时慷慨地提供各种娱乐，给眼睛

---

① 《申命记》23：12."你在营外也该定出一个地方作为便所。"

② 《申命记》23：13."在你器械之中当预备一把锹，你出营外便溺以后，用以铲土，转身掩盖。"

③ 《出埃及记》12：11."你们吃羊羔当腰间束带，脚上穿鞋，手中拿杖，赶紧地吃，这是耶和华的逾越节。"

和耳朵带来快乐，也提供各种能给味觉和嗅觉带来快乐的食物。[157]但若我带着令人信服的理智一同前往，我感到自己不是奴隶而是主人，我能尽全力与一切激发欲望的事物搏斗，与它们发生持久而又激烈的冲突，并取得忍耐和自制的胜利。[158]你们看到神说"你们要用锹铲"①，也就是说，你们应该用理智使情欲袒露，弄清吃、喝、性等情欲的本性，这样你们就能察觉真相。此刻你们就会明白，那些东西没有一样是好的，而只是有用的和必需的。"预备一把锹，你出营外便溺以后，用以铲土，转身掩埋。"②这话说得好极了。那灵魂把理智用于所有事情，所有肉体的不洁之物和情欲都被掩埋，看不见了。[159]因为没有理智的陪伴，任何东西都不可见，恰如有理智呈现，任何事情都可适宜。我们已经得出了这个结论。快乐的爱恋者在肚腹中移动，那个完善的人清洗整个腹部，那个逐渐进步的人清除腹部的东西，那些刚开始训练的人想要用理智，用锹来象征，约束情欲，克制肚腹的需求，这个时候他会出到营外。

【54】[160]下面这句话也说得很好，"你必用胸和腹行走"③。因为快乐不属于静态事物的范畴，而是动态的，充满骚动。火焰是运动着的，情欲也像烈焰，在灵魂中运动，不能忍受平静带来的痛苦。因此，这位先知不同意某些人④的看法，说快乐就是安宁。平静可以存在于石头、木头以及一切无生命的东西，但与快乐无关。快乐渴望激动，激动实际上是一种骚动。在某些人身上，它远非一种安宁的体验，而是一种对激烈运动的放纵。

【55】[161]"你将终身吃土"⑤。这句话说得非常恰当，因为身体进食带

---

① 《申命记》23：13。
② 《申命记》23：13。
③ 《创世记》3：14。"耶和华神对蛇说，你既作了这事，就必受咒诅，比一切的牲畜野兽更甚。你必用肚子行走，终身吃土。"
④ 可能指伊壁鸠鲁学派，参见西塞罗：《论神性》I.113。斐洛误解了伊壁鸠鲁的观点，伊壁鸠鲁区分过精神的快乐和肉体的快乐，静止的快乐或积极的快乐。参见第欧根尼·拉尔修：《名哲言行录》X.136。
⑤ 《创世记》3：14。

来土的快乐。人由两样东西组成：灵魂和身体。身体由土构成，而灵魂由高空的气构成，这种气是从神那里分出来的，"神将生气吹进他的鼻孔里，他就成了有灵的活人"①。同理，由土造成的身体与从土中产生的食物有一种亲属关系，而灵魂正好相反，作为气的一个组成部分，灵魂有属气的、神圣的食物，由各种形式的知识滋养而无须饮食。饮食是身体的需要。

【56】[162] 灵魂的食物不是属地的而是属天的，这在圣经中可以找到大量证明。"我要将粮食从天降给你们，百姓可以出去，每天收每天的分，我好试验他们遵不遵我的法度。"② 你们看，灵魂的食物不是地上可朽的东西，而是神的话语，从那崇高的纯粹生命的领域像下雨一般降落下来，这个领域被先知称做"天"。[163] 开始的时候，百姓以及所有想要造就灵魂的都出去收集，知识开端的形成，不是一日即可造就的，而是"收每天的分"。因为开始的时候，灵魂不可能一下子承受神的所有恩赐，而是被包容在丰盛之中，就像淋着了倾盆大雨。下一步就要好些了，我们领受了足够的善物，充足而又不过多，神作为恩赐者还想着其他人。[164] 那些想要在一天之内得到所有恩赐的人对神缺乏希望和信任，也缺乏见识。如果只是现在期盼而非对将来也有期盼，那就叫做缺乏希望；如果不相信现在和将来神都会慷慨地施恩给配得恩赐的人，那就叫做缺乏信心；如果想象自己足以担当已有物品的保护人而认为神不是保护人，那就叫做缺乏见识；心灵经常盲目尊大，把自己确定为安全的保护人，但又经常变得很脆弱，不堪一击。

【57】[165] 所以灵魂收集对它适宜的东西，充足而又不过分，但也不要过少，按照正确的尺度而不至于犯下过错。因此也要求人们学习时要超越情欲，在逾越节献祭时要向前迈进，其象征是羔羊，但不是没有尺度的，因

---

① 《创世记》2:7。"耶和华神用地上的尘土造人，将生气吹在他鼻孔里，他就成了有灵的活人，名叫亚当。"

② 《出埃及记》16:4。"耶和华对摩西说，我要将粮食从天降给你们。百姓可以出去，每天收每天的分，我好试验他们遵不遵我的法度。"

为他说，"要按照人数和饭量计算"①。[166] 无论是玛哪还是神的其他恩赐都应严格计量提取，不得多取，因为这样做就是过分。灵魂每天收每天的分。② 这不是在彰显心灵自己，而是彰明神的充裕，他是一切善物的保护人。

【58】[167] 发指令的理智在我看来似乎是这样的。天象征着光，灵魂之光是一种训练。许多人在夜晚和黑暗中需要光，而在白天和光明中就不需要；比如接受所有被称做学校教育的基础课程，只是为了出人头地或在统治者手下当一名官员，而不是出于更高尚的学习动机，哲学也是这样。但是有高尚目标的人为了白天而需要白天，为了光而需要光，为了美而需要美，而不是为了别的目的。[168] 这就是他要接下去说"我好试验他们遵不遵我的法度"③ 的原因。因为这是神圣的法度，为其自身的原因而去衡量他们的优秀程度。正确的理智检验所有追求者，就像人们检验硬币，看它们的成色如何，这是对外在事物的衡量，而在检验人的时候，他们会珍惜这个只属于思想和心灵的财宝。这样的人有不食人间烟火的特权，靠属天的知识来滋养。

【59】[169] 对此摩西又作进一步的解释。他说："早晨在营四围的地上有露水，露水上升之后，不料，野地面上有如白霜的小圆物。以色列人看见，不知道是什么，就彼此对问说，'这是什么呢？'摩西对他们说，'这就是主给我们吃的食物，主所吩咐的'。"④ 你们看到灵魂的食物是什么了。那就是神的理智，像露水一样围着灵魂，连续的，无处不在。[170] 但理智并非在每个地方都显示，而是在情欲和邪恶的旷野上显示，它是优美精妙的，既能构想，也能被构想，能够极为清澈透明地被看见，就像芫荽一般。种菜的说，若将芫荽籽切成许多碎片再种入土里，碎片都能起到整粒芫荽籽所起的作用。神的理智也是这样，完整的话语能传送好处，部分话语也能传送好

---

① 《出埃及记》12：4。"若是一家的人太少，吃不了一只羊羔，本人就要和他隔壁的邻舍共取一只。你们预备羊羔，要按着人数和饭量计算。"

② 参见《出埃及记》16：4。"耶和华对摩西说，我要将粮食从天降给你们。百姓可以出去，每天收每天的分，我好试验他们遵不遵我的法度。"

③ 《出埃及记》16：4。

④ 《出埃及记》16：13 以下。

处，你们看见的任何部分都一样。[171] 神的理智也类似眼睛的瞳孔。瞳孔是眼睛很小但却很能干的一个部分，却能看见世界的所有区域，无垠的大洋、扩展的空气、无限的天空，日出和日落把这些联系在一起；所以神的理智也有最敏锐的视力，能够检视一切……① 藉此清晰地看见所有有价值的东西。同样，灵魂之光也是白的，因为还有什么能比神圣的理智更明亮，更耀眼？其他万物都靠着与它交谈而驱除阴暗和朦胧，热烈地渴望成为灵魂之光的分有者。

【60】[172] 这理智会产生一种特殊的影响。它把灵魂召来，使属地的、肉体的、受感官制约的人的每个部分都冻结起来；有经文"有如白霜"② 为证。因为，我们也看到那个见到神的人正在学习脱离情欲，情欲的浪潮平息下来就像冻结了似的，这浪潮指的是情欲的奔腾、增长和空洞的繁荣；"海中的深水凝结"③，这样做是为了能够逾越情欲而见到神。[173] 然而，那些灵魂对神的理智虽然已经有了体验，但还不能回答问题，它们相互问道，"这是什么呢？"④ 这种情况经常发生，比如我们口中感到有甜味，但不能确定产生甜味的是什么，当我们闻到香味时也不知道它们是什么。同样，灵魂感到快乐时说不出为什么快乐。但是，圣师先知摩西告诉我们，这是神赐给灵魂的食物，⑤ 神用他自己的理智喂养我们，他赐予我们的食物就是"这话语"。

【61】[174]《申命记》也说："他苦炼你，任你饥饿，将你和你列祖所不认识的吗哪赐给你吃，使你知道，人活着不是单靠食物，乃是靠神口里所出的一切话。"⑥ 这苦炼就是赎罪，神在这第十日令我们灵魂苦炼，为自己赎

---

① 此处希腊原文有佚失。

② 《出埃及记》16：14。"露水上升之后，不料，野地面上有如白霜的小圆物。"

③ 《出埃及记》15：8。"你发鼻中的气，水便聚起成堆，大水直立如垒，海中的深水凝结。"

④ 《出埃及记》16：15。"以色列人看见，不知道是什么，就彼此对问说，这是什么呢？摩西对他们说，这就是耶和华给你们吃的食物。"

⑤ 参见《出埃及记》16：15。

⑥ 《申命记》8：3。"他苦炼你，任你饥饿，将你和你列祖所不认识的吗哪赐给你吃，使你知道，人活着不是单靠食物，乃是靠耶和华口里所出的一切话。"

罪。① 快乐被剥夺时，我们感到自己在苦炼，但实际上我们由此得到神的慈悲。神有时也对我们降下饥荒，但这不是美德的饥荒，而是使情欲和邪恶难以产生的饥荒。[175]我们有根据说神是在用他最"全面的"② 理智喂养我们；因为"吗哪"的意思是"某种"，这是个外延最广的术语。③ 神的理智高于世上万物，是被造物中最先的和最广的。"列祖"不认识这理智。这里指的不是真正的列祖，而是那些头发花白的老人，他们说，"我们不如立一个首领，回埃及去吧！"④ 这就是返回情欲的意思。[176] 然而，神宣喻那灵魂说，"人活着不是单靠食物，乃是靠神口里所出的一切话"，那就是说，人可以得到所有理智的滋养，也可以由一部分理智滋养；因为口是说话或言语的象征，表述是理智的一部分。最完善的灵魂得到全部理智的滋养，而我们若能得到一小部分理智的滋养，就可以心满意足了。

【62】[177] 于是，我们正在谈到的这些人为了得着神的理智的滋养而祈祷。雅各自视比理智更高，他说："愿我祖亚伯拉罕和我父以撒所事奉的神，就是一生牧养我直到今日的神，救赎我脱离一切患难的那使者，赐福与这两个童子。"⑤ 他的语气和情调是多么优美啊！他期望神牧养他，而不是神的理智牧养他；但是，那医治疾病的使者就是理智，这是一位真正的哲学家的话。他认为恰当、正确的说法应该是神本身赐予主要的恩惠，而他的使者和理智赐予次要的恩惠；次要的恩惠有使人摆脱疾病，等等。[178] 因此，我认为神赐赠最一般意义上的健康，也只有神本身能赐赠这种健康。我们的身体一开始是没有疾病的，但那种通过治疗而来的健康，神的赐赠要通过医学和医生的技艺，他使这种知识和实施者享有治病救人的信誉，尽管神本身也能治病，要么通过这些中介，要么不通过这些中介。他对待灵魂的方式是

---

① 参见《利未记》16：30。"因在这日要为你们赎罪，使你们洁净。你们要在耶和华面前得以洁净，脱尽一切的罪愆。"

② 或译"无所不包的"。

③ 参见本文第 2 卷第 21 节。

④ 《民数记》14：4。"众人彼此说，我们不如立一个首领回埃及去吧。"

⑤ 《创世记》48：15 以下。

相同的。神亲自赐予的是好东西，是食物，神也通过那使者和理智起作用，比如使人摆脱疾病。

【63】[179] 在他的祈祷中，雅各责备了政治家约瑟，因为这位政治家竟敢说"我要在那里奉养你"。他是这样说的，"你们要赶紧上到我父亲那里，对他说"，等等，后面是"请你下到我这里来，不要耽延"，最后是"我要在那里奉养你。因为还有五年的饥荒"。① 雅各马上责备他，并用自己的看法指点这个自作聪明的人。他说："尊敬的先生，你必须明白，滋养灵魂的食物是各种形式的知识，它们不是肉身感性的话语赠与的，而是神赐予我们的。祂一直牧养我到今日，② 只有神本身才能满足我的需要。"[180] 约瑟的体验和他的母亲拉结相同。她也想象被造物有某些力量，因为她说"你给我孩子"③。但那个取代者责备她说："你大错了，叫你不生育的是神，我岂能代替祂作主呢，只有神有能力打开灵魂的子宫，把美德播种进去，使它们怀孕，生育高尚的东西。你的姐姐利亚不是从被造物那里承受种子，而是靠神的恩赐才生育；""神见利亚被恨，就使她生育，拉结却不生育。"④ [181] 但是仍请注意此处的微妙。神开启了美德的子宫，把高尚的东西播种下去，但那子宫在承受了神的美德以后并不为神生育，因为神什么都不缺，她是在为我雅各生子；确实，神播下美德的种子不是为了自己，而是为了我。同理，那唯一神是利亚的丈夫，祂静悄悄地超越，另一位则是利亚所生孩子的父亲。因为，开启子宫的是丈夫，而孩子的父亲则是她为之生育的那个人。

---

① 《创世记》45：9, 11。"你们要赶紧上到我父亲那里。对他说，你儿子约瑟这样说，神使我作全埃及的主，请你下到我这里来，不要耽延。""我要在那里奉养你。因为还有五年的饥荒，免得你和你的眷属，并一切所有的，都败落了。"

② 参见《创世记》48：15。"他就给约瑟祝福说，愿我祖亚伯拉罕和我父以撒所事奉的神，就是一生牧养我直到今日的神。"

③ 《创世记》30：1。"拉结见自己不给雅各生子，就嫉妒她姊姊，对雅各说，你给我孩子，不然我就死了。"

④ 《创世记》29：31。"耶和华见利亚失宠（原文作被恨下同），就使她生育，拉结却不生育。"

【64】[182]"我又要叫你和女人彼此为仇。"① 快乐实际上是感觉的敌人，尽管在有些人看来它们是亲密的朋友。恰如无人会把奉承者称为同志，当你考查快乐时你会发现快乐与感觉的友谊是一种伪装。这是因为，奉承是一种病态的友谊。又好比无人会说妓女对情人亲热，因为她的温柔不是为了他而是为了他的嫖资。考验快乐时，就能发现它是情欲扮演的虚伪的朋友。[183]你们知道，每当我们沉溺于快乐，我们的感官就会迟钝。或者你们难道没看到，陶醉于酒和爱情的人看不到和听不进他们原来能看见或能听进的东西吗？他们准确运用这些感觉的能力被剥夺了。有时还有这样的事，过度耗费所有感觉的能力，感觉就会松弛，就会睡意朦胧。睡眠的名字来源于感觉的松弛。因为在这个时候，感觉器官变得没精打采，而当我们醒过来，它的敏感性就会增强，我们得到的印象不再是模糊的，而是比较清晰，比较强烈，能全部传送到心灵那里；心灵必须接受这种冲击，以便得到鲜明的印象。

【65】[184] 注意，这句话不是"我要给你和女人树立仇敌"，而是"我要叫你和女人彼此为仇"。为什么要这样说呢？因为这里说的是快乐与感觉，是针对位于二者之间的东西来说的，二者之间会有战争。可吃的，可喝的，可用来达到诸如此类目标的东西介于二者之间，它们既是感觉的对象，又是产生快乐的东西。所以，快乐无节制地沉溺于这些东西，就会给感觉带来伤害。[185] 再者，"你的后裔和女人的后裔"这个说法也充满哲学真理。因为，每粒种子都是一个存在物的起点，而快乐的起点是情欲，感觉的起点是心灵；感觉的能力从心灵中产生和延伸，就像水从泉中涌出和流淌。这确实是神圣先知摩西的看法，他说那个女人是按照亚当的样子造出来的，也就是说感觉出自心灵。快乐对感觉，情欲对心灵。由于前一个对子彼此为仇，所以后一个对子也彼此为仇。

【66】[186] 它们之间的战争是公开的。心灵献身于它适宜的对象，即

① 《创世记》3：15。"我又要叫你和女人彼此为仇。你的后裔和女人的后裔也彼此为仇。女人的后裔要伤你的头，你要伤他的脚跟。"

非物体的东西，这个时候心灵是胜利者，而情欲退出战场；另外，情欲邪恶地取胜，这个时候心灵就让步了，不能再关注自己，也不能关注它拥有的那些东西。摩西在别处说，"摩西何时举手，以色列人就得胜；何时垂手，亚玛力人就得胜"①。这表示每当以色列人，亦即心灵，提升自己，离开凡俗的事物，奋发向上的时候就得到力量，向上就是去见神；当心灵降低自己的特殊力量而变得软弱时，被称做"亚玛力人"（字义是"舔食的民族"）的情欲马上就会增强，因为情欲确实会舔食整个心灵，使它不剩任何美德的种子或火花。[187]"亚玛力原为诸国之首。"② 这句经文亦与之吻合，因为情欲是无目的或无意义地迁移到一起来的那些乱七八糟的游牧部落的首领。由于情欲，灵魂的各种争斗愈演愈烈，因此，神向心灵许诺赐予它们安宁，祂要"将亚玛力的名号，从天下全然涂抹了"③。

【67】[188]"他要伤你的头，你要伤他的脚跟。"④ 这句话字面上挺野蛮，但意义完全正确。它针对与那个女人有关的那条蛇，但在提到那个女人时，本来应该称"她"，而不应称"他"。这是为什么呢？因为，这里指的已经不是那个女人，而是那个女人的后裔和起源；但是心灵是感觉的起源，心灵是阳性的，在指称心灵时我们用"他"、"他的"这些代词。正确地说，这里指的是快乐，心灵要伤你的理智，理智是头和首要原则，而心灵起作用并坚持它的既定信条时，理智就要伤害心灵。用"脚跟"这个词来表示"要伤"这个行为的基础和主要信条是很自然的。

【68】[189]"要伤"⑤ 这个词有两种意思，一是"守护"，另一相当于"看

---

① 《出埃及记》17：11。"摩西何时举手，以色列人就得胜，何时垂手，亚玛力人就得胜。"

② 《民数记》24：20。"巴兰观看亚玛力，就题起诗歌说，亚玛力原为诸国之首，但他终必沉沦。"

③ 《出埃及记》17：14。"耶和华对摩西说，我要将亚玛力的名号从天下全然涂抹了，你要将这话写在书上作纪念，又念给约书亚听。"

④ 《创世记》3：15。"我又要叫你和女人彼此为仇。你的后裔和女人的后裔也彼此为仇。女人的后裔要伤你的头，你要伤他的脚跟。"

⑤ 要伤（τηρήσει），英译为"Shall Watch"。

守起来以便摧毁它"。这心灵必定既是善的又是恶的。愚蠢的心灵会把自己表现为快乐的卫士和仆从，因为它的喜乐在快乐之中；但是优秀的心灵会验证它的敌人，看守它们，伺机最终摧毁它们。但是我们也要注意到另一面，快乐也在监视、看守着愚蠢的心灵，竭力想要阻挠和摧毁那聪明的心灵的生活方式，因为它认定后者正打算摧毁它，而前者正在筹划看护它的最佳方式。[190]尽管想要欺骗和推翻优秀的心灵，它自己将被雅各推翻。雅各是一位角力者，不是身体的角力，而是灵魂与它的敌手气质上的角力，就像理智与情欲和邪恶所作的搏斗一样。雅各不会放过他的敌手情欲的脚跟，直到它屈服，承认自己在出生权和赐福两方面都已经被推翻和征服。[191]以扫说："他名雅各岂不是正对吗？因为他欺骗了我两次，他从前夺了我长子的名分；你看，他现在又夺了我的福分。"① 恶人把肉体的东西当做更值得崇拜，而善人崇拜心灵的事务，因为它们是真实的，不是在年纪上，而是在价值和尊严上更值得崇拜，它确实像一座城市里的执政官；灵魂确实是我们整个存在的统治者。

【69】[192]然而，在美德上占先的也领受在先的事物，这确实是他应得的分；因为承受了福分的他，也伴随着完美的祈祷。但情欲虚幻地以为自己是聪明的，所以它说"他夺了我长子的名分和福分"。你错了，他夺走的东西不是你的，而是与你对立的；因为你的东西只能算作奴隶，而他的东西适合主人。[193]如果你同意变成贤人的奴隶，那么你就要抛弃灵魂的瘟疫、愚蠢和粗鲁，成为指令和校正的分有者。他的父亲对他祝福时说："你将事奉你的兄弟。"② 但不是现在就这样，因为他不会容忍你的倔强，而是在"从你颈项上挣开他的轭"的时候，③ 他会挫败你因挣开了轭而发出的自吹自擂，你的愚蠢作了情欲这驾马车的驭手。这个时候你真的成了自身中一位严厉得

----

① 《创世记》27：36。"以扫说，他名雅各，岂不是正对么，因为他欺骗了我两次。他从前夺了我长子的名分，你看，他现在又夺了我的福分。以扫又说，你没有留下为我可祝的福么。"

② 《创世记》27：40。"你必倚靠刀剑度日，又必事奉你的兄弟。到你强盛的时候，必从你颈项上挣开他的轭。"

③ 参见《创世记》27：40。

令人无法忍受的主人的奴隶，对它来说，不给你任何自由是一条确定不变的法则。[194] 但若你逃避和弃绝这些东西，一位对他的奴隶很善良的主人将会欢迎你，他那里有自由光明的希望，不会把你重新交给从前的主人。因为他从摩西那里接受了一条不容违背的教训，"若有奴仆脱了主人的手，逃到你那里，你不可将他交付他的主人。他必在你那里与你同住，在你的城邑中，要由他选择一个所喜悦的地方居住"①。

【70】[195] 但只要你还没有逃走，仍旧处在你从前的主人的嚼子和缰绳的束缚之下，你就不配作贤人的奴仆。你说"我的长子的名分和我的福分"②，这话提供了最确凿的证据表明你的奴性不配作个自由人，因为这是那些愚蠢透顶的人会说的话，而实际上只有神可以用"我的"这种口气说话，万物实际上都归他所有。[196] 由此他也证明了"恩赐"超过"转让"，他说，"你们要保存我的馈赠，我的转让，我的果实"。③"馈赠"这个术语的意思是伟大和完善的利益，这是神赐予完善者的；"转让"有相对贫乏的意思，这是给那些本性优秀者的，他们在锻炼和进步。[197] 由于这个原因，亚伯兰也与神的意愿一致，保存神的恩赐，放弃所多玛王的马匹，④ 以及妻妾的财产。⑤ 此外，摩西适宜裁决重大案件，而那些小事则由下级官员去处理。⑥ 无论谁胆敢说某样东西是他的，就把他自己当做了永久的奴隶，即便他说"我爱我的主人和我的妻子儿女，不愿意自由出去"。⑦[198] 很好，他承认

---

① 《申命记》23：15。"若有奴仆脱了主人的手，逃到你那里，你不可将他交付他的主人。"

② 《创世记》27：36。"以撒说，你兄弟已经用诡计来将你的福分夺去了。"

③ 《民数记》28：2。"你要吩咐以色列人说，献给我的供物，就是献给我作馨香火祭的食物，你们要按日期献给我。"

④ 参见《创世记》14：21 以下。

⑤ 参见《创世记》25：6。"亚伯拉罕把财物分给他庶出的众子，趁着自己还在世的时候打发他们离开他的儿子以撒，往东方去。"

⑥ 参见《出埃及记》18：26。"他们随时审判百姓，有难断的案件就呈到摩西那里，但各样小事他们自己审判。"

⑦ 《出埃及记》21：5。"倘或奴仆明说，我爱我的主人和我的妻子儿女，不愿意自由出去。"

自己是个奴隶；他说"我的主人"，甚至说"我的心灵"，心灵是他的主人和绝对的主，说这样话的人不是奴隶又能是什么呢？"我的"也是一种感觉，一种无据地判断物体形式的工具；"我的"也是这些物体形式的产物，心灵的具体对象是心灵的产物，感性对象是感觉的产物；[199] 因为是"我的"力量在使心灵和感觉运作，所以让他不仅自相矛盾，而且也遭受神的谴责，使他成为永久的奴隶，使他在神责令他耳朵穿孔的时候仍不屈服，不接受美德的话语，神罚他永远成为心灵的奴隶，也永远成为感觉的奴隶，感觉是邪恶和不知羞耻者的主人。

【71】[200] 神对那女人说，"我必多多加增你的悲痛和呻吟"①。我们已经知道，那个女人就是感觉，感觉是她自己那个独特经历的主体，被称做"悲痛"；在我们身上有一个产生高兴的地方，在这个地方也产生悲痛。通过感觉我们感到高兴，所以我们感到悲痛也是通过感觉。[201] 但是，优秀洁净的心灵最少悲痛，因为感觉最少向它进攻。而愚蠢的心灵经常经历悲痛，在它的灵魂中没有解毒药，无法用来治疗来自感觉及其对象的致命的疾病。运动员和奴隶以不同的方式接受打击，奴隶屈服于皮鞭，而运动员抗拒受到的打击。你给人剪发是一回事，给绵羊剪毛是另一回事。绵羊的作用纯粹是被动的，而人则有一种主动的配合，乃至于他的服从也是补足性的，是为了使自己的位置和姿势适宜修剪。[202] 正是以同样的方式，不思考的人成为他人的奴隶，屈服于像是无法忍受悲痛的情妇，不能直视她们，不能作男人的自由思考和推理，于是大量的痛苦经验通过感觉倾泻到他头上。相反，有知识的人像运动员一般带着力量和勇气迎接所有悲痛的事情，制服它们而不为它们所伤，绝对无动于衷地对待它们；在我看来，他必定带着年轻人的勇猛对那傲慢自夸的悲痛说：

① 《创世记》3：16。"又对女人说，我必多多加增你怀胎的苦楚，你生产儿女必多受苦楚。你必恋慕你丈夫，你丈夫必管辖你。"

烧死我吧，吃我的肉，

喝干我的乌血；

除非星辰落到地下，大地升到天上，

你们才能从我嘴里听到奉承的言语。①

【72】[203] 神给感觉指定了大量悲痛的事情，也对诚实的灵魂毫不吝惜地赐予丰盛的好事。比如，祂对完善的亚伯拉罕就是这样。摩西说："主说，'你既行了这事，不留下你的儿子，就是你独生的儿子，我便指着自己起誓说，论福，我必赐大福给你；论子孙，我必叫你的子孙多起来，如同天上的星，海边的沙'。"② 好极了，神起誓确认他的许诺，他起的誓言极为适宜；你们注意到神不是指着其他什么东西在起誓，因为没有任何东西能比祂更高，而是指着祂自己，祂是一切事物中最高的。[204] 有些人说，神要起誓是不合适的，因为誓言用来维持忠实，而只有神和神的朋友才是忠实的，乃至摩西要被说成是"在我全家尽忠的"③。此外，神的每句话都是誓言，律法，最神圣的诫命；祂说的任何事情都会实现，足以证明神的确定的力量。神的所有话语都是誓言，并通过伴随的行动来确证，这是起誓的特性，也似乎应是一个必然的定律。

【73】[205] 他们说，起誓确实是为了请神替有争议的事情作见证，如果神也要起誓，那么神就是在为自己作见证，但这是荒谬的，因为作见证的人必须是另一个能代表他的不同的人。对此我们该怎样回答呢？首先，神为祂自己作见证，这样说没有什么错。因为除此之外又有谁能为祂作见证呢？其次，祂对祂自己来说就是全部，就是最珍贵的东西，是亲属、亲密朋友、美德、幸福、福佑、知识、心灵、开端、终点、全体、一切、审判、决定、

---

① 欧里庇得斯：《腓尼基人》521。

② 《创世记》22：16 以下。"耶和华说，你既行了这事，不留下你的儿子，就是你独生的儿子，我便指着自己起誓说。"

③ 《民数记》12：7。"我的仆人摩西不是这样。他是在我全家尽忠的。"

忠告、律法、过程、至高无上。[206] 此外，我们一旦正确地说了"我指着自己起誓"，就会停止使用这种过分的遁词。最正确的说法可能是这样的。能够作为担保的事物没有一样能对神作出什么肯定的担保，因为神不对任何东西显示本性，而是使自己成为人类不可见的。谁能断定第一因没有形体或有形体，或者能断定它根本不属于任何种类？① [207] 一句话，谁能对神的本质、性质、状态和运动作任何肯定的断言？没有，只有神能够肯定自己的一切，只有神对自己的性质具有准确无误的知识。因此，只有神才是祂自己最强有力的保证，首先是对祂本身，其次也是对祂的运作，所以祂在为自己担保时当然要指着自己起誓，除了神无人能够做到这一点。[208] 因而那些指着神起誓的人实际上应当被看做是在亵渎神；因为，显然没有人能指着神起誓，没有人能拥有关于神性的完全的知识。不，我们只能满足于指着神的名字起誓，如我们所知，"名字"的意思是"解释的理智"②。在我们这些不完善的人看来它就是神，而在那些聪明和完善的人看来最初的那个存在者才是他们的神。让我们来看，摩西对非被造者的超越性也充满惊讶，他说的是"你要指着他的名起誓"，③ 而不是"指着他"起誓，因为对被造物来说由神的理智作认可和见证已经足够了；而神自己最确定的担保和证明应是他自己。

【74】[209] "你既行了此事"④，这句话是一个虔诚的标志；因为只有为神做事才是虔诚的。这就是我们为什么要将美德的后裔，甚至将我们获得的幸福毫不吝惜地奉献给神，相信这样的祭品配得上归神所有，而任何被造物都不配得到它。"论福，我必赐福"⑤，这句话是意味深长的，因为有些人在其本性没有充满福气之时做了许多祝福的事。甚至恶人也会做一些属于他职责

---

① 斐洛这里的口吻显然是怀疑主义的，而非他自己通常的观点。

② 解释的理智（ὁ ἑρμηνέως λόγος）。

③ 《申命记》6：13。"你要敬畏耶和华你的神，事奉他，指着他的名起誓。"

④ 《创世记》22：16。"耶和华说，你既行了这事，不留下你的儿子，就是你独生的儿子，我便指着自己起誓说，"

⑤ 《创世记》22：17。"论福，我必赐大福给你。论子孙，我必叫你的子孙多起来，如同天上的星，海边的沙。你子孙必得着仇敌的城门。"

范围内的事，尽管他的本性并不尽责。①[210] 事情是这样的，醉鬼和疯子也会不时地吐出一些清醒的话，尽管不是出自清醒的心灵；那些年纪尚幼的儿童也会做许多合理的事，说很多合理的话，但并非出自确定的理智，因为他们的本性还没有被训练成理智的。但是这位立法者希望把这个贤人算作有福之人，当做充满善物的确定状态的产物，而不是当做情绪的产物，这种情绪要么是易变的，要么是容易被人诱导的，要么是随机应变的。

【75】[211] 再回到我们的经文上来。对错误地受命运支配的感觉来说，体验到大量的悲伤还不够，感觉还必须沉溺于"叹息"。这是因为，我们常常悲伤而不叹息，一旦我们叹息了，我们就任凭悲伤给我们带来无穷的麻烦和忧愁。叹息有两种。一种可以在那些想要得到干坏事的机会而又得不到的人身上看到，这种叹息是恶的。另一种可以在那些对以往的过失表示后悔和烦恼的人身上看到，这些人哭喊道："我们多么不幸啊！[212] 长久以来，我们的行为显然是愚蠢的，无意义的，不公义的，但我们又全然不知。"但是这种情况不会结束，除非灵魂中不敬神、喜爱快乐的埃及王死去，经上说"过了多年，埃及王死了"②。邪恶一死，灵魂马上看见神由于灵魂的过失而叹息，"以色列人因作苦工而叹息"③。这是因为，这位国王的喜爱快乐的品性活在我们身上，它就会引诱灵魂，并对灵魂犯下的罪恶感到喜乐，一旦这种品性死去，灵魂就会叹息。[213] 就这样，它会对着这位主哭喊，哀求不要再把它撵走，也不再接受它的不完善的结果。因为有许多灵魂想要忏悔，但没有得到神的许可，于是只好退下，就像被浪潮卷走似的。罗得的妻子碰上了这种事，她倾心于所多玛，结果变成了石头，④ 恢复了已经被神摧毁的品性。

---

① 所有伦理学都认为正确的动机对正确的行为是必要的，但斯多亚学派特别坚持这一点，参见 [德] 亚尼姆：《老斯多亚学派残篇》Ⅲ.516，517。

② 《出埃及记》2：23。"过了多年，埃及王死了。以色列人因作苦工，就叹息哀求，他们的哀声达于神。"

③ 《出埃及记》2：23。

④ 罗得（Λώτ）是亚伯兰的侄儿，参见《创世记》14：12。罗得之妻变成盐柱，参见《创世记》19：26。

【76】[214] 然而，摩西又说"他们的哀声达于神"①，这样说是在为存在的唯一者的恩惠作见证。因为神若是没有召唤哀告者，他们的话语不会达于神，也就是说不会上升和增强，摆脱凡俗之物的根基后直冲云霄。所以神跟着就说，"以色列人的哀声达到我耳中"②。如果这哀声能够抵达神，那么是绝妙的，但它不可能抵达，所以只能恳求神的仁慈。[215] 神让某些灵魂去某个地方见他："我必到那里赐福给你。"③ 你们看，"第一因"多么仁慈！祂预见我们会犹豫不决，于是就召唤我们，来见我们，给灵魂带来无限的好处。这里说的是一种充满提示的神圣的指引。因为，一旦神的思想进入心灵，神就给心灵赐福，治愈心灵的所有疾病。[216] 然而，感觉在产出知觉时总是极度悲痛和呻吟，如神所说"你生产儿女必多受苦处"④；视觉产生看，听觉产生听，味觉产生尝，简言之，感觉产生感觉的行为；但感觉在这样做的时候并非没有给愚蠢的人带来剧烈的痛苦，对这种人来说，他在视、听、尝、嗅以及实施其他任何感觉的时候都会引发痛苦。

【77】[217] 另一方面，你们看到美德在生育时充满喜乐。善人带着欢乐和愉快的心灵进行生育，二者结合的产物就是欢笑本身。贤人的生育带着欢乐而不是悲痛，圣言证明了这一点："神对亚伯拉罕说，'你的妻子撒莱，不可再叫撒莱，她的名要叫撒拉，我必赐福给她，也要使你从她得一个儿子'"⑤；然后经文又说："亚伯拉罕就俯伏在地喜笑，心里说：'一百岁的人，还能得孩子吗？撒拉已经九十岁了，还能生养吗？'"⑥[218] 亚伯拉罕显然喜

---

① 《出埃及记》2：23。
② 《出埃及记》3：9。"现在以色列人的哀声达到我耳中，我也看见埃及人怎样欺压他们。"
③ 《出埃及记》20：24。"你要为我筑土坛，在上面以牛羊献为燔祭和平安祭。凡记下我名的地方，我必到那里赐福给你。"
④ 《创世记》3：16。"又对女人说，我必多多加增你怀胎的苦楚，你生产儿女必多受苦楚。你必恋慕你丈夫，你丈夫必管辖你。"
⑤ 《创世记》17：15 以下。
⑥ 《创世记》17：17。"亚伯拉罕就俯伏在地喜笑，心里说，一百岁的人还能得孩子么。撒拉已经九十岁了，还能生养么。"

乐和欢笑，因为他要生下以撒，即幸福；撒拉，即美德，也喜乐。同一经书也对此作证："撒拉的月经已断绝了。撒拉心里暗笑，说，'我既已衰败，岂能有这喜事呢？但我主（神圣理智）更伟大，幸福必定属于他，当他许诺给我善的时候，我必须相信他'。"①[219] 此外，那个产物是喜笑和快乐，"以撒"的含义就是喜笑和快乐。让感觉悲痛吧，但要让美德总是喜乐。当幸福诞生的时候，她骄傲地说，"神使我喜笑，凡听见的必与我一同喜笑"②。哦，你们这些初学者，张大你们的耳朵来接受最神圣的教导。"喜笑"就是喜乐，"使"相当于"生"，所以这里说的意思是，主生了以撒；因为神本身就是完善的父亲，在人的灵魂里播种和生下幸福。

【78】[220] 神说："你丈夫会是你的凭借。"③ 感觉有两个丈夫，一个是合法的丈夫，另一个是奸夫。模仿那个奸夫的样子，被看见的事物作用于视觉，声音作用于听觉，味道作用于味觉，其他感觉也类似。这些事物转过来又邀请非理智的感觉，这些感觉成了它们的主人和主宰。[221] 美色奴役视觉，美味奴役味觉，各种感官对象奴役相应的感觉。看看那个好食者，他不就是那些厨师和点心师为他准备的美味佳肴的奴隶吗？再看看那些音乐迷如何陶醉于竖琴、长笛的乐声和好歌手的演唱。但是巨大的好处会降给那从其他事物转向心灵的感觉，心灵是她的合法丈夫。

【79】[222] 下面让我们再来看摩西关于心灵本身的论述，其中涉及心灵违背正确理智时的状况。"又对亚当说，'你既听从妻子的话，吃了我所吩咐你不可吃的那树上的果子，地必为你的缘故受诅咒'。"④ 如果是心灵听从感觉，而不是感觉听从心灵，那么这是最无益的事情。因为优秀者统治，低劣者被统治，这样做总是正确的，而心灵优于感觉。[223] 当驭手处于指挥

---

① 《创世记》18：11 以下，"更伟大"的词义是更年长。

② 《创世记》21：6。"撒拉说，神使我喜笑，凡听见的必与我一同喜笑。"

③ 《创世记》3：16。

④ 《创世记》3：17。"又对亚当说，你既听从妻子的话，吃了我所吩咐你不可吃的那树上的果子，地必为你的缘故受咒诅。你必终身劳苦，才能从地里得吃的。"

的地位，用缰绳指挥马匹前进的时候，马车会沿着驭手所希望的道路前进，但若马匹不服管束，反而占了上风，那么驭手经常会被摔下车去，马匹也会因为狂奔乱跳而摔入沟渠，引起一场灾难。[224] 同理，当灵魂的驭手或舵手，即心灵，像总督统治城市一样统治着整个人，那么生命就有了正确的航向，但当无理智的感觉占据主要地位，就会发生可怕的混乱，就像奴隶起来夺了主人的权。确实，在这种时候，心灵像是被放在火上烧烤，全身着火，点火的就是由感觉和感性知觉供给的感觉对象。

【80】[225] 摩西又对这种由感觉引起的心灵的火焰给我们提示，他说："那女子又点火烧摩押。""摩押"的意思是"出自一位父亲"，而我们的父亲是心灵。他的原话是这样的："所以那些作诗歌的说，'你们来到希实本，愿西宏的城被修造，被建立。因为有火焰出西宏的城，烧尽摩押的亚珥，和亚嫩河丘坛的祭司。摩押啊，你有祸了！基抹的民哪，你们灭亡了！基抹的男子逃奔，女子被掳，交付亚摩利的王西宏。我们射了他们，希实本直到底本尽皆毁灭'。"① [226] "希实本"的意思是"推论"，而"推论"是充满晦涩的谜语。请看医生的推论："我要给病人通便，我要给他多吃，我要给他开药方，让他节食使他健康，我要给他手术，我要给他烧灼。"但是，不用这些办法，自然可能会使病人康复，而用了这些办法病人也会死去，这就说明，医生的所有推论都是空洞的梦，只是胡乱猜测。[227] 再看农夫的推论。农夫会说："我要播种，农作物会生长，会开花结果，不仅能供给我们必需的食物，而且能使我们丰裕。"然而，突然袭来的大火、狂风或暴雨把一切都毁了。农夫有时候把一切都盘算得很好，可是这种算计还没带来什么利益，盘算者就先死去了，他期望享受劳动成果，但事实证明他的期望是空幻的。

【81】[228] 所以，最好相信神而不要相信我们模糊的理智和或然的推论。

---

① 《民数记》21：27—30，"逃奔"的原来字义是通过逃跑来保命。

"亚伯兰信神，就被许为义。"① 先前也有经文为证，说摩西是"在我全家尽忠的"②。但若我们把信任转移到我们自己的理智身上，我们就会建起一座将要败坏真理的心灵之城，因为"西宏"的意思是"败坏"。[229] 同样，做梦的人醒来就会发现所有蠢人的活动都是虚幻的梦。是的，心灵本身也是一场梦。是这样的，因为信神才是真正的指引，而相信我们空洞的理智只是一个谎言。非理智的冲动奔涌迂回，无论出自我们的理智还是出自败坏真理的心灵。因此，他也说："有火从希实本发出，有火焰出于西宏的城。"③ 因此，那相信似是而非的理智或败坏真理的心灵是非理智的。

【82】[230] "那火焰甚至烧到摩押"，摩押指的也就是心灵。因为虚假的意见能欺骗的除了可悲的心灵之外又能是谁呢？是的，意见吞食了心灵中的界石，亦即每个具体的思想或判断，这些判断被雕凿出来，就好像刻在一块界石上。这些石头是"亚嫩"，这个词的意思是"他们的光"，因为每件事情都在理智中得到解释。[231] 这就是为什么他要开始给顽固而又自私的心灵唱挽歌："摩押啊，你有祸了"，因为若是按照可能性作推测，你就会失去真理。"基抹的民"就是你的民，其力量是残缺不全的，盲目的。因为"基抹"的意思是摸索，摸索是瞎子的特点。[232]有些儿子，亦即每个具体的理智，成了亡命者，而有些儿子，亦即它们的判断，成了亚摩利王的俘虏，亚摩利王就是"喜爱谈论的人的教师"。因为亚摩利这个名字翻译过来就是"喜爱谈论的人"，教师或智者是他们的国王，这些人在玩弄语言技巧方面非常能干，受遁词的支配而超越真理的边界。

【83】[233] 因此，"西宏"就是败坏真理的健全统治的人，他的种子将与希实本一起灭亡，直到底本。"希实本"就是玩弄辞藻的谜语，"底本"是给法律起的名字。这种理解相当准确，因为可能性和似是而非的东西与真理

---

① 《创世记》15：6。"亚伯兰信耶和华，耶和华就以此为他的义。"

② 《民数记》12：7。"我的仆人摩西不是这样。他是在我全家尽忠的。"

③ 《民数记》21：28。"因为有火从希实本发出，有火焰出于西宏的城，烧尽摩押的亚珥和亚嫩河邱坛的祭司（'祭司'原文作'主'）。"

的知识无关，而审判、争吵、争论这类事情都和可能性有关。[234] 然而，对心灵来说，有了它自己特有的麻烦还不够，还有那女人，即感觉，引起的麻烦，亦即点火引起火灾，加重了灾难。我说的是这个意思。这种事常常发生在夜晚，此时我们没有主动地运用任何感官，但却拥有对许多不同主体的奇怪的观念。因为灵魂在不停地运动，能够以无数的方式活动。正因如此，它自己产生的东西足以败坏它自己。[235] 事实上，这群感觉的暴徒把大量危害从外部引入灵魂。这些危害部分来自可见的物体，部分来自声音，以及来自触及嗅觉的味道和气味；我们可以说，从它们那里产生的危及灵魂的烈火，比在没有感官帮助下灵魂自己点燃的烈火带来的灾难更大。

【84】[236] 这些女人中有一个是波提乏的妻子①，波提乏是法老的护卫长。这里要考虑的是，波提乏是个内臣，但却有个妻子。对那些只考虑律法字义而非它的象征意义的人来说，这是个难点。因为心灵确实是一个内臣和护卫长，它涉及的不只是单一的快乐，而且也涉及那些过分的多种快乐，它配得上内臣这个头衔因为它不能生育智慧，就像内臣只侍候法老，散布高尚的东西。[237] 你们必须记住，从另一个角度看，当个内臣是件非常好的事，如果这样的话，我们的灵魂就能够躲避邪恶和不学无术的欲望。所以当情欲对他说"你与我同寝吧"，②也就是说情欲要他纵情享受一生中遇到的所有快乐，这时候的约瑟，即自我节制的美德，能够拒绝她。他说："如果我表现为快乐的爱恋者，作此大恶，我就会得罪神，美德的爱恋者。"

【85】[238] 此时对他来说还只是小小的冲突，接下去便开始搏斗。那灵魂进入它自己的屋子，求助于它自己的能力，拒绝一切由肉体规定的东西，开始对它自己适宜的工作，亦即灵魂的活动。他没有进约瑟的屋，也没有进波提乏的屋，而是"进屋"。摩西没有进一步说"谁的屋"，你们可以思考和解释。他只是简单地说"进屋里去办事"。③ 这个屋就是灵魂，他退却到

---

① 参见《创世记》39：1 以下。波提乏之妻引诱约瑟，致使约瑟坐监。
② 《创世记》39：7。"这事以后，约瑟主人的妻以目送情给约瑟，说，你与我同寝吧。"
③ 《创世记》39：11。"有一天，约瑟进屋里去办事，家中人没有一个在那屋里，"

灵魂里，放弃一切外在的东西。[239]可以说，他这样做的目的是最终可以返回自身。我们可以认为自我节制的人的"事"是按神的意愿来完成的，因为所有推论确实都不以灵魂为居所，在那里也不可能找到这样性质不同的推论。同时快乐不停地纠缠，抓住他的衣裳说："你与我同寝吧！"衣裳是肉体的覆盖物，同样，饮食是生灵的掩护。[240]她说的意思是："你为什么要拒绝快乐？没有快乐你不能活着。瞧，我捕获了一些产生快乐的东西，不利用这些产生快乐的东西，你就不能生存。"自制的人做了些什么呢？他说："如果我因为情欲产生的事情而变成情欲的奴隶，那么我宁可丢下情欲，跑到外面去"；"约瑟把衣裳丢在妇人手里，跑到外边去了。"①

【86】[241]有人会问："有谁会进到里面去呢？"许多人不会这样做。但是，有些人不抢劫神庙，却去偷窃私人住所，有些人不殴打父亲，却对陌生人使用暴力。这些人确实避开了我们说过的这些罪恶，但却犯下另外一些罪恶。而完全实施节制的人必须避免一切罪恶，无论大恶小恶，或是与其他任何罪恶有牵连的恶。[242]然而约瑟只是个年轻人，缺乏抵制那埃及肉体的诱骗和克制快乐的能力，于是他跑开了。而热诚于神的祭司非尼哈维护了自己的安全，他没有逃避，而是抓起"长枪"，亦即热诚的精神，不"刺穿那米甸女人"决不罢休，那米甸女人就是从神的伴当中淘汰下来的本性，"她的子宫被穿透了"②。她再也不能生育，再也不能播下邪恶的种子。

【87】[243]作为对割除愚蠢的补偿，灵魂受到双重奖赏，平安和祭司的职任，③二者是亲属关系。对这样的女人，我指的是邪恶的感觉，我们一定不能言听计从。因为，"神厚待收生婆"④，不顾想要驱赶以色列人的法老的吩咐，她们保护了法老想要摧毁的灵魂的男孩；由于迷恋物欲和女性，他

---

① 《创世记》39:12。"妇人就拉住他的衣裳，说，你与我同寝吧。约瑟把衣裳丢在妇人手里，跑到外边去了。"
② 《民数记》25:7以下。非尼哈（Φινεες），亚伦之孙。
③ 参见《民数记》25:12以下。
④ 《出埃及记》1:20。"神厚待收生婆。以色列人多起来，极其强盛。"

不知道第一因，因为他说"我不认识神"①。[244] 我们愿意听从她们意见的女人是相当不同的，就好比我们已经看到撒拉这样的女人是美德，甚至是首要的美德。智慧的亚伯拉罕遵照她的建议行事。因为在早些时候，在改名以前，他还不是完善的，还在追求现世的事物。撒拉知道他不能从完善美德那里生下后代，于是就建议他与使女同房，这里的使女就是学习，就是夏甲。②[245] 这个名字的意思是"旅居"，因为他正在学习怎样在完善美德中安家。在成为美德之城的居民前，他要在这所学校逗留，学习各种课程。在这些课程的引导下，他可以自由地练习美德。后来撒拉看到他已经完善，能够生育了……③ 他心中对使他能够与美德联姻的教育充满感激之情，认为难以拒绝撒拉的要求，这时候他就遵从神的诫命，"凡撒拉对你说的话，你都该听从"④。让对美德看来有利的东西成为我们每个人的律法；因为，如果我们接受所有美德的建议，我们就能幸福。

【88】[246] "你吃了我所吩咐你不可吃的那树上的果子"⑤，这句话相当于"你赞成邪恶，而你的责任是必须避开一切邪恶"，由于这个原因，"受咒诅的"不是"你"，而是"你们工作的地"。这是为什么呢？我们看到，蛇就是快乐，是灵魂的非理智的快乐。它由于自身的原因而受咒诅，但它只能依附于低劣的人，而不能在任何高尚者那里安身。亚当是中性的心灵，时好时坏。作为一个心灵，他的本性既不是恶的又不是善的，而是处于美德与邪恶的影响之下变成善的或恶的。[247] 因此，正如我们所期待的那样，他不是为了自身的原因而受咒诅，因为他不是恶的，也不是为了在邪恶主宰下的行

---

① 《出埃及记》5：2。"法老说，耶和华是谁，使我听他的话，容以色列人去呢？我不认识耶和华，也不容以色列人去。"

② 参见《创世记》16：2以下。

③ 此处希腊原文有佚失。

④ 《创世记》21：12。"神对亚伯拉罕说，你不必为这童子和你的使女忧愁。凡撒拉对你说的话，你都该听从。因为从以撒生的，才要称为你的后裔。"

⑤ 《创世记》3：17。"又对亚当说，你既听从妻子的话，吃了我所吩咐你不可吃的那树上的果子，地必为你的缘故受咒诅。你必终身劳苦，才能从地里得吃的。"

为受咒诅，受咒诅的是他工作的地。此处"地"这个名称指的是整个灵魂，它是邪恶的，是应受谴责的，因为它允许邪恶在各个场合起作用。同样，神又继续说"你必劳苦，才能得吃的"。这句话相当于"你必劳苦，才能得到活着这种好处"，因为，终身劳苦对恶人活着是有益的。恶人没有欢乐的动力。这种动力存在于事物的本性之中，是由正义、良好的感觉和分享自然王座的美德提供的。

【89】[248]"地必给你长出荆棘和蒺藜来"①。不是吗，蠢人的灵魂除了呻吟着的激情在伤害灵魂又能长出什么来呢？摩西用象征性的语言，把它们称做荆棘。这些非理智的冲动像一团火，先在灵魂中游荡，然后点燃烈火，烧毁灵魂的一切占有物。这就是经上说的："若点火焚烧荆棘，以致将别人堆积的禾捆，站着的禾稼，或是田园，都烧尽了，那点火的必要赔还。"②[249]你们看，那火，非理智的冲动，在迸发的时候不是焚烧荆棘，而是寻找荆棘；因为，作为跟随激情的搜索者，它在寻找想要得到的东西；一旦找到了，它就点火烧毁三样东西：完善的美德，逐渐的进步，自然气质中的善。摩西把美德比做打谷场上的东西，就像谷物堆积在打谷场上，智慧者的灵魂就像打谷场一样收集高尚的东西。他把逐渐的进步比做地里的谷物，因为它是未完成的，正在渴望达到圆满。他把自然气质中的善比做地，因为它承受美德的种子。[250]他把各种激情称做"蒺藜"或"有刺的欧菱"，因为激情都有三个层面：激情本身、引发激情的东西、激情的最终结果。举例来说，快乐、可乐者、感到快乐；向往、可向往者、感到向往；悲伤、可悲者、感到悲伤；恐惧、可惧者、感到恐惧。

【90】[251]"你也要吃田间的青草。你必汗流满面才得糊口"③。他把青草当做饼的同义词来使用，意思是一样的。青草是无理智动物的食物，这就

---

① 《创世记》3：18。"地必给你长出荆棘和蒺藜来，你也要吃田间的菜蔬。"

② 《出埃及记》22：6。"若点火焚烧荆棘，以致将别人堆积的禾捆，站着的禾稼，或是田园，都烧尽了，那点火的必要赔还。"

③ 《创世记》3：18以下。

是脱离正确理智的恶人的状况。感觉也是无理智的，是灵魂的一个部分。心灵努力获取那些感觉用非理智方式获得的对象时，这种努力使心灵劳苦，使心灵汗流满面。[252] 蠢人的生活是极端痛苦的，是劳苦的，因为，他贪婪地追求所有能产生快乐的事物和所有邪恶乐意给他带来的东西。这种情况要持续多久呢？神说："直到你归了土，你是从土而出的。"① 因为拒绝了属天的智慧，他不就位于属地的事物和混沌了吗？我们必须考虑他下一步会怎样转变。经文的意思可能是这样的，愚蠢的心灵确实总是偏离正确的理智，但它想要获取的东西不是来自高尚的品性，而是来自比较凡俗的本性，无论处于静止还是运动状态，它都热衷于同样的兴趣。[253] 这就是经文又说"你本是尘土，仍要归于尘土"② 的原因。这句话的基本意思我已经说过了。它也表明，"你的起源和终结是同一的，因为你那起源于地的可朽的肉体在走完了生命之途以后将回归大地。这条路不是平坦的大路，而是崎岖不平的小径，路旁充满荆棘和蒺藜，这些东西的本性是刺伤"。

---

① 《创世记》3：19。"你必汗流满面才得糊口，直到你归了土，因为你是从土而出的。你本是尘土，仍要归于尘土。"

② 《创世记》3：19。

论 基 路 伯

提 要

本文的希腊文标题是"ΠΕΡΙ ΤΩΝ ΧΕΡΟΥΒΙΜ ΚΑΙ ΤΗΕ ΦΛΟΓΙΝΗΣ ΡΟΜΦΑΙΑΣ ΚΑΙ ΤΟΥ ΚΤΙΣΘΕΝΤΟΣ ΠΡΩΤΟΥ ΕΞ ΑΝΘΡΩΠΟΥ ΚΑΙΝ",意为"论基路伯、发火焰的剑、由凡人生育的第一人该隐",英译者将其译为"On the Cherubim"。本文的拉丁文标题为"De Cherubim",缩略语为"Cher."。中文标题定为"论基路伯"。原文共分为 35 章(chapter),130 节(section),译成中文约 2.3 万字。

本文分为两部分:第一部分(1—39 节),讨论经文,"于是神把他赶出去了,又在伊甸园的东边安设基路伯和四面转动发火焰的剑。"(《创世纪》3:24) 第二部分(40—130 节),讨论经文,"亚当认识了他的妻子夏娃,夏娃就怀孕,生了该隐,他便说,'神使我得了一个男子。'"(《创世纪》4:1)

第一部分:开头区别《创世纪》(3:23) 使用的两个短语,"赶出去"和"打发",前者表示永久的驱逐,后者表示暂时的驱逐(1—2 节)。然后,举例说明它们不同的意思(3—10 节),以《创世纪》中描述的夏甲被驱逐为例,表示暂时的驱逐,以《创世纪》21 处的驱逐为例,表示永久的驱逐。夏甲代表低等的、世俗的教育,撒莱代表哲学。

讨论"对过"的意思。这个短语有时候指"敌对"(11—13 节),有时候指"放在对面进行审判"(14—17 节),对"祭司要叫那妇人揭开她的头盖站在神的对面"这句经文的解释导致对其中最后三个词的解释，把这句话的意思解释为"揭示真正的动机"，最后确定这些词在《创世纪》中是"友好"的意思，如同在经文"亚伯拉罕仍旧站在耶和华面前"的用法一样（18—20 节）。

讨论两位基路伯和发火焰的剑。作者指出有两种物理解释：（1）基路伯指的是天穹，有七个区，每个区有行星运动，恒星处于穹顶，剑指的是整个天穹的运行（21—24 节）；（2）基路伯表示天穹的两个半球，剑指的是太阳（25—26 节）。但作者本人倾向于更加深刻的解释（27—30 节），基路伯象征神的权柄和善意这两种潜能，或者象征神的尊严或主权，剑象征理智，理智把二者统一起来。最后这一点导致反思蠢人巴兰，让他变成无剑者。由此，作者又对各行各业的心灵未曾洁净者做出一般性的反思。整个说教以强调理智是人类幸福的源泉为结论（31—39 节）。

第二部分：以亚当象征心灵，以夏娃象征感觉（感性知觉），以该隐象征由不虔诚的心灵产生的观念和感觉，这些东西都是我们自己的，不是神的。首先必须考虑"亚当认识了他的妻子"这句话。"妻子"是美德，从神本身接受种子，由此怀孕而产生拥有美德的后代，把这个道理宣示出来，有助于较好的理解，但这样的宣示对那些世俗的耳朵来说过于灵性化（40—52 节）。为什么没有比较充分地把"该隐"描述为"头生子"（53—55 节），对这一点的解释与阐述心灵有关，心灵本身是无助的，通过与感觉的结合，产生对现象的理解，并假定这种理解是它自己的作为（56—64 节）。这种假设是愚蠢的（65—66 节），作者用拉班的话来举例，"这些女儿是我的女儿，这些儿子是我的儿子，这些牛群也是我的牛群，凡在你眼前的都是我的"。对女儿、儿子、牛群作喻意解释，分别解释为技艺或科学、理智、感性知觉，然后对人类的错误进行冷静的批判，并指出它是幻觉的奴仆（67—71 节），就像《出埃及记》（21）中的奴仆，"热爱他的主人，放弃自由"（72—73 节）。第二个例子引自法老空洞的自吹自擂，如摩西在《出埃及记》（15）的颂歌中所描述的那样（74—76 节）。法老的心灵认识不到只有神才有的作为，而人的作为是被动的（77 节），由此导致离题话，谈论人的被动性的正确形式，亦即不是无助的被动性，而是拥抱主动者的被动性（78—83 节）。

与心灵的愚蠢宣示相对，我们看到神宣示"一切事物都是我的……要献给我作食物"。最后这几个词表示一种沉思，说明神的休息是一种永久的活动，祂不像这个世界的活动，是不知疲倦的（84—90 节）。人确实没有真的处于感觉的盛宴中，接下去就是对世俗节庆的无情贬斥，斥之为空洞、放荡、有罪（91—97 节）。指责异邦人的盲目，他们不知灵魂是神的府邸，要求对神的到来做好充分准备，由此肯定他那个时代的世俗教育和文化具有较高的价值（98—105 节）。

由此，适宜接待神的灵魂不可避免地会在承认神的主权和所有权中找到喜乐（106—107 节）。返回主题，再一次用经文举证，"地不可永卖，因为地是我的；你们在我面前是客旅，是寄居的。"地指的是被造的世界，它的每一部分都是神的借贷，在此雄辩地指出被造物的依附性（108—113 节）。我们本身是生灵，与生灵相对，我们对自己也是无知的（114—115 节），我们的心灵一直臣属于幻觉和诱惑（116—117 节），我们不能说我们是属于自己的（118—119 节）。上述经文最后的话，"是寄居的"，指明神的思想是真正的"公民"，而我们顶多只是移民（120—121 节），短语"不可永卖"再一次提醒我们，人世间的买卖是一种出售和购买，只有神是真正的给予者（122—123 节）。

最后，探讨与经文"神使我得了一个男子"有关的错误。依照亚里士多德的"四因说"说明"凭借"（行动主体）可以用于神，"通过"（工具）不可用于神（124—127 节）。比较约瑟的错误用法和摩西的正确用法，说明这一道理（128—130 节）。

正　文

【1】[1]"神把亚当赶了出去，又在伊甸园安设基路伯和四面转动发火焰的剑，把守生命树的道路。"① 请注意，这里的用词是"赶"，而不是前面的"打发"②。这些词的使用不是随意的，而是本着所指代事物的知识精心挑选的，并在恰当和准确的意义上使用这些词。[2]被人打发走的并非不能回来。被神赶走的则要接受永久的惩罚。因为对还没有被邪恶牢牢掌控的人来说，他还可以忏悔，让被他驱离的美德回归，就像流放以后回归祖国。而对已经深深堕落，并且被凶险的、无法治愈的疾病所奴役的人，他未来的恐惧必定是不灭的，永久的。他被推入不虔诚者待的地方，在那里陷入连续不断的悲惨，不能减轻。[3] 这样，我们看到夏甲，或比较低等的教育，它们的范围以世俗学校里的学习为界，而她两次从以撒莱为象征的最高美德面前逃走，但又确实折回了她的脚步。她的第一次离开是逃跑，而不是放逐，当她遇见天使或神圣理智的时候，她返回了主人的家。③ 第二次她被打发走了，再也没有回来。④

【2】[4] 我们在此必须提到第一次逃跑和第二次永久放逐的原因。第一次，亚伯兰和撒莱还没有改名，也就是说他们的性格还没有改变，没有处于灵魂的较好状态，但是亚伯兰仍旧是"上升的父亲"，寻求上界的哲学，也寻求成为高尚者，这种哲学讨论气和气起作用的方式，研究天和存在的事物，有人声称数学是这种"物理学"或"自然学"的最高尚的部分；[5] 而撒拉仍旧是撒莱，属于个人主权这种类型（她的名字的意思是"我的主权"）；

---

① 《创世记》3：24。

② 《创世记》3：23。"耶和华神便打发他出伊甸园去，耕种他所自出之土。"

③ 参见《创世记》16：6。"亚伯兰对撒莱说，使女在你手下，你可以随意待她。撒莱苦待她，她就从撒莱面前逃走了。"

④ 参见《创世记》21：14。"亚伯拉罕清早起来，拿饼和一皮袋水，给了夏甲，搭在她的肩上，又把孩子交给她打发她走。夏甲就走了，在别是巴的旷野走迷了路。"

她还没有经历向"类美德"的转变；因为一切类事物必定是不可灭的。她在个别的、具体的美德中仍旧拥有她的地位。她仍旧是审慎的，如"我"这个词所示，审慎与节制、勇敢、公义相似，全都是可灭的，因为它们的变动之处是可灭的"我"。[6] 因此，夏甲是较低的或者世俗的文化，尽管她加速逃脱美德追求者那种严峻的、令人畏惧的生活，回归到还不能把握类和不可灭事物这般高度的生活，仍旧倾向于个别的、具体的区域，在其中较低者被最高者所选择。[7] 但在后来的阶段，亚伯兰离开了那种贤人学习自然的生活，成为神的热爱者。他的名字改为亚伯拉罕，意思是"声音之父的选择"，因为"声音"是说出来的话语或理智的功能，它的父亲是掌握了善的心灵。撒莱再次放下个人的主权，变成了撒拉，这个名字的意思是"主权"，这就意味着她不再是具体的、可灭的美德，而变成了类的美德和不可灭的。[8] 然后，他们被以撒之光照耀——这是幸福的类的形式，是属于那些已经年迈绝经的妇女的快乐和喜悦①——以撒的心灵追求的不是儿童的玩耍，而是那些神圣的东西。② 等所有这些事情都过了以后，带有夏甲这个名字的那些比较低级的教育被逐，同时被逐的还有他们的儿子，聪明的以实玛利。

【3】[9] 他们所进入的放逐是永久的，因为这一放逐的惩罚由神来确认，神吩咐这个贤人听从撒拉的话，撒拉要亚伯拉罕把这位使女和她的儿子赶走。③ 美德发出的声音值得聆听，尤其是美德摆放在我们面前的是这样一种学说，由于存在的最完善的类型和第二位的成就④是这个分离的世界，智慧与这位聪明人的文化没有亲属关系。因为后者为了取得成果所付出的辛劳就是那些旨在建立虚假意见的说服，是毁灭灵魂的；但是智慧研究真理，由此获得对心灵有益的巨大源泉，亦即正确理智的知识。[10] 从那以后，这位

---

① 参见《创世记》18：11。"亚伯拉罕和撒拉年纪老迈，撒拉的月经已断绝了。"

② 暗指《创世记》26：8，以撒与他的妻子利百加"戏玩"。

③ 参见《创世记》21：10。"就对亚伯拉罕说，你把这使女和她儿子赶出去，因为这使女的儿子不可与我的儿子以撒一同承受产业。"

④ 参见本篇第62节。

聪明人（他一直是聪明的）和他的母亲（初级教育的指导）被神从智慧和贤人那里驱逐和赶走，给了撒拉和亚伯拉罕这些名字的神从美德永久居住之处驱逐了亚当（亦即心灵），因为他患上无法治愈的愚蠢之病，并且不允许他返回，对此我们会感到奇怪吗？

【4】[11] 然后，发火焰的剑和基路伯也在园子"对过"找到了它们的居处。"对面"或"对过"这个词可以在三重意义上使用。第一，有一种敌对的意思，放在"对过"的东西可以是对立的；第二，也可以用于人，他们被置于审判的位置，就好比把被告放在法官的对过；第三，是友好的意思。一个对象可以如此安放，以便被充分关注，作为其结果的是更为精准的观察，带来更加紧密的联系，就好像画家和雕刻家与用作模仿对象的图画和雕塑。[12] 关于第一种敌对的意思，我们可以找到的一个例子是该隐，"他离开耶和华的面，去住在伊甸东边挪得之地"。① 挪得的意思是"颠簸"，伊甸的意思是"欣喜"。前者是邪恶的象征，在灵魂中产生动荡；后者是美德的象征，赢得幸福和欣喜，它不是虚弱和放纵类型的，不是野蛮的情欲带来的快乐，而是深深的满足和欢乐，不知辛劳和困苦。[13] 但当心灵离开了神的视野，这个时候锚定心灵是好的和有益的，它像一条船在海上，必定要与狂风搏斗，即刻就要忍受各种情况，它唯一的家园和国家是骚动和暴乱，与灵魂的坚定不移相对立，这就是带有伊甸这个名字的欢乐所带来的礼物。

【5】[14] 关于这个词的第二种意思，放在对面进行审判，我们有一个例子，是一位妇女被她的丈夫怀疑与人通奸时所做的解释。他说："祭司要叫那妇人揭开她的头盖站在神的'对面'。"② 什么经文会用最后这些词来表达，让我们来考察一下。一项本身正确的行动在实施的时候经常做错，而与其自身中的义务相反的事情却可以按照义务的精神来完成。比如归还寄存

---

① 《创世记》4：16。
② 《民数记》5：18。"祭司要叫那妇人蓬头散发，站在耶和华面前，把思念的素祭，就是疑恨的素祭，放在她手中。祭司手里拿着致咒诅的苦水。"

物，这样做不是出于任何诚实的动机，而是为了伤害收件人，或者是为了拒绝更大的信任，这在其本身是一项义务，然而在实际执行时却是错的。[15]另外，如果医生有意识地使用泻药、刀子、烙铁来有益于他的病人，但对病人隐藏真相，让他可以不必预先感到恐惧而躲避治疗，或者在治疗中崩溃或昏厥，在这里我们有了一项与义务本身相反的行动，然而它的实施却是正确的。所以，对贤人来说也是这样，恐惧的真相会增强敌人的力量，给敌人错误的信息①则可以拯救国家。因此摩西说，"遵循至公至义"②，当法官没有对诚实的心灵施加压力的时候，这里蕴涵着有可能不公义的意思。[16]现在，讲话和行为是公开的，是所有人都知道的，但是推动讲话和行为的内心思想是不为人知的。我们无法说出它是健全的、纯洁的，还是有病的、被各种污秽玷污了的。没有任何一个被造的在者能够察觉隐藏的思想和动机。唯有神能这样做，因此摩西说，"隐秘的事是我们的神所知的，但事物的显现是生灵所知的"③。[17]我们现在看到原因了，为什么理智，亦即祭司和先知，要按照吩咐去安定"站在神对面"的灵魂，要那妇人揭开她的头盖，④这是要与占主导地位的原则在一起，这些原则构成了她的头，揭开头盖，让她珍藏的动机显露出来，接受神的不可败坏的、全视的眼睛的审判，使它像那些潜藏的伪币一样显露；或者由于灵魂是无辜的，没有沾染任何罪恶，唯有神能看见赤裸的灵魂，诉诸神的检验来洗清对它的一切诬告。

【6】[18]有关"对面"的第二种意思就讲到这里。而它的第三种意思与所寻求的对象更加接近和亲密，在用于全智的亚伯拉罕的话语中我们可以看到"他仍旧站在耶和华面前"⑤。作为这种更加亲密关系的证据是紧接其后

---

① 词义为"发烟燃烧"。

② 《申命记》16：20。"你要追求至公至义，好叫你存活，承受耶和华你神所赐你的地。"

③ 《申命记》29：29。"隐秘的事是属耶和华我们神的。惟有明显的事是永远属我们和我们子孙的，好叫我们遵行这律法上的一切话。"

④ 参见《民数记》5：18。

⑤ 《创世记》18：22。"二人转身离开那里，向所多玛去。但亚伯拉罕仍旧站在耶和华面前。"

的那句话，"他近前来说"①。那些希望疏远的人会离散他们自己；而那些寻求亲密的人会相互接近。[19] 快速站立、获得坚定的心灵，就是迈步接近神的权能。因为与神在一起是不能回转的，变化多端则是被造物的本性。然后，以对知识的热爱为其缰绳的他检视前面的进程，这对被造的在者来说是自然的，也迫使它站立不动，而可以肯定的是，他离神圣的幸福不远了。[20] 带着这种美好的思想，神在伊甸园安设基路伯和发火焰的剑，不是要它们相互之间做仇敌，而是要它们做最亲密的朋友；就这样，这些潜能者在不间断的沉思中相互凝视，可以获得对方的念想，甚至可以长上双翼，尽享天上之爱，丰饶的赐予者神在那里激励它们。

【7】[21] 我们现在必须考察基路伯和四面转动发火焰的剑象征什么。我认为它们是一种喻意的象征，表示整个天穹的运行。因为指定给天穹的运动有两种，它们是相互对立的：一种情况是不变的进程，蕴涵着同一原则，位于右边；另一种情况是多变的进程，蕴涵着差异的原则，位于左边。最外面那一层天穹是单一的，包含着所谓恒星，始终在做相同的运动，从东到西。而里面的天穹，共有七层，包含着行星，它们各自有两种本性对立的运动，一种是自发的运动，另一种处在外力推动之下。[22] 它们固定的运动与恒星相似，因为我们看到它们每天从东到西经过，在这种运动中我们也发现受特定时间长度支配的七重天的运行。这些长度与边长相等的"三"的情况相同，这些"三"有着同样的速度，比如太阳、晨星、水星（或称墨丘利）。其他星辰在运行中有不等的进程和不同的时间长度，尽管它们相互之间，以及对上面所说的三颗星，也保持着某种比例。[23] 所以，一个基路伯象征恒星所在的最外面的天穹。它是诸天之最高的天，是那些并不按照神圣不变的节奏在空中漫游的星辰的穹顶，但这些星辰决不会离开圣父把它们造出来时给它们指定的宇宙中的位置。另一个基路伯是天穹包含的内天，共有六层。圣父按常规的比例造出七个区域，把每颗行星安放在某个区域中。[24]

---

① 《创世记》18：23。"亚伯拉罕近前来，说，无论善恶，你都要剿灭么？"

神把每颗星安放在恰当的区域中，作为马车的驭手，然而神并不放心把缰绳交给驭手，担心它们的操作会是无序的，所以神将它们全部造就为依赖于神本身，以便使它们能够有序而和谐地行进。这是因为，当神与我们在一起的时候，我们所做的一切都值得赞美；而当神不和我们在一起的时候，我们所做的一切都该遭到谴责。

【8】[25] 我们必须假定这是对基路伯的一种喻意解释，四面转动发火焰的剑表示它们的运动和整个天穹的永恒运行。但是，也许还有另外一种解释，两个基路伯表示两个半球。因为我们读到，长翅膀的基路伯面对面地站着，位于施恩座的两头。^① 所以，两个半球也是面对面的，延伸到万物之中心，即大地，而大地实际上将天穹分成两半。[26] 由于只有天穹在整个宇宙中是稳固的，所以古人正确地将它命名为"座"，它就这样站立着，每个半球的运行可以围绕一个固定的中心，由此完全和谐。发火焰的剑在这种解释中指的是太阳，它充满了大量的火焰，是现存一切事物中最快捷的，可以在一天里绕行整个宇宙。

【9】[27] 但是有一种思想比这些想法更高明。这种思想来自我自己的灵魂里的声音，我的灵魂经常被神占据而变得神圣，但我的灵魂并不自知。如果能够做到，我会用话语记载这一思想。这个声音告诉我，神确实是元一，祂的最高的、最主要的权能是二，乃至于是善意和权柄。通过祂的善意，一切存在的事物生成，通过祂的权柄，祂统治祂创造的事物。[28] 二者之间，还有第三者联系它们，亦即理智，因为通过理智神既是统治者，又是善的。基路伯象征的是权柄和善意这两种潜能，就如发火焰的剑是理智的象征。理智是极为快捷的，是燃烧的热，所以只有作为重大原因的理智能够优于和超越一切事物，并在万物之前觉察，在它们之上显现。[29] 哦，我的心啊！接受这两个纯金的基路伯吧，学会这个大原因的权柄和慈恩，你可

---

① 参见《出埃及记》25：19。"这头作一个基路伯，那头作一个基路伯，二基路伯要接连一块，在施恩座的两头。"

以摘取幸福的果实。你会直接理解这些纯粹的潜能如何混合与相连，神如何和在何处是善的，然而神的权柄的荣耀可以在慈恩中见到，神如何和在何处是权柄，通过权柄，慈恩仍旧显现。这样，你可以获得这些潜能产生的美德，生成一种欢愉的勇敢和对神的敬畏。当你世事顺遂的时候，执掌权柄的这位君王会使你们远离高尚的思想。当你承受最大痛苦的时候，你也不会对境况的改善表示绝望，而会记得这位伟大的、慷慨的神的慈爱。[30] 由于发火焰的剑是原因，所以在它们的陪伴下，理智度量一切必须跟随它的事物，理智用它的烈焰和高温，以其坚定持久的热情，教导你们选择善和远离恶。

【10】[31] 要记住聪明的亚伯拉罕是怎么做的，他开始就以神为他在万事万物中的标准，这个时候他没有留下任何东西给被造者，他取来发火焰的剑的摹本——经上说的是"火与刀"①——期待用它们来毁灭他自身的凡俗成分，凭借他那摆脱束缚的理智飞向神。[32] 摩西也是这样，他用巴兰（亦即蠢人）来代表被解除武装的人，这些人既不能打仗，又不能保持他们的等级，因为摩西很明白，在这场战争中灵魂应当以知识作为它的奖赏。巴兰对驴说话，驴象征对生命的非理智统治，驴被蠢人骑乘，"我恨不能手中有刀，把你杀了"②。我们可以很好地感谢伟大的创造者，他知道愚蠢者的疯狂，没有把话语力量之剑放在疯子手中，让他到处肆虐，不义地屠杀所有挡道的人。[33] 如果巴兰是商人、农夫，或从事其他挣钱行业的人，那么他的这种愤怒的吼叫就是每一心灵未曾洁净者在其空虚时的叫喊。每一个这样的人，当好运降临时，就欢乐地骑着他们的坐骑，勒紧缰绳，随口嘲弄那些让他们放弃这些行当的思想。[34] 所有那些要他停止、限制他的欲望的警示，由于未来不确定，他都断定为怨恨和妒忌，认为那些人不怀好意。而在失望和不幸降临于他时，他会认识到这些警示才是真正的预言，完全足以对

---

① 《创世记》22：6。"亚伯拉罕把燔祭的柴放在他儿子以撒身上，自己手里拿着火与刀。于是二人同行。"

② 《民数记》22：29。"巴兰对驴说，因为你戏弄我，我恨不能手中有刀，把你杀了。"

抗在农耕、贸易和其他那些被他自己断定为可以挣钱的行业中的未来的不确定性，但他全然谴责完全无辜的对象。

【11】[35] 尽管没有说话的器官，这些行业也会说出实情，其话语比舌头的话语更加清晰。它们喊道："说假话的诽谤者，我们不就是一直供你们骑乘的驮畜吗，我们可曾对你们傲慢无礼，给你们带来灾难？"① 你们看见手中持刀的天使，神的理智，站在路上，② 善与恶的应验都要通过他。[36] 你看见他站在那里。但你为什么到现在才来责备我们，而从前在你事业顺遂时却不责备我们？我们还是老样子，我们的本性一点儿也没有改变。你用的试探方法是错的，你的不耐烦是毫无理由的。如果你从一开始就知道自己的生平志向不会给你带来善恶，能带来善恶的是一切事物的统治者和舵手，神圣的理智，那么你就会比较耐心地忍受降临于你的事情，停止诽谤，请他把我们没有能力得知的事情告诉我们。[37] 然后，尽管我们仍旧一如既往，但若统治者征服了这些对你们不利的事情，作为战争带来的沮丧思想的驱除者，给你的生活送来和平的信息，那么你会面带笑容和欢乐，向我们伸出友谊之手。但是，我们不会由于你的善意而兴高采烈，也不会在意你的愤怒。我们知道，引起善恶的不是我们，尽管你以为我们会这样做。[38] 这就好比一个傻子，他把航行顺利或遭遇海难归因于大海本身，而不是风向的改变，海风时而温顺，时而狂暴。安宁是众水之内在本质，当有利于航行的微风追随船舵时，它绕过礁石，张着满帆，安全驶向港口，而当它遇上突如其来的顶头风时，船只又会剧烈地颠簸，乃至于倾覆。所有这些都被归罪于无辜的大海，尽管罪魁祸首是时而安宁、时而肆虐的风暴。[39] 确实，上述情况都足以证明，自然为人类提供了理智作为其强大斗士，使人成为能够正确使用这位斗士的真正幸福的、理智的存在者。而不能正确使用理智的人，

---

① 《民数记》22：30。"驴对巴兰说，我不是你从小时直到今日所骑的驴么，我素常向你这样行过么，巴兰说，没有。"

② 参见《民数记》22：31。"当时，耶和华使巴兰的眼目明亮，他就看见耶和华的使者站在路上，手里有拔出来的刀，巴兰便低头俯伏在地。"

自然将留下他，把他归入非理智，使他陷入悲惨的境地。

【12】［40］"亚当认识了他的妻子，她怀孕，生了该隐，他说'神使我得了一个男子'，在此之外神又使她生了该隐的兄弟亚伯。"① 由立法者检验过的其他拥有美德的人，比如亚伯拉罕、以撒、雅各、摩西，以及其他具有相同灵性的人，没有一个被他说成是狡猾的女人。［41］我们知道，女人表示感性，知识通过摆脱感觉和肉体的束缚而产生，它会追随智慧的热爱者，拒斥而非选择感觉。这是很自然的。因为，这些男人的配偶叫做女人，但却是在德性的意义上这样叫的。撒拉的意思是"主权和领导者"，利百加的意思是"坚定和卓越"，利亚的意思是通过连续的训导而"被拒和虚弱"，这种训导是每一个傻瓜都要拒斥和否定的东西，西坡拉，摩西的配偶，她的名字的意思是"鸟"，快速从地下飞上天，在那里沉思神圣和有福事物的本性。［42］德性有它们自己孕育和生产时的痛苦，但我谈论它们，意在让那些败坏宗教、使之成为迷信的人捂上耳朵或离开。因为这是神圣的奥秘，是讲给那些已经入教、配得上领受最神圣的秘密的人听的，甚至是讲给那些心灵纯朴、实行真正的虔诚、摆脱一切浮华装饰的人听的。神圣的启示不是给其他人提供的，这些人处于浮华的、致命的符咒之下，没有其他衡量纯洁和神圣的标准，只有他们的空洞的话语和愚蠢的惯例和祭仪。

【13】［43］就这样，神圣的教训开始了。男人和女人、人类的男性和女性，在自然的进程中，为了生育子女而交媾。有着如此众多和完善后代的美德并非一定要与凡人有关，然而美德若是没有接受从他者接受生育的种子，它们自身就决不会生育。［44］那么在它们中间播下善的种子的是谁，除了万事万物之父，亦即永恒和创造一切事物的神，还能是谁呢？所以是祂在播种，但经过祂的播种结下的果实，亦即祂自己的果实，祂把它们当做礼物来馈赠。神没有为祂自己生下任何事物，因为祂不需要任何东西，而全都是为

---

① 《创世记》4：1—2。"有一日，那人和他妻子夏娃同房。夏娃就怀孕，生了该隐（就是得的意思），便说，耶和华使我得了一个男子。又生了该隐的兄弟亚伯。亚伯是牧羊的，该隐是种地的。"

了那些需要接受这种馈赠的人。[45] 我要为我的话提供一项无可辩驳的证明——凡人中的至圣者摩西。因为他告诉我们，撒拉在独居时，蒙神眷顾而怀孕，① 但她的生育不是为了眷顾她的神，而是为了寻求赢得智慧的人，他的名字是亚伯拉罕。[46] 摩西提到利亚时说的话就更清楚了，是神使她生育。② 生育的事情现在属于这位丈夫。然而，当她怀孕以后，她不是为神生育（因为神是自足的），而是为忍受辛劳、获取善德的丈夫生育，也就是为雅各生育。就这样，美德从造物主那里领受了神圣的种子，但却为她自己所爱的人生育，而他寻求她的青睐，将此事看得高于一切。[47] 还有，全智的以撒祈求神，通过神的力量，使利百加（坚定不移）怀孕。③ 而摩西没有恳求或祈求神，他娶了西坡拉（带翼翱翔的美德）为妻，发现她没有通过凡人的力量就怀孕了。④

【14】 [48] 你是已经入门的人，你的耳朵是洁净的，这些思想作为神圣的奥秘被接受到你的灵魂中，它们确实没有显露出任何世俗的东西。或者倒不如说，它们作为管家守护着你自己的收藏，这些藏品不是金银，而是一切财产中最美好的东西，是关于原因和美德的知识，除了这二者，还有二者共同结出的果实。但是，若遇到任何入门的人，你要与他亲近，依附于他，免得他还有一些新奥秘对你隐藏，而你在还没有全部学到的时候就离开他。[49] 我本人在神钟爱的摩西的指引下进入了他那更大的奥秘，然而，当我读到先知耶利米、知道他本人不仅受到启示，而且是一位高尚的神圣奥秘的传道者时，我立刻就成了他的门徒。出于多重激励，他说了神谕，他以神的口吻对全然和平的美德说："从今以后，你岂不向我呼叫说：'你是我的家，

---

① 参见《创世记》21：1。"耶和华按着先前的话眷顾撒拉，便照他所说的给撒拉成就。"

② 参见《创世记》29：31。"耶和华见利亚失宠（原文作被恨下同），就使她生育，拉结却不生育。"

③ 参见《创世记》25：21。"以撒因他妻子不生育，就为她祈求耶和华。耶和华应允他的祈求，他的妻子利百加就怀了孕。"

④ 参见《出埃及记》2：22。"西坡拉生了一个儿子，摩西给他起名叫革舜，意思说，因我在外邦作了寄居的。"

是我的父亲，是贞洁的我的丈夫。'"① 他在这里显然暗指神是家，是无形体的型相的无形体的居所，神是万物之父，因为神生育了它们，神是智慧的丈夫，为了凡人的种族，祂在美好的处女地撒下幸福的种子。[50]要与神相遇，应当以不确定的真正贞洁的本性与之交谈，要完全摆脱不洁的接触；这与我们的情况正好相反。人的结合是为了生育子女，把处女变成妇女。而与灵魂开始结交时，神使原先的妇女又变成了处女，因为神能消除退化，阉割男人的情欲，使他失去男子气质，神植入美德，而非任由未受污染的美德自然生长。因此，神不与撒拉说话，直到她月经断绝，② 再次被列为纯洁的处女。

【15】[51] 还有，哪怕是贞洁的灵魂也可能被放荡的情欲所玷污。所以这个神谕说神是丈夫而不说贞洁女是保险的，因为贞洁女处于变化和死亡之中，而贞洁的型相是不变的、永恒的。它们的本性是一类细节，比如生成和再次衰亡，但对赋予它们型相的潜能而言，这些细节与一类不可毁灭的存在相连。因此，神是非被造的、非改变的，这样说是适宜的、正确的，祂在不会改变为女人形像的贞洁中播下不朽的型相和纯洁的美德。[52] 那么，人的灵魂啊，当你应当在神的家中过这种贞洁的生活、倾向于知识的时候，你为什么要远离它们，拥抱阉割你和玷污你的外在感觉？由于这个原因，该隐，你会带来毁灭和混乱，你是弑兄者、应受诅咒者，你是个没有得着的得者。因为该隐这个名字的意思是"得"。

【16】[53] 注意到这种表达方式，我们可以感到惊讶，因为它与这位立法家经常使用的表达方式相反，也和用于多人身上的一般表达方式相反。在讲完了这对大地所生的两兄弟以后，他开始讲述由凡人生育的最初的孩子，尽管他没有多说什么，而只是简单地说，"她生了该隐"。就好像这个名字以前经常提到，而不是现在才第一次提到。[54] 我们可以问这位作者："这个该隐是谁或者是什么？"关于他，这位作者以前对我们或多或少说过些什么

---

① 《耶利米书》3：4。"从今以后，你岂不向我呼叫说，我父阿，你是我幼年的恩主。"
② 参见《创世记》18：11。"亚伯拉罕和撒拉年纪老迈，撒拉的月经已断绝了。"

吗？这些人应当叫什么名字，这位作者肯定不会一无所知。确实，我们看到他后来把他的知识清楚地说给同一位夏娃听。"亚当又与妻子同房，她就生了一个儿子，起名叫塞特。"① 确实，以这样的方式描述这位头生子的情况是非常必要的，因为这是人类通过父母生育子女的开端，他应该首先提到这个孩子是男的，然后如其所是，给这个孩子起名该隐。[55] 可见，显然不是由于他对如何起名无知，而是他在该隐身上放弃了通常的做法，我们必须考虑他为什么要这样谈论我们这位最早的由父母生育的子女，他只是随意附带提及名字，而不是用通常的方式，从一开始就起名。我推测其原因如下。

【17】[56] 在别的地方，有形体的人的一般做法是把一个与事物不同的名称给予事物，所以事物与我们叫它们的名称不是一回事。而对摩西来说，他赋予事物的名称是事物显现的形像，所以名称和事物不可避免地从一开始就具有同样的形像，但给予事物的这个名称与事物之间的差别不是一丁点儿。通过摆在我们面前的这个事例，可以更加清楚我的意思。[57] 当我们中间的心灵——叫他亚当——遇到外在的被称做夏娃的感觉，我们看到，众生之源② 亚当接近它，与它交合。而它接受了，并像网一样张开，捕捉感性的外来物体，如其本性所要求的那样。通过眼睛来了颜色，通过耳朵来了声音，通过鼻子来了气味，通过味觉器官来了滋味，通过触觉器官来了所有固体。通过这样的交合与怀孕，它直接产下了灵魂中的至恶和思想的空虚。因为心灵想，所有这些都是它自己所得，它视、听、嗅、尝、触的所有东西——全都是它自己的发明和手工作品。

【18】[58] 这些东西与心灵处于这样一种关系不值得奇怪。因为有过一个时期，心灵既没有感觉，也不与这些东西交合，而是有一条巨大的鸿沟在它们中间，切断了它们的联系。或者倒不如说，心灵在那个时候就像孤独的、非群居的动物。在那个时候，它自成一类；它与肉体没有接触，也不

---

① 《创世记》4：25。

② 参见《创世记》3：20。"亚当给他妻子起名叫夏娃，因为她是众生之母。"

具备后来收集来的、用于把握感性外在物体的工具和能力。[59] 它是瞎的，无能的，这样说不仅仅是普通意义上的瞎，就像我们看到的那些失去视力的人，他们尽管失去某种官能，但其他官能却比较发达。不，心灵就像一座船坞，堆积了它的所有感官能力，但却又是真正无能的。它只是半个完善的心灵，缺乏接受肉体本性这种能力，因此这个不幸的部分失去了它的配偶，也得不到感觉器官的支持，就像没有拐棍支撑蹒跚的步履。就这样，一切有形体的事物被包裹在深重的黑暗之中，无一得见光明。[60] 然后，神想要给心灵提供有关质料的感觉以及无形体的事物来成全心灵，用心灵的最初部分来造就其他部分，祂用"女人"这个一般名称和"夏娃"这个专有名称来称呼这个部分，用它们来指称感觉。

【19】[61] 这个夏娃或"感觉"从生成的那一刻起，就通过她的各个部分，来洗涤和驱除薄雾，确立心灵的主人地位，就像透过小孔倾泻大量的光线，使心灵能够清楚明亮地看到有形体事物的本性。[62] 而心灵，就像经历漫漫长夜之后，在阳光的照耀下，从沉睡中苏醒，或者像一个盲人突然得到光明，发现万事万物尽显眼前，天、地、气、水、植物和动物的世界，它们的阶段、性质、能力、气质（无论是暂时的还是永久的）、运动、活动、功能、变化、衰亡，等等。心灵看到了某些事物，听到了某些事物，尝到了某些事物，嗅到了某些事物，触到了某些事物；心灵受到了某些事物的吸引，因为它们产生快乐，心灵厌恶某些事物，因为它们产生痛苦。[63] 然后，心灵环视各方，看到了它本身和它的力量，于是担心自己不能发出马其顿王亚历山大那样的咆哮。故事说，当这位国王以为自己已经获得了欧罗巴和亚细亚的主权时，他从统帅座位上站起来，环顾四周，说"这里，还有这里，全都是我的了"。[64] 这些话其实表现出一颗轻浮灵魂的不成熟和幼稚，它实际上是普通人的灵魂，而不是国王的灵魂。而在亚历山大之前，灵魂就有了获得感觉的官能，通过这种官能掌握有形体事物的各种形状，因此它充满了非理智的傲慢，洋洋自得，认为万事万物都是它的所有物，没有一样属于其他人。

【20】[65] 摩西用该隐的名字表示的就是我们中间的这种感觉，它解释

了"得"就是一种愚蠢到顶的感觉，或者倒不如说是一种不虔诚的感觉。它不认为万物皆为神之所有物，而是想象它们都是它自己的，尽管它自己也不能确定地据有这些事物，甚至不知道它本身的存在是什么。然而，要是它相信感觉，相信感觉具有把握感性对象的能力，那就让它告诉我们它如何有能力避免视觉或听觉，或者其他感觉的谬误。[66] 确实，我们做每一件事情都肯定会有错误，无论我们如何准确地使用我们的官能，它们都会给我们带来谬误。要使我们自己完全摆脱衰退的自然资源或者不情愿的错觉，那是不可能的，产生虚假意见的原因就是我们自身以及通过整个人类的种族环绕在我们周边的无限事物。所以，心灵认为万物皆其所有物并洋洋自得是极为愚蠢的。

【21】[67] 拉班的心肯定盯着具体的性质，必定使雅各长时间地发笑，而明察秋毫的雅各所关注的与其说在于类或范畴之中的本性，倒不如说不是这些东西。拉班竟然对雅各说："这些女儿是我的女儿，这些儿子是我的儿子，这些牛群也是我的牛群，凡在你眼前的都是我的。"① 他在每句话中都加上"我的"，说起他自己来，他的自豪感溢于言表。[68] 哦，告诉我，女儿——你知道女儿指的是灵魂中的艺术和知识部门——你怎么说她们是你的女儿？她们怎么成了你的？首先，你为什么只让喊她们到你那里去的心灵接受她们。其次，就像其他事物的自然进程一样，你也会失去她们，或许是由于承载她们的其他思想在你的记忆中驱除了她们，或者是由于粗野的、无法治愈的肉体的软弱，或者是由于年迈时的宿命，疾病无法治疗，或者是由于其他一大堆原因，无人能够数得清。[69] 儿子——儿子指的是具体的理智思想——你说他们是你的，这个时候你是失去了理智还是发了疯，竟然做出这样的设定？愚昧、疯狂、歇斯底里、毫无根据的推测，关于事物的虚假印象、简单的观念，这些都是没有根基的东西，都是梦境中的模糊印象，再加上它们自发的悸动、失忆、激怒灵魂的诅咒，以及其他无数的事情，耗尽你

---

① 《创世记》30：43。"于是雅各极其发大，得了许多的羊群、仆婢、骆驼和驴。"

的权柄，凡此种种，均表明这些东西不是你的所有物，而是他者的所有物。[70] 至于牛——亦即感觉，感觉是非理智的和不稳定的——你竟敢说它们是你的？想一想你的视觉和听觉在不断地发生错误，你有时候认为是苦的那些东西是甜的，那些甜的东西是苦的，每一种感觉经常是错的多于对的。这肯定是一件非常丢脸的事情，而不是一件值得吹嘘和夸耀的事情，尽管你认为你的灵魂的全部官能和活动都是不会有错的。

【22】[71] 但若你发生改变，并获得你需要的一部分智慧，那么你会说一切都是神的所有物，而不是你的所有物，你的反思、你的各种知识、你的技艺、你的结论、你对一切具体问题的理解、你的感性知觉，实际上都是你的灵魂活动，而无论活动中有无感觉参与。但若你使自己永远不受教育，没有教养，那么你会永远受到一位严厉的女仆的奴役，空洞的想象、情欲、快乐，驱使你走向错误的行动、愚蠢、虚假的意见。[72] 因此，如摩西所说，倘或奴仆明说"我爱我的主人和我的妻子儿女，不愿意自由出去"，他的主人就要带他到神那里去审判，又要用锥子穿他的耳朵，①这样他就不会收到灵魂自由的消息了。[73] 这些崇高的话语就像一种不合格的理智，它热爱心灵，认定心灵是它的主人和恩人，将灵魂从神圣的祭坛上驱逐，而这种灵魂实际上是奴仆，极为幼稚。当他谈到他对外在感觉的过分热爱和他的信仰时也一样，信仰是他自己的所有物和最大的赐福。这二者的子女也一样，心灵的子女——反思、推进、判断、深思、推论——和感觉的子女——视觉、听觉、嗅觉、味觉、触觉，实际上包含所有感性知觉。

【23】[74] 寻求与感觉亲密接触的人不能拥有自由的知觉，甚至不会做梦。因为只有挣脱和逃离这些事情，我们才能无所畏惧地领受命运。我们读到，另外一个人②用疯狂给他的自爱加冕，他宣称，尽管我拥有的东西被拿

---

① 参见《出埃及记》21：5—6。"倘或奴仆明说，我爱我的主人和我的妻子儿女，不愿意自由出去。他的主人就要带他到审判官那里（审判官或作神下同），又要带他到门前，靠近门框，用锥子穿他的耳朵，他就永远服事主人。"

② 指法老。

走了，但我会把它们算作我自己的，我取得了胜利。他说："我要追赶，我要追上，我要分掳物，我要在他们身上称我的心愿，我要拔出刀来，亲手杀灭他们。"① [75] 对这样一个人我会说："傻瓜，你以为自己在追求，而被你追求的每一样被造物不是都逃离你了吗？"疾病、年迈、死亡，以及所有其他自愿的和不自愿的罪恶，都在追击我们中的每一个人，以为自己在追赶和征服的人都在被追赶和被征服，许多想要掠夺并在思想上给战利品打包的人都被他的仇敌踩在脚下。他在他的灵魂中用空虚来满足，用接受奴役来替代主权，用被杀来替代杀灭，他想要对其他人做的所有事情都全然落到他自己头上。[76]这个人确实就是指使人信服的理智和与他自己的本性为敌的对手，他想要发挥所有主动作用，却忘了被动作用，就好像能够确保在这些事情带来的巨大灾难中保持平安。

【24】[77] 如我们所读到的那样，"我要追杀的"是仇敌。对灵魂来说，除了它空虚的荣耀，声称自己拥有那些只属于神的东西，还能有什么仇敌？因为宣称某些东西属于自己，这是神的行为，我们不能将它们归于任何被造的在者。[78] 而属于被造的在者的东西也就是属于受难者的东西，他从一开始就接受了苦难，作为他的命运的必不可分的部分，他将耐心地承受降临于他的事情，无论它有多么悲惨。以为这是一件外来的怪事的人会引发西绪福斯②般的惩罚，会被巨大的、无望的重负所压垮，甚至不能抬起头来，他会被周围的恐怖景象包围，由于投降者的卑劣鬼魂而使悲惨加剧，这些事情均属于不生育的、无男子气质的灵魂。或者倒不如说，他应当勇敢地承受，坚定地站在对抗者的行列中，与那些最强大的美德，耐心和坚忍，站在一起，定心定意，紧闭抗击仇敌的大门。[79]"剪"或"剃"有两种方式：一种是被作用对象的反作用和回应，另一种是完全的顺从或臣服。一只羊，一片羊毛，或一样"掉落"下来的东西，没有自身的主动性，只是被动的，对

---

① 《出埃及记》15：9。"仇敌说，我要追赶，我要追上，我要分掳物，我要在他们身上称我的心愿。我要拔出刀来，亲手杀灭他们。"

② 西绪福斯（Σισύφειος），希腊神话人物，暴君，死后被罚在地狱推巨石上山。

掌握在其他人手中的"剪"的过程而言，而对剃头匠来说，他要是给自己剃头，把自己放在被剃的位置上，他就会调整他自己的位置，这样一来就把主动和被动结合起来了。[80]"打击"也是这样。有一种打击就像落在奴仆头上的打击，奴仆的恶行该打，或者是一位自由民挨打，由于犯了罪，被放在车轮下碾死，或者像任何无生命的东西那样挨打，比如石头、木头、金、银，以及其他所有可以捶打、分割、锻造的东西。[81]另一种打击我们可以在拳击或者武装格斗之类的体育竞赛中看到。当打击落到运动员身上，他要么用手去抵挡，要么晃动脖子躲闪，要么尽力跳跃，要么迅速后退，使他的对手的打击落空，就像人们在做运动那样。奴仆或者金属躺在那里是无能的或无反应的，被动地承受主动者想要对它采取的任何行动。[82]这是一种我们绝对不想要接纳到我们身体中来的打击，更不应当接纳到我们的灵魂中来。作为凡人我们必须忍受，但要让我们的忍受成为我们自身主动行为的反应。让我们不要像有女人气的男人那样，软弱无力、神经衰弱，只在斗争开始前高扬旗帜，而他的整个精力完全松懈，沉沦下跪。要让我们的心灵保持张力，坚定不移，使我们足够坚强，缓解落到我们头上的不幸，减轻我们遭受的打击。[83]以上已经说明没有一个凡人能够是任何事物的真正主人，所以当我们提到主人这个名称的时候，我们仅仅是在表达一种意见，而不是真理；同理，由于有主人和仆人之分，所以在宇宙间必定有一位领袖和主人，由此可以推论，这位真正的君主和主人必定是一个，乃至于我们说祂就是神，只有祂能够正确地宣布万物皆为祂所有。

【25】[84]让我们来说一下神在列举祂的所有物时有多么庄严和高贵。神说："一切事物都是我的。"这里说的"一切事物"指的是馈赠、礼物和果实，"你们要献给我作馨香火祭的食物，你们要按日期献给我"①。在这里，摩西清楚地说明，在现存事物中，有些事物地位较低，这类事物是福利，这种

---

① 《民数记》28：2。"你要吩咐以色列人说，献给我的供物，就是献给我作馨香火祭的食物，你们要按日期献给我。"

福利可以"给予"。另外有些事物地位较高，这类事物有一个专名，叫做"馈赠"。[85] 还有一些事物不仅可以产生美德作为它们的果实，而且就其全部本性而言，它们是适宜吃的果实，甚至是仅有的、适宜滋养远像寻求者的灵魂食物。懂得这一教训的人，能够在他心里持有和思考它们，会在非凡人的献祭中把信仰作为最无可指摘的、最美好的祭品献给神。神已经为自己提出了祭品的要求，因此祂立下一条原则，属于哲学家的同伴的人一定不能不知道这一原则。[86] 这条原则是这样的。只有神在真正的意义上持守节庆。也只有祂才拥有欢乐、高兴、喜乐；只有祂才享有和平，这种和平没有战争的因素。祂没有悲伤或恐惧，不分有疾病，没有懦弱、痛苦或疲倦，而是充满了纯粹的快乐。或者倒不如说，祂的本性是最完善的，祂自己就是幸福的顶峰、终结和界限。除自身外，祂不分有任何东西用来增进祂的卓越。祂本身也不拥有祂给予一切具体存在者的事物，祂本身就是美的源泉。世上善的和美的事物决不会是现在这个样子，除非它们按照原型造就，这个原型是真正善的和美的，甚至是非被造的、蒙福的、不可灭的。

【26】[87] 因此，摩西在他的律法书中经常把安息日叫做神的安息日，①而不是人的安息日，安息日（σάββατον）这个词的意思是"休息、依靠、安置"，借此他指出事物本性中的一项基本事实。千真万确，宇宙中只有一样东西是可以依靠的，那就是神。但是摩西没有把"休息"这个名称赋予绝对的静止。[88] 万物之因皆在于其活动的本性；这种本性决不会停止创造一切最优秀、最美好的事物。神的休息倒不如说是一种伴随着绝对静止的工作，但没有辛劳，更没有承受。太阳、月亮、整个天穹和宇宙，由于它们不是自主的，但又是连续运动和旋转的，所以我们可以正确地说它们有承受。它们的辛劳可以从一年四季中最清楚地看到。[89] 对天体来说，最主要的变化是它们的轨道，有时候朝着南方转，有时候朝着北方转，有时候朝着四

_____

① 参见《出埃及记》20：10。"但第七日是向耶和华你神当守的安息日。这一日你和你的儿女，仆婢，牲畜，并你城里寄居的客旅，无论何工都不可作。"

面八方转；气有时候变冷，有时候变热，经历着各种变化；这些特殊条件下的变化证明气在运作，它很疲乏。而疲乏是变化的主因。[90] 通过空中和水中的生灵去探讨这个主题，详细列举它们的一般的和具体的变化，这样做是愚蠢的，因为这些生灵比上部世界的生灵天然地更为虚弱，因为它们最大限度地分有本体的最低形式，亦即它们是土性的。所以疲乏是有转变和变化的事物发生变化的天然原因，由于神不转变和变化，祂的本性必定是不疲乏的。但是一个摆脱疲乏的在者永远休息，尽管是神创造了万物，但祂不会永远停止，因此休息属于完全意义上的神，而且只属于祂。

【27】[91] 我们已经对恪守与神有关的节庆作了说明，所以我们看到，所有这样的节庆，无论是每周一次的安息日，还是不定时的节日，都是神的，祂是原因，完全不依靠任何人。让我们考虑一下我们那些著名的狂欢集会。不同的民族，无论是希腊人还是野蛮人，都有他们自己的狂欢，这些狂欢是神话和虚构的产物，其唯一目的是空洞的自负。[92] 对这些事情我们不必细想，因为花一辈子时间都不足以具体讲述这些事情中的愚蠢。然而，不超越正确的限制，只要用简短的几句话，就可以全然覆盖它们。在我们国家的所有狂欢和集会中，人们崇拜和渴望的是什么？是摆脱受惩罚的恐惧，是摆脱各种束缚，是摆脱各种事务的重压；醉酒、骚乱、闹饮、放荡、纵情酒色；情人在情妇的门口聚集、通宵达旦的欢宴、不得体的快乐、会所里白昼的淫乱、傲慢与凶残的行径；许多时间花在训练如何放荡、如何变傻、如何卑鄙无耻，一切高尚的东西均被抛弃，我们的本性推动我们去做的工作完全被颠覆；男子们彻夜不眠，放纵他们无法满足的淫欲，而原本应该清醒的白昼，他们却用于睡眠。[93] 这样的时候，美德被当做可悲的东西受到嘲笑和戏弄，邪恶被当做有益的东西被人竞相攫取。这样的时候，正确的行动被羞辱，错误的行动被荣耀。这样的时候，音乐、哲学、所有文化，那些由神赋予灵魂的神圣的形像，一片死寂。只有那些奉承与激发肚腹和下部器官之快乐的技艺在大声喧嚣。

【28】[94] 这就是那些被人称做是幸福的宴饮。只要他们越能把他们这

些不得体的行为限制在家中或世俗场所，在我看来他们的罪过就越轻。但若他们的邪恶像排山倒海的波涛漫过一切，乃至于侵犯最神圣的庙宇，直接推翻庙宇中庄严神圣的东西，其结果就是不神圣的献祭、不适宜的供物、无法完成的誓言，于是乎，他们的祭祀和秘仪成为嘲笑的对象，他们的虔诚变得品质低劣，他们的神圣变成世俗，他们的纯洁变得不纯，他们的真理变得虚假，他们的崇拜变成亵渎。[95] 再说，他们虽然清洗了他们身体的污垢，但他们既不希望又不清洗他们的灵魂，洗净玷污生命的情欲。他们热衷于身穿洁净的白袍去神庙，但却带着一颗满是污点的心灵进入至圣所而不感到羞耻。如果有家畜被发现有缺陷或不完善，就会被赶出圣地，不让它靠近圣坛，尽管它的身体有缺陷并非出于自愿。[96] 而他们自己——他们的灵魂伤痕累累，患有骇人听闻的疾病，被不可抗拒的邪恶的力量腐蚀，满目疮痍，或者倒不如说，它们被残害了，它们最高贵的部分，审慎，忍耐的勇敢，正义、虔诚，以及其他人的本性所能拥有的美德，都被束之高阁。尽管他们可以自由地判断自己处境悲惨，然而他们竟敢处理神圣的事物，认为神的眼睛只能看到阳光照耀下的外部世界。[97] 他们不知道神洞察不可见的事物，甚至在神看到这些事物之前祂就已经明了，因为神本身就是祂自己的光明。这位绝对存在者的眼睛不需要其他光明来产生感觉，祂本身就是原型本质，而无数的光线只是其流射，流射对感官来说是不可见的，而对心灵来说是全然可见的。因此，它们就是这同一位神的工具，可以被心灵理解，这个被造的世界上的任何人都不可能拥有其中的一部分或大部分。感觉可以逼近被造物，但决不能掌握可被心灵理解的本质。

【29】[98] 鉴于我们的灵魂是神可以进入的一个不可见的、开放的区域，让我们把这个地方尽可能建得美丽些，使它成为适宜神驻留之处。否则的话，神会静默地通过这里去其他家园，神会断定其他家园的建造者造就了更加有价值的东西。[99] 在迎候君王的时候，我们会张灯结彩，装饰我们的房子。我们不会轻视这些装饰，而会毫不吝啬地使用所有好东西来美化我们的房子，以便使他们的驻留非常愉悦，与他们的尊严和荣耀相匹配。[100]

神是万王之王、万物之主，为祂我们应当准备什么样的住所？祂以无比温柔的怜悯和仁爱，定意要探访被造者，从天上下到人间，远抵地极，对我们人类显示祂的善意。我们应当准备一座用石头或者木头造的房子吗？想都不要想，在这一点上说任何话都是一种亵渎。尽管整个大地都应当突然变成金的，或者变成比金子更加珍贵的东西，尽管建筑师应当用所有珍贵材料装饰门廊、柱廊、前厅、内室、神龛，然而神的脚不可能踏上任何这样的地方。只有一座高贵的府邸，亦即灵魂，适宜迎候神的到来。

【30】［101］到了这个时候，我们可以公正而又正确地说，在不可见的灵魂中，不可见的神有了祂的属土的居所。这所府邸可以是牢固的和美丽的，它的基础建立在天然美德和良好教导之上，我们要培育它天然的卓越和高尚的行为，让它的外部装饰成为校园学习的接待处。［102］天然的卓越是首要的，它带来敏捷的理解、坚持不懈的学习、博闻强记。它们就像会结出良好果实的树根，没有它们，心灵就不能抵达圆满。［103］随着这些美德与善行，这所府邸稳定而又牢固，整座房子安全保险，任何想要从灵魂中驱逐或撤离善事的企图均无力抗击这种稳定和力量。通过学校里的预备性学习获得的知识成为灵魂的装饰，知识依附于灵魂，就像住在一所房子里。［104］至于灰泥、绘画、碑刻、珠宝，等等，人们用这些物品来装饰行道和墙壁，它们无助于建筑物的牢固，仅用于给居住者提供快乐，所以可以用学校里的知识装饰灵魂的整座房子。［105］语法或文学研究诗歌，探讨古时候的事情。几何可以把由比例产生的相等感赋予我们。借助精美的音乐，在节奏、尺度、旋律的影响下，灵魂的粗糙、不和、无序之处均得以治疗。修辞学寻找和衡量语料，机敏地处理所有相关的主题，用适宜的语言焊接它们。它有时候用带着强烈情感的语调激励我们，有时候为了快乐而松弛这种张力。凡此种种，对我们使用舌头和语言器官的能力产生影响，使我们讲话流利。

【31】［106］如果在我们凡人的种族里兴建一所这样的府邸，那么大地以及一切居住在大地上的生灵会充满崇高的希望，期待神的天使的降临。它们带着来自上苍的法律和法规，按照它们天父的嘱咐，来到大地上的圣地和

圣所。然后，它们加入日常生活的社团，寓居在热爱美德的灵魂中，在它们中间播种幸福的本性，就好像把以撒赐给睿智的亚伯拉罕，作为它们寓居在他家中的最好的谢礼。[107] 涤过罪的心灵不会对其他事情感到喜乐，除了赞美万物之主成为它的主人。成为神的奴仆是人最大的自豪，这样的宝藏不仅比自由更加珍贵，而且比财富、权力，以及凡人所珍视的一切更加美好。[108] 对于绝对在者的这一主权，这段神谕做了真正的见证，"地不可永卖，因为地是我的；你们在我面前是客旅，是寄居的"①。[109]这就清楚地证明，就所有权而言，一切事物都是神的，只是作为一种借贷，它们才属于被造者。祂的意思是，没有任何事物可以永久地卖给被造者，因为只有神才在完全的意义上拥有一切事物。[110]一切被造物皆被指定为源于神的一种借贷，神没有使任何一样具体事物自身得以完成，使它不需要其他任何事物。因此，它通过欲望获取它所需要的事物，它必定要尽力靠近能提供这种需要的事物，这种靠近必定是相互的、循环的。就这样，通过循环与结合，甚至就像竖琴用不同的音调奏出旋律，神要这些事物结成一种同伴关系，要它们协和，构成一种简洁的和谐，用一种普遍的给予和取得来支配它们，导致整个世界的圆满。[111] 就这样，爱把无生命的东西引向有生命的东西，把无理智的东西引向有理智的东西，把树木引向人，把人引向植物，把驯化了的东西引向未经驯化的东西，把野蛮的引向温顺的，把雄性引向雌性；同理，把陆地上的生灵引向水中的生灵，把空中的飞鸟引向既在地上又在空中生活的生灵；还有，把天引向地，把地引向天，把气引向水，把水引向气。[112] 所以，居间的本性相互渴求，位于两端的事物渴求对方；它们也会相互结成伴侣，成为居间的存在者。冬天需要夏天，夏天需要冬天，春天需要冬天和夏天，秋天需要春天。因此我们可以说，每一事物需要其他事物，一切需要一切，个别需要整体，是整体的一部分，是这个世界的一部分，而这个世界是一个完善地被创造出来的被造物。

---

① 《利未记》25：23。"地不可永卖，因为地是我的；你们在我面前是客旅，是寄居的。"

【32】[113]神以这种方式组合万物，宣称一切事物的主权归祂自己所有；对其下属，祂指定它们使用和享有自身，并且相互使用和享有。确实，我们拥有我们自己，以及其他一切愿意让它们自身供我们使用的事物。[114]我是由灵魂和身体构成的，我好像拥有心灵、理智、感觉，然而，我发现它们没有一样真正地属于我。在我出生之前，我的身体在哪里，当我离开这个世界的时候，它又在哪里？在人生各个阶段产生的变化中，那个似乎永久的自我又成了什么？我曾一度所是的那个婴儿在哪里，我曾经是的那个少年和成人又在哪里？灵魂是什么时候来的，又是什么时候走的，它作为我们的同伴和伴侣又能有多久？我们能说出它的本性来吗？我们什么时候得到灵魂？在我们出生之前吗？但那个时候还没有"我们自己"？它在人死亡之后又是什么？不过，到了那个时候，我们这些在这个世界进入肉体的人，我们这些有构成、有性质的生灵，已经不再是人；我们会前往某处，赴我们的再生，那个时候我们没有肉体相伴，没有构成，也没有性质。[115]哪怕今生今世我们是被统治者而不是统治者，我们虽然知道，但并非正在知道。灵魂认识我们，尽管我们不认识它；它给我们下命令，我们必须服从，就像仆人服从他的女主人。要是她愿意，她会在法庭上宣布离婚，然后拂袖而去，丢下我们的家园荒无人烟，无比寂寞。知道我们想要驻留在此，它会逃避我们的双手，让我们无法捉摸。它的本性精妙，没有身体那样的把柄。

【33】[116]我的心灵是我自己的所有物吗？我们已经证明虚假猜测之父母、幻觉的承办商、神志昏迷者、愚蠢笨拙者、疯狂忧郁者、虚弱无力者，都是对心灵的否定。我的话语是我的所有物，或者是我的言语器官的所有物吗？小小的疾病足以使雄辩的舌头打结，嘴唇紧闭，对巨大灾难的恐惧使众人无语。[117]我甚至发现我不是我自己感觉的主人，或者倒不如说我是它的奴仆，它把我领到哪里，我就跟到哪里，它把我领向颜色、形状、声音、气味、滋味，以及其他物性的东西。所有这些事情都确实表明，我们使用的东西是他者的所有物，荣耀、财富、职位，以及其他一切我们的身体或灵魂拥有的东西，都不是我们自己的，甚至连生命本身也不是我们自己的。

[118] 如果认识到我们只是在使用它们，我们会很好地把它们当做神的所有物来照料它们，我们要从一开始就记住，这是这位主人的习惯，当祂愿意的时候，祂会把它们收回。我们的思想会被取走，这个时候我们的悲伤会被驱散。而对认为一切事物都属于他们自己的那些大众来说，失去思想立马就会成为他们悲伤和困惑的源泉。[119] 所以，那种认为这个世界和一切事物都是神的作品和所有物的思想不仅是真理，而且是一种最令人舒适的学说。但是神慷慨地馈赠那些是祂自己的作品的东西，因为祂自己不需要。不过，那些使用者不会因此而成为拥有者，因为万事万物有一位主人，祂正确地说"地是我的（相当于说'一切被造物是我的'）；你们在我面前是客旅，是寄居的"①。

【34】[120] 事物相互关联，一切被造物均有等级，而人拥有最长的血统和最高贵的出生；他们全都享有相等的荣耀和平等的权利，但对神来说，他们是客人和寄居者。因为我们每个人来到这个世界上都像进入一座外国人的城市，在我们出生之前，我们不是这座城市的一部分，在这座城市里，他只是在寄居，直到过完他命定的那段生活。[121] 另一段智慧的教训他用这样的话语说出，只有这位神才是真正意义上的公民，一切被造者均为客旅，寄居者，而那些被我们称做公民的人，之所以这样称呼乃是由于语言的约定。对贤人来说，如果被安排在神这位唯一公民的边上，被当做陌生人和寄居者，那么这是一项富足的馈赠，但是傻瓜不能在这座神的城市里拥有这样的等级，我们看到他们会被赶出这座城，除此别无他途。[122] 神对我们宣告了这样的教训，道出其中最深刻的含义。"地不可永卖。"卖地者在这里没有说话，由于卖地者的这种沉默，他接近了自然真理的奥秘，受益于知识的获取。看一下你周围，你会发现与其说那些人是在卖，倒不如说他们是在给予，而那些在我们看来是在接受的人实际上是在购买。给予者在寻求赞美或荣耀，作为交换，他们希望他们借贷出去的东西能够归还，因此，在礼物这

---

① 《利未记》25：23。"地不可永卖，因为地是我的，你们在我面前是客旅，是寄居的。"

一特殊的名称下，它们实际上是在出售；因为出售者的方式是为他提供的东西获取某种回报。[123] 礼物的接受者也是一样，他们要学习如何回报，把这样做当做一种机会，因此他们的行动是购买者的行动。因为购买者非常明白接受和付出是并行的。但是，神不是在市场上出卖祂的货物的出售者，而是一切事物的免费给予者，是无限的馈赠永恒的源泉，祂不寻求回报。因为神自身没有需要，没有任何被造者能对祂的馈赠进行回报。

【35】[124] 就这样，依据真正推理的力量和无人可以斥之为虚假的证言，我们全都同意一切事物都是神的所有物，因为我们的证言是摩西写在圣书中的神谕。因此，我们必须进行抗议，反对心灵，它认为通过与它自己拥有的感觉相结合可以生育后代，它称之为该隐，并说"神使我得了一个男子"。[125] 即使是最后这两个词①，它也错了。你问为什么？因为神是原因，不是工具，有生成的事物通过工具而产生，但却凭借原因而来。生成任何事物需要所有这些因素的结合，"凭借某某"、"出于某某"、"通过某某"、"为了某某"，这些要素中第一位的是原因，第二位的是质料，第三位的是工具或器皿，第四位的是目的或目标。[126] 如果我们问什么样的结合是建造房子或城市始终需要的，答案是建筑师、石料或木料，还有工具。"凭借某某"的原因不就是建筑师吗？"出于某某"的石料或木料不就是质料吗？"通过某某"的意思不就是工具吗？建造的目的和目标不就是取得遮蔽与安全吗？由此也就构成"为了某某"。[127] 让我们抛开具体的建筑物，思考最伟大的房屋或城市，亦即这个宇宙。我们看到，它的原因是神，凭借神它才得以生成，它的质料是四元素，出于这些元素它得以合成，神的话语是它生成的工具，通过神的话语，宇宙被构造出来，建筑的终极因是建筑之善。由此真理热爱者得以区别，他们渴望真正的、健全的知识。而那些说他们通过神拥有某些东西的人，把原因，亦即创造者，当做工具和器皿，也就是人的心灵，把人的心灵当做了原因。[128] 正确的理智也不认为约瑟可以免遭责备，他

---

① 该句经文直译"我得了一个男子通过神"，最后这两个词指"通过神"。

说出于神才能知道梦的真正意思。① 而他应当说，凭借神才能展示和正确解释隐藏的、会在某个时候逝去的事物。因为我们是工具，我们使用程度不同的力，通过各种不同形式的活动来产生力量；这位工匠带给我们的力量可以作用于质料，无论是灵魂还是肉体，都要凭借使万物运动的神。[129] 有些人自己没有能力区分事物的差异，对这些人我们必须把他们当做无知者来开导。有些人通过争议颠倒和混淆他们用言语表达的思想，对这些人我们必须把他们当做纯粹的争论爱好者来躲避。还有一些人，他们小心谨慎地探讨出现在他们面前的每一样事物，视之为在恰当的地方呈现的东西，对这些人我们必须把他们当做不会撒谎的哲学的追随者来赞扬。[130]摩西支持这些人，当时他对那些惧怕死在邪恶者和追击他们的埃及人手中的百姓说，"只管站住！看神今天向你们所要施行的救恩"②。就这样，他表明救恩到来的原因不是通过神，而是出于神。

---

① 参见《创世记》40：8。"他们对他说，我们各人作了一梦，没有人能解。约瑟说，解梦不是出于神么。请你们将梦告诉我。"

② 《出埃及记》14：13。"摩西对百姓说，不要惧怕，只管站住，看耶和华今天向你们所要施行的救恩。因为，你们今天所看见的埃及人必永远不再看见了。"

论亚伯与该隐的献祭

提　要

　　本文的希腊文标题是"ΠΕΡΙ ΓΕΝΕΣΕΩΣ ΑΒΕΛ ΚΑΙ ΩΝ ΑΥΤΟΣ ΤΕ ΚΑΙ Ο ΑΔΕΛΦΟΣ ΑΥΤΟΥ ΚΑΙΝ ΙΕΡΟΥΡΓΟΥΣΙΝ"，意为"论亚伯的出生和他与他的兄弟该隐的献祭"，英译者将其译为"On the Sacrifices of Abel and Cain"。本文的拉丁文标题为"De Sacrificiis Abelis et Caini"，缩略语为"Sac."。中文标题定为"论亚伯与该隐的献祭"。原文共分 40 章（chapter），139 节（section），译成中文约 2.6 万字。

　　本文对《创世记》（4：2—4）作喻意解经。全文分为四个部分，其概要如下：

　　第一部分（1—10 节）：经上说神作了"增添"，使以撒生下该隐的兄弟亚伯。对"增添"这个词进行考察，设定神是进行增添的主体。"增添"同时包含消除某物的意思，因此亚伯的出生标志着将万物归因于神的灵，也包含要消除作为对立面的该隐。以撒被"添加到神的子民中去"，亚伯拉罕、以撒、雅各分别代表教训、本性、修行。拿族长们与摩西作比较，摩西不是被"增添"的，而是被提升的，他站在神的旁边。

　　第二部分（11—51 节）：经上说"亚伯是牧羊的，该隐是种地的"。这句经文为什么要先提到较为年轻的亚伯？答案是：亚伯象征美德，该隐象征邪恶，就时间而言，邪恶在先，就价值而言，美德在先。依据生活经验来说明这个道理，然后讲述雅各和以扫的故事（11—19 节），再解释经文《申命记》（21：15—17），说明长子为所恶之妻（美德）所生，但不可将所爱之妻（邪恶）生的儿子立为长子。对"两位妻子"作详尽的喻意解释：每个人都有两位妻子相伴，我们爱一位妻子，她的名字是"快乐"，我们厌恶另一位妻子，她的名字是"美德"。把两位妻子比做妓女和贞洁之女，拟人化地阐述美德和快乐的各种品质（20—34 节），颂扬辛劳（35—42 节），指出世俗的学习价值低下（43—47 节）。真正的牧人控制的是非理智，而不是邪恶，用有关五旬节的各句经文解释神的伟大（48—51 节）。

第三部分（52—87 节）：经上说："几天以后，该隐拿地里的出产为供物献给耶和华。"（《创世记》4：3）这句经文指责该隐几天以后才献祭，他的供物不是初熟的（头生的）。事奉神、向神献祭，是一种责任，不能迟缓，迟缓了要受到斥责（52—57 节）。亚伯拉罕吩咐妻子撒拉从速准备，接待几位天使来访，以这个故事为例来说明感恩（58—59 节）。将"埋饼"（在灰烬中烤饼）解释为对神圣的真理沉默寡言，以此为逾越节的象征（60—63 节），神采取行动而无须时间，凡人在崇拜中应予以模仿（64—68 节）。献祭的供物必须是头生的果实，必须在价值方面占据首位，最初的祭品就是理智（69—73 节）。祭品必须是"新的、烤过的、切割的、捶打的"，受到激励所产生的新思想通过与理智的烈火的接触而变得坚硬（74—84 节），再经过恰当的分类而成为主导思想，最后经过捶打而成为我们自身的组成部分（85—87 节）。

第四部分（88—139 节）：经上说："亚伯也将他羊群中头生的和羊的脂油献上。耶和华看中了亚伯和他的供物。"（《创世记》4：4）探讨献祭的时间和方法（88—90 节）。献祭的最恰当的时间是进入迦南地之前。"神的誓言"这种表达法有神人同形同性论的倾向（91—96 节）。万物均属于神，无论献上什么供物，都是在把属于神的东西奉献给祂。灵魂把所有那些被造的、可朽的、易变的、世俗的东西与非被造的、不变的、不朽的、神圣的和唯一有福的事物区分开来（97—101 节）。邪恶和情欲是灵魂的阴性后裔，善良与美德是灵魂的阳性后裔，这些阳性的东西必须全部奉献给神，心灵指引下的感觉是阳性的和完善的（102—106 节）。在说了有关"混合物"的离题话以后（107—111 节），解释《民数记》15：19—20，驴子是辛劳的象征，羊羔是进步的象征，辛劳为了进步的缘故而生（112—116 节）。讨论头生子与"救赎"的关系。流便是雅各的头生子，利未是以色列的头生子。前者在年纪上在先，后者在荣耀和价值上在先。对神的事奉由利未来象征，但也可以认为每个聪明人都是傻瓜的赎金（117—121 节）。神不愿意为了十个义人而赦免所多玛（122—126 节），利未人的城邑"可以随时赎回"，灵魂的救赎是一个持久的过程。过失杀人者与利未人应当住在一起，利未人事奉获奖者，过失杀人者实施复仇（127—133 节）。经文说神在埃及地击杀一切头生的，这种击杀是持久的，这种成圣也是持久的（134—135 节）。崇拜者最先奉献的供品是脂油、肾脏、肝脏。所有供物都应得到洁净，无污染的供品才能投入圣火，举行燔祭（136—139 节）。

正　文

【1】[1] 神作了增添，使她生下该隐的兄弟亚伯。^① 增添一样东西蕴涵着消除另一样东西的意思，就好像算术中的数量减少或者我们内在思想的连续进展。如果我们必须说增添亚伯，那么我们必须假定要清除该隐。[2] 由于这些不熟悉的术语会引起许多人的困惑，我试图提供一个清楚的解释，把里面潜在的哲学思想讲出来。事实上有两种对立竞争的生活观：一种把心灵当做我们的主人，把一切事物归于心灵，无论我们使用的是理智还是感性，处于运动中还是处于静止中；另一种追随神，其中第一种生活观由该隐象征，这个名字的意思就是"得"（拥有），因为他认为他应当拥有一切，另一种生活观由亚伯象征，他的名字的意思是"把一切归于神的人"。[3] 现在，这两种观点或观念都处于同一个灵魂的子宫内。但是，当它们出生的时候，它们必须分开，因为敌人不可能永远生活在一起。这样，只要灵魂还没有在亚伯身上培育出爱神的原则，该隐身上自爱的原则就把灵魂作为它的居所。而当灵魂培育出这个承认"原因"的原则以后，灵魂就抛弃了这条原则，以它想象的智慧投奔了心灵。

【2】[4] 这一点在利百加^②（"耐心"）得到的神谕中有更加清晰的显示。^③ 她怀了善恶两种竞争的本性，并且热切地思考二者的性质，如智慧所盼咐她要做的那样，当时她怀孕了，孩子们在她腹中相争，就好似它们之间斗争的一幕小序曲。因此，她恳求神告诉她今后会落得个什么样的命运，如何才能弥补。神回答她的问题，说："两族在你腹中。"这就是落在她身上

---

① 参见《创世记》4∶2。"又生了该隐的兄弟亚伯。亚伯是牧羊的，该隐是种地的。"

② 利百加，以撒之妻。这个名字的含义是耐心、容忍。

③ 参见《创世记》25∶21以下。"以撒因他妻子不生育，就为她祈求耶和华。耶和华应允他的祈求，他的妻子利百加就怀了孕。孩子们在她腹中彼此相争，她就说，若是这样，我为什么活着呢。她就去问耶和华。耶和华对她说：'两国在你腹中，两族要从你身上出来；这族必强于那族，将来大的要服事小的。'"

的命运——她既生下了善，又生下了恶。还有，"两族要在你的腹中分开"。这就是补救的方法，善者与恶者要分离，要分开来居住，不再拥有共同的居所。[5] 所以，当神把亚伯善良的信念归于灵魂的时候，神也消除了该隐愚蠢的意见。因此，当亚伯拉罕离世的时候，"他被添加到神的子民中去"①，他已经成为不朽者，与天使的地位相当；因为天使——那些无形体的、蒙福的灵魂——是神的子民。再以同样的方式，我们读到，修行者雅各离开了邪恶者以后，他就被添加到较好的地方去了。②[6] 还有，赐予以撒更高的馈赠，这就是自我习得的知识。他还抛弃了所有形体的成分，与灵魂完全交织在一起，被添加和安置于另一群体之中；但不是在这个时候，而是在另外一个时候，不是归入一个"民"，而是归于一个"族"或"类"，如摩西所说。③[7] 因为类是一，位于一切之上，而民是一个名称，指的是许多人。处于一位教师指导下的学生挺进到完善阶段，在其他众人中拥有他们的地位；而那些通过聆听训导来学习的人数量不在少数，他把这些人称做"民"。但那些悬置了人的训导、成为神的学生的人，接受了无须辛劳而获取的知识，被转变为不朽的、完善的"类"。他们的命运比"民"的命运更加幸福，以撒处在这个神圣的乐队中，被视为乐队的指挥。

【3】[8] 关于同一本性的进一步思想也启示了我们。还有其他一些人，神使他们挺进得更高，训练他们高耸入云，成为天上的族类，让他们站在神的旁边。这就是摩西，神对他说："你可以站在我这里。"④ 所以，摩西将要死的时候，我们没有听到他像其他人那样"离开"或"被添加"。对摩西来说，他不存在添加或消除的问题。但是通过作为最高原因的"道"，他被转

---

① 《创世记》25：8。"亚伯拉罕寿高年迈，气绝而死，归到他列祖那里。"

② 参见《创世记》49：33。"雅各嘱咐众子已毕，就把脚收在床上，气绝而死，归他列祖那里去了。"

③ 参见《创世记》35：29。"以撒年纪老迈，日子满足，气绝而死，归到他列祖那里。他两个儿子以扫，雅各把他埋葬了。"

④ 《民数记》5：31。

化了,^①甚至凭着那个"道",整个宇宙形成了。由此你们可以得知,神把这个世界奖赏给这位贤人,因为也是凭着同一个道,神创造了宇宙,神用这个道从尘世间把完善的人引向神自身。[9] 甚至当神派他下到尘世做抵押,让他在那里居住受苦的时候,仍旧赐予他非比寻常的德性,就像国王和统治者那样的德性,让他可以扫除灵魂的情欲,把王权置于情欲之上,神对他做了像神一样的安排,安置他在有形体的区域,把统治和制服有形体区域的心灵赐给他。神说:"我把你当作神赐予法老"^②;而神本身不会接受添加或消除,因为神是圆满不变的。[10] 所以我们得知,无人知道他的坟墓。^③ 这是因为,谁有这样的力量能够察觉有这样一颗去了神那里的灵魂?我也不能断定这样的灵魂本身是否知道它自己变得更好,因为在那一刻,灵魂充满了神的灵。神不向那些祂想要给他们赐福的灵魂询问。神也不把祂仁慈的爱赐给那些根本没有想要得到赐福的人。神的这些话语的意思就是这些,在圆满的善诞生之时神把这些话语添加给心灵。善者就是神圣,亚伯这个名字的意思就是神圣。

【4】[11] "亚伯是牧羊的,该隐是种地的。"^④ 在告诉我们该隐比亚伯年长以后,在讲到他们的职业选择的时候,他为什么要改变顺序,先提到年轻的?这里的一种可能性是年长的这一位先开始种地,而年幼的这一位后来才牧羊。[12] 但是摩西并不认为可能和似乎有理的东西有什么价值,而是认为追随纯洁的真理才有价值。当他离开众人单独去见神的时候,他坦率地说他不是能言善辩的人(他的意思是他没有逞口舌之快或说服别人的欲望),他这样说的时候,神在数日前已经开始与他单独说话,把他当做仆人。^⑤[13] 那些落入生命之海的惊涛骇浪的人肯定会漂浮,不需要牢

①　参见《民数记》34:5。
②　《出埃及记》7:1。"耶和华对摩西说,我使你在法老面前代替神。"
③　参见《民数记》34:6。"耶和华将他埋葬在摩押地,伯毗珥对面的谷中,只是到今日没有人知道他的坟墓。"
④　《创世记》4:2。
⑤　参见《出埃及记》4:10。"摩西对耶和华说,主阿,我素日不是能言的人,就是从你对仆人说话以后,也是这样。我本是拙口笨舌的。"

牢抓住知识提供的坚强支柱，而是凭借可能性和似乎有理就能在波涛汹涌的大海里漂浮。对神的仆人来说，他需要尽快把握真理，驱逐凭借雄辩口才虚构的故事，因为这些东西只是毫无依据的猜测。[14] 那么他在这里带给我们的具体真理是什么呢？就时间而言，当然是邪恶先于美德，而就价值和荣耀而言，情况正好相反。因此，在谈到它们各自的出生时，该隐可以在先。而当我们对二者的职业进行比较时，亚伯应当在先。[15] 这是因为，从摇篮到成年，人的生命会有巨大的变化，他要抑制炽烈的情欲，而愚蠢、无节制、不公正、恐惧、胆怯，以及灵魂的各种疾病，是他不可分离的同伴；事实上，他的保姆和老师还在强化和增添他的节制，各种规矩和习俗也对他施加影响，使他趋向虔诚，从而驱除迷信这个不虔诚的姐妹。[16] 等过了成年期，情欲炽烈的悸动就降低了，人会迎来其后来之不易的安宁。美德使灵魂最凶恶的敌人安静下来，一波接一波的情欲引起的骚动趋于平息，有美德的坚强支撑，人可以平安地站立。[17] 就这样，随着时间的流逝，邪恶带走了先前的荣耀，而美德在名望、荣耀、好名声方面居于在先的位置。立法者本身为这一真理提供了可信的见证。因为他告诉我们，以扫因其愚蠢而得名，就年纪而论他是长子，但是他的弟弟因其职业和擅长做事而得名，得到了优先权，甚至连雅各也是这样，赢得了长子的名分。然而，雅各不会断定自己配得上这种奖赏，就如竞技场上的某些竞赛，直到对手筋疲力尽，举手投降，向他交出胜利者的冠冕为止，他发起的战争没有哪一刻是针对情欲的。[18] 我们读到，以扫"把长子的名分卖给雅各"①，这就充分承认长笛、竖琴，以及其他乐器，只属于乐师，一切价值上的优越者也是这样，美德恩赐的荣耀地位不属于任何邪恶者，只属于爱智者。

【5】[19] 摩西施行的律法中也有同样的教训，这条律法卓越而又有益。它是这样写的："人若有二妻，一为所爱，一为所恶，所爱的，所恶的

---

① 《创世记》25：33。

都给他生了儿子，但长子是所恶之妻生的。到了把产业分给儿子承受的时候，不可将所爱之妻生的儿子立为长子，在所恶之妻生的儿子以上，却要认所恶之妻生的儿子为长子，将产业多加一分给他。因这儿子是他力量强壮的时候生的，长子的名分本当归他。"①[20] 所以，我的灵魂啊，你要密切注意，明白所恶的是谁，她的儿子是谁，你会立刻察觉到长子的名分只属于后者，而不属于其他儿子。因为我们每个人都有两位妻子相伴，她们互相敌视和抱怨，用她们妒忌的竞争充满灵魂之屋。我们爱一妻，因为我们发现她赢了，她是温和的，我们认为她是我们最亲近的，最可爱的。她的名字就是快乐。我们厌恶另一位妻子，认为她粗鲁，不温柔，爱挑剔，是我们的死敌。她的名字是美德。[21] 所以，快乐在妓女或娼妓的伪装下变得衰弱。她的步态由于荒淫无耻的生活而变得步履蹒跚；她频送秋波的眼圈是引诱年轻人灵魂的诱饵；她的相貌透着厚颜无耻；她的脖子梗直高耸；她忸怩作态，毫不自然；她咯咯地痴笑；她的发式精致奇特；她画脸描眉；她的眼瞳也像画过一般；她不停地散发出浴后的体温；她脸上的红晕也像是人为的；她穿着昂贵的绣花衣裳；她全身珠光宝气，挂满手镯和项链；她的气息散发着迷人的香味；她像街头的妓女，以市场为家；她回避真正的美，追求虚假的美。[22] 她的队列中有她最亲密的朋友：卑劣、无耻、不忠、奉承、欺骗、虚假、假誓、亵渎、不义、荒淫；站在他们中间，她就像合唱队的领队，对心灵说了这样的话。她说："你瞧，我有保险箱，里面装着人类的所有幸福——就像属于天上众神那样的幸福——在这些保险箱之外，你找不到任何善物。[23] 如果你愿意和我同居，我会打开保险箱，让你享有无穷无尽的快乐。但是，我希望首先能向你解释一下我的库藏中有哪些快乐，这样的话，你会自愿而又高兴地接近这些快乐，不会由于无知而拒绝它们。和我在一起，你会摆脱束缚而发现自由，摆脱受到惩罚的恐惧，摆脱各种事务的纠缠，摆脱各种辛劳的重压；你会发现色

_____

① 《申命记》21：15—17。

彩绚丽、曲调甜美、食物昂贵、香料丰富、私通无数、嬉戏无羁、密室私会、浪言淫语、肆无忌惮、衣食无忧、睡眠香甜，总之你的一切需要都能满足。[24]要是你愿意和我共度良辰，那么我会是你的使女，按照你的意愿，提供你需要的一切。我会和你一道考虑，什么样的食物和饮品会使你的餐盘迷人，什么样的景色会娱悦你的双眼，什么样的声音能迷惑你的耳朵，什么样的香味能陶醉你的鼻子。你的所有欲望没有哪样不能得到满足，因为你会发现新鲜和甜蜜的感觉一直在涌现，替代那些陈旧的感觉。在我说的这个宝库中有四季常青的植物不停地开花结果，所以，这里充满时鲜水果，按季供给，替代那些已经腐烂的果品。[25]这些植物决不会遭受内乱或外战的蹂躏，而是在它们从大地上生长出来的那一刻起，大地就把它们拥抱在怀中，像一位仁慈的保姆珍惜它们。大地使它们深深地扎根，就像打下坚实的基础，大地使它们快速生长，直至它们高大茁壮。大地使它们枝繁叶茂，可供牲畜食用。大地让树木生长成荫，为路人遮蔽酷暑，最后，大地使它们结果，抵达整个过程的最终目的地。"[26]其他人听了这些话，快乐依然侧身站立，尽管隐藏在黑暗中，但她担心心灵不会上当，被她丰富的馈赠和许诺裹挟，被捕成为她的俘虏。她担心心灵会抗拒她姣好的面容和欺骗的伪装，因为凭着她给予的护身符和她对心灵施加的巫术，心灵会对她产生强烈的欲望。所以，她突然走上前来显身，带着所有自由民的标记，迈着坚定的步伐，带着宁静的面容，人格端庄，毫无虚假的色彩，道德品质没有狡诈，行为没有污点，意愿没有诡计，言语没有虚假，忠实地反映她诚实的思想。[27]她的马车不华丽铺张，她的行为举止不浮躁，美德是她良好的饰品，比黄金还要宝贵。与她相伴的是虔诚、神圣、真理、公义、宗教、守誓、正直、公平、亲情、自控、节制、守序、克制、温顺、节俭、知足、端庄、淑静、勇敢、崇高、精明、远见、明智、殷勤、改过、喜乐、仁慈、文雅、温和、仁爱、高尚、有福、良善。我列举这些具体美德的名称，日光也不会辜负我。[28]围绕在她的周围，这些美德成为她的保镖。她设定这就是她通常的样态。"快乐，我远远地看着你，那个淫荡的皮条客耍弄魔术，虚构故事，梳妆打扮，上台表演，缠扰不休地跟你讨价还价；由于我的本性是痛恨邪恶，所以我担心一旦离开你的保镖，你就会上当受骗，把最邪恶的疾病当做最高的善物。然而，你不可因为纯粹的无知而远离任何对你有益的东西，为你自己购得可恶的不幸；趁现在说还不算晚，我要对你宣布我的判断，我要把这位妇人的全部真相向你揭示。你要知道她的这些过分奢侈的华丽服饰全都是借来的。[29] 造就真正美丽的东西她一样也没有带来——没有任何东西来自她本身、确实是她自己的。但是她自己习惯于虚假的美丽，习惯于那些仅仅把你当做猎物来捕捉的罗网和陷阱；要是你聪明，那么时间长了你会看清这些东西，并使这种狩猎一无所获。她的相貌在你眼中是姣好的，她的声音在你耳中是甜美的，但是对灵魂这个最珍贵的部分而言，她的本性通过这些东西和其他途径制造不幸。[30] 那些不得不提供的东西，好比赏心悦目的聆听，她会满满地摆在你面前；而其他无数不能带来安逸和舒适的东西，她带着恶意对你隐瞒，盼着无人能够轻易接受它们。但是我也会把这些东西剥去外衣，摆在你的面前，我不会追随快乐的方式，在你面前只摆上在我看来诱人的东西，而隐匿和掩盖令人不适的东西。对所有那些自身能提供快乐和娱乐的东西，我反倒会平静地略去，因为我知道它们自己会陈述事实，而对所有意味着痛苦和艰辛的东西，我会全部都用平淡的话语，而非用象征性的语言，公开显示它们，哪怕那些能够看见但很模糊的东西。在我看来，那些比较漂亮、喜欢矫揉造作的人最喜欢病态的事物，而不喜欢快乐不得不提供的最大的善物。[31] 但是，在谈论我和我的东西之前，我会把她余下尚未诉说的事情尽可能地带给你的心灵。因为她告诉你，她有一座存放珍宝的库房，那里有美妙的颜色、声音、气味、滋味，以及所有各种各样的触觉，还有各种形式的感觉，她用诱惑性的谈话来增强这种甜蜜的感觉。但是，还有其他一些东西是她的组成部分和外形，如果你选择了她的馈赠，那么你肯定要体验一下疾病和瘟疫，这些事情她没有告诉你；想要得到什么东西，你的双脚就会停不下来，或者说，如果你想要得到其他东西，你就会落入她的罗网。[32] 所以，我的朋友啊，你要知道，如果你变成快乐的热爱者，那么你将成为下面所有这些样子的：①

肆无忌惮的、无城邦的、喜好自夸的、厚颜无耻的、鼓噪煽动的、自以为是的、性情急躁的、无法无天的、顽固不化的、不爱交际的、不虔诚的、卑鄙的、不听话的、亵渎的、嫉妒的、不法的、摇摆不定的、挑剔的、麻烦的、动荡的、喜欢吵架的、易怒的、被逐出教会的、诽谤的、任性的、世俗的、爱慕虚荣的、粗俗的、被诅咒的、欺诈的、不受教诲的、小丑般的、欺骗的、不受祝福的、漫无目的的、鲁莽的、犯杀人罪的、愚昧的、阴谋策划的、下流的、愚蠢的、病态的、粗鲁的、执拗的、不义的、野蛮的、无信仰的、不公平的、奴性的、不顺从的、不友好的、懦弱的、难驾驭的、不能和解的、荒淫的、欺骗的、不能安抚的、不得体的、伪装的、贪婪的、丢脸的、有害的、违法的、可耻的、多疑的、无廉耻的、坏名声的、无朋友的、无节制的、逃避责任的、无家可归的、贪得无厌的、不可亲近的、寡廉鲜耻的、反复无常的、多疑的、心地邪恶的、一口两舌的、不忠实的、前后矛盾的、搞阴谋的、固执的、空谈的、奸诈的、思想邪恶的、喋喋不休的、无赖的、悲观的、爱唠叨的、不可救药的、悲哀的、吹牛的、依赖他人的、怀有恶意的、奉承谄媚的、躁动不安的、狂热的、心灵迟钝的、心神游荡的、精神错乱的、欠考虑的、焦虑不安的、未成形的、无预见的、好冲动的、恶作剧的、无远见的、喜爱不义之财的、粗心大意的、容易受害的、自私的、无准备的、丧心病狂的、卑躬屈膝的、乏味的、浮躁的、喜爱争斗的、易犯错误的、执著的、屈从的、被绊倒的、猎取荣耀的、彻底失败的、脾气暴躁的、管理不善的、不服管制的、坏心肠的、顽固的、不入流的、愠怒的、柔弱的、好色的、忧郁的、颓废的、容易上当的、易怒的、风流的、软弱的、

---

① 下面开列的各种品德有一部分以名词或分词的形式出现，均译做形容词，比如"笨蛋"译为"愚蠢的"。

胆怯的、喜欢嘲讽的、圆滑的、迟缓的、贪吃的、狡猾的、懒散的、愚蠢的。总而言之，一大堆痛苦和灾难，无法缓解。"[33]"这就是可爱的'快乐'非常方便地吐露出来的这场宏大盛会的真相。她曾经有意识地隐匿这一真相，因为她担心，要是知道了这一真相，你们会拿她来一道咀嚼。不过，我已经在我的宝库中储藏了善的财宝，数量庞大，无人能说出到底有多少。他们中间已经有一部分人认识了这些东西，也知道这些事物的本性使他们能在确定的时候认识它们，当坐下来享受盛宴的时候，你们在那里将会发现那些大腹便便、身体臃肿的赴宴者并不快乐，而被美德包围、并得到滋养的心灵在那里喜乐。"

【6】[34]"如我前述，由于这个原因，神圣事物只能通过本善来对我们说话，而我们只能沉默以对，所以对此我就不多说了。因为太阳和月亮无须解释者，它们在白天或者夜晚升起，照料着整个世界，它们的光芒就是明证，无须进一步的证明，人们的眼睛已经提供了证明，比耳朵能够提供的证据更加清楚。[35] 不过，在我的库房里还有一样东西，似乎与艰辛和不适特别相关，对此我将坦率地告诉你们而不加掩饰；这是因为，通过最初的接触它表面上似乎是痛苦的，但修行会使它甜蜜，反思则表明它有益。这样东西就是辛劳，就是最早和最大的赐福，它是安逸的敌人，对着快乐兴起死战。实际上，神指定辛劳为一切善行之开端，它对人具有真正的价值，没有它，你们看不出凡人有任何长处。[36] 辛劳就像光明。没有光明我们就看不见，而眼睛和颜色若无对方，就不能产生视觉；因为在二者之前，自然创造了光明作为二者间的联系，使颜色与眼睛一致，并把二者联系起来，而在黑暗中，它们都是软弱无力的。所以，灵魂的眼睛不能把握美德的修行，除非它像光明一样接受辛劳，并与之合作。辛劳介于心灵和卓越之间，而卓越是心灵想要的东西；心灵用它的右手拉着一位，用它的左手拉着另一位，其自身则创造出圆满的善行，亦即二者之间的友谊与和谐。

【7】[37]"无论选择何种善物，你会发现，其结果都是由辛劳或者通过辛劳产生的。虔诚和神圣是善的，但我们不能获得它们，除非通过事奉神，

这种事奉呼唤最诚挚的辛劳作为与它共同挽轭的同伴。审慎、勇敢、公义，所有这些都是高尚的、卓越的、完善的，然而我们不能通过自我放纵的安逸来获得它们。确实，凭借持久的关注和修行，在我们和它们之间才会产生友好。事奉神、使神喜悦、使美德喜悦，这是一种强烈的和严格的和谐，若无经常性的放松与缓和，就像对琴弦那样，灵魂就没有一种功能可以承受它，就会从艺术的最高形式下降到较低的形式。[38] 所以，你们瞧，哪怕是较低形式的艺术也需要辛劳。考虑一下那些在学校里从事修行的人和那些所谓的预备性的文化。考虑一下那些在田野里辛苦劳作的人和那些以贸易为生的人。无论是白天还是黑夜，他们都不会把他们关心的事情抛在一边，而是在任何地方都不会停止承受苦难，如俗话所说，用他们的手、脚和各种器官，所以他们经常选择死亡，而不愿继续承受苦难。

【8】[39]"正如那些想要使他们的灵魂协调共济的人必定会陶冶灵魂的美德，所以那些旨在为他们的身体获得同样品质的人必须培养健康和与健康相伴的力量；确实，那些想到灵魂的各种品质的人会与这些品质相结合，使自己成为具有这些品质的人，用不停的、无休止的辛劳来培养这些品质。[40] 然后，你来看善物如何在辛劳中产生和生长，就好像从树根长出。然而，你自己一定不要失去对辛劳的把握，因为随着辛劳的失去，哪怕你自己几乎没有察觉，也会失去大量的幸福。确实，诸天和这个世界的统治者拥有绝对的安逸，并把绝对的安逸赋予祂希望好的人。祂在许多个世代之前不费辛劳地创造了这个巨大的宇宙，现在又不费辛劳地永久把握它的存在，因为疲倦对神来说决非最合适的属性。而对凡人来说则不是这样。对凡人而言，自然没有赋予他们无须辛劳便可获得的善物，在这个方面，只有神可以算得上是幸福的——祂是唯一的、仅有的、幸福的存在者。

【9】[41]"在我看来，辛劳设定了一种与进食相似的功能。食物使其自身成为生命的必需品，并参与各种条件下的主动或被动的活动，所以辛劳使一切善事依赖于它。因此，正如那些寻求生命的人一定不会忽视食物，所以那些拥有获得这种善的欲望的人也一样，因为它与高尚和卓越之间的关

系如同食物与生命。[42] 所以，决不要藐视辛劳，从辛劳中你可以收获良多，甚至丰收永善之物。所以，尽管你在出生上是年轻的，但你会被算做年长的，被判定配得上长者的地位。如果你的生命走向终结是一种变好和前进，那么天父不仅会把你当做长者，而且会让你全盘继承，甚至如祂对雅各所为，颠覆情欲的基座——雅各为他的生命忏悔，他说'神恩待我，使我充足'，① 这是有关生命的健全学说和指引，因为神的恩典就像铁锚，而万物系于其上。

【10】[43] "以撒自幼跟随祖父亚伯拉罕学到了这一教训，亚伯拉罕几乎把所有财富都给了以撒②，而没有给那虚幻的念头，这些念头除了产生它们的姘妇，几乎没有产生什么有价值的礼物。因为真正的财富，亦即完善的美德，是完善者的拥有物，只有真正出生高贵的人才能拥有。但是，与日常职责相适宜的第二类事物是不完善的，仅在学校最初的学习中产生。它们以夏甲和基土拉为源泉，夏甲的词义是'旅居'，基土拉的意思是'焚香'。因为满足世俗知识的人只是一名旅居者，不会永远和智慧住在一起。确实，美好的学习向着他的灵魂流淌出甜蜜的芬芳，然而，为了他的健康，他需要的是食物，而不是芬芳。[44] 嗅觉是品味唯一的使臣；她是奴仆，站在君王前面替他品尝每一道佳肴；我们确实把嗅觉称做自然的一项有用的发明，但她只是一位下属。在这位臣子的上面必须安放知识，对她进行至高无上的统治，只有知识才是天生的、外来的旅居者。"[45] 听了以上这些话，心灵背离快乐，趋向美德，因为它理解美德之爱，美德看上去如此纯粹、简洁、神圣。然而，心灵也会变成放羊的牧人，它也会驾驭战车，为灵魂的非理智部分掌舵，它无法忍受让这些部分在杂乱无序中被扫除，不肯让它们缺乏天父的保护和控制，在没有主人或向导的情况下，凭借不受约束的本能走向毁灭。

---

① 《创世记》33：11。
② 参见《创世记》25：5。"亚伯拉罕将一切所有的都给了以撒。"

【11】[46] 确实，当这位修行者着手"牧养拉班其余的羊"① 的时候，也就是说，当他把思绪固定在颜色、形状和各种无生命物之上的时候，他感到这是一项与美德最意气相投的任务。要注意的是，他没有照料所有绵羊，而是照料"其余的"② 羊。这是什么意思呢？所谓不合理有两种：一种是蔑视令人信服的理智，好比我们把愚蠢的称做不合理的；另一种是理智状态被消除，好比说动物是无理智的。这两种不合理中的第一种，亦即心灵的不合理运动，我指的是蔑视令人信服的理智，也就是拉班的儿子们的控告活动，经中提到和他还"相离三天的路程"③，这个比喻告诉我们，他们在所有时间里都和良好的生活阻隔；因为时间由三部分合成：过去、现在、将来。[47] 另外一种意义上的不合理不是这种对正确理智的蔑视，而是指缺乏理智（动物没有理智），但修行者不会趋向这种蔑视。他感到他们犯错误的原因不是因为他们有一种有罪的邪恶，而是因为他们有无法教诲的无知。无知是一种不自愿的状态，事情很小，通过教诲对它进行处理并非没有希望。邪恶却是灵魂有意的腐败行为，哪怕它并非无可救药，但它确实难以消除。[48] 就这样，雅各的儿子们由他们全智的父亲进行训练，他们爱情欲的身体可以下到埃及去，与善物的分配者法老相会，法老认为自己对牲畜和其他物品拥有最高主权，但他们并不因法老的慷慨大方和显赫辉煌而变得目眩神迷，而是承认他们是牧羊的，不仅承认他们自己是牧羊的，而且承认他们的祖宗也是牧羊的。④

【12】[49] 确实，我们看不到任何一位掌握权力和王权的人能如此高尚，能像他们一样自夸为牧羊的。确实，对那些能够进行推理的人来说，这是一项相当自豪的任务，就好比担任对一个城邦或国家有统治权的国王，要用力

---

① 《创世记》30：36。"又使自己和雅各相离三天的路程。雅各就牧养拉班其余的羊。"

② 《创世记》30：36。

③ 《创世记》30：36。

④ 参见《创世记》47：3。"法老问约瑟的弟兄说，你们以何事为业，他们对法老说，你仆人是牧羊的，连我们的祖宗也是牧羊的。"

气对身体、感觉、肚子进行统治，快乐的座席位于肚腹之下，其他情欲和一般的舌头全都是复合的存在，要用强壮而又温和的手统治它们。就像一名驭手，他有时候必须约束他的骏马，当它们匆匆忙忙地拉车，全速驰向这个外在事物组成的世界时，他要用力把它们拉回来。[50]律法的卫士摩西这个例子令人钦佩，他把牧人的事业断定为一项伟大的、高尚的任务，当做他自己的任务。我们发现，他支配和引导着那个俗人叶忒罗的思想和见解，让它们远离民众和公民的骚乱生活，让它们进入没有非正义的领域；因为他"领羊群往野外去"①。这是我们已经说过的一项自然的结果，"凡牧羊的都被埃及人所厌恶"②。其原因正在于所有热爱情欲的人都厌恶我们为卓越事物掌舵和引导，正如真正愚蠢的孩子痛恨他们的老师和家教，而每一种形式的理智都要警告他们，想把他们带向智慧。我们发现摩西说"他要向埃及人所厌恶的神献祭"③，这句话的意思是，凭借美德他们的供物是无瑕疵的、最有价值的，当然，也是每个傻瓜所厌恶的。[51]还有很好的理由表明，亚伯对神说最好把自己称做牧羊的，该隐也对自己说了这些事情，他的心灵被称做种地的。而"种地的"④是什么意思，我在前面几卷书中已经说过了。

【13】[52]"几天以后，该隐拿地里的出产为供物献给耶和华。"⑤这里有两处对自爱者的指控：一处是他几天以后才向神奉献供物，而不是马上奉献；另一处是他奉献的果实不是初熟的果实，或者简单地说不是头生的果实。[53]让我们来考察这两处指控，先来看第一处。我们应当急切地回应神的呼召，以此精神完成善行，不可懈怠和犹豫；可以认为毫无迟延的最初

---

① 《出埃及记》3：1。"摩西牧养他岳父米甸祭司叶忒罗的羊群，一日领羊群往野外去，到了神的山，就是何烈山。"

② 《创世记》46：34。"你们要说，你的仆人，从幼年直到如今，都以养牲畜为业，连我们的祖宗也都以此为业。这样，你们可以住在歌珊地，因为凡牧羊的都被埃及人所厌恶。"

③ 《出埃及记》8：26。"摩西说，这样行本不相宜，因为我们要把埃及人所厌恶的祭祀耶和华我们的神，若把埃及人所厌恶的在他们眼前献为祭，他们岂不拿石头打死我们么。"

④ 《创世记》4：2。"又生了该隐的兄弟亚伯。亚伯是牧羊的，该隐是种地的。"

⑤ 《创世记》4：3。

的善行是最好的行为。所以经上说："你向耶和华你的神许愿，偿还不可迟延。"① 许愿是向神请求善物，这条诫命要那些希望自己的乞求应验的人把荣耀的王冠献给神，而不是献给自己，如果可以的话，要把荣耀的王冠立刻奉献给神，不可迟延。[54] 有三种人不能做到这一点。第一种人由于遗忘他们的赐福而失去他们的宝藏，亦即失去感恩的精神。第二种人由于过于自负而自豪地认为他们自己就是获取善物的原因，而不把神当做真正的原因。还有第三种人，他们犯的错误与前一种人相比，不太值得指责，但比所谓的第一种人所犯的错误更严重。他们把处于统治地位的心灵当做善物的原因，然后他们说这些善物都是与生俱来的。他们宣称这些善物有审慎、勇敢、节制、公义，可以算作神青睐的有价值的东西。

【14】[55] 对这几种人，圣经分别说了一些含义模糊的话。第一种人的记性不好，尽管还活着，但已经遗忘得很厉害，如经上所说，"恐怕你吃得饱足，建造美好的房屋居住，你的牛羊加多，你的金银增添，并你所有的全都加增，你就心高气傲，忘记耶和华你的神，就是将你从埃及地为奴之家领出来的"②，那么，你们什么时候才不会忘记神呢？只在你们还没有忘记自己的时候。仅当你们记得自己并不拥有任何事物的时候，你们才会想起神超验地存在于一切事物之中。[56] 对于那些相信自己就是善物之原因的人，经文使他回想起智慧，"你们不要说'这货财是我力量，我能力得来的'，而要永远记得是你的主神给了你这种力量"③。[57]第三种人，也就是认为自己配得上拥有和享受善物的人，他们可以从这条神谕中得着更好的教训，"你进去得他们的地，并不是因你的义，也不是因你心里正直，乃是因神摧毁了这

---

① 《申命记》23：21。"你向耶和华你的神许愿，偿还不可迟延。因为耶和华你的神必定向你追讨，你不偿还就有罪。"

② 《申命记》8：12—14。

③ 《申命记》8：17 以下。"恐怕你心里说，这货财是我力量，我能力得来的。你要纪念耶和华你的神，因为得货财的力量是他给你的，为要坚定他向你列祖起誓所立的约，像今日一样。"

些国民的恶，以便立约，这是他向你的列祖起誓应许的"①。神的"约"是祂的恩赐的一个象征，它可以是不完全的。而一切非被造物的界限必定是完善的和完整的。在一切现存事物中，美德和合乎美德的行为就是完整的事物。

[58] 到了那个时候，如果我们摧毁了健忘、忘恩负义、自爱，以及它们的父母，邪恶和虚荣，那么我们将不再会由于迟疑和畏缩而无法提供真正的事奉；我们会忽略被造的事物，不再滞留于拥抱任何可朽的事物，我们将跳跃着去见我们的主，做好准备，听从祂的命令。

【15】[59] 亚伯拉罕匆忙去见撒拉，吩咐撒拉（亦即"美德"）尽快拿三细亚细面调和做饼，②神当时在他的两位最高权能——主权和善——的陪伴下到来，而神本身——介于这两位中的那一位——有能力在灵魂的眼睛的召唤下看到三个不同的异象，或者看到三个方面。这三个方面中的每一个方面，尽管其本身不是尺度——因为神和祂的权能都不受限制——但祂是万物的尺度。祂的善是善物的尺度，祂的主权令他的臣民惊讶，统治者本身就是一切有形和无形事物的尺度，这两种权能的设定具有统治和设立标准的功能，尺度就潜藏在它们的领域之内。[60] 这三样尺度应当在灵魂中糅合调制，她确信，高于一切存在者的神——凌驾于祂的潜能之上的神可以在它们之外见到，然而又在它们之中显现——可以接受关于祂的主权和益处的印象。就这样，撒拉被接受到最深的奥秘中去，她学到了不要轻率地多嘴或胡言乱语，而要把奥秘隐藏起来，为它们保守秘密。因为经上说要"烤成饼"，这个神圣的故事告诉我们，非创造者及其潜能的真相必须隐藏起来，因为有关圣仪的知识不是对每个来访者都可加以托付并让其保守秘密的。

【16】[61] 要管控不良灵魂的口舌，它们说出来的话有如溪流，在有耳

① 《申命记》9：5。"你进去得他们的地，并不是因你的义，也不是因你心里正直，乃是因这些国民的恶，耶和华你的神将他们从你面前赶出去，又因耶和华要坚定他向你列祖亚伯拉罕，以撒，雅各起誓所应许的话。"

② 参见《创世记》18：6。"亚伯拉罕急忙进帐篷见撒拉，说，你速速拿三细亚细面调和作饼。"三细亚细面约为二十二公升面粉，可以做成很多饼，表明亚伯拉罕对客人的尊敬和关注。

朵聆听的地方泛滥。这些溪流中有些会流入宽阔处汇集。还有一些溪流由于入口处狭窄而不能流入，因而朝着四面八方溢散，秘密的真相上升到表面浮动，而我们最珍贵的宝藏就像废物一般被激流裹挟而去。[62]因此，我认为，他们在伟大的奥秘面前变成了较小的分享者，因为他们"用埃及带出来的生面烤成无酵饼"①，也就是说，他们在理智的帮助下扼制了野蛮的情欲，使之软化，就像食物一般。使之软化和变好的方法是神启示给他们的，但他们没有大声说出来，而是默默地珍藏在心中。他们的心并没有因为受到启示而浮夸，倒不如说，它们恭敬顺从，所有自豪的念头都变成了谦卑。

【17】[63] 所以，让我们抛弃一切犹豫不决，做好准备，对万能者感恩，荣耀万能者。我们得到告诫要守逾越节，这是从情欲生活到美德修行的通道，"腰间束带"，做好事奉的准备。我们必须掌握我们的身体，它就像我们脚上穿的鞋，能让我们坚定地站立。我们必须"手中拿杖"以示惩戒，最后，我们可以终生行走而不颤抖。还有，我们必须"赶紧"吃。②因为它不是一条可朽的通道，被视为非创造者向不朽者的逾越。这样叫是正确的，因为没有哪样神圣的善物不出自神。[64]我的灵魂就是你要寻找的东西，你要赶紧，就好像修行者雅各。当时他的父亲问他，"我儿，你如何找得这么快呢？"他答道（这些话表达了一个重要的真理），"这是主神放在我面前的"③。长期的经验告诉他，这个被造的世界要很长时间才能使灵魂稳定下来，就好比灌输技艺和规则给它们的学生。它们不能一下子把初学者的心灵全部灌满，就好像给器皿注水。而神，作为智慧的源泉，给每一位可朽者灌输知识，祂完成这项工作不需要时间。这样的人适宜成为门徒，只有明智的在者和发现者能很快发现他们在找什么。

---

① 《出埃及记》12：39。
② 参见《出埃及记》12：11。"你们吃羊羔当腰间束带，脚上穿鞋，手中拿杖，赶紧地吃，这是耶和华的逾越节。"
③ 《创世记》27：20。"以撒对他儿子说，我儿，你如何找得这么快呢。他说，因为耶和华你的神使我遇见好机会得着的。"

【18】[65] 初学者最初的德性就是期望可以用自己的不完善尽可能模仿老师的完善。但是神圣的老师甚至比时间更快捷，因为祂在创造这个世界的时候，没有时间与他们合作。神说了，世界也就成了——二者之间没有间隙——神可以提出更加真实的看法，祂的话语就是行动。甚至在我们凡人中间也没有任何东西能比话语更敏捷，因为话语奔涌而出，把听者的理解远远抛在后面。[66] 就好比常年流水的溪流决不会停止流动和休息，因为河水不断地涌来，话语也是这样，一旦开始，就成为我们身上最快捷的事物，比飞鸟还要快。就好比非创造者先于一切被造者，非创造者的话语先于被造者的话语，它会直上云霄。因此，神毫不犹豫地说，"现在要看我的话向你应验不应验"①。祂的意思是，神圣的话语赶上和压倒一切事物。[67]如果可以证明话语比一切事物更快捷，那么神的话语更是如此，如祂在另一处所证明的那样。"我站在你们前面。"②祂以此表明，祂的存在先于一切被造物，祂在这里存在，也在那里存在，祂在任何地方，祂无处不在，因为祂完全充满一切事物，没有任何地方是祂不在的。祂不说"我会站在这里和哪里"，但即便如此，当我在这里出现的时候，我也同时站在那里。我的运动不是空间的移动，就如旅行者离开一处，占据另一处，而是一种自我延伸和自我扩张的运动。[68] 所以，祂的神圣子女必定模仿他们父亲的本性，毫不迟缓地推动小溪向前流动，做那些卓越的事情，做一切事情中最庄严、最好的事情来荣耀神。

【19】[69] 但是，作为"美德排斥者"的法老不能得着无时间的价值印象，因为灵魂只有靠灵魂的眼睛才能把握无形体的性质，灵魂对这些性质来说是盲目的，法老自己也不能得到无时间限制的帮助。当法老碰上蛙灾的时候，那些无灵魂的意见和猜测发出噪音和声响，掩盖了一切真相，这个时候

---

① 《民数记》11：23。"耶和华对摩西说，耶和华的膀臂岂是缩短了么，现在要看我的话向你应验不应验。"

② 《出埃及记》17：6。"我必在何烈的磐石那里，站在你面前。你要击打磐石，从磐石里必有水流出来，使百姓可以喝。摩西就在以色列的长老眼前这样行了。"

摩西对他说，"给我指定一个时间，让我为你和你的臣仆祈求，除灭青蛙"。①
尽管在那可怕的情况下法老应当说"请你马上为我祈求"，但他却说"明天"。
他的邪恶目的肯定是保持不变的。[70] 这里几乎就是一种左右逢源的情况，
尽管他们在讲话中不承认这一点。每当有这样的事情落到他们头上，由于他
们对神是他们的救星这一点从来没有坚定的信仰，所以他们首先跑去寻找那
些被造物的帮助，去找医生、草药、药剂、严格的节食规则，以及其他所有
凡人使用的法子。如果有人对他们说，"逃跑吧，你这个傻瓜，去找唯一的
能治疗灵魂之病的医生，抛弃这些被造者和易变者的所谓帮助"，那么他们
会发出嗤笑，他们的所有回答就是"明天再说吧"，无论落在他们头上的是
什么事，他们绝不向神乞求帮助。而在没有凡人可以提供帮助的时候，在所
有这些治疗都已被证明只是灾难而已的时候，然后，出于他们自身深刻的无
助，对其他帮助感到绝望，甚至仍旧犹豫不决，到了这个最后的时刻，他们
会去寻找唯一的救世主神。神不会在所有情况下都遵循仁慈这条神的律法，
因为神知道，在必然性的压迫下所做的事情缺乏扎实的基础，而仅当可以追
随善者和有益的时候，才能这样做。[71] 所以，每一种想象都会把所有这
些事情当做它自己拥有的，在神面前荣耀它自己——"过几日再献祭"这样
的话语显示出这样的心灵——知道这样做是十分危险的，是不虔诚的判断，
应当禁绝。

【20】[72] 我们现在已经充分考察了对该隐的第一条指控。第二条指控
如下：他为什么要用果实，而不是用头生的果实进行献祭？确实，这是出于
同样的原因，亦即把首位的荣耀献给被造的存在，而只把第二位的献给神。
就好像有人宁要肉体不要灵魂，宁要奴仆不要女主人，所以也有一些人宁可
荣耀被造者，不荣耀神。然而，立法者给我们做出这样的规定，"地里首先
初熟之物要送到耶和华你神的殿"②，不要归自己所有。我们应当承认，就好

① 《出埃及记》8：9。"摩西对法老说，任凭你吧！我要何时为你和你的臣仆并你的百
姓，祈求除灭青蛙离开你和你的宫殿、只留在河里呢？"

② 《出埃及记》23：19。

比灵魂的所有运动属于神，所以秩序上在先的东西或者价值上在先的东西属于神。[73] 秩序上在先的东西是那些我们在其中马上成为参与者的事物，当我们开始存在，获取营养，成长，继而有了视、听、尝、嗅、触、理智、心灵、灵魂的部分、身体的部分、它们的活动，等等，总之就是它们本性的运动和状态。价值上在先者是公义的行为、美德和合乎美德的行动。[74] 由于这些原因，奉献初熟之物是对的，初熟之物是感恩的话语，出自真正的、诚挚的心灵。我们应当把感恩的献祭划分为恰当的部分，就如竖琴和其他乐器有它们的组成部分。每个乐符自身都有乐理，也能与其他乐符和谐。还有，在字母表中，元音各自都会发音，也能与辅音结合，构成完整或单一的声音。[75] 所以，与我们自身在一起，因为我们的本性有多重力量，感觉和理智，各自起着调整作用，也按确定比例调整全部，让它们可以统一和谐地在一起工作。无论是单独考虑，还是把它们当做一个整体来考虑，我们可以公正地说，本性确实乐意从事它的工作。

【21】[76] 因此，"若向耶和华献初熟之物为素祭"①，要像神圣智慧所规定的那样进行划分。首先是"新的"，然后是"烘了的"，然后是"轧了的"，最后是"地上的"。要"新的"是由于下述原因：对那些倾向于古老世界的人来说，对那些生活在过去的故事里的人、意识不到神的当下性，无时间性的人来说，这是一项教训，可以使他们接受新鲜的观念，接受年轻人的有活力的观念。这些观念要求他们不要再听这些祖祖辈辈传下来的故事，里面充满了虚假的意见，而要从不受时间限制的神那里得到圆满和仁慈的尺度。所以，他们应当接受教育，要明白与神相关的任何东西都不是陈旧的，没有任何东西是过去的，而是全部处在生成和无时间性的存在之中。

【22】[77] 因此，我们在另处一个地方看到，"在白发的人面前，你要

---

① 《利未记》2：14。"若向耶和华献初熟之物为素祭，要献上烘了的禾穗子，就是轧了的新穗子，当作初熟之物的素祭。"

站起来，也要尊敬老人"①。他建议在这两个词之间进行广泛的比较。因为
"白发的"这个词的意思是时间在这里不起作用，要离开这种观念，不要被
欺骗大众的幻觉所蒙蔽，以为时间能够影响一切。而"老人"的意思是他配
得上受到荣耀、特权和高位，批准这一点的任务由神的朋友摩西来承担。因
为经上写道，"你知道，这些人是长老"②，意思是，他不应当只欢迎创新，而
应当习惯于热爱来自以往日子的真理，那些配得上最高尊严的东西。[78]
这样做无疑是有益的，如果不是为了获得完善的美德，那么无论如何也是为
了内在的美德，所以历史学家和整个诗人家族用古时候荣耀的思想喂养心
灵，追溯可敬的高尚行迹的传统，增强他们自己的记忆，传递给未来的世
代。但在这个时候，自启的智慧不期而至，它照耀着我们，打开灵魂闭上的
眼睛，使我们成为观看者，而不是知识的聆听者，在我们的心灵中用视觉这
种最快捷的感觉来替换听觉，而听觉是比较慢的，从此以后它就懒惰地用耳
朵聆听话语。

【23】[79] 所以，我们读到，"你们要吃陈粮，又因新粮挪开陈粮"③。它
的意思是：随着时代的发展，我们一定不要拒绝任何成熟的学习；不，我们
应当把阅读这些圣贤的著作定为我们的目标，从那些知道古代事务的人嘴中
聆听箴言和古代世界的故事，乃至于寻求有关十代人的知识和行迹。要是能
够不留下任何未知的事物，那真是一件美事。然而，当神使得自我激励的智
慧在灵魂中长出嫩枝时，来自教导的知识必定会直接废除和清除。唉，哪怕
是它自己也会消退和消逝。神的学者、神的学生、神的门徒，无论你们喜欢
用什么名称来叫它，它都无法再忍受凡人的指引。

【24】[80] 还有，要让灵魂最新成熟的果实成为"烤过的"，也就是让

---

①　《利未记》19：32。"在白发的人面前，你要站起来，也要尊敬老人，又要敬畏你
的神。"

②　《民数记》11：16。"耶和华对摩西说，你从以色列的长老中招聚七十个人，就是你
所知道作百姓的长老和官长的，到我这里来，领他们到会幕前，使他们和你一同站立。"

③　《利未记》26：10。

它经受理智力量的考验，就好比金子接受炉火的考验。灵魂在这里要接受的检验是它的牢固性。因为就像烤过的面饼不再柔软，这种结果只能通过火来获得，所以要实现让年轻人的美德成熟这个愿望，就一定要通过理智的战无不胜的力量使灵魂坚强和牢固。理智确实不仅能使灵魂中的原则变得坚硬，使原则不会松弛，而且还能用活力削弱非理智的情欲冲动。[81] 你们瞧，修行者雅各"看到了"这些冲动，然后在下一刻，我们发现以扫"累昏了"①。因为这个坏人的基础是邪恶和情欲，理智剥夺了他休息时需要的支撑和气力，其自然后果就是捆绑他的力气的纽带会松弛。[82] 不过，这个理智一定不会是一团混乱不堪的东西，而是被划分为恰当的部分。这就是"切割"供物的意思。秩序在任何地方都比无序要好，在理智最为快捷的流动中，本性更是如此。

【25】[83] 因此，必须把理智划分为主要的或主导的思想，也就是所谓"相关的主题"，这些主要思想必须提供恰当的、建设性的发展。我们模仿技艺娴熟的弓箭手，以这种方式确定目标，旨在将所有利箭射向靶子。这是因为，主要的思想就像靶子，而发展就像利箭。理智以这种方式编织整件最高贵的、和谐的衣裳；因为这位立法者把金子拉成丝线，织入整幅幔子的恰当之处。② 所以，理智比金子更宝贵，它是无限丰富的多样性的结合，趋于卓越的完善，如果首先将它切碎，那么它会成为最美好的主导思想的细节和要点，然后再穿过论证和证明，这是它们所需要的，就像纬线穿过经线。经上还有一条诫命，要焚烧燔祭的牺牲时，应当先剥去它的皮子，然后切成碎块，这样做，为的是让灵魂赤裸裸地显现，不再蒙上虚假和愚蠢的虚构，按照要求切割肢体。③ 可以把整个美德看做一类，然后把它划分为基本的种类：审慎、节制、勇敢和公义，所以要遵守这些区分，我们既可以分别对待它们，又可以把它们当做一个整体来恪守。[84] 让我们来看，如果剥去我

---

① 《利未记》25：29。"有一天，雅各熬汤，以扫从田野回来累昏了。"

② 参见《出埃及记》36：10。"他使这五幅幔子幅幅相连，又使那五幅幔子幅幅相连。"

③ 参见《利未记》1：6。"那人要剥去燔祭牲的皮，把燔祭牲切成块子。"

们灵魂外面包裹的肉体，解除灵魂的负担，灵魂就不会再产生困惑或者受到欺骗，不会随意批发事物的观念，而是对事物进行划分和分类，对它进行观察，严密地关注它，对它进行最严格的考察。所以，我们也必须训练我们的理智，只要它还在无序的浊流中流淌，就只能产生晦涩，但若能恰当地进行区分，再加上适合各个组成部分的论证和证明，它就会像一个生灵，各个组成部分完全合适，成为一个和谐的整体。[85] 还有，如果这些事物是我们最后才拥有的，那么我们必须不断地练习，约束我们自己。因为若与知识接触，却不能安放它，那就好比我们起先品尝食物和饮料，然后又被禁止接受它们的营养。

【26】[86] 所以"切割"以后必须"捶打"，也就是说，我们在划分和分类以后必须继续接触和思考那些向我们的心灵呈现出来的思想。不断地练习能巩固知识，就好比不练习会导致无知。我们看到过许多这样的人，由于逃避身体训练而气力衰弱。这样的事例并不适用那些用天上降下的吗哪来喂养灵魂的人。百姓们把吗哪收起来，或用臼捣，或者"做成饼"①，这就是对天降的美德进行研判，给理智留下比较确定的印象。[87] 然后，你会认识到神想要四样东西："新的"东西，也就是全盛的或者充满活力的东西；"烤过的"东西，亦即经过烈火考验的、不可战胜的理智；"分割的"东西，就是按事物的种类进行划分；"捶打过的"东西，就是进行持久的练习，用心灵去把握，你会带上初熟的果实当祭品，哪怕是灵魂最初的、最好的产物。哪怕在这件事情上我们行动迟缓，神本身也不会迟缓，祂会把那些适合事奉他的人带到祂这里来。祂说："我要以你们为我的百姓，我也要作你们的神"②，你们将是我的子民，我是你们的主。③

【27】[88] 这些话就是对该隐的指责，他在几天以后才献祭。而亚伯以

---

① 《民数记》11：8。"百姓周围行走，把吗哪收起来，或用磨推，或用臼捣，煮在锅中，又作成饼，滋味好像新油。"

② 《出埃及记》6：7。

③ 参见《利末记》26：12。"我要在你们中间行走，我要作你们的神，你们要作我的子民。"

其他方式献上了其他供物。亚伯的供物在时间和价值方面是在先的，而该隐的供物是在后的。亚伯的供物是强壮的，还有上好的脂油，而该隐的供物是虚弱的。因为我们得知亚伯献上的是头生的羊和羊的脂油。①[89] 就这样，他履行了神圣的律法，"将来，耶和华照他向你和你祖宗所起的誓将你领进迦南人之地，把这地赐给你，那时你要将一切头生的，并牲畜中头生的，归给耶和华，公的都要属耶和华。凡头生的驴，你要用羊羔代赎"②。那开启子宫的就是头生的，就是亚伯的供物，这种献祭的时间和方法就是你们要探究的事情。[90] 确实，最恰当的时间就是神把理智赐给你们的时候，就是把你们领进迦南人之地，把这地赐给你们。祂把你们带到那里去不是随机的，而是按其誓言行事。祂把你们领进那里不是让你们随波逐流，在旋涡中打滚，而是让你们能够在明亮的天空下和宁静的大海边度日，在海上抵达美德，作为锚地停泊，或者有更加确定的隐蔽处，在那里休息。

【28】[91] 但是，他告诉我们神在这里起誓，所以我们必须考虑他说的这件事是否真实，因为在许多人看来，神无须向我们起誓。这是因为，我们的起誓像是对神的一项请求，请祂就某些有争议的事情作证。而在神看来，没有什么东西是不确定的，或者是有争议的。[92] 祂就是其他一切事物在认识真理时需要借助的东西。确实，祂不需要见证，因为没有其他神与祂同列。我不需要争论祂能否承担见证，就祂是证人而言，祂优于被见证者。因为一个在渴求帮助，另一个在提供帮助，后者的状况总是优于前者。但是，没有任何东西比原因更好——有人甚至认为这种想法是亵渎的——因为没有任何东西与神相等，或者只比神低一点儿。[93] 将神与次于神的那个事物分开的鸿沟是一个种类，是自然。人有资格发誓言来赢得相信，当其他人认为他们不可信时；但是神的言语是可信的，祂的话语是确定的，肯定不会与誓言不同。所以，誓言为我们的诚心提供了保证，它本身由神来担保。因为

---

① 参见《创世记》4：4。"亚伯也将他羊群中头生的和羊的脂油献上。耶和华看中了亚伯和他的供物。"

② 《出埃及记》13：11—13。

誓言不会使神可信；而神会使誓言可靠。

【29】[94] 那么，为什么先知和启示者要把神再现为用誓言来约束自己的那一位？这样做是为了确认被造者的软弱，让他由此可以得到帮助和安慰。我们不能在我们的灵魂中连续地珍视原因的本性，所以"神非人"①这一观念高于凡人有关神的一切观念。[95] 在我们身上，可朽性是一种主要的成分。我们不能在构造我们的观念时出离我们自身；我们不能逃避我们天生的软弱。我们穿着道德的盔甲爬行，就像手指蒙上指甲，刺猬蒙上躯壳，我们以为幸福和不朽是我们自己的本性。确实，我们在话语中可怕地说神具有人的形象，而实际上，我们接受了不虔诚的思想，以为神具有人的情欲。[96] 因此我们虚构说祂有手和脚，有进有出，有敌意，有厌恶感、隔阂、愤怒，而实际上这样的肢体和情欲决不属于原因。这个誓言就是这样——它只不过就是我们弱点的表现。[97] 所以回过头来看，"如果神把这样或那样东西赐给你，你要区分它们"②。摩西的诫命就是这样确定的。是的，除非神给予，你们不会有所获得，因为一切外在于你们的事物，身体、感觉、理智、心灵，以及它们的所有功能，都属于神；不仅你们是这样，而且这个世界也是这样。你们会发现，你们在这个世界上所有的或使用的任何东西都不是你们的，而是祂的。土、水、气、天空、星辰，各种形式的生灵和植物，有生灭的或无生灭的事物，你们都不拥有。因此，无论献上什么供物，你们都是在把属于神的东西奉献给祂，而不是在奉献你们自己的东西。

【30】[98] 还要注意，诫命中所说的神圣的意思是与自然赋予我们的东西分离，而不是把这些东西全部拿来。因为有无数的东西是自然赐给人类的礼物，但自然本身并不参与其中。它没有出生，但它生产，它不需要营养，而是提供营养，它会发生改变，但不会生长，它既不会缩减，也不会增加，

———————————

① 《民数记》23：19。"神非人，必不致说谎，也非人子，必不致后悔。他说话岂不照着行呢，他发言岂不要成就呢。"

② 《出埃及记》13：11。"将来，耶和华照他向你和你祖宗所起的誓将你领进迦南人之地，把这地赐给你。"

而是连续地活下去；它给予身体组织以力量，可以拿来，也可以给予，可以前进，也可以看和听，可以吸收食物，也可以消化排泄，区别气味，可以讲话，也可以做许许多多有用的和必要的事情。[99] 也许可以说这些东西只是不同的事物，自然必须为它自己采取一种好的形式。所以，让我们来检验一下，在这些被称做"好"的事物中，按我们的判断，哪些是最值得敬佩的，而这些东西是我们能够祈求获得的，获得这些东西可以算作我们最大的幸福。这些东西就是幸福的晚年和幸福的死亡。[100] 我们全都知道，它们是能够降临于人类的最大的幸福，然而，这两种情况均与自然无关，因为它既不知老年，也不知死亡。非被造者不会被指定使用属于被造者的善，哪怕创造者本身声称具备与之相应种类的美德。我们为什么要把这种事情当做奇怪的？男人不能与女人竞争，女人也不能与男人竞争，人的这些功能有的只属于一种性别。如果女人应当影响男人的实践，或者男人试图影响女人的实践，那么他们在各种情况下都会掩饰他们的性别，并由此获得恶名。有些美德和卓越的本性受到这样的歧视，哪怕长时间的修行也不能使它们成为公共财产。[101] 播种和生育的功能属于男人，这是他的特长，没有哪个女人能获得这种特长。还有，抚养孩子属于女人，这是一件好事，而男人的本性的确不适合做这件事。因此，"如同人"① 这个短语并非在字面意义上用于神，而是一个象征性的术语，有助于我们软弱的理解力。因此，我的灵魂把所有那些被造的、可朽的、易变的、世俗的东西与非被造的、不变的、不朽的、神圣的和唯一有福的事物区分开来。

【31】[102] "在开启子宫的所有事物中，公的要归于神"，这些话就自然而言，确实是对的。自然把子宫赐给女人，作为她生育后代的恰当器官，所以它在灵魂中确立了一种力量，理解了这种力量就可以理解受孕和分娩，这种力量才是众多子女的母亲。[103] 这样产生的思想，有些是男人的，有

---

① 《申命记》1：31。"你们在旷野所行的路上，也曾见耶和华你们的神抚养你们，如同人抚养儿子一般，直等你们来到这地方。"

些是女人的，正如生灵一样。灵魂的阴性后裔是邪恶和情欲，它会使我们的追求弱化，好像受到阉割一样。灵魂的阳性后裔是灵魂与德性的健康，我们受到它们的激励和增强。所以这些男人必须全部献给神，这些女人必须按照我们自己的意思来安排，所以我们有了这条诫命："在开启子宫的所有事物中，公的要归于神。"

【32】[104] 但是，我们也看到经上说，"那时你要将一切头生的，并牲畜中头生的，归给耶和华，公的都要属耶和华"①。在讲了占统治地位的这些元素的后裔以后，他开始教导我们这些元素的非理智的后裔，他在这里指的是感觉，把感觉比做牛。这个时候，在畜群中养大的小牲畜是温和的、驯服的，因为它们受到放养它们的牧人的指导。那些自由散漫的牲畜会变得野蛮，需要有牧人来驯服它们，而那些由牧羊人、牧牛人等牧人放养的牲畜，无论他们照料的是何种牲畜，都必须是温和的、驯服的。[105] 所以，感觉也可以是野蛮的或驯服的。它们野蛮的时候摆脱牧人的心灵对它们的控制，追随它们的非理智行走，直抵可见事物的边缘。当它们对反思表示服从的时候，它们是驯服的，反思是我们复合本性的主导成分，接受心灵的指导和控制。[106]然后，无论是看见还是听见，或是一般的察觉，在心灵的指导下，感觉是阳性的和完善的，因为每一知觉都处于良好的状况下。但是，无论何种缺乏都会对我们的机体造成伤害，就好像盛行无政府主义的城邦那样。所以，在这里，就像前一种情况，我们必须承认感觉的运动，服从心灵和必然性的感觉是比较好的，通过神的意愿而来，而那些排斥控制的感觉必定是属于我们自己的，每当感觉被其外在对象所推动，我们就被非理智的过程所裹携。

【33】[107] 我们还得到告诫，不仅要把这些东西分开，而且要把整个"混合物"分开。这条诫命的用词如下："吃那地的粮食，就要把举祭献给耶

---

① 《出埃及记》13：12。"将来，耶和华照他向你和你祖宗所起的誓将你领进迦南人之地，把这地赐给你。"

和华。你们要用初熟的麦子磨面，作饼当举祭奉献。你们举上，好像举禾场的举祭一样。"①[108] 所以，这个"混合物"就是我们自己，这确实就是这个词的字面意思，有许多本体在我们身上聚集组合在一起，使我们得以完成。冷与热、湿与干，诸如此类的相对的力量聚合或结合在一起，通过生灵的塑造者，产生个别的人，就是由于这个原因，人被称做"混合物"。[109]灵魂和身体在这样的聚合体中占据基本地位，我们必须把初熟的东西奉献给它们。这些初熟的东西出自神的推动，与灵魂和身体二者的卓越性相对应，因此我们可以将它比做打禾场。在打禾场上，小麦、大麦和其他谷物分别堆在那里，谷壳和其他杂物则要扬去，所以，留给我们的东西是最好的、最有益的，能提供真正的营养，而生命也会由此臻于圆满。就是这些东西必须奉献给神，而其他事物必须留下，这些东西不具有神圣性，却又抗拒死亡。所以，我们的供物必须取自前者。[110] 但是，有些力量是纯洁的，其中没有邪恶，我们一定不要切割它们。就像没有分割过的供物，这些东西可以整个儿加以焚烧，以撒是一个清晰的例子，神吩咐他整个儿地献祭，因为他没有哪个部分是腐败的，或者有哪种情欲会导致腐败。[111] 另外一段经文也把同样的真理教导给我们："献给我的供物，就是献给我作馨香火祭的食物，你们要按日期献给我。"② 这里没有提到分开或划分，它们是圆满地、完整地奉献的。因为灵魂之筵席是完善的美德带来的喜乐，所谓完善意味着美德洁白无瑕，没有沾染凡人必定会有的邪恶。这样的筵席只有贤人能够拥有和保持，其他无人可以拥有。因为你们决不可能发现有哪个灵魂从来没有品尝过情欲或邪恶。

【34】[112] 摩西把有关灵魂组成部分的学说告诉我们，讲了灵魂的主导部分和从属部分，还说明它们各自何者是阳性因素，何者是阴性因素，然后开始教导我们下面这些学说。他非常明白，没有辛劳和关照，就不可能有

---

① 《民数记》15：19。

② 《民数记》28：2。

归我们处理的阳性的供品。[113] 所以，他下面说的话就是"凡头生的驴，你要用羊羔代赎"①。这就相当于说，要把所有辛劳当做进步的赎价。因为驴是辛劳的象征——它是一头耐心的牲畜——而羊羔是进步的象征，如这个名称所示。然后他提到学习技艺、商贸，其他与教育和学习有关的事情，不是蔑视和松弛，而是照料和关心，要用你们的心灵拥抱它们，耐心地忍受所有苦差事，同时忍受痛苦，不是为了无结果的辛劳，而是为了使你们的生产成为最荣耀的结论，赢得进步和改善。因为辛劳生来就是为了进步的缘故。[114] 假定你们全都接受了辛劳以及苦差，但你们的本性一无所获，拒绝进步应当带来的改善，避开和抗拒这种改善。反对本性是一项令人疲乏的任务。因此，摩西又说，"若不代赎，就要偿还"②，也就是说，如果你不能用你的生产来获得进步，那就要让生产也离去，因为"偿还"这个词表达了这个意思，也就是要让你的灵魂自由，使它免去为那些没有终结、无所成就的事情操心。

【35】[115] 但是，这些用词并不适合美德，而只适合次一等的技艺和其他必要的商贸，人们从事这些活动以满足身体的需要，或者取得附加的和身体方面的舒适。为了某种完全的善和任何形式的卓越而从事生产，尽管不能实现它的目的，但它本身从一开始就非常有益于生产者。那些与外在的德性联系在一起的事物全都是无益的，除非其结果能居于工作之巅。这对动物来说是公义的。如果你从一开始就接受它们，那么其他的东西也就自然而然地合在一起了。[116] 行为之首是行为的目的或对象。当事物处于某处时，它们就在以某种方式生活。如果你选择切割或切除它们，那么它们就死了。所以，运动员不要去赢得胜利，对他们来说，被打败或者退隐是比较好的事情。商人或船员如果在海上不断遇上灾难，那么应当停止或改变他们的职业。那些研究比较低级科目的人，由于本性愚蠢而不能吸取任何知识，如

---

① 《出埃及记》13：13。

② 《出埃及记》13：13。"凡头生的驴，你要用羊羔代赎，若不代赎，就要打折它的颈项。凡你儿子中头生的都要赎出来。"

果他们放弃学习，那么应该受到赞扬。因为做这些事情不是为了练习，而是为了他们确定的目标。[117] 所以，如果我们的本性反对我们努力进步，那么我们不要无效地抗拒。如果它也在推进这种努力，那么让我们向神表达敬意，奉献这些初熟的供品，作为赎买我们灵魂的赎价，因为它们把灵魂从野蛮的主人那里赎买出来，使它自由。

【36】[118] 我们确实知道，依照摩西的权柄，处于头生位置的利未人最先被指派事奉神，只有祂配得上这种事奉，这是其他一切事物的赎价。祂说："我从以色列人中拣选了利未人，代替以色列人一切头生的。利未人要归我，因为凡头生的是我的。我在埃及地击杀一切头生的那日就把以色列中一切头生的，连人带牲畜都分别为圣归我。"① [119] 在神那里避难的理智是神的乞援者，在这里得到了利未人这个名称。神把这种理智从灵魂最中央、最有权威的那个部分取出，归于自己，将它定为头生子。这样一来就清楚了，流便是雅各的头生子，利未是以色列的头生子。前者在年纪上在先，后者在荣耀和价值上在先。因为生产和进步以雅各为象征，在天赋能力中拥有它们的来源，于是才有流便这个名字，但是热衷于沉思的来源只能是聪明的存在者，这就是以色列的等级，就是事奉神的习惯，这种事奉由利未象征。② [120] 所以，就像雅各后来得到以扫的长子继承权，他努力求善，胜过趋向于恶，具有天赋能力的流便一定会把长子的权力让给利未，他的生活是圆满的。这种圆满最清楚地表现为他在神那里避难，放弃和被造物的世界打任何交道。

【37】[121] 为了追求自由，灵魂为其拯救支付赎价，在这里最初的意思就是这些。而对这位先知来说，它也可以表示另外一个意思，我们可以体会到每个聪明人都是傻瓜的赎价，聪明人不能忍受他们存在一小时，也不能用预见来保护傻瓜。聪明人就像与疾病斗争的医生，可以减缓疾病，或者

---

① 《民数记》3：12—13。
② 参见《创世记》29：32—34。

完全消除病痛，除非疾病的暴烈压倒了医生的精心治疗。[122] 就是这种无法抵抗的、毁灭性的邪恶摧毁了所多玛，当时没有善可以抵抗巨大的恶，取得平衡。如果在所多玛曾经看见过五十这个数，那么这个带来摆脱奴隶制信息的数① 表示灵魂的完全自由，聪明的亚伯拉罕在这里指出的其他数字也一样，从五十开始，一直往下数，直到十；十这个数对教育来说是神圣的，心灵也不会在可耻的堕落中灭亡。②[123] 然而，要是可以的话，我们应当尝试拯救那些人，他们身上拥有的罪恶还不至于毁灭他们，要遵循好医生的做法，他们看到尽管病人已经没有什么希望，但仍旧乐意提供事奉，免得其他人会以为医生遇到无法预料的灾难性事件肯定会放弃。如果在他身上出现了某些恢复的种子，无论多么小，就像灰烬，也应当得到珍视，因为我们可以设想种子再次萌芽和生长，带来更好的、比较稳定的生活。[124]在我看来，当我看到好人生活在一所房子或一座城邑里的时候，我会认为他们是幸福的，我相信他们当前享有的幸福会持续下去，他们当前尚未实现的愿望会得以实现。因为神把无限的财富分配给这些人，但他们与这些财富并不相配。我确实知道，他们不可能逃避老年，但是我恳求让他们的岁月极大地延长。因为我相信，只要他们能活着，这个共同体就会很好。[125] 所以，每当我看到或听到他们中间有谁过世，我的心是悲伤的、沉重的。但这不是为了他们。他们已经抵达自然的终点，而我们全都要在确定的时候到达。他们生得幸福，死得光荣。我为那些幸存者感到悲伤。能给他们带来安全的武装被剥夺了，他们被抛弃给了敌人，而这些敌人就是他们的某个部分；他们很快就会感到，自然会给他们提供某些新的保护，取代老的，就像那些可以为我们遮风避雨的树木重新长出成熟的果实；自然使其他果实生长，直到给那些能够摘取果实的人提供营养和快乐。[126]就像在一个城邑里，善人最能持久，所以在共同体中，一个由灵魂和身体构成的个人也是这样，有一种最强大的

---

① 参见《利未记》25：10。"第五十年，你们要当作圣年，在遍地给一切的居民宣告自由。这年必为你们的禧年，各人要归自己的产业，各归本家。"

② 参见《创世记》18：24—32。

力量能够确保那些激励理智趋向智慧和知识的东西，立法者在他的寓言中称之为"赎价"和"头生的"。[127] 就这样，他也把利未人的城邑说成"可以随时赎回的"①，因为对神的崇拜获得了永久的自由，而在连续不断的变化中，灵魂也在不断地改变，成功地治愈崇拜者。因为说城邑可以赎回，不是一下子全部赎回，而是随时赎回，这就表示崇拜者的思想在持久地发生变化，不断地解脱。前者与凡人的性质相伴，而后者坚定不移，通过施恩者的恩惠，这种恩惠是崇拜者的组成部分和所有物。

【38】[128] 到此为止，我们可以转向另一件更加值得仔细考虑的事情。他为什么要用利未人的城邑象征复仇，认为至圣者适宜与被认为不神圣的凡人住在一起，亦即那些无意中犯下过失杀人罪的人？第一个答案是，他是一个遵循已经说过的这些道理的人。我们说了善者是恶者的赎价，因此与善的理智一道，罪人被视为神圣的，从而得以洁净。[129] 第二，由于他们被利未人当做流放者来接受，所以利未人自己实际上也是流放者。作为故失杀人者，他们从故乡被驱逐，所以利未人也留下他们的子女、父母、兄弟，留下他们最亲近的和最亲爱的人，去那珍宝之地，赢取不死的部分。这两种离开是不同的，这里的不同之处不在于它们自己的愿望，而在于一种非自愿的行为，而那些热爱寻求至高者的人已经违反了他们自己的自由意愿。还有，过失杀人者在利未人那里寻求避难，利未人在万物的统治者神那里避难。前者由于不完美而认识命中注定指派给他们的圣言，而后者由于拥有神而被视为圣洁。[130] 还有，那些不自愿地杀人的人被赋予活命的权利，与利未人住在同一城邑，因为这些人也享有特权，这是给予那些出于公义原因的杀戮的奖赏。我们发现，变坏的灵魂会荣耀埃及人的神，像荣耀黄金一样荣耀身体，把一种不属于它的荣耀给予它，而神圣的思想也会自动拿起保卫自己的武器。这些武器就是知识给予的证据和论证。他们把神的朋友摩西立为他们

———————

① 《利未记》25：32。"然而利未人所得为业的城邑，其中的房屋，利未人可以随时赎回。"

的船长和向导，立为他们的大祭司和先知。他们为了真正的宗教而兴起战争，① 他们不收手，直到终结他们敌人的一切错误学说。因此，利未人应当和过失杀人者住在一起，这是很自然的，尽管他们的行迹并不相同。

【39】［131］这件事情还有一种流行的解释，尽管讲的不是粗俗的知识。长者讲的事情可以相信，而年轻人讲的事情应当堵上自己的耳朵。事情是这样的。在属于神的所有力量中，有一种最高的力量极其卓越，这就是立法的力量。因为神本身就是立法者，是法律的源泉，所有专门的律法均依赖于神。律法的力量可以分成两部分，一部分用来奖赏那些做好事的人，另一部分用来惩罚那些做坏事的人。［132］在第一部分中，利未是管家。因为他握有全部祭司权，掌管所有祭仪，通过祭仪把道德推荐给民众，并且得到神的承认，无论是燔祭、平安祭，还是赎罪祭。第二部分的功能是惩罚，那些过失杀人者成了使臣。［133］对此，摩西用下面这句话作见证，"他这样做不是有意的，而是神交到他的手中"②。我们看到杀人者的手被用做工具，而真正的杀人者是不可见的，甚至就是那不可见的那一位。所以二者应当住在一道，他们是两种形式的管家，利未人事奉获奖者，过失杀人者实施复仇。［134］我们读到，"我在埃及地击杀一切头生的那日，就把以色列中一切头生的为圣归我"，③ 这个时候我们一定不要假设只有在埃及，只有在那个时候，头生的才会遭受毁灭，以色列的头生的由此而成为神圣的。不，这里的教训是这样的：在过去、现在和将来，可以在灵魂中不断反复地把某些事物视为神圣的。盲目情欲的最主要成分被摧毁以后，作为长者的圣洁和以色

---

① 参见《出埃及记》32∶26—28。"就站在营门中，说，凡属耶和华的，都要到我这里来。于是利未的子孙都到他那里聚集。他对他们说，耶和华以色列的神这样说，你们各人把刀挎在腰间，在营中往来，从这门到那门，各人杀他的弟兄与同伴并邻舍。利未的子孙照摩西的话行了。那一天百姓中被杀的约有三千。"

② 《出埃及记》21∶13。"人若不是埋伏着杀人，乃是神交在他手中，我就设下一个地方，他可以往那里逃跑。"

③ 《民数记》3∶13。"因为凡头生的是我的。我在埃及地击杀一切头生的那日就把以色列中一切头生的，连人带牲畜都分别为圣归我。他们定要属我。我是耶和华。"

列人的富贵献祭就会到来，它们有清晰的神的异象。这是因为，邪恶的出离为美德开辟了入口，反之亦然。[135]善物撤离之时，恶物等来了它的时候，取代了善物。还没等雅各走出去①，以扫就已经回来。他以为可以抹去美德的印记，添上他自己的印记，要是能够做到的话，添上恶的印记。然而，他的目的无法实现。贤人会在打击降临之前避开打击，而以扫发现自己赤身裸体，被人取代，他的长子权已经转到别人手中。

【40】[136] 亚伯不仅用头生的东西作供品，还用羊的脂油作供品，这些表现出灵魂的喜乐和富有，所有这些能使神喜乐的东西都应当归神所有。[137] 我还注意到，吩咐崇拜者最先献上的供品是三样：脂油、肾脏、肝脏。② 这些东西我要分开来讲。但是，经上其他地方都没有提到脑和心，而这些东西我们通常认为应当最先奉献，所以立法者的讲话也承认这些东西也有可能是主导性的原则。[138] 然而，出于真正的虔诚和仔细的思考，他最后从神的祭坛上排除了这些东西，因为这个主导性的原则在不同时刻会有许多变化，有好有坏。因此，它就会有不同的形像：有时候像一枚纯洁的、经过考验的硬币，有时候像一枚低劣的、掺了杂质的硬币。这个领域的元素也承认有竞争性，高贵的和可耻的，二者相同，同等荣耀，对立法者来说，不会有哪一个比另一个不那么神圣，因此可以把某一个从神的祭坛前去掉。可耻的是亵渎的，亵渎的肯定是不神圣的。[139] 这种亵渎性排斥主导原则。但若经历了涤罪祭，所有部分都得到洁净，就能把所有无污染的供品投入圣火。这就是燔祭的律法：所有那些表现身体弱点的东西，而非表示身体邪恶的东西，应当留给被造的存在者；而其他显示灵魂各个部分的东西，应当完整地留给神作燔祭。

---

① 参见《创世记》27：30。"以撒为雅各祝福已毕，雅各从他父亲那里才出来，他哥哥以扫正打猎回来。"

② 参见《利未记》3：3 以下。

恶人攻击善人

提　要

本文的希腊文标题是"ΠΕΡΙ ΤΟΥ ΤΟ ΧΕΙΡΟΝ ΤΩΙ ΚΡΕΙΤΤΟΝΙ ΦΙΛΕΙΝ ΕΠΙΤΙΘΕΣΘΑΙ"，意为"较差的习惯于攻击较好的"，英译者将其译为"The Worse Attacks the Better"。本文的拉丁文标题为"Quod Deterius Potiori Insidiari Soleat"，缩略语为"Det."。中文标题定为"恶人攻击善人"。原文共分为48章（chapter），178节（section），译成中文约3.2万字。

作者用该隐和亚伯象征两条对立的原则：自爱和爱神。《创世记》用"田野"表示两条对立原则之间的斗争。亚伯进入"田野"，应对挑战。雅各为什么叫拉结和利亚到田野上来？因为他在那里放羊，亦即约束他自己低下的情欲冲动。田野显然是约瑟的地方，他穿着色调不一的彩衣，被他父亲打发去寻找他的兄弟，他的兄弟们在那里精通了放羊的技艺。以撒也去田野冥想，他的对手都退隐了，然后竞争者出现（1—32节）。亚伯不明智地接受了该隐的挑战。自爱能够雄辩地为自己辩护，但需要精通辩证法，而亚伯缺乏这样的训练。摩西与埃及贤人相遇时躲避，这是比较明智的，他承认自己没有口才，不会讲话，要等"亚伦"来讲话，亚伦代表话语。口齿伶俐的傻瓜是卑鄙的，不会说话的贤人则不起作用（33—47节）。

错误观点表面上取得胜利，但实际上是一种失败，亚伯虽然被该隐杀死，但他又得着生命，仍旧活在神那里，过着幸福的生活。《利未记》

（17∶11）清楚地呈现一条伟大的真理，"生命是在血中"。这个生命从表面上看已经死去，但又从不再讲话的东西中产生。它现在成了神听到的"声音"（47—69节）。这个论题在后面又一次提起（70—103节），在那里向该隐提出问题："你作了什么事？"这个问题的意思相当于"你什么都没做，什么都没有做成"，象征智术无用，比较巴兰的生活与美德不死的生命。还有，这个表面上的胜利者给他自己带来了咒诅，"从地底下来的"也就是他挑选的田野（98—103节）。他可以在田野里辛苦劳动，但决不能耕种它（104—111节）。土地决不会回报他付出的努力（112—119节）。他必须"呻吟和颤抖"（120—143节），无法找到挪亚那样的"休息"、以撒那样的"喜笑"、亚伦那样的"自己高兴"、以挪士那样的"希望"。他要品尝被抛弃的滋味（144—157节）和暴露在神的眼光之下的羞耻感（158—178节）。

正 文

【1】[1]"该隐与他兄弟亚伯说话，二人正在田间。该隐起来打他兄弟亚伯，把他杀了。"① 该隐旨在设法挑战亚伯，以求掌握那些貌似真理的智术。依据那些明显的事情进行推论，可以得出有关晦涩事情的结论，我们这里说的是"田野"，也就是该隐约亚伯见面的地方，象征着竞争和殊死的战斗。[2] 我们看到，大多数竞争发生在田野里，战争时期也好，和平时期也罢。说到和平竞赛，那些参加体育竞赛的人会在野外寻找赛马场和开阔地；在战争中，步兵和骑兵一般不在山上打仗，因为不利的地形会大大增加参与战斗的双方人员的伤亡。

【2】[3] 关于这一点，有一个明显的证据。最热心的知识寻求者正在与无知者作战，二者的状况正好相反，可以说牧羊人在对灵魂中的非理智力量进行告诫和矫正，在田野里给我们呈现了这种情况，"雅各就打发人，叫拉结和利亚到田野羊群那里来"②，这就清楚地表明田野象征争执。[4] 他把她们叫到田野里来的动机又是什么呢？他说："我看你们父亲的气色向我不如从前了。但我父亲的神向来与我同在。"③ 我会这样说："原因在于拉班不站在你这边，而神站在你这边；感觉的外在对象在灵魂中被视为最高的善物，在这种灵魂里找不到卓越的理智；而在那个神行走的灵魂中，感觉的外在对象不被视为善物；与拉班这个观念和名称相应的就是这些。"[5] 与他们父亲的规矩相一致，这样的人依据渐进原则管束他们自己，他们选择田野作为一个恰当的地方来管束灵魂的非理智冲动。因为此处说给约瑟听的话是："你哥哥们不是在示剑放羊么？你来，我要打发你往他们那里去。"约瑟说："我在这里。"神对他说："你去看看你的哥哥们平安不平安，群羊平安不平安，

---

① 《创世记》4：8。
② 《创世记》31：4。
③ 《创世记》31：5。

就回来报信给我。"后来神打发他出希伯仑谷，他就往示剑去了。有人遇见他在田野走迷了路，就问他说："你找什么？"他说："我找我的哥哥们，求你告诉我，他们在何处放羊。"那人说："他们已经走了，我听见他们说要往多坍去。"①

【3】[6] 这些话显然表示他们在田野里，在运用他们非理智的力量。由于约瑟不能忍受父亲在知识方面的严苛，于是被打发去找他的哥哥们，在这些比较宽厚的指导者手中，他可以明白什么是他应当做的，什么对他有益；从今以后他要遵循的信条是把多种多样不和谐的成分融合在一起，成为一个高度和谐的复合体。正是由于这个原因，这位立法者说他给约瑟作了一件彩衣。②[7] 他提出他的理论，更多地着眼于治国才能，而非着眼于真理。这一点从他对三种善物的处理可以表明：与外部世界相关的善物，与身体相关的善物，与灵魂相关的善物。这些东西，尽管由于本性各不相同而完全分离，但他把它们合在一起，组合成一个事物，声称它们之间相互需要，可以融为一体，成为一个真正好的、完善的物体；这个结合体的成分，尽管确实是好事物的组成部分或成分，但就其完善程度而言，它还不是善物。[8] 他指出，火、土，以及四元素中的其他元素，整个宇宙都由它们构成，但它们各自都还不是世界，而这些元素全部结合在一起才是世界；他争论说，以同样精确的方式，可以发现幸福既不在于获得外部世界的财物，也不在于和身体有关的事物，也不在于和灵魂相关的事物，而在于要通过它们自身来取得的东西。他争论说，这三种善物各自都是一个组成部分或元素，仅当它们全都聚在一起的时候，才会产生幸福。

【4】[9] 所以，为了让他能受教于更好的观念，他被打发去见那些人，那些人认为拥有真正美的事物才是善物，也就是灵魂的财产，这里讲的灵魂是灵魂本身；那些人相信，与外部事物相关的利益以及与身体相关的事物，

①　参见《创世记》37：13—17。

②　参见《创世记》37：3。"以色列原来爱约瑟过于爱他的众子，因为约瑟是他年老生的。他给约瑟作了一件彩衣。"

在名称上是善物，但实际上不是善物。因为经上说，"你的哥哥们在示剑放羊"，也就是说，他们在示剑统治一切非理智的元素。①"示剑"的意思是"肩膀"，象征承受辛劳；因为美德的热爱者有很大的担当，他要抗拒身体和身体的快乐，此外，他还要抵抗外部事物以及外部事物给我们提供的快乐。[10]"你来，我要打发你往他们那里去"，②也就是说，你要服从召唤去别的地方，要用你的理智接近和容纳其他东西，渴望接受比较好的教导。到目前为止，你用这样的观念欺骗自己，以为自己欢迎真正的教育。因为你承认自己打算接受别样的教育，尽管还没有在心中承认有这种需要。在我看来，"我在这里"这样的叫喊表明你在轻率地作承诺，而不是在准备学习。关于这一点还有一个证据，就在后面不远处，这个真正的人发现你在田野里迷了路③，而你若是真心决定接受训练，你就不会迷路了。[11]请注意，你父亲对你说这些话，为的是敦促你不要强迫自己，为的是你可以遵循较好的路线，鼓励自己采取自愿的行为。他的话是这样的："去看"，也就是沉思和观察，对事情作非常准确的思考；因为，你首先必须知道你要对之进行劳作的东西是什么，然后开始注意它。然而，对它进行考察，对它的所有组成部分有了完整的看法以后，你进一步考察其他人对它的看法，成为它的爱好者。[12]在从事这项工作的时候，你必须发现他们拥有健全的心灵，而不是疯狂的心灵，像那些热爱快乐的人一样，凭借想象嘲笑它们的价值。我要说，对这一原则进行思考，下判断，这样的人是神智健全的；然而不要让你的判断成为最后的判断，乃至于是你向你父亲的最终报告；因为初学者的判断是不稳定的、不确定的，而那些已经取得许多进步的人的判断是稳固的；对其他人来说，唯一的办法是向这些人学习，增强判断的稳定性。

【5】[13]哦，我的理智啊，你对神谕进行了考察，它们既是神的话语，

---

① 参见《创世记》37：13。"你哥哥们不是在示剑放羊么。你来，我要打发你往他们那里去。约瑟说，我在这里。"

② 《创世记》37：13。

③ 参见《创世记》37：15。"有人遇见他在田野走迷了路，就问他说，你找什么。"

又是神钟爱的人立下的律法，你不会被迫承认卑劣的事情，或者被迫说它们的尊严毫无价值。这是为什么？贤人怎么能够承认我们现在讲的这些事情呢？就像雅各，他拥有国王般的财富，但缺乏管家或跟班来打理，只好打发一名儿子去外国，给他的其他孩子带话，问他们身体是否健康，还有牛羊是否肥胖，不是吗？[14] 他的祖父，除了打败九名国王以后带回来的众多战俘，还拥有三百多家养的奴隶；随着时间的推移，他的家业越来越大。尽管有充足的奴仆，但他从来没有想过派他特别喜欢的儿子去送信是否合适，这件事情哪怕派一名最微不足道的奴仆去做，也绰绰有余。

【6】[15] 你现在可以看到，经文甚至以它自己的方式记下了他派遣他的儿子要去的地方，这就给读者一个明确的暗示，我们要避免对经文只作字面解释。经上说，"出希伯仑谷"①。嗯，"希伯仑"指的是"耦合"和"友谊"，它是对我们的身体说的，因为身体与灵魂耦合，与灵魂建立友谊和同伴关系。至于"谷"，它指的是感觉器官，是一切外在于感官对象的庞大接收者。[16] 理智接收到事物的无数性质，通过接收者，它们像潮水一样漫过理智，而理智完全浸润于其中。由于这个原因，经文对大麻风做出规定：如果在房子的墙上有发绿或发火的凹斑纹，祭司就要吩咐人把那有灾病的石头挖出来，又要用别的石头代替那挖出来的石头。② 也就是说，快乐、欲望和情欲的各种性质在压迫整个灵魂，挖空整个灵魂，降低整个灵魂的水准，而我们要驱除这些引发不坚定现象的原则，通过法律的训练或者良好的教育，引入健康的原则。

【7】[17] 由于约瑟完全沉沦于空洞的身体和感官，他向自己发起挑战，离开他的蛰伏之处，前去某处吸取稳定的精神，向那些曾经有此抱负而现在

---

① 《创世记》37：14。"以色列说，你去看看你哥哥们平安不平安，群羊平安不平安，就回来报信给我。于是打发他出希伯仑谷，他就往示剑去了。"

② 参见《利未记》14：37—42。"他要察看那灾病，灾病若在房子的墙上有发绿或发火的凹斑纹，现象注于墙，祭司就要出到房门外，把房子封锁七天。第七天，祭司要再去察看，灾病若在房子的墙上发散，就要吩咐人把那有灾病的石头挖出来，扔在城外不洁净之处；又要用别的石头，代替那挖出来的石头，要另用灰泥墁房子。"

是这种精神的导师的人求助。然而，尽管他想象自己已经在前进，但结果却是在漫游，因为经上说"有人遇见他在田野走迷了路"①，这表明辛劳本身不是善，但辛劳需要技艺的陪伴。[18] 正像我们不会非音乐地练习音乐，或者非语法地学习语法，或者简言之，没有技艺或用坏的技艺去实施任何技艺，而会按照每一门技艺的要求去练习每一门技艺，所以我们不会狡猾地实施善意，也不会吝啬或卑鄙地实施自制，也不会鲁莽地实施勇敢，或者以迷信的方式实施虔诚，或者本着一种无知的精神去获得受美德支配的知识；这是因为，任何人都知道这些领域无踪迹可寻。然而，有律法吩咐我们"要追求至公至义"②，我们追求正义以及一切与之同缘的行为，但不追求与之相反的东西。[19] 如果你观察到有人在应当做工的时候不吃饭，不喝水，或者拒绝使用浴室或拒绝抹油，或者不注意自己的衣着，或者睡在地上，住在破烂的小酒馆里，然后尽力想象自己这样做是在实践自制，那么你要对他的错误表示遗憾，要把自制的真正方法告诉他；因为他实施的所有方法都是无结果的，乏味的，是在用饥饿或其他虐待的方式逼迫灵魂和身体屈服。[20] 一个人可以顺从洒圣水而涤罪，也可以在清洁身体时弄脏他的理智；他可以在有了更多的钱而不是在知道要做什么以后找一座神庙，为它提供所有设施，使它富丽堂皇；他可以奉献百牲祭，用公牛作祭品而络绎不绝；他也可以把圣地装饰得极为奢华，使用大量名贵的材料和技艺娴熟的工匠，这些东西比金银还要值钱；然而，这样的人并不会被铭刻在虔诚者的名单中。[21] 不，不会，因为这个人就像其他人一样，偏离虔诚而走上了歧途，他认为献祭是一种仪式而不是神圣的，他用供品贿赂不受贿的神灵，神灵不会接受这样的贿赂，他奉承不接受奉承的神灵，神灵欢迎各种真正的崇拜，但是痛恨虚伪的敬意。真正的崇拜是灵魂的崇拜，简洁和真实是它献祭的唯一标准；而其他所有那些献祭只是在炫耀，那些外表奢侈的供品只是伪装的赝品。

---

① 《创世记》37：15。"有人遇见他在田野走迷了路，就问他说，你找什么？"
② 《申命记》16：20。"你要追求至公至义，好叫你存活，承受耶和华你神所赐你的地。"

【8】[22] 有些人说，经上没有提到发现有人在田野里迷路的这个人的名字。① 说这种话的人在某种意义上自己也迷路了，因为他们自己也不能看清这些事情。要是他们灵魂的眼睛没有失明，那么他们会明白这里讲的这个真正的人的名字就是"人"，这是一颗有理智、能说话的心灵最恰当的头衔。[23] 这个"人"就住在我们每个人的灵魂中，可以看到他在一个时候是国王和总督，在另一个时候是生命竞赛的士师和裁判。他有时候担任证人或原告，当然了，全都是不露面的，他从内心证明我们有罪，他甚至不允许我们张嘴，用良心的缰绳约束我们的舌头，抑制它们任性的、反叛的进程。[24] 当灵魂的这个挑战者看到灵魂迷了路，他就问"你找什么？"② 你是在寻找健全的感觉吗？你为什么要沿着这条偏僻的道路前进？这是一种自制吗？[25] 然而，这条道路通向吝啬。它是勇敢吗？以这种方式，你和轻率相遇。你在探寻的是虔诚吗？这条道路是迷信的道路。但若它说它正在寻找知识的原则，寻求它们作为自己的亲近，让我们根本不要相信它；因为它询问的不是"他们在哪里喂养"，而是"他们在哪里放养"他们的畜群？[26] 那些喂养我们的人以感觉对象的形式给感觉这个非理智、不知足的畜群提供营养，这些营养使我们失去自控，使我们陷入不幸；而那些放养的人，拥有统治者和总督的权力，驯养那些由于受到猛烈欲望的逼迫而变得野蛮的东西。所以，要是灵魂寻找真正美德的爱好者，它会在国王中间寻找，而不是在斟酒人、糖果制造者或厨子中间寻找；因为这些人是快乐的事奉者，而不是快乐的统治者。

【9】[27] 所以，那个看出这种欺骗的人作了正确地回答："他们已经走了。"③ 他指的是那些有质料、有形体的东西，他指出要坚持辛劳，参与竞赛，赢取美德，退出尘世，升上天空，在这个队列中没有身体残疾者。因

---

① 参见《创世记》37：15。

② 《创世记》37：15。

③ 《创世记》37：17。"那人说，他们已经走了，我听见他们说要往多坍去。约瑟就去追赶他哥哥们，遇见他们在多坍。"

为，这个人说他也听到他们说"往多坍去"。[28] 嗯，"多坍"的意思就是
"退出"。所以，他们的话是一种保证，不是以两种成分各半的方式提出保
证，而是以完全彻底的方式提出保证，他们确定要放弃和退出所有与美德无
关的事情。以同样的方式，我们读道"撒拉的月经已断绝了"①；激情就其本
性而言是阴性的，而我们必须放弃标志高尚情感的阳性特征。[29] 嗯，那么，
在田野里，也就是在一场语词的竞赛中，有人发现约瑟迷路了，这是在倡导
一种形式精致的学说，服务于治国技艺的传授，而非旨在真理。在那些参与
竞争的人中间，有些人身体条件很好，他们的对手在竞争中撤退，而他们未
经战斗便戴上了胜利的花冠，赢得奖品，因为他们力大无穷，无须弄脏他们
的战袍。心灵是我们最神圣的部分，心灵有着运动员一般的力量，经上说以
撒"出来在田间"②，不与任何人抗衡，因为那些反对他的人，在各个方面，
会远远地在他的伟大本性面前退缩。不，他去田间只是为了能与神相见，与
神谈话，神是他的灵魂的引路人和旅伴。[30] 我们有非常清楚的证据表明
和以撒谈话的不是凡人。因为利百加的意思是"坚持"，她问那个只看到影
子的仆人，"那走来迎接我们的是谁？"③ 因为坚持走高尚道路的灵魂确实能
够理解自学得来的智慧，这种智慧用"以撒"这个名字来代表，但它还不能
看见神，智慧的统治者。[31] 与此相一致，这名仆人确认她不能理解看不
见的神，也不能理解那个和她说话的人，因为他说"是我的主人"④，这个主
人仅仅指以撒；这里讲的"主人"不像是指两位都不能看见的，而是仅指一
位不能看见的。不，他没有看见那不可见的神，对所有那些位于途中的人来
说，神都是不可见的。

【10】[32] 嗯，我认为这一点已经非常清楚了，该隐在田野里挑战亚伯，

---

① 《创世记》18：11。"亚伯拉罕和撒拉年纪老迈，撒拉的月经已断绝了。"
② 《创世记》24：63。"天将晚，以撒出来在田间默想，举目一看，见来了些骆驼。"
③ 《创世记》24：65。"问那仆人说，这田间走来迎接我们的是谁。仆人说，是我的主
人。利百加就拿帕子蒙上脸。"
④ 《创世记》24：65。

象征着竞争。我们下面必须努力发现他们向前去的时候要考察什么主题。显然，他们正在考察两个明显相互对立的观点。因为亚伯把一切事物归于神，这是一条爱神的信条；而该隐把一切事物归于他本人，因为他名字的意思是"得"，这是一条自爱的信条。自爱者脱去衣服，做好准备，与那些重视美德的人竞争，进行拳击或摔跤，直至强迫他们的对手屈服，或者完全摧毁他们。[33] 如俗话所说，他们在提出问题的时候是不遗余力的。"身体不是灵魂的住所吗？"嗯，那么，我们不应当照料一所房子，使它不至于成为废墟吗？眼睛、耳朵，以及其他一大群感官，不就是灵魂的保镖和侍臣吗？所以，我们一定要平等地评价同盟者和朋友，不是吗？自然创造了快乐、享乐和愉悦来满足我们的终生需要吗，这些事情是为了死者，为了那些从未存在过的事物，而不是为了活着的人吗？诱使我们放弃获得财富、名望、声誉、职位，以及其他诸如此类的一切的是什么，对我们的生活来说，这些事物不仅确保我们的安全，而且确保我们的幸福吗？[34] 这两类生活方式是证人，可以证明我说的是真的。所谓美德的热爱者几乎毫无例外都不是名人，他们轻视财产，缺乏生活必需品，不享受国民的特权，甚至连奴仆的权力也没有，他们肮脏、猥琐、瘦骨嶙峋、饥肠辘辘、被疾病折磨、行将就木。另外，那些在意自己的人声名显赫，家财万贯，占据高位，他们受到各方面的赞扬、荣耀、健康、强壮、狂欢，过着奢侈的生活，他们生活甜蜜，不知辛劳为何物，过着快乐的生活，这就是感觉通过感官的各种渠道受到灵魂的欢迎。

【11】[35] 这些人结束了这种长时间的沉闷的谈话，他们以为不习惯这种吹毛求疵的论证的人会被打败。但他们取胜的原因不在于胜利者的强大，而在于他们的对手在这类事情上的软弱。那些致力于追求美德的人可以分成两类。有些人致力于那些值得赞扬的行为，让灵魂成为存放他们唯一追求的善物的库房，而不会有那么多梦想和语言的把戏。有些人无疑是成功的，他们的心灵被智慧固定在忠告和善事上面，雄辩术使他们颇有口才。[36] 普通人喜欢争吵，这种争吵特别适合后一类人，他们打算用争吵来抵挡他们的

敌人；但对前一类人来说，这样做毫无安全可言。这是因为，没有武装的人和有武装的人相遇，他们能在平等条件下战斗吗，哪怕他们全都全副武装，战斗也是不公平的，对吗？[37] 嗯，亚伯从来没有学过讲话的技艺，也从来没有学过只用他的心灵来认识美好的、高尚的事物。由于这个原因，他应当拒绝在田野里会面，更不必在意那个恶意者的挑战；这是因为任何退缩都要比战败好，像这样的退缩，尽管我们的敌人称之为胆怯，但我们的朋友称之为谨慎；由于他们没有说假话，所以我们应当相信朋友，而不是相信那些对我们持有恶意的人。

【12】[38]你没有看到摩西在"埃及"，也就是在身体里，与智者打仗吗？他把他们称做"行法术的"，因为他们行使的法术败坏了良好的道德风尚，智者的技艺使用诡计和欺骗。摩西辩称自己不是一个"能言的人"①，也就相当于说他在演讲方面没有天赋，所谓演讲术只不过是对似乎可能的事物进行似是而非的臆测罢了。摩西后来又强调，他不仅不是雄辩的，而且是"拙口笨舌的"②。他称自己"拙口笨舌"的意思不是要把这个词用于动物，说它们没有理智，而是说这个人不能发现恰当的工具，通过器官来讲话，表达他自己对真正智慧的教训的理解，这是虚假智术的直接对立物。[39]他既不会去埃及，也不会和智者发生冲突，直至充分接受讲话训练，神通过选择摩西的兄弟亚伦作为摩西的"口"、"讲话人"、"先知"，③ 以此表示所有这些性质对于思想表达来说是必不可少的，并且能使之完善；因为所有这些头衔都属于"言"或"道"，它是心灵的兄弟。[40] 心灵是语词的源泉，话语是语词的出口。因为心的所有思想就像一条溪流，通过话语展现出来；话语是计划的解释者，计划是由理智在它自己的议事会里形成的。

---

① 《出埃及记》4：10。"摩西对耶和华说，主阿，我素日不是能言的人，就是从你对仆人说话以后，也是这样。我本是拙口笨舌的。"

② 《出埃及记》6：12。"摩西在耶和华面前说，以色列人尚且不听我的话，法老怎肯听我这拙口笨舌的人呢。"

③ 《出埃及记》4：16。"他要替你对百姓说话，你要以他当作口，他要以你当作神。"《出埃及记》7：1。"耶和华对摩西说，我使你在法老面前代替神，你的哥哥亚伦是替你说话的。"

还有，话语是神谕的发言人和先知，理智决不会停止从不可见的、不可接近的深渊里说出话来。

【13】[41] 对我们来说，可以用这种方式来回答那些坚持他们好斗信条的人；因为当我们练习了这些语词以后，我们不会进一步沦落，由于缺乏对付智者打斗诡计的经验，我们会迅速崛起，进行斗争，用技艺教会他们解决纠纷的套路。一旦找到技艺，他们就是在勇敢地练习，而不是在真正地打仗。因为他们当中有拳击手希望在擅长模仿的拳击手中赢得敬佩，而他们自己只是在参加微不足道的比赛。[42] 如果一个人，尽管在灵魂中装备了所有美德，但没有练习修辞学，那么他只要保持沉默，就会安全地获得奖赏而无危险，但若他像亚伯一样迈步去参加一场理智的竞赛，那么在获得坚实的立足点之前他就会摔倒。[43] 就像医学，一方面有些行医的人知道如何处理各种病痛和疾病，知道疾病对健康的损害，然而不能对任何一种疾病提出科学的解释，无论是真实的，还是似乎有理的；另一方面，有些人在理论上很有一套，能够说明病因、病理和治疗方法，非常科学，但却不能很好地减轻病人的痛苦，甚至不能治愈小病；以同样的方式，那些追求智慧的人可以很好地进行实践，但是经常忽略表达，而那些接受过彻底技艺训练的人不能将他们学到的任何重大教训储藏在自己的灵魂中。[44] 这不值得惊讶，后面这些人会发现有一种傲慢的大胆，也就是放肆地使用他们的舌头。不过，他们只是在展示他们的学习毫无意义。其他那些人听说这部分技艺会把灵魂的健康转变为疾病和瘟疫，那么他们就像医生那样，一定会满足于等候，直到神带来额外的、最完善的解释者，向他们显明说这些话的根源。

【14】[45] 所以，很好，亚伯练习如何谨慎地挽救美德，待在家里，不去关心那些挑战和争吵。他应当模仿利百加，因为利百加就是耐心等待的象征。[46] 当那个邪恶的崇拜者以扫威胁要杀死美德的爱好者雅各的时候，她要雅各暂时离开，直到以扫残忍的疯狂平息下去。以扫确实发出过令人无法忍受的恐吓，他说："为我父亲居丧的日子近了，到那时候，我要杀我的

兄弟雅各"①；他乞求以撒，这个天底下唯一摆脱情欲的人，接受神的警告，"不要下埃及去"②，免得成为非理智的情欲的下属，被快乐的飞镖所伤，或者被某种别的情欲所伤。[47] 这种期望表明，神知道这个人不完善，如果通过一些努力来取得进步，不仅要受伤，而且会被彻底摧毁。然而，慈爱的神，既不会使情欲的牺牲品变得不可侵犯，也不会把追求美德者交到一个疯狂的杀人犯手中任由他去摧毁。所以下面的话是，"该隐起来打他兄弟亚伯，把他杀了"③，这表明，从字面意思来看亚伯毁灭了，但仔细一想，该隐毁灭了他自己。这句经文必须读作"该隐起来杀了他自己"。[48] 这正是我们期待会落到他头上的事情。因为灵魂中热爱美德和神的原则已被连根拔起，美德的生命已经死去。因此，好像很奇怪，亚伯既被杀死了，又得着了生命；由于那个愚蠢者的心灵，亚伯被毁灭或摧毁了，但他仍旧活在神那里，过着幸福的生活。圣经中的宣喻将成为我们的证据，经上说亚伯发出声音哀告，④ 他在承受他那邪恶的兄弟的罪过。一个不再活着的人怎么能够讲话呢？

【15】[49] 至此，我们进到了这一步：这位贤人可朽的生命好像已经死去，但他仍旧作为不朽者活着，而那个卑劣的人，在他过着一种邪恶生活的时候，他的幸福生活已经死了。这是因为，当我们想到生灵，或者想到某种一般的物体形式时，这些事物相互之间是分开的，它们有可能属于主动的一类事物，也有可能属于被动的一类事物。父亲打儿子，或者老师打学生，为了矫正他们的缺点，这种时候，打人的是一个，挨打的是另一个。而当我们想到存在者或者想到不分离的身体时，可以认为行动者和受动者是同一个主

---

① 《创世记》27：41。"以扫因他父亲给雅各祝的福，就怨恨雅各，心里说，为我父亲居丧的日子近了，到那时候，我要杀我的兄弟雅各。"

② 《创世记》26：2。"耶和华向以撒显现，说，你不要下埃及去，要住在我所指示你的地。"

③ 《创世记》4：8。"该隐与他兄弟亚伯说话，二人正在田间。该隐起来打他兄弟亚伯，把他杀了。"

④ 参见《创世记》4：10。"耶和华说，你作了什么事呢，你兄弟的血，有声音从地里向我哀告。"

体。想到它们并非是在不同时间针对不同主体，而是在相同时间针对同一主体。比如，运动员为了训练对自己进行按摩，所以按摩的和被按摩的都是他；要是一个人打自己或伤害自己，那么被打或被伤害的也是他，他甚至有可能使自己残废或者死亡。[50] 我这样说的时候用意何在？我在说的是灵魂，但我说的不是个人的灵魂，也不是某一类分离的独特事物，而是作为整体的灵魂，它必定要承受它自己的行为，就当前情况而言这是必然的；它似乎要摧毁这种对神而言最珍贵的学说，而在这个时候，它转而摧毁它自己。拉麦可以为证，他算得上是该隐不虔诚的后裔，他对他的妻子，亦即那两个错误判断说，"我杀壮士却伤自己，我害幼童却损本身"①。[51]因为很清楚，如果一个人杀死了勇敢的原则，那么他自己就会被那对立的疾病，亦即胆怯所伤害，如果一个人放弃高尚的训练，不能达到顶峰，那么他不仅打击了自己，而且极大地污辱了自己。确实，那个替利百加传话的人说，如果废除训练，不能逐渐进步，那么她失去的不仅是一个儿子，而且还会失去其他儿子，乃至于变得没有儿子。②

【16】[52] 正好比那个伤害品德高尚者的人自己遭受伤害，所以与此相应，要承认那些比他更有尊严的人也获得了某种善，名义上是为了他们，实际上是为了他自己。本性以及与本性相一致的禁令，表明我说的话是对的。因为我们就有这样清晰和直接的禁令："当孝敬父母，这样对你才是好的"③；它没有说"对那些被孝敬的人"，而是说"对你"；因为若是我们把心灵当做我们这个复合体的父亲来孝敬，把感觉当做母亲来孝敬，那么我们在他们手中将会得到很好的相待。[53] 孝敬或荣耀心灵不是用能够提供快乐的东西

---

① 《创世记》4：23."拉麦对他两个妻子说，亚大，洗拉，听我的声音；拉麦的妻子，细听我的话语，壮年人伤我，我把他杀了。少年人损我，我把他害了。(或作'我杀壮士却伤自己；我害幼童却损本身。')"

② 参见《创世记》27：45."你哥哥向你消了怒气，忘了你向他所作的事，我便打发人去把你从那里带回来。为什么一日丧你们二人呢。"

③ 《出埃及记》20：12."当孝敬父母，使你的日子在耶和华你神所赐你的地上得以长久。"

供养它，而是通过行善事来维护它，万物在行善的美德中均有它们的源泉。孝敬不是表现在对那些集中起来的精力放任不管，由它任意指向外部世界，而是用心灵加以约束，心灵就像舵手和驭手，用技艺来指点我们身上的非理智力量。[54] 所以，如果感觉和心灵各自获得我描述的这种荣耀，那么它们必定需要从中派生出来的福益。让我们把心灵和感觉的运用完全放下吧。如果你孝敬这位创造世界的父亲，孝敬智慧这位母亲，经过她的中介，宇宙得以完成，那么你自己也会成为收获者。因为神是圆满的，神和至高无上的知识都不需要任何东西。[55] 由此可以推论，祂照料这些事物不是把福利给予祂照料的对象，因为它们什么都不缺，而主要是把好处留给祂自己。驯马和驯狗分别是照料马和狗的技艺，要把这些动物需要的好东西提供给它们。要是不向它们提供，那么它们会感觉受到轻视。但若说宗教是照料神的，宗教是给神提供福利的一种方式，那么这样说是不虔诚的；因为神不向任何事物谋福利，神不需要任何东西，也没有任何事物可以为至高无上的神作任何添加。[56] 不，祂不断地、无休止地在给这个宇宙提供好处。所以当我们说宗教就是照料神的时候，我们的意思是某种事奉，就像奴仆对待他们的主人，按主人的吩咐去做。但在这个地方，这种平行的比较也不完善，因为主人需要事奉，而神不需要。由此可见，主人在掌控他们的奴仆，让他们提供有益于自己的事奉，而人什么都不能带给神，除了他们对主人的圆满的爱心。他们看不到有什么东西是他们可以加以改善的，因为他们的主人的一切都是圆满的，而他们自己则需要得到很多好处，要采取许多步骤，方能与神建立亲密的关系。

【17】[57] 我在想，关于那些似乎在对其他人行善或作恶的人，我已经说够了。因为我们发现，正是为了他们自己，他们才行善或者作恶。这里的问题是："你兄弟亚伯在哪里？"① 对这个问题，该隐答道："我不知道，我岂

① 《创世记》4:9。"耶和华对该隐说，你兄弟亚伯在哪里？他说，我不知道，我岂看守我兄弟的么。"

是看守我兄弟的么?"我们需要考虑这个要点,说神提出问题,这样说是否严格。之所以要询问或者要提问乃是因为不知道,所以要寻找答案,由此知道现在不知道的事情。而神是全知的,不仅知道现在和过去的事情,而且也知道将来的事情。那么,如果不是为了通过询问而得到知识,寻找一个答案又有什么好处呢?[58] 事实上,这样的表达法在涉及第一因(亦即神)的时候,不能在严格意义上使用。正如有可能说话而不撒谎,所以有可能提问而不询问或查询。所以,有些人也许要问,使用这样的表达法目的何在?[59] 提供这种回答的灵魂也许会被它自己判定有罪,它的表达要么是好的,要么是坏的,没有其他表达,要么是对它进行指责,要么是为它辩护。神对这个贤人提出一个问题,"你的美德在哪里?"① (我说的这个问题是别人问亚伯拉罕的,涉及撒拉)祂之所以要提问,不是由于祂无知,而是由于祂认为亚伯拉罕肯定能够回答,还可以借着亚伯拉罕的回答进行赞扬。你们瞧,经上说,亚伯拉罕说"瞧,她在帐篷里",也就是说,在灵魂里。[60] 那么,在这里值得赞扬的是什么呢?他说的是,"你们瞧,我有美德在我身边,就像珍贵的宝藏,但是单凭它并不能使我幸福"。因为幸福是由享有和实施美德组成的,而非仅仅是拥有美德。但我不能实施它,你们也不能从上苍带来种子使她怀孕,要是不能使以撒生子,亦即让幸福圆满,那么我会下定决心,幸福就是过一种完善的生活,实施完善的美德。于是,神对他的回答感到非常高兴,同意在恰当时候让他的恳求应验。

【18】[61] 所以,对亚伯拉罕来说,他的回答带来了赞扬,承认他做的事情合乎美德,没有神的直接看顾,他自身要对我们行善是力量不足的;而对该隐,与此相应,他的回答给他带来了责备,因为他说他不知道谁杀死了他的兄弟,他以为能用他的回答来欺骗神,把神当做不能清楚地全知的,不能预见他将要实施的欺骗;然而,任何人以为有什么事能逃过神的眼睛,都是不合法的,要遭受驱逐的。[62] 还有,该隐傲慢地说:"我岂是看守我兄

---

① 《创世记》18:9。"他们问亚伯拉罕说,你妻子撒拉在哪里?他说,在帐篷里。"

弟的么。"①而我要说："要是本性把他造就为如此巨大善物的卫士和看守，那么他的生活确实可悲。"或者说，这位立法者并没有把你当做圣物的卫士和看守，他不把这种事委派给普通人，而是委派给利未人，因为他们的心灵完全神圣化了，不是吗？哦，是的，大地、海洋、天空、苍穹和整个世界，被视为几乎毫无价值的东西。只有造物主与他们相遇，在造物主那里，他们作为真正的乞援者得到庇护，变成造物主的侍从，通过不断的事奉和不知疲倦地看护托付给他们的圣物，他们发现了对主人的热爱。

【19】[63] 然而，并非所有乞援者都成为圣物的卫士，而这些卫士到了五十岁的时候就不再工作，而是重获自由，安度晚年。因为我们读道："利未人是这样，从二十五岁以外，他们要前来任职，办会幕的事。到了五十岁要停工退任，不再办事，只要在会幕里，和他们的弟兄一同伺候，谨守所吩咐的，不再办事了。"② [64] 所以，你们要记住，五十这个数是个完全数，二十五是它的一半，如某位古人所说，是这个整体的一半，我们注意到，他吩咐那个只有一半完善的人开始工作，做神圣的事情，表现出主动的服从；而他吩咐那个完善者不要再劳动，要把他已经获得的所有东西都当做努力实践的结果。[65] 但愿我无须再献身于学习，费心做任何事情，因为我并非后来才成为卫士的。学习或实践是低等的，是初级阶段，而不是完善的最终成果。在灵魂中，它被视为不完善的，但它下决心要抵达顶峰。守望或护卫是某种完全的事情，存在于对记忆的托付，要记住那些通过实践获得的神圣事物的原则。[66] 这么做，就是把知识公平地存放在一位值得信赖的卫士那里，只有他不在意遗忘的圈套对他使用各种阴谋诡计。因此，"卫士"是他给那个记住他所学事物的人所起的名字。在较早阶段，当他还在接受训练的时候，这个人是学生，有另外一个人在教他，而当他变得能够守望和护卫时，他获得了一名教师的能力和地位，被指派承担这项任务，把下属当做

---

① 《创世记》4：9。
② 《民数记》8：24—26。

他自己的兄弟，亦即说出话语的老师；因为经上说"他的弟兄将会伺候"①。于是，真正高尚者的心灵将是卫士和美德的侍女，而他的兄弟，也就是"说话"，将伺候寻求教育的人，把这些教义和智慧的原则教给他们。[67] 由于这个原因，摩西在给利未人赐福时，对他们进行了绝妙的赞扬，说："他护卫着你的谕言，谨守你的约"；然后又说："他们要将你的典章教训雅各，将你的律法教训以色列。"②[68] 所以他清楚地断言，完全有教养的人是神的话语和"约"的卫士。还有，他清楚地表明他是最好的说话人，可以发布典章和律法。因为说话是语言器官的一种运作，与其相似，警觉的守望是心灵的功能，它被本性造就为巨大的库房，有足够的空间承载所有关于本体和环境的构想。它甚至可以说是该隐的一项长处，该隐是自我的热爱者，由他来护卫亚伯；因为他若是精心保护亚伯，他就确实能够过上一种混合的"一半对一半"的生活，而不会在全然绝对的邪恶之杯中品尝。

【20】[69] 神说："你作了什么事呢？你兄弟的血，有声音从地里向我哀告。"③"你作了什么事"这句话很好地表达了对不公义行为的愤怒，同时也是对这个人的嘲笑，因为他以为已经杀死了自己的兄弟。这一行动的行为者的意图激起了愤怒，因为他的目的在于摧毁高尚的事物；而嘲笑是由他的想法引发的，他以为他的邪恶计谋能够得逞，能够反对那个比他更好的人，然而这样做恰恰是反对他自己，而不是反对他的兄弟。[70] 因为，如我前述，看起来死了的那个人仍旧活着，因为我们看到他在向神乞援，发出他的声音；而自以为还活着的那个人已经死了，因为他的灵魂经历死亡，已经没有美德，而这是唯一配得上统治生命的东西。因此，"你作了什么事"这个问题相当于"你什么都没做，什么都没有做成"。[71] 对巴兰来说也是这样。他是一个贤人，是那些互不相容的、不和谐的观念的空洞混合。他想要伤害

---

① 《民数记》8：26。"只要在会幕里，和他们的弟兄一同伺候，谨守所吩咐的，不再办事了。"

② 《申命记》33：9。

③ 《创世记》4：10。

优秀者，咒诅他。但他做不到，因为神把他的咒诅转变为赐福，① 为的是可以马上给行邪恶之事的不公义者定罪，同时补偿祂自己对美德的热爱。

【21】[72] 贤人必定要在他们中间发现对立的力量，话语和观念的冲突，希望与话语的冲突，处于绝对完全不和谐之中。他们论证公义的社会品格、克制的有益本性、自制的高尚、虔诚的伟大好处、带来健康和安全的各种美德，这些证明使我们的耳朵生疼。[73] 另外，他们不厌其烦地论述不公义的不和谐，论述放纵的生活带来健康方面的损失，证明非宗教会使你成为令人作呕的贱民，而其他各种邪恶都会造成严重伤害。无论如何，他们一直在接纳那些与他们所说的事情不一样的情感。就在那一刻，当他们赞扬决断、节制、公义、虔诚的时候，他们看上去更像是在赞扬愚蠢、放荡、不公义、不虔诚，几乎可以说你被搞糊涂了，神的或人的每一条法令都被他们颠覆了。[74] 对于这些人，可以正确地向他们提出圣经中向该隐提出的那个问题，"你作了什么事？"你做的这些事给你带来什么好处？向你们自己的灵魂提出这些关于美德的长篇大论有什么好处？你们的生活有哪些部分，大的或小的，是正确的？不，你就没有做过相反的事情吗？你就没有对自己提出过真正的指责吗，在向自己展示最高秩序，作为对相关美好事物和哲学讨论的理解，这个时候你们不可避免地会产生宝贵的情感，而在实践中会沉溺于赞扬那些完全卑劣的东西，不是吗？我们就不能再进一步，说在你们的灵魂中，所有高贵品质都已经死亡，而邪恶品德却活跃起来了吗？这是因为那个不是你的人真的仍旧活着。[75] 当一名乐师或者学者死去，那么以个别大师为其居所的音乐或学问在他们那里确实萎缩了，但它们的最初类型的生命与这个世界的生命一样长时间地延续；遵循这些原则，这个世代的人，以及未来世代的人，生生不息，他们也会成为乐师和学者。以完全相同的方式，如果明智、适度、勇敢，或者公义

---

① 参见《民数记》23：8。"神没有咒诅的，我焉能咒诅？耶和华没有怒骂的，我焉能怒骂？"

的东西，简而言之一个词，聪明，被摧毁了，不再挺立，那么决断伴随不死的生命，以及所有美德，除了衰退，会铭刻在宇宙不死的丰碑上；由于拥有一部分这种美德，今天的人真的是聪明的，将来的人也会如此。事情必定如此，除非我们说个别人的死亡给人类带来了毁灭。[76]无论"人类"是什么，是类别、原初的类型、观念，或者无论是什么东西，都是由使用术语进行研究的人来确定的。一枚印章经常在无数实体上留下印记，但有时候会发生这样的情况，留在每个实体上的印记全都消失了，而印章有其自身的本性，不会受到伤害，仍旧保持原先的样子。[77]在这样的事实层面，我们还能相信美德不能在它们自己的本性中保持，不会毁坏或衰败吗？哪怕它们留在那些处于它们影响之下的灵魂的印记变得糊糊不清，由于坏的生活或者出于某些其他原因。所以，我们看到，那些没有文化的人不懂整体与部分之间的差别，不懂种与类的差别，不知道为什么尽管这些事物不同，但却有可能具有相同的名称，并与其他事物完全混合在一起。[78]所以，让每一位"自爱者"明白，这是该隐这个名字的意思，他杀死了那个分享亚伯名字的事物，那个样本，那个部分，那些铭刻在他身上并与他相似的东西不是原本，不是类别，不是类型，是不可毁灭的，尽管他想象它们是的，而实际上它们已经与那个活生生的存在者一道毁灭。所以，就让神去说他，嘲笑他：你做了什么事，可怜的家伙？你以为你已经废除了爱神的信条，所以不用和神在一起吗？你证明了你就是杀害你自己的凶手，你被谋略所杀，唯有神才有力量使你过一种无罪的生活。

【22】[79]后续的话内容很丰富，无论是它的表达之美，还是它包含的思想。经上说："你兄弟的血的声音从地里向我哀告。"①措辞的崇高是所有精通文献者的专利。[80]让我们按照我们的能力，考察这里所表达的观念。首先要说的是血。在许多段落中，摩西在颁布律法时把血当做生命的本质，

---

① 《创世记》4：10。"耶和华说，你作了什么事呢？你兄弟的血，有声音从地里向我哀告。"

他清楚明白地说，"血是所有活物的生命"①。然而，在天地被造之初和造天造地之间，活物的创造者造人，我们读到，"神将生气吹在他的脸上，他就成了有灵的活人"，② 这表明事情正好相反，生命的本质是气息。[81] 我们现在必须注意，作者不可改变的习惯就是决不要忘记他在开始之处立下的原则；他要极为严谨地让他后来的陈述与他前面已经说过的内容相一致。因此，在已经说了生命的本质是气息以后，他不会再说是别样实体，亦即血，除非他还没有把这件事置于某些最关键的基本原则之下。[82] 那么我们该说什么呢？按照最初的分析，我们中的每个人在数目上都是二，一个是动物，一个是人。二者中的每一个都拥有一种与他们各自的生命原则同缘的内在力量，一个是活力，就是使我们活着的美德，另一个是理智的力量，就是使我们成为理智存在者的德性。非理智的生灵与我们一道分有生命的力量；神拥有理智的力量，但祂确实不是分有者，而是创造者，是理智的原型的源泉。

【23】[83] 就我们与非理智生灵拥有的共同能力而言，血赋予它们并作为它们的本质；就从理智源泉中流淌出来的能力而言，赋予它们本质的是气息；可以说它不是流动的空气，而是神力打下的烙印，摩西恰当地把"影像"这个头衔给了它，以此表明神是理智存在者的原型，而人是它的副本和相似物。[84] 我用"人"这个词的意思不是指拥有两种本性的活物，而是指能在其中展示自身最高形式的生命；它得到"心灵"和"理智"的头衔。正是由于这个原因，他说血是活物的生命，他知道肉体的本性没有接受心灵，而只是分有生命力，如我们整个身体所为；但是他把人的生命称做"气息"，如我已经说过的那样，他这样说不是把"人"这个头衔给予这堆复合物，而是给予像神那样的创造者，于是我们可以推论，是神引发了理智的根源，祂甚至能够上抵天穹，下至地极，远抵恒星天外。[85] 神创造了人，在所有

---

① 《利未记》17：11。"因为活物的生命是在血中。我把这血赐给你们，可以在坛上为你们的生命赎罪，因血里有生命，所以能赎罪。"

② 《创世记》2：7。"耶和华神用地上的尘土造人，将生气吹在他鼻孔里，他就成了有灵的活人，名叫亚当。"

活物中，只有人是在大地上制造、在天空中生长，像创造其他活物一样，神把人造得有头部；这是因为其他活物全都俯首向下，只有人抬头向上，人的营养是天上来的，不灭的，而不是可灭的和尘世的。与此一致，神给我们安上双脚，让我们来到大地上，也使我们的能力尽可能从推理移向感觉，我们的感觉是心灵的卫士，神把我们的心灵本身安在离大地最远的地方，用天穹和轨道把这些不朽者联结起来。

【24】[86] 那么，人如何拥有不可见的神的观念？让我们这些摩西的小学生不要对此再有什么困惑不解。摩西本人通过与神交际而明白了这一点，然后他又教导我们为什么会这样。他是这样说的。造物主创造的身体没有灵魂，不能凭自身看见创造者，然而看见创造者能给被造物带来极大的好处，能使它得到创造它的神的观念，这一点将决定它的幸福，于是神从上方把气息吹到人的脸上。就这样，不可见的神在不可见的灵魂上面打上了自己的烙印，到了最后，甚至连大地上的各个区域也不会不分有神的影像。当然了，这个缺乏可见形式的原型甚至无法看见神的影像。[87] 与原型相一致，它包含的观念现在不是可朽的，而是不朽的。因为，凡人的本性怎么能够同时既在家里又在国外，或者被看到既在这里又在别处，或者既在大海中航行又行至地极，或者既掌握法律又掌握习俗，或者，总而言之一句话，它怎么能够既是境遇又是实体？或者，在超越了尘世间的事物以后，它怎么也能理解天上的事情呢，诸如空气的流动变化、具体时间的特点、一年四季，无论是前所未有的，还是永久不变的？[88] 还有，它怎么可能从地上飞上天，上至天穹，考察天体的运行，发现它们运动的起源和终止由谁决定，它们以什么方式与某些法则一致，调整相互之间的关系，调整它们和宇宙之间的关系？[89] 它怎么可能发明技艺和科学，生产各种物品，或者改善灵魂和身体，同时做其他无数的事情呢？这些事情到底有多少，其本性又如何？因为在我们全部天赋中，只有心灵最敏捷，它似乎能在时间中发现自身，凭着不可见的能力，不受时间限制地既与整体接触，又和部分接触，并使两方面的事情发生。[90] 现在，它们不仅来到地极和大海，也来到天空，甚至在那

里驻足观看，以为宇宙对其持续不断地运行而言过于狭小，需要继续努力，尽可能理解神的本性，但这样做当然有违神是不可理解的这一事实。然而，被包含在人的头脑或者心脏里的心灵如此之小，它若不是神圣的、有福的灵魂的不可分离的部分，怎么会有空间来盛载庞大的天空和宇宙？没有哪个神的部分能够将其自身分割，变成分离的，而只能延伸它自己。所以，心灵获得作为完善者的整体的一个部分，在察看宇宙的时候，它能抵达整体的边界，不受任何阻隔，因为它的力量无比强大。

【25】[91] 涉及生命的本质，这几点评论也许够了。按既定的顺序，我们必须以这种方式解释"血发出声音哀告"。我们生命的一部分，或者灵魂，是不说话的，而生命的另一部分会发出声音。[92] 非理智的部分不说话，理智的部分有声音，只有理智能获得神的观念；因为用另一个部分我们既不能理解神，也不能理解其他任何精神体。[93] 所以，血是这种至关重要的能力的本质，它获得了一部分声音和话语，作为特殊的奖赏；我指的不是通过口舌流出来的话语的溪流，而是一个源泉，依据自然秩序，它就像一个充满语言的水池。这个源泉就是心灵，我们通过心灵，部分自觉、部分不自觉地向神大声恳求，呼喊神。因其善良和仁慈，神没有不理睬向祂乞援的人，只要他们的喊叫不是假装的或者虚伪的，是为了在埃及做苦工而叹息哀求。因为那个时候，摩西说，他们的哀声达于神，① 神听了他们的话，把他们从加于他们之上的邪恶中解救出来。[94]所有这些都发生在埃及王死了的时候。不过，有一件事情显然有点出乎意料之外；因为当一名暴君死去的时候，人们一般以为那些被暴君统治的人会感到高兴和快乐；然而经上说他们在这个时候感到悲痛，我们读到，"在埃及王死了许多年以后，以色列人非常哀伤"②。[95]取其字面含义，这句话是自相矛盾的：如果它指的是影响灵魂的力量，那么第二个分句的陈述可以视为第一个分句的结果。法老就是这种驱

① 参见《出埃及记》2∶23．"过了多年，埃及王死了。以色列人因作苦工，就叹息哀求，他们的哀声达于神。"

② 《出埃及记》2∶23．

散和抛弃一切高尚理念的力量。这种力量在我们身上快速起作用，看上去似乎是强大和健康的，于是我们就把自制赶得远远的而欢迎快乐。但是，当我们的生命由于腐败和放纵而变得衰弱，也就是说死去了，我们就一下子被带入一种自主的清晰的观点，转为向我们自己的旧的生活方式表示悲伤和哀叹，这是因为，由于我们宁要快乐，不要美德，所以我们过着一种不朽与可朽叠加的生活。但是，唯有神是仁慈的，祂对我们无休止的哀叹表示遗憾，祂接受我们乞援的灵魂，毫不费力地驱除埃及人突如其来的情欲旋风。

【26】[96] 该隐拒绝忏悔，神开始对这个弑兄的杀人犯进行最恰当的咒诅，因为他罪大恶极。起初，神说他"必从这地受咒诅"①，表明他受咒诅不是第一次，犯下这桩滔天大罪的时候，他是令人憎恨的，而在此之前，他在策划谋杀时也是这样，因为动机与已经完成的行动一样重要。[97] 要是我们仅在心灵中拥有可耻的想法，那么我们的意愿还没有犯罪，因为灵魂甚至有可能反抗我们的意愿，从而消除错误。但是，一旦计划得以实施，对行动的思考由于实施而变得清晰，那么谋划也就涉及犯罪。[98] 神说心灵将会是可憎的，因为它不是来自其他事物，而是来自土；我们中间的每个人的属土部分应当对我们最可悲的不幸负责。比如，由于心灵自身的腐败，身体承受着疾病和伤害，充满困顿和危难，或者说，由于心灵放纵生活而沉溺于快乐，使知觉变得迟钝，亦使性格变得极为凶残。就如我们大家全都知道的那样，每一种感觉都是通往伤害之门的大道。[99] 男人见到美女，会被可怕的爱情飞镖所伤；或者说，听到同胞的死讯，人会悲伤流泪。经常发生的事情还有味觉使人堕落，倒胃口的食物使人心烦意乱，或者说，大量的美味佳肴令他的胃口不堪重负。我几乎不需要提到性放纵带来的刺激了。这些事情毁灭了整个城邦和国家，毁灭了大地上广袤的区域，如世上几乎所有诗人和历史学家所证明的那样。

【27】[100] 心灵由于土的缘故而变得可恨，下面这些话表明这种变化

---

① 《创世记》4：11。"地开了口，从你手里接受你兄弟的血。现在你必从这地受咒诅。"

的方式，"地开了口，从你手里接受你兄弟的血。"① 这是一件残酷的事情，感官的入口要打开，以接受倾泻而入的感觉洪流，就像河水泛滥，进入感官的缝隙，没有任何东西能够阻止它们的猛烈冲击。而心灵被巨大的洪流所吞没，沉入底部，无法上升到表面向外观看。[101] 我们应当使用这些官能中的每一种官能，但不是用于全部事物，而要做那些价值最大的事情。眼睛能够看到所有颜色和形状，但是要让它们看那些与光明相吻合的东西，而不是与黑暗相匹配的东西。耳朵也能够领会所有说出来的话语，但要让它们拒绝聆听某些话语，因为有许多事情说出来就是可耻的。至于你的味觉本性，要是让它对我们所有人为所欲为，那真是太愚蠢了，千万不可贪婪，想要吞食一切。[102] 生病时的剧烈疼痛在许多情况下都是由食物引发的，这些食物没有什么营养，只是非常稀罕和昂贵。从种族繁衍的观点看，男人生来具有生殖器，但不能去强奸、通奸，以其他不允许的形式性交，而只能以合法的形式繁衍后代。每个人都有舌头、嘴巴和发音器官，但你们不要不假思索地把一切都说出来，甚至把那些秘密也说出来；因为在有些地方应当克制说话；在我看来，学会了讲话的人也应当学会沉默，因为同样的功能使我们能够练习讲话和约束讲话；在我看来，那些谈论事情的人应当展示讲话的能力，而在保持沉默方面能力不能很弱。[103] 所以，让我们极为真诚地把我们已经提到过的这些口子捆扎起来，添加牢固的自制的锁链。摩西在别处说，"凡敞口的器皿，就是没有扎上盖的，也是不洁净"②，他的意思是，人悲惨的原因在于灵魂的不同部分处于松弛状况，留有诸多缝隙，没有扎紧，它们只有处于紧密状态，方能有生活和语言的恰当秩序。所以我们看到神不得不诅咒亵渎的该隐，因为他的复合体的内室的口子开得很大，他张着口子热爱着所有外部的事物，贪婪地祈求能够把它们全部拿进来，能为它们找到存放的空间，这样做的目的是摧毁亚伯，或者说是为了摧毁那些忠于神的学说。

---

① 《创世记》4：11。
② 《民数记》19：15。

【28】[104] 由于这个原因，他要在地里"干活"，但不是在"耕作"①；因为每一位土地的耕作者都是有技艺的工匠，而耕作也是一件需要技艺的事情，但有大量在田野里干活的人并未经过训练，这些无技艺的人要通过劳动获得生活必需品。他们从事农业劳动时没有任何人对他们进行指点，所以他们做了许多坏事；要是他们做了什么好事，那么他们的成功也是偶然的，因为他们没有理智的帮助；而土地耕作者的科学劳动必定是完全有益的。[105] 这就解释了这位立法者为什么要把农夫这个需要技艺的行当指派给义人挪亚，② 他希望能显示事实真相，如一名好农夫所为，品格健全的男人在地里要对付那些野生树木，要砍去有害的代表情欲的嫩枝，要留下那些尽管不会结果，但可以作为保护灵魂的篱笆的树木；另外，他会照管所有栽种的树木，但不是用同一种方法，而是用不同的方法，他会伐去某些树，添加其他树，让有些树长大，让有些树减少。现在我来举例说明我特别感兴趣的地方。请你注意，他会压弯生长茂盛的葡萄藤，挖沟，把它的卷须埋入地下，重新盖上泥土。[106] 只要很短的时间，这些部分就会变成整体，女儿就会变成母亲。不仅如此，这样做还解除了老树滋养幼树的重负。因为滋养幼树会使老树枯竭和衰弱，耗尽它的体能，而一旦免去滋养幼树的重任，它的精力就可以用来为自己吸取必要的营养，使自己获得更新而重返青春。[107] 我见过另外一个人处理栽培的树木。他把一棵生长不良的树的地上部分尽皆砍去，只保留靠近树根的一截树干。然后，他取来另外一棵生长良好的树的树枝，削去一端的树皮直至木髓，并在处理过的树干上留好切口，这个切口不用太深，只要能将嫁接的枝条插入即可。[108] 然后，他会把他剪好的枝条插入那个接口。就这样，通过嫁接，两棵树成了一棵树，两个部分都给对方提供了好处。树根滋养嫁接过来的树枝，使之免予枯萎，作为报答，树枝又为树根结出果实。在农业中，还有无数其他的操作需要技艺，如果现在都

---

① 《创世记》4：12。"你种地，地不再给你效力。你必流离飘荡在地上。"

② 参见《创世记》9：20。"挪亚作起农夫来，栽了一个葡萄园。"

提到那是不合适的。我已经花了这么多篇幅，只是为了弄清劳动者和（有技艺的）农夫之间的区别。

【29】[109] 卑微者决不会停止想象他那属土的身体、与他的身体同缘的感觉，以及感觉的所有外在对象，他会进行无技艺的劳动，伤害他的极为可悲的灵魂，伤害他的自以为是，以为他自己的身体主要是受益的。而对高贵者来说，由于他是这些需要技艺的农活的行家，所以他要做的工作全部受到他的技艺的控制，如理智所需要的那样。感觉是会胡闹的，它会带着无法压抑的冲动，奔向外部的对象，而使用一种科学的计谋则很容易克制它们。[110] 情欲在灵魂中野蛮地悸动，放纵情欲会产生奇痒、连续不断的痛苦和令人害怕的颤抖，这就是恐惧和悲伤的结果，只有事先有所准备的治疗才能将其平息。还有，如果某种邪恶与身体的疾病相伴，传播得越来越广，蔓延到皮肤上，那么只有在科学的指导下，用理智的刀子才能加以割除。[111] 此后，那些野树的生长会得到抑制，而所有栽培作物和果树会得到精心照料，就好像他们的高尚行为会生根发芽，开花结果。每一位技艺娴熟的农夫，就其是灵魂培育者而言，都会由于得到的关照而被带向不朽。

【30】[112] 因此，这里清楚地表明土地耕作者是有才干的人，而卑微者是在地里干活的人。他在地里干活的时候，他的属土部分在给他提供力气，而非减弱他的力气；因为经上说："你种地，地不再给你效力。你必流离飘荡在地上。"① [113] 他的困境是人常会遇到的，如果他老是在吃喝，永远不能饱足，或者放纵情欲，荒淫无度。空虚会引起虚弱，充实则会产生力气；所谓不知足乃是食物有充分供应，而进食者不予节制时的体验；那些处在此种可悲境地的人的身体是吃饱了，但他们的胃口和欲望仍旧如饥似渴。[114] 然而，作为知识的热爱者，他在伟大的颂歌中说，"神使他乘驾地的高处，得吃田间的土产"②，表明这个亵渎者错失了他的目标，到最后还要承

---

① 《创世记》4：12。

② 《申命记》32：13。"耶和华使他乘驾地的高处，得吃田间的土产。又使他从磐石中咂蜜，从坚石中吸油。"

受更大的痛苦，因为他的力气没有添加，反而减弱了；他们的活动，在追随美德时，会高于所有属地可朽之物，也会充分藐视这些事物所具备的力量，因为有神指引他们上升，神力会延伸到他们身上，使他们享有最高的福益，亦即田间的土产。他把美德比做田地，有田地则会有出产。他选择了"出产"这个词，因为他正在想着"生产"；可感的行为出自判断，适度的行为出自节制，虔诚的行为出自虔敬，从其他每一美德中会产生与之相应的行为。

【31】[115] 这些"产物"在严格的字面意义上是营养，由能干的灵魂提供，如立法者所说，使他"从磐石中咂蜜，从坚石中吸油"①。他用"磐石"这个词来表达坚强的、不可毁灭的神的智慧，喂养、照料、哺育一切向往不朽本体的人。[116] 因为神的智慧就像世上万物之母，这些事物一出生，祂就把它们当做子女来照顾，在需要的时候用自己的乳房哺育它们。但是并非祂的所有子女都配得上神圣的食物，而只有那些与其父母相配的子女才配得上；因为他们中有许多会成为美德饥荒的牺牲品，这种饥荒比食物和饮水的饥荒还要残酷。[117] 神圣智慧的源泉在流淌，有时像一道温和的小溪，有时像一道急流。温和流淌的时候，它就像蜜一样香甜；快速流淌的时候，它就像一种质料，甚至就像点灯用的油，给灵魂点火。在另外一处，他使用了磐石的同义词，称做"吗哪"。"吗哪"是一个神圣的词，是一切存在者中最古老的，它也有一个最容易理解的名称，叫做"某物"。[118] 用它做成两块饼，一块掺蜜，一块涂油。在教育中有两个不可分割的、同样重要的阶段，一开始的时候是从知识的开口处产生甜蜜的东西，再往后则产生最明亮的光芒，照耀那些人，他们用不浮躁、不敷衍的方式对待他们热爱的主题，有力地把握，牢牢地控制，坚持不懈，不松弛，不中断。如我所说，这些人"会上升到地的高处"。②

【32】[119] 另一方面，对亵渎神的该隐，地不能给他提供任何有益于

---

① 《申命记》32：13。
② 《申命记》32：13。

健康活力的东西，尽管他身上并没有超越土以外的东西。他要"对土地呻吟和颤抖"①，这是一个很自然的结果，也就是说，他会成为恐惧和悲伤的牺牲品。这就是这个恶人可悲的一生，他的生活比四种情绪更加痛苦，它们是恐惧和悲伤，其中一种相当于呻吟，另一种相当于颤抖。[120] 在这样的生活中，必定会有某些恶呈现，或者处于恶的进程之中。对它的期待会产生恐惧，对它的体验会产生悲伤。但是追随美德的人，必定会与幸福的状态相对应；他要么赢得了奖品，要么处于赢得奖品的进程之中；然后，他会获得它的产物快乐，这是一种最美好的所有物；由于期待，你会抵达它的产物，热爱美德和希望，它们是灵魂的食物，能使我们抛弃犹豫不决，敏捷地尝试采取所有高尚的行动。为了某些灵魂，公义会生育雄性的后裔，它拥有公正推理的样子，并将一切痛苦的事情从灵魂中驱逐。[121] 关于这一点，我们的证据是挪亚的出生。"挪亚"的意思是公义，经上说"这个儿子必为我们的操作和手中的劳苦安慰我们。这操作劳苦是因为耶和华咒诅地"②。这是公义的本性首次在辛苦之地创造休息，因它完全不在意邪恶与美德之间的差别，比如财富、名望、官职、荣誉，以及诸如此类的东西，大多数人就在为这些事情奔忙。[122] 其次，消除悲伤是它的本性，在完全由我们自己推动的事情中成形。因为，摩西没有像某些不虔诚的人那样，说神是疾病的创造者。不，他说的是"我们自己的双手"引起了疾病，以这种象征的方式描述了我们自己从事的事业，以及我们的心灵如何自发地向错误的地方移动。

【33】[123] 但是，公义的主旨是"从我们的主神咒诅的大地"，使我们得到完全的休息。这里用土来表示邪恶，它在愚蠢者的灵魂中找到它的居所，就像有些人染上疾病。然而，我们可以在义人那里看到对邪恶的防范，因为他的公义是防范邪恶的特效药。[124] 所以，当他身上已经有了零星邪恶的时候，他会像撒拉那样喜笑；因为撒拉说"神使我喜笑"，但她接下去

---

① 《创世记》4：12。
② 《创世记》5：29。

又说，"凡听见的必与我一同喜笑"①。神是好的笑声的创造者，是喜乐的创造者，所以我们必须明白创造被造物不是以撒的事，而是那非被造者的工作。因为，要是"以撒"的意思是喜笑，那么神是撒拉的确凿无误的证人，神是喜笑的创造者，我们可以完全正确地说，神是以撒的父亲。不过，神把自己的一份头衔给了聪明的亚伯拉罕，而通过驱逐悲伤，神又把喜乐赐予这位智慧的后裔。[125] 因此，要是人能够听到神创造的诗歌，他自己必定喜乐，也会和听见的人一同喜笑。神是他的作品的作者，你会发现这些作品既不是神话，也不是虚构，而是一切事物均需遵循的坚定准则，就像雕刻在石头上的铭文。你会发现，不是诗句的格律、节奏、优美音调使耳朵陶醉，而是自然本身的圆满工作使之拥有自身的和谐。哪怕是心灵，随着它把耳朵伸向神的诗歌，也会感到喜乐，话语也一样，只要伸向理智的概念，要是我们可以这样说的话，把它的耳朵朝向它们，那么就会产生喜乐。

【34】[126] 明白拥有大智慧的摩西和神的交际，可以帮助我们弄清这一点。它包括这样一些话："你瞧！亚伦不是你的兄弟吗，他不是利未人吗？我知道他会为你说话。你瞧！他会出来迎接你。"② 造物主说他知道话语能说话，话语是心灵的兄弟；因为神创造了话语，它就好像一件乐器，能够清晰地发声，表示我们整个复合的存在。[127] 这个"话语"发音、讲述和解释我们的思想，既为你、又为我，也为所有人；不止于此，它还向往与理智的推论相会。心灵激励自身时，它会产生一种冲动，趋向某些属于它自身范围内的对象，要么在它自身内移动，要么从外部事物经验到有标记的印象，然后心灵就会怀孕，处于分娩思想的阵痛中。[128] 心灵希望能产下思想，直到由舌头和其他语言器官发出的声音像接生婆一样把思想捧在手中，让它们见到光明。这样的声音是我们思想的最远的发散和表达。正如处于黑暗中的事物是隐匿的，直至光明照耀它们，使它们显身，以同样的方式，观念储存

---

① 《创世记》21：6。

② 《出埃及记》4：14。"耶和华向摩西发怒说，不是有你的哥哥利未人亚伦么，我知道他是能言的，现在他出来迎接你，他一见你，心里就欢喜。"

于理智之中，那里没有光明，直到声音像光线一样照亮它们，揭露它们。

【35】［129］所以，话语和思想相会可以说是一件好事，话语急于趋向思想，把握思想，想要解释思想。对每个人来说，他的恰当工作就是获得一个渴望的对象，而讲话就是话语的恰当工作，所以它急于向思想走去，本性告诉它要把思想当做自己的东西来对待。思想受到启发，被光明点亮，这个时候它喜乐，它高兴，它完全看见了对它显示的事物；然后它会用手去把握它，抓住它，成为该事物完全的解释者。［130］无论如何，我们要避开这样的人，他们的讲话表明他们对想要表达的观念缺乏完全的把握。一方面，我们可以把他们当做话痨，这种人无所事事，一味瞎扯，空洞无物，长篇大论，给事物起绰号。这种人的讲话本身非常可耻，对此他们也会发出抱怨。所以，另一方面，人的话语必定需要喜乐，在考虑了这些观念以后，确定他看见的事物和他有效地把握的思想对象。［131］依据日常经验，我们几乎每个人对此都很熟悉。当我们完全掌握了我们正在叙说的事情时，我们的话语是喜乐的、高兴的，我们的词汇是丰富的、生动的、适宜的，我们能够稳妥地加以使用而无障碍；再说，它能够成功地表达那些良好的主题，对之进行清楚的阐述。但是，当我们对思想的理解不确定的时候，我们的话语就会可悲地缺乏恰当的术语，会进行错误的解释，会在不恰当的意义上使用语词。这样一来，不仅我们的话语本身陷入困顿和不适，胡言乱语，不知道自己在说什么，而且也相信它会使听众的耳朵生疼。

【36】［132］但是，并非所有话语毫无例外都要与思想相遇，亦非一切思想毫无例外都要与话语相遇，而完善的亚伦必须与最完善的摩西的思想相遇。他在"你瞧，亚伦不是你的兄弟吗"这句话后面加上"利未人"这个词的目的是什么？这里的教义只对利未人而言，对祭司而言要用最诚挚的话语，因为它们都是完善心灵的花朵。［133］一方面，卑微者的话语决不能轻易解释神的律法。卑微者自身的污染会羞辱它们的美貌。另一方面，决不要让高贵者口中说出卑劣和放肆的观念，而要让神圣的事物始终用神圣的话语来表达。［134］据说某个非比寻常的城邦盛行下面这些风俗。那里不允许生

活不检点的人向元老院或民众提建议，而要由一位官员把他的建议告诉品性纯洁之人。然后，由品性纯洁之人转告他的建议。这个人就像是提建议者的小学生，只不过是临时的，他的嘴巴在这个时候好像缝上了，想要转告别人的想法，却不管这个人是否适合拥有听众或旁观者。迄今为止，尽管有人不情愿，但他们仍旧这样做，他们甚至得益于恶人，因为从羞耻中产生的伤害大于益处。

【37】［135］这一教训似乎是由最神圣的先知摩西教导的。事实上，利未人亚伦与他的兄弟摩西相会，他们相见时心里就欢喜。①［136］"心里就欢喜"这些词，除了我已经提到过的意思，还把更加重要的真相告诉我们，这就是无私的事奉。这位立法者要人们注意那些真正的、对人完全合适的喜乐。严格地说来，我们没有理由为拥有大量财富而感到喜乐，或者为拥有崇高地位而感到喜乐，或者对任何外在于我们的事物而感到喜乐，因为所有这些事物都是无灵魂的、不稳固的，它们自身含有衰亡的萌芽。［137］确实，我们也没有理由对力气、健康和其他身体的优势感到喜乐。我们不仅和大多数卑微者同样拥有这些东西，而且很多时候它们会带来无法改变的毁灭。所以，喜乐不受羞耻影响，只有在灵魂的善物中才能发现赝品，它是"在其自身中的"，而非在使每个贤人感到高兴的地位的属性中；"在其自身中"的事物是心灵的卓越，对此我们有权利感到自豪，但是支撑我们地位的性质要么是身体的良好，要么是许多外在的好处，而关于这些东西我们一定不可自吹自擂。

【38】［138］到此为止，我们已经引用摩西作为最真实的见证，喜乐对这位贤人来说是独特的，让我们下面来说明希望也是这样，我们要像前面一样呼唤同样的证人。塞特之子名叫以挪士，这个名字的意思是"人"的希望。经上说："这个人首先求告主神之名。"②这是一个合理的说法。因为，还有什么东西能比希望和期待更能使人成为真正的人呢？他只从慷慨大方的神那里

---

① 参见《出埃及记》4：14。
② 《创世记》4：26。"塞特也生了一个儿子，起名叫以挪士。那时候，人才求告耶和华的名。"

获得善物。说实话，这就是严格意义上的人的仅有的产生，因为那些不把他们的希望寄托在神那里的人不会拥有任何理智。于是，在说了以挪士"这个人希望并大胆地求告主神的名"以后，他又说"这就是关于人的出生的书。"①

[139] 在说这些话的时候，他道出了一条极为重要的真理，因为这本神的书大致说到只有人是有希望的。因此，它的反命题也是对的，没有希望的不是人。所以，我们这个复合物的定义是"一个被赋予理智的、有死的生灵"，而人的定义，如摩西所描绘的那样，人是"一个如此这般地构成，并把希望寄托在神那里的灵魂"。[140] 嗯，好吧，让优秀者获得喜乐和希望作为他们幸福的组成部分，要么是喜乐，要么是期待善物；但是，让卑微者，该隐是这些人的同伙，持续地生活在痛苦和恐怖之中，大量地堆积在一起，经历或期待邪恶，痛苦地呻吟和颤抖，等待可怕的事情，不寒而栗。②

【39】 [141] 关于这句话我们已经说够了。让我们考察下面那些话。它们是："该隐对主说，我的刑罚太重，过于我所能当的。"③与相似的例子进行比较，可以明了这种哭喊的特点。如果一条船在海上没了舵手，那么这条船的航行不会出差错吗？还有，要是一名驭手在赛车时放弃职责，那么战车岂不必然失去方向？还有，当一个城邦被统治者或法律所抛弃——当然了，统治者是活的刻着律法的铜牌——城邦岂不要变成两大邪恶的猎物吗，也就是无政府主义和无法无天？如果灵魂停工了，身体就死亡了，要是理智停工了，灵魂就死亡了，要是美德丧失了，理智就死亡了，我还需要说这是一种自然法则吗？[142] 如果我提到的每一种存在，相对那些被它抛弃的事物而言，都成为一种损伤和毁坏，那么我们必须推断，对那些被神遗弃的人来说，这是一种多么大的灾难；那些被神抛弃的人虚伪地对待最神圣的律法，因此遭受放逐，在考验他们的时候，发现他们根本配不上神的统治和管辖，不是吗？[143] 总而言之一句话，他肯定被恩主抛弃了，这位恩主要比他伟

---

① 《创世记》5：1。"亚当的后代记在下面。当神造人的日子，是照着自己的样式造的。"
② 参见《创世记》4：12。"你种地，地不再给你效力。你必流离飘荡在地上。"
③ 《创世记》4：13。

大得多，他受到了最严重的指控。你认为无技艺的人什么时候遭受的伤害最大？不就是他完全没有知识的时候吗？你认为这个人什么时候是无学问的，没教养的？不就是他抛弃那些教导，失去学生身份的时候吗？我们宣布愚蠢者什么时候比一般的人更不幸福？不就是健全的感觉完全离他们而去的时候吗？我们什么时候会注意那些行为放纵的人和不公义的人？不就是自制和公义对他们进行永久惩罚的时候吗？我们什么时候会注意那些无信仰的人？不就是当宗教把他们从自己的神圣祭仪中驱赶出去的时候吗？[144]事情就是这样，在我看来，那些不能完全净化的人似乎会祈求接受惩罚，而非得到释放；因为解职会更容易把他们像器皿一样推翻，无须压舱石或舵手，惩罚则会重新确立他们。[145]奴仆做错了事，让他们的工头对他们进行指责不是比不指责更好吗？学徒犯了错，师傅对他们进行指责不是比不指责更好吗？无人引导的年轻人当然劣于生来就有父母引导的年轻人，有父母引导当然是最好的，但若不能做到这一点，可以将年轻人置于次一等的引导之下，没有父亲的年轻人令人感到遗憾，那么，为了使他们变好，可以找人来替代他们的父母吗？

【40】[146]所以，让我们自己不公义的行为被判有罪，恳求神惩罚我们，而不是放过我们。祂若是放过我们，我们会成为奴仆，而非像以前那样出自仁慈的创世主；但若祂惩罚我们，祂会出于祂的仁慈，温和地矫正我们的错误，向我们的心灵传递祂自己的话语，责备我们，惩罚我们，通过这样的方式责骂我们，使我们的心灵为自己所犯的错误感到羞愧，最终被治愈。[147]由于这个原因，立法者说，"寡妇或是被休的妇人所许的愿，就是她约束自己的话"①。我们正确地说过，神是宇宙的丈夫和父亲，如神所为，神提供了生命的种子，把幸福生活赐给一切；而心灵就像那位被神休掉的妇人，既不能接受神的种子生育子女，也不能在接受神的种子怀孕以后又选择流产。

---

① 《民数记》30：9。"寡妇或是被休的妇人所许的愿，就是她约束自己的话，都要为定。"

[148] 于是，无论她决定什么，都与她自己的意愿相违，而这些决定了的事情亦绝对无法挽回。这是因为，不是其他任何事物，而是一种可悲的邪恶，一种不稳定的、不能延续的生灵，能够把造物主的特权硬说成属于它自己，不是吗？神坚定不移地要在美德中决定一切，这就是神的特权之一。所以，心灵不仅成为知识的寡妇，而且被抛弃。[149] 让我来做一些解释。成了寡妇的灵魂还没有失去善和美，仍旧可以坚持寻找一种与正确的理智，她的合法丈夫，和解的办法。但是，灵魂一旦被赶出温暖舒适的家园，就被剥夺了所有的永恒，绝不可能再返回她古老的居所。

【41】[150] "我的刑罚太重，过于我所能当的"，这些话的意思必定是自足的，所以我们必须考虑下面的话。他说："如果你今天赶我离开这地，以致不见你面。"① 哦，你在说什么，先生？如果你被赶出大地，你上哪里去隐身呢？你能怎么办？你还能活命吗？[151] 或者说，你难道不知道大自然并没有赋予所有生灵同样的居所，而是给了它们不同的居所吗？它把大海给了鱼类和所有水里的种族，它把大地给了所有陆上的生灵，不是吗？而人类，就其身体构成而言，是陆生动物。由于这个原因，各种生灵一离开适宜自己的居所，进入一个完全陌生的地方，就容易死在那里，就好比陆生动物进入水下，水生动物进入旱地。然而，作为人，你能被大地抛弃吗，无论你是否返回？[152] 你能具有水生动物的本性，在水下游泳吗？不，在水下你一会儿就得死。不过，你也许能够长上翅膀，在天上飞行，从陆生动物变成鸟类，对吗？对，要是你有神的大能，就改变自己吧。然而，你决不可能这样做，因为你越是往高处飞，你就越会更加快速地冲向地面，这里才是你的恰当居所。

【42】[153] 但是，作为一个人，或者任何被造物，能对神隐藏自己吗？在哪里隐藏？在我们之前，有谁去过神那里，神的目光能抵达地极，能把宇

---

① 《创世记》4：14。"你如今赶逐我离开这地，以致不见你面。我必流离飘荡在地上，凡遇见我的必杀我。"

宙填满，能使存在的事物不会空洞吗？这一点令你感到惊讶吗？没有被造物能对存在者隐藏自身，因为我们不能脱离质料的第一要素，然而，有过一种逃离以后，一定会有另一种逃离，不是吗？[154] 如果存在的唯一者想要使用这种技艺，创造一种两栖动物，创造一种新的能在所有元素中生活的动物，那么这个动物会快速逃离土和水这些重元素，抵达天然的轻元素，亦即气和火；还有，在熟悉了高空以后，如果想要移动，那么它只需做一些改变就可以了。这是必然的，因为已经表明它在任何情况下都是宇宙的某个组成部分，不可能驰离宇宙。[155] 除此之外，造物主在宇宙之外没有留下任何东西，祂把四种元素全部用于创造世界，用完善的部分构成最完善的整体。鉴于在任何情况下这个神的作品逃离宇宙是不可能的，所以逃离它的创造主和统治者岂非更不可能？因此，不要让任何人未经思考地接受对这些话语的这种理解，语言最初建议自己，这样做会使律法成为自己愚蠢的罪过。请他注意，感官表达形像，通过感官表达的形像可以领会更深的意义，乃至获得知识。

【43】[156] 所以，"如果你赶逐我离开这地，以致不见你面"这些话的意思是这样的："如果你停止向我提供大地的善物，那么我也不会接受这些来自上苍的善物；如果我不能再得到快乐和高兴，那么我也会拒绝美德；如果你不给我使我真正成为人的那个部分，那么我会留下神圣的东西。[157] 因为，按照我们的判断，存在的善物必定具有价值，吃的和喝的东西确实是真的；看到各种颜色会感到快乐；听到各种迷人的乐曲、吸入芳香的气味会享受快乐；放纵欲望会使消化器官和其他器官获得快乐；不停地获取金银财宝会使人感到快乐；获得各种官职和荣耀，做其他各种使我们出人头地的事情会使人感到快乐。但是，让我们不要跟这些事情发生联系：确定的感觉、坚定的忍耐、充满公义的生活、艰苦的劳动。但若证明这些事情是我们经验的必要部分，那么一定不要为了它们自身的缘故，把它们当做善物来寻求，而要把它们当做善的手段和产物。"[158] 哦，可笑的人！你断言一旦脱离身体和外壳，你就能逃离神的视野吗？我要告诉你，如果你脱离身体和外壳，你会更加清晰地进入祂的视野；因为你一旦

摆脱那些无法打破的枷锁，脱离身体和外壳带来的蒙骗，那么你的非被造的形像会更加清晰。

【44】[159] 你没看到亚伯兰在"离开本地、本族、父家"①的时候，亦即离开身体、感觉和话语的时候，开始与神的权柄相遇吗？因为律法说，当他离开家的时候，"神向他显现"②，这就表明神清晰地向他显示自身，而他已经逃离了可朽的外身，他的灵魂自由地上升。[160] 所以，摩西"将帐篷支搭在营外"③，这个地方远离身体的营地，期待在那里成为一个完全的神的乞援者和崇拜者。这个帐篷被人称做"会幕"，这是他在有意识地用这些词来表明它确实是唯一者的帐篷，而不只是一个名称。神真正存在于美德之中，因为只有神拥有真正的存在。就是由于这个原因，摩西说神用人的话语对他说："我是自有永有的"④，意思是其他事物都不像神那样拥有那么多存在，而只拥有表面的存在，只是按照习惯，人们说这些事物存在。[161] 然而，摩西的帐篷象征人的美德，必定不与在者相对应，它是一个称号，因为它是神的美德的副本和相似物。由此可见，当摩西被指定为"法老面前的神"的时候，他并没有真的变成神，而只是这么一说；因为我确实知道这是神的恩赐和帮助，但我不能把神设想为一个既定的在者；圣书上说，"我使你在法老面前代替神"⑤，这里给定的在者是被动的，而不是主动的；而真正存在的神必定需要主动的存在，而不是被动的存在。[162] 从这些讲话中，我们能得知什么呢？这个贤人被说成是蠢人面前的神，而实际上他并不是神，就好像

---

① 《创世记》12：1。"耶和华对亚伯兰说，你要离开本地、本族、父家，往我所要指示你的地去。"

② 《创世记》12：7。"耶和华向亚伯兰显现，说，我要把这地赐给你的后裔。亚伯兰就在那里为向他显现的耶和华筑了一座坛。"

③ 《出埃及记》33：7。"摩西素常将帐篷支搭在营外，离营却远，他称这帐篷为会幕。凡求问耶和华的，就到营外的会幕那里去。"

④ 《出埃及记》3：14。"神对摩西说，我是自有永有的。又说，你要对以色列人这样说，那自有的打发我到你们这里来。"

⑤ 《出埃及记》7：1。"耶和华对摩西说，我使你在法老面前代替神，你的哥哥亚伦是替你说话的。"

伪造的四德拉克玛①的硬币不是四德拉克玛。但是，拿这个贤人与存在的神相比，可以看到他是一个神的人；而与一个蠢人相比，他会被人当做神，但这只是人的观念和想象，并非真的如此。

【45】[163] 那么，你为什么还要无益地说，"如果你赶逐我离开这地，我也会藏起来不见你的面"②？事情正好相反，在神驱赶你离开这个地方的时候，神会以祂自身的形像向你显现。这是可以证明的。你将离开神，你的尘世的身体无论如何会移居别地；因为他后来说，"该隐离开耶和华的面，去住在别地"③；所以，不是由于被大地抛弃，你在神面前隐藏，而是由于你躲避神，在别处隐藏，亦即在可朽的区域隐藏。[164] 还有，"凡遇见你的人必杀你"④，这不是真的，如你不诚实地争辩那样。因为在这里发现这个事物的事物肯定是二者之一，要么是和它一样的事物，要么是和它不一样的事物。和它一样的那个人，由于跟它有亲缘关系，在各方面都一致而发现了它；而和它不一样的那个人，它们之间是对立的，是不一样的。和它一样的事物倾向于保护它，保持与它的关系，而和它不一样的事物会摧毁与它不同的事物。[165] 让该隐和其他任何恶棍明确地知道，他不会被遇见他的任何人杀死，无论这些人有多么无耻，无论他们的恶与他的恶有多么接近，可以证明他的护卫和看守全都在辛勤地寻找健全的感觉和其他美德，而他们会把他的恶当做敌人，不会对它停战，而是如果可能的话就要摧毁它。这几乎是一条不变的规则，人也好，原因也罢，都被那些对它们友好和依附于它们的人所珍视，而被那些与之毫无共同之处的、对它们无好感的事物所摧毁。[166] 由于这个原因，在试探了该隐的伪装以后，圣言说"你的心不像你说

---

① 希腊硬币面值四德拉克玛（δραχμή）。德拉克玛又是重量单位。古希腊货币是银本位制的。按阿提卡币制, 1 德拉克玛约为 4.31 克, 所以 1 德拉克玛的货币就相当于 4.31 克白银。

② 《创世记》4：14。"你如今赶逐我离开这地，以致不见你面。我必流离飘荡在地上，凡遇见我的必杀我。"

③ 《创世记》4：16。"于是该隐离开耶和华的面，去住在伊甸东边挪得之地。"

④ 《创世记》4：14。

的话"①；因为你说凡遇见我的必杀我，而你要知道并非每个人都会这么做，因为也有无数的人在你那边，只有他作为美德的朋友才会这么做，因为你是不能与之和解的敌人。

【46】[167]圣言继续说："凡杀该隐的，必遭报七倍。"②我不知道这句话对那些解释它的字面含义的人来说是什么意思。因为这里没有说七倍报应是什么报应，也没有说如何惩罚，没有说他们以什么方式遭报应。我们必须明白所有这样的语言都是比喻性的，涉及更深的含义。所以，摩西想要表达的思想似乎是这样的。灵魂的非理智方面分成七个部分：视、听、嗅、品尝、抚摸、言语、生殖。[168]一个人要是去掉第八个部分，心灵，这些部分的统治者在这里被称做该隐，那么他也会使这七个部分瘫痪。因为它们全都由于分享心灵的力量和活力而强大，也因为心灵的虚弱而变得虚弱，虚弱和松弛会使它们完全毁灭。[169]在一个贤人的灵魂中可以看到这七个部分是纯洁的、无污染的，因此配得上荣耀，而在一个蠢人的灵魂中，它们是不洁的、污染了的，如摩西所说，"应当遭到惩罚和报应"。[170]让我举一个例子。当造物主想要用水净化大地的时候，祂决定灵魂也应当接受清洗，摆脱那些无法说出口的恶行，涤尽它的污秽，在进行神圣的涤罪以后，祂吩咐那个义人进入方舟，不被大洪水淹没，而方舟是盛载灵魂的身体或器皿，"凡洁净的畜类，你要带七公七母"③，造物主认为这样做是对的，理智的能力应当能够发现灵魂的所有非理智部分都是洁净的，可供使用。

【47】[171]这位立法者在这里描述的是所有贤人经久不衰的特性：他们的视力得到净化，他们的听力和各种感官能力得到严格的考察；是的，他们说话是清白的，他们的性冲动处于控制之下。[172]这七种功能中的每一

---

① 《创世记》4∶15。"耶和华对他说，凡杀该隐的，必遭报七倍。耶和华就给该隐立一个记号，免得人遇见他就杀他。"

② 《创世记》4∶15。"耶和华对他说，凡杀该隐的，必遭报七倍。耶和华就给该隐立一个记号，免得人遇见他就杀他。"

③ 《创世记》7∶2。"凡洁净的畜类，你要带七公七母。不洁净的畜类，你要带一公一母。"

种会以一种方式表明它是阳性的，以另一种方式表明它是阴性的；因为它要么处于约束之中，要么处于运动之中，休息和睡觉的时候处于约束之中，醒来和活跃的时候处于运动之中，处于不活动状态的时候它是被动的，所以被称做阴性的；处于运动和用力的时候，在采取行动的时候，它被视为阳性的。[173] 所以，在贤人那里，这七项功能显然是纯洁的，而与之相反，在卑劣者那里，所有功能都应受到惩罚。我们设想的数量该有多大，我们的眼睛每天要背叛多少次，我们每天会有多少次看错事物的颜色和形状？跟随一切声音的耳朵又有多少次会弄错？对于各式各样的气味和滋味，嗅觉器官和味觉器官又有多少次会搞错？[174] 所以，我要继续提醒你们，永不止息的感觉洪流将摧毁无数的感官，感觉从不受约束的舌头中流出，性交犯下致命的罪恶，伴随不受控制的淫欲，不是吗？我们的城邦充满罪恶；整个大地弥漫邪恶，从地极的一端到另一端；这些邪恶导致的战争是一切战争中最大的，它是人类，无论是个别人还是整个群体，在和平时期兴起的战争，从不停息。

【48】[175] 所以，我在想，那些并非全然无知的人会选择宁可当个瞎子也不去看那些不宜看的事物，宁可被剥夺听觉也不去听那些有害的言辞，宁可被割去舌头也不去说任何泄密的话语。而在此之前，这些事情均已完成。[176] 我们得知，有些贤人被绑在车轮上受折磨，要他们说出秘密，而他们会咬舌自尽；由于发现不能得到想要的消息，于是乎，更加残酷的刑法又会发明出来。所以，若有人犯了奸淫，最好把他变成阉人。所有这些事情会使灵魂患上无法治愈的疾病，招致报复和惩罚。[177] 经上还说，"主给该隐立一个记号，免得人遇见他就杀他"。① 到底是什么记号，摩西没有讲，尽管他习惯以记号为手段道出每一事物的性质，就好比在埃及的那些事件中，他把杖变成蛇，把手变得雪那样白，把河水变成血。② 所以看起来，正

---

① 《创世记》4∶15。
② 参见《出埃及记》4∶4，6，9。

是由于这个有关该隐的记号，所以他不会被杀，也就是说，不会与死亡相遇。[178] 律法书没有任何地方提到该隐之死。这就生动地表明，就像神话中的斯库拉①，愚蠢是一种不死的邪恶，不会趋向构成死亡的终点，而会隶属构成每一死亡的永恒。如果发生这种对立，那么卑劣的事物会被取消和废除，会经历绝对的毁灭。事实上，那些被不致命的疾病俘虏的人正在不断遭受打击，被点火焚烧和毁灭。

① 斯库拉（Σκύλλα），希腊神话中的六头女妖，居住在意大利墨西那海峡的岩礁上。

论该隐的后代与放逐

提　要

本文的希腊文标题是"ΠΕΡΙ ΤΩΝ ΤΟΥ ΔΟΚΗΣΙΣΟΦΟΥ ΚΑΙΝ ΕΓΓΟΝΩΝ ΚΑΙΝ ΩΣ ΜΕΤΑΝΑΣΤΗΣ ΓΙΓΝΕΤΑΙ"，英译者将其译为"On the Posterity and Exile of Cain"，本文的拉丁文标题为"De Posteritate Caini"，缩略语为"Post."。中文标题定为"论该隐的后代与放逐"。原文共分为 54 章（chapter），185 节（section），译成中文约 3.3 万字。

文章开头斥责神人同形同性论的观点，对"该隐离开耶和华的面"这句经文作喻意解释和辩护（1—7 节）。立法者摩西的教导是，亚当或者该隐放弃与神见面的机会，失去寻找神的快乐，而摩西和亚伯拉罕有过这种见神的体验（8—21 节）；描述不稳定的发生，讲它如何替代接近神而获得坚定（22—32 节）。还有，该隐与"人是万物的尺度"这种不虔诚的学说联姻，不能把他的后代当做神的馈赠，如塞特对他的后代那样（33—48 节）。由该隐"建造的城"是第一个由不虔诚的灵魂确立的信条，论证是它的建筑物，自负是它的居民，无法无天是它的法律，混乱语言的巴别塔是对信条的辩护，甚至连美德的热爱者也被迫建立世俗的城（49—59 节）。作者以希伯伦城为例，说明"以诺"、"玛土撒拉"、"拉麦"这样的名称会有两层不同的含义，因为他们生来既是该隐的后裔，又是塞特的后裔。举例说明为什么后发的要先于先发的，就好比希伯伦城建得比锁安城早（60—65

节）。然后转向该隐的后裔，指出"以拿"的意思是"羊群"，指未经驯服的非理智功能，"米户雅利"的意思是"远离对神的热爱"，"玛土撒利"的意思是"招致灵魂死亡"，"拉麦"的意思是"卑微的谄媚"，拉麦娶了两个妻子，亚大和洗拉（66—74节）。作者指出，为自己娶妻而不视之为神的馈赠是错误的。以亚伯拉罕、以撒、摩西为例来解释这个事实（75—78节）。"亚大"的意思是"证人"，它就像成功一样，会因其后果而思考我们的行为是否正确。亚大的儿子是"雅八"，意思是"变更"，消除由正确理性确定的美德边界，变美德为邪恶（79—93节）。

接下去评价"都要成为圣"（《利未记》27：32），讨论神圣的证明、数字十，指出它们全都表示律法与"变更"相反（94—97节）。雅八是牧养牲畜之人的祖师，牲畜是没有灵魂的情欲（98—99节）。犹八是雅八的兄弟，指说出来的话语，犹八这个名字的意思与"雅八"相似，它的意思是"左右摇摆"、不确定的话语。他也是乐器的发明者，乐器发出的声音比鸟类的歌唱还要低劣，但是清晰的话语能够发出各种声音，他是那个变更一切的人的儿子（100—111节）。处理完亚大以后，转向洗拉，这个名字的意思是"阴影"，象征身体和外部世界不固定的善物。她的儿子是土八，这个名字的意思是"一切在一"，代表"健康和财富"，人们视之为圆满的幸福。就职业而言，他是打铁的，制造武器，因为欲望是真正的战争制造者。他确实是阴影的儿子。他的妹子是拿玛，是充足的产物（112—123节）。

处理完拉麦、拉麦的妻子及其后代，讨论塞特，被杀害的亚伯在他身上复活（124—169节）。他的名字象征"浇灌"，心灵给感觉浇水，就像上帝的话语浇灌美德，从伊甸园流出来的四道河流象征美德。"道"表示美德赋予的主权。"河流"是神的话语，为了热爱神的灵魂而不断流淌。"浇灌"恰当地象征教导。夏甲用皮袋盛水，夏甲代表初等教育。她从知识之井中打水，盛满她的皮袋，给孩子喝，孩子指渴望教导的灵魂，长大成人以后成为"弓箭手"（智者），以确定的目标为靶子，会像射箭一样对准目标提出证明。作者又描绘利百加给亚伯拉罕的仆人充足地供水的图景。她下到神的智慧之井中打水，她的水瓶代表精神性的直接教导，与前面夏甲的皮袋相对，皮袋表示通过感觉和感性事物的间接教导。利百加拿下水瓶来，托在手上给那位仆人喝，也没有忘记给骆驼喝足。骆驼是一种反刍动物，好比心灵的深思熟虑。从这里起作者又提到玛拉的水是苦的，不能喝，通过以色列人的甜树，在他们经历了出埃及的长途跋涉以后，品尝到辛劳以后的甜蜜。金牛犊是埃及人造的偶像，代表肉体，金牛犊被焚烧，磨碎，撒在水面上。作者指出人的听觉和视觉是低劣的，要依靠直觉把握神的存在，神的本质或性质是不可见的。神在灵魂中播下的东西不会无用。另一颗种子就是"塞特"。亚伯放弃世间的一切，去另一个较好的地方生存，而塞特不能放弃人的种族，只能将之弘扬。他首先在义人挪亚那里发扬光大，挪亚是从亚当算起的第十人，全智的摩西是从亚伯拉罕算起的第七人。塞特所获知识的边界是挪亚的起点；挪亚的界限是亚伯拉罕的起点；亚伯拉罕的界限是摩西的起点（170—174 节）。罗得的两个女儿是"劝告"和"赞成"，她们说"神抬举我"，与她们的父亲同寝怀孕生子。她们的生育是有罪的，有诅咒落在她们的后代身上。敬神的祭司非尼哈站起来，提起他的枪，用理智刺穿和摧毁仇恨美德的畜生。最后几节是反思性的，说明灵魂是上演最可悲战争的剧场，一切战争源于不和谐的灵魂（175—185 节）。

正 文

【1】[1]"于是该隐离开耶和华的面，去住在伊甸东边挪得之地。"① 在此，让我们提出这样一个问题：在摩西担当神的解释者的这些书卷中，我们是否应当象征性地理解他的陈述，因为从这些陈述的字面意义得出的印象与真理极不相符。[2] 如若存在的在者有面（脸），而意欲离开神之视线的他又非常容易移居别处，那么我们还有什么理由驳斥伊壁鸠鲁的学说不虔诚，或者驳斥埃及人的无神论，或者驳斥充满这个世界的戏剧和诗歌中的神话情节呢？[3] 因为面是动物的一个组成部分，而神是一个整体，不是一个部分，所以我们也不得不为动物指定身体的其他部分，连同其他数不清的内部器官和外部器官，比如颈、胸、手、足，更不必说腹部和生殖器了。[4] 如果神具有人的形体和组成部分，那么祂必定也需要人的激情和体验。因为无论是这些器官，还是其他所有器官，本性并没有把它们造成无用的赘物，而是让它们有助于器官的所有者。本性按照人的各种需要来调节这些器官，使它们能够为人提供特殊的服务和服事。而存在的在者不需要任何东西，所以祂也不需要这些部分提供的福益，祂根本不会有任何部分。

【2】[5] 该隐要从何处"离去"呢？从万物之主的殿宇吗？除了这个世界，神能够拥有什么感官明显可知的住处呢，因为放弃了感觉，也就没有其他可用的力量或办法？因为一切被造物均被天穹之环包围在内。的确，死者会化解为原初的元素，再次被宇宙中的不同力量分配使用，而宇宙就是由这些元素构成的；这就好比债权和债务的关系，借贷时间或长或短，当债权者，亦即本性，意欲收回它的贷款时，它可以选择收回它借出去的东西。[6] 再者，如果有人离开某人而去，那么他就处于和他背后的那个人不同的地方。所以，若是该隐离神而去，那么就可以推论，神失去了自然的某些部分。然

---

① 《创世记》4：16。

而，神无处不在，不留空缺，而且不间断地、完全地充满一切事物。[7]嗯，如果神没有面，那么祂的特性是超越的，祂给一切被造物做上标记；如果并非只能在某些具体部分发现神，那么祂显然包含一切事物，而非祂被任何事物所包含；如果这个世界的某个部分不可能离开这个世界，就像人离开一座城市，那么在它之外没有任何事物；留给我们要做的唯一事情就是明确这里提出来的这些命题没有一个可以仅从字面意义来理解，而是要走上一条对哲学家的灵魂十分亲密的喻意解释的道路。[8]我们的论证必须以这样的方式开始。如果说从凡间国王的面前逃走是一件难事，那么要想逃离神的视线而出走，决定不再见到祂，亦即通过废弃灵魂之眼的功用，不再能接收到神的心灵图像，岂不更加难上一千倍吗？凡由此而蒙受损失的人，或被无情力量击败的人，都值得同情而不是怨恨。[9]但是，那些自愿选择逃避乃至舍弃存在的在者的人，由于他们已经超越邪恶本身的最大限度——因为没有任何邪恶可以与之相匹敌——所以他们不应遭受通常的惩治，而应遭受最为特别的处罚。嗯，无论如何努力冥思苦想，无人能够想出比从宇宙统治者那里驱离和流放更大的、前所未闻的处罚。

【3】[10]所以，亚当是被神驱逐出去的，而该隐却是自愿离开的。摩西在这里为我们指明了道德失败的各种形式，一种是自愿选择的，另一种则不是这样的。不自愿的行为并不因其在我们深思熟虑的判断中存在，而以后会得到如下情形中的治疗，"神另给我立了一个儿子代替亚伯，因为该隐杀了他"①。这粒种子是一位男性后裔，名字叫塞特，这个名字的意思是"浇水"，用来抬举那些衰弱的、并非源于其自身的灵魂。自愿的行为，既然是有意向和特定目的的，所以它必定会带来伤害，永无康复的可能。[11]由于源自预谋和意向的正确行为比非自愿的行为具有更大的价值，所以罪过亦如此，无意中犯下的罪恶比有预谋的罪恶要轻。

---

① 《创世记》4：25。"亚当又与妻子同房，她就生了一个儿子，起名叫塞特，意思说，神另给我立了一个儿子代替亚伯，因为该隐杀了他。"

【4】[12] 所以，该隐离开神的面，落入正义之手，正义向不虔诚者复仇。但是摩西却为他的门徒规定了最好的戒律："且爱你的神，听从他的话，专靠他"①；他使他们确信，这是导致真正繁荣昌盛和天长日久的生命。他邀请他们荣耀神，认为神值得他们以极其鲜明的方式强烈地向往，值得成为他们挚爱的对象。他吩咐他们"专靠他"，用这个词表明通过使神成为我们自己的神，从而产生连绵不断、恒久不破的和谐与联合。[13] 诸如此类的劝告就像摩西向其他人提出的告诫。而他自己非常想要见到神，而且被神所见，他恳求神清晰地显示神自身的本性，②这对神来说太难了，他希望这样做能使自己获得无妄的见解，用最坚实的信念替代摇摆不定的疑虑。他也不想让自己的欲望减弱，即使他爱慕的是一个难以遂愿，甚至完全不可企及的对象，他仍旧坚持决不放松强烈的激情，毫不犹豫地坚决采用一切力所能及的手段来谋求成功。

【5】[14] 所以，人们看见他进入神所在的幽暗之处③，亦即进入这位存在的在者的型相，这个地方是无法靠近的，没有物体形式的。这是因为，万物之因不在幽暗之中，亦不在任何地方，而是超越地点和时间。神将一切受造物置于祂的控制之下，祂不被任何事物所包含，而是超越一切。通过超越祂自己所造的事物，祂依然用祂自身充满整个宇宙；祂将祂的权能延展到宇宙的边界，而且依照和谐的法则，使每个部分彼此相连，合为一体。[15] 然而，当这个挚爱神的灵魂企求发现这位存在的在者的本质到底是什么的时候，他便着手探求没有形式的和不可见的东西。这种寻求给他提供了巨大的恩惠，使他认识到作为真正的在者的神不可能被任何人理解，正因如此，神是不可见的。[16] 但对我来说，这位神圣的向导甚至在他开始考察之前，似乎就已经估计到这样做是徒劳的。不过，他显然还是这样做了，恳求这位

① 《申命记》30：20。"且爱耶和华你的神，听从他的话，专靠他。因为他是你的生命，你的日子长久也在乎他。这样，你就可以在耶和华向你列祖亚伯拉罕、以撒、雅各起誓应许所赐的地上居住。"

② 参见《出埃及记》33：13。"我如今若在你眼前蒙恩，求你将你的道指示我，使我可以认识你，好在你眼前蒙恩。求你想到这民是你的民。"

③ 参见《出埃及记》20：21。"于是百姓远远地站立，摩西就挨近神所在的幽暗之中。"

存在的唯一者成为祂自己的解释者，显示祂自己的本性。他说："求你将你的道指示我。"① 这就非常清楚地表明，任何一个被造的在者都没有能力获得真正存在的神的知识。

【6】[17] 若要理解我们读到的有关亚伯拉罕的事情，这一点必须记在心上，就是他如何起身往神所指示他的地方去，到了第三日他又如何"远远地看见那地方"②。[18] 那是个什么地方？是他已经到达了的地方吗？如果他已经到达那里，那个地方又怎么能够遥远？所以这里也许是在用一个象征来告诉我们某种意思。这位贤人始终渴望认识宇宙的统治者。沿着知识和智慧导向的道路前进时，他首先遇到圣言，停了下来，他在圣言中稍事休息，尽管他已经待了一会儿，又想要走完剩下的路。他的理智之眼已经睁开，他以清澈的目光看到他给自己预定的奋力追求的目标难以获得，因为它不断地在他前面向远处退却。[19] 他恰当地认为，天穹底下所有快速运行的物体，虽然运动速度不亚于太阳、月亮和其他星体，但是看上去还是静止不动的。然而，（他考虑）整个天穹也是神的作品，天穹的被造远远早于被造物的创造；所以，可以推论，心灵不仅对我们熟悉的其他事物缺乏理解，而且对那些运动速度极快的事物缺乏理解，因为距离太遥远而不能理解第一因。然而，最奇怪的事情是，尽管天体的那些超越的特性本身处于运动之中，但超越它们的神却是不动的。是的，我们主张同一位神既离我们很近，又离我们很远。[20] 祂通过那些构成性的和惩罚性的权能来把握我们每一个人；然而，祂又把那些被造的在者远远地驱离祂的本质和本性，这样一来，我们哪怕是用理智的纯粹精神也无法接触神的本性。[21] 所以，对那些神的热爱者，在他们对唯一者的寻求中，哪怕他们没有发现神，我们也很高兴，因为在对善者和美者的寻求中，尽管未达目的，寻求本身足以预先提供快乐。但是对

---

① 《出埃及记》33：13。

② 《创世记》22：3—4。"亚伯拉罕清早起来，备上驴，带着两个仆人和他儿子以撒，也劈好了燔祭的柴，就起身往神所指示他的地方去了。到了第三日，亚伯拉罕举目远远地看见那地方。"

那自爱的该隐，我们表示同情，因为他使自己的灵魂陷入困境，全然失去存在的唯一者的观念，有意使他的这个器官变得盲目，而只有依靠这个器官他才可以看见神。

【7】[22] 他远离神以后去的那个国家值得注意，因为那个国家被称做"摇摆的"。以这种方式，这位立法者指出，作为一个容易冲动的、不稳定的生灵，愚昧之人容易摇摆和纷乱，就像暴风雨夹击下的大海，没有哪怕是瞬间的平静和安宁。就像一条船在大海中颠簸，既不能航行，又不能抛锚，随风摇摆；卑劣者也是这样，他们的心灵游移不定，像是遇上了暴风骤雨，无力平稳地驾驭生命之舟，他们总是摇摆不定，随时可能倾覆。[23] 所有这些完善的原因与结果给我留下深刻印象。这就相当于对一个稳定的目标产生一种像它一样的愿望，亦即渴望安宁。现在，神是毫不动摇的、稳定的，而会运动的事物是被造物。因此，接近神的人渴望稳定，而背离神的人，我们可以期待，与不安定的被造物接近到什么程度，他大体上也会摇摆到什么程度。

【8】[24] 由于这个原因，咒语中写道："你必不得安逸，也不得落脚之地"，稍后又说，"你的性命必悬悬无定"①。因为这正是愚昧之人的本性，以某种与健全理智相反的方式，一直动来动去，敌视平静和安宁，不能坚定地相信某种学说或者站稳某种立场。[25] 他在一个时期有一套看法，在另一个时期有另一套看法，有时候对同样的事情拥有不同的看法，尽管没有新的因素牵涉进来。他可以在一瞬间变大和变小、变成敌人和变成朋友，几乎可以变成所有的对立面。如这位立法者所言，他的整个生命是悬着的，没有坚实的立足点，总是受到相反方向的拉扯而不停地摇摆。[26] 这就是这位立法者在另一处说的，"被挂的人是在神面前受诅咒的"②。这是因为，我们理当

---

① 《申命记》28：65—66。"在那些国中，你必不得安逸，也不得落脚之地。耶和华却使你在那里心中跳动，眼目失明，精神消耗。你的性命必悬悬无定。你昼夜恐惧，自料性命难保。"

② 《申命记》21：23。"他的尸首不可留在木头上过夜，必要当日将他葬埋，免得玷污了耶和华你神所赐你为业之地。因为被挂的人是在神面前受咒诅的。"

依靠神，但我们正在考虑的这个人却使自己在肉体中停留，而肉体就是我们身上像木头一样的东西。通过这样做，他放弃了一切希望，在欲望之处取得欲望，以最大的恶换取最高的善。因为希望是对善物的期待，是能使心灵依赖慷慨施予的神；而欲望则会引发不合理的渴求，能使心灵依赖肉体，本性则将肉体当做快乐的容器和居所。

【9】[27] 让这样的人热衷欲望吧，就好像套上缰绳。但是聪明的亚伯拉罕既然是立场坚定之人，他就会靠近神这位稳定的"唯一者"；因为经上说，"他仍旧站在神面前。他近前来说"①。因为只有真正不变的灵魂才能接近不变的神，而具有这种性情的灵魂也确实站得离神圣的权能很近。[28] 然而，赐予全智的摩西的神谕最清楚地表明了拥有美德之人的坚定，神谕说："至于你，可以站在我这里。"②这道神谕证明了两件事情：第一，存在的在者推动一切事物的运动和变化，但它本身是不运动、不变化的；第二，神使最高尚的人分享神自己的本性，这就是安息。[29] 因为在我看来，正如弯曲的东西被尺子弄直一样，运动着的事物也被不运动的力量所停止，使之不动。在这种情况下，祂命令另一个人和祂站在一起。而在别处，祂说"我要和你同下埃及去，也必定带你上来"③。[30] 祂不说"你和我"。为什么不说？因为沉静和稳定是神的特性，而位置的变化以及趋向这种变化的一切运动是被造物的特性。所以，当祂叫人靠近他自己特有的善物时，祂说"你和我站在一起"，而不说"我和你"；因为神的站立不是将来的事情，而是一直如此。但若说起神接近对受造物适宜的事情时，祂说"我要和你同下"就很恰当，因为地点的变化适合你。于是，对于我，没有一个要下去——因为我不知道转变或变化——而是保持站立，因为我喜欢静止。而对那些在改变位置

---

① 《创世记》18：22—23。"二人转身离开那里，向所多玛去。但亚伯拉罕仍旧站在耶和华面前。亚伯拉罕近前来，说，无论善恶，你都要剿灭么？"

② 《申命记》5：31。"至于你，可以站在我这里，我要将一切诫命、律例、典章传给你。你要教训他们，使他们在我赐他们为业的地上遵行。"

③ 《创世记》46：4。"我要和你同下埃及去，也必定带你上来。约瑟必给你送终（原文作'将手按你的眼睛上'）。"

的意义上下去的人——因为地点的变化对他们来说是熟知的——我会下去，在所有地方呈现，但无任何位置的改变，因为我以自身充满宇宙。[31] 出于对理智本性的同情我这样做，为的是使它可以以我为向导，脱离激情的地狱，升入德性的天上境界，我铺就抵达天堂之路，并将它指定给所有乞援的灵魂，让他们行走其上，不至疲乏。

【10】[32] 成功地展示了这幅图景的每一边，亦即德性之人的平静和愚昧之人的动荡，现在让我们来关注这个结果。因为这位立法者说，挪得是灵魂移住的"纷乱"之地，与伊甸对立。"伊甸"是正确与神圣的理智的象征，它的字面含义是"茂盛"。因为高于一切的正确理智在享受着纯粹和无污染的，同时也是完全圆满的善物时找到快乐，而作为财富的赐予者，神把恩惠像下雨一般降给祂的处女。邪恶就其本性而言与善良冲突，不义就其本性而言与正义冲突，聪明就其本性而言和愚昧冲突，各种形式的美德与各种形式的邪恶冲突。这就是挪得与伊甸对立的意思。

【11】[33] 说完这些话，他接着说："该隐与妻子同房，他妻子就怀孕，生了以诺。该隐建造了一座城，就按着他儿子的名，将那城叫作以诺。"① 与该隐同房的是什么女人，这样问不合理吗？因为自从用亚当的肋骨造出夏娃以来，还没有记载有其他任何女人被造。[34] 要是有人认为该隐是在与他的妹妹结婚，那么他的建议不仅是不虔诚的，而且是不真实的；因为经上提到亚当的女儿们后来出生了。那么，我们该怎么说？我以为，他用"妻子"这个名称指称意见，这些意见属于不虔诚者的推理能力，这个不虔诚者习惯性地假定意见与一切事务相关。许多声称拥有哲学的人也这样做，有些派别对生活中的行为规范具有一致的看法，有些派别则对之进行各种增减。[35] 那么不虔诚者的意见属于什么种类？他们告诉我们，人的心灵是万物的尺度，这是古代智者普罗泰戈拉的观点，他是该隐的疯狂的后裔。我通过"妻子"这个词明白了意见的实际含义，该隐与她

---

① 《创世记》4：17。

同房，她生了以诺，以诺的意思是"你的礼物"。[36] 这是因为，如果人是万物的尺度，那么万物就是心灵的礼物和赠品。看见就是赠给眼睛的一种恩惠，听见就是赠给耳朵的一种恩惠，其他感觉就是赠给其他感官的一种恩惠，甚至还有讲话就是赠给发声器官的一种恩惠。如果这些东西算是礼物，那么思想也是礼物，包括无数的思考、决定、劝告、深谋远虑、理解、获取知识、艺术和组织的技艺，还有我们无法详述的其他许多能力。[37] 请你告诉我你为什么不打算再次发表有关神圣荣耀的神的重大庄严的讲话，或者从其他人那里聆听这样的讲话，是因为你已经让你的心灵占据了神的位置，因此被迫拥有人所有的一切，善的和恶的事物，把混合的二者送给某些人，把不混合的二者之一送给另外一些人吗？[38] 如果有人控告你不虔诚，那么你应当大胆地为自己辩护，断言自己在一位可敬的老师的指导下进行训练，哪怕该隐建议你要荣耀靠近你的事物，而不是荣耀离你很远的原因，你也必须听取他的建议，既由于其他一些原因，又由于他用对亚伯的无误的胜利证明了他的信条的力量，在驱除他们的不同意见时，战胜了这些对立的意见。[39] 但是，依照我和我的朋友的判断，与其不虔诚地生，不如虔诚地死；等待以这种方式死的人将是不死的生命，而等待以这种方式生的人将是永久的死。

【12】[40] 由于经上说该隐生以诺，后来又说以诺是塞特的后裔，所以我们必须考虑这两个以诺是两个不同的人，还是同一个人。① 当我们在处理这些问题的时候，让我们也考察一下其他有着相同名称的人的区别。就像以诺、玛土撒拉和拉麦，他们似乎是该隐的后裔，但他们依旧也是塞特的后裔。② [41] 所以，这一点是重要的，我们应当知道这里提到的每一个名字都有可能用两种方式来理解。如我已经说过，"以诺"的意思是"礼物"，"玛

---

① 参见《创世记》5：18。"雅列活到一百六十二岁，生了以诺。"

② 参见《创世记》4：18。"以诺生以拿。以拿生米户雅利。米户雅利生玛土撒利。玛土撒利生拉麦。"《创世记》5：21。"以诺活到六十五岁，生了玛土撒拉。"《创世记》5：25。"玛土撒拉活到一百八十七岁，生了拉麦。"

土撒拉"的意思是"发送死亡"，"拉麦"的意思是"卑微"。[42] 先来看第一个。在某些人口中，你的礼物是对我们身上的心灵讲话；在那些比较好的人口中，你的礼物是对宇宙心灵讲话。那些人断言包含在思想、知觉或话语中的一切事物是他们自己灵魂的免费赠品，由于他们引进一种不虔诚的、无神论的观点，所以必定要被归为该隐的种族，这种人甚至在还不能支配自己的时候就大胆地说，他完全占有其他所有事物。而那些在创世中声称自己并不拥有一切的人是公正的，他们承认一切均为神的馈赠，真正高尚的人产生于美德热爱者这一族，必定要登记在以塞特为族长的种族中。[43] 这类人很难发现，因为他们逃离了受情欲和邪恶困扰的生活，这种生活是狂妄变节，腐化堕落，恶贯满盈。在众人中不可能再发现那些为神喜悦的人，因为他们已经被神从可朽种族的人转变为不朽种族的人。

【13】[44] 区别了以诺的名字所表示的事物，我们下面来讲玛土撒拉。如我们所说，他的名字的意思是"发送死亡"，这些词使我们想起两幅图景。[45] 在一幅图景中，把死亡发送给某人；在另一幅图景中，某人的死亡被排除。接受死亡的人肯定要死，排除死亡的人不会死，而会存活。接受死亡的人是该隐的知己，他那由美德指引的生活方式永久死去；对塞特来说，他是亲密的故交，因为死亡在他那里已经被排除和阻止；因为善人收获了真正的生活，当做他的谷物。[46] 还有，"拉麦"的意思是"卑微"，它有两重意义。当灵魂的能量由于疾病或动摇而衰弱时，作为非理智的情欲在我们身上产生的结果，我们变得卑微；或者当我们渴望获得美德的时候，我们自欺欺人，以为自己拥有美德。[47] 前一种变得卑微归因于软弱，这是一种特别的麻风病，可以有许多种变化形式。如果健康的皮肤已经受到伤害，疾病的症状已经显现，立法者就说它是大麻风的灾病。①[48] 变得卑微的其他形式源于行使强力，它的后果就是抚慰，由"十"这个完全数来确定；因

---

① 参见《利未记》13∶3。"祭司要察看肉皮上的灾病，若灾病处的毛已经变白，灾病的现象深于肉上的皮，这便是大麻风的灾病。祭司要察看他，定他为不洁净。"

为有一条诫命是在某月的第十天让我们的灵魂卑微，①这表示放弃自夸，放弃由于自觉的和不自觉的犯罪而恳求原谅。所以，以这种方式卑微的拉麦是塞特的后裔，他是公义的挪亚的父亲；而以前一种方式变得卑微的拉麦源于该隐。

【14】[49]我们下面要加以考虑的是，在叙述中为什么该隐独自一人显得像是一座城的创建者；大量的民众需要一个规模相当的城市来居住，而三个人只需要一个小山坡或者小山洞就适宜居住。我说的是"三个人"，但最有可能是一个人，也就是只有该隐自己；因为这个杀死亚伯的人，他的父母不会容忍和这个杀人凶手住在同一座城里，因为他犯下更多的罪过，比杀人，杀死他的兄弟更大的罪过。每个人都可看到由一个人来建一座城不仅与我们所有观念相冲突，而且与我们的理智本身相冲突。[50]这样的事情怎么可能呢？嗯，不雇用其他人为他工作，他造不出一所房子来，哪怕是它最微不足道的部分。同一个人能同时做石匠的工作，能够伐木，能够做铁匠和铜匠，能绕着城市建造城墙、巨大的通道和防御工事，能够建造神庙和圣地、柱廊、武库、住宅，以及所有其他通常会有的公共的和私人的建筑吗？此外，他能建造排水沟、街道、喷泉和水管，以及城市所需要的其他一切吗？[51]由于所有这些都与实际不符，所以最好从象征意义上理解这些词，它们表示该隐下定决心建立他自己的信条，就好像一个人建立一座城。

【15】[52]现在，为了自身的存在每座城要有建筑、居民和法律。该隐的建筑是证明性的论证。就像依托城墙进行战斗，他依靠发明那些貌似有理的、与事实相反的论证来抵挡对手的骚扰。他的居民是这样一些人，他们自负、不虔诚、邪恶、自爱、傲慢、虚伪、对真正的智慧一无所知、系统的无知、缺乏学习、没有文化，其他还有许多讨厌之处。他的法律就是要纠正各种形式的无法无天、不公正、不公平、胆大妄为、厚颜无耻、麻木不仁、固

————————

① 参见《利未记》23：27。"七月初十是赎罪日，你们要守为圣会，并要刻苦己心，也要将火祭献给耶和华。"

执己见、纵情声色、放荡不羁。[53] 这样的一座城，可以看出每个不虔诚的人都是他自己可悲灵魂的建筑师，直至神提出忠告，^① 使他们强词夺理的伎俩陷入混乱。他们不仅建了一座城，还建了一座塔，塔顶通天。^②"塔"的意思是谈话，就是逐步提出他们引进的每一项不道德的学说。为说明自己的恰当观点而进行谈话，被象征性地说成是"天"。每一谈话必定需要一个标题，旨在说明谈话所要表达的思想；雄辩的人习惯于夸夸其谈，发表他们的解释和结论。

【16】[54] 由于这种不虔诚，他们不仅认为自己适宜亲手建造这样的城市，而且强迫热爱美德的以色列人也做同样的事情，由督工给他们指派任务，做那些邪恶的工作。据说，在督工的虐待下，他们为这个国家的国王建了三座城：比东、兰塞、恩尼，恩尼也就是赫利俄斯城。^③[55] 作为形像，可以用它们来象征我们的心灵、感觉和话语的属性。比东是我们的话语，因为说服是它的功能，这个词的意思是"不断骚扰的嘴巴"，因为卑劣者的话语试图骚扰和颠覆一切善良的、高贵的事物。兰塞是感觉，因为这个词的意思是"蛀虫的麻烦"，因为心灵被各种感觉撕咬吞食，就像蛀虫在起作用，使心灵松懈。[56] 当这样的观念进入心灵，但无法使它快乐时，它们就用痛苦和辛劳充塞我们的生活。"恩尼"的意思是"堆"，但它的象征意义是心灵，因为就像一堆宝藏，所有人的话语都储藏在那里。[57] 立法者显然把它称做"赫利俄斯城"，或者"太阳城"。因为作为太阳，当它升起的时候，夜晚隐藏的事物清楚地显现出来，所以，心灵发出恰当的光芒，使所有形式和状况清楚地被理解。所以，把心灵说成我们整个人的太阳没有错。[58] 因为要是它不升起，不用它的光芒射向人这个小宇宙，那么万物将留存在深深的

---

① 参见《创世记》11：6。"耶和华说，看哪，他们成为一样的人民，都是一样的言语，如今既作起这事来，以后他们所要作的事就没有不成就的了。"

② 参见《创世记》11：4。"他们说，来吧，我们要建造一座城和一座塔，塔顶通天，为要传扬我们的名，免得我们分散在全地上。"

③ 参见《出埃及记》1：11。"于是埃及人派督工的辖制他们，加重担苦害他们。他们为法老建造两座积货城，就是比东和兰塞。"

黑暗之中，任何事物都无法看见。

【17】[59] 在与拉班发生争执时，雅各用"石堆"见证这个诚恳热心的人。① 这就表达了一条深刻的真理，心灵是每个人隐秘目的的见证，良心是每个人最诚实的、无与伦比的公正监督。[60] 但是，做见证的城建在这些城之前。我们得知，这些人去了希伯仑，在那里有亚衲族人亚希幔，示筛，挞买；然后，经上又说："希伯仑城被建造比埃及的锁安城早七年。"②[61] 这完全是一种哲学，说明同一名称如何具有不同含义。比如，"希伯仑"的意思是"结合"，而结合有两种，要么是灵魂与肉体结合，要么是灵魂与美德为伴。所以，屈服于和肉体结合的灵魂就有了刚才提到的这些居民。"亚希幔"的意思是"我的兄弟"；"示筛"的意思是"在我之外"；"挞买"的意思是"悬挂着的那一个"。因为对灵魂来说，爱肉体是必然的，肉体应当被视为兄弟，外在的善物应当被评价为杰出的，所有灵魂在这种状况下依赖和悬挂于无生命的事物，就好像人被钉在十字架上，被钉在树上，他们被固定在可朽的质料上，直到他们死去。[62] 但是与善结婚的灵魂所获得的居民胜过在美德中获得的居民，田头上的双穴成双成对地接受逝者，③ 亚伯拉罕和撒拉，以撒和利百加，利亚和雅各，这些就是美德和它们的拥有者。这个希伯仑是一座宝库，是守护知识和智慧的个人的丰碑，早于锁安和整个埃及被造。因为自然加工灵魂早于肉体（或埃及），美德先于邪恶（或锁安）；"锁安"的意思是"撒离的命令"；自然已经确定不按照时间而按照价值来确定先后。

【18】[63] 于是，祂把以色列称做祂的"头生子"，尽管以色列的年纪

---

① 参见《创世记》31∶46—48。"又对众弟兄说，你们堆聚石头。他们就拿石头来堆成一堆，大家便在旁边吃喝。拉班称那石堆为伊迦尔撒哈杜他，雅各却称那石堆为迦累得（都是以石堆为证的意思）。又叫米斯巴，意思说，我们彼此离别以后，愿耶和华在你我中间鉴察。"

② 《民数记》13∶22。"他们从南地上去，到了希伯仑。在那里有亚衲族人亚希幔，示筛，挞买。原来希伯仑城被建造比埃及的锁安城早七年。"

③ 参见《创世记》23∶9。"把田头上那麦比拉洞给我。他可以按着足价卖给我，作我在你们中间的坟地。"

比较轻，但从尊严来看① 可以这么说，由此可见是他见到了神、最初的存在因、荣耀的接受者、非被造的唯一者的最早的后裔、为美德所察见的凡人所恶的对象，对他应当把产业多加一分给他，要把长子的名分归于他。②[64] 由于这个原因，还有由于第七日，所以尽管按照顺序七是六后面的数字，然而在价值上它先于任何数，和数字"一"没有任何区别。立法者本人把这一点说得很清楚，他在论创世的结语中说："神在第七日歇了祂一切的工，安息了；神赐福给第七日，定为圣日，因为在这日神歇了祂一切创造的工。"③[65] 此后他又说："创造天地的来历，在耶和华神造天地的日子，乃是这样。"④ 这些东西都是在第一天被造的，所以在这里又重新提及第一天，这是一切事物的开头和起点。我已经写得很充分了，我想要更加清楚地表明，该隐似乎肯定会确立他的意见，就好像他正在建造一座城。

【19】[66] 以诺的儿子名叫"以拿"，意思是"羊群"。⑤ 这样的名字当然是按照他父亲的名字命名的。一个人把自己看做对心灵负有义务是适宜的，心灵不能理解自己的本性，会产生非理智的功能，汇聚为群；因为赋有理智的人不承认这样的信条。[67] 每个羊群若无牧羊人必定会遭遇大灾，因为它自身不能将有害的事物驱离，选择那些善物。因此摩西在他的祈祷中说："愿一切灵肉之主，立一个人治理会众，可以在他们面前出入，也可以引导他们，免得主的会众如同没有牧人的羊群一般。"⑥[68] 因为，当我们的

---

① 参见《出埃及记》4：22。"你要对法老说，耶和华这样说，以色列是我的儿子，我的长子。"

② 参见《申命记》21：17。"却要认所恶之妻生的儿子为长子，将产业多加一分给他。因这儿子是他力量强壮的时候生的，长子的名分本当归他。"

③ 《创世记》2：2—3。"到第七日，神造物的工已经完毕，就在第七日歇了他一切的工，安息了。神赐福给第七日，定为圣日，因为在这日神歇了他一切创造的工，就安息了。"

④ 《创世记》2：4。

⑤ 参见《创世记》4：18。"以诺生以拿。以拿生米户雅利。米户雅利生玛土撒利。玛土撒利生拉麦。"

⑥ 《民数记》27：16—17。"愿耶和华万人之灵的神，立一个人治理会众，可以在他们面前出入，也可以引导他们，免得耶和华的会众如同没有牧人的羊群一般。"

复合体的护卫者、统治者，或父亲，或者无论我们喜欢叫他什么，也就是正确的理智，丢下羊群不管，那么羊群必然会遭遇死亡，羊群拥有者也不可避免地要遭遇损失，而那些非理智的生灵，失去群体护卫者的告诫和惩罚，就会发现自己被放逐到一个距离理智和不朽的生活无比遥远的地方。

【20】[69] 就是由于这个原因，经上说以拿有个儿子米户，① 这个名字的意思是"远离神的生活"。由于羊群是没有理智的，而神是理智的源泉，由此可以推论他过着一种非理智的生活，与神的生活隔离。摩西把生命定义为与神一致，由热爱神组成，因为他说"你的生命就是热爱存在的神"②。[70] 作为相反生活的一个榜样，他把拈过阄的山羊送到主面前去，说"要把这只羊活着安置在主面前，用来赎罪，让人送到旷野去"③。[71] 这是一个经过深思熟虑的方向。没有一种健全的感觉会鼓掌欢迎老年人放弃赎罪，因为老年长期无法治愈的疾病使他们的欲望变得不那么强烈。他会赞扬年轻人的青春年华，因为食欲在他们身上像火焰一般燃烧，无论如何他们也不会完全克制和压抑这些欲望，一种健全的教育提供这些克制，能够压制熊熊烈焰，平息炽热的欲望。虚弱地赞扬这些原则与赞扬那些没有疾病的人是一致的，就好比赞扬一种邪恶的生活方式，自然把这种生活方式轻易地送给他们，他们未经任何努力就享受好运，而那些患了这种疾病的人更值得赞扬，如果他们坚定地与疾病抗争，表现出坚定的意志和把握它的力量。这种力量需要努力克服快乐的诱饵，它得到的赞扬与道德上的胜利一致，要靠意志的力量来赢取。[72] 所以，要是这些品质没有一个能交好运（生活在我们中间），而是作为有害的疾病存在于我们中间，它们是我们要加以摆脱的毒药，那么就让我们认真的加以抛弃；因为这就是"用它们来赎罪"，也就是承认我们仍旧

---

① 参见《创世记》4：18。

② 《申命记》30：19。"我今日呼天唤地向你作见证。我将生死祸福陈明在你面前，所以你要拣选生命，使你和你的后裔都得存活。"

③ 《利未记》12：10。"但那拈阄归与阿撒泻勒的羊要活着安置在耶和华面前，用以赎罪，打发人送到旷野去，归与阿撒泻勒。"

在灵魂里拥有它们，不愿意放弃它们，但是我们需要勇敢地抵制它们，直到我们能够把它们完全根除。

【21】[73] 除了灵魂的死亡，还能有什么结果在等着那个不按照神的意愿去生活的人呢？玛土撒利这个名字就是这个意思，它表示（如我们所见）"分派死亡"①。他是米户雅利的儿子，放弃了他自己的生命，对他来说死亡是分派给他的，而灵魂之死，是灵魂在非理智的情欲的推动下所发生的改变。[74] 灵魂感受到情欲带来剧痛和虚弱，它的疾病进一步恶化，无法治愈；它们各自有一种无法承受的负担，所以它们甚至不能仰视。"拉麦"这个名字可以赋予任何人，它的意思是"卑微"，拉麦可以证明自己是玛土撒利的儿子，②这样做是完全适当的，它是一种卑微的、谄媚的情欲，是灵魂之死的后裔，是非理智的冲动所生育的极为衰弱的孩子。

【22】[75]"拉麦娶了两个妻，一个名叫亚大，一个名叫洗拉。"③一方面，卑微者在任何情况下给自己拿东西来都应受谴责；另一方面，善者的自愿的行为全部值得称赞。所以在这个事例中，拉麦在为自己挑选妻子的时候，挑选了大恶，而亚伯拉罕、雅各和亚伦在为自己挑选妻子的时候，挑选了对他们适合的善者。[76] 关于亚伯拉罕，我们读到"亚伯兰，拿鹤各娶了妻。亚伯兰的妻子名叫撒莱"④，关于雅各，我们读到"你起身往巴旦亚兰去，到你外祖彼土利家里，在你母舅拉班的女儿中娶一女为妻"⑤，关于亚伦，我们读到"亚伦娶了亚米拿达的女儿，拿顺的妹妹，伊莱沙巴为妻"⑥。[77] 以撒和摩西确实娶了妻，但他们娶妻的目的不纯，据说以撒在进了他母亲的住处

---

① 参见《创世记》4：18。

② 参见《创世记》4：18。

③ 参见《创世记》4：19。

④ 《创世记》11：29。"亚伯兰，拿鹤各娶了妻。亚伯兰的妻子名叫撒莱。拿鹤的妻子名叫密迦，是哈兰的女儿。哈兰是密迦和亦迦的父亲。"

⑤ 《创世记》28：2。

⑥ 《出埃及记》6：23。"亚伦娶了亚米拿达的女儿，拿顺的妹妹，伊莱沙巴为妻，她给他生了拿答，亚比户，伊莱贾撒，以他玛。"

时娶了妻，^①而对摩西来说，他甘心与人同住，那人把他的女儿西坡拉给摩西为妻。^②

【23】 [78] 立法者在经文中记下这些事例之间的区别，这样做并非无目的。因为对那些欢迎训练、取得进步和改善的人来说，作见证生来就是他们对善物有意识的选择，他们付出的巨大努力不能不受奖励。而那些配得上拥有智慧的人不需要其他教导和学习，除了使用自己的能力，他们从神的手中接受理智，作为他们约定的配偶，接受知识，也就是接受贤人的生活伴侣。[79] 卑微的、奴颜婢膝的拉麦在世间事务中被抛弃，他娶了第一个妻子，名叫亚大，意思是"证人"。他为自己安排婚姻，因为他想到一个人最主要的善就是使心灵沿着良好的目标平稳地运动，在目标实现时不要有什么障碍。[80] 他说："有什么东西能比一个人的观念、意愿、推测、目标更好，总而言之一句话，能比一个人的计划更好，如俗话所说，尽管没有脚，却能抵达目的地而不摔跤，能在提到的所有这些具体事物中证实理智？"嗯，只要一个人能对一个良好的结果做出正确无误的判断，那么我可以确定他是幸福的。在这样做的时候，我有律法当我的老师，因为律法本身宣布约瑟是一个成功者。它没有说"在所有事情上"，而是说在那些神保佑他成功的事情上，^③神的馈赠是全善的。[81] 但若一个人使用自然的才能，不仅打算抵达善的和高尚的目的地，而且也为了它们的对立面，把它们当做完全不同的事物，那就让他被视为不幸福的。在巴别塔的那个段落中的那些话肯定具有诅咒的性质，我们读到"他们所要作的事就没有不成就的了"^④；这对想要取得

---

① 参见《创世记》24：67。"以撒便领利百加进了他母亲撒拉的帐篷，娶了她为妻，并且爱她。以撒自从他母亲不在了，这才得了安慰。"

② 参见《出埃及记》2：21。"摩西甘心和那人同住，那人把他的女儿西坡拉给摩西为妻。"

③ 参见《创世记》39：2。"约瑟住在他主人埃及人的家中，耶和华与他同在，他就百事顺利。"

④ 《创世记》11：6。"耶和华说，看哪，他们成为一样的人民，都是一样的言语，如今既作起这事来，以后他们所要作的事就没有不成就的了。"

成功的灵魂来说确实是令人绝望的不幸，尽管它们是完全卑劣的。[82] 要是我曾经下决心做坏事，这件坏事也许会失败，那么对我来说，我会进行祈祷，但愿这些毫无价值、不受约束的生活令我失望，我若是厚颜无耻和行为卑鄙，那么也许就不会被人发现了。这些人决心要偷窃、通奸、谋杀，可以肯定，这样的人若是遭受失败或毁灭，那是最好不过了。

【24】[83] 然而，哦，心灵与亚大没有任何关系，亚大为那些获得成功的卑劣事物作见证，帮助它们实现这些目的。但若你认为可以让她作你的伙伴，那么她会给你带来极大的伤害，哪怕是雅八，①这个名字的意思是"变更"。如果你为呈现于自身的万物之善作见证并为之感到高兴，那么你是想要扭曲一切，改变它们，把自然变更为每一事物确定的边界。[84] 摩西对这样的人充满义愤，对他们发出诅咒，"挪移邻舍地界的，必受咒诅"②。他所说的"邻近"和像邻居那样"靠近"的事物是善物。因为他说，没有必要上天空、下大海去搜寻善物；因为善物就在邻近和靠近每个人的地方。[85] 以一种彻底的哲学的方式，他对善作了三重划分，他说"它就在你口中，在你心里，在你手中，"③也就是说，在话语中，在计划中，在行动中。这些都是善物的部分，善物由它们构成，若是缺了这些部分，不仅会使善物不完全，而且会彻底毁灭善物。[86] 除了计划和实行最可耻的事情，还有什么事情能说是最好的吗？这是智者的方式，他们说出有关健全感觉的话语，我们需要忍受他们喋喋不休的谈话，而在他们选择生活方式和行为方式的时候，我们发现他们错得很离谱。[87] 拥有正当的意图，然而由于不恰当的言行，由于话语而对那些听到话语的人造成伤害，由于行为而对那些成为这些行为牺牲品的人造成伤害，这样做有什么好处呢？还有，做这些好事，但

---

① 参见《创世记》4：20。"亚大生雅八。雅八就是住帐篷，牧养牲畜之人的祖师。"
② 《申命记》27：17。"挪移邻舍地界的，必受咒诅。百姓都要说，阿们。"
③ 《申命记》30：11—14。"我今日所吩咐你的诫命不是你难行的，也不是离你远的。不是在天上，使你说，谁替我们上天取下来，使我们听见可以遵行呢，也不是在海外，使你说，谁替我们过海取了来，使我们听见可以遵行呢，这话却离你甚近，就在你口中，在你心里，使你可以遵行。"

对这些事情缺乏理解和明确的解释，也应当受到责备。[88] 我们在这里要做的就是把这些行为归为不自觉的，但不以任何方式赞扬它们的优点。如果一个人取得了成功，这就好比他在弹竖琴，整支乐曲都弹得很好，或者言行都很和谐，这样的人可以被视为完善的人，具有真正和谐的品质。就这样，这个人消除了善者和美者的边界，使二者均受诅咒，并且声称这样做是正义的。

【25】[89] 这些边界不是由我们这些被造物确定的，而是由神圣的原则确定的，它先于我们和一切属于大地的事物。律法把这一点说得很清楚，它说了这样一些话，在经上庄严地吩咐我们每个人不要给美德掺假："不可挪移你邻舍的地界，那是先人所定的。"① 经上还说了其他一些话："问你的父亲，他必指示你。问你的长者，他必告诉你。至高者将地业赐给列邦，将亚当的子孙分开，就照神的天使的数目立定万民的疆界，雅各的民成为主的分，以色列成了主的产业的继承人。"② [90] 所以，我要询问生我养我的父亲，或者询问那些与他年龄相仿的长者，神以何种方式划分或分配这些民众，他们会明确地回答我吗，就好像他们在一步步跟随分配的过程？肯定不会。他们会说："我们年轻时也曾问过我们的父母和比他们还要年长的人，没有得到任何确定的回答；因为他们没有任何东西可以教给我们，在他们生活的那个年代，他们被认为是有知识的，可以启发其他无知的人。"

【26】[91] 所以，这位立法者有可能把我们灵魂之父的头衔给予正确的理智，把长者的头衔给予正确理智的亲朋好友。这些就是原先给美德确定的边界。接受美德的教导，去学校学习一些基本事务，这样做是明智的。这些基本事务有如下述。神划分百姓的灵魂，依照他们的话语来隔离他们，使他

---

① 《申命记》19：14。"在耶和华你神所赐你承受为业之地，不可挪移你邻舍的地界，那是先人所定的。"

② 《申命记》32：7—9。"你当追想上古之日，思念历代之年。问你的父亲，他必指示你。问你的长者，他必告诉你。至高者将地业赐给列邦，将世人分开，就照以色列人的数目，立定万民的疆界。耶和华的分，本是他的百姓；他的产业，本是雅各。"

们分开居住；神把大地的子孙从身边驱离，立法者把这些人称做"亚当的子孙"，然后神确定了与天使数目相对应的美德后裔的边界；因为有多少神的话语，就有多少种美德的形式或者"百姓"。[92] 神的天使的数目是什么，至高无上拥有全部主权的统治者的"分"是什么？具体的美德是仆人，它们事奉受拣选的以色列百姓的统治者。因为他能看见神，能凭着无与伦比的容貌接近神，他被确定为他看见的神的一部分。[93] 所以，雅八怎么能够逃避责备呢，他的名字转换成希腊文，意思是"更换"，使事物的本性或者事物变得不再是它们本身？他改变了智慧、忍耐、正义这些一般的、像神一样美丽的美德的形式，用与其相反的愚蠢、不节制、不正义，以及所有邪恶，来更换这些形式，清除从前打在它们身上的烙印。

【27】[94] 事情总是这样的，第二次打上的烙印会消除第一次打上的烙印。迄今为止，律法允许用善者替换恶者，但它甚至不允许用美者取代令人讨厌者的位置。"令人讨厌者"的意思不是它毫无价值，而是它很愚蠢，它想要获得较好的事物，但它不愿意放弃坏的事物。它的全部意思包含辛劳和麻烦，阿提卡的作家们通过改变他们的一个词汇的重音而得到"邪恶"这个词，① 由此提供了一个名称。[95] 这条律法是这样的："一切从杖下经过的，每第十个要归给主为圣。你们不可用坏的更换好的；你们若要更换，所更换的与本来的都要成为圣。"② 然而，坏的怎么能够成圣？不，如我刚才所说，这里指的不是令人讨厌者，不是卑劣的东西，所以，这里想要表达的意思是，如果说美的事物是一种完全的善，那么辛劳就是一种不完全的恩惠。如果你们想要求得圆满，那么你们就要停止寻求有缺陷的东西。但若你们过分热情，你们会选择辛劳，以为自己要用一样东西取代另一样东西，但实际上你们二者并获；因为每一具体事物，尽管不是没有价值的，但绝对不是神

---

① 希腊文"πονηρός"既有"邪恶"的意思，也有"辛苦"的意思。

② 《利未记》27：32—33。"凡牛群羊群中，一切从杖下经过的，每第十只要归给耶和华为圣。不可问是好是坏，也不可更换；若定要更换，所更换的与本来的牲畜都要成为圣，不可赎回。"

圣的。

【28】[96] 现在有一样东西被三条证据证明是神圣的——普通的数、戒律、完全的数。所以经上说，"一切从杖下经过的，每第十个是神圣的"。这是因为，被视为不值得计算的东西是世俗的，不是神圣的，而那些值得计算的东西是神圣的，这是事实证明了的。比如，律法书中说约瑟在埃及积蓄五谷甚多，无法计算，又说"因为不可胜数"①，这是因为食物能够滋养身体，而埃及人的情欲是绝对不值得计算的。[97] 杖是戒律的象征，因为除非对某人进行惩罚，使他产生羞耻感，否则不能对他的心灵进行警告和矫正。"十"象征着一个渐近的过程，以此做出保证。使某个事物完美，就是与之相遇，向作为采集者的神奉献初生的果实，对我们进行教育和规范就是成全我们，使我们的希望圆满。

【29】[98] 已经说过的这些话对我们的主题来说足够了，我们提到的这个人对最先造出来的东西更换和掺假。这位立法者称他为住帐篷、牧养牲畜之人的祖师。② 牲畜指的是非理智的感觉，牲畜的牧养者就是快乐和情欲的热爱者，给它们提供食物也就是感觉的外部形像。他们与牧羊人有很大不同，因为后者以统治者的方式惩罚犯了错的牲畜，而前者就像一位演艺者，给它们提供无限的食粮，让它们在犯了错的时候感到安全；因为傲慢是满足和贪婪的女儿，必定会马上产生。[99] 所以，如我们可以期待的那样，这个更换和制作一切善物的人是那些无灵魂者的父亲，只对感觉有兴趣。因为，若是他在心灵中寻求对象的非形体的性质，他会坚持古人设下的界限，古人按照美德来设立这些界限，给每一对象打上属于它自身的烙印。

【30】[100] 立法者告诉我们，犹八是雅八的兄弟。③"犹八"的意思与"雅八"相似，是"左右摇摆"的意思，象征说出来的话语，就性质而言它是心

---

① 《创世记》41：49。"约瑟积蓄五谷甚多，如同海边的沙，无法计算，因为谷不可胜数。"

② 参见《创世记》4：20。"亚大生雅八。雅八就是住帐篷，牧养牲畜之人的祖师。"

③ 参见《创世记》4：21。"雅八的兄弟名叫犹八。他是一切弹琴吹箫之人的祖师。"

灵的兄弟。它是心灵说出来的话语的最恰当的名称，能改变事物，因为它的方式是停在两条路线之间，上上下下，就好像一副天平，或者就像大海中的一叶小舟，被巨浪拍击，上下颠簸。[101]因为蠢人决不会学着说出任何确定的事情或有充分根据的事情。摩西认为无人可以摇摆不定，或者能够完全避开尘世的以东，而应沿着中央的道路前进，对这条路他赋予最恰当的名称，称之为国王大道，或者王者之路；因为神是宇宙最早的和唯一的国王，这条道路通向祂，作为一条国王大道，当然也是王者之路。你们一定要把这条路当做哲学，但不是当今时代那些智者追求的哲学，这些人使用花言巧语来反对真理，把他们的卑鄙行为称做智慧，给他们卑鄙的工作冠上神圣的头衔。不，哲学是古代那些有抱负的人在激烈竞争中追求的东西，他们避开快乐迷人的魅力，从事极为严肃的学习，考察善的和公正的事物。[102]所以，我们刚说过，这条王者之路就是真正的哲学，它在律法书中被称做神的话语和言词。因为经上说："我今日吩咐你的诫命，你要谨守遵行，不偏左右。"①这就清楚地表明，神的话语等同于王者之路。他把二者当做同义词来处理，吩咐我们要不偏左右，要用正直的心灵笔直地前进，在中央大道上行走。

【31】[103]他说："这位犹八是一切弹琴吹箫之人的祖师。"②他极为恰当地把音乐和乐器之父的头衔给予健全的话语。因为，自然把声音器官或工具赋予动物，把它当做所有工具中最主要的和最完善的，同时她继续把和谐与各种美妙的乐曲赐给它，使它可以先有一个乐器的样式，然后再把乐器塑造出来。[104]所以，对耳朵来说也一样。自然转向它，旋转着把它造成球形的或圈状的，较大的圈包含较小的圈，为的是能使那些接近耳朵的声音不会逃走，不会向外扩散，而是在圆圈之内聚集，传递给心灵。看到那些繁华城市里的剧场，我们马上就有了一个样板，因为剧场的建造确实是对耳朵形状的模仿。所以，自然在创造动物的时候拉伸它的气管，把它当做音阶，与

---

① 《申命记》28:14。"你若听从耶和华你神的诫命，就是我今日所吩咐你的，谨守遵行，不偏左右，也不随从事奉别神，耶和华就必使你作首不作尾，但居上不居下。"

② 《创世记》4:21。"雅八的兄弟名叫犹八。他是一切弹琴吹箫之人的祖师。"

等音的、半音的、全音的模式相结合，以这种方式制造各种乐器，创作音程或长或短的曲调。

【32】[105] 为了表明这有多么真实，我可以指出由管乐和弦乐所产生的所有乐曲都没有夜莺和天鹅那样的声音，作为模仿或复制，它们不能与原本一模一样，或者说，能成为一个不灭的种的可灭的类。我们不能把人的嗓子产生的声音与那些以其他方式产生的声音相比，因为人的嗓子具有清晰发声的天赋，这是它最有价值的地方。[106] 由于调制其他种类的声音和音符的连续改变不能产生使耳朵快乐的声音，所以自然赋予人发出清晰音节的能力，讲话和唱歌，既能吸引耳朵又能吸引心灵，既能用曲调迷住前者又能用表达出来的思想引起后者的关注。[107] 正如一样乐器放在一个不懂音乐的人手里不能产生曲调，而在音乐家手中，他的音乐技艺可以使乐器产生曲调；以完全相同的方式，卑劣的心灵运动说出来的话语是不和谐的，而可以发现高尚心灵的运动是完全和谐的。还有，竖琴，或者像竖琴这样的东西，除非有人在弹奏，它是静止的；语言也一样，如果没有占据主导地位的功能在敲击，必定也会保持沉默。[108] 还有，正如乐器可以按照它们发出的无限的音乐组合来调准，话语也证明它本身是一位和睦的解释者，容许话语有无数的变化。这是因为，有谁会用同样的方式对父母和子女讲话，因为从本质上说，你是前者的奴仆，而出于同样的原因，你又是后者的主人？[109] 又有谁会以同样的方式对兄弟和堂兄弟、近亲和远亲讲话？还有对那些与他有联系的人和没有任何联系的人，对那些同胞公民和对那些外国人，对那些品性或年纪没有任何差别的人或者有程度差别的人讲话？[110] 我们不得不以一种方式与老人讲话，以另一种方式与年轻人讲话；还有，以一种方式对重要人物讲话，以另一种方式对无足轻重的人讲话；同样还有对富人和穷人、官员和非官员、仆人和主人、女人和男人、有本事的和没本事的。我们还有必要列举无数种类的人吗？我们要用不同的方式与他们谈话，一个时候用一种方式，另一个时候用另一种方式，不是吗？作为思想对象，它们确实是相同的。它们的一些特点会使我们的语言具有与其一致的特征，因为语言

不会以相同的名称来称呼大的和小的、多的和少的、私人的和公共的、神圣的和世俗的、古代的和现代的，而会用与其数量、重要性、大小相适应的名称，在一个时候使用崇高的语气，在另一个时候使用克制的语气。[111] 不仅是处理人和事我们要使用不同形式的语言，而且对事物发生的原因和方式我们也要使用不同形式的语言，除此之外，我们要知道一切事物均有所处的时间和地点。好吧，是犹八这个人变更了话语的音调和倾向，他讲起话来像弹琴吹箫之父，亦即音乐之父，这里用部分来指称整体，部分与整体的关系由此可见一斑。

【33】[112] 我们现在要来描述亚大的子孙，要说一说她本人是谁。让我们注意拉麦另外一位妻子洗拉和她的子孙。嗯，洗拉的意思是"阴影"，指称身体的和外在的善物，这些事物和阴影几乎没有什么差别。如果一朵鲜花短暂地开过以后就凋谢了，这种美不就是阴影吗？任何疾病都能使身体终结，所以身体的力气与活力除了是阴影以外还能是什么？[113] 那个准确的感觉器官①受到感冒的伤害就会失效，或者由于年迈而失效，对这种疾病我们无可奈何，只能服从，此外我们还能怎么样？再进一步说，高收入、高名望、职位、荣誉，以及无论什么被视为有益的身外之物，不都是影子吗？它理所当然地通过一些比较容易的步骤，引导我们的心灵走向整个事物开始的那个原则。[114] 人们前往德尔斐，把那些有关以往时代杰出人物的记载放在神庙里供奉。这些记载也很容易消失，就像绘画，不仅随着时间流逝而褪色，而且会像命运一样完全倒转，呼出最后一口气，或者就像遇上激流被冲走，消失得无影无踪。[115] 这种影子和它稍纵即逝的美梦生了一个儿子，名叫土八，这个名字的意思是"全部在一起"②。事实上，那些获得健康和财富的人，这种组合是众所周知的，人们认为他们已经绝对拥有了一切。由于自高自大和自命不凡，总督们会把独立的权柄归于他们自己的命运，他们忘

---

① 指鼻子。

② 《创世记》4：22。"洗拉又生了土八该隐。他是打造各样铜铁利器的（或作是铜匠铁匠的祖师）。土八该隐的妹子是拿玛。"

记了自己是谁，忘记了他们是用那些可朽事物造出来的。他们以为自己得到了超越凡人的本性，狂妄地把荣耀归于自己，把自己全部神圣化。有一个例子①可以说明这种态度，这些人竟敢说他们不认识真神，他们在充分享用身体和外在事物时忘了他们自己只不过是凡人。

【34】[116] 他在这些人中间准确地解释每个人的特点，他说："这个人是抢铁锤的，打造各样铜铁利器"②。灵魂与身体的快乐或外在事物的质料有极为密切的关系，要用铁锤在铁砧上锻打，亦即要用他无处不在的欲望来捶打。你在任何时候、任何地方都可以看到，那些在乎他们的身体超过其他任何事物的人准备好了绳索和陷阱，想要捕捉他们期待的东西。你们可以看到那些热爱钱财和名望的人探险远征，抵达地极，穿越海洋，疯狂地追求这些东西。他们用他们无限的欲望织网，用来捕捉他们想要的东西，把世界上每个区域的产物归为己有，直到最后，他们过分的努力迫使他们放弃，迫使他们背道而驰。[117] 所有这些人都是战争的制造者，由于这个原因，他们被说成是打造各样铜铁利器的，这些武器是发动战争的工具。因为任何一个考虑这件事情的人都会发现，无论是个别人，还是组织为城邦的人之间的最大争执，在过去产生，在现在产生，在将来也会产生，要么是为了女人的美貌，要么是为了金钱、荣耀、荣誉、统治，或者是为了获得某些东西，或者总而言之一句话，获得与身体和外在事物有关的利益。[118] 但是，为了教养和美德的缘故，它们是心灵之善，是我们存在的最高尚部分，没有外来的或内部的战争曾经在它们中间爆发；因为这些事物的本性是和平的；当它们占据上风的时候，社会稳定，依法治理，能看到一切最美丽的事物，不是用身体模糊的视觉，而是用灵魂敏锐的视觉。因为身体的眼睛只能看见外表，而心灵的眼睛可以穿透事物，清楚地看到隐藏在内心的一切。[119] 这是一条不变的规则，在人们之间产生的争吵和内讧无非就是阴影，而不可能是其

---

① 参见《出埃及记》5：2。"法老说，耶和华是谁，使我听他的话，容以色列人去呢。我不认识耶和华，也不容以色列人去。"

② 《创世记》4：22。

他什么东西。这位立法者把制造战争武器称做打造铜铁利器，把洗拉之子土八称做阴影，他的哲学不依赖花言巧语，而依靠观念的无比美丽。因为他明白，每一海上或陆上的力量为了身体的快乐，或者为了获得丰盛的外在之物，从而选择了最大的危险，这些东西没有一样被时间证明是确定的，稳固的；这些事物与图画相似，只不过是固定物体正在逐渐消失的肤浅外表。

【35】[120] 我们得知土八的妹子是拿玛，①这个名字的意思是"肥胖"；因为当人们使自己身体舒适，或者成功地获得他们追求的事物时，结果就长胖了。所以我说的肥胖不是一种力量，而是一种弱点，因为它让我们忽视荣耀神，而这才是灵魂最主要的、最优秀的力量。[121] 律法用一首"更加伟大的歌"证明了这一点，"他渐渐肥胖、粗壮、光润，离弃造他的神，轻看他的救世主"②。[122] 确实，这些生命在阳光照耀下繁荣昌盛，忘记了永恒者，侥幸成了神。摩西反对那些对立的学说，藉此提出劝告，为此提供了证据，因为他说"荫庇他们的已经离开他们，但主与我们同在"③。由此可见，神圣的话语居住在我们中间，在人们中间行走，对他们来说，灵魂的生命是荣耀的对象，而那些看重生命中的快乐的人，虽然经历了良好的时光，但却是短暂的、虚幻的。这些人由于肥胖而不断地膨胀，变得越来越胖，直到最后不堪重负；而那些被智慧育肥的人却是美德的爱好者，藉此获得稳定的活力，经上讲到祭司从每一次祭祀奉献的牺牲中获得脂油，而整个火祭都是一个象征。[123] 因为摩西说"脂油都是归于主的"④，这表示丰富的心灵被认可为适宜献给神的礼物，由此可以获得不朽；而身体和外在事物的富裕被描述为在某个时候侵占了神的地位，由于这个原因，它的全盛期是极为短暂的。

---

① 参见《创世记》4：22。

② 《申命记》32：15。"但耶书仑渐渐肥胖、粗壮、光润，踢跳奔跑，便离弃造他的神，轻看救他的磐石。"

③ 《民数记》14：9。"但你们不可背叛耶和华，也不要怕那地的居民。因为他们是我们的食物，并且荫庇他们的已经离开他们，有耶和华与我们同在，不要怕他们！"

④ 《利未记》3：16。"祭司要在坛上焚烧，作为馨香火祭的食物。脂油都是耶和华的。"

【36】[124] 我想，关于拉麦的妻子和后代这个主题已经恰当地处理过了。现在让我们来考虑可以被称为被杀的亚伯的新生。经上说："亚当又与妻子同房，她就生了一个儿子，起名叫塞特，意思说，神另给我立了一个儿子代替亚伯，因为该隐杀了他。"①[125]"塞特"的意思是"浇水"。所以，就好像地里的种子和植物，浇了水就会生长、发芽，结出累累果实，但若不浇水，它们就会枯萎，所以灵魂显然在成长的时候要有新鲜的、甜蜜的智慧来滋养和改进。[126] 所谓浇水，要么是指浇水的行为，要么是指被浇的体验。每个人不是都会说感觉在心灵那里得到浇灌，能够扩大和延伸感觉的力量，就好像渠中之水吗？比如，没有一个健全的感觉会说眼睛在看，而会说心灵借助眼睛在看，也不会说耳朵在听，而会说心灵借助耳朵的能力在听，也不会说鼻子在嗅，而会说人的这种占主导地位的能力通过使用鼻子在嗅。

【37】[127] 由于这个原因，经上说："有清泉从地上腾，滋润遍地。"②由于自然把脸指定给感觉，作为整个身体的精选部分，清泉从身体的主要官能上升，作用于各方，水花四溅，也就是说，在脸的范围内传递每一感官需要的力量。神的话语以这种方式浇灌美德；因为神的话语是高尚行为的源泉。立法者用这样的话语来宣布："有河从伊甸流出来，滋润那园子，从那里分为四道。"③[128] 因为有四种主要的美德：智慧、勇敢、节制、正义。它们各自是一个使用主权的权柄，获得它们的人事实上就是一位实施统治的君主，哪怕他缺乏物质资源。[129] 因为短语"分为四道"的意思不是分散，而是实施属于美德的主权。这些美德从神圣的话语中产生，就好像从树根长出；话语与河流相似，不停地流出甜蜜的和新鲜的学说，从不间断，由此给热爱神的灵魂带来营养，使其成长。

【38】[130] 他教导的这些灵魂的品质是圆满的，它们程度不同地引导我们，使用日常技艺作为指导我们的工具。他告诉我们，夏甲用皮袋盛满

---

① 《创世记》4：25。
② 《创世记》2：6。"但有雾气从地上腾，滋润遍地。"
③ 《创世记》2：10。

水，给孩子喝。① 夏甲代表不完善的训练，她是撒拉的使女，撒拉代表完善的美德。这幅图景是完全真实的。因为当不完善的教育进到知识的深度时，知识被称做井，从中取水给灵魂，就好像给皮袋盛上水，给灵魂盛上它寻求的信条和思想，认为这些东西适宜给孩子喝。"孩子"是他给灵魂起的名字，它们刚开始渴望教导，而现在它们在某种程度上就是在从事学习。[131] 与此相一致，这个孩子长大成人以后会成为一名聪明人，因为摩西称他为"弓箭手"。② 无论提出什么观点作为靶子，他都会像射箭一样对准目标提出证明。

【39】[132] 我们可以看到利百加没有像夏甲那样给孩子慢慢地喝水，而是给他喝足。为什么会是这样？律法书本身就是这么说的。经上说："那女子容貌极其俊美，还是处女，也未曾有人亲近她。她下到井旁，打满了瓶，又上来。仆人跑上前去迎着她，说，求你将瓶里的水给我一点喝。女子说，我主请喝，就急忙拿下瓶来，托在手上给他喝。女子给他喝了，就说，我再为你的骆驼打水，叫骆驼也喝足。她就急忙把瓶里的水倒在槽里，又跑到井旁打水，就为所有的骆驼打上水来。"③[133] 有谁不钦佩这位立法者对每一细节的准确描述？他告诉我们，利百加是处女，非常美丽，因为美德从本质上摆脱与之相似的虚假，不与污秽混杂，只有在被造的既美又善的事物中可以看到美德。确实，斯多亚学派的这个准则只有在美德中才会跳出来：只有道德上的美才是善。

【40】[134] 不过，在美德中，有些美德永远是处女，有些美德则从成年女子转为贞女，如撒拉所说，"她的月经已断绝"④，她首先怀了以撒，而以撒是拟人化的"幸福"。但是永远是处女的美德，如他所说，是绝对不能为男人所知的。因为实际上，没有任何凡人被允许玷污不可腐败者，甚至不

---

① 参见《创世记》21：19。"神使夏甲的眼睛明亮，她就看见一口水井，便去将皮袋盛满了水，给童子喝。"

② 《创世记》21：20。"神保佑童子，他就渐长，住在旷野，成了弓箭手。"

③ 《创世记》24：16—20。

④ 《创世记》18：11。"亚伯拉罕和撒拉年纪老迈，撒拉的月经已断绝了。"

能清楚地认识它的本性；要是有了认识它的能力，他就决不会停止仇恨它，提防它。[135] 由于这个原因，就像一名真正的哲学家，他把利亚说成是被恨的①；因为利亚高于情欲，不能容忍那些被快乐的咒语吸引的人，也就是拉结，她是感觉；因此，发现自己被她轻视，他们就仇恨她。而对利亚来说，与人失和给她带来了与神的友谊，从神那里她得到了智慧的种子，有了生育的阵痛，产生了美丽的观念，值得天父生养它们。哦，灵魂啊，如果你们也能以利亚为榜样，躲避世俗的事物，那么你们必将转向那永不腐败的唯一者，祂会引发凡俗的美的清泉，对你进行浇灌。

【41】[136] 经上说利百加下到井旁打水，打满了水瓶又上来。那么，除了神的智慧，心灵应当从何处去满足健全感觉的渴望呢，因为神的智慧必定要屈尊，会与一位真正学习者的某些内在品性一起上升，不是吗？因为美德在等待那些空洞的、自我欺骗的人，把他们与好名声一道举到高处。[137] 带着这种看法，我以为神对摩西说的话，"下去吧，你还要上来"②，暗示着每一个对自己的缺点有正确认识的人在那些能够判断实在的人的估量中都会变得更加荣耀。有一点需要注意：夏甲用皮袋打水，而利百加用水瓶打水。夏甲属于热衷于在学校里学习的那群人，她需要某些盛放感觉的器皿，比如眼睛和耳朵，来获得学习的结果；因为只有这样，那些热爱学习的人才能从看和听中间学到许多有益的知识。而那个心中充满纯粹智慧的人绝对不需要任何皮袋；她迷恋精神的对象，学习使用理智来彻底驱逐物体，皮袋代表的就是物体。她所需要的就是一个水瓶，象征着用它来盛放占统治地位的能力，一旦倾倒出来就像湍急的水流。这种能力属于脑还是属于心，让我们把这些事情留给专家讨论。[138] 敏锐的学者看到，从智慧这个神圣源泉中，她吸取了各种知识，神圣的源泉朝着她奔淌，遇见她的时候，恳求满足他接受教

---

① 参见《创世记》29：31。"耶和华见利亚失宠（原文作'被恨'，下同），就使她生育，拉结却不生育。"

② 《创世记》19：24。"耶和华对他说，下去吧，你要和亚伦一同上来，只是祭司和百姓不可闯过来上到我面前，恐怕我忽然出来击杀他们。"

导的渴望。她已经仁慈慷慨地教授了最主要的课程，马上给那位仆人提供智慧之水，请他喝足，称他为"主"或"主人"。在此，我们拥有最高的真理，贤人不仅是自由的，也是一名统治者，哪怕他的身体有成千上万的主人。

【42】[139] 那个人说"求你给我一点水喝"。但她没有以相应的形式做出回答，说"我会给你水喝"，而是说"请喝"。她讲得相当正确。因为她说"请喝"，表明她把神圣者显现为富有的，能充分地为所有配得上这样做的人倾倒。说"我会给你水喝"就是承认她会教导他。但美德不承认这些。[140] 摩西继续用高超的技艺描述这位想要教导她的学生的老师所用的方法。他说："她就急忙拿下瓶来，托在手上给他喝。"通过"急忙"描绘出她热心做这件事，这种热心来自排除了任何妒忌的性情。[141]"拿下来托在手上"，表明这位教师如何接近学习者，关心他的学习，与他亲密地交往。按照学生自身的巨大的优越性，而不是按照学生的能力来上课，这样的教师是愚蠢的，因为他们不明白上课和展示之间有多么巨大的差别。进行展示的人想要充分表现自己拥有的丰富作品，不会让任何事情妨碍作品的展示，这是他花费了几个时辰在家里努力工作的结果。这是艺术家和雕刻家的工作。他做所有工作都是为了获得公众的赞扬。另外，确定要上课的人，就像一名好医生，不是着眼于他自己的广博学问，而是着眼于他的病人的情况，不会对病人使用他掌握的所有知识——如果这样做的话，就失去了目标——而是依据病人的需要，避免不足和过度。

【43】[142] 就是由于这个原因，摩西要在别处说"总要向他松开手，照他所缺乏的借给他，补他的不足"①，我们一定不要像后一个分句所说的那样，去补每个人的不足，而要根据他们的需要（或事务），把东西借给他们。因为，把锚、桨、舵交给农夫是荒唐的，把犁和锄头交给舵手是荒唐的，把竖琴交给体育教练是荒唐的，把外科手术器械交给乐师是荒唐的。把昂贵的食物拿给想吃的人，把大量未经稀释的原汁酒拿给饥饿者，这样做是荒唐

---

① 《申命记》15：8。

的，我们必须既考虑我们的财物，又考虑我们的同胞是否会恨我们，以为我们在嘲笑其他人的灾难。[143] 在提供帮助的时候，数量也很重要。这样说是为了保持恰当的比例，这样做大有好处。正确的原则是："不要提供你的全部所有，而是接受者需要多少就提供多少。"或者说，你没有注意到，甚至连神也不能把与其自身的伟大和完善相应的实际神力告诉我们，而只能按照受益者的接受能力来提供吗？有谁可能生来就具有听神说话的能力？那个对摩西说了这些话的人最真实地表达了这个意思，"求你和我们说话，我们必听，不要神和我们说话，恐怕我们死亡"①；因为他们感到自己没有这样的听觉器官，可以聆听神在祂的集会中颁布的律法。[144] 如果神选择了要展示祂自身的富有，那么哪怕整个大地和转变为旱地的大海都不能包含祂的富有。人们也可以很好地假设，按季节重复发生的降雨和自然的其他恩惠都有一个确定的间隔，不会一直下个不停，因为有些地方需要雨水，有些地方不需要雨水，如果连续不断地享有这种馈赠，反而会是有害的，而不是有利的。[145] 神曾经停止赠送祂最早的礼物，因为接收者吃得过多，从而变得傲慢无礼；有些人把神的馈赠收藏起来，以备将来使用，而不是把它们送给别人，第三次供应代替了第二次供应，甚至用新的恩惠代替了较早的馈赠，有时候种类不同，有时候种类相同。因为创造决不会离开神的馈赠——如果离开，那么它肯定灭亡——创造没有力量使被造物丰盛和连续不断。所以，神希望我们能享受祂馈赠给我们的礼物，神按照接收者的能力合乎比例地把这些东西赐给接收者。

【44】[146] 因此，利百加受到赞扬，因为她遵循万物之父的法令，拿着器皿，托在手上，里面盛着智慧，被称做水瓶，因为只有这样拿着，这种教导的学习者才能接受。最令我感到惊讶的品质是她的慷慨大方。[147] 向她要一点水喝，她给人很多水喝，直到学习者的整个灵魂喝足沉思。因为我们读到"她给他喝了，直到他离开"，哪怕这是一条对我们的同胞要仁慈的

———————
① 《出埃及记》20：19。

教导，也值得我们钦佩。如果一个人到我们这里来，想要许多东西，但由于害羞而要得很少，那么我们不要只把他提到的东西给他，而要把他没有提到的东西也给他，因为这是他真正需要的。[148] 至于那些学习者应当完全享用这些智慧，光是接受老师的所有教导还是不够的。进一步，他还需要记忆的恩惠。所以利百加展示了她的慷慨，她允诺不仅让仆人喝足，还叫骆驼也喝足。我们把这些当做记忆的象征，因为骆驼是一种反刍动物，好比心灵的深思熟虑。[149] 还有，跪下来承受重担的时候，它能敏捷地站起来，非常灵活。以同样的方式，敏锐的学习者的灵魂也是这样，当承担沉思的重负时，它确实不会弯腰，而会高兴地直起腰来，通过重复，亦即反刍最初的精神食粮，获得记住沉思的力量。[150] 看到这位仆人的本性有多么善于接受美德，她把她水瓶里的水都给他喝了，也就是说，他把老师的所有知识都倒给了学习者。因为，当智者被唯利是图的动机推进，被迫把一些必须告诉学生的东西告诉他们，但又小心翼翼地为自己保留一些东西，以便将来有一天又有挣钱的机会时可以使用；美德是慷慨的，它喜欢馈赠，从不犹豫做好事，如谚语所说，它是自觉自愿的。[151] 嗯，把她知道的东西全都倒给她的学生的理智，就好像倒进一个容器，然后她再一次下到井里打水，那是神的永远流淌的智慧，她的学生可以凭借记忆，牢固地记住他学到的东西，同时痛饮其他新鲜科目的知识；因为神的智慧财富是无限的，在老枝上不断发出新梢，更新、再生、永葆青春。[152] 由于这个原因，所有以为自己已经抵达任何学问边界的人是十足的笨蛋；因为这些边界看起来近在咫尺，实际上非常遥远；没有人曾经圆满地学习任何主题，他们的学习总是有各种缺陷，就好像刚开始学习的小孩与头发已经花白的老师相比，他们在年纪和专业知识两方面都不可同日而语。

【45】[153] 还有，我们必须寻找原因，知道她为什么要给那位仆人喝泉水，而给骆驼喝井里的水。我们也许可以这样解释：两种情况下的水都是相同的，都是提供知识溪流的神圣话语。但是井特别与记忆相连，因为在这种时候，借助（外部的）提醒，事情显得有深度，就好像从井里打上来的水。

[154] 对这样的人，我们必须诚恳地认定他们的本性是卓越的。不过，也有某些勤奋努力的人，一开始以为通向美德的道路是崎岖不平的，但是后来慷慨大方的神给他们准备了一条康庄大道，把他们的辛苦转变为甜蜜。[155] 我们将要指出他以什么方式实现了这种转变。当他领我们出埃及，也就是离开我们身体的情欲时，我们的行走没有丝毫快乐可言，我们在玛拉安营扎寨，那个地方没有适合饮用的水，那里的水是苦的①；然而我们的眼睛和耳朵看到和听到的东西使我们快乐，我们沉迷于食欲和性欲，它们的音乐一直在我们耳边回响，令我们着迷。[156] 每当我们希望与它们分离，它们就会对我们拉拉扯扯，抓住我们不放，不停地诅咒我们，所以我们屈服了，它们征服和驯服了我们，我们变得厌恶劳动，视之为痛苦和敌对，我们计划停止行程，重返埃及这个过放荡生活的避难处；还有，正是由于我们这样做了，所以预见到我们的救世主对我们表示遗憾，在我们的灵魂上扔了一棵甜树，就像糖浆，使我们产生对劳动的热爱，而不是仇恨劳动②；作为造物主，祂知道我们不可能不受其他事物的影响，除非经过这样一番努力，在我们心中植入一种强烈的爱。[157] 在不受情感吸引的地方，人的追求没有一样能够抵达恰当的终点。因为完全的成功在一定意义上必须是一种添加，心灵必须全神贯注于它期望的对象。

【46】[158] 这就是一名最热心的奋斗者的灵魂食粮，他视劳动不为苦，而为最甜。但并非所有人均可合法地分享这种食粮。只有在金牛犊的情况下可以这样做，它是埃及人的偶像，是肉体，它被焚烧，磨碎，撒在水面上。因为圣书中说："摩西又将他们所铸的牛犊用火焚烧，磨得粉碎，撒在水面上，叫以色列人喝。"③[159] 美德的热爱者放火焚烧了美丽的偶像，焚烧了

---

① 参见《出埃及记》15：23。"到了玛拉，不能喝那里的水，因为水苦，所以那地名叫玛拉。"

② 参见《出埃及记》15：25。"摩西呼求耶和华，耶和华指示他一棵树。他把树丢在水里，水就变甜了。"

③ 《出埃及记》32：20。

肉体的快乐，把它磨得粉碎，然后运用分类的原则，以此表明健康、美丽、准确的感觉，健全，包括力气和强健，这些东西都是身体之善物，然而这些东西都与其他人共有，这些东西是令人讨厌的，该受诅咒的；如果它们也是善物，那么没有一个坏人会拥有它们的任何一个部分。[160]不过，这些人，哪怕完全卑劣，仍旧拥有和好人一样的本性，和好人一道共享这些东西。另外，甚至连最野蛮的动物也享有这些"善物"的好处，在比理智更大的范围内它们确实是善物。[161]什么样的运动员有力气敌得过一头公牛或者大象？什么样的跑步者能像猎犬和野兔一样敏捷？视力最敏锐的人与老鹰相比也是目光短浅的。非理智动物的听觉与嗅觉比我们强得多，哪怕是被视为动物中最愚蠢的驴子，若与我们一道接受检查，那么我们的听力显然不佳；狗具有敏锐的嗅觉，哪怕距离遥远，它的眼睛尚未能看见，这也证明了鼻子是人身上多余的部分。

【47】[162]我们有什么必要扩散开去，谈论一个个事例？因为很久以前，在最有学问的人中间就已经取得一致意见，自然是非理智动物的母亲，是人类的后母。注意到人类在身体上的弱点，动物在身体上的优越，他们说了这样的话。所以，这样做是合理的，这些大师把金牛犊碾得粉碎，也就是说把它分割成许多微小的部分，使那些对身体有益的东西与真正善的东西分开，让这些东西浮在水上。[163]就是由于这个原因，经上记载说金牛犊被碾得粉碎，撒在水上，象征没有一样善物能在可朽质料中萌芽生长。被扔进河流或海洋的种子决不可能显现恰当的力量；这是因为，除了以根为锚，把自己固定在某个地方，在那里安定下来，否则它就不可能生长，不可能发芽，甚至难以伸出地面，更不要说长高了，或者能随着季节到来而开花结果；因为湍急的水流会把种子冲走，使它完全丧失生长的能力。[164]即便如此，在这个演说家赞扬、诗人歌唱的灵魂器皿得到任何好处之前，在它能够获得实在的形体之前，它们就被摧毁了，因为实在的本质在不断流逝。在我们正在思考的原因之中，若是没有一种持久的实在的流逝，人怎么会生病、年迈和死亡？所以，神圣的向导会使我们更新我们的理智，亦即焚毁我们的快乐，

通过磨碎和碾压善物，使之成为灰尘，使我们的心灵生长、发芽、开花，真正成为美的，超过撒在水面上的任何种子。

【48】［165］埃及人赋以荣耀的公牛、公绵羊和公山羊，以及其他可朽的对象，被人们当做众神崇拜，但实际上它们并不是神，这些说法都是虚假的。这是那些愚蠢昏愦的老人捏造出来的假象，当那些年轻人的灵魂还很稚嫩的时候，这些人用神话般的胡言乱语充斥年轻人的耳朵。［166］这些神话逐渐渗入年轻人的心灵，迫使这些还没有具备崇高精神、总是充满女子气的男人为自己塑造众神。你们看哪，金牛犊不是用其他什么东西造的，而就是用女人的金耳环造的①；这位立法者教导我们，没有哪一位真正的神是被造出来的，它只是看上去是神，只对那在听的耳朵来说是神，是时尚与习俗宣称的神，并且这里讲的耳朵也是女人的耳朵，而不是男人的耳朵，因为只有柔弱的灵魂才会用这样的垃圾来款待眼睛和耳朵。［167］但是，真正存在的在者是能够被感知和被认识的，不仅通过耳朵，而且通过理智之眼，感知和认识弥漫宇宙的权柄、神的妙不可言的作品及其永恒的运动。因此，伟大的颂歌有了这样的歌词，好比从神的嘴中说出，"瞧，你们要明白我是什么"②，这就表明神实际上可以被直觉清晰地理解，但不能被言词组成的论证所证明。我们说的存在的唯一者是可见的，这个时候我们不是在这些话的字面意义上讲的，而是它的一个不规则用法，指的是神的每一权柄。［168］在刚才摘录的那段话中，他不是说"看我"，因为一切被造物要感知神是不可能的。他说的是"要明白我是什么"，也就是说"要把握我的存在"。因为人的推理能力足以推进到把握宇宙存在的原因。［169］如果急于推进考察，进一步询问神的本质或性质，那是十分幼稚的，足够愚蠢。甚至连全智的摩西，神也没有让他这样做，尽管他提出过无数次请求，不过，有一项神圣的交际却是

---

① 参见《出埃及记》32：2。"亚伦对他们说，你们去摘下你们妻子，儿女耳上的金环，拿来给我。"

② 《申命记》32：39。"你们如今要知道，我，惟有我是神。在我以外并无别神。我使人死，我使人活。我损伤，我也医治，并无人能从我手中救出来。"

赋予他了，"你就得见我的背，却不得见我的面"①。这就表明后面对神的仿效均处于这个好人理解的范围之内，神本身超越这个范围，只能用直接的办法来逼近，把握神的性质；但是就追随神的权柄而言，这些事情显然不是神的本质，而是神的存在，来自神造就的事物。

【49】[170] 那么好吧，心灵在塞特身上产生一种善良品性的开端和美德的最初类型，塞特的意思是"浇水"，在这个时候他是大胆无畏的。因为经上说："神另给我立了一个儿子代替亚伯，因为该隐杀了他。"②这里说神的种子没有一颗落在地上，而是全部都从地上向上升起，把种子留在后面，这个说法值得考察。[171]因为用于繁殖的动物或植物的种子并非全都成熟了；如果没用的种子没有超过有用的种子，那么我们就已经很满意了。但是神在灵魂中播下的东西不会无用，在任何情况下它都是完善的，都能取得成功，每颗种子都能长出庄稼，结出果实。

【50】[172] 在说塞特作为另一颗种子生长的时候，他没有指出塞特在哪个方面是"另一个"。是就亚伯被杀而言，还是就该隐杀他而言？新的后代也许与它们各不相同（以不同的方式）；从该隐的角度来看，塞特与他敌对（因为渴望美德与邪恶完全敌对，起着背弃者的作用）；从亚伯的角度来看，塞特是一个与他友好并有亲缘关系的人；因为他没有说"与他相异"，而是说"不同"，就好像刚开始与最后长成不同，这是造物主与被造者之间的交际。[173] 由于这个原因，亚伯放弃世上的一切，去了另一个比较好的地方生存，塞特由于产自凡人的美德，所以他决不能放弃人的种族，但他能够发扬光大。第一次发扬光大，延伸到完全数"十"，在义人挪亚产生的时候；第二次发扬光大更好，来自闪，挪亚之子，上升到第二个"十"，忠诚的亚伯拉罕由此得名；然后是第三次发扬光大，延伸到"七"，这个数比"十"更加完善，从亚伯拉罕直达摩西，万物中全智的人。从亚伯拉罕算起他是第

---

① 《出埃及记》33：23。
② 《创世记》4：25。"亚当又与妻子同房，她就生了一个儿子，起名叫塞特，意思说，神另给我立了一个儿子代替亚伯，因为该隐杀了他。"

七个，他不像他前面的那些人出到圣地外殿去寻找启示，而是作为神圣的向导在圣地有他的住所。

【51】[174] 灵魂寻求改善有了进展，但它贪得无厌，想要装满美丽的事物，装满神的无限财富，那些在他们前面的人把这些东西给了他们作为起点，为的是实现其他目标。塞特获得的知识边界变成了义人挪亚的起点；从亚伯拉罕开始的教育通过挪亚而达到圆满；亚伯拉罕达到的智慧最高点是摩西训练中的入会过程。[175]"劝告"和"赞成"，罗得的两个女儿，在被迫上升以后又发生动摇，走了下坡路，由于灵魂的虚弱，她们想要跟他们的父亲，也就是跟心灵生孩子①，在和他有了分歧意见时，她们说"神抬举我"。存在的唯一者能为他做什么，她们说心灵可以引导她们，所以她们拥护醉酒和疯狂的灵魂学说；而清醒者的有序的理智行为是承认神是宇宙的创造者和父亲，并断言神本身是人世间一切事务的创造者，但是醉酒和任性可以毁灭理智的行为。[176] 邪恶的意愿无法与她们的父亲同寝，直到她们愚蠢地把他灌醉，让他不省人事。经上写道："她们叫父亲喝酒。"② 再往后，她们不给他喝酒时，他是清醒的，这个时候她们不可能与他同寝，而当他喝醉以后，也就是当他纵欲的时候，她们就都怀了孕，所以她们的生育是有罪的，有诅咒落在她们的后代身上。

【52】[177] 由于这个原因，摩西禁止她们不虔诚、不纯洁的子孙加入圣会。因为他说"亚扪人或是摩押人不可入耶和华的会。他们的子孙，虽过十代，也永不可入耶和华的会"③，他们是罗得女儿的后代。他们是拟人化的感觉和心灵，一个是男性的，一个是女性的，一个是父亲，一个是母亲，他们繁殖后代，创世的真正原因就在于这个过程。[178] 然而，要是我们失足

---

① 参见《创世记》19：32。"来，我们可以叫父亲喝酒，与他同寝。这样，我们好从他存留后裔。"

② 《创世记》19：33。"于是，那夜她们叫父亲喝酒，大女儿就进去和她父亲同寝。她几时躺下，几时起来，父亲都不知道。"

③ 《申命记》23：3。"亚扪人或是摩押人不可入耶和华的会。他们的子孙，虽过十代，也永不可入耶和华的会。"

了，就好像经历海难幸存下来的人，那就让我们抓住忏悔这块安全的磐石，让我们不要松开，直到我们远离波涛汹涌的大海，也就是离开我们巨大的失误。[179] 所以，生儿子好像要通过心灵，拉结在对心灵提出她的请求之前得到了这样的答复，"我能替神作主吗？"① 注意这里说的话，领会它的精神，改变从前的看法，呼吸真正神圣的东西，因为拉结在对神的祈祷中改变了信条，"愿耶和华再增添我一个儿子"②。那些只愚蠢地追求自己的快乐、不追求其他东西的人不会发出这样的祈祷，他们把其他一切事情都当做荒唐可笑的。

【53】[180] 这种学说的主要代表是俄南，他是皮匠珥的同族人。因为经上说，"俄南知道生子不归自己，所以同房的时候便遗在地，免得给他哥哥留后"③，他超越了自爱和热爱快乐的一切界限。[181] 因此我要对他这样说："你不会——我会对他这样说的——只为你个人的利益而抛弃世上其他所有最好的事物，除非你从中得到某些好处，孝敬父母，热爱妻子，抚养子女，快乐而又无可指责地与家中奴仆相处，管理家庭，领导城邦，维护法律，保护习俗，尊敬长者，敬重先人，与活人友好，对神灵言行虔敬，不是吗？你在颠覆和浪费所有这些东西，培育和喂养你自己的快乐，让它们贪吃和纵欲，邪恶的一切根源就在它们中间。"

【54】[182] 由于痛恨快乐，神的祭司和使臣非尼哈站了起来，只有神才是真正美丽的，非尼哈控制着身体的入口和出口，不在意快乐的行为有多么傲慢，非尼哈这个名字的意思是"口套"。他提起他的枪，亦即探索和考察一切存在者的本性，发现没有任何事物比美德更令人敬畏，他用理智刺穿和摧毁仇恨美德的畜生，即身体那些最卑劣、最柔软、最性感的部分。[183]

---

① 《创世记》30：2。"雅各向拉结生气，说，叫你不生育的是神，我岂能代替他作主呢？"

② 《创世记》30：24。"就给他起名叫约瑟（就是增添的意思），意思说，愿耶和华再增添我一个儿子。"

③ 《创世记》38：9。

因为律法书说，他手里拿着枪将那女人由腹中刺透。① 因此，这个贤人制止
了他自身的反叛，清除了他自己的快乐，以此表明他对神的忠心，最先者和
唯一者对他有两样最伟大的奖赏，一个是和平，另一个是祭司；说到和平，
因为他终结了一切灵魂中的欲望的内战；说到祭司，因为它在名义上和事实
上都与和平相似。[184]因为神圣的理智是神的使臣和侍从，她必定要做所
有这些事情，她的主人为此高兴；使祂感到高兴的有维持良好的国家秩序、
良好的法律，废除战争和派系，不仅是那些发生在城邦之间的，而且还有那
些在灵魂中产生的；这些事情比那些事情更加重大，更加严肃，因为它们会
对理智施暴，而理智的能力比我们身上的其他能力更加神圣。战争的武器只
能伤害身体和损失钱财，但它们决不能够伤害健康的灵魂。[185]由此可见，
国家应当正义地行事，为了完全推翻敌人，它应当在它兴兵打仗之前，对它
们的公民先取得胜利，终结国家自身的无序与混乱。因为，说实话，这是一
切战争的根源。如果废除了这一点，这些事情既不会发生，也不会有人仿效
这种事情，人类将经历和享受持久的和平，这种和平由自然法则传授，亦即
由美德传授；我们要荣耀神，事奉神，因为这是长生和幸福的源泉。

---

① 参见《民数记》25：7—8。"祭司亚伦的孙子，伊莱贾撒的儿子非尼哈看见了，就
从会中起来，手里拿着枪，跟随那以色列人进亭子里去，便将以色列人和那女人由腹中刺透。
这样，在以色列人中瘟疫就止息了。"

论 巨 人

提 要

本文的希腊文标题是"ΠΕΡΙ ΓΙΓΑΝΤΩΝ"，英译者将其译为"On the Giants"。本文的拉丁文标题为"De Gigantibus"，缩略语为"Gig."。中文标题定为"论巨人"。原文共分为 15 章（chapter），67 节（section），译成中文约 1.0 万字。

本文解读《创世记》(6：1—4)。论文开始（1—5 节），提及"许多"、"女儿"这些词，然后提到义人挪亚和他的三个儿子，强调不义之人多，义人少，指出义人的精神后裔是雄性的，具有较高的品质，而不义者的后代是雌性的，具有较低的品质。

语词解释（6—18 节），指出灵魂、精灵和天使只是同一潜在事物的不同名称，"神的天使"包括神的灵性使者，也包括"随意挑选人的女子为妻"的恶灵，亦即感性快乐。附和柏拉图的灵魂理论，认为人的灵魂从某个较高的区域坠入肉体。

有关灵的讨论（19—55 节）。首先处理神的灵，认为神的灵与人在一起的时候，主要在思想上，不会由于卑劣的肉体生活而减少（28—31 节）。在一段冗长的离题话后，讨论《利未记》18：6，"你们都不可露骨肉之亲的下体，亲近他们"。经文的含义当然是乱伦禁忌，对经文作精致的喻意解释，分别处理各个短语（32—47 节）。再往后转入考虑神的灵居留是什么意思。

作者以经文为支撑，指出这样的居留只能是那些过着安宁沉思生活的人拥有的特权（47—55节）。

略谈"他们的日子会有一百二十年"，又说现在不是最恰当的讨论的时候（56—57节）。指出不要把相关描述当做虚构的神话（58—59节），然后对三类人进行沉思（60—67节）：大地生的、天空生的、神生的。大地生的人是那些以肉身为快乐来源的人，天空生的人是那些技艺和知识的崇拜者和学问的热爱者，神生的人是祭司和先知，他们转入可理解的世界，在那里居住，成为那个型相共同体的自由民，这个共同体是不朽的、无形体的。以亚伯兰为例说明天空生的人，以宁录为例说明大地生的人。指出宁录这个名字的意思是"遗弃"，大地生的巨人是善的遗弃者（65—67节）。文章最后提到，本文与后续论文"论神的不变性"相连。

正　文

【1】[1] 经上说，"当人在世上多起来，又生女儿的时候"①。我想，这是一个值得充分考察的问题，我们这个种族在挪亚和他的儿子们出生以后为什么变得人口众多。不过，要讲明理由也许并不困难。因为但凡有什么事物非常稀少，总能看到它会变得非常繁荣昌盛。[2] 所以，当众人缺乏能力的时候，个别人的能力就会显露出来，在任何技艺和学问中都能找到这种例子，稀有的善者与默默无闻的卓越者显露出来，启发众多无技艺、无学问的人，这些人一般说来是非正义的、卑劣的。要注意，太阳在宇宙中也是只有一个，然而它用阳光驱散笼罩海洋和陆地的黑暗的深渊。[3] 所以，义人挪亚和他的儿子们可以彰显不义者的众多，这是非常自然的。这就是对立者的本性；通过一个对立面的存在，我们可以认识另一个对立面的存在。[4] 还有，不义者的灵性后裔在任何情况下决不会是男性的，缺乏男子气概的男人的后代无论如何都是女性的，因为他们的本性被阉割了。这样种下的一定不是地道的，卓越的美德之树，而是邪恶和情欲之树，它们的枝条是阴性的。[5] 由于这个原因，我们知道这些人都生女儿，没有一个生儿子。只有挪亚遵循正义，他就是完善和真正阳性的理智，而众人就好像只是阴性的父母。相互对立的父母不可能生下同样的后代，它们的后代一定是对立的。

【2】[6] "神的天使们看见人的女子美貌，就随意挑选，娶来为妻。"② 把那些被哲学家称做精灵（或灵）的东西称做天使，也就是能在天上飞翔的灵魂，这是摩西的习惯。[7] 不要以为这里在说神话故事。因为宇宙必定需要充满生命，构成宇宙的最初元素就包含着生命的形式，它们之间有着亲缘关

---

① 《创世记》6：1。
② 《创世记》6：2。"神的儿子们看见人的女子美貌，就随意挑选，娶来为妻。"

系，适宜在相应的元素中生活。大地上有陆上动物，海洋与河流有水生动物，火里有火生动物①，据说在马其顿最能发现这样的动物，天空中有星辰。[8] 由于星辰是神圣的灵魂，没有任何瑕疵，所以它们中的每一个都是最纯洁的心灵，沿着与心灵最亲近的轨道运动——圆形。其他元素也是这样，空中必定充满生灵，尽管这些生灵对我们来说是不可见的，因为就连空气本身对我们感官而言也是不可见的。[9] 然而，我们的视力实际上不能得到有关这些灵魂的任何形式的知觉，我们没有理由怀疑空中有灵魂，但必定要用心灵来把握它们，同者也许可以相知。这是需要进一步考虑的问题。[10] 一切陆上的和水中的动物不是都要呼吸空气吗？瘟疫在空气中传播就会产生灾难，这表明空气是一切和每一动物的生命原则，另外如我们常见的那样，北风劲吹、空气清新的时候，这些动物吸入了更加纯洁的空气，有了更加强大的生命力，这些难道不是真的吗？[11] 这种元素对其他陆上的和水中的动物来说是生命的源泉，所以假设这种元素本身没有生命力，缺乏活的灵魂，这样做合理吗？不，正好相反，如果其他元素都不会产生动物的生命，那么产生生物仍旧是气的恰当功能，这是其他元素做不到的事情，因为这是造物主的特别恩惠，生命的种子已经托付给气元素。

【3】[12] 现在，有些灵魂已经坠入肉体，但其他灵魂决不愿屈尊与大地的任何部分相结合。这些灵魂被奉为神圣，专心事奉天父或造物主，祂惯常用它们作使臣和助手，掌管和照料凡人。[13] 但是其他坠入肉体的灵魂就好像坠入一条河流，有时候遇上旋涡，有时候被急流吞没，有时候又能逆行，浮出水面，骤然上升，回到原来的地方。[14] 所以，最后这些灵魂献身于真正的哲学，它们在肉体中生活的时候，从头到尾都在学习死亡，这种死亡是一种不朽的、非形体的更高的存在，它们会处在不朽的和非被造的神的面前，也许是神的一部分。而那些在河中淹死的灵魂则是那些没有智慧的人的灵魂。[15] 它们自暴自弃，醉心于偶然的、不稳定的事物，没有一个

---

① 亚里士多德提到过"火性物体"，参见《动物志》652b。

在任何事情上会与我们最高尚的部分有关，亦即与我们的灵魂或心灵有关，而是全部与那些死物有关，这些死物与我们肉体的出生相伴，或者与那些更加没有生命的东西相伴，荣耀、财富、官职、荣誉，以及所有其他像影像或图画那样的幻影，那些从来没有看到真正美的人受到虚假意见的欺骗把它们虚构出来。

【4】[16] 所以，如果你明白灵魂、精灵和天使只是同一潜在事物的不同名称，那么你就会卸下最可悲的重负，也就是恐惧精灵或者迷信。人们的一般说法是把坏精灵和好精灵都称做精灵，把好灵魂和坏灵魂都称做灵魂。所以，你也不要弄错了，如果你讲的是天使，那么不仅包括那些配得上这个名称的天使，它们来来回回地在人与神之间充当使者，被视为神圣的，没有污点的，因为它们是荣耀的、无可责备的使臣，而且也包括那些不神圣的、配不上这个头衔的天使。[17] 我用诗篇作者的话为我的论证作见证，我们读道："他朝着他们发出他的怒气、忿怒、恼恨和苦难成了一群降灾的使者。"① 这些是邪恶的天使，它们把自己包裹在天使的名称下，不认识正确理智的女儿，亦即学问和美德，而是向快乐献殷勤，快乐是人生的，凡人的快乐是它们的父母——赋予快乐的不是真正的美，只有心灵能够察觉真正的美，而是虚假的美貌，感觉就是受了它的欺骗。[18] 他们没有把所有女子娶来为妻，而是有些天使选了这些女子，有些天使选了那些女子。有些选了视觉的快乐，有些选了听觉的快乐，有些又选了肚腹的快乐，或性欲的快乐，有许多天使没有给他们的内在欲望设立界限，于是抓住那些非同寻常的快乐。由于快乐是多重的，快乐的选择必定也是多重的。一个在这里，一个在那里，它们全都有他们的姻亲。

【5】[19] 所以，圣灵不可能居住在它们中间，以那里为自己的永久居所，这一点立法者本人好像也说得很清楚。因为经上说，"主神说，人既属乎血

---

① 《诗篇》78：49。"他使猛烈的怒气和忿怒、恼恨、苦难，成了一群降灾的使者，临到他们。"

气，我的灵就不永远住在他里面"①。[20]圣灵有时候会在我们这些凡人中间
停留一会儿，但不会一直停留在我们这里。确实，有谁会如此缺乏理智或灵
魂，竟然不能有意或无意地接受最优者的观念？不，哪怕是邪恶的无赖也常
会突然遇上最佳的良辰美景，想要掌握它和持有它，尽管他们没有力量做到
这一点。[21] 它会在一瞬间突然消逝，避开合乎法律和正义的生活，从那
些显现者的居所去了别的地方。[22] 不，除了宣告那些选择卑劣而非高尚
的人有罪，它决不会跟这些人在一起。"神的灵"这个名称是在这样一种意
义上使用的，指的是从大地向上升起的气，在水面上运行的第三种元素，因
此我们在这个创世故事中发现，"神的灵运行在水面上"②，因为气通过它的
光而向上升起，以水作为它的基础。[23] 在另外一个意义上，它是纯粹的
知识，为每一位贤人天然地享有。这位先知在谈到制造圣物的匠人时说明了
这一点。他说，神召唤比撒列，"以我的灵充满了他，使他有智慧，有聪明，
有知识，能作各样的工"③。这些话给我们提供了一个圣灵的定义。

【6】[24] 这样的圣灵也是摩西的圣灵，分赐给七十位长老，使他们能
够超越其他人，成为比较优秀的人——如果不能接受一份完善智慧的灵，
他们甚至不能成为真正的长老。因为经上写道，"我要把降于你身上的灵
分赐给七十位长老"④。[25]但是不要以为取得灵就好像切割一块东西。倒
不如说事情是这样的，这就好比从火堆中取火，尽管火堆可以点燃上千支
火炬，但它本身仍旧保持原样，没有一丝减少。知识的性质也是这样。所

① 《创世记》6：3。"耶和华说，人既属乎血气，我的灵就不永远住在他里面。然而他
的日子还可到一百二十年。"

② 《创世记》1：2。

③ 《出埃及记》31：2—3。"看哪，犹大支派中，户珥的孙子，乌利的儿子比撒列，
我已经题他的名召他。我也以我的灵充满了他，使他有智慧，有聪明，有知识，能作各样
的工。"

④ 《民数记》11：16—17。"耶和华对摩西说，你从以色列的长老中招聚七十个人，就
是你所知道作百姓的长老和官长的，到我这里来，领他们到会幕前，使他们和你一同站立。
我要在那里降临，与你说话，也要把降于你身上的灵分赐他们，他们就和你同当这管百姓的
重任，免得你独自担当。"

有人都求助于知识，成为它的学生，尽管它使人成为有学问的人，但它本身并没有减少。[26] 不，由此可以证明，知识就像清泉（如他们所说），我们从泉中汲水。这样做了，我们就认为泉水变得更加甜蜜。所以，要教导他人，要不断地重复，通过学习和实践，可以达到知识的圆满顶峰。但如果这是摩西自己的灵，或者是某些其他被造物的灵，出于神的旨意而分给大量的门徒，那么它确实就会被切成许多块，并由此减少。[27] 然而，事实上，他那里的灵是聪明的、神圣的、杰出的灵，既不容许分割或划分，又完全散布到任何地方和任何事物，这个灵会提供帮助，但不会承受伤害，尽管它会被他者共享，或添加于他者，但它在理智、知识和智慧方面不会承受减少。

【7】[28] 尽管神的灵可以在灵魂中驻留，但如我们所说，它不能久住。对此为什么要感到惊讶呢？我们拥有的东西没有一样是可靠的、稳固的，人间事物左右摇摆，上下颠簸，就像一杆秤，每一刻都会发生变化。然而，肉身是无知的主要原因，无知就像一条绳索把我们紧紧地捆绑于肉身。[29] 摩西本人坚信这一点，他说"因为他们是肉身"，所以神的灵不能久住肉身。没错，结婚、生育、抚养孩子、提供生活必需品，这些都是真的，然而紧接着就是贫困，无论是私人事务还是公共生活，许许多多的杂事，使得智慧之花在盛开之前就已经枯萎。[30] 没有任何事物能比我们的肉身更多地阻碍智慧的生长。因为无知和藐视学习就来自肉身。肉身等着成为最初的和主要的基础；它们就像一座房子，我们提到过的名称的每一项品质都从它们那里产生。[31] 灵魂曾经有过一个摆脱血肉或肉身的时期，它们在宇宙舞台上快乐地生活，没有任何东西能阻碍它们看见或听见神圣的事物，它们对这些神圣的事物有着永不知足的热爱。然而，那些承担着肉身的灵魂受到可悲的、沉重的压迫，不能仰视旋转的天穹，只能缩着脖子俯视大地，就像一头四足畜生。

【8】[32] 出于同样的原因，立法者想到要消除所有不合法的性乱交，这个时候他发出这样的禁令："一个人，一个人，不可接近骨肉之亲，露他

们的下体，亲近他们。我是主。"①[33] 这条禁令为什么要藐视肉身，而如何对待肉身会比这种形式更好呢？确实，他不仅禁止，而且断然肯定，真的是人的这个人不会接近快乐，因为快乐是肉身的朋友和骨肉之亲，他一定会实践与快乐疏远的教训。[34] 这句话有重复的地方，"一个人，一个人"，而不是只说"一个人"，这表明他指的不是那个灵魂与肉身复合的人，而是指生命是一种美德的那个人。因为他确实是真正的人，有一位古人说他在半夜点着蜡烛，别人问他在干什么，他说自己正在寻找"人"。还有，他说人不要接近与他的肉身有骨肉之亲的人，这样说理由非常充分。有些事情我们必须承认，比如，有些东西是我们的生活必需品，使用这些东西能使我们健康地生活，可以免除罪恶。[35] 但是我们必须藐视奢侈，拒斥奢侈，因为奢侈会点燃欲望，使之突然迸发，耗尽一切善物。所以，不要让我们的欲望受到刺激和煽动，趋向于亲近肉身。未经驯服的快乐经常像狗一样；它们讨好我们，然后又反对我们，它们的撕咬是致命的。因此，让我们拥抱节俭知足之灵，它是美德之友而非隶属于肉身的东西，所以让我们来抑制它的众多数不清的死敌。如果我们有机会接受丰盛之物，我们不要接近它。因为他说："他自己不可亲近他们，露他们的下体。"

【9】[36] 这些话的意思很好理解。经常有人拥有无限的财富，无须从事那些谋利的交易，也有一些人不追求荣耀，反而被认为应当受到赞扬和荣耀。还有，某些人没有期待自己弱小的肉身有力量，但发现自己被赋予大量肌肉和活力。[37]让所有知道这一点的人不要故意接近这些礼物，也就是说，不要钦佩它们，或过度满足，而要这样想，它们不仅不是真正的赐福，而且是一种可悲的邪恶，无论它是金钱、荣耀，还是膂力。因为在每一种情况下，是这些事物的热爱者产生了这种"接近"，爱钱者接近钱，爱荣耀者接近荣耀，爱运动和体育者接近膂力。对他们来说，这样的接近是很自然的。[38] 他们抛弃了较好的事物，接近了较差的事物；抛弃了灵魂，接近了无

①《利未记》18：6。"你们都不可露骨肉之亲的下体，亲近他们。我是耶和华。"

灵魂的东西。神志健全的人会把这些耀眼的、幸运的、梦寐以求的礼物置于心灵这位船长的管辖之下。如果它们接近船长，船长就接受和使用它们来改进生命，但若它们仍旧离得很远，那么他不会接近它们，而且会得出这样的判断，没有它们也仍旧有可能获得幸福。[39] 他会把它们当做追求的目标，会追踪它们的足迹，以纯粹的意见感染哲学，所以被说成"露下体"。有些人说自己是聪明的，然后用他们的智慧交换能够获得的东西，就像市场里交换货物的小贩，但这样的人确实是可耻的。有些时候的价格微不足道，有些时候的话语温和诱人，有些时候是一种没有根基的希望和邪恶的担保，有些时候又是虚假的诺言，就像做梦。

【10】[40] 后面的那些词，"我是主"，充满了美感和大量的教训。他说，朋友啊，要把肉身当做善者，因为它与存在于灵魂和一切事物中的善相对立。[41] 首先是非理智的快乐，其次是宇宙心灵，甚至是神。你想，这两样无法比较的事物之间是平衡的，它们的高度相似性可以导致欺骗！[42] 嗯，在这种情况下你必须说一切对立实为相同，有生命的等同于无生命的，有理智的等同于无理智的，有秩序的等同于无秩序的，奇等同于偶，光明等同于黑暗，白天等同于夜晚。确实，就这些对子而言，由于它们都是被造物，我们发现这些对立面互为伙伴，相互之间有亲缘关系，但是神哪怕与出生最高贵的事物也没有相似性。这些事物是过去被造的，它在未来也是被动的，而神是非被造的，永远主动的。[43] 荣耀命令你不要离开神的队列，要在其中谋求成为最勇敢的，而不要逃向快乐、胆怯和没有骨气，因为快乐伤害她的朋友，帮助她的敌人。她的本性确实是一个悖论。对那些在每一行为中受到伤害的人，她会乐意给他们补偿。[44] 对那些要带走的人，她赐予最大的祝福。当她给予的时候她会伤害，当她取走的时候她会赐予。因此，我的灵魂啊，如果有什么快乐的诱饵在邀请你，请转过身去，用你的眼睛观看别的地方。你要宁可观看美德的真正的美，持久地凝视她，直到你对它的渴望深入骨髓，直到它像磁石把你吸引，使你紧紧地依附她。

【11】[45] 还有，一定不要把"我是主"这些词仅仅理解为"我是完善的、不灭的、真正善的存在"，无论谁拥抱取决于肉身的要素，都会厌恶不完善和可灭的事物。[46] 这些词的意思也是"我是君主、国王和主人"。如果臣民当着统治者的面，或者奴仆当着他的主人的面，那么这个时候做坏事是危险的。因为惩戒的掌管者就在眼前，他们的本性虽然没有耳朵聆听斥责，但他们还是会受到磨炼，被恐惧所控制。[47] 神无处不在，接近我们，祂的眼睛在看着我们，所以祂就在我们身旁，要我们克制恶行。我们最好的动机应当是敬畏，但若不是，让我们至少颤抖地想到祂拥有的权柄，当祂决意使用祂惩罚的权柄时想到祂有多么不可战胜，祂的复仇有多么可怕，祂有多么不可阻挡。[48] 智慧的神的灵就是这样，祂可以轻易地改变祂的住所，也可以离去，长时间地和我们在一起，因为祂和聪明的摩西长时间住在一起。摩西站着或者坐着的姿势和行为举止一直是最平静、最安详的，他的本性反对变化和改变。我们读道："摩西和约柜没有移动。"① 这里的原因要么是这个贤人不能与美德告别，要么是美德不能变动，好人不能改变，二者均应继续稳定地停留，以正确的理智为根基。[49] 还有，我们在别处看到，"你可以站在我这里。"② 我们看到在这里有一道神谕传给先知；真正的稳定和不变的宁静就是我们在神身旁的经历，祂本身总是站着不变的。当这根测量线真起作用的时候，它旁边的所有事物必定会变直。[50] 我以为，由于这个原因，精于事故的虚荣被称做叶忒罗，有人会对这个贤人的生活规则感到无比惊讶，这些规则决不背离它的绝对的稳定性，决不改变它的要旨或特性，会有人开始用这样的问题来责骂他："你为什么独自坐着呢？"③ [51] 确实，看见整个人类处于不断的战争之中，一个人会有多么愤怒，不仅在民族、国家、

---

① 《民数记》14：44。"他们却擅敢上山顶去，然而耶和华的约柜和摩西没有出营。"

② 《申命记》5：31。"至于你，可以站在我这里，我要将一切诫命、律例、典章传给你。你要教训他们，使他们在我赐他们为业的地上遵行。"

③ 《出埃及记》18：14。"摩西的岳父看见他向百姓所作的一切事，就说，你向百姓作的是什么事呢？你为什么独自坐着，众百姓从早到晚都站在你的左右呢？"

城市之间，而且也在家庭乃至每个个人之间——灵魂经受神秘的暴风骤雨，在野兽般的生命的进攻下茫然若失——他也会感到惊讶，其他人怎么能在暴风骤雨中找到晴天，或者在波涛汹涌的大海里找到安宁。[52] 请注意，哪怕是理智这位大祭司，尽管有权在神圣的学说中寻求一种连续的安逸，并得到许可经常那里，但每年也只有一次。① 这是因为，当我们拥有话语形式的理智（或思想）的时候，我们没有稳定性，因为它是双重的。但若没有话语，仅在灵魂中，这个时候我们沉思存在者就拥有完全的稳定性，因为这样的沉思以不可分的统一性为基础。

【12】[53] 就这样，在许多人那里，神的灵在他们面前安放生活目的，但不会在那里停留，哪怕只逗留一会儿。只有一种人有助于神的灵的在场，这种人剥去了所有被造的东西和面纱这些包裹意见的东西，只剩下趋向神的未经驯服的心灵和赤裸裸的意志。[54] 所以，摩西也把他自己的帐篷，亦即全部肉体性的东西，支搭在营外，② 这些东西他判定不应当移动。然后，他独自开始崇拜神，进入黑暗的不可见的区域，住在那里学习最神圣的奥秘。他在那里不仅加入圣会，而且也成为祭司和老师，把圣仪传授给那些耳朵净化了的人。[55] 然后，神的灵将永远和他在一起，在每一次正义的行程中担任向导，而对其他人来说，如我所说，祂很快就离开了，尽管他也给那些人的生命周期确定了一百二十年，因为他说"他们的日子会有一百二十年"③。不过，摩西最后还是离开了尘世的生活，就在他年纪一百二十岁的时候。④ [56] 那么，罪人的年纪和贤人、先知的年纪如何相配才是合理的呢？

① 参见《利未记》16：2，34。"要告诉你哥哥亚伦，不可随时进圣所的幔子内，到柜上的施恩座前，免得他死亡，因为我要从云中显现在施恩座上。""这要作你们永远的定例就是因以色列人一切的罪，要一年一次为他们赎罪。于是，亚伦照耶和华所吩咐摩西的行了。"

② 参见《出埃及记》33：7。"摩西素常将帐篷支搭在营外，离营却远，他称这帐篷为会幕。凡求问耶和华的，就到营外的会幕那里去。"

③ 《创世记》6：3。"耶和华说，人既属乎血气，我的灵就不永远住在他里面。然而他的日子还可到一百二十年。"

④ 参见《民数记》34：7。"摩西死的时候年一百二十岁。眼目没有昏花，精神没有衰败。"

嗯，就当前来说，只需要说拥有相同名称的事物并非在任何情况下都相同，而且经常很不相同，恶的事物和善的事物也一样，它们以一种双重的存在的方式在我们之前到来，它们的时间和数量也许是相同的，然而它们的力量也许很不相同，相距甚远。[57] 不过，我们会延迟进一步讨论一百二十年这件事，直到我们考察这位先知的整个生平，变得适宜了解它的奥秘。现在让我们来谈论一下后续的那些经文。

【13】[58]"那时候有伟人在地上。"① 有些人以为，这位立法者在这里暗指诗人有关巨人的神话，不过，制造神话对他来说是最不能容忍的事情，他的心灵从一开始就跟随真理的步伐，而且只跟随真理。[59] 因此，他也从他的共同体中驱逐了绘画和雕塑，以及这些技艺的崇高名望和魅力，因为这些技艺相信它们的作品能够传递假象，欺骗真理，假象通过眼睛抵达灵魂，诱惑灵魂。[60] 所以，关于所有这些巨人，他并没有给我们制造神话，倒不如说他希望向你们说明，有些人是大地生的，有些人是天空生的，有些人是神生的。大地生的人是那些以肉身为快乐来源的人，他们沉湎于肉身的快乐，享受肉身，并提供某些方式，使灵魂得到提升。天空生的人是那些技艺和知识的崇拜者，是学问的热爱者。因为在我们身上，天空的因素是心灵，每一个天空的存在者是一个心灵。[61] 心灵追求各个学派的学问和其他各种技艺，从而使心灵自身变得敏锐和锋利，在对可理解的事物进行沉思的过程中，使心灵自身变得坚定。但是神的人是祭司和先知，他们拒绝接受世界共同体的成员资格，不会变成那里的公民，而是要完全上升到感性知觉之上的领域，转入可理解的世界，在那里居住，成为这个型相共同体的自由民，这个共同体是不朽的、无形体的。

【14】[62] 就这样，亚伯拉罕，当他在迦勒底旅居时——亦即只有他的意见——他的名字还没有从亚伯兰改过来，亚伯兰的意思是"天上的人"。

---

① 《创世记》6：4。"那时候有伟人在地上，后来神的儿子们和人的女子们交合生子，那就是上古英武有名的人。"

他探寻超越大地和以太的本性，他的哲学研究在那里发生的事件和变化的原因，以及其他事情。因此，他得到了一个恰当的名字，与他的学习和研究相应。因为"亚伯兰"可以解释为高升的父亲，这个名称表示考察整个天穹各个方面的心灵，可以称之为父灵，因为这个心灵向外抵及极远之处的以太，但仍旧是我们复合的存在之父。[63] 他上升到一个较好的状态，时候到了，他的名字应当改变，他变成了一个神的人，按照那个对他显现的神谕，"我是你的神，你要按照我的快乐，在我面前行走，显示你的清白"①。[64] 若宇宙之神，那唯一的神，由于具体的恩惠，在具体意义上也是他的神，那么他自身必定是一个神的人。他被叫做亚伯拉罕，意思是"声音的有福之父"，也就是"善人的理智"。由于善者是有福的和净化的理智，由于理智是声音之父，话语的声音通过理智为我们大家共同拥有。这样的理智有一个唯一的神作为它的拥有者；而它变成了神的随从，使整个生活道路正直，行走在"国王大道"上，这是唯一真正的国王之路，它坚定不移，不会左右偏离。

【15】[65] 但是大地的儿子们的心灵步伐会偏离理智的道路，心灵会转变为无生命的，具有肉身呆滞的性质。因为"二者合为一体"，② 如立法者所说。就这样，他们降低了硬币的成色，遗弃了他们的岗位，把这个较好的地方让给了较差的人，把他们自己的民众的地方遗弃给了他们的对手。[66] 这种遗弃是从宁录开始的。因为立法者说："他成为世上的一位巨人"③，他的名字的意思是"遗弃"。对那些最邪恶的灵魂而言，保持中立是不够的，于是他们继续接近敌人，拿起武器，反对他的朋友，用公开的战争与他们对抗。[67] 因此，对宁录，摩西把巴比伦描述为宁录的王国。巴比伦这个名称的意思是变更，无论是名称还是事实，这个词的意思都与遗弃相似，因为

---

① 《创世记》17：1。"亚伯兰年九十九岁的时候，耶和华向他显现，对他说，我是全能的神。你当在我面前作完全人。"

② 《创世记》2：24。"因此，人要离开父母与妻子连合，二人成为一体。"

③ 《创世记》10：8。"古实又生宁录，他为世上英雄之首。"

对每一次遗弃来说，目标的改变和变更是最初的步骤。所以，我们的结论如
下：至圣的摩西主张，尽管邪恶者是一个没有家庭、城邦、居所的流亡者，
但他也是一个遗弃者，而善人是我们最坚定的伙伴。关于巨人，我们现在已
经说够了。让我们转向后续的经文。①

---

① 　指《创世记》6：4。在《论神的不变性》中讨论。

论神的不变性

提　要

本文的希腊文标题是"OTI ATPEΠTON TO ΘEION"，英译者将其译为"On the Unchangeableness of God"。本文的拉丁文标题为"Quod Deus Sit Immutabilis"，缩略语为"Quod Deus."。中文标题定为"论神的不变性"。本文是上一篇文章《论巨人》的继续，讨论《创世记》的后续章节（第6章第4—12句）。从文章内容来看，这个标题不很恰当，因为只有第20—32节在讨论神的不变性。原文共分为37章（chapter），183节（section），译成中文约2.7万字。

第一部分(1—19节)，讨论《创世记》6：4，"后来神的天使们和人的女子们交合生子，为他们自己……"。

作者指出，"此后"的意思是"圣灵离开以后"。然后讨论在前一篇论文中讨论过的"恶的天使"或"恶的灵魂"，指出他们为自己生育子女。接下去，首先对照亚伯拉罕和哈拿，哈拿把自己的孩子当做供品，在感恩祭上奉献给神。这就阐明感恩具有洁净的力量，我们需要这样的涤罪（7—9节）。接下去是一段离题话，涉及哈拿的赞美诗："不生育的，生了七个儿子。多有儿女的，反倒衰微。"在这里（10—15节），神圣的数字"七"与自私的多数相比照。由此回到"为他们自己生育"的思想，再以俄南作为自私导致毁灭的例子。

第二部分（20—73 节），讨论《创世记》6：5—7，"主神见人在地上罪恶很大，终日所思想的尽都是恶，就后悔造人在地上，心中忧伤。神说，我要将所造的人和走兽，并昆虫，以及空中的飞鸟，都从地上除灭，因为我造他们后悔了"。

作者指出，"神心中忧伤"这些话语表明神后悔造人，要把人当做不虔诚者驱逐（20—22 节）。神是不变的。哪怕在人类中，圣贤也可以过一种恒久不变的、和谐的生活（23—25 节），而我们中的大多数人是轻率和变化无常的牺牲品，这里的部分原因在于我们不能预见未来，而神不是这样，因为时间是祂的造物，祂的生命是永恒的（26—32 节）。那么，"神心里想到祂造了人"是什么意思呢？为了解释，作者复制斯多亚学派的"四类自然物"的理论。第一类，凝聚物（ἕξις），亦即无机物，比如石头和木头。这种物体持续不断地上下移动，结合在一起，作为一种气息（πνεῦμα）来考察（33—36 节）。第二类，生长物（φύσις），如在植物身上看到的那样，详细叙述植物每年复活的奇观（37—40 节）。第三类，生灵的生命（ψυχή）及其三重现象——"感官"、"呈现"、"冲动"（41—44 节）。已经提到的这些事物之后是第四类事物，亦即人的理智心灵，只有它拥有自由意志，因此也只有它可以接受赞扬或指责，神"记在心里的"就是人的这种被误用的自由（45—50 节）。需要考虑作者如何处理这个结论，"我生气我造了人"。他在这里显然遇到很大困难。他不能说神生气了，因为这样说是一种神人同形同性论的观点，他只能说我们本性软弱，会产生恐惧（51—69 节）。但是作者似乎也不满意这样的说法。他的进一步解释则更难理解，他好像认为愤怒和其他情欲产生邪恶，神对邪恶下的判断是神愤怒的原因（70—73 节）。

第三部分（74—121 节），讨论《创世记》6：8—9，"唯有挪亚在耶和华眼前蒙恩。挪亚的后代记在下面。挪亚是个义人，在当时的世代是个完全人，为神所喜悦"。

作者指出，必须注意"我愤怒"这个短语后面马上跟着"挪亚蒙恩"，这种对照把我们带向神的怜悯和判断混合，这是我们软弱的本性所需要的

（74—76 节）。这种"混合"实际上是一种必要条件，在我们能理解神之前（77—81 节），混合者和非混合者之间的对照与一和多之间的对照是相同的，作者用"神说了一次，我听到两件事情"这些话来说明，因为神的话语是单一的，而我们的听力由不同的因素作用而产生（82—85 节），也用摩西的表达方式来说明，正义者作为人在数量上较少，但在价值上较大。现在可以更加充分地考虑"挪亚在耶和华眼前蒙恩"这句话的意思，并注意作者如何用《民数记》第 6 章中的"许下大愿"来进行谕意解释（86—90 节）。作者指出，有天赋者掌握知识毫无困难，而愚笨者在任何知识部门的学习都会劳而无功（91—93 节）。这个区别也延伸到行为，实施正确的行为若不能得到判断或意志的首肯，就不可能取得公义（94—103 节）。接下去，作者把"蒙恩"等同于"令神喜悦"，用"主神"这个短语表示神的"主权"和"善"（104—110 节），把挪亚和约瑟对照起来解释（111—116 节）。依据这一对照，进一步讨论"挪亚的世代"与约瑟的特点（117—121 节）。

第四部分（122—139 节），讨论《创世记》6：11，"世界在神面前败坏，地上满了强暴"。

作者转向"整个世界被败坏和摧毁"（122 节）。他首先指出，高贵的实施就是卑劣的死亡，光明普照之时，黑暗就会消失（123 节）。他以有关麻风病的法令为例来说明这个观点：首先，"健康的颜色"使麻风病患者不洁净（123—126 节）；其次，完全的麻风病是洁净的，而部分的麻风病是不洁净的，灵魂知道它是有罪的，但没有改善（127—130 节）；最后，去过那间房屋的祭司宣称屋子是不洁的，再次表明神圣理智的进入将揭示灵魂的不洁（131—135 节）。同样的寓意也可以在撒勒法的寡妇对以利亚说的话中间看到，"神人哪，你竟到我这里来提醒我的邪恶和我的罪"（136—139 节）。

第五部分（140—183 节），讨论《创世记》6：12，"神观看世界，见是败坏了。凡有血气的人，在地上都败坏了行为"。

这里的要点是，"摧毁他的道路"的意思是"摧毁神的道路"（140—143 节）。这里提醒我们，以色列人对以东王说了这样一些话，"我们从你

的地经过，只走王道"（144 节）。对这两个词的解释与解释整个《民数记》
20：17—20 的内容相联，表现出丰富的思想和独创性。以色列人说"我要
经过你的地"的时候，我们知道了贤人的决心，考验喜爱快乐者的生活，以
便能通过经验，在快乐中逗留，而非仅仅出于无知而排斥快乐（145—153
节）。"我们不会经过田野和葡萄园"，意思是"我们将在天上的田野和美德
的葡萄园中安居"（154 节）。"我们不喝井里的水"，意思是"我们有神的怜悯，
无须饮用世俗快乐之井中的水"（155—158 节）。"我们会走王道"，意思是"我
们会走智慧之路"（159—161 节）。"我们会不偏左右"，表明智慧之路是中道，
就好比勇敢是轻率和胆怯之间的中道（162—165 节）。"我们和牲畜若喝你
的水，必给你价值"，意思是"我们将给你们提供荣耀，而不是提供坏名声"
（166—171 节）。接下去指出"质料什么也不是"这句话的意思，表明尘世
事物的空虚，引用历史事实来证明民族的繁荣和凡人的一切目标才是不稳定
的（172—180 节）。最后抵达结论：以东王会阻拦王道，神圣的理智会阻拦
以东及其同伴的道路。巴兰是同伴之一，最后几节文字（181—183 节）返
溯第 122—139 节的思想，把巴兰描述为拒斥神圣理智的样板。

正　文

【1】[1] 摩西说："此后，神的天使们和人的女子们交合生子。"① 值得我们考虑的是，"此后"这个词是什么意思。答案是，这个词是一个参照，为的是更加清楚地引出那些已经说过的事情。[2] 这里讲的事情就是他那些关于圣灵的话语，没有什么事情能比这件事更难，他说祂应当永远驻留在灵魂中，带着它的多重形式和部分——被束缚在肉体中的这个灵魂是肉身痛苦的负担。就是在这个灵离去之后，② 天使或神的信使才去了人的女子那里。[3] 明亮纯洁的智慧之光照耀灵魂的时候，圣人看见了神和神的潜能，虚假的使者没有一个能够接近理智，而是被除邪的圣水全部阻拦在外。然而，当理智之光变得昏暗的时候，那些黑暗之友就占据上风，与那风情万种的情欲交合，他称之为"人的女子们"，为了他们自己而不是为了神生育后代。这是因为，神的后代是完善的美德，而邪恶的家族是邪恶，它们的音调是不和。[4] 我的心哪，如果你想要知道生下什么不是为了你自己，那就去向完善的亚伯拉罕学习。他把自己最亲爱的人带给神，亦即那个灵魂唯一真正的后代，那个能够自学的灵魂的最清晰影像，也就是以撒，而没有任何私下的抱怨，他感到有责任举行这场感恩祭。所以，如律法对我们所说的那样，他捆绑了这个新奇的牺牲的脚，③ 要么是由于他受到神的激励，正确地判断这样做无论如何都是对的，要么是由于他受到教诲，看到被造物变化无常，知道稳定不变属于这位在者；因为我们得知亚伯兰相信这位在者，并把自己托付给祂。④

---

① 《创世记》6：4。"那时候有伟人在地上，后来神的儿子们和人的女子们交合生子，那就是上古英武有名的人。"

② 亦即在这个灵离去以后。

③ 参见《创世记》22：9。"他们到了神所指示的地方，亚伯拉罕在那里筑坛，把柴摆好，捆绑他的儿子以撒，放在坛的柴上。"

④ 参见《创世记》15：6。"亚伯兰信耶和华，耶和华就以此为他的义。"

【2】[5] 他从哈拿那里找了一位门徒和继承人，视之为神的智慧的馈赠，因为哈拿这个名字的含义是"她的恩惠"，她领受了神的种子，怀了孕。孕期满了，生下儿子，给他起名叫撒母耳，他有着神一般的品性，这个名字的意思就是"归于神"，她带着孩子去奉献，说自己没有哪样东西不是神的恩赐和馈赠。[6] 在第一篇列王书中她聪明地说"我把他献给你"①，也就是说"他是一样礼物"，所以"我把他献给把他给了我的人"。这与摩西最神圣的法令相吻合，"我的礼物，我的供物，我的果实，你要献给我"②。[7]因为除了向神，我们还会向谁献上感恩的供物呢？除了用他赐给我们的东西，还能用什么东西奉献呢？因为除此之外，我们没有任何东西是充分拥有的。神什么也不需要，然而在祂赋予我们这个种族的极其伟大的恩惠中，祂吩咐我们把祂自己的东西带给祂。这是因为，我们若能培养对祂感恩和荣耀的精神，我们将会变得纯洁，摆脱恶行，在思想、言论和行动上清洗玷污我们生命的污垢。[8]要是一个人在沐浴和清洗身体以后被禁止进入神庙，那是荒谬的，然而当他的心里仍旧有污渍的时候，他应当试着祈祷和献祭。神庙是用石头和木头建造的，这些材料没有灵魂，而身体自身亦无灵魂。若非首先清垢除邪，洁净成圣，那么人会发生退缩，不敢用他不纯洁的灵魂接近绝对纯洁的神，当他心里没有悔改之意的时候也是这样，我们能够禁止这个无灵魂的身体去接触无灵魂的石头吗？[9] 下定了决心的他不仅不会再犯罪，而且还会忘掉过去，接近喜乐；让缺乏这种决心的那个人离得远远的，因为他几乎无法涤罪净化。他决不可能逃避神的眼睛，神的眼睛能够看见心灵的深处，能够进入人的内心深处的神龛。

【3】[10] 灵魂的本性确实是神最钟爱的，有关这一点最清楚的证据莫过于哈拿的赞美诗所说的那些话，"不生育的，生了七个儿子。多有儿女的，

---

① 《撒母耳记上》1：28。"所以，我将这孩子归与耶和华，使他终身归与耶和华。于是在那里敬拜耶和华。"

② 《民数记》28：2。"你要吩咐以色列人说，献给我的供物，就是献给我作馨香火祭的食物，你们要按日期献给我。"

反倒衰微"①。[11]然而，在这里讲话的是那个孩子撒母耳的母亲。那么，怎么会说她生了七个儿子呢？这里说的只能与事情的真相完全一致，她所说的一和七是一样的，②二者不仅在数的知识方面相同，而且也处于宇宙的和谐中，处于有美德的灵魂的思想中。撒母耳只被指派给神，不与他者为伴，他的存在与一元，亦即真正的在者，相一致。[12] 但是他的这种状况意味着，"七"也就是在神那里安息的灵魂，它不再为任何世俗的事情操劳，因此留开了"六"，这是神指定给那些不能赢得第一位置的人的，但必须限制他们谋求第二的位置。[13] 所以，我们可以很好地认为，那个不育的女人的意思不是无子女，而是"坚定"或"稳固"，充满力量，在竞争中勇敢地坚持到底，这里的奖品是获得最佳地位、产生一元、与"七"具有同等价值；因为她的本性是快乐和善良的母性。[14] 当她说有许多儿女的她变得衰微时，她的话语非常真实和清晰。因为灵魂离开某处，又降生在某处，多次反复，当然生育了无数的子女，这些子女全都依附于她，使她下坠，有许多由于不合时而流产，使她变得极为衰微。[15] 以眼睛和耳朵为通道，她产生了那些追求颜色和声音的欲望；由于肚腹和下体的淫欲，她多次怀孕而变得虚弱，手足无力，虚脱而摔倒在地。这种挫败的方式就是那些人的命运，为了可朽的自身他们产生可朽的事物。

【4】[16] 由于自爱，有些人不仅给他们自己带来了失败，而且带来了死亡。俄南知道生子不归自己，③所以就摧毁理智的原则，而理智的原则是一切存在物中最优秀的种类，直到他本人彻底毁灭。他的命运是公正的，适宜的。[17] 如果人的每个行为都只顾自己，那么他们根本不会把荣耀他们父母的事情放在心上，而这样做是为了他们的后代有序，为了他们国家的安

---

① 《撒母耳记上》2：5."素来饱足的，反作佣人求食。饥饿的，再不饥饿。不生育的，生了七个儿子。多有儿女的，反倒衰微。"

② 参见《论该隐的后代与放逐》64。

③ 参见《创世记》38：9."俄南知道生子不归自己，所以同房的时候便遗在地，免得给他哥哥留后。"

全，为了法律的健全，为了习俗的稳定，为了更好地处理私人和公共事务，为了虔诚地对待神，他们的命运是可悲的。[18] 在我已经提到过的这些目的中，为了其中的某个目的而献祭活物是光荣的、荣耀的。然而，这些自我的热爱者——他们说，这些幸福尽管是可求的，但若把它们全都放在一起，他们就会完全藐视它们，如果它们不能进一步产生快乐。因此，神以其不偏不倚的公正驱逐毁灭，这种邪恶违反自然的信条，被称做俄南。[19] 我们确实在驱逐所有那些"为他们自己生育"的人，也就是说这些人只追求他们自己的利益，不为其他人着想。因为他们认为自己只为自己而生，而不为无数的他者而生，为父亲、为母亲、为妻子、为子女、为国家、为人类，要是我们必须扩展这个清单，那么还有为天空、为大地、为宇宙、为知识、为万物之父和首领；对它们中的每一个我们必须尽力给予补偿，不是把所有这些当做我们的附庸，而是把我们自己当做所有这些的附庸。

【5】[20] 关于这一点我们已经说够了。现在让我们把讨论扩展到下面这些话。摩西说："主神见人在地上罪恶很大，终日所思想的尽都是恶。神就后悔造人在地上，心中忧伤。神说，我要将所造的人和走兽，并昆虫，以及空中的飞鸟，都从地上除灭，因为我造他们后悔了。"①[21] 那些粗心的查询者中有些也许会假设，这位立法者正在暗示造物主后悔造人，当神看见人们不虔诚的时候，由于这个原因，祂希望把整个种族都摧毁。有这样想法的人可以肯定，由于他们自己极为邪恶，所以那些古人犯下的罪行似乎微不足道。[22] 因为，还有什么事情能比假定不变者发生改变更不虔诚？甚至在人中间，有些人确实认为心灵和判断的游移不定也不是普遍现象；据说，那些认真扎实研究哲学的人从他们的知识中得到收益，以此为他们的主要酬劳，环境在变，但他们不会改变，而是无比稳固，坚定不移，他们这样做是理所当然的。

---

① 《创世记》6：5—7。"耶和华见人在地上罪恶很大，终日所思想的尽都是恶。耶和华就后悔造人在地上，心中忧伤。耶和华说，我要将所造的人和走兽，并昆虫，以及空中的飞鸟，都从地上除灭，因为我造他们后悔了。"

【6】[23] 完善者寻求宁静也是这位立法者的一个信条。下面这句话是说给这位圣贤听的，神是讲话者。"你可以站在我这里"①，这句话最清晰地表明他的意志有多么坚定，基础有多么稳固。[24] 这位圣人的灵魂确实令人惊奇，他的灵魂像一架竖琴一样安放，不是在一系列高低不同的音调上达成和谐，而是在相对的道德知识方面达成和谐，在这样的实践中求得较好的状态；他弹拨的音调不会过分高昂，也不会过分低沉，以免削弱美德的和谐与天然美好的事物，而是用手或弓演奏美妙的乐曲，一直保持着相同的张力。[25] 这样的灵魂是自然塑造的最完善的工具，它们的模式就是我们双手的作品。如果能够很好地校正，它会产生世上最美丽的和声，它的圆满的顶点不在节奏和曲调中，而在我们生命行为的一致。[26] 哦！如果人的灵魂感受到智慧和知识的暖风能够驱散邪恶激起的狂风、恢复天空的宁静和明亮，那么你能怀疑不朽的神圣的"太一"吗？祂被当做掌握自己的美德的权柄，是完善和至福本身，祂知道意志没有发生改变，会一直紧紧把握不会有任何变更的东西。[27] 对人来说，做好改变的准备是必要的，因为无论他们自身，还是外在于他们的事物，都是不确定的。比如，我们挑选朋友是常见的事，我们会在很短时间内跟他们熟识，也会很快离开他们，尽管我们没有对他们提出什么指责，也没有把他们当做我们的敌人，或者，至少当做陌生人。[28] 这样的行为证明我们自身的轻率多变，我们非常弱小，无法坚持我们最初的判断。但是，神没有这样变化无常。还有，我们有时候很在意拥有一个标准，但若发现我们自己和其他人都不能保持不变，我们的判断也就发生改变。[29] 这是因为，人不能预见未来的事情，或者明了其他人的判断，但是神能够作出预见，就像在纯粹阳光的照射下一切事物都显现出来。祂已经深入我们灵魂深处，那些对其他人来说不可见的东西在祂眼中就像白天的光线一样清楚。祂使用了预想和预见，这些是祂特有的德性，祂不会让

---

① 《申命记》5：31。"至于你，可以站在我这里，我要将一切诫命、律例、典章传给你。你要教训他们，使他们在我赐他们为业的地上遵行。"

任何事物逃脱祂的控制或者超出祂的理解。在祂那里关于未来也不会有任何不确定的地方，因为对神来说，没有任何事物是不确定的或者未来的。[30] 父母必须拥有关于他的后代的知识，匠人必须拥有关于他的作品的知识，对事物的事奉取决于仆人的职责，对此无人会产生怀疑。但是神确实是天空、宇宙，以及其他一切事物的父亲、匠人和仆人。未来的事件隐藏在时间的黑暗之中，距离各不相同，有些较近，有些较远。[31] 然而，神也是时间的创造者，因为祂是时间之父的父亲，宇宙就是时间之父，祂使得事物产生运动，成为其他时代的来源。因此，时间就好像是神的孙子。而这个我们用感官可以察觉到的宇宙是神的小儿子。对祂的大儿子，我指的是可知的宇宙，祂指定了头生子的位置，并且认为这个部分应当保留在祂自己的掌握之中。[32] 所以这个小儿子，我们感官的这个世界，在开始运动的时候，带来了被我们称做时间的这个实在，还有星辰升起时的明亮。因此，神没有未来，因为祂制造了一个由祂自己掌握的时代边界。由于神的生命不是一个时间，而是一个实在，所以它是时间的原型和类型；在实在中没有过去和未来，只有当下的存在。

【7】[33] 我们现在已经充分解释了这个主题——存在者不会经历悔改，下面要解释的经文是，"耶和华就后悔造人在地上，心中忧伤"①。[34] "记在心里"和"回想"，前者是心灵的安宁，后者是恢复知觉，二者是最常有的力量，当造物主在沉思祂自己的作品时，祂把一切事物视为自己的，一直拿来使用。祂的那些造物没有离开指定给它们的位置，祂赞扬它们的服从。对哪些离开者祂对它们施加惩罚，这是逃兵该得的厄运。[35] 考虑到不同的情况，也就解释了为什么不能对祂进行分割。这在有些情况下是结合，在有些情况下是生长，在有些情况下是生命，在有些情况下是理智的灵魂。就这样，在一小块石头和木头中，在分离的情况下，祂带来了结合，结合的行为被视为最严格的界限。结合是一种流动的气息，不停地回归自身。它从身体

---

① 《创世记》6：6。

的中心开始扩展其自身，其后抵达身体的边缘，然后再回归，直至回到它出发的那个地方。[36] 这种常规的双重结合是不可摧毁的；在每三年举行一次的节日赛会中，这是跑步者要加以模仿的，这项伟大的功绩值得他们努力。

【8】[37] 神使植物生长。植物是许多能力的组合，吸取营养的能力、发生变化的能力、增加体量的能力。植物在需要的时候吸取营养，如下列证据所示。得不到浇灌的时候，它们就会枯萎，显而易见，它们的生长需要水分，在这个时候，植物的芽头过于嫩小，不能够突然长出地面，变得高大。[38] 它们的变化功能很难说是必然的。冬至一到，树叶枯萎落地，如农夫所说，树枝的"眼睛"合上了，就像生灵的眼睛那样，所有生命的出口都紧紧地闭上，这些出口服务于生命，它们拼命压缩自己的本性，进入冬眠，取得喘气的机会，就像运动员进行第一场比赛之后恢复体力，然后重新参加竞赛。这些事情在春季和夏季进行。[39] 植物的生长就好比从深沉的睡眠中苏醒，睁开眼睛，张开封闭的出口，长出所有嫩芽、细枝、卷须、树叶，以及最终的果实。果实成形了，它会给果实提供营养，就像母亲通过某些隐秘的通道，通过乳房哺育婴儿，在果实完全成熟之前，它不会停止供应营养。[40] 成熟的果实挂满树梢，要是无人摘取，这个时候它会自动与植物分离，因为它不再需要父母的哺育，要是掉落在肥沃的土壤中，它就能成为种子，能长成同样的植物，再显示它的存在。

【9】[41] 以三种与成长不同的形式，生命由它的造物主创造出来。它拥有"感觉"、"呈现"和"冲动"。因为植物没有冲动，没有呈现，没有感觉的馈赠，而每一生灵都是这三者的组合。[42] 感官或感觉，如这个名称本身所示，就是"放入"，把向它显现的东西引向心灵。心灵是一个巨大的仓库，通过视觉、听觉或其他感官而来的所有感觉都被安放和珍藏在这里。[43] "呈现"是留在灵魂上的一个印记。就像一枚戒指或印章，感觉在灵魂上留下了由感觉引入的每一事物的影像。心灵就像蜡一样与事物接触，留下了事物的鲜明形像，直到记忆的对立面遗忘把印记抚平，使其模糊不清，直

到完全消失。[44] 但是呈现本身、在灵魂上留下印记的这个物体，有时候是恰当的，有时候正好相反。灵魂的这种状况或情况被称做冲动或欲望，被界定为灵魂的最初运动。以所有这些方式，生灵超过植物。现在让我们来看，人在什么地方被造得优于其他动物。

【10】[45] 我们发现，人得到一项特权，这就是心灵，它习惯于理解一切物体和一般事物的本性。就像视觉在身体中占据主导地位，光的性质要在宇宙中占据主导地位，所以在我们身上，心灵是主导的成分。[46] 心灵是灵魂之光，被它自身的一种独特的光照亮，而对事物的无知就像那向四处扩散的广袤而又深远的黑暗。灵魂的这个部分不是由某种相同的元素构成的，而是出自其他部分，但它命中注定是某种比较好的和比较纯的东西，实际上具有某种神圣的本性。因此可以合理地认为，在一切事物中，唯有心灵能使我们成为不可摧毁的。[47] 心灵是天父生的，天父判定，只有心灵配得上自由，天父放松了对它的必然约束，让它重新排列，让它具有自由意志，让它能够接收，把自由意志作为它最独特的所有物和最宝贵的财产。在其他生灵的灵魂中，那些与其他成分自由相分离的心灵没有地位，它可以服事人，为人挽轭，就像奴仆服事主人。而人拥有自发的和自决的意志，人的活动大部分依据谨慎的选择，他有理由为他有意做错的事情受到指责，也有理由为他自觉做对的事情受到赞扬。[48] 在其他方面，关于植物和动物，如果它们很好，那么没有什么可赞扬的，如果它们很不好，那么也没有什么可指责的；它们的运动和变化既非出于某种指点或审慎的选择，亦非出于它们的自愿。但是，只有人的灵魂从神那里得到了自主运动的能力，以这种方式，人被造得特别像神，在可能的范围内，人得到了解放，摆脱了那位无情的主人必然性的统治，他可以被公正地指责为有罪，在这个方面他并没有荣耀他的解放者。因此，人应当接受那些惩罚，它们被分配给不感恩的解放了的自由民，而且不可更改。[49] 所以，神不是第一次把人"记在心里"和"回想"，而是从神造人以后就开始了，也就是说祂想到了祂为人造的本性。祂使人自由和不受约束，让人能够自觉自愿，谨慎地选择，使用他的力量，亦即知道

善恶，得到高尚与卑劣的观念，诚实地理解正义和非正义，一般地知道什么是美德、什么是邪恶，他可以选择实践较好的，避开较差的。[50] 因此，我们在《申命记》中看到有这样一则神谕，"看哪，我将生与死，善与恶陈明在你面前；你要拣选生命"①。所以，以这种方式，祂把两项真理放在我们面前：第一，人被造来就有善与恶的知识，恶是善的对立面；第二，选择较好的，而非选择较差的，这是他们的责任，因为他们自身具有不可毁坏的理智判断能力，能接受正确的理智所建议的一切事情，排除理智的对立面所推进的事情。

【11】[51] 充分讲清这个要点以后，让我们再来考虑后面的话，这些话是这样说的："我要将所造的人和走兽，并昆虫，以及空中的飞鸟，都从地上除灭。因为我造他们后悔了。"②[52] 还有，有些人听了这些话以为存在者会忍不住愤怒和生气，但祂不会受到任何形式的激情的影响。这是因为，不安是人特有的弱点，灵魂的非理智的情欲、身体的一般组成部分、肢体，这些东西和神没有任何关系。[53] 立法者使用完全相同的表达法，就好像他们在上一门基础课，对那些不能以其他方式形成正确看法的人进行训导。于是，在涉及号令和禁令的律法中（亦即专门意义上的法律），有两条关于这个原因的主导性论断高于其他论断：一条是"神非人"③；另一条是神是人。前者被断定为最确定的真理，而后者亦因众人的传播而流传。因为经上也说，祂"好像人管教儿子一样"④。[54] 至此，正是为了教诲和训谕，而非由于神的本性如此，所以才使用了这些词。在人中间，有些是爱灵魂者，有些是爱肉体者。灵魂之友由于能够与可知的、无形体的本性交谈，不会把在者与任何一种形式的被造物相提并论。[55] 人们已经把祂与各种类别或性质

①《申命记》30：15，19。"看哪，我今日将生与福，死与祸，陈明在你面前。""我今日呼天唤地向你作见证。我将生死祸福陈明在你面前，所以你要拣选生命，使你和你的后裔都得存活。"

②《创世记》6：7。

③《民数记》23：19。"神非人，必不致说谎，也非人子，必不致后悔。"

④《申命记》8：5。"你当心里思想，耶和华你神管教你，好像人管教儿子一样。"

的东西区分开来，因为这样的事实对祂的幸福和祂的无比幸运最有贡献：祂的存在被理解为单纯的、赤裸裸的存在，没有任何确定的特征；因此他们不用形像描绘祂，而是只在心中接受存在的观念。[56] 但是，与肉身紧密结合的人不能脱去肉身的外衣和罩袍，看不到那个绝对独一的存在，祂没有任何需要，无比单纯，无比纯粹，不与任何东西混杂，也不与任何东西复合。所以，他们用自己的想象力来思考万物的原因，他们认识不到，由许多机能结合而成的存在者需要许多器官，才能供应各机能之需。

【12】[57] 神不是受造的，祂是创造一切其他事物的存在者，所以，祂完全不需要属于受造物的那些特性。可以这样考虑，如果祂能使用我们的肉体器官和肢体，那么祂就有脚可以从一处移动到另一处。但是，由于祂存在于每一事物中，所以祂能走到哪里去呢？如果没有什么东西能与祂平等，祂能走向谁呢？祂行走的目的何在？这种事情与祂的健康无关，但可能与我们有关。祂必定有手，会用手来接受和给予。然而，祂没有从其他人那里得到任何东西，确实，祂没有任何需要，当祂赐予时，一切事物都是祂的所有物，祂把理智作为祂的恩赐的代理者，祂也通过这种代理创造世界。[58] 祂也不需要眼睛，没有适宜我们感觉的光，眼睛就没有感觉的能力。但是，光是被造的，当神观看创世以前的事情时，祂本身就是祂自己的光。我们为什么要提到营养器官呢？如果祂有这些器官，那么祂就会吃东西并且会吃饱，歇息一会儿以后，祂又会感到缺欠，于是就继续吃。[59] 这些都是不虔诚之人的神话虚构，他们承认自己把神表现为具有人形的，并在实际中把祂说成拥有凡人的情欲。

【13】[60] 那么，摩西在提到这位非被造者的时候为什么要说到祂的脚和手，说祂走进走出，说祂拿起武器保护自己和抗击敌人呢？他把祂描述为佩剑的，把风和毁灭性的火当成祂的武器（诗人使用不同的词，称之为霹雳和旋风，说它们是那位万物之因的武器）。还有，他为什么要谈论祂的妒忌、愤怒、生气，以及其他相同的情感，用描述人本性的术语来描述它们呢？[61] 对询问这类问题的人，摩西这样回答：“先生们，旨在建立最完善

律法体系的立法者必定有一个恒定的目标在他眼前，有利于他的工作抵达所有人。"所以，那些天性大度并在一切方面受到完美教育的人，以及那些发现他们的后天生活道路端正平坦、以真理为友、靠她通达存在者而不含虚妄玄奥的人，都不会把受造物的任何属性归于祂。[62] 这些人发现了与"神不是人"这句启示最中肯的寓意，然而，祂也不是天空或宇宙。后者是把它们自身呈现给我们感官的一类具体事物的形式。但是，哪怕是心灵也不能理解祂，除了祂存在这一事实。由于我们理解的是祂的存在，所以祂的存在之外的事情我们一无所知。

【14】[63] 但是，那些智力天生较为愚钝且较为懒惰之人，或者童年时期所受教育不良之人，由于他们没有能力获得清晰影像，因此迫切需要以告诫者的形像出现的医生，他们能设计出适合这些人现有病症的处方。[64] 就这样，纪律差的奴仆得益于恐吓他们的主人，由于他们害怕他的恐吓和威胁，畏惧就不知不觉地培养起来了。通过这样的方法可以很好地学到虚伪，如果他们不能通过真相而达到睿智，那么这样做对他们有益。[65] 处理身体的严重疾病也一样，拥有最高医德的医生不会把真相贸然告诉他们的病人，因为他们知道，这样做会使病人更加沮丧，不利于疾病的治疗；但若把那些与事实相反的事情告诉病人，那么病人会比较容易忍受病痛的折磨，与此同时他们的症状也会得到缓解。[66] 因为，有哪个聪明的医生会对他的病人说"先生，你必须动手术、烧灼或截肢"，哪怕这个病人必须动手术？一个也没有。因为，如果医生这样说了，病人就会在手术前丧失信心，加重身体的疾病，他的灵魂也会变得比原来更为悲伤，乃至于拒绝治疗。然而，通过医生的欺骗，病人就会期待相反的结果，他会高高兴兴地顺从医生的各种治疗，无论这些挽救他的生命的办法有多么痛苦。[67] 所以，这位立法者，作为灵魂激情和疾病的最好的医生，把一项任务和一个目标摆在自己面前，即割去心灵疾病的诸根，不使一条留下，以免再次生发出不可救药的新芽。以这种方式，他希望能够将邪恶连根铲除，亦即在面对恐吓时呈现至高无上的原因，并且经常表现出愤怒和恼火，或者以战争为武器，屠杀不义

者。[68] 这是矫正愚人的唯一方式。因此，在我看来，上述两个主要论断，亦即"神是人"和"神不是人"，与另外两个原则有密切关系，它们是恐惧和热爱。[69] 我注意到，律法中所有关于虔诚的告诫要么涉及我们对存在者的热爱，要么涉及我们对存在者的恐惧。所以，热爱祂对这样一些人是最合适的，他们不把任何人的器官或激情归于存在者的概念，而是只为了神本身的缘故，以荣耀神的方式尊敬祂。但对另外一些人来说，恐惧祂是最合适的。

【15】[70] 这些就是需要建立起来，作为我们考察前提的要点。我们必须回到使我们遇到困难的那个原初的问题上去，也就是，"我造他们后悔了"暗示的是什么思想。也许，他希望告诉我们，恶者引起神的愤怒而改变，善者蒙受祂的恩惠。因为下面的话就是"唯有挪亚在耶和华眼前蒙恩"①。[71] 愤怒的欲望，被恰当地说成是人的一种属性，在这里以一种更加原初的状态被使用，然而更加正确，这是存在者的至关重要的真理，我们普遍认可的所有行为均值得责备或赞扬，如果经过恐惧或愤怒，或者悲伤和快乐，或者其他任何情欲，那么值得责备，如果带着正确的理智和知识来完成，那么值得赞扬。[72] 请注意祂在陈述中表现出何等警惕。祂说："我造他们后悔了"，而不是按相反的顺序说，"因为我造了他们，所以我后悔了"。后者表明心灵的变化或后悔，这种事情对全知的神来说是不可能的。前者祂把一个非常重要的观点摆在我们面前：愤怒是罪恶的源泉，而正确的行为出自理智。[73] 神记得祂的完善和全善，尽管整个人类巨大的身体会通过它的极度有罪而完成自己的毁灭，但是神伸出正义之手施行拯救，将他们置于祂的保护之下，不用承受整个种族的彻底毁灭和最终灭亡。

【16】[74] 因此，经上说，当其他人都被证明是不感恩的，命中注定要接受惩罚，而挪亚在祂那里找到恩惠，所以祂会把祂的拯救的怜悯与祂对罪人的审判混合在一起。所以，这位诗篇作者在某个地方说："我要对你歌唱

---

① 《创世记》6：8。

怜悯和审判。"①[75] 如若神应当审判凡人而无怜悯，那么祂的审判将是一种定罪，因为没有一个自足的人会走完从出生到死亡的完整生命过程而不被绊倒，而是在各种情况下，他的脚步会犯下错误而滑倒，有些是自觉的，有些是不自觉的。[76] 所以，这个种族可以存在，尽管有许多人会被深渊吞没，神会带着怜悯对他们做出审判，甚至对卑劣者也会表现出仁慈。这种怜悯不仅追随祂的审判，而且先于祂的审判。因为祂的怜悯先于正义，因为祂知道谁应当受惩罚，不仅在审判后，而且在审判前。

【17】[77] 因此，另一处经文说："主手里有杯，杯内满是掺杂的酒。"② 掺杂的东西确实不是不掺杂的东西，不过这些话还有一个最真实的意思，与我前面说的一致。神的能力对祂自身来说是不掺杂的。但凡人的本性没有空间容纳不掺杂的东西。[78] 我们甚至不能直视太阳不调和、不掺杂的烈焰，因为它明亮的光线会摧毁我们的视力，而太阳只是神以往的作品之一，是天空的一部分，是以太的浓缩。你认为你的理智有可能把握那些非被造的、不掺杂的、纯粹的潜能吗，它们就在神的周围，永远闪耀着光芒？[79] 神把太阳的光线从天空延伸到大地的边缘，用冰冷的空气给炽热的光线降温。祂以这种方式调和它们，用冷空气包裹烈焰，使之成为光线，与其朋友和同胞相遇，这种光线储存在我们眼睛的库房中；当这些光线相遇，相互打招呼的时候，就产生了通过理解而产生的视觉。正是以同样的方式，如果神的知识、智慧、审慎和正义，以及祂的其他卓越德性，没有混合，那么没有哪个凡人能够接受它们，甚至整个天空和宇宙也不可能接受它们。[80] 所以，造物主知道自己无与伦比的卓越德性和祂的生灵的天生弱点，无论它们如何大声喧哗，祂也不愿依据祂的能力给它们分配福益或惩罚，而是按照祂在那些人身上看到的能力，分配那些福益或惩罚。[81] 如果我们确实能够享用这种稀释了的空气，祂的节制的尺度就在其中，我们就能得到充足的喜乐，

---

① 《诗篇》101：1。"我要歌唱慈爱和公平。耶和华阿，我要向你歌颂。"

② 《诗篇》75：8。"耶和华手里有杯。其中的酒起沫。杯内满了掺杂的酒。他倒出来。地上的恶人必都喝这酒的渣滓，而且喝尽。"

人类就不需要寻求更加完善的快乐。因为我们已经说明这些高度的能力是不混合的、不掺杂的，仅存在于存在者中。

【18】[82] 在另外一段话中，我们看到了和上面相同的意思，"神说了一次，我听到两件事情"①。"一"就像是不混合的，因为不混合的是一元，一元是不混合的，而二就像是混合的，因为混合的不是单一的，它接受结合与分离。[83] 然后，神说到单子或个体。因为祂的话语不是一个让空气发生振动的浊音，或者能与其他任何事物相混，而是无形体的、裸露的，与个体没有任何不同。[84] 但是，我们的听力是两重因素的产物，是一个二分体的产物。来自主导原则之宝座的气息通过气管在嘴里形成，通过舌头与空气混合，并和与其同种的灵魂相混合，通过撞击产生和谐的统一体，构成一个二分体。这是因为由不同声音引起的浊音在一个二分体中是和谐的，最初的划分就包含高音和低音。[85] 这就是立法者的行动，他反对大多数非正义的思想，这个时候正义者作为一个人——在数量上是较少的，但在价值上是较大的。他的目的是，较差的不应当被证明为更有分量，就像在天平上称重一样，而处于对立面的邪恶的力量，会由于重量太轻而使秤杆跃起，无力进行证明。

【19】[86] 现在让我们来考虑"唯有挪亚在耶和华眼前蒙恩"②这句话的意思。发现者有时候会再次发现他们拥有的东西丢失了，有时候发现他们过去并不拥有这些东西，而现在才是第一次获得它们。寻求用语精确的人在第二种情况下不会把这个过程叫做"寻找"或"发现"，而在第一种情况中，这个过程叫做"重现"或"恢复"。[87] 我们在大许愿的诫命中③有一个非常清晰的例子。有一个许愿是为了获得善物而向神请求，而所谓许下大愿就是认定神本身是善物的原因，获取善物要凭借神，尽管大地可以视为果实之

---

① 《诗篇》62：11。"神说了一次，两次，我都听见，就是能力都属乎神。"
② 《创世记》6：8。"惟有挪亚在耶和华眼前蒙恩。"
③ 《民数记》6：2。"你晓谕以色列人说，无论男女许了特别的愿，就是拿细耳人的愿（拿细耳就是归主的意思下同），要离俗归耶和华。"

母，下雨给种子和植物提供了更多的机会，空气拥有预见的力量，耕种是丰收的原因，医药是健康的原因，结婚是生孩子的原因，然而，其他任何东西都不是祂的同工，尽管我们可以认为它们给我们带来了福益。[88] 通过神的力量，所有这些事情也会发生变化和转变，经常产生相反的效果，与一般情况正好相反。所以摩西说，许下这个大愿的人必定是"神圣的，不剃头，任由头发生长"①。这就意味着他必须在统治着年轻人的存在的心灵中培养他们的道德，任由真理成长；这些成长对他来说就像他的头，他必须为它感到自豪，用头发荣耀它们。[89]它的早期成长有时候会有损失，旋风突如其来，会吹走灵魂上美丽的东西。这股旋风是对灵魂的一种不自觉的污染，他称之为死。②[90] 他有了损失，然而在一定的时候，在涤罪以后，他回忆起遗忘了的事情，发现了他遗失的东西，所以"先前的日子"，有缺陷的日子，就不值一提了，③ 在这里要么是由于缺陷是一样无法计算的东西，与正确理智不一样，与审慎亦无关联，要么是由于它们都不值一提。诸如此类的事情，如前所说，我们就不说了。

【20】[91] 另一方面，这又是一种普通的经验，我们碰上的这种事情是我们做梦都没有见过的，就好比那个农夫的故事，他开挖果园，种植果树，发现财宝，取得前所未有的、从未想过的成功。[92] 于是，当这位实践者的父亲以这样的方式问他知识的来源时，他说"我儿，你如何找得这么快呢？"，他得到的回答是，"神把它摆在了我的面前"④。所以，当神把祂的永恒智慧的知识交给我们，无须我们辛劳的时候，我们感到突如其

---

① 《民数记》6：5。"在他一切许愿离俗的日子，不可用剃头刀剃头，要由发绺长长了。他要圣洁，直到离俗归耶和华的日子满了。"

② 参见《民数记》6：9。"若在他旁边忽然有人死了，以致沾染了他离俗的头，他要在第七日，得洁净的时候，剃头。"

③ 参见《民数记》6：12。"他要另选离俗归耶和华的日子，又要牵一只一岁的公羊羔来作赎愆祭。但先前的日子要归徒然，因为他在离俗之间被玷污了。"

④ 《创世记》27：20。"以撒对他儿子说，我儿，你如何找得这么快呢。他说，因为耶和华你的神使我遇见好机会得着的。"

来、超出预期地发现了一个完满的、幸福的宝库。[93] 这是常有的事，辛苦寻找的人不能发现他们要寻找的东西，而其他那些不想寻找的人却轻而易举地发现了他们心里想都没有想过的东西。就好像那些瞎子，心灵愚笨者在任何知识部门的学习都劳而无功，而那些本性得到神灵庇佑的人，有许多事情无须他们去追求；他们的本性可以轻易地、可靠地把握它们；尽管看起来他们的麻烦还在于他们的学习缺乏对实际事务的接触，而且倒不如说，他们的学习是被迫的，急于表现自己，在他们的想象之前，急于提供一种准确无误的理解。

【21】[94] 就是针对这些人，用立法者的话来说，"那里有城邑，又大又美，非他们所建造的。有房屋，装满各样美物，非他们所装满的。有凿成的水井，非他们所凿成的。还有葡萄园，橄榄园，非他们所栽种的"①。[95] 用城邑和房屋这些符号，他讲的是作为种的美德和作为属的美德。因为种与城邑相似，它的边界由宽阔的城墙来表示，它也包括大量的数目在内。另外，属与房屋相似，因为它更加密集，可以避开社团的观念。[96] 这里讲的他们发现的水井指那些不劳而获的奖品，从水井中汲取甘泉，甜蜜可口，那里还有看守，负责警卫上面提到的美德，由此确保灵魂圆满快乐，披挂真理的光明。[97] 至于喜乐和光明，他给我们的符号，前者是葡萄园，后者是橄榄园。所以，这些就是幸福，就像是从沉睡中苏醒，这些东西突如其来而无须付出辛劳，或者无须睁开双眼观看这个世界。可悲的是那些人，他们命运不济，为了实现某个目标而竭力争夺，先前的争议引发了他们的争夺，就像剧毒的毒药。[98] 他们不仅不能实现他们的目标，而且会给自己带来极大的耻辱和伤害。就好比暴风骤雨时在大海中航行，不仅不能顺利抵达目的地，而且经常会翻船，水手死伤，丢失货物，给他们的朋友带来悲伤，给

---

① 《申命记》6：10—11。"耶和华你的神领你进他向你列祖亚伯拉罕，以撒，雅各起誓应许给你的地。那里有城邑，又大又美，非你所建造的。有房屋，装满各样美物，非你所装满的。有凿成的水井，非你所凿成的。还有葡萄园，橄榄园，非你所栽种的。你吃了而且饱足。"

他们的对手带来快乐。

【22】[99] 所以，律法说："有人擅自上山地去了，住那山地的亚摩利人就出来攻击你们，追赶你们，如蜂拥一般，在西珥杀退你们，直到何珥玛。"①[100] 如果这些人没有能力获得这些技艺，却又使用武力或强迫自己做这样的事情，那么他们不仅肯定不能实现他们的目的，而且还会给他们自己带来耻辱。还有，执行正确的行为、但不能得到他们的判断力或意志的首肯，那就不可能取得公义，而会倾向于使用暴力，并受到他们内在情感的损伤和追逐。[101] 在诚实的问题上，有些人偿还别人储存在他们那里的无足轻重的东西，希望有机会能进行大的诈骗，有些人实际上偿还了别人存放在他们那里的大量东西，但在这样做的时候不得不与他们自己天生的不诚实的倾向做斗争，这种不诚实一刻也不会停止用后悔的毒刺扎痛他们，你说这两种人有什么差别吗？[102] 那些虚伪地崇拜唯一聪明的神的人怎么样，他们就好像在戏台上奉行神圣的教义，过一种职业的生活，他们的所作所为无非就是对集合起来的观众进行演示？这些人的灵魂充满猥亵而非虔诚，他们把自己捆绑在轮子上受折磨，强迫自己模仿从未感受过的事情，不是吗？[103] 因此，尽管他们在短时间内用迷信的记号伪装自己，形成对圣洁的障碍，成为许多伤害的来源，既对那些受它们影响的人，又对那些寻找这种同伴的人，然而随着时间流逝，他们的伪装被抛弃，他们的伪善被看得一清二楚。然后，就像那些被判有罪的外国人，他们被判定为无赖的公民，在那最伟大的共同体的美德里留下了他们虚伪的名字，但他们并没有认领美德。暴力是短命的（βίαιον），如其名称所示，这个词源于βαιός（少许）；这个词在古时候的意思就是短命。

【23】[104] 但是，我们还要充分考察"挪亚在耶和华眼前蒙恩"这句话的难处。这里的意思是他得到恩惠，还是他被认为配得上恩惠？前者不是

---

① 《申命记》1：43—44。"我就告诉了你们，你们却不听从，竟违背耶和华的命令，擅自上山地去了。住那山地的亚摩利人，就出来攻击你们，追赶你们如蜂拥一般，在西珥杀退你们，直到何珥玛。"

一个合理的假设。因为在这种情况下，给予他的东西实际上比所有生灵更多，不仅有那些由身体和灵魂复合起来的，而且还有纯粹的、基本的本性，它们不是全都被当做神圣种族的接收者来接受了吗？[105] 可以看到第二种解释并非不合理，万物之因断言这是祂的馈赠，带有神的印记，甚至是神圣的心灵，它们不会用邪恶的实践损伤其外貌。然而，这个解释也许还不是真正的解释。[106] 我们还必须猜想他要有多么伟大，才能配得上神的恩惠？我在想，整个世界都不大可能获得这种恩惠，尽管这个世界是神的造物中最早的、最伟大的、最完善的。[107] 那么，这种解释也许是最好的解释，一个有价值的人热心询问，渴望学习，在他的所有查考中发现这才是最高的真理，一切事物均为神的恩惠或恩赐——土、水、气、火、太阳、星辰、天空，全部植物和动物。但是神没有把恩惠馈赠给祂自己，因为祂不需要恩惠，但是祂把世界给了这个世界，把部分给了这个世界的部分，把部分给了这个世界的每一部分。[108] 祂把祂的善物充沛地给予整个世界及其部分，不是因为祂判断有谁配得上恩惠，而是看到祂的永恒的善，想到这样做是义不容辞的，这样才对得起祂幸福的本性。因此，要是有人问我创世的动力是什么，我会用摩西的教导回答他，这就是存在者的善，这种善是祂的奖赏中最古老的，它本身是其他事物的源泉。

【24】[109] 我们必须注意，他说挪亚令存在者的权能、主、神感到喜悦，① 而摩西令有权能陪伴的神感到喜悦，没有这些权能，神只能作为纯粹的存在被察觉。神作为讲话者在经文中说："你在我眼前蒙了恩"②，在这些话中，祂表明自己就是施恩者。[110] 所以，就这样，仅仅通过祂自己，作为存在者的祂断定在摩西身上表现出来的卓越智慧配得上恩惠，但是这个智慧只是一个副本，只具有第二的地位，具有属的本性，祂断定它配得上蒙恩，通过祂的主体的潜能，向我们呈现为主和神、统治者和施恩者。[111] 但是

---

① 参见《创世记》6:8。"惟有挪亚在耶和华眼前蒙恩。"

② 《出埃及记》33:17。"耶和华对摩西说，你这所求的我也要行，因为你在我眼前蒙了恩，并且我按你的名认识你。"

有一个热爱肉体和情欲的不同的心灵，被卖给内臣为奴，① 也就是我们复合的本性，就是快乐。所谓像内臣一样就意味着灵魂被剥夺了所有雄性品质和生育能力，它的生活缺乏高尚的实践，不能接受神的信息，不能加入神圣的会，② 在会中谈论和学习美德。当这个心灵被关进情欲的囚笼时，它发现自己在狱卒的眼中才是善行和恩惠，而这是更加可耻的和不名誉的。[112] 所以，在这句话的真正意义上，狱卒不是那些由给犯人定罪的执政官抽签挑选出来的人，也不是那些被迫去那指定给罪犯的地方的陪审员，而是那些受其本性谴责的人，他们的灵魂充满愚蠢、不节制、胆怯、不正义、不虔诚，以及其他无数瘟疫。[113] 这里讲的监狱里的狱卒、典狱官和管事，以及监狱的统治者，是多重恶行的浓缩和堆积，为他所喜悦就是承受最大的惩罚。但是有些人看不到这种惩罚的性质，他们受到欺骗而以为这种有害的东西是有益的，对祂的侍从和护卫感到喜乐，满心希望祂能判定他们是忠诚的，祂可以让他们担任部下和卫士，防范那些无意或有意犯下的罪行。[114] 我的灵魂拥有比奴役制更加残忍的统治权和指挥权，尽管它非常沉重。如果你不得不这样做，那么你只能追随这样一种以自由和解放为目的的生活。[115] 但若你上了情欲的当，被它钩住，那么你会成为一名囚犯，而非一名看守。经受痛苦和呻吟以后，你会发现怜悯；但若你执着地追求官职和荣耀，那么你将被关进监狱，在那里生活可能是愉快的，但却是病态的，这是一种最大的疾病，它对你的束缚将是永久的。

【25】[116] 所以，你要抛弃所有那些有可能使监狱统治者感到喜悦的事情，要极为热心地期待万物之因的喜悦。但若这样做超越了你的力量范围——祂的尊严如此伟大——那么你要带他们去祂的潜能，使他们成为乞援者，直到他们接受你们不断的、真诚的事奉，他们会给你们指定一个位置，在那些蒙神喜悦的人中间，甚至就像他们指定挪亚；有关他们的后代，摩

---

① 参见《创世记》39：1。"约瑟被带下埃及去。有一个埃及人，是法老的内臣，护卫长波提乏，从那些带下他来的以实玛利人手下买了他去。"

② 参见《申命记》23：1。"凡外肾受伤的，或被阉割的，不可入耶和华的会。"

西确实提供了一个很新奇的谱系。[117] 因为他说:"挪亚的后代记在下面。挪亚是个义人,在当时的世代是个完全人。挪亚令神喜悦。"① 生灵由灵魂和肉身复合而成,它们的后代本身确实也是复合的;马必定生马,狮子必定生狮子,牛必定生牛,所以,人必定生人。[118] 这些东西并非我们良好心灵的后代;它们是文章中提到的美德,事实上他是一个人,是正义,是完善,是令神喜悦的人。最后则是这些美德的圆满成功,是最高幸福的确定,位于美德最后的位置。[119] 嗯,进程是世代延续的一种形式,依据进程可以把事物刻画下来,亦即经历一个非存在到存在的过程,这个过程是始终必要的,为植物和动物所遵循。但是,这里也还有另外一种进程,由从较高的种改变为较低的属,这样的过程就是摩西记在心里的,他说:"雅各的记略如下。约瑟十七岁,与他哥哥们一同牧羊。他是个童子,与他父亲的妾辟拉、悉帕的儿子们常在一处。"② [120] 由于这个原因,约瑟充满对学习的热爱,勤奋实践,从对人和凡人的意见来说比较神圣的观念下降,遵循属身体的事物序列诞生。他还是个年轻人,尽管头发已经花白;依照他的知识,那么决不会有比他更加成熟的思想或教训,这些人可以列为与摩西一道学习的同伴,在他们身上可以找到知识的宝库和欢乐,这对他们自己,以及对那些与他们正好相反的人,都是最有益的。[121] 我想,由于摩西希望以一种更加清晰的形式刻画约瑟的形像和品性,所以摩西把他说成是放绵羊的,说他不和其他真正出生的人在一起,而是和出生卑劣的妾的儿子们在一起,他们出生卑微,这可以追溯到女人,而不是出生高贵,这可以追溯到男人。在这个事例中,他们被称做辟拉和悉帕的儿子,而不是他们的父亲以色列的儿子。

【26】[122] 我们可以恰当地问,为什么在引述了挪亚在美德方面的完

① 《创世记》6:9。"挪亚的后代记在下面:挪亚是个义人,在当时的世代是个完全人。挪亚与神同行。"

② 《创世记》37:2。"雅各的记略如下:约瑟十七岁与他哥哥们一同牧羊。他是个童子,与他父亲的妾辟拉、悉帕的儿子们常在一处。约瑟将他哥哥们的恶行,报给他们的父亲。"

善以后，我们得知，"世界在神面前败坏，地上满了强暴"①。也许，除了那些没受过什么教育的人，想要得到答案并不难。[123] 所以，我们会说，当这些不可毁坏的元素在灵魂中升起，凡人马上就衰败了。这是因为，高贵的实施就是卑劣的死亡，光明普照之时，黑暗就会消失。所以，针对麻风病律法有明确的规定，一旦病人身上的肉泛出某种颜色，就要洁净他。②[124] 明确了这一点以后，或者说做了相关规定以后，他又说"健康的颜色会污染他"。这个观点与人们一般的观点正好相反。因为所有人都认为健康的事物被那些有病的事物败坏，活物被死物败坏，但是反过来，他们不承认健康的事物和活物会败坏与它们相反的事物，倒不如说它们会拯救和保存与他们相反的事物。[125] 但是这位立法者的智慧是独创的，他在这里确实规定了某些奇特的东西。他教导我们说，健康的、活的事物产生了被污染的条件。所谓确信就是灵魂的健康和生命的颜色，确信会真正显现在灵魂中。[126] 当这种确信出现在灵魂表面，它就会记下灵魂所有的过失，始终不停地非难和指责灵魂，使它感到羞耻。被定为有罪的灵魂则看到真正的光明，看到每一个灵魂的实践，看到它们与正确的理智相反，察觉到它们是愚蠢的、放纵的、不公正的、被污染的。

【27】[127] 由于同样的原因，摩西制定了一条法律，这条法律确实是个悖论，他用这条法律宣布身体的一部分长了麻风的病人是不洁的，而要是病人长满了麻风，从头到脚无处不有，那就要认定他是洁净的。③ 有人可能会进行相反的推测，这种推测好像是合理的，如果将麻风限制在身体的某个部分，就会较少不洁净，但若任其扩散，乃至于长满整个身体，那就更不洁

---

① 《创世记》6：11."世界在神面前败坏，地上满了强暴。"

② 参见《利未记》13：15."但红肉几时显在他的身上就几时不洁净。祭司一看那红肉就定他为不洁净。红肉本是不洁净，是大麻风。"

③ 参见《利未记》13：11—13."这是肉皮上的旧大麻风，祭司要定他为不洁净，不用将他关锁，因为他是不洁净了。大麻风若在皮上四外发散，长满了患灾病人的皮，据祭司察看，从头到脚无处不有，祭司就要察看，全身的肉若长满了大麻风，就要定那患灾病的为洁净，全身都变为白，他乃洁净了。"

净了。[128] 但是，我想（这确实是一个非常真实的教训），他是在通过这些符号来表明这样的过失是不自愿的，无论这些过失的范围有多么广，因为它们在良心上没有坚定的控告者，所以它们是纯洁的，没有罪过，而自愿的罪行，尽管覆盖的空间不大，但已被灵魂中的法官定罪，被证明为不神圣的、愚蠢的、不纯的。[129] 所以，麻风病具有双重性质，是有两种颜色的花朵，象征自愿的邪恶。这是因为灵魂有其自身的健康，有正直的活生生的理智，然而由于它不用舵手来指引它的行动，来确保高尚者的安全，而是放弃自身，任由那些无航海技艺者的摆布，于是完全陷入生活的困境，只有在天气晴好的时候，这艘生命的航船也许能平安地抵达目的地。[130] 但是，当心灵的理智力量被完全剥夺、一点儿有可能长成理智的嫩芽都没有留下的时候，这个麻风病人的皮肤会变白，象征着非自愿的过失，它就好像完全处于黑暗中的人，一点儿也看不见，不知道自己应该做什么，他也像一个盲人，随时会被绊倒，因为他看不见障碍物，不时地被绊倒，这个时候他的意志不起任何作用。

【28】[131] 同样，还有针对某些房屋制定的律法，这些房屋常有麻风病。因为律法说："如果一所房屋中，有大麻风的灾病，房主就要去报告祭司说，我的房屋中似乎有麻风病。"然后经上又说："祭司在还没有进去察看之前，就要吩咐人把房子腾空，免得房子里的所有东西都成了不洁净的，然后祭司进去察看房子。"①[132] 所以，在祭司进屋以前，屋子里的东西是洁净的，但在他走了以后，这些东西都成了不洁净的了。不过，我们应当期待的事情正好相反，一个已经洁净和充分神圣化的人不会为所有人祈祷、连祷、献祭，来到这所屋子里，屋子里的东西也不会因此变得比较好，从不纯洁变得纯洁。但是我们发现它们在这里甚至不能像从前一样停留在原来的地

---

① 《利未记》14：34—36。"你们到了我赐给你们为业的迦南地，我若使你们所得为业之地的房屋中，有大麻风的灾病，房主就要去告诉祭司说，据我看，房屋中似乎有灾病。祭司还没有进去察看灾病以前，就要吩咐人把房子腾空，免得房子里所有的都成了不洁净，然后祭司要进去察看房子。"

方，而是从祭司的入口处移动到一个较为低劣的区域。[133] 嗯，这条法规的字面含义是清楚的，而里面讲的事情是否一致，这是那些讨论这个问题并从中取乐的人要考虑的事。我们必须肯定地说，没有哪两样东西能比这更一致了，祭司进去以后，屋子里的东西就被污染了。[134] 这是因为，只要神圣的理智还没有进入我们的灵魂，就像进入某个住处，那么它的所有工作都是无罪的，因为祭司是它的护卫、父亲或老师——或者是无论什么适合它的名称——祭司在远处，只有他能提出告诫，把灵魂带向智慧。那些归因于无知的罪是可以赦免的，因为没有经验告诉它们应当怎么做。它们甚至没有察觉到它们的行为是有罪的，它们也没有想到，公义的行为竟然是它们最可悲的障碍。[135] 不过，当真正的祭司，亦即信念，像一束纯粹的光进入我们的时候，我们看到了它们真正的价值，神圣的思想储存在我们的灵魂之中，而我们亲手犯下罪行和应受谴责的行为，其原因就在于对我们真正的利益一无所知。所以，信念，排斥它的像祭司一样的任务，污染了所有事物，把它们全都拿走，为的是让它能看到灵魂之屋的天然情况，治疗任何灵魂产生的疾病。

【29】[136]《列王纪》中有一个与此平行的事例，就是那个寡妇的事。①她是一名寡妇，但不是我们说的这种平常意义上的寡妇，妻子失去了丈夫，而是因为败坏和虐待心灵而成为寡妇，就好像摩西书中的他玛。[137] 他玛听从吩咐，要在他父亲家里守寡，那是她唯一的救主，②由于他的原因，她永远离开了凡俗的性交和社交，孤独地寡居，远离凡人的快乐。就这样，她受了神的感动而怀孕，充满了美德的种子，在子宫中孕育它们，她经受分娩的阵痛。当她生下它们的时候，她赢得了奖赏，战胜了她的对手，成为胜利者，棕榈枝是她胜利的象征。因为他玛可以解释为棕榈枝。[138]再回到《列

---

① 参见《列王纪上》17：10。"以利亚就起身往撒勒法去。到了城门，见有一个寡妇在那里捡柴，以利亚呼叫她说，求你用器皿取点水来给我喝。"

② 参见《创世记》38：11。"犹大心里说，恐怕示拉也死，像他两个哥哥一样，就对他儿妇他玛说，你去，在你父亲家里守寡，等我儿子示拉长大。他玛就回去，住在她父亲家里。"

王纪》上来。每个心灵都处于寡居的途中，空虚的邪恶对先知说："神人哪，你竟到我这里来提醒我的邪恶和我的罪。"① 因为，当受神激励的他进入灵魂以后变得发狂——在对天堂的向往的支配下，受到深刻的激荡，成为不可阻挡的目标——他产生了有关过去的邪恶和罪行的回忆，到了最后，灵魂不是回到那里，而是带着深深的痛苦，带着呻吟和眼泪，为了它过去的错误，回归到嫌恶，遵循理智的指引，理智才是神的解释者和先知。[139]古时候的人有时候称先知为"神人"，有时候称先知为"先见"。② 他们提供的这些名称非常正确，也很全面，前者重在表示他们的灵感，后者重在表示他们拥有的广阔视野。

【30】[140]这些话确实是摩西说的，他是凡人中的圣者，他告诉我们，义人挪亚的美德在闪耀的时候，大地败坏了。然后，他继续说："它被败坏了，因为凡有血气的人在地上都败坏了行为。"③[141]有些人以为我们这里的措词有误，正确的短语从语序上来说应当是这样的："凡有血气的败坏了它的路"。因为像"他的"（αὐτοῦ）这样的阳性代词不能恰当地用于阴性名词"血气"（σάρξ）。[142]但是，作者也许不是在谈论败坏了自己道路的血气，为这里的语法错误提供证据，而是讲两件事情：一件是血气被败坏了；另一件是血气寻求的道路被阻挡和败坏了。所以这段话必须被解释为"所有血气摧毁了永恒者、不可摧毁者的完善的道路，这条道路通向神。"[143]你们必须知道，这条道路就是智慧。由于智慧是一条笔直的道路，当心灵之路被引导到这条大路上来的时候，它就能抵达认识和知道神这个目标。血气的每一个同伴都会仇恨和排斥这条道路，试图败坏它。因为世上没有哪两样东西能像知识和血气的快乐这样完全对立。[144]因此，这个种族的成员拥有远

---

① 《列王纪上》17∶18。"妇人对以利亚说，神人哪，我与你何干。你竟到我这里来，使神想念我的罪，以致我的儿子死呢。"

② 《撒母耳记上》9∶9。"从前以色列中，若有人去问神，就说，我们问先见去吧。现在称为先知的，从前称为先见。"

③ 《创世记》6∶12。"神观看世界，见是败坏了。凡有血气的人，在地上都败坏了行为。"

见，这个种族被称做以色列，当他们希望沿着王道前进时，发现以东人质疑他们的道路——这就是这个名称的解释——他们非常警惕，做好了各种准备，但是以东人不允许以色列人通过。

【31】[145] 然后，派到那里去的使者对他这样说："我们要从你的地经过。我们不走田间和葡萄园。我们不喝你井里的水。我们只走王道。我们不偏左右，直到过了你的境界。"① 但是以东王回答说："你不可从我的地经过，免得我出去与你们开战。"② 以色列的子孙对他说："我们只从山区经过。如果我和我的牲畜喝你的水，我会给你值钱的东西。这件事没什么大不了的，我们只从山区经过。"③ 但是以东王说："你们不可经过。"④ [146] 有一个故事，说的是有一位古人，⑤ 看着那些华丽昂贵的服饰，转过身来对他的一些学生说："我的朋友，我不需要的东西有这么多呀！"这句话体现的精神非常伟大，也是一种最合时宜的真情告白。[147] "你在说什么？"我们问他。"你赢得了奥林匹亚赛会的胜利王冠，变得大富大贵，所以你不再需要任何财富，也不再需要接受任何东西，供自己使用和享受吗？"你说得好极了！不过，这里更加神奇的是他表现出来的强大决心，也就是他不再需要付出任何努力去赢得完全的胜利。

【32】[148] 然而在摩西的学校里，不是只有一个人在自吹自擂，说自己已经学到了智慧的基本要素，而是整个民族，强大的人民在这样做。使者说的这些话给我们提供了证据。摩西每个学生的灵魂都在鼓足勇气，对拥有一切的这位国王说话，尘世的以东王（事物之善确实与大地有关），"我只

---

① 《民数记》20：17。"求你容我们从你的地经过。我们不走田间和葡萄园，也不喝井里的水，只走大道（原文作王道），不偏左右，直到过了你的境界。"

② 《民数记》20：18。"以东王说，你不可从我的地经过，免得我带刀出去攻击你。"

③ 《民数记》20：19。"以色列人说，我们要走大道上去。我们和牲畜若喝你的水，必给你价值。不求别的，只求你容我们步行过去。"

④ 《民数记》20：20。"以东王说，你们不可经过。就率领许多人出来，要用强硬的手攻击以色列人。"

⑤ 指苏格拉底，参见西塞罗：《图斯库兰讨论集》V.41；第欧根尼·拉尔修：《名哲言行录》（希汉对照本）II.25，广西师范大学出版社 2010 年版。

从你的地经过"。[149] 这是一个多么巨大的诺言！告诉我，你确实能够迈步、行走、快速经过大地上的那些好东西吗？不会有什么事情让你在那里逗留，或者阻止你的行程吗？[150] 你能看到所有宝库，一个接一个，装满财富，但却转过身去，视而不见吗？你会不在意父母两系祖先的高尚荣耀吗，或者不为高贵的出身感到自豪吗，而这是万众齐声颂扬的？你能放下你的荣耀吗，人们愿意拿他们的一切来交换荣耀，你能把它当做不值一提的小事吗？你会轻视身体的健康吗，敏锐的感觉、梦寐以求的礼物、能够战胜对手的力量，还有其他无论什么能够装饰我们灵魂的东西，灵魂的房屋、坟墓，或者其他无论什么名称的东西，不把它们中的任何一样列为善物？[151] 属天的灵魂冒此大险，离开大地上的这个区域，升上天界，带着神性在那里居住。因为当它看见不会败坏的、真正的善，它也就与会迁移的、虚假的善说再见了。

【33】[152] 嗯，这些善物是凡俗的，因为它们的拥有者是凡俗的，如果我们不是在正确理智的指导下经历这些善物，而是像某些人那样凭着一颗空洞或懒散的心毫无经验地经历它们，那么这样的经历能给我们带来什么好处呢？它们全都想要获取各处的荣耀，有些人看重这种荣耀，有些人看重那种荣耀。[153] 因此，我们要接受正确理智的指引，要让它把我们带回家，我们应当成长起来，藐视我提到名称的这些事物，他还在"我经过"的后面加上了"你的地"。他知道这是一切事情中最重要的，我们应当看到自己被许多事物包围，周围的环境会给我们提供许多善物，也会像陷阱一样等待我们，而我们需要飞快地经过，粉碎它们连续不停的进攻。[154] 他们说他们要经过。但是他们不对田野和葡萄园使用"经过"这个短语。如果说灵魂要"经过"这些植物那就太愚蠢了，对它们的果实甚至更应当叙说和采取大胆的行动。或者倒不如说，最好还是在那里停留，采摘果实，满足永不知足的食欲。因为完善的美德提供的永不知足的欢乐是真正美好的事情，用这里提到的葡萄园来象征。[155] 还有，神会像下雨或下雪一样从祂幸福的源泉里向我们输送幸福，我们会喝井里稀缺的泉水，上天对我们不停地下雨，给我

们提供营养，胜过神话中的甘露和佳肴，不是吗？

【34】[156] 或者说，我们要用绳索去井里打水，把那口井当做我们的避难地，获取我们缺乏的希望，以此为己任；万物的救主为我们打开了祂天上的宝库，供我们享用，不是吗？因为启示者摩西在祈祷时说，主必为你开天上的府库，按时降雨在你的地上，① 他的祷词始终为神喜悦。[157] 还有，以色列人想的又是什么呢，既不是天空，又不是下雨和水井，也不是能够给他营养的其他被造物，而是经历这些事物，下面这些话说出了他们的经验，"这位神就是一直牧养我直到今日的神"②。你以为聚集在大地上的众水值得祂一瞥吗？[158] 不，祂不会从井中饮水，而是使井水变得无污染，使人喜乐，有时候通过使者，神认为这些天使配得上当斟酒者，有时候通过祂自己的权能，这样的话，在给予者和接受者之间就没有任何中介。[159] 然后，我们应当尝试在王道上行走，不能拖延，我们认为经历这些世俗的事情是我们的责任。这就是王道，其主权不在普通公民手中，而只在祂手中，只有祂是真正意义上的国王。[160] 这条道路是智慧，如我刚才说过的那样，只有依靠智慧，乞援的灵魂才能逃离非被造者。我们可以很好地相信，他们在王道上会畅通无阻地行走，决不会感到虚弱和头晕，直到那位国王到场。[161] 然后，他们会到祂那里承认祂的幸福和自己的卑劣；因为亚伯拉罕靠近神，知道自己是灰尘。③ [162] 让他们只走王道，不偏左右。因为朝着两个方向的偏离要么是过度，要么是不足，无论他们紧张还是松弛，都是错误的，因为在这件事情上，偏右不会比偏左更不应当受到指责。[163] 对那些过着鲁莽生活的人来说，轻率是右，胆怯是左。对那些在金钱事务上脾气暴躁的人来说，吝啬是右，奢侈是左。在生意中，精明能干和善于算计是应有的品

---

① 参见《申命记》28：12。"耶和华必为你开天上的府库，按时降雨在你的地上。在你手里所办的一切事上赐福与你。你必借给许多国民，却不致向他们借贷。"

② 《创世记》48：15。"他就给约瑟祝福说，愿我祖亚伯拉罕和我父以撒所事奉的神，就是一生牧养我直到今日的神。"

③ 参见《创世记》18：27。"亚伯拉罕说，我虽然是灰尘，还敢对主说话。"

质，而缺心眼是他们要避免的。还有人会把迷信当做他们右边的道路，想要以此逃避不虔诚。

【35】[164] 因此，我们不可因邪恶对我们开战而被迫改变道路，让我们希望和祈祷可以沿着中间道路或沿着中道径直前行。勇敢是轻率和胆怯之间的中道，节约是过分奢侈和过度节俭之间的中道，审慎是无赖和愚蠢之间的中道，最后，虔诚是迷信和亵渎之间的中道。[165] 这些东西位于两端之间，都有适合行走的大路，而我们有义务不停地行走，不是因为这是身体的机制，而是因为灵魂有寻求最优者的动机。[166] 尘世的以东对此非常生气，因为他最不害怕他相信的原则受到挑战和被推翻，他会用战争来恐吓其他人，如果我们不得不经过他的土地，他也会为了智慧的毁灭而传播他灵魂的成果，尽管他并没有收获它们。因为他说："你不可从我的地经过，免得我对你开战。"[167] 但是，让我们不必在意他的恐吓，而是回答说："我们只从山区经过。"也就是说："与各种崇高的力量交谈是我们的习惯，我们通过分析和定义来考察每一个观点，查找其基本原理，据此知道它的基本性质。就这样，我们轻视所有外在的或身体的事物；因为它们是极为低下和卑劣的。你热爱它们，但是我们仇恨它们，所以我们不会去把握它们。[168] 但若这些东西对我们来说唾手可得，如谚语所说，那么我们将为你提供荣耀和价值。而你自己也会搔首弄姿，为我们自吹自擂，使热爱美德的我们屈服于快乐的陷阱。"

【36】[169] 经上说："我们和牲畜若喝你的水，必给你价值。"这位作者在这里讲的不是钱财，用诗人的话来说，不是银子或金子，或者购买者习惯于用来交换货物的其他东西，他这里说的"价值"的意思是荣耀。[170] 说实话，每个人都会追求享受、胆怯、不公义，当他看到有人在辛劳面前退缩，或者被快乐所捕获，会感到高兴和喜悦，会认为他得着了荣耀。然后，带着神气活现和自豪的姿势，他开始对民众说到他自己的嗓音，说它们有多么必要和有益，他说，"如果不是这样的话，那些更加值得尊敬的绅士会自愿沉溺于此吗？"[171] 所以，让我们对每个这样的人说："如果我们喝

了你的水，如果我们提到使你们感到困惑的那些混乱不堪的事情，我们将给你们提供荣耀和接受它们，而不是使你们蒙上坏名声和不名誉，这正是你们应得的。"[172] 说实话，你们所热衷"质料"绝对"什么也不是"。或者你认为道德事务有什么真正的存在或本质吗，它们难道不应当被当做谬误和不确定的观念而悬置吗，或者说它们只不过是虚假的梦幻？[173] 如果你们在意的不是考验个别人的幸运，那就去审视他们的变化，变好或者变坏，整个区域或者民族。希腊人曾一度抵达他们的顶峰，但是马其顿取走了它的力量。等到马其顿繁荣昌盛的时候，它被分割成三个部分，由此被削弱，直到完全灭亡。[174] 在马其顿人的幸运向着波斯人微笑之前，在一天之中，他们庞大的帝国就被摧毁，帕提亚人统治了波斯人，从前的臣民统治了昨天的主人。来自埃及的古老气息多年来清新而强大，然而又像云彩一般聚集和散去。[175] 埃塞俄比亚人怎么样，迦太基人怎么样，与利比亚相连的那些部分怎么样？本都的国王怎么样？欧罗巴和亚细亚怎么样？简言之，整个文明世界怎么样？它难道不是一直处于骚乱之中，就像海中的航船，时而顺利，时而危难吗？[176] 神的计划运行起来是环状的，大部分人称之为幸运。当前，它处于连续变迁之中，从一个城市到另一个城市，从一个民族到另一个民族，从一个国家到另一个国家。它们过去拥有的东西，现在仍旧拥有。它们全都拥有的东西，现在全都拥有。时不时发生变化的只是所有权，而到了最后，我们整个世界都会成为一个国家，享有最优秀的体制——民主制。

【37】[177] 所以，涉及某些个人，无确定的作品可言，无"质料"可言，在他具有真正的存在之前，只有幻影或气息掠过。它也像大海的潮汐。涨潮时潮水奔涌而来，横扫一切，原来的旱地成为水泽，然后潮水退去，大海又成为旱地。[178] 即便如此，那些伟大的民族享有的好运有时候会从洪流转变为小溪，有时甚至连涓涓细流也算不上，没有在这古老的土地上留下曾经富裕的痕迹。[179] 然而，并非所有人都能公正而又充分地明了事实真相。只有那些能够遵循定义和推理规则的人能够做到，他们的方法是直接的、确定的。这里有两个说法，"创世就是无中生有"，"我们会从山区经过"，出自

同样的讲话者之口。[180] 因为，没有在定义的山路上行走过的人不会放弃世俗的东西，在不朽的事物中安置他的新家。所以，世俗的以东的目的就是阻拦美德的天上之路和王家之路，而另外，神圣的理智要阻拦以东和他的同伴的道路。[181] 在这些同伴的名单中，我们必须写下巴兰的名字。因为他也不是在天上成长的，而是地上的生灵。我们有证据说明这一点。他追随预兆和虚假的预言，甚至当他闭上灵魂之眼接受光线时，他"看见神的使者站在路上"①，他没有改变，约束自己的恶行，而是让他的愚蠢继续奔跑，让他自己被愚蠢淹没。[182] 到了那个时候，不仅是灵魂的疾病变得难以照料，而且会变得完全无法治愈，信念、神圣的理智在我们前面指引我们，天使在前面消除我们面前的障碍，使我们可以沿着大路行走而不绊倒，② 我们把判断失当的目的摆在他的意见面前，没有我们不停的告诫、惩罚和我们整个生命的改善，他不会提供这些意见。[183] 因此，到时候被摧毁的不是那个聆听者，不是他在行进中由于信念而扭转头来，而是那些"被伤害"的人，③ 他们的情欲被杀死，受到致命的伤害。他的命运给了那些并非无可救药地不洁的人一个教训，但他们没有注意到这一点，他们应当寻求得到内心法官的青睐。如果不消除或者废除他提出的公义的审判，他们就会拥有这样的命运。

---

① 《民数记》22：31。"当时，耶和华使巴兰的眼目明亮，他就看见耶和华的使者站在路上，手里有拔出来的刀，巴兰便低头俯伏在地。"

② 参见《诗篇》91：11，12。"因他要为你吩咐他的使者，在你行的一切道路上保护你。他们要用手托着你，免得你的脚碰在石头上。"

③ 参见《民数记》31：8。"在所杀的人中，杀了米甸的五王，就是以未，利金，苏珥，户珥，利巴，又用刀杀了比珥的儿子巴兰。"

论 耕 作

提 要

本文的希腊文标题是"ΠΕΡΙ ΓΣΟΡΓΙΑΣ"，英译者将其译为"On Husbandry"。本文的拉丁文标题为"De Agricultura"，缩略语为"Agr."。中文标题定为"论耕作"。原文共分为 40 章（chapter），181 节（section），译成中文约 2.6 万字。

文章开头引用经文"挪亚作起农夫来，栽了一个葡萄园，他喝了酒便醉了"。（《创世记》9∶20—21）。这两句经文就是本文和后续两篇文章要加以解读的对象。本文的主体围绕下列三个对子展开解释：

第一，"土地耕种者"和"灵魂耕种者"。挪亚当农夫，表明他掌握了园艺知识。先描述知识的园艺（1—7 节），然后谈论灵魂的园艺。灵魂的园艺以美德为目的。它要掌握那些基本的科目，修剪有害的东西，拿那些不结果实的树木来建造围墙和栅栏。纯粹的理论、辩论性的语言、辩证法和几何学，这些科目都能起到砥砺理智的作用，但不能改善品性（8—16 节）。然后展开培育灵魂的整个纲要（17 节以下）。然后指出，义人挪亚是灵魂耕种者，他与该隐相对，该隐则是土地耕种者，为快乐服务（21—25 节）。

第二，"放牛的"和"牧者"。这个对子与上面这个对子相似。"牛"指的是我们每个人的身体器官。粗心的心灵不适宜当它们的牧者；它们也不会约束自己，不会遵守必要的纪律。而牧者则会做这些事情。诗人把国王荣耀地称做"牧者"，摩西把这个头衔给予贤人，真正的国王。雅各是牧者，摩西也是牧者，他祈愿神不要不牧养以色列，亦即要将以色列从暴民统治和专制独裁下解救出来。我们每个人都可以代表我们内心的畜群进行这种祈祷。神是宇宙的牧者和国王，与祂的话语和头生子一道，在诗篇中得到颂扬，"主是我的牧者"。只有依靠这位牧者，牲畜才能团结。这是我们确定的希望和唯一的需要。所以，由神教导的所有人要学习牧者的知识，并为此自豪；就像约瑟的兄弟，尽管他要他们去告诉法老，他们是"放羊的"，牧养也就是灵魂的功能；因为法老有着帝王家和埃及人的傲慢，会轻视照料山羊和绵羊的牧人。天堂是这些牧养灵魂者的祖国，就像他们告诉国王的那样，他们在埃及只是旅居者，埃及是身体和情欲的土地（26—66节）。

第三，"牧马人"和"骑手"。我们在律法中可以看到第三个对子。要明确区别"牧马人"和"骑手"。纯粹的骑马者需要得到马的怜悯，而牧马人则像舵手一样对马进行控制。激情和欲望是灵魂之马，心灵是它们的骑手，但是心灵仇恨美德，热爱情欲。以色列人的海岸颂歌庆祝灾难降临到"四足的"情欲和邪恶身上。摩西有关马的话语显然是象征性的，像他这样伟大的战士必定懂得骑兵的价值（67—93节）。从摩西的祷词（《创世记》49：17以下）中可以看出牧马人和骑手的区别。"但"的意思是"判断"，而"虺"的意思是摩西的铜蛇。所以摩西祈祷但或者他的蛇可以做好准备，攻击快乐，咬马的"脚跟"，亦即攻打"情欲"（94—106节）。此处的解释非常有特点。咬情欲的脚跟带来了"骑马人的坠落"。作者揭示了它的积极意义：坠落包含着胜利，而不是失败。因为心灵若是发现自己骑上了情欲，唯一的办法就是跳下或坠落。是的，如果你不能逃避坏的竞赛，那么你就宁可被打败。你要赢得胜利的不是世俗的竞赛，而是神圣的竞赛，奥林比亚赛会是唯一神圣的竞赛，竞赛者尽管在身体上是虚弱的，但在灵魂上是强大的（107—119节）。

阐明三个对子之间的差别以后，作者开始解释"开端"这个词（124节）。如果我们走向终点，那么"良好的开始就是成功的一半"。但若不能做出恰当的区分，良好的开端也经常会走向错误。比如，有人说"神是万物的创造者"，而实际上"神只是善物的创造者"。还有，应当小心翼翼地剔除那些身体有瑕疵的祭司或牺牲，也应当小心翼翼地区分世俗与神圣。倒嚼（反刍）的骆驼是好的，但是不分蹄使它不洁净，这就提醒我们，必须排斥恶的记忆，获取善的事物。

最后一部分是理智的反思（147—181 节）。经上说："谁建造房屋，尚未奉献，他可以回家去，恐怕他阵亡，别人去奉献。谁种葡萄园，尚未用所结的果子，他可以回家去，恐怕他阵亡，别人去用。谁聘定了妻，尚未迎娶，他可以回家去，恐怕他阵亡，别人去娶。"（《申命记》20：5—7。）不可仅从字面上理解这些经文，而要把握其寓意（157 节）。再往后，反思初学者、进步者、完善者。初学者不要参加智者挑起的辩论，因为他们缺乏知识；取得进步的人也要拒绝参加这样的辩论，因为他们还没有抵达完善的地步；刚刚抵达完善的人也要拒绝这样的辩论，因为在一定程度上，他们对自己的完善并不自觉（165 节）。讨论开端与终端的关系。终端是目标，开端若不以终端为目标，开端就几乎没有什么益处（173 节）。许多人犯罪不是故意的，而是不自觉的，因为事情发生的时候，他们没有时间计划这些行动。但是，不自觉地犯错误，这样的日子是空虚的，不仅因为罪是理智的空虚，而且因为不可能对不自觉的罪行做出任何解释（179 节）。最后指出，义人挪亚掌握了农业知识，但没有力量抵达完全知识的终端，把他作为一名种植者的工作放到其他文章中再谈（181 节）。

正　文

【1】[1]"挪亚作起农夫来，栽了一个葡萄园，他喝了酒便醉了。"① 大多数人由于不懂事物的本性，所以在给事物起名称时肯定会搞错。当然，对事物进行深思熟虑会产生恰当的后果；而以模糊状态呈现的其他事物则不能得到完全准确的名称。[2] 摩西对这些事物拥有丰富的知识，他也习惯使用那些完全恰当的、有表现力的名称。我们发现并确信律法的许多部分可以证明这一点，尤其是摆在我们面前的这个部分，它说的是作为一名农夫的义人挪亚。[3]有哪个不能恰当回答问题的人会以为农夫和在田野里辛劳是一回事？实际上，它们不仅不是一回事，而且是完全不同、相互对立的观念。[4] 这是因为一个人即使没有知识也能在田野里辛劳，而农夫是一种职业，要有和这个名称相应的技艺，他是一名技艺娴熟的劳动者，拥有农夫的知识，农夫是他的称号。[5] 此外还有一些要点可以进一步考虑：一般说来在田野里劳动的人是为了挣工钱，他有这样的目的，在意他的工资，而不在意把他的工作做好；而农夫不仅自觉自愿地把田地当做私产，而且会进行大量的投资，经营好他的农场，不愿看到他的农场被别人批评。无论有没有其他收入，他只希望能看到他种下的庄稼一年又一年地获得丰收。[6] 这样的人会努力栽培野生树木，精心照料改良过的树木，修剪那些由于营养丰富而长得过分茂密的树枝，给修剪过的林木留下生长的空间，在合适的时候嫁接树木；品种良好的树木长出密密的卷须时，他喜欢给它们压枝，让它们在地面上生长；他在接近根部的地方，给树干插上新枝，使它们长在一起。我可以说，在人身上也会发生同样的事情，由于某种原因，一个家庭可以过继那些品性良好的孩子，使他们与这个家庭完全相适应。[7] 现在返回我们的主题。农夫会

---

① 《创世记》9：20—21。"挪亚作起农夫来，栽了一个葡萄园。他喝了园中的酒便醉了，在帐篷里赤着身子。"

连根拔除那些不结果实的树木，树木种得太密集，会影响它们结果。要知道，所谓知识必定与我描述的这种在地上生长的东西有关。接下去就让我们来考虑灵魂的耕种。

【2】[8] 嗯，首先要说的是，耕种不会把它的目标确定为播种或种植不结果实的事物，而会确定为播种或种植适宜培育和结果实的事物，其目的就是每年结下果实向人类献礼；因为自然确实任命人类当一切树木的统治者，人类也要统治除了自身以外的一切可朽的生灵。[9] 在我们每个人身上，除了心灵，还有哪个部分的功能是在那些播种或种植以后生长出来的东西中获利？婴儿的食物是奶，成年人的食物是小麦饼，所以，就好像乳汁适宜当婴儿的食物，灵魂也一定有营养，学校教育的初步阶段就是在给灵魂提供营养，而成年人则通过智慧、节制和各种美德，采用训导的形式给灵魂提供营养。因为这些事物在心灵中播种和种植会产生最有利的果实，亦即美好的、值得赞扬的行为。[10] 按照这样的耕种，无论什么情欲或邪恶之树，或者长得高大，或者结下邪恶的果实，都要砍倒和清理，没有一丝一毫可以存活，成为以后罪恶生长的胚芽。[11] 如果有什么树木不健康，或者结出有害的果实，那么这些树木确实应当砍伐，但不要运走，而是可以把它们用在适当的地方，把它们堆成垛，用来修筑营垒或者修建围墙。

【3】[12] 他说："果子不可食用的那些树可以砍伐，用来修筑营垒，攻击你的敌人。"① 经文用这些树木来表示只处理纯粹理论的理智活动。[13] 在这些东西中间，我们必须放上与实际处理疾病没有直接联系的那些医药知识；还有由受雇的律师实施的演讲术，他们涉及的不仅是发现案例的权利，而且要用虚假的东西影响听众；在此之上，我们还必须包括通过论证和严格的推论过程获得结论的所有模式，它们对改善品性没有什么贡献，但可以刺激心灵，迫使它关注自身所呈现的每一个问题；这样一来，心灵

---

① 《民数记》20：20。"惟独你所知道不是结果子的树木可以毁坏，砍伐，用以修筑营垒，攻击那与你打仗的城，直到攻塌了。"

能够得出清晰的差别，掌握某个事物的具体特点，突出它与其他同类事物的不同之处。[14] 所以他们对我们说，古时候的人喜欢讨论哲学，把一个领域划分为三重，把涉及自然的那个部分比做树木和植物；把涉及道德的那个部分比做果实和庄稼，因为它是植物存在的原因；把那个与逻辑有关的部分比做园子周围的篱笆。[15] 正如围绕着园子建起来的墙可以用来保护生长在园子里的果实和植物，可以让那些心怀邪恶的人远离它们，不会来采摘果实；哲学的逻辑部分以同样的方式起作用，亦即它是保护其他两个部分的强大栅栏，这两个部分是伦理和物理。[16] 逻辑辨析有两种含义的模糊表达、揭示由论证的诡计制造出来的谬论、完善地使用清晰无误的语言、列举确定无疑的证据以摧毁那些似乎有理的虚假的东西，这个时候，逻辑是灵魂最大的陷阱，是对灵魂有害之物，逻辑能使心灵像平滑的蜡，打算接受对存在者的探索、塑造品性的知识产生的印象、没有瑕疵的印象和任何不真实的事物。

【4】[17] 所以，这些就是灵魂耕种者在其就职演说中开出的价钱："愚蠢和放荡的树木，不义和胆怯的树木，我将完全砍伐；我将根除快乐和欲望的植物、生气和愤怒的植物，还有情欲的植物，尽管它们可以在天上生长；我会放火，把它们连根烧毁，让烈火追踪它们，哪怕到大地深处，不让它们的任何部分、踪迹、阴影留下。[18] 我将摧毁它们，但是我会在灵魂童年的时候为灵魂播种，用结出的果实喂养灵魂，供灵魂吮吸。这些吮吸就是学会轻易的写作和熟练的阅读，勤奋地寻找那些聪明的诗人写下的东西，进行几何学和修辞学的创作实践，整个教育围绕学校的学习进行。对于处在年轻阶段、正在长大成人的那些人的灵魂，我将提供更好的、更加完善的，适合它们年龄的东西，也就是健全的植物、勇敢的植物、节制的植物、正义的植物，亦即所有美德的植物。[19] 还有，要是在野生树木中有些不能结出可供人食用的果实，但可用来建造篱笆，保护这样的果实，那么我也会把它们保存下来，不是为了它们自身的缘故，而是因为可以用它们来派其他用场，它们同样是不可缺少的和非常有用的。"

【5】[20] 正是由于这个原因，摩西这位全智者把耕种灵魂的这位义人描写为从事由他正当地保全下来的一门技艺，他说"挪亚开始作起农夫来"，而对那个不义之人，他把他描写为是在地里干活的，没有什么技艺，也没有什么知识，肩负沉重的担子。[21] 他说："该隐是种地的。"① 稍后，当发现他杀了兄弟以后，经上说"地开了口，从你手里接受你兄弟的血。现在你必从这地受咒诅。你种地，地不再给你效力"②。[22] 我要问，谁能用比这更加清楚的方式表明立法者要让这个坏人，而不是让一位农夫来耕种土地？当然，我们也一定不要假定这里讲的既不是那个能够用手脚和身体的其他力量来劳动的人，也不是山坡或平原上的土地。不，这里讲的主题是我们每个人的各种能力；因为，恶人的灵魂除了它的属土的身体，没有其他兴趣，身体的快乐是它感兴趣的全部。[23] 无论如何，大多数人开辟道路，穿越大地的各个部分，探察整个大地，直至地极，渡过各大洋，寻找隐藏在大海和遥远的溪流中的东西，没有留下任何一处未曾考察，他们一直在到处获取增加快乐的途径和手段。[24] 甚至连渔夫撒下渔网，也要用长长的渔网覆盖很大的水面，让它能像一堵墙那样，尽可能多地捕获鱼群；以同样的方式，大多数人"张开全网"，像诗人说得那样，不仅覆盖大海的每个部分，而且覆盖整个水域、地域和空域，捕捉各种各样的、能够引发和满足快乐的东西。[25] 他们深挖大地，在大海中航行，他们做的所有事情和战争与和平相关，旨在为快乐提供充分材料，就像服事一位女王。这些人不懂耕种灵魂的秘密，不知道播种和收获美德是一种幸福生活的成果。他们把获取那些对肉身来说显得珍贵的东西当做他们自己的事业，持续不断地追求它们。他们十分诚挚地想方设法制造他们自己的土器，也就是雕塑，它是非常靠近灵魂的一所房屋，他们决不会把雕塑搁在一边，而会从出生到死亡，一生一世地携带着它。啊，这是一副多么沉重的负担！

---

① 《创世记》4：2。"又生了该隐的兄弟亚伯。亚伯是牧羊的，该隐是种地的。"

② 《创世记》4：11—12。"地开了口，从你手里接受你兄弟的血。现在你必从这地受咒诅。你种地，地不再给你效力。你种地，地不再给你效力。你必流离飘荡在地上。"

【6】[26] 我们已经说过在地里工作的农夫与一位在地里干活的人有什么区别。但我们必须考虑是否还有和已经提到过的这种情况相同的其他情况，在这些事例下，用相同的名称表示的事物实际上是不同的。通过仔细的考察我们已经发现了两个这样的例子，要是我们能够做到的话，我们应当把必须要说的都说出来。[27] 嗯，好比说，在"农夫"和"在地里干活的人"这个例子中，诉诸喻意解经，我们发现那些好像完全相同的事物其实有很大差别，我们在"放羊的"和"放牛的"这个例子中看到的也是这样。[28] 至于立法者在某些地方说"放牛"，在某些地方说"放羊"，那些没有真正掌握精确性的人也许会以为它们是对同一种行为的相同描述，而在这些词汇较深层的意思显现出来以后，就可以知道它们所指的是不同的事物。[29] 尽管用某些人掌管的畜群来称呼这些人是一种习俗，可以随意称他们为"放牛的"或者"放羊的"，然而，当我们谈论灵魂所信任的理智能力时却不可以这样做；因为，当他是一个坏统治者的时候，这样的一个畜群的统治者被称做"放牛的"，而当他是一名好的、纯粹的统治者时，他会得到"放羊的"这个名称。为什么会是这样？让我们马上就来说明。

【7】[30] 大自然把"牛"造就为我们每个人的存在的一个组成部分。活灵魂的生长始于一条根，两条枝，其中一条枝是完整的、不分杈的，被称做"心灵"，而另一条枝划分六次，分成七段生长，它们是"五官"和两个其他器官，亦即表达的器官和生殖的器官。[31] 所有这些非理智的存在者被比做牛，依据自然法，这群畜生不能没有统治者。当一个缺乏统治和拥有财富经验的人崛起，使自己成为统治者，在这个时候他就成为他所掌管的多重邪恶的创造者。[32] 这是由于他能够提供丰富的食物，而那些牲畜则毫无节制地拼命进食，放纵欲望，嬉戏成性，拒绝约束，它们分散到各个群组，使整个畜群紧密的阵营散乱。[33] 这表明，从前被他的臣民所抛弃的统治者是不成熟的，要是有可能掌握某些牲畜，能够将它们再次置于控制之下，那么他会急于照料它们。而一旦发现做不到这一点，那么他会哭泣和呻吟，诅咒自己的轻率，为所发生的各种事情而责备自己。[34] 其他的畜群，

我们的感官，恰恰是以这种方式在起作用；每当心灵变得懒惰和粗心，它们就会贪得无厌地狼吞虎咽，以感觉的对象构成它们丰富的食物，它们会摆脱各种约束，不守规矩，在那些与它们无关的地方任意行走。它们的眼睛对一切可视的事物睁得大大的，甚至对那些它不能看，看到会有灾难降临的东西也是这样。它们的耳朵欢迎一切声音，永远不会感到满足；它们在任何时候都特别渴望听到其他人的事情，在某些情况下是人们粗俗的玩笑，为这种事情花费大量的时间。

【8】[35] 我们能够假设，在世界的另一个四分之一处，剧场里每天都会充满无数的芸芸众生吗？戏剧和音乐表演使这些人成为它们的奴仆，他们的眼睛和耳朵可以不受任何约束地漫步；他们可以与笛手和琴师交往，接触全部阴柔的音乐；为了使舞者和其他演员高兴，他们自己也会摆出粗俗的姿势，扭动笨拙的身体；他们甚至会像舞台上的小丑一样组织一场战争，丝毫也不考虑改进他们自己或大众的善行，而是要用他们的眼睛和耳朵来推翻他们自己的生命（这个可怜虫）。[36] 还有另外一些事情比这些事情更加可悲和倒霉，它们放纵自己的胃口，就像动物被松绑。就这样，它们马上就有了享受各种食物和饮品的欲望，尽管已经给它们提供了这些东西，但它们仍旧会发展出一种永无休止地对那些未能摆上桌面的东西的向往。所以，尽管腹部已经填满，但滋味仍旧空虚，欲望仍在膨胀，它们到处寻觅，看是否还有什么东西留下，就像一股想要吞没一切的大火。[37] 性放纵当然会追随暴饮暴食带来火热的欲望、格外的疯狂与最可悲的狂暴。这是因为，人暴饮暴食之后就不再能控制自己，而会急于猛烈排泄淫欲，直至最后获得平静的可能。[38] 显然就是由于这个原因，自然在人的这个部位安放性器官，设定它们不喜欢饥饿，而喜欢酒足饭饱之后进行特殊活动。

【9】[39] 所以，我们必须把"养牛的"这个名称赋予那些人，他们允许这些牲畜暴食暴饮，狼吞虎咽地吃下它们渴望的所有东西。另外，我们必须把"养羊的"这个头衔赋予这样一些人，他们只给牲畜提供生活必需品，此外不再提供任何东西，他们取消所有过度有害的丰富供给，因为过度的

丰富所造成的伤害不亚于匮乏和不足。"放羊的"也是这样，他们富有远见，知道畜群不会感染疾病，疾病是疏忽和懒惰的结果，他们祈祷那些无法抵御的瘟疫不要降临。[40] 羊群不可以分散和衰落，他们仍旧以此为目标。那些从来不服从理智的人的矫正者是恐惧。在反叛倾向可以被治愈的情况下，可以依靠不断的惩罚，用一种轻微的形式威胁他们，但在那些恶行公然反抗治疗的情况下，情况就会变得非常严峻。这些显然不被采用的方法对那些无意识行事的人当然是一种极大的恩惠，就像针对身体状况不佳的人的医疗。

【10】[41] 这些就是牧羊人的实践和道路，他们宁可采用那些令人不快的做法，而不愿采用那些尽管对快乐有益但实际上有害的做法。所以，牧者的任务充满尊严和益处，诗人们不会把国王称做"人民的牧者"，立法者把这个头衔赐给贤人。他们才是真正的国王，立法者把他介绍给我们，让我们接受他的统治，就像羊群对待牧羊，因为我们所有人都具有普遍的非理智的倾向。[42] 由于这个原因，他对雅各作了描述，雅各受到各种约束而变得成熟，拥有牧羊人的全部知识。雅各牧养拉班的羊①，也就是说，愚蠢者的灵魂不包含任何善，而只有与眼睛相适应的可感事物才是善的，眼睛会受到颜色和影子的欺骗和奴役；"拉班"这个名字的意思就是"变白"。[43] 他说全智的摩西也从事同样的职业；因为他也被任命为心灵的牧者，这种心灵欢迎的是欺骗而不是真相，它赞同表面的真实而非存在。这是因为"叶忒罗"（Ιοθὸϱ）意味着"不均匀"，自我欺骗是一种不均匀，是一种外来的事物，会使人着迷于稳定的生活。因城而宜，这是引入公义原则的一种方式，这座城市用这种规则，那座城市用那种规则，而不是所有城市使用相同的规则。自然的法规是不可变动的，适用于一切相同的事物，哪怕在梦中也看不到变化。我们得知，"摩西牧养他岳父米甸祭司叶忒罗的羊群"②。[44] 同样是这位摩西祈愿整个这群灵魂不要变得无人照料和看管，而要有一位好

---

① 参见《创世记》30∶36。"雅各就牧养拉班其余的羊。"
② 《出埃及记》3∶1。"摩西牧养他岳父米甸祭司叶忒罗的羊群，一日领羊群往野外去，到了神的山，就是何烈山。"

牧人，带领它们摆脱愚昧、不义诸恶的陷阱，带领它们吸收各种规范和其他形式的美德。因为摩西说："愿万人之灵的神，立一个人治理会众"①；然后，在说了其他一些话以后，他继续说道："免得主的会众如同没有牧人的羊群一般。"②

【11】[45] 祈祷通过说出我们共同的出生和成长把我们中的每一个人联系起来，使我们不会变得没有统治者和向导，这样做有什么不好吗？所以，暴民统治有可能会影响我们，这种体制是所有体制中最坏的体制，是民主制的赝品，而民主制是一切体制中最好的体制，这种体制会使我们把时间花费在无休止的混乱、骚动、内讧之中。[46] 无政府状态是暴民统治之母，然而，这不是我们唯一的危险。我们也不得不对某些想要攫取最高权力的野心家感到惧怕，他们会使法律化为乌有。僭主是一名天敌。在城邦里，这种天敌是一个人；而对身体和灵魂，以及它们各自的全部利益来说，天敌就是一个绝对野蛮的心灵，它把我们内心的城堡转变为堡垒，敌人从那里出发攻打我们。[47] 我们并非只是从这些僭主那里不能获得好处。我们在那些善良的和温和的人的统治下也一无所获。因为仁慈这种品质会转变为轻视，对统治者和臣民双方都会造成伤害。前者，由于那些置于他们权柄之下的人对他们并不尊重，所以他们无力纠正任何错误，无论是个别公民的，还是整个共同体的。在某些情况下，他们实际上是被迫放弃。他们的臣民习惯于轻视统治者，因而变得轻视道义上的劝告，极为顽固，尽管感到恐惧，仍会引发大恶。[48] 因此，我们必须认为，这些人与牛没有什么不同，他们的统治者与牧牛人也没有什么不同。后者引诱他们去追求丰富的食物和舒适的生活；前者没有能力承受过量的食物和无节制。但是我们的心灵应当由一位放山羊的、放牛的，或者放绵羊的来实行统治，或者使用一般的术语，应当由一名牧者来实行统治，他能够为自己和他照料的牲畜选择有益的东西，而不是选

---

① 《民数记》27：16。"愿耶和华万人之灵的神，立一个人治理会众。"

② 《民数记》27：17。"可以在他们面前出入，也可以引导他们，免得耶和华的会众如同没有牧人的羊群一般。"

择使之愉快的东西。

【12】[49] 不能让灵魂的不同部分随波逐流，使之处于无人看管的状况，我们可以说，不是只有神在照料和监管它们。有一位无可责备的、完美的好牧人能确保给灵魂带来好处。有祂的监管，心灵各部分的统一就不可能化解。心灵各个部分受到一位向导的指引，就会朝着相同的方向前进，它们显然不得不服从一个指导。而被迫留意多个权柄的指导是一项非常沉重的负担。[50] 确实，牧养这件好事不仅可以公正地归于国王、贤人、完全洁净的灵魂，而且也可以归于万能的神。有权进行这种归并的不是任何普通人，而是一名先知，是我们非常信任的先知。以这种方式，诗篇作者说："主是我的牧者。我必不至缺乏。"① [51] 对每一位爱神者而言，重听这首诗歌是件好事。而对宇宙来说，这是一个更加适宜的主题。这是因为，土、水、气、火，位于其中的所有植物和动物，无论是可朽的还是神圣的，是的，还有天空、太阳和月亮的运行，以及其他天体的旋转和节律运动，所有这些事物就像神手下的某个畜群，而神是它们的国王和牧人。祂按照公义和法律引导这个神圣的畜群，用祂真正的话语和头生子来监管它，头生子就像一位大王手下的总督，接受国王的统治；因为经上某个地方说："看哪，我差遣使者在你前面，在路上保护你。"② [52] 因此，让整个宇宙成为这位自在神的最伟大、最完善的畜群，让我们说："主是我的牧者。没有任何东西能挫败我。"[53] 让每个人也发出同样的喊声，不要使用在舌头和嘴唇之间滑动的声音，不要使用只能抵达有限空间的声音，而要使用能够抵达宇宙端点的理智的声音。因为当神统治的时候，不会有任何部分出现匮乏，神会圆满地馈赠善物给所有部分。

【13】[54] 刚才引用的诗歌对神圣者的呼唤是非常宏伟的；因为人在各方面确实是贫乏的、不完善的，人看上去似乎拥有其他一切东西，可以对着

---

① 《诗篇》23：1。"耶和华是我的牧者。我必不至缺乏。"

② 《出埃及记》23：20。"看哪，我差遣使者在你前面，在路上保护你，领你到我所预备的地方去。"

唯一者的主权发火；而由神牧养的灵魂拥有一切事物都依赖的唯一者，当然不会缺乏其他东西，因为它不崇拜盲目的财富，而崇拜那看的财富和无比敏锐的视力。[55] 所以，属于这个学派的人都对这种财富有着强烈的、止不住的爱，并因此感到欢愉，这就使得他们要嘲笑那些养牛者，并把时间用于学习牧养的知识。约瑟的故事为此提供了证据。[56] 约瑟以空洞的想象和猜测为基础，总是将他思想的对象和生活的目标建立在身体的基础上，不知道如何统治和指导非理智的本性。一般说来，年纪较大的人可以承担这样的职司；而他始终像个年轻人，尽管他已经度过漫长的时光，进入老年。由于习惯于饲养和育肥非理智的本性，而不是统治它们，他想象自己能够赢得美德的热爱，也能改变自己这一方，以便使它们献身于非理智的、无灵魂的生灵，它们已经不再有时间来追求理智灵魂。[57] 因为他说："如果那个心灵，以肉体为业的，问你以何事为业，你要回答他说，我们是养牛的。"①

[58] 听了这些话，他们非常恼火，如我们可预见的那样，因为作为统治者，他们要承认自己拥有臣民的地位；那些为感觉准备粮食的提供了充分的感觉对象，但它们变成了它们喂养的那些东西的奴仆，每日里，就像家仆侍候女主人，被迫做指定的工作；而统治者的地位由那些对感觉实施权柄者拥有，克制它们过分贪婪的冲动。[59] 最初，他的兄弟尽管很不乐意听到这些事情，宁可保持和平，认为没有必要自找麻烦去了解养牛和牧养的区别；但是后来遇上这些事情，他们也就全力投入，直到他们能够得胜，他们决不会松懈，而会尽力彰显贯穿于他们本性中的自由、高贵、真实的品质。国王问他们："你们以何事为业？"他们回答说："我们是牧羊的，连我们的祖宗也是牧羊的。"②

---

① 《创世记》46：33—34。"等法老召你们的时候，问你们说，你们以何事为业。你们要说，你的仆人，从幼年直到如今，都以养牲畜为业，连我们的祖宗也都以此为业。这样，你们可以住在歌珊地，因为凡牧羊的都被埃及人所厌恶。"

② 《创世记》46：3。"法老问约瑟的弟兄说，你们以何事为业，他们对法老说，你仆人是牧羊的，连我们的祖宗也是牧羊的。"

【14】[60] 是的，确实如此！看起来，他们似乎对自己成为牧人感到更加骄傲，胜过成为国王，而跟他们说话的正是拥有全部主权的国王，不是吗？他们声称，不仅他们是牧羊的，而且他们的祖先也故意选择这种行当，视之为值得全身心投入的职业。[61] 然而，要是在意字面上的山羊或绵羊是什么意思，那么在害怕受到羞辱的时候，他们实际上也许羞于从事这种职业；因为在那些拥有重要地位的人的眼中，在那些完全没有智慧的人的眼中，在那些家世显赫的人的眼中，尤其在那些君主的眼中，有这样的追求是可耻的。[62] 埃及人的精神，从本质上说，甚至比其他人更加傲慢，他们只有在交好运的时候才会有微弱的呼吸，这种倾向使他们在处理生活目标和事业心的时候比其他人更会沦为粗鲁的玩笑和大声嘲讽。[63] 但是，这里提出来供大家思考的主题是灵魂的理智和非理智功能，于是那些相信自己拥有理智能力的人就有了夸耀的依据，认为自己比那些拥有非理智能力的人更好。[64] 然而，若是某些心怀恶意、喜爱争论的人对他们提出批评，说"那么你们该如何在牧养的知识上花费劳动呢？你们公开表示要照料和引导畜群，让它与你们一道生活，一道成长，你们设想在埃及这片肉体和情欲之地抛锚停泊，而不是航行去某个不同的港口"——[65] 我们可以充满自信地对他说："我们到这里来寄居——而不是来定居的。"① 因为实际上，一个贤人的灵魂会发现天堂是他的祖国，大地则是外国，他会把天堂当做他自己的智慧的居住地，把身体当做外国，把自己当做陌生人，在外国寄居。[66] 于是，心灵这个畜群的统治者掌握了畜群的灵魂，以自然法则作为它的向导，明确地给它指明道路，对它进行有价值的赞扬和赞同；但若它轻视自然法，行为粗鲁和懈怠，那就会把它当做责备的对象。所以，这样的人有很好的理由得到国王的称号，被称做"牧者"，而另外一些人，比如厨师和面包师，被称做"喂牛的"，因

---

① 《创世记》47：4。"他们又对法老说，迦南地的饥荒甚大，仆人的羊群没有草吃，所以我们来到这地寄居。现在求你容仆人住在歌珊地。"

为他们习惯于为暴饮暴食的畜生提供丰盛的宴席。

【15】[67] 我已经煞费苦心，表明农夫在哪些方面与地里干活的人不同，表明牧人与养牛的有什么不同。还有第三个对子与我们已经处理过的对子相似，我们现在就来说一说这个对子。这位立法者认为牧马人与骑手有很大不同，不仅在他们各自骑在一匹嘶鸣的马背上的时候，而且在他们各自处于理智过程中的时候。那么好吧，那个骑在马背上但没有牧马知识的人当然可以被称做骑手。[68] 这个骑手给自己弄来一头无理智的、任性的畜生，它无论走到哪里，一定会把骑手带向哪里，它在行走或奔跑的时候，不看地上的深坑和沟渠，只顾向前冲，所以它的骑手当然会被它带向毁灭。[69] 另外，牧马人在骑马的时候，先在马嘴上套上嚼子，然后跳上马背，抓住它的鬃毛，尽管看上去是马在带着他奔跑，但实际上是他在引导，如驭手所为。他就像舵手，看起来是他驾驭的那条船在引导他，但实际上是他在引导这条船，前往他急于抵达的港口。[70] 当马服从缰绳的驱使，向前奔跑的时候，牧马人鞭策它，就好像在赞扬它，而当它步子太大、跑得太快的时候，他就用缰绳勒住它的头往后拉，使它放慢速度。如果它不听使唤，牧马人就会勒紧马嚼，用力向另外一个方向拉，使它停下来。[71] 驯养和调教马匹有许多现成的办法，马鞭、马刺，以及其他马具，都可以用来调教小马，惩罚它们。所有这些都不值得惊讶，当牧马人骑上马背的时候，他就有了牧马的技艺，所以在这里实际上有两个人，一个是坐在马背上的人，另外一个是行家，他们当然很容易对付一头畜生，这匹马不仅位于这两个人之下，而且不可能获得技艺。

【16】[72] 现在，我们可以放过嘶叫的马和骑在马背上的牧马人，如果你乐意，可以探寻一下你自己的灵魂；你会在灵魂的组成部分发现马和手拉缰绳的骑手，就像外部世界的马和骑手。[73] 欲望和激情是马，一匹是公的，一匹是母的。① 由于这个原因，一匹马奔跑腾跃，想要获得自由，最后

---

① 参见柏拉图：《斐德罗篇》253c 以下。

就长了一个细长的脖子，你在一匹公马身上能看到这种情况。另一匹马是卑劣的、奴性的，容易上当受骗，会不停地用鼻子在马槽里嗅，发现食物就立即吃光，因为它是母的。心灵就像是骑在马上使用缰绳的人；缰绳的使用者在骑马时有很好的判断力的陪伴，而一个单纯的骑马者只有愚蠢在陪伴他。[74] 这个愚蠢的人，由于从来没有学习，所以不能掌握缰绳。缰绳会滑落在地；马匹会脱离控制，它们的奔跑漂泊无定，没有秩序。[75] 站在它们后面的那个傻瓜抓不住任何东西来使自己站稳，所以摔倒在地，擦伤膝盖、双手和脸庞，大声哭泣，哀号自己的不幸，真是个可怜的家伙！他的双脚经常被卡住，他的身体凌空悬挂在车外，车子则被马拉着沿着车辙前进，跌跌撞撞，他的头、脖子、肩膀最后被碾碎，朝着各个方向抛撒，与其他东西碰撞，经历最可悲的死亡。[76] 对他来说，这就是最后的结局，而那车子剧烈地颠簸，跌入深渊、摔成碎片，那真是太容易了，而要重新修复它则是完全不可能的。摆脱了各种控制的马匹会变得任性和疯狂，它们会一路狂奔，直至绊倒，或者跌下陡峭的悬崖灭亡。

【17】[77] 可以预期，如果驾驭发生错误，灵魂这驾马车与所有在马车上的人都会以这种方式毁灭。可以说，只有这样的马和那些没有技艺的驭手遭到毁灭，技艺的成果方能受到赞扬；因为在愚蠢的傻瓜跌倒之处，智慧必定上升。[78] 就是由于这个原因，摩西在他告诫民众的讲话中说："你出去与仇敌争战的时候，看见马匹，车辆，并有比你多的人民，不要怕他们，因为领你出埃及地的耶和华你神与你同在。"① 高昂的激情、渴求的欲望、各种情感，以及像驾驭马匹那样驾驭它们的理智能力，尽管被把握，供驱使，无力抵抗，被那些拥有大王一般权力的人所藐视，但它们仍在到处充当盾牌和战士。[79] 有一支神圣的军队是由美德组成的，它们代表热爱神的灵魂进行战斗，适宜看到对手被征服，它们对着神唱颂歌，神是光荣的胜利的赐予者，唱一首完全适合祂的美妙的颂歌。那里有两个唱诗班，一个是男人的，一个

---

① 《申命记》20：1。

是女人的，他们相互应答，唱着美妙和谐的颂歌。[80] 男人的唱诗班以摩西为领队，亦即圆满的心灵，女人的唱诗班由米利暗带领，亦即变得纯粹和洁净的感觉。① 在向我们唯一的救世主表达感恩和荣耀祂的时候，毫不拖延地对神唱颂歌是对的，和谐地弹奏我们各自的乐器，心灵的和感觉的，也是对的。[81] 所以我们发现，在海边唱颂歌的全都是男人，他们的理智不是盲目的，他们有着敏锐的视力，有摩西做他们的领队；这首歌也由那些拥有真感觉的最优秀的女人演唱，她们已经注册为美德共同体的成员，由米利暗带领。

【18】[82] 两个唱诗班唱着同样的颂歌，显然有复歌，极为美妙。歌词是这样的："让我们歌颂耶和华，因他大大战胜，将马和骑马的投在海中。"② [83] 关注这件事情的人没有一个能够发现比这更加完善的胜利，最顽固的情欲和四足的、焦躁不安的、极度自夸的邪恶被打败。所以，事情就是这样，因为邪恶有四类，与此相应的情欲也有四种。还有，这是一场胜利，骑马的被投入海中，被投入海中的甚至还有仇恨美德、热爱情欲的心灵，心灵着迷于快乐和渴望，行不义和无赖之事，抢夺战利品，做各种不法之事。[84] 因此，立法者很好地在他的判断中指明了方向，而不是任命一位养马的当统治者，他认为把如此高的权柄赋予一个与一匹不受约束的马相似的人是不合适的，这样的人不懂得约束快乐、欲望和恋情。这些话就是立法者的："你们不可以立异邦人为王，因为他不是你的弟兄，必从你弟兄中立一人。不可立你弟兄以外的人为王；由于这个原因，他不可为自己加添马匹，也不可使百姓回埃及去。"③ [85] 因此，按照摩西这个最神圣的人的看法，养

---

① 参见《出埃及记》15：1，20。"那时，摩西和以色列人向耶和华唱歌说，我要向耶和华歌唱，因他大大战胜，将马和骑马的投在海中。""亚伦的姊姊，女先知米利暗，手里拿着鼓，众妇女也跟她出去拿鼓跳舞。"

② 《出埃及记》15：1，21。"米利暗应声说，你们要歌颂耶和华，因他大大战胜，将马和骑马的投在海中。"

③ 《申命记》17：15 以下。"你总要立耶和华你神所拣选的人为王。必从你弟兄中立一人。不可立你弟兄以外的人为王。只是王不可为自己加添马匹，也不可使百姓回埃及去，为要加添他的马匹，因耶和华曾吩咐你们说，不可再回那条路去。"

马的天性生来不适合进行统治；然而应当注意的是，骑兵的力量对国王来说是一笔巨大的财富，其重要性不亚于步兵和海军；不，在很多情况下，它的用处更大。当外来的侵略必须立即予以抵抗的时候，军队尤其重要；局势极为紧急的时候更是不允许拖延；所以，那些拖拖拉拉的人不能取得优势，会永远失败，这样说是对的，因为另一方对他们来说过于快捷，就像天上飞驶的云彩。

【19】[86] 在回答这些批评的时候，我们会说："我的好先生，立法者在这里不是要缩减任何统治者的卫队，也不是要使他的骑兵变得无能，而是通过裁减其他部队而使之更有效力。他在尽力改善它，增强它的力量和人数，使之能够并肩战斗，轻易战胜他们的敌人。[87] 有谁像他这么能干，能有充分的能力处理这些事情，他会在恰当之处埋伏军队，排兵布阵，任命队长、军团指挥官和其他大大小小的军官，或者把这些战略战术告诉那些能够正确使用它们的人？"[88] 实际上，他在这段话中谈论的不是骑兵，为了朋友的安全，统治者组建骑兵以推翻那些不友好的力量。他在谈论的是灵魂中非理智的、无法度量的、不守规矩的运动，他的兴趣在于克制这种运动，免得某一天他的所有子民全都转向埃及这个肉体的国家，被迫成为热爱快乐和情欲的人，而不是热爱神和美德的人。这是因为，获得众多马匹的人不会找不到去埃及之路，如立法者本人所说。[89] 灵魂像一条船似地摇摆，一会儿摆向心灵这边，一会儿摆向肉体那边，由于情欲的激动和对肉体的狂暴，高山一般的巨浪会扫过它，心灵会完全湿透，沉没到水底；它沉到底的地方无非就是肉体，而埃及就是肉体的象征。

【20】[90] 所以，决不要把你的心灵交给这种"养马的"去照料。从事这个词的字面含义这种职业的人也确实值得责备。确实如此。在他们看来，这种非理智的畜生比人更有价值。训练有素的马队从兵营中不断走来，而那些跟在它们后面的人却没有一个能够得到什么好处，满足自己的需要，或者说能得到什么闲钱当礼物。[91] 但无论如何，这些人的错误行为并不那么可恨。因为他们主张，通过驯马，他们既能为神圣的赛马大会增光，又能

为普遍举行的国家节日增光；驯马不仅使观众快乐，给他们提供视觉享受，而且能够推进文化和高尚的研究；因为他们说，能掌管动物的人想要获得胜利，有着急迫的、难以言表的欲望，他们由于热爱荣誉和追求卓越，所以打算从事这样的竞争，而这样的竞争也恰当地属于他们，在他们实现目标之前决不会停止。[92]那些故意犯罪的人发现这个论证有利于为他们的恶行辩护，他们在驯马方面是新手，他们只是把心灵拿过来，将它安放在那四足的、邪恶情欲的马背上。[93] 然而，要是你曾经学过驾驭的技艺，并由于持久的练习而对之相当熟悉，那么你现在可以得出能够骑马和用缰绳控制马的结论。这表明你将避开下述两个灾难。你驯养的马匹不会摔倒，不会受伤，也不会招致观众的恶意嘲笑；如果敌人从前面或者后面突然向你发起攻击，你不会被活捉；在后面追赶你的人会对你说，你跑得太快了，我们追不上你；而当你知道后面没有什么危险之后，你可以轻而易举地对付前面来的攻击。

【21】[94] 所以，摩西在庆贺骑马者的毁灭时，当然要为驯马人的完全拯救而祈祷，不是吗？通过使用马嚼和缰绳可以控制这些非理智功能过分剧烈的运动。所以我们必须说，他的祈祷是："但必作道上的蛇，路中的虺，咬伤马蹄，使骑马的坠落于后，等候主的救恩。"①[95] 我们必须指出他的祈祷说明了什么。"但"的意思是"判断"或"详察"。所以，这种功能就是考验、调查和决定，它就像一条蛇，以某种方式判断灵魂关心的一切。蛇是一种能弯弯曲曲地运动的动物，有理智，善于逃跑，能保护自己，抵抗外来的侵害。他不喜欢蛇起到的这种功能，亦即作为"生命"的朋友，向她提建议——用我们自己的话来说，我们称之为"夏娃"——而要听从摩西制造的铜蛇的建议。那些被毒蛇咬伤的人看见这条蛇就必得活，不会死去。②

【22】[96] 以这样的方式讲话，这些事情就像是奇迹，一条蛇会发出人的声音，对着一个完全诚实的人进行诡辩，用似是而非的话语欺骗这位妇

---

① 《创世记》49：17—18。

② 参见《民数记》21：8。"耶和华对摩西说，你制造一条火蛇，挂在杆子上。凡被咬的，一望这蛇，就必得活。"

女；另一条蛇则证明看见它的人可以完全得到解救。[97] 不过，当我们使用隐藏在背后的意思来解释这些话，消除其中那些神秘的东西，那么这些话的真正意思就会像大白天一样清楚明白。嗯，好吧，我们说这个女人就是依赖我们身体的感觉和实体的生命；她的"蛇"就是快乐，那个蜿蜒爬行的东西，蛇没有力量站起身来，总是俯伏在地，追求地上的好东西，身体是它的隐藏之处，它以各种感官的洞穴为藏身之所，它渴望饮用其他动物的血，用毒牙把其他动物咬死，以此为乐，但其他动物并无什么痛苦。我们说，摩西之蛇的性情与快乐很不相同，甚至更加持久，这就解释了为什么它是用像铜这样非常坚韧的质料做成的。[98] 所以，这个有着坚忍形式的人尽管以前可能被快乐的诡计叮咬，但仍旧能够活着；这是因为，快乐会用不可避免的死亡威胁灵魂，而自制仍旧能够为生命提供健康和安全；自制可以帮助人躲避危险，自制是荒淫放荡的解药。[99] 美丽和高贵的事物必定带来健康和拯救，它们对每个贤人来说都是珍贵的。所以，摩西的祈祷，要么是为了但，要么但本人就是一条蛇（因为这些话可以用两种方式理解），他在为与他相应的那条蛇祈祷，但不像是在为夏娃的蛇祈祷；因为祈祷是请求得到善物。[100] 我们知道忍耐是一种能带来不朽的善物，是一种完全的善，而快乐是一种恶，会带来最大的惩罚，乃至于带来死亡。因此经上说："让但变作蛇"，不是变作其他地方的蛇，而是变作"道上的蛇"①。[101] 缺乏自制、暴饮暴食，以及其他那些从母腹中带来的无节制的、无法满足的快乐，一直被外界的舒适所欺骗，所以它决不会允许灵魂行走在直道上，而会逼迫它落入沟渠和裂缝，直至它被完全摧毁。只有实践忍耐和节制，其他美德才会确保灵魂能有一个安全的旅程，它们脚下不会有能使它们滑倒和绊倒的东西。所以，他说节制能使人走正道，这样说是最合适的，因为相反的情况，亦即放荡，根本无路可走。

【23】[102] 我确信，"在道中"这句话的意思是这样的。"道"的意思

---

① 参见《创世记》49：17—18。

是马匹和马车走的路，这条道人可以走，驮畜也可以走。[103] 他们说快乐很像这条道；因为从出生到老年，人几乎一直在使用这条道，它也是休闲之处，不仅供人使用，而且供各种生灵使用。没有哪个生灵能够抗拒快乐的诱惑，不落入它的很难逃脱的罗网。[104] 但是，健全的感觉、自制，以及其他美德的道路，如果未受踩踏，那么它们没有磨损；因为踩踏它们的人是缺乏美德的人，他们会真的献身于追求智慧，能与美的和高贵的东西相结合，能放弃其他一切事物。[105] 再往下说。那里的"埋伏"不止一次，而是每个耐久的人都会进行，为的是使自己在潜伏地拦住他熟悉的快乐的去路，屠杀快乐，因为快乐是一切流动的邪恶之源泉，我们要摆脱受它控制的灵魂的领域。[106] 然后，如他直接说出来的那样，它当然会"咬马的脚跟"；因为忍耐和自制是它的特点，它会用这种手段来骚扰自吹自擂的邪恶和情欲，敏锐、快捷、随意地接近它们。

【24】[107] 立法者把夏娃的蛇描写为渴望喝人的血，因为他在讲到诅咒时说："他会等着伤你的头，你会等着伤他的脚跟。"① 而我们现在说的是但的那条蛇，经上说它咬马的脚跟，而不是咬人的脚跟。[108]因为夏娃的蛇，如前所说，是快乐的象征，它攻击男人，亦即攻击我们每个人身上的理智能力；这是因为，经历了充分的快乐并得到令人欢娱的经验，也就意味着理智的毁灭；[109] 而但的蛇象征着忍耐这种最坚定的美德，这在它咬马的说法中可以看到，马是情欲和邪恶的象征，就好比节制以推翻和毁灭这些东西为目标。当这些东西被咬、被带到它面前下跪的时候，他说"骑马的将会坠落"。[110] 他在这里借用一个形像，想要表达这样的意思。他把它当做我们心灵的一个无价值的野心的对象，骑上情欲或邪恶的任何后裔，但它要是被迫骑上其中之一，它会认为自己最好还是跳下来逃走；因为这样的跌落会带来最崇高的胜利。这就解释了一位古人说过的话的意思，他受到其他人的

① 《创世记》3：15。"我又要叫你和女人彼此为仇。你的后裔和女人的后裔也彼此为仇。女人的后裔要伤你的头，你要伤他的脚跟。"

辱骂和挑战。但他说自己决不参加这样的竞赛，因为在这样的竞赛中胜利者比被征服者还要糟糕。

【25】[111] 那么好吧，我的朋友，你也一样，既不参加这种坏的竞赛，也不打算在竞赛中争夺第一名，而总是一有可能就尽快逃走；但若在任何情况下出于无奈，出于比你更加强大的力量的压迫你参加了竞赛，那你就要毫不犹豫地求败；[112] 然后，你这个被打败了的争斗者，将赢得一场伟大的胜利，而那些曾经赢得胜利的人将承受失败。你既不要允许传令官宣布你的敌人是胜利者，也不要允许法官给你的敌人加冕，而要亲自上前，呈上奖品和棕榈枝，给他加冕（劳驾你，先生），给他戴上绥带，并由你本人大声宣布："在这场激起欲望、愤怒和放荡，也激起愚蠢和不义的竞赛中，哦，是的，你们这些竞赛的观看者，我已经被他征服了，他是胜利者，他证明了自己具有极大的优势，连我们这些他的对手也会对他的胜利表示愤恨，这是他可以期待的，但我们不会对他的胜利感到妒忌。"[113] 所以，你要放弃世俗竞赛中的其他奖品，专注于为自己赢得神圣的胜利花冠。你不要把国家三年举行一次的节庆中的那些竞赛当做神圣的，国家为了装下无数的观众而建造剧场；因为那些摔跤手和拳击手可以拿走那些世俗的奖品，他们要么把对手扛在背上，要么把对手摔在地上，或者说那个既能拳击又能把拳击和摔跤结合在一起的人可以拿走奖品，他中途会停下来，不会有什么愤怒或不正当的行为。

【26】[114] 有人在拳击时把皮带包铁的边缘磨得非常锋利，用来划伤对手的手、头和脸；他们成功地抨击对手，也打伤他们身体的其他部分，然后为他们无情的野蛮行为领取奖品和花环。[115] 至于其他竞赛、短跑，或者人们训练的五项运动，有哪个聪明人不会嘲笑他们，说他们在练习跳远，把双脚的敏捷当做一件要竞赛的事情？然而，不仅有较大的动物，一只瞪羚或者一头牡鹿，而且有较小的动物，一条狗或者一只野兔，屏着呼吸、全速奔跑，都能从容地超过他们。[116] 明确地说，这些竞赛没有一项是神圣的，哪怕所有人都出来作证，也无法相信它们自己作的伪证。因为，这是那

些爱慕这些事情的人在用法律反对傲慢者，指派法官调查案件，确定地惩罚施暴者。所以，这样两件事情怎么能够兼容呢？［117］这同一个人怎么既能够对那些在私下里发生的暴行感到愤怒，对它们进行无情的惩罚，而与此同时，又能够依据法律，在国家的庆典上，在剧场里，公开宣布授予那些公开这样做的人花环和其他荣誉呢？［118］如果这两件事情是相反的，是同一个人干的，或者就是同一行为，那么其中必有一件事情是对的，另一件事情是错的；如果两件事情是相同的，那么毫无疑问，它们要么都是对的，要么都是错的。所以，你会赞扬哪件事情？你不同意惩罚那些无端使用暴力的罪犯吗？当然了，在这种情况下你会责备相反的处理方式，亦即授给他们荣誉。

【27】［119］由于没有任何圣物是可以责备的，它们是全善的，因此奥林比亚赛会是唯一可以正确地被称做神圣的赛会；它不是埃利斯的居民举行的赛会，而是为了赢得美德而举行的竞赛，它才是神圣的，真的是奥林比亚的。那些身体非常虚弱、但是灵魂非常健康的人全都参加比赛，他们脱衣、除尘，做这种技艺和力量使他们能做的所有事情，对于能帮助他们赢得胜利的事情一样也不会遗漏。［120］所以，这些运动员压倒了他们的对手，但他们也在他们中间为了赢得最高地位而竞赛。他们不会以同样的方式赢得全部胜利，尽管他们全都应当获得荣耀，因为他们打败了那些最麻烦、最顽固的对手。［121］最值得钦佩的是他们中间最卓越的那个人，他第一个得到奖赏，无人可以妒忌他。那些感到沮丧的人不能第二个或第三个得到奖赏。因为这些奖赏像第一位得到的奖赏一样，是奖给那些美德获得者的，而那些不能拥有最高美德的人则要依靠获得较低的美德来获奖，他们的奖品实际上，如我们常说的那样，是一种更加可靠的收获，用它可以逃避别人的妒忌，也能使自己更加卓越。［122］"骑马的将坠落"这句话中有一条非常有益的教训，亦即一个人若能摆脱邪恶，那么他可以得到善物的支持，站立起来。［123］另外一个观点很有意思，骑马的不是向前跌落，而是向后跌落，因为站在邪恶和情欲的后面对我们来说总是最有益的；做高尚的事情，我们应当在前，做卑鄙的事情，正好相反，我们应当在后；我们应当与前者相遇，但要避开

与后者相会，尽可能与后者保持距离，由于罪过和情欲的推动，他的幸福是迟来的，他的幸福位于摆脱了灵魂疾病的自由。你们瞧，经上说他在"等待来自神的拯救"。他在留意寻找，到了最后他会快跑，以便与正义的行动相遇，就如他对错误行为的迟缓。

【28】[124]"牧马人"和"骑手"、"养牛的"和"牧者"、"在地里干活的"和"农夫"，与这些对子有关的所有事情都已经说过了，每个对子成员之间的差别也作了尽可能详细的说明。现在，该转到后面的事情上去了。[125]嗯，立法者把美德比做吸气，说的不是完全拥有关于灵魂耕种的知识，而是要对知识的要素花费某些劳动；因为他说："挪亚开始当农夫。"嗯，"开端是整体的一半"，或者"开始就是成功的一半"，如老年人常说，但若不添加终点，那么这个开端一旦开始，会给许多人带来很大的危害。[126]我们全都知道，甚至从前的人也远远不是毫无罪过的，他们的心灵在不断地变化，他们会产生某些健全的观念，但从这些观念中他们不能得到什么好处；这是因为，在他们到达终点之前，一股强大的潮流很有可能就会把他们冲走，那些健全的观点也会变得无影无踪。

【29】[127]不就是由于这个原因吗？当该隐以为他的献祭无可挑剔的时候，神对他进行暗示，要他不要过分自信，以为他的献祭赢得了神的青睐；因为他的献祭不是圣洁的和完全的？神的暗示是这样的："你若行得好，岂不蒙悦纳，你若行得不好，罪就伏在门前。它必恋慕你，你却要制伏它。"①[128]所以，荣耀神是一项正确的行动，不做区别则是不对的。这是什么意思，让我们来看一下。有些人给敬畏下的定义是这样的，敬畏乃是认为万物皆由神创造，包括美好的东西和它们的对立面。[129]我们会对这些人说，你们的一部分看法值得赞扬，但其他部分都是谬误。一方面，值得赞扬的是，你们对那些值得荣耀的东西表示惊讶，敬畏它们；另一方面，你们没有清楚地区别它们，所以应当受到责备。你们一定不要混淆事实，不作任

---

① 《创世记》4：7。

何区分地把祂称做万物的创造者，而应当明确区分，把祂只当做善物的创造者。[130] 祭司在献祭时要求牺牲没有身体上的缺陷、畸形和瑕疵，并指派专人监察此事（称之为"查疵者"），避免把那些有缺陷的、不完善的牺牲送上祭坛，这件事情没有什么意义；关于神的观念在他们的灵魂中混淆了，没有清楚地划分真假，不加区别地把这些观念用作正确的原则和标准。

【30】[131] 你们看不到吗？律法中说骆驼是不洁净的，因为尽管它倒嚼（反刍），但是不分蹄？① 然而，要是我们的看法局限于经文的字面意义，那么我不知道这里依据什么原则把骆驼说成是不洁净的；但若我们依据经文的潜在意义看问题，那么这里就有一条最重要的原则。[132] 因为，就像反刍的动物会把粗粗咀嚼后咽下去的食物再次细嚼慢咽，所以敏锐的学习者的灵魂也会这样做，在学习某些事情的时候默默地细嚼慢咽，克服遗忘，能够成功地把它们全都回忆起来。[133] 然而，并非所有记忆都是好事，只有那些承载好事的记忆才是好的，而那些承载恶事的记忆若不能遗忘，则是最有害的。由于这个原因，若要臻于完善，必须分蹄，为的是能将记忆这个功能分成两半，语言要经过嘴巴，因此自然以嘴唇为界，把话语区分为有关记忆的有益形式和有害形式。[134] 但是，且不说"倒嚼"，"分蹄"本身似乎并不能解释什么。因为从头开始进行划分，直至局部，但若不能抵达绝对的终点，在把被发现的东西愉快地命名为某种"原子"或"粒子"之前，不断地剖析事物的本性又有什么用呢？[135] 这样的过程确实是睿智的，是精确性的明证，可以使人抵达明晰的边缘；但是在改进高贵的品性和无可责备的生活方式这两个方面，它没有任何好处。

【31】[136] 让我们来看这有多么真实。日复一日，到处可见有大批智者使听众精疲力竭，他们正好都擅长研究细节，致力于阐明那些模糊不清的短语可以具有两种含义，可在不同语境中加以区分，并将之牢记在心——

---

① 参见《利未记》11：4。"但那倒嚼或分蹄之中不可吃的乃是骆驼，因为倒嚼不分蹄，就与你们不洁净。"

为此他们在心里记住了大量语词。[137] 在他们中间，不是有人把书面语言的字母区分为辅音和元音吗？他们中不是有人把语言分成名词、动词和连词这三个最终的部分吗？难道音乐家不是把他们自己的知识划分为节奏、韵律和曲调，再将曲调和旋律分为半音的、和谐的、全音阶的形式，再分为四度、五度和八度音程，再分为与四度音阶结合或分离的旋律吗？[138] 几何学家不是把线条分为直线和曲线这两种吗？其他专家不是把各种事物都纳入他们的主要类别吗，这些类别由他们的几种主要知识所提议，始于知识的要素，终于他们要加以处理的最后的、最高的成果？[139] 有他们的陪伴，可以让哲学家的整个合唱队插话，谈论他们习惯的主题：为什么有些存在者是物体，有些存在者是无形体的；为什么有些物体是无生命的，有些是有生命的；有些物体是理智的，有些是非理智的；有些物体是可朽的，有些是神圣的；在可朽的存在者中，有些是雄性的，有些是雌性的；这个区别可以运用于人；[140] 还有，在无形体的事物中，有些是完全的，有些是不完全的；在那些完全的事情中，有些是问题，有些是询问，有些是祈愿，有些是恳求，所有这些在基本手册中都提到了，更不必说其他所有差别了。[141] 还有，有些辩证法家习惯于谈论命题。关于命题，有些是简单命题，有些不是简单命题；在非简单命题中，有些是假设，有些是推论，有些是或多或少的陈述，有些是反意连接；还有其他诸如此类的区别。他们进一步区分事物的真、假和可疑，可能和不可能，确定和不确定，可解与不可解，以及其他所有对子。还有，不完全的无形体的事物，可以再分为"述语"和"补足语"，还有其他更加细致的一些划分。

【32】[142] 如若心灵在解剖事物本性时安放更加锋利的刀刃，就像外科医生解剖人体一样，那么他的所作所为对于获得美德没有任何作用。没错，运用他在各种情况下进行区分的力量，他会"分蹄"，但不会"倒嚼"，在他提供的服事中，他会给提醒者提供有益的营养，把原先归于灵魂的粗糙的食物变得细腻，产生真正平滑的运动。[143] 被称做智者的人数量众多，他们赢得了各个城邦的尊敬，吸引整个世界荣耀他们吹毛求疵的本事和能干

的发明，然后，他们进入老年，放纵情欲，与那些卑劣的无名小卒没有什么区别。[144] 因此，好极了，律法把以这种方式生活的智者比做猪的种族。这种人在家里的生活方式不是明智的、光彩照人的，而是混浊的、沾满污泥的，总而言之，是最丑陋的。[145] 这是因为，他说猪是不洁净的，因为猪尽管分蹄，却不倒嚼。① 而出于相反的理由，他宣称骆驼是不洁净的，它倒嚼而不分蹄。然而，这两种动物，如我们所期待的那样，可以视为洁净的，因为它们在各自的发展进程中避免了不自然之处。确实，区分事物但无记忆，考察事物但无学习，这顶多就是一种不完全的善（就如记忆未能区别善物及其对立面），而二者的相遇与合作堪称最完全和最完善。

【33】[146] 哪怕是病人也会在完善的灵魂面前退缩，当他们不再能抵抗它的时候，真正的和平会占据上风。但是，这些人获得的智慧是半成品，或者换个说法，他们的智慧是半熟的，过于软弱，无法抵挡罪恶，罪恶经过长期锻炼，其身躯变得无比庞大，非常可怕。[147] 由于这个原因，立法者在战时召集军队，他不会召集所有年轻人，哪怕他们充满热情，做好了参战的准备，不需要特别的鼓励就能赶走敌人，而会吩咐他们离开，待在家里；他要他们不断地参加训练，获得强大的体力和娴熟的技艺，能在一天之内赢得决定性的胜利。[148] 当战争临近、迫在眉睫的时候，命令是由军队的指挥官和参谋官下达的。他们要说的话是这样的："谁建造房屋，尚未奉献，他可以回家去，恐怕他阵亡，别人去奉献。谁种葡萄园，尚未用所结的果子，他可以回家去，恐怕他阵亡，别人去用。谁聘定了妻，尚未迎娶，他可以回家去，恐怕他阵亡，别人去娶。"②

【34】[149] 我想说："我的朋友，出于什么原因，你认为这些人比其他人更不适宜参加战斗，因为他们拥有妻子、房子、葡萄园，以及其他大量财产吗？如果他们的负担如此沉重，要躲避各种危险来保证它们的安全，那

---

① 参见《利未记》11∶7。"猪因为蹄分两瓣，却不倒嚼，就与你们不洁净。"

② 《申命记》20∶5—7。

么他们不会轻省；而那些与这类事情没有什么关系的人不会有利害攸关的事情，在大多数情况下行动迟缓。[150] 还有，他们从这些获取中得不到任何享受，他们今后这样做的可能性也被剥夺，这是事实吗？因为来自他们财产的好处仍旧是被征服吗？"我想你会强烈要求说："不，他们不会成为囚犯。"与此相反，他们马上就要承受非战斗人员的命运。因为精力旺盛的敌人肯定会成为这些人的主人，这些人悠闲地坐在家中，不仅不流血，而且不战斗。[151] 你会再次提出要求说："不，他们一方力量强大，也乐意为这些人战斗。"我答道，首先，要对别人的努力或者好运做出回答是荒唐的，尤其是在这种时候，个别公民和城邦本身都面临被占领、驱逐和奴役的威胁，而他们能够承担战争的重担，不会受阻于疾病、年迈或其他不幸。这些人应该拿起他们的武器，拿起盾牌，站在战阵的前排，与他们的同胞并肩战斗。

【35】[152] 其次，他们会提供证据，不仅证明背叛变节，而且证明完全麻木，其他人在防御中战斗，而他们却在忙着自己的私人事务；其他人为了他们的安全甘冒危险，他们却不愿意为了他们自己的安全自找麻烦；其他人为了获得胜利而忍受各种痛苦，给养短缺，风餐露宿，以及经历其他身体和灵魂的艰难险阻，而他们却把时间花费在用灰泥装修他们的房子上，这些东西中看不中用，是纯粹的炫耀；或者花在果园里采摘果子，庆祝收获葡萄；或者第一次与很早订婚的女子圆房，好像这就是结婚的理想季节。[153] 看管围墙、收取租金、参加宴会、醉酒、沉溺于性爱，以及如俗话所说，蝇营狗苟，但这是和平年代的事情，而当战争全速进行的时候，做这些事情是最怪异的。[154] 那么，就没有一位父亲、兄弟、血亲、部落成员应募入伍吗？这些胆小鬼把他们的整个家庭都隐藏起来了吗？不，肯定会有他们的亲属在前线。那么，那些过着安逸和奢华生活的人使其他人的生命陷入危险，其残忍程度不是远远超过你所能说得出名字来的任何野蛮的野兽吗？[155] 你在想："这是我们劳动的结果，很难让他们得到好处，因为他们没有做过任何工作。"但是祈愿敌人在我们还活着的时候就进入我们的土地，或者希望我们死了以后，我们的朋友和亲属会这样做，这岂非更加困难吗？不，这

样想是愚蠢的，哪怕作比较的两件事情相距甚远。[156] 还有，不仅那些没有参战的人的财产可能变成获胜敌人的财产，而且他们自己的财产也可能变成这样；对那些为了共同解放而牺牲的人来说，哪怕假定他们以前对于增添家族的财富没有什么贡献，但他们还是有了一个幸福的结局，他们的这些财产会由后代来继承，而这正是他们在祈祷时所祈愿的。

【36】[157] 所有这些想法在律法的条文中都有提到，而且还不止这些。但是，我们不可对之提出恶意的批评，乃至于约束他的创见；现在，我们要放下这些条文，仅对律法的内在含义作一两点评价。首先，考虑到一个人应当关心自己，所以他不仅应当获取善物，而且要享受他获得的东西，他要通过践行卓越带来幸福的后果，确保生活的各个方面健全和完善。其次，律法的意思是，一个人应该考虑的主要不是房子、葡萄园、未婚妻，不是如何向她求爱，不是葡萄园的园丁如何采摘果实，榨取果汁，不是如何喝下大量饮料来使心里快乐，不是建造房屋和占有它；人的主要考虑应当是人的灵魂的功能；通过这些功能，人可以有一个良好的开端，取得进步，在这些值得赞扬的行为中臻于完善。[158] 我们在求爱者身上可以看到什么是开端，他可以向一位已婚女子求爱，但这个时候他还不是她的丈夫，他也可以用同样的方式向出身高贵和纯洁的少女"纪律"求爱，期待着将来有一天能与她结婚，但是现在，他只是她的求爱者。我们在农夫的工作中可以看到进步，就像有了植树人的照料，树木就会生长，有了最热心的学生对感觉的照料，健全的感觉的原则将得到充分发展。我们在建造完成的房屋中可以看到完善，最后的工作表明房屋已经完成，但还没有变得十分稳固。

【37】[159] 所有这些情况都是适宜的：初学者、进步者、完善者，他们无竞争地生活着，拒绝参加智者挑起的战争，智者间的争吵永不止息，掺杂着虚假的真理；真理对和平来说是宝贵的，但是和平不喜欢真理。[160] 如果我们的朋友确实陷入这种冲突，由于只接受过非专业的训练，获得丰富的经验，那么他们的情况无疑是糟糕的：作为初学者他会遇到麻烦，因为他缺乏经验；他处于进步之中，但他是不完全的、不完善的，因为他在美德方

面还缺乏实践。然而，实践美德是必不可少的，正如会变得坚硬和牢固的灰泥，那些完善者的灵魂也会通过不断的实践和练习变得更加坚定和稳固。[161]那些没有享受这些好处的人在聪明的哲学家中有他们的名字，但是不知道他们拥有的智慧。因为他们说，毫无疑问，那些抵达智慧边缘的人和第一次接触它的边界的人应当能够意识到他们自己的完善，但这两件事情不能同时发生，抵达目标和对抵达的理解，而是无知必须首先构成二者之间的边界，这个无知并非远离知识，而是近在眼前，与知识比邻而居。[162]所以，他充分理解这个主题，也完全知道自己的力量，与那些热爱争斗的智者去打仗是这种人的事情；因为，我们有理由期待这样的人成为征服者。但是，那些双眼仍旧蒙着无知的黑幕、知识之光尚未闪耀的人还是待在家里比较安全，也就是说，不要参与竞赛，他还没有充分理解这些事情，还是保持安静为好。[163]然而，那个由于傲慢而忘乎所以的人不知道他的对手的手段和伎俩，在他能够起作用之前，很快就会成为牺牲品，体验到知识的死亡，这是一种比灵魂与肉体的分离更加可悲的死亡。[164]被智者的技艺欺骗了的人必然要面对这种事情；由于他们把错误的陈述当做真实的，相信这些陈述，因此他们找不到反驳这些陈述的办法，就知识的生命而言，他们的知识已经死亡了。他们的经验和上了奉承者的当的人的经验相同，因为在他们那里，灵魂真实、健康的友谊被一种完全不健康的友谊颠覆。

【38】[165]因此，我们必须向那些初学者提出建议，要他们拒绝参加这样的辩论，因为他们缺乏知识；那些取得进步的人也要拒绝参加这样的辩论，因为他们还没有抵达完善的地步；那些刚刚抵达完善的人也要拒绝这样的辩论，因为在一定程度上，他们对自己的完善并不自觉。[166]有些人无视这些建议，他们中的每个人都会对这些人说，会有另外一个人住他的房子，成为他的葡萄园的所有者，和他的未婚妻结婚。这相当于说："这里提到的热心学习、努力改进，臻于完善的能力决不会遭遇失败，但它们在一个时候与一个人相联，在另外一个时候与另外一个人相联，它们到处走动，不会老是寓于相同的灵魂，而是在不断地改变宿主。"[167]在这里，我们说

的能力相当于印章；因为，在蜡板上盖印的时候，它们不会受到它们已经拥有的影像的影响，在蜡板上刻上印象以后，它们仍旧是它们自身，如果蜡板上的印象模糊了，被抹掉了，那么可以用另一块蜡板来代替它。所以，我的先生们，不要想象这些能力会衰退。它们是不朽的，你们要准备好，欢迎名望优于你的成千上万的他者。他们全都不像你，不会避免交谈，而会接近我们，只是非常注意安全。[168] 如果有人是美德的热爱者，那就让他祈求所有美好的事情不仅要在他身上扎根，而且要显现在他的灵魂中，就好比一尊雕塑或一幅完美的绘画要有精致的比例。要让他想到，有许多人在等待着追随他，不是他，而是本性，会把所有我们想要的恩惠赐给他们，也就是敏于学习，取得进步，臻于完善。不过，不把这些东西赐给他们，而是留给他自己，使他本人成为神的仁慈恩典的管理员，这岂不是更好吗？他不应该也无必要地提供一个让别人抢劫的机会，把战利品交给那些无情的对手，不是吗？

【39】[169] 然而，如果不给开端打上正确终结的印章，那么开端几乎没有什么益处。有许多臻于完善的人经常被认为是不完善的，这是因为他们想象自己改善的原因在于他们自己的热诚，而非归因于神的精心指导。[170] 由于这种想象，他们受到鼓励，得到极大的赞扬，所以在降生的时候从崇高的区域下到最低的深渊，乃至于什么都看不见了；因为我们读道："你若建造新屋，要在房顶的四围安栏杆，免得有人从房上掉下来，引起死亡。"①
[171] 这是因为，没有哪一种坠落会像远离对神的荣耀这样的坠落那么可悲，这里描述的是某个人自己的胜利，讲他成为杀害族人的作恶者，而不是描述神的胜利。不能荣耀自在之神的人就相当于杀死了他自己的灵魂，神的宏伟训导就会停止对他的作用。本性获得了训导就决不会变老，由于这个原因，她的房子被称做"新屋"。[172]随着时间的流逝，其他事物会发生衰退，

---

① 《申命记》22：8。"你若建造房屋，要在房上的四围安栏杆，免得有人从房上掉下来，流血的罪就归到你家。"

而她，无论前进多远，都能一直永葆青春、光芒四射、魅力十足，因其永不停息的勤奋而更新保鲜。还有，在他的告诫中，立法者要那些获得大量善物的人不要在心里把他们自己当做财富的创造者，而"要纪念给你力量的你的神"①。[173] 所以，在他的眼中这种回忆就是繁荣的目标，可以提升开端的力量；其结果是，那些遗忘了他们所要达到的终端的人不再能从他们的开端派生出真正有益的东西。降临到这些人身上的灾难是他们自找的，是他们任性的结果。但他们不能忍受神是他们享有的善物的创造者，给他们带来完善的是神，祂乐意馈赠这些礼物。

【40】[174] 也还有其他一些人是这样的，随着每一张虔诚的船帆展开，他们努力快速航行，去港口抛锚，然而，在他们的前方，从陆上刮来顶头风，把他们的船只刮得往后倒退，损坏了船上的许多齿轮，这些齿轮是航行所要依靠的。[175] 没有人会抱怨这些人仍旧待在海上；因为迟缓与他们的愿望相反，是在他们全速前进时发生的事情。那么，有谁和这些人相似呢？那个发了大誓的人吗？因为他说："若在他旁边忽然有人死了，以致沾染了他离俗的头，他要在第七日，得洁净的时候，剃头。"② 然后，在说了一些话以后，他又说："先前的日子要归徒然，因为他的头被玷污了。"③ [176] 他用了两个词，"突然"和"立刻"，显然表明灵魂的失败带有不自觉的性质，这是因为，如果犯罪是故意的，那就需要有时间来盘算，在何处，在何时，如何做，而不自觉的罪行是突然发生的，没有事先的考虑，我们可以说它立刻发生了。[177] 如果我们可以把他们称做奔跑者，那么他们在开始奔向虔诚以后，不能跌倒，不能停下来喘气，要完成全程；要知道，每个人生下来都

① 《申命记》8:18。"你要纪念耶和华你的神，因为得货财的力量是他给你的，为要坚定他向你列祖起誓所立的约，像今日一样。"
② 《民数记》6:9。
③ 《民数记》6:10—12。"第八日，他要把两只斑鸠或两只雏鸽带到会幕门口，交给祭司。祭司要献一只作赎罪祭，一只作燔祭，为他赎那因死尸而有的罪，并要当日使他的头成为圣洁。他要另选离俗归耶和华的日子，又要牵一只一岁的公羊羔来作赎愆祭。但先前的日子要归徒然，因为他在离俗之间被玷污了。"

会遇到成千上万的障碍。[178] 所以，第一样需要，那唯一的"善物"，决不能交给任何故意的作恶者，我们有力量用它来惩治无数的非自愿的冒犯者；第二样需要就是不要有非自愿的冒犯，也不要连续长时间地冒犯。[179] 他说得很好，不自觉地犯错误，这样的日子是空虚的，不仅因为罪是理智的空虚，而且因为不可能对不自觉的罪行做出任何解释。与此相应，人们经常在事后问做某件事的动机，这种时候我们经常说我们既不知道，也说不出来；因为当这些事情发生的时候，我们没有什么自信，不，事情就这样发生了，而我们却不知道。[180] 如果神能把一生的平安赐予一个人，从头开始，一直到最后，从不放松，也不让他跌倒，那么我们就能避免各种过犯，自觉的和不自觉的，能够避开它们，以无与伦比的速度飞过去。[181] 这些有关开端和终端的评论把义人挪亚说成农业知识的主人，但他没有力量抵达农业知识的最后阶段。因为经上说，"他开始作起农夫来"，而不是说他抵达了完全知识的终端。至于经上对他作为一名种植者的工作说了些什么，让我们在其他时间再谈。

论挪亚的农作

提　要

本文的希腊文标题是"ΠΕΡΙ ΦΥΤΟΥΡΓΙΑΣ ΝΩΕ ΤΟ ΔΕΥΤΕΡΟΝ"，英译者将其译为"On Noah's Work as a Planter"。本文的拉丁文标题是"De Plantatione"，缩略语为"Plant."。中文标题定为"论挪亚的农作"。本文是上一篇文章《论耕作》的后续，因此也可以视为《论耕作》的第二卷。原文共分为 42 章（chapter），177 节（section），译成中文约 2.5 万字。全文可以分为两大部分。

第一部分（1—139 节），阐述神的种植和人对神的种植的模仿，又可再分为两个小部分：

（一）第一位种植者和祂的植物（1—72 节）：(1) 宇宙和它的种植物的构成（1—27 节）；(2) 在人这个小宇宙身上种树（28—31 节）；(3) 伊甸园里的两棵树的名称，指向一种喻意解释，"伊甸"的意思是"因主感到快乐"，"东方"的意思是"光明"，"生命树"是《创世记》（1：27）中那个有神的形像的人，《创世记》（第 2 章）中的那个属土的人被安放在乐园中，接受美德的考验，灵魂就是理智灵魂的植物（32—46 节）；(4) 摩西的祈祷，以色列是神的专门的产业，可以种在伊甸园（47—61 节）；(5) 神是利未人和那些拥有利未人心灵的人的"分"和"份额"（62—72 节）。

（二）从第一位种植者那里得来的教训，对神的种植的模仿（73—139

节）：(1) 亚伯拉罕的种植（《创世记》21：33），大小约一万平方肘的洼地，没有发现水的那口井象征寻找知识无结果，发现自己的无知，用"永生的神"表示"施恩者"，用"主"表示"主人"（73—93 节）；(2) 我们的种植（《利未记》19：23），在种植果树之前，我们必须迁徙到神赐予的土地，亦即心灵必须发现智慧的道路。种树者要整枝，亦即剪除一切有害的东西，从友谊中除去娼妓和谄媚者，从宗教中除去迷信。解释修剪果树的诫命。到了第四年，所结的果子全部要成圣，用来赞美主，由此导出关于数字四的讨论。第五年是我们获取食物的年，在感恩的第四年之后，所以以萨迦（奖赏）生于犹大（赞美）之后（94—139 节）。

第二部分，讨论醉酒（140—177 节）：

挪亚是葡萄文化的发明者，哲学家们讨论贤人会不会喝醉酒（140—148 节），对"贤人会喝醉酒"这个命题作了以下几方面的论证：(1) 同名的意思是一个名称用于许多事物，同义的意思是许多名称用于一个事物。古人把烈性饮料称做"酒"和"醇"，它们的派生词，"喝多了"和"醉了"只是用词不同，指的都是喝了比平常更多的酒，人受到诱惑会做这种事情，贤人也会做这种事情。所以，贤人会喝醉酒（149—155 节）。(2) 与今日之习俗不同，古人在重大事务开始之前要进行献祭，通过这种方式取得吉兆，献祭之后饮酒。他们首先祈祷，然后奉献供品，恳求神的青睐，他们沐浴，清洁他们的身体，用神圣的律法和教训清洗他们的灵魂，使之放光和喜悦，在此之后，他们转向放松和娱乐。所以，献祭以后饮酒对贤人来说是合适的（156—164 节）。(3) 醉酒发生在献祭之后，也是灵魂得以松懈或放纵的原因。有理智的人可以追求松懈、欢乐和振作，因为贤人饮酒的时候比他保持清醒的时候更加和善。愁眉不展不是智慧的面容，欢乐、安宁，充满喜乐才是智慧的面容（165—171 节）。(4) 辩证的论证，在贤人和傻瓜身上都能看到清醒，在他们身上也都能看到醉酒。清醒和醉酒是对立面，既可用于坏人，又可用于好人。所以，道德高尚的人会喝醉酒，就像其他那些没有道德的人一样（172 节）。(5) 哲学家留下了许多论文，标题都是"论醉酒"。斯多亚学派的芝诺论证说，由于无人相信醉酒者能保守秘密，所以醉酒对贤人来说是不合适的。我们可以复制一下这个论证：贤人会采取合理的行动；没有人会把秘密托付给忧郁、入睡、死亡的人；因此，贤人决不会陷于忧郁、入睡，或者死亡 (173—177 节)。论证的其他部分佚失。

正　文

【1】[1] 在上一篇文章中，我们已经谈了农夫的技艺，以及与之相关的一般事务。在这篇文章中，我们要解释具体的葡萄园丁的技艺。因为摩西不仅说这位义人是一名农夫，而且说他是专门的葡萄园的园丁。他的原话是这样的："挪亚作起农夫来，栽了一个葡萄园。"①[2] 要讲述种植者和农夫的工作对他来说义不容辞，他可以从评价宇宙中最好的植物开始，指出一切植物中最完善的植物，以及伟大的种植者和监工。万物之主是最伟大的种植者，也是祂的最完善的技艺的主人。这个世界就是一棵植物，同时包含所有无数具体植物在内，就像从一条根生发出来的嫩枝。[3] 这是因为，世界的制定者发现世上现存的一切非常混乱和无序，于是开始把形式赋予它，使之摆脱混乱和无序，走向有序，使这些事物成为有差别的组成部分，使土和水以世界为中心，占据根的位置；树木就是气和火，祂把树木从世界中心移到较高的位置；祂坚实地建立那个以太环绕的区域，使它马上成为一条疆界，守卫全部在内的事物。（"苍穹"这个名称显然是从前一个世界派生出来的）令人感到无比惊讶的是，这项神奇工作的工作者使土产生，这种干燥的实体会被水溶解，水也会因为土而聚集在一起，而气本身是一切事物中最冷的，气被火把握，火的本性就是热。[4] 一种被溶解的元素会因为使它溶解的元素而聚集在一起，水由于土而聚集，这不是奇迹又能是什么呢？在最冷的元素的上面应当安放永不熄灭的、最热的元素，亦即把火置于气之上。我们已经讲过的这些元素是全部元素中完善的元素，这个世界比全部元素更加伟大、更加多产，我们已经提到过的生长是这个世界生长的一个分枝。

【2】[5] 因此我们必须考虑，祂会把种下的那个东西的根扎在什么地方，会把什么东西当做基座安放在这尊雕像下。不像会有任何物体剩下，可

---

① 《创世记》9：20。

以在世界之外随意移动，因为神工会在任何地方发现所有质料，并将它们有序安放。[6] 这个世界是这位最伟大的工匠塑造的最完善的建筑物，若无完全的组成部分，它就不可能达到全善。因此，我们这个世界是用所有土、水、气、火塑造出来的，哪怕是最小的粒子也没有剩下。[7] 由此可以推论，世界之外要么有虚空，要么一无所有。但若有虚空，这个充满了一切存在物的、稠密、沉重的世界怎么不会由于其重量而坠落呢？这样的想法就好像幻影，因为我们的理智一直在寻找物体的根基，我们的理智期待拥有一切事物，哪怕是空虚的事物，尤其是这个世界，因为它是最大的物体，把其他大量物体放在自己的怀抱里，作为其自身的组成部分。[8] 所以，让任何乐意摆脱满脸困惑的人清楚地说，没有什么物体能如此坚固，乃至于承担整个世界的重量，我们不得不丢下这个尚未解决的问题，这个时候我们全都会感到困惑；我们要说，永恒之神的永久之道就是整个世界最稳定、最坚固的支撑。[9] 存在着的祂延展自身，从中心到边缘，再从端点返回中央，贯穿无法战胜的整个自然进程，结合与压缩它的所有组成部分。因为生育祂的天父使祂的道形成这样一个宇宙枢纽，没有任何事物能够折断它。[10] 所以，我们有很好的理由，确定土不会被聚集在它的凹陷处的水所溶解，火也不会被气溶解；另外，气会被火点燃。神圣的道用祂自身隔离这些元素，就像不发音的语言要素之间的元音，就这样，宇宙可以形成一种和谐，就像一篇文学的杰作。祂在对手和对它们的各种威胁之间斡旋，用和平与协和的方式来取胜，求得它们的和解。

【3】[11] 种下去的树会长出各种果实，这样说是聪明的。紧紧抓住种下去的东西，这样说也是聪明的。在较小的植物中，那些不分有它的普遍特性的植物，有的生来就被造就为具有从一处移动到另一处的能力，有的命中注定是固定的，缺乏改变位置的能力。[12] 我们用来称呼这些具有运动能力的事物的名称是动物。这些东西采取（亦即被造物自然地属于）我们宇宙的几种主要分类，陆上动物属土，会游泳的动物属水，长翅膀的生灵属气，火生的动物属火。据说最后一类动物，在马其顿，比在其他任何地方，更加

能够观察到。星辰可以在天空中找到它们的位置。那些学哲学的人告诉我们，它们也是生灵，但这种生灵完全是由心灵构成的。星辰中有一些是行星，它们好像依靠自身内在力量改变它们的位置，有些星辰伴随着我们的宇宙急匆匆地前进，我们称这些星辰为行星。[13] 有些被造物被认为不能接受印象，"植物"这个名称由此得名，因为它们不能移动。

【4】[14] 伟大的造物主创造了两类存在者，既在土中，又在气中。在气中祂创造了有翅膀的生灵，我们的感官能够察觉到它们的存在，而其他强大的存在者，感官完全无法感知。这就是无躯体的灵魂。它们的队列由许多不同的种类陪伴。我们得知，有些灵魂会进入可朽的身体，在经历了某个特定时期以后，它们会再次进入身体；而另外一些灵魂，被赋予比较神圣的构成，它们不拥有任何属土的成分，而是存在于接近以太的那个区域。这些灵魂是最纯洁的精灵，希腊哲学家把它们称做英雄，但是摩西用了一个精心选择的名称，称之为"天使"，因为它们把来自伟大统治者的消息传递给祂的臣民，祂也派它们去告诉君王他的臣民需要什么。祂也给大地指定了两种东西：陆上的动物和植物。祂希望大地既是母亲又是保姆。[15] 这是因为，就像在女人和所有雌性动物身上，在邻近分娩时，它们的乳房就会产奶，就能喂养它们的后代；所以造物主以同样的方式馈赠大地，大地是陆地动物之母，是所有植物之母，新生者得到的营养不是外来的，而是与它们有亲缘关系的。[16] 还有，祂把植物造得头向下生长，让植物把它们的头深深地扎在土中，这个时候，祂把动物的头从大地上抬起，无理由地给了它们一个长长的脖子，并且安放前蹄作为脖子的支撑。[17] 但是，赋予人的形体与其他生灵不一样。祂把其他动物的眼睛造得往下看，便于它们倾向于大地。而人的眼睛，正好相反，祂把它们安得高高的，便于他凝视天空，因为如古谚所云，人不是属于大地的植物，而是属于天空的植物。

【5】[18] 另一方面，通过断言我们人的心灵是一种以太一般的实在的粒子，摩西为人取得了一种与上界的气相同的亲缘关系；我们伟大的摩西把塑造能够推理的灵魂比做非被造的事物，断言它是可怕的灵的一种真正的创

造，灵是神圣的和无形的，盖有神的印章，亦即这个永恒世界的印章。[19] 他的话是："神将生气吹在他的脸上"，① 所以，吸气的他只能被造得与吹气的祂相同。我们还读到，人是按照神的形像造出来的，② 而不是照着任何被造物的形像造出来的。[20] 由此可见，按照原型、第一因的道塑造出来的人的灵魂的自然后果，他的身体被造成直立的，能够抬起眼睛仰望天空，天空是我们宇宙最纯洁的部分，用这种方式他能看到，人可以清楚地理解不可见的事物。[21] 所以，由于除了那些由祂画下来的事物，要察觉理智如何趋向存在的"元一"是不可能的——我们每个人都知道，一个人经历的事情其他人不可能知道——所以祂把眼睛赋予身体，使眼睛有直视位于上方的气的力量，使它们能特别呈现给眼睛。[22] 看到用可朽质料构成的眼睛都能看得那么远，能从大地抵达天空，乃至于触及它的边界，那么我们必须认为灵魂的眼睛能够朝着各个方向飞出去多远呢？察觉存在的唯一者的强烈愿望给了它们翅膀，不仅能抵达上方最远的气的区域，而且能超越整个宇宙的界限，迅速趋向非被造者。

【6】[23] 就是由于这个原因，那些渴望智慧和知识的人带着不知足的固执，这在神圣的预言中被称做向上应召；因为它与神的道路一致，那些接受了祂的向下气息的人应当应召上祂那里去。[24] 树枝飞旋、被飓风刮上天空，满载货物的大船在大洋中，如同被风暴裹挟的一张树叶，湖泊与河流处于高位，大地的凹陷空空如也，因为积水已被猛烈的旋风刮走；如果像心灵这样轻的实体没有浮力，不能借助圣灵的天然力量上升到高处，克服往下坠落的无限力量，那么倒是奇怪的。特别是，如果真正的哲学家的心灵不是这样的话，那么事情倒确实是奇怪的。[25] 这样的人没有承受下坠的重力，这种重力对于身体和大地来说是宝贵的。他一直在尽最大努力，使自己与这些事物切割和分离开来。所以，他生来就不知满足地向上攀登，迷恋居于高

---

① 《创世记》2：7。"耶和华神用地上的尘土造人，将生气吹在他鼻孔里，他就成了有灵的活人，名叫亚当。"

② 参见《创世记》1：27。"神就照着自己的形像造人，乃是照着他的形像造男造女。"

处的所有神圣幸福的本性。[26] 与此相应，唯一存在者的奥秘的保管者和护卫者摩西会应召向上；因为《利未记》中说："祂从上面召唤摩西。"①应召向上的还有比撒列，他拥有次一等的荣耀。神也从上面召唤他，为的是建造和监督神圣的工作。②[27] 当比撒列获得从上召唤者授予他的次一等的荣耀时，全智的摩西要获得头等的荣耀。因为前者使用的是阴影，如画家所为，上苍没有赋予他创造有生命的事物的力量。我们必须记住，"比散列"的意思是"用阴影制造"。另外，摩西的工作不是制造阴影，而是制造几种物体的真实原型。我们也不需要对这样的区别感到惊讶。这是至高无上的终极因的习惯，恰当地展现每一物体，有些清晰一些，比较明亮，就好像没有云彩遮挡的阳光照射，有些模糊一些，就好像在阴影中。

【7】[28]现在我们要进一步讨论这些事物在宇宙的田野里大规模的成长，让我们注意一下神在人这个小宇宙身上种树的全智方式。起初，祂拿过我们的身体，就好像从大地上取来一些深层的泥土，做成感官，当做祂种树的地方。[29] 做完以后，祂在每处安放一个感觉，就好像种下一棵树苗，祂在耳朵里种下听觉，在眼睛里种下视觉，在鼻子里种下嗅觉，其他感觉也都种在适宜的位置。我可以引用圣诗来为我的看法作见证，祂在那里说："造耳朵的，难道自己不听见么。造眼睛的，难道自己不看见么。"③[30] 身体的其他所有器官，包括腿、手和每个组成部分，无论是体内的，还是外表的，都是高贵树木的成长，除此之外什么也不是。[31]主要器官占据身体中心位置，拥有最优秀的能力，可以结出果实，祂种植的主要器官能够很好地成长，完善地成长。这些成长包括洞察、理解、准确的判断、持续的练习、记忆的能力、条件的改变、长时间的处理、采用许多形式和方向的科学能力、确定的知识，以及用各种方式获得原则和运用美德的能力。这些东西没有一样是可

---

① 《利未记》1：1。"耶和华从会幕中呼叫摩西，对他说"。

② 参见《出埃及记》31：2。"看哪，犹大支派中，户珥的孙子，乌利的儿子比撒列，我已经题他的名召他。"

③ 《诗篇》94：4。

朽的人能够生长出来的。它们的种植者是非被造的工匠，祂不仅一劳永逸地创造了这些植物，而且在每个人身上把它们创造出来。

【8】[32] 与我已经说过的事情相一致的是那个园子里的种植；因为我们读到，"神在朝向太阳那边的伊甸立了一个园子，把祂所造的人安置在那里。"① 可以想象一下，如果他种下的是葡萄、橄榄、苹果、石榴等果树，那么他是愚蠢的，因为这些树很难根除。[33] 当然，有人会问，祂为什么要这样做？给祂自己提供方便的住处吗？全世界都要考虑要为作为万物之主的神提供充分的居处吗？无数的其他方式显然不适合接待这位伟大的国王，更不必说，设定万物之因被包含在由祂引起的事物之中是不虔敬的，因此，祂种的树不会像我们种的树一样每年结果。[34] 那么这个园子结的果实供谁使用和享受？不是为了任何人；因为经上没有提到有谁在园中居住，我们得知，亚当，这个用土塑造出来的第一个人，从那里移居到别处去了。[35] 至于神，祂比其他任何事物都更加不需要食物。因为使用食物者首先要感到有这种需要，然后要具备相应的进食器官和吸取营养以后的排泄器官。这些事情与第一因的幸福并不协和。这些事情完全是人的可怕的虚构，这些人推翻了虔诚和敬畏这样伟大的美德，把祂说成拥有像人一样的形体和欲望。

【9】[36] 所以我们必须转向喻意解经，这种方法对睁着双眼的人来说是宝贵的。确实，神圣的预言最明显地向我们提供了使用这种方法的线索。因为它们说这个园子里有一些树，与我们熟悉的树不同，它们是生命树、不朽树、知识树、理解树、理智树、知善恶的树。[37] 这些树不是在土壤中生长的树，而是那些能够前进的灵魂，如果它依照美德的道路前进，那么它的目的地是生命和不朽，如果它依照邪恶的道路前进，那么它会回避生命和不朽，终结于死亡。因此我们必须考虑慷慨的神在灵魂中的种植，把灵魂当做美德的园子，赋予每一种美德相应的行为模式，这是一个能给灵魂带来完

---

① 《创世记》2：8。"耶和华神在东方的伊甸立了一个园子，把所造的人安置在那里。"

美幸福的园子。[38] 由于这个原因，祂给这个园子指定了一个最合适的地方，让它配得上"伊甸"这个名字，这个名字的意思是"繁茂"，象征视力完善的灵魂，与美德为伴玩耍，因巨大的快乐而跳跃，它把对唯一睿智者的事奉当做一种享受，其价值超过人们视为最甜蜜的事情的数千倍。[39] 品尝到一点儿这种快乐以后，摩西同伴中的一名成员在无关紧要的时候发现了它，他在诗篇中大声地说，他对他自己的心灵喊道，"因主而感到快乐"，他由于说话而感动，进入上苍和神圣的爱的迷狂，充满对那些软弱和放荡的嫌恶，这些只是人类表面的所谓善物，他的整个心灵被神圣的迷狂所把握，为神灵所凭附，这个时候他发现自己只对神喜乐。

【10】[40] 我所说的这些事情有一项证据，这个园子靠近太阳升起的地方①；因为愚蠢就是沉沦、黑暗、进入黑夜，而智慧就好比太阳升起、清晰、明亮。就像太阳，当它升起的时候，整个天穹充满光明，美德的光明也是这样，当它们照耀的时候，整个理智区域充满纯粹明亮的光芒。[41] 嗯，有一些凶猛的野兽看守和保卫人所有的东西，而有一些理智的存在者保卫神所有的东西；因为经上说，"祂把所造的人安置在那里"②，也就是说，美德的训练和践行只属于理智的存在者。[42] 他们在神的手中领受美德，作为一项高于非理智生灵的优先特权。由于这个原因，要以有可能最生动的方式说明祂安放了心灵，这就是我们身上的真人，他在最神圣的树枝和高贵品性中生长，这是因为，在缺乏理智的情况下，没有人能够耕种美德，依其本性，他们完全不能理解这些事情。

【11】[43] 所以，我们完全需要知道，为什么要把各种野兽放入大洪水时期建造的方舟，而没有一种野兽进入那个园子。因为方舟是形体的象征，必须给野蛮的、未驯服的情欲和邪恶之兽安排一个空间，而那个园子则是美德的象征；美德不包括任何野蛮的东西，（我们可以直率地说）那里没有什

---

① 参见《创世记》2：8。
② 《创世记》2：8。

么东西是非理智的。[44]立法者说，不是那个按照神的形像造就的人在精心照料园子，而是这个用土塑造出来的人在精心照料园子，被引入园子的是这个人。在我看来，拥有盖上神的形像之印的灵的人与那棵结出不朽生命之果实的树好像有一些差别，尽管二者都是不朽的，都被说成位于最中心的位置，是最主要的部分；因为我们得知，生命树就在园子中间。①而用土塑造出来的人和用土构成的身体也没有任何区别。[45]他的本性不是简单的和单纯的，只有自习者才知道如何占据房屋和庭院，甚至雅各也作为"居于房中的平凡人"②摆在我们面前。这个属土的人有着多样的、微妙的性情，用全部元素混合塑造而成。所以，可以预料的是，神会在园子中央，或者在整个宇宙，种植和安放中央或中性的心灵，把它引向相反的位置，对它们发出召唤，要它们做决定，要赢得名望和不朽，它们可以移动或回避，欢迎较好的，要导致不名誉的死亡，它们应当选择较差的。

【12】[46]所以，这就是唯一睿智者在理智灵魂里种下的树。摩西为那些从美德的园子里被驱逐的人感到悲哀，神使用祂的绝对主权与非常温和的力量，在那些被赋予视觉的人的属土的心灵里种树，这个属土的心灵被称做亚当，他被驱逐了。[47]这就是他说的话："将他们领进去，栽于你产业的山上。主阿，这就是你为自己所造的住处，主阿，这就是你手所建的圣所。主至高无上，直到永远。"③[48]所以，胜过其他所有人的摩西最准确地知道神，通过安放万物的种子和根，神是一切植物生长的最大原因，甚至是宇宙最大的原因。在我们刚才引用过的诗篇的话中，他显然把这个世界称做"你产业的山"，因为在此特殊意义上，这里产生的是造物主的所有物和组成部分。[49]所以他祈祷在我们身上能有这样的种植。神不会使我们的本性变

---

① 参见《创世记》2:9。"耶和华神使各样的树从地里长出来，可以悦人的眼目，其上的果子好作食物。园子当中又有生命树和分别善恶的树。"
② 《创世记》25:27。"两个孩子渐渐长大，以扫善于打猎，常在田野。雅各为人安静，常住在帐篷里。"
③ 《出埃及记》15:17—18。"你要将他们领进去，栽于你产业的山上。耶和华阿，就是你为自己所造的住处，主阿，就是你手所建立的圣所。耶和华必作王，直到永永远远。"

成非理智的，难以驾驭的。不，祂会使我们顺从全善者的命令，忠实地模仿祂恒定不变的进程，追求自主的生命而不跌倒；这是因为，获得生活的力量，如自然所吩咐的那样，已经由这些年迈的、极为幸福的人宣告了。[50]请注意跟在和谐这个词后面的修饰词有多么好。我们读到，这个世界在感性领域是神的房屋，备好了供祂使用。它是一样精细的东西，而非如某些人想象的那样，是一样非被造的东西。它是一处"至圣所"，一处放光的圣殿，也就是说，它是那原本的副本；因为对感性的眼睛来说，美丽的事物是理智的美的形像。还有，它是用神的"手"来打理的，亦即用祂创世的力量。[51]最后，没有人可以假设造物主需要祂自己创造的东西，摩西表达的看法以这个至关重要的观点为顶点，超过其他所有人："统治到永远。"这是一条确定的原则：君主不依靠任何人，而臣民在所有方面依靠君主。[52]有些人坚持认为，神的分，如这里所说的，是善的，在这个事例中摩西的祈祷是为了获得相关经验和享受。他的祈祷是："接受我们吧，我们是刚开始学习的孩子，通过宣告和实施智慧的原则，不要让我们丧失基础，而要在我们身上种下上苍高贵的学说。"[53]因为这就是准备得最好的"分"，造得最好的"房子"，最适宜的住处，"你把它当做圣所"；哦，主啊，你就是这些好的和神圣的事物的创造者，就如同从可朽的被造物中会产生邪恶和亵渎。求你不要限制对灵魂的统治，不要让它有一刻缺乏至高无上的统治者；决不要停止对灵魂的奴役，在这方面你不仅是自由的，而且拥有最高的主权。

【13】[54]"栽于你产业的山上"，这句话可以有多种解释；因为神给予"分"是一条必然的真理，但若说祂应当获得"分"，就显得有些矛盾了，因为一切事物均属于祂。[55]这种表达法似乎可以用在那些特别的地方，有些人与祂有比较亲密的关系，以祂为他们的主人。所以，国王是他们所有臣民的统治者，而对国王的家仆来说，这种关系更加突出，这些仆人要照料国王的个人事务，满足他们的其他需要。[56]还有，同样是这些统治者，尽管他们是大地上的全部地产之主，包括那些显然被私人公民控制的地产，但这些公民拥有实际的权力，他们也从中募集每年的收入。在节假日他们经常

造访这些地方，在那里享受生活，给政府和君主留下沉重的负担，他们的这些地产与王家领地相邻。[57] 还有，银子和金子，以及其他贵重的存放在臣民宝库里的东西，与其说它们属于统治者，不如说它们属于拥有它们的人。尽管我们说，君主的私人金库存放的东西有一部分来自国家的税收。[58] 所以，如果神这位宇宙统治者具有"分"的头衔，那么一点儿也不奇怪，祂是统治一切的君主，有睿智的灵魂相伴，祂的视力极为敏锐，祂的理智之眼清晰明亮、完美无缺，祂凝视万物、洞察一切。

【14】[59] 这个解释不是在颂歌中出现过吗，"问你的父亲，他必指示你。问你的长者，他必告诉你；当至高者将地业赐给列邦，驱散亚当的子孙，祂就按照天使的数目确定国家的疆界，祂的子民以色列人变成主的分"①？[60] 请注意他如何把神的"分"和"份额"这些名称再次给予有眼睛能看见祂的人，给予忠诚地献身于祂的人，他说属土的儿子，也就是亚当的儿子们，被驱散分离，不再聚集在一起，而是变成了暴民，不能追随正确理智的指引。因为美德确实是和谐与统一的原因，而相反的性情带来的是分裂和肢解。[61] 每年在所谓"赎罪日"做的事，为我们已经说过的事情提供了例证。在那一天，我们得到命令说，"要用两只羊拈阄，一阄归与耶和华，一阄归与阿撒泻勒②"，③ 双重描述，一则归于神，另一则归于被造物。提升第一因的东西应当归于祂，而提升被造物的东西应当驱逐，要把它们驱离至圣所，让它们在那山路崎岖的亵渎的沉坑中寻找自己。

【15】[62] 所以摩西充分利用一个人热爱神的特权，受到这一事实的激励，他习惯使用语言说出更大的教训和更大胆的训诫，这些教诲更加适合我们这些软弱者的耳朵。他不仅认为取得"分"与神的尊严相一致，而且最奇

———————

① 《申命记》32：7—9。"你当追想上古之日，思念历代之年。问你的父亲，他必指示你。问你的长者，他必告诉你。至高者将地业赐给列邦，将世人分开，就照以色列人的数目立定万民的疆界。耶和华的分本是他的百姓。他的产业本是雅各。"

② 阿撒泻勒（azazel），移除的山羊。

③ 《利未记》16：8。"为那两只羊拈阄，一阄归与耶和华，一阄归与阿撒泻勒。"

怪的是，神本身又是其他人的"分"。[63] 他认为应当与在神的乐土中避难的那整个部落相见，但不能把国家的任何部分指派给它，就像对待其他十一个部落那样，而应当让它接受祭司的特权，这种财产不是属地的，而是属天的。[64] 他说："利未人在以色列的子孙中无分无业，因为主是他们的产业"①，在这里他通过神圣的预言，以神的名义表达睿智的看法，"我就是你的分，是你的产业"②；实际上，被完全洁净和涤罪过的心灵宣布它在一切与创世有关的事物中只和元一熟悉，只认识元一，甚至连非被造者也与之非常接近，趋向于祂本身。这是因为，除了那些愿意追随祂的人，有谁会随意说，"只有神本身是我的，只有祂是我的全部"？这是心灵的利未人的态度，因为这个词的意思是"祂对我来说是宝贵的"，这里想要表达的意思是不同的事物为不同的人所看重，只有他把握了万物的本原和最有价值的原因。

【16】[65] 他们说，古时有人为智慧之美而狂喜，就好像见到某位高贵的妇人，观看了她的侍从队列从旁经过以后，他会对他的同伴们说："瞧，我的朋友，有多少东西是我不需要的！"当然了，除了必要的衣服外，他肯定什么也没穿，所以我们不能设想他是一名巨富，像其他许多人一样说出这种话来，自吹自擂。[66] 如这位立法者所强调的，这样的心灵在被造物中不能给它们自己提供地产，但却宣称一切地上的事物与非被造者有着亲密的联系，都占有祂，把祂当做他们唯一的财产，他们相信这是他们仅有的、圆满的幸福。[67] 让这些人在这件事情上停止自夸，尽管他们获得了帝王的统治地位，有些人将一座城市、一个国家、一个民族置于他们的权柄之下，有些人使自己成为整个大地上所有民族之主，希腊人和野蛮人，成为所有河

---

① 《申命记》10：9。"所以利未人在他弟兄中无分无业，耶和华是他的产业，正如耶和华你神所应许他的。"

② 《申命记》32：7—9。"你当追想上古之日，思念历代之年。问你的父亲，他必指示你。问你的长者，他必告诉你。至高者将地业赐给列邦，将世人分开，就照以色列人的数目立定万民的疆界。耶和华的分本是他的百姓。他的产业本是雅各。"

流之主，成为数量和范围无限的大海之主。[68] 除了控制这些地方，他们甚至想把他们的帝国扩展到天上去，这种想法连说出来都是不虔诚的，更不必说获取由造物主创造的一切了，在此之前这些东西都是自由的，未受奴役——甚至到了这个时候，他们才算是最初的公民，他们是接受神作为他们的"分"的伟大国王；这些东西的王权远远超过他们的王权，就好像他获得的财产好于财产本身，他创造的事物好于事物本身。

【17】[69] 有些人关注外在的需要和奢侈的生活，要是发现有人没有金钱或者财产，就不把他们算做富人，而且把万物皆属于贤人当做一个悖论。但是，摩西把智慧当做一个值得钦佩和竞争的对象，他认为它最有价值的"分"不仅是整个世界，而且是万物之主。[70] 我们必须记住，这个观点不是那些停留在两种意见之间的人拥有的，而是那些持有坚定信仰的人拥有的；这是因为，甚至到现在，在那众多的虔诚者的队伍中，精神猥琐的人也会挑剔这些话的字面含义，会敦促说把神说成人的"分"是不虔诚的，亵渎的。[71] 我要对他们说："你们用来考虑问题的这个心灵框架不是真的，而是肤浅的，不合法的。你们想象的这两种方式没有区别，一种方式把神说成是贤人的'分'，另一种方式把葡萄、橄榄或其他树，说成是它们的所有者的财产。你们难道没有注意到绘画被说成是画家的'份额'，一般说来，任何一种行当会被说成是从事该行当活动的人的'份额'，他们不是把它当做属土的地产来拥有，而是当做属天的奖赏来努力追求。[72] 这是因为，这样的事物会给拥有它们的人带来好处，但这些人并不是它们的主人。所以，祈祷吧，你们这些吹毛求疵的人，当你们听说有人把存在的元一说成是'分'，不要以为它的意思是地产，和那些已经提到过的财产相似，而要明白它的意思是元一会带来巨大的好处，对那些把祂的服事当做适当雇用的人来说，祂是大善的原因。"

【18】[73] 嗯，说完了第一位种植者和祂种的东西以后，我们要进入下一步，说一下那些向前者学习的人做的事情，说他们如何模仿前者种的东西。我们马上就看到关于聪明的亚伯拉罕的记载，他"在盟誓井边的隐秘的

地里栽树，又在那里求告主的名，称祂为永生的神"①。在这里没有提到树的种类这样的细节，而只提到这块地的大小。[74] 然而，那些习惯于注意诸如此类细节的人向我们保证说，我们拥有关于这块地的所有要点，足以非常准确地确定这块地的大小、这块地里的树，以及这些树结的果实；这里讲的不是一棵从地上长起来的树，而是一棵植入神所钟爱的人的理智的树；这里还讲这口井的名字是盟誓，提到了有关这块地的细节；这里还把主的名称改为"永生的神"，这实际上就是果实。[75] 这些要点每一个都需要进一步处理，用自我推荐的方式加以合理的解释。嗯，这里讲到隐藏之处，一百肘长，一百肘宽，按照平方的规则，整个面积达一万平方肘。[76] 一万这个术语在数的增加中是最大的、最完善的；也就是说，要是我们坚持增加这个数列，那么一是这个数列的起点，无限或一万是它的终点。因此，这里进行的比较不是有些人所说的与之毫不相关的跑步比赛，赛手们从一开始跑，跑到一万结束，所有介于其间的数字都像参加跑步比赛的竞赛者；因为他们的跑道从一开始，以一为起点，而到一万结束。[77] 有些人发现了这些事物的符号，然后在它们的帮助下这些人宣称，神是一切事物的起点和终点，以这个观点为基础，可以建立一种宗教的学说；把这个学说植入灵魂，可以产生虔诚的、最美丽的、充满营养的果实。[78] 如故事所说，在这口被称做盟誓的井中没有发现水，对在那里成长的人来说，这个地方是最恰当的。我们读到的是："那一天，以撒的仆人来，将挖井的事告诉他说，我们没有找到水"②，于是他称这口井为盟誓。让我们注意这些话的力量。

【19】[79] 那些想要彻底考察现存事物本性的人，他们的行为就像那些挖井人，想把他们的考察贯穿于每一重要事物；这是因为，考察者就像挖井人一样，是在寻找隐藏的清泉。他们全都拥有发现水的愿望，但是他们在一

①　《创世记》21：33。"亚伯拉罕在别是巴栽上一棵垂丝柳树，又在那里求告耶和华永生神的名。"

②　《创世记》26：32—33。"那一天，以撒的仆人来，将挖井的事告诉他说，我们得了水了。他就给那井起名叫示巴，因此那城叫作别是巴，直到今日。"

种情况下要寻找的是自然的水，是身体的营养，在另一种情况下，他们要寻找的是灵魂的营养。[80] 正如有些挖井人不能经常找到他们要找的水，所以，那些寻求各种知识的人尽管会比我们中的大多数人取得更大的进步，但到了最后，会经常无力实现他们的目标。据说有些学问很大的人会指责自己极为无知，因为他们已经察觉到真理近在咫尺，但就是不能得到它。有一则故事说，古时候，人们对某个人拥有的智慧感到惊讶，这是对的，因为这个人是唯一知道自己一无所知的人。[81] 要是你乐意，无论你选择什么知识或者技艺，都要选择小的或者比较大的，这样做才是最优秀的从事这门技艺或学问的人，也是最能被人们认可的人。然后，你们要留意这门学问是否被人们做得很好。如果你仔细观察，你会发现有些人是失败的，有些人还差得很远。因为在任何学问或技艺中，有许多方面实际上不可能达到圆满。因为它在不断地补充和更新，就像一眼清泉，一直不断地涌出许多思想和学习的产物。[82] 由于这个原因，把这口井称做"盟誓"是非常合适的；因为盟誓代表的是最确定、最可靠的形式，盟誓带有神的见证。人们在争论的时候经常会请神作见证，也没有什么时候能用到确定的盟誓，事实上，没有一位知识的主人能够抵达完善的地步，尽管他是这门学问的行家。[83] 在我们拥有的其他所有能力中也存在同样的原则。就好比我们刚才读过的那口井，在里面找不到水，所以眼睛没有看到，耳朵没有听见，鼻子没有嗅到，总而言之，感官没有任何发现；以同样的方式，心灵也没有任何发现。[84] 如果我们理解每一对象的能力没有内在地固定在几个感官上，需要从神在感官上播下的种子里产生这种能力，我们怎么能够一直不停地观看、聆听或察觉呢？

【20】[85] 我们现在已经恰当地进一步处理了树木开花结果的细节，让我们把果实作为我们最后的观点说出来。那么，它的果实是什么呢？摩西本人会告诉我们的，因为经上说他"在那里求告耶和华永生神的名"①。[86] 所

---

① 《创世记》21∶33。

以，刚才提到的名称表现了永生神的力量，"主"这个名称表现了神进行统治的力量，"神"这个名称表现了祂赐福的力量。由于这个原因，摩西这位最神圣的人，在整个《创世记》的记载中一直使用"神"这个名称。因为用这样一个名称来谈论造物主是合适的，实际上正是由于这个名称所表示的力量，神使这个世界生成，并赋予它秩序。[87] 就祂是统治者而言，祂拥有两方面的力量：赐福的力量和打击邪恶的力量，祂的改变可以作为补偿，但引起改变的原因在于具体行为者的需要；就祂是施恩者而言，祂只想做一件事，那就是赐福。[88] 每一种大善都会进入灵魂，使灵魂不再同时具有两个心灵，灵魂可以面对这位国王，祂朝着两个方向使用力量，灵魂若能不再恐惧祂的主权，就能确定地点燃赢得和享受善物的希望，这是由于祂的慷慨的选择和喜悦。[89] "永生的神"这个名称相当于"存在的祂，祂不是有时候仁慈，有时候不仁慈，而是连续始终如一的仁慈；祂的赐福没有任何间隔与中断；祂使祂恩赐的礼物一个接一个，像从不间断的流水；祂使祂的恩惠形成不间断的圆环，用统一的力量把它们交织在一起；祂不放过任何行善的机会；祂是主，所以祂也能伤害。"

【21】[90] 这就是雅各这位自我训练者所宣称的最神圣、最重要的誓言的应验。你们记得，他说"主必为我的神"，① 这就相当于说，神不再对我进行完全的控制，完全的控制是独裁者的统治特点，而是准备好用祂的力量以各种仁慈的方式赐福，致力于人类的幸福。祂将消除我们以前感到的把祂当做主人时的恐惧，在灵魂中种下对祂的忠诚和热爱，把祂当做施恩者。[91] 实际上，灵魂难道想不到吗？宇宙的主人和君主，祂的本性无须任何改变，而只要是其所是，就会成为一道连续的、幸福的洪流，至高无上的创造者会让真正的善物永不止息地流向灵魂？[92] 这是一座精神快乐的坚强堡垒，可以使我们摆脱危险，把我们的自信寄托在一位国王身上，祂不会由于祂的伟大主权而伤害祂的臣民，而是祂对人类的爱使祂乐意向每一位匮乏之人提

---

① 《创世记》28∶21。"使我平平安安地回到我父亲的家，我就必以耶和华为我的神。"

供他所需要的东西。

【22】[93] 嗯，可以说，我们想要证明的观点现在都已经证明了。被设定为万物之开端和终结的神被表现为种植；由此推论，在创世的任何部分都找不到圆满，尽管凭着特殊的恩惠，第一因不时地表现为大地上的情景；而神的恩惠永久地倾泻而下，这种馈赠被表现为果实。[94] 所以，这位圣人展示了诸如此类的农作，视之为最早的和最大的种植。但是这里受到激励的话语蕴涵的意思是，我们也是不完善的，处于所谓天然义务的初步阶段或未开发的阶段，我们应当把农业当做我们的主业；[95] 因为经上说："你们进了主你们的神赐给你们的那片土地，要栽种各样果树为食，你们要清洗它们的不洁；因为三年之内它的果子仍是不洁；但是到了第四年，它所结的果子全部要成圣，用来赞美主；到了第五年，你们要吃那树上的果子，采摘下来的果子可以增添你们的库藏。我是主，你们的神。"①[96] 因此，在迁徙到神赐予的国度之前，要种出果树是不可能的；因为经上说："你们进了那片土地，就要栽种各样结果子的树木"，所以当我们还在外面的时候，我们就不能培育出这样的树来。[97] 这些就是我们可以期待的情况；因为，只要心灵还没有来到或走上智慧之路，而是转向另一个方向，远远地走散了，那么它的注意力在野生的树上，而这些树是不结果实的，或者说，尽管它们能生产，但它们结的果子不能吃。[98] 当心灵迈上良好的感觉之路、在所有教导的陪伴下，走上并沿着这条道路奔跑的时候，它会开始培育果园里的树，用来取代那些野树，取代它们自由的情欲，用知识取代无知，用善取代恶。[99] 由于学生刚开始他的学习，抵达终点也还有很长的路要走，所以我们可以理解为什么要给他指明方向，要在种下树以后消除树的不洁之处。关于这件事，让我们有一个很好的认识。

---

① 《利未记》19：23—25。"你们到了迦南地，栽种各样结果子的树木，就要以所结的果子如未受割礼的一样。三年之久，你们要以这些果子，如未受割礼的，是不可吃的。但第四年所结的果子全要成为圣，用以赞美耶和华。第五年，你们要吃那树上的果子，好叫树给你们结果子更多。我是耶和华你们的神。"

【23】［100］在我看来，这些无关紧要的天然义务似乎与园子或果园里的树木相对应；因为最完整的果子的产生，在一种情况下是形体，在另一种情况下是灵魂。但是，当树木的生长处于最初阶段的时候，嫩枝的过分生长会给树木带来危害，所以不得不修剪枝条，以避免这种伤害。［101］把归还别人存放在我们这里的东西当做在灵魂的果园里生长的树木，我们不是可以这样来谈论吗？这棵树无论如何需要得到净化和非比寻常的关注。净化在这种情况下会是什么呢？一个人在清醒的时候把东西存放在你那里，你不应当在他喝醉酒的时候、或者在他行为反常的时候、或者在他发疯的时候把东西还给他，因为在这种情况下，委托人不会由于回收这样东西而得到任何好处。当委托人负债累累，或主人在出售奴隶的时候，受托人也不可把受托的东西归还给债务人或奴隶。这样做是在出卖，而不是在支付应付的款项。对于别人存放在你那里的一小笔钱，不要那么太在意，你要吸引人们对你的信任，让他们能把大笔的钱存放在你那里。［102］没错，渔夫投下一丁点饵料，想要钓上一条大鱼，但我们不需要严肃地责备这样的行为。因为他们可以辩解说，他们正在为市场供货，为的是让人们的餐桌每天都有丰富的供应。［103］所以，归还别人存放的钱以获取信任，引诱其他人存放更多的钱，这样的事情不值得炫耀。这样做实际上就是把属于个人的微不足道的钱拿在手里，而心中的意向却是要把属于所有人的财富都拿在自己手中。所以，如果把存在你那里的东西比做一棵树，那么你需要消除它的杂质，也就是说不能接受不合时宜的存放，不能用诡计伤害别人，如果这样做的话，你的果园会转变成荒野。

【24】［104］友谊树的枝条，如我将要描述的那样，有过分生长的，所以要修剪它的枝条，以便树木较好地成长。这样的过分生长实际上就像妓女获取嫖客，又像寄生虫欺骗它们的宿主。［105］你们可以看到那些靠出卖身体来挣钱的女人喜欢嫖客，好像非常爱他们。但她们爱的不是嫖客，而是她们自己，她们贪婪地想要挣钱。你们可以看到，奉承者经常仇恨被奉承者，乃至于无法用言语表达他们的仇恨，他们热爱美食，而那些人能

够满足他们无限的贪婪，在他们的诱惑下过度饱食。[106] 真正的友谊树一定要消除这些事情，要结出最有益的果子给那些诚实的人吃。真正的善意是一种愿望，你应当为了你的邻人自身的缘故而对他们表达善意，这也是他们自己下一步的努力目标；而娼妓和谄媚者努力想要讨人喜欢，前者针对她们的嫖客，后者针对他们的庇护人。所以我们必须处理这些可耻的事情和骗子的行为，这些事情是有害的，就像过分生长的嫩枝，需要把它们从友谊树上剪去。

【25】[107] 还有，神圣的事奉、服事和献祭是最美丽的树，但有邪恶寄生，亦即迷信，所以在树木长出绿枝之前，最好用刀将它砍去。有人以为屠宰公牛是虔诚的，也可以去祭坛偷窃牺牲和供物，或者拒不还债，或者欺骗债主，或者抢劫财物和偷窃牛羊，他们污秽的行为带来巨大的冒犯，但他们认为他们的冒犯不会带来惩罚。[108] “不！不！”我会对他们说，“这样做太愚蠢了，没有哪一种贿赂能抵达神的天庭”。祂会扭转脸而去，无视那些带着罪恶意向接近祂的人，哪怕他们每天给祂的祭坛送来一百头小公牛，祂会接受无罪者，哪怕他们没有献上任何供物。看到美德的唱诗班围着祭坛歌唱，神会感到喜悦，哪怕没有烈火焚烧的牺牲。祂不喜欢祭坛上的熊熊烈火，那些亵渎的牺牲在燃烧，但献祭者心里并不知道什么是献祭。不，这样的供奉只会使祂想到这些人的无知和众多供奉者的冒犯；因为如我们所知，摩西说过献祭“使人思念罪孽”①。[109] 所以，这些污秽都会带来巨大损失。我们必须服从要清洁道路的神谕，神谕命令我们要清除那些种下的果树的不洁之处。

【26】[110] 我们虽然有老师的指导，但却不能取得进步，变成纯粹的学生，而这个时候却有人凭借本性取得了进步，本性就是他的老师，可以从那些树木有害的生长中释放出善意来。所以，那位自我训练者的名字是雅

---

① 《民数记》5：15。“这人就要将妻送到祭司那里，又为她带着大麦面伊法十分之一作供物，不可浇上油，也不可加上乳香。因为这是疑恨的素祭，是思念的素祭，使人思念罪孽。”

各，他"剥树皮，剥去嫩枝的皮，使枝子露出白纹"①。他的目的就是完全消除不发达阶段的多变的颜色，这些颜色与阴暗模糊相对应；他带来全白的颜色，这种颜色不是人为的，而是自然的，从自然中产生。[111] 这种情况与关于麻风病的律法一致，律法说，如果麻风病人的身体不再是多种颜色的，而是从头到脚全身都变白，那么他洁净了。② 这条律法的要旨是抛弃对肉身的关注，我们可以摆脱心灵的变化和动摇，可以做好接近任何对象的准备，可以面对两条道路，接受颜色平凡的真理，摆脱多变和优柔寡断。[112] 这些有关树木净化的陈述是相当合理的，与事实一致；这些有关果实的陈述也一样，根据我们眼睛的观看，我们知道没有任何办法能使果子变好；也没有任何园丁能净化无花果、葡萄或其他果子。

【27】[113] 然而经上说："果子将不洁三年之久，这些果子不可吃"③，就好像净化果子是习惯要做的事情。所以，让我们说，这又是需要喻意解释的观点之一，如果仅从字面上来解释，则与事实相当不符。这句话可以有两种理解方式。一种方式是，它指的是这样一种事情，"它的果子要长三年时间"；然后，把后面的分句当做一个独立的句子，"这些不洁的果子不能吃"。另一种方式是，"它的果子将不洁三年"，然后就是"这些果子不可吃"。[114] 在前一个标点符号所产生的意思的引导下，我们抵达了这个结果。我们拿三年来代表自然时间的三重划分：过去、现在、未来。这一教训所结出的果子——所以我们弄懂了的话——将处于划分的所有时间里，在其中存在，且不受干扰。这就相当于说，整个永恒是免除腐败的；因为善的本性是不会腐败的。"但是这些不洁的果子不能吃。"基于这样一个事实，可以知道正确的教导可以通过净化使灵魂健康，它滋养灵魂，使心灵成长；而相反类型的教

---

① 《创世记》30：37。"雅各拿杨树，杏树，枫树的嫩枝，将皮剥成白纹，使枝子露出白的来。"

② 参见《利末记》13：12—13。"大麻风若在皮上四外发散，长满了患灾病人的皮，据祭司察看，从头到脚无处不有，祭司就要察看，全身的肉若长满了大麻风，就要定那患灾病的为洁净，全身都变为白，他乃洁净了。"

③ 参见《利末记》19：23。

导缺乏营养，会使灵魂腐化和患病。有一个事例可以帮助我们明白这些话语要表达的意思。[115]有一种论点被称做"无须证明的"，要么是有内在的困难，难以被证明，要么是它本身是确定的，关于它的陈述马上就可以获得承认，不需要从别处引入任何证明，它具有证明自身的特点；在逻辑学中，这种论证通常在直言三段论中使用。正因如此，"无须净化"这个词可用于需要净化但还没有得到净化的果子，也可用于完全光鲜的果子。[116]这就是"整个三年"教育的果子，亦即存在于过去、现在、未来，具有永恒的性质，完全纯洁和明亮，不会被任何有害的东西弄得模糊不清，完全不需要清洗或洁净，或者用其他任何方法达到净化的目的。

【28】[117]经上说："到了第四年，它所结的果子全部要成圣，用来赞美主。"① 在立法的许多部分，尤其是在有关这个宇宙创造的记载中，我们看到了先知荣耀数字四的话语。[118]他把第四天创造的那些东西说成是灵魂依靠的最主要的善物②；光对感觉来说是最宝贵的，光给予我们最确定的有关它本身以及其他所有事物的知识；太阳、月亮，以及星辰最神圣的唱诗班，是光的父母；这些星辰及其升降决定了月和年，确立了节令。[119]摆在我们面前的这个段落与数字四的最高荣耀相一致，就在栽下树以后的第四年，把树木结的果子当做祭品奉献给神。[120]四这个数字确实包含物理学和伦理学的深厚原则。因为宇宙之根有四条，宇宙就是从根里长出来的——土、水、气、火。季节也有同样的数，冬季和夏季，以及介于二者之间的春季和秋季。[121]还有，它是所有数中最早的通过平方产生的数，它把自己呈现为直角，这显然是一个几何图形。直角显然是理智思想的正确图形，正确的推理就像一股不停地喷涌美德的清泉。[122]还有，正方形的边长显然相等；相等是正义之母，是美德的女王。这些预言式的话语表明这个数是平等和公正的象征，每一种美德都可以用其他数字不能象征的方式来表现。

---

① 《利未记》19：24。

② 参见《创世记》1：14。"神说，天上要有光体，可以分昼夜，作记号，定节令，日子，年岁。"

[123] 数字四也称做"全部"或"总数"，因为它潜在地包含到十为止的数和十本身。每个人都能看到它包含前面的数，进一步的计算则很容易看到它也包含后面的数。

【29】[124] 把一、二、三、四加在一起，我们就能发现我们想要的数。一加四，我们得到五；二加四，我们得到六；三加四，我们得到七；（把三个数加在一起，而不是把两个数加在一起）一加三加四，我们得到八；二加三加四，我们得到九；把四个数加在一起，我们得到十；因为一加二加三加四得十。[125] 就是由于这个原因，摩西说"第四年所结的果子全要成为圣"。因为与其他数字相连，数字四是偶数，是完全的，是完整的，在比较宽泛的意义上，它是全体，由于这个事实，十是四的产物，被确定为从一开始的这个数列的第一个转折点。十和四在数字中被说成是"全部"或"总数"；十是已经实现了的全部，而四是潜在的全部。

【30】[126] 摩西谈论教训的果子不仅"神圣"，而且"值得赞扬"，这样说非常合适；因为每一种美德都是神圣的，但感恩的意思更加明显。然而用建筑、供品、祭祀不可能真正地表达我们对神的感恩，尽管这是大多数人的习惯，甚至整个世界也不是一个适宜荣耀祂的神庙。不，必须用唱赞美诗的方式来表达感恩，这些诗歌不是用那可以听见的声音来演唱的，而是要用心灵来回响的，它们非常纯粹，是眼睛难以看到的。[127] 确实有过一个脍炙人口的故事，它是贤人的虚构，年代很久，凭着记忆，一代代传下来，它也没能逃过我的耳朵，因为我的耳朵一直很贪婪，想要用听来的东西教别人。这个故事的情节是这样的。他们说，造物主造完了整个世界，这时候祂问一位下属，祂有无遗漏，在那天空或者苍穹，在那世界最远的边界，没能创造土或水下面的东西。[128] 据说，这位下属的回答在各方面都很完整和圆满，他说他只想寻找一样东西，就是找到能表达他们的赞美的话语，但是这些卓越的话语在他们宣喻的主题中是最微小的，最不显眼的，而不是最值得赞扬的，因为单纯地叙述神的工作本身就是一项充分的赞美，它不需要过分的修饰，只需要实际拥有最好的赞美。[129] 这则故事还说，造物主听了

这些话，称赞他说得好，这个时候就是缪斯家族和赞美诗产生不久，它们来自祂的权柄的子宫，甚至处女神"美摩莉"①也来自那里，大多数人稍微改了一下这个名字，叫她"涅莫绪涅"②。

【31】[130] 这个神话故事就说到这里。按照同样的线索，我们说神最适宜的工作是馈赠恩惠，而人最适合的工作是对创世表示谢恩，因为除了谢恩人没有力量提供其他东西作为回报；无论想到要用什么东西作为回报，人都会发现，万物均为造物主的财产，而非可以用来感恩的东西。[131]所以，知道了荣耀神所必须做的所有事情以后，有一项工作，亦即感恩，要依靠我们，让我们自始至终在每一个地方都把它当做我们要学习的东西，使用我们的声音和灵巧的笔。让我们不要厌烦使用散文和诗歌创作颂歌，到了最后，无论有没有音乐伴奏，它的确定功能可以帮我们练习声音，它的动人语言或歌曲所表达的崇高荣耀既可以给予这个世界，也可以给予世界的创造主；如有人所说，前者是被造事物中最完善的事物，后者是最优秀的制造者。

【32】[132]因此，在第四年和在数字四里面，所有灵魂的果子将要成圣，在第五年和数字五里面，我们自己将享用果子；因为他说："第五年，你们要吃那果子。"这与自然无可争议的法则相一致，被造物的地位在一切事物中低于造物主的地位。由于这个原因，摩西认为我们是拥有第二位特权的接受者，这是非常神奇的。[133] 还有，他对我们描述第五年的果子，以及与感觉相对应的数字五，其原因在于，如果面对事实，我们必须拥有能为我们的心灵提供食粮的感觉。用眼睛为它提供各种各样的颜色和形状；用耳朵为它提供各种奇特的声音；用鼻孔提供各种气味；用上颚提供滋味；还有平滑和粗糙，产生柔软，抵抗坚硬，以及冷和热，用遍布全身的感官，我们习惯上称之为"触觉"。

【33】[134] 在利亚的儿子们的身上可以发现一个非常清晰的论证，利

---

① 美摩莉（Μνήμης），记忆女神。
② 涅莫绪涅（Μνημοσύνην），记忆女神。

亚就是美德；相关的确实不是她的所有儿子，而是第四个和第五个。在记下第四个儿子出世以后，摩西说，"她停了生育"，他的名字是"犹大"，意思是"赞美主"，而第五个儿子她叫他"以萨迦"，意思是"奖赏"。灵魂在生育了这个儿子以后，马上就道出了她的经历；经上说："她给他起名叫以萨迦，就是奖赏的意思。"①[135] 由此可见，犹大是赞美神的心灵，他在不停地学习颂歌，对神表示感恩，其本身就是"神圣的，用来赞美神"的果子，它不是属土的树木结出来的果子，而是理智和美德之树结出来的果子。因此，他产生的本性被说成已经"停止生育"，她没有任何办法可以回转，因为她已经抵达了圆满的边界；而所有成功的造诣都可以用做赞美宇宙之父的最优秀、最完美的颂歌。[136]第五个儿子相当于使用种下树木后的第五年；因为，一方面，农夫在第五年没有收到偿还或奖赏；另一方面，灵魂的后代被称做以萨迦，意思就是"偿还"或者"奖赏"。他叫这样的名字是非常自然的，他在感恩者犹大之后出生；感恩者在感恩中发现感恩本身就是一种完全自足的奖赏。[137] 嗯，所以树木结的果子被称做拥有它们的人的产物，教训和善意的果子不像这些人的果子，而是作为所有物，如摩西所说，除了归于万物的统治者，它不属于其他人。在"他的产物"这些词的后面，他又添上"我是主，你们的神"，这就提供了最清晰的证据，祂的产物和灵魂的果子从属于元一，甚至从属于神。[138] 与此相和谐的是一篇先知书中提供的神谕："你的果子从我而得。谁是可以明白这些事的贤人？谁是可以知道这一切的通达人？"② 因为不是所有人，而是只有贤人才知道这些事情。他才是理智的果子。

【34】[139] 我们已经尽全力谈论了最早的、最神圣的农作，第一因在

---

① 《创世记》30：18。"利亚说，神给了我价值，因为我把使女给了我丈夫。于是给他起名叫以萨迦（就是价值的意思）。"

② 《何西阿书》14：8—9。"你的果子从我而得。谁是智慧人，可以明白这些事；谁是通达人，可以知道这一切；因为耶和华的道是正直的，义人必在其中行走，罪人却在其上跌倒。"

处理这个世界时使用了最能生长的植物；然后出现的是那位高贵的从事农作的人；然后还涉及数字四，以及如何获得依据律法中的禁令和指示所给予的奖赏。[140] 现在让我们把注意力转向义人挪亚在他的葡萄园里的工作，这是农作的一种特殊形式。经上是这样讲的："挪亚开始作起农夫来，耕种土地；他栽了一个葡萄园，喝了园中的酒便醉了。"① 从这些话中，我们看到这个义人用技艺和知识栽种树木，这就是醉的意思，而那些缺乏判断力的人则以一种无技艺的、错误的方式栽种树木。[141] 因此，对我们来说，对醉酒做出某些相关的评价是必要的；因为，涉及醉酒的时候，我们也要确定它的力量和性质，它产生的原因。我们将在另外的时间熟悉立法者有关醉酒的话语；现在让我们彻底考察一下其他人的情感。

【35】[142] 许多哲学家丝毫也不关心这个问题；这个问题以这样的形式表达："贤人会喝醉酒吗？"醉酒有两种表现方式：一种就相当于喝多了；另一种是喝醉以后的愚蠢表现。② [143] 在考虑过这个问题的人中间，有些人认为贤人决不会喝过头，也不会变得愚蠢和胡说八道；后者是一种罪过，而前者是由罪过产生的，对他来说，二者都是异化的，他的行为标准是最高的。[144] 还有一些人认为，愚蠢的表现对一个道德卓越的人来说是外在的，所以应当说他喝醉了，但他的判断力仍旧存在，他还能够把握自己，并抵抗一切伤害他的企图，挫败想要改变其灵魂构成的一切努力。他们认为判断力是一副盔甲，有力量熄灭情欲，无论是由燃烧的爱所煽动的，还是由喝了许多酒的心点燃的；凭借强大的判断力，他会取得胜利。他们指出，人们在大河或大海里沉没，那些不会游泳的人就淹死了，而那些知道怎么游泳的人则马上逃脱；所以，喝大量的烈酒就像在波浪里冲洗灵魂；在一种情况下，当它沉没时，它会一头扎进最深的无知之中，在另一种情况下，它会按照有益的教导向上升起，漂浮在水面上，避免受到伤害。[145] 其他一些人，如我

① 《创世记》9：20—21。"挪亚作起农夫来，栽了一个葡萄园。他喝了园中的酒便醉了，在帐篷里赤着身子。"

② 当时有哲学家区分陶醉和醉酒。他们认为陶醉产生冷漠，而醉酒产生废话。

所认为的那样，不知道完善的贤人优于各种情欲，喝酒就相当于把他从他在其中翱翔的天上带回到地上，让他作捕鸟人，使他陷入邪恶的困境，而非将他置于美德的高峰，他们宣称这个人在喝了大量的酒以后肯定会失去自控，犯下罪过，他不仅像被征服的运动员，双手变得虚弱，而且脖子下垂，膝盖跪地，身体各部分瘫痪，跌倒在地。

【36】[146] 事先学到了这些事情，那么他决不会以为应当自愿参加饮酒比赛，除非相关事情非常重大，涉及解放祖国、尊重父母、保护儿童，或者事关亲近者的安全，或者，总而言之，涉及个人或集体共同关心的基础。[147] 贤人也更加不会喝下致命的毒药，除非危机逼迫他去死，就像要他离开他的国家。烈酒是一种毒药，它带来的不是死亡，而是疯狂。然而，我们为什么不把疯狂称做死亡呢？因为在疯狂的时候作为我们最高贵部分的心灵已经死了吗？在我看来，这也不像是一种可以毫不犹豫地做出的选择，因为这里涉及灵魂与肉体这个统一体的分离与消解，灵魂会失去判断力，感到自己在一个比较重的位置上选择比较轻的东西。[148] 由于这个原因，世上最早的居民把巴克坎忒①视为酒文化的发明者，酒神的女祭司狂歌乱舞，因为在醉酒者身上，酒是疯狂和失去健全理智的原因。

【37】[149] 这些内容可以称做我们这番考察的序言。现在我们可以进行相关的充分论证。这个论证显然有两个论点：一个论点是贤人会喝醉酒；另一个论点相反，贤人不会喝醉酒。[150] 首先说一下支持第一个论点的证据会比较方便。我们先说一下"同名的"事物和"同义的"事物。每个人都认可"同名的"和"同义的"是对立面，同名的意思是一个名称用于许多事物，同义的意思是许多名称用于一个事物。[151]"狗"这个词肯定是同名的，有多个不同事物包含在这个名称中，全都可以用这个名称来指称。在陆地上狂吠的动物是"狗"；在海里发现的怪兽也是"狗"；天穹上的那颗星也是"狗"，诗人称之为"水果星"，因为正如水果在夏季开始时抵达全盛，这颗星也在

---

① 巴克坎忒（Βάκχας），罗马酒神的女祭司，亦称酒神狂女。

这个时候上升到最高处，处于成熟的全盛期。"狗"这个名称还可以指称一个人，只要他的哲学带有昔尼克学派^①的色彩，这个学派的哲学家有阿里斯提波、第欧根尼，还有其他许多人，他们意气相投，性格相似，奉行他们的原则。[152] 还有其他一些不同的名称可以指称同一事物，比如"箭"、"矢"、"飞镖"；因为这些名称全都可以指称用弓弦发射出去的东西。还有，荡桨、摇橹、划船，指的都是用某种工具推动船只前进。遇到风平浪静或者顶头风的时候不能使用船帆，这种时候这些人的职责就是划桨，他们会占据船两侧的位置，用力划桨，使船飞快地前进。船只快速航行，就像跃出水面一般破浪前进，很快就在港口安全停泊。[153] 还有，"棒"、"杖"、"拐杖"是我们用来称呼同一事物的不同名称，我们可以用它来打人，也可以用它来支撑我们自己，我们可以倚靠它，还可以用它来做其他一些事情。我提供这些例子，不仅因为我的嘴巴在滔滔不绝地讲话，而且因为可以对我们正在考察的物体获得更加清晰的观念。

【38】[154] 古人都把烈性饮料称做"酒"和"醇"；我们看到，后面这个词经常出现在诗歌中。[155] 所以，如果"酒"和"醇"是用来指称同一个事物的同义词，那么它们的派生词，"喝多了"和"醉了"，就只是用词不同；两个术语指的都是喝了比平常更多的酒，人受到诱惑会做这种事情，一个真正卓越的人也会做这种事情。如果这样的人喝多了，醉了，那么他会陷入最糟糕的处境。[156] 贤人会喝醉酒的第一条证据已经说了；还有第二条证据，具有如下效果。一般说来，现时代的人，除了少数人，他们的目标和热情与以往时代的人不同，在语言和行动中，他们的表现有极不和谐的倾向。[157] 他们把曾经健康和富有生命力的语言转变为腐化堕落的行话。他们用一种病态的语言代替像运动员那样充满生命力的健康语言。他们病态地争论，如某人所说，话语十分强硬，只是为了达到表面上的崇高和宏伟而自我膨胀，达到一定的限度，就会迸发出来。[158] 行动值得赞扬，

① 亦译犬儒学派。

因为它能唤起热情，如果表达方式得到许可，那么它们会把阳刚之气转变为阴柔的女子气，在表现它的时候使它卑鄙而不是高尚。这样一来，无论是在行动上还是在言语上，确实很少有人能对那些点燃了古人热情的事物感到喜悦。[159]因此，在他们那个时代，诗人和编年史家非常兴旺，其他从事各种文字工作的人也很发达，他们没有用他们的语言节奏迷惑人们的耳朵，但他们复活了破败的心灵的能力，用天然的和美德的工具保持了各种语调。而在我们的时代，兴旺发达的是厨师和糕点师，染色师和药膏师。这些行家，通过给感官带来新奇的感觉，颜色、形状、香水、开胃的菜肴，旨在攻占心灵的堡垒。

【39】[160]我回忆这些事情的目的何在？我的目的是要说清楚，现代喝烈酒的方法与古代不同。现在的人喝起酒来，会一直喝到身体和灵魂松弛，一刻不停地喝，张嘴就喝，他要仆人不停地斟酒，表现得极为愚蠢，就好像他们的迟缓会使酒宴的热度变凉。他们为同伴表演，拙劣地模仿体育，也虚度光阴，进行喝酒比赛。在比赛中，他们练习华丽的传递，咬耳朵、咬鼻子、咬手指，以及用身体任何方便的部分。[161]这些显然就是后来世代相传的娱乐方式，流传至今，兴旺发达；但是古代的娱乐要高尚得多。我们的祖先在每一件重大事务开始的时候都要进行献祭，通过这种方式取得吉兆。无论有什么危机需要马上采取行动，但决不会放弃或者耽搁事前的献祭，他们相信快捷并非总是优于迟缓；这是因为，没有预见的快捷是有害的，而被幸福前景所推动的迟缓是有益的。[162]所以，像对待其他事情一样，要极为小心地了解享用酒的方法，他们既不会大量饮酒，也不会在所有时间饮酒，而是在恰当的季节饮酒。他们首先祈祷，然后奉献供品，恳求神的青睐，他们沐浴，清洁他们的身体，用神圣的律法和教训清洗他们的灵魂，使之放光和喜悦，在此之后，他们转向放松和娱乐；在许多情况下他们不是回家，而是留在神庙中献祭，为的是收集供品和崇敬，因为这个地方会引导他们去庆祝最神圣的节日，那里的言语和行动都没有罪过。[163]你们必须知道，就是从这里开始，经上说，"醉酒"有了它的名称，因为它是一

种古人的习俗，"在献祭以后"放纵一下，开始喝酒。我要问，刚才说的使用烈酒的方式更多地保存在什么人手里，而不是保存在贤人手里，它和醉酒的那个特点，亦即献祭，也是完全一致的吗？[164]我们可以大胆地说，没有一个坏人会真正地献祭，尽管他去了祭坛，那里每天有一万头小公牛献祭；因为对他而言，最重要的供品是他的心灵，他的心灵是有瑕疵的，而没有瑕疵才可以接近祭坛。这就是第二条论证提出来的观点，喝醉酒并非一件与道德卓越不吻合的事情。

【40】[165]第三条论证，在很大程度上，似乎拥有词源学的道理。有些人认为之所以可以这样界定醉酒，不仅因为它发生在献祭之后，而且因为它也是灵魂得以松懈或放纵的原因。[166]松懈可以说是一种傻子才会有的理智功能，不过有理智的人也可以追求松懈、欢乐和振作；这是因为，贤人饮酒的时候比他保持清醒的时候更加和善；因此我们不应当据此错误地下判断，也不应当对他喝醉酒时的其他行为下判断。[167]我们必须进一步指出，思想深刻而表现为愁眉不展，精神压抑而表现为严峻沮丧，这些并不是智慧的面容，与之相反，欢乐、安宁、充满喜乐才是智慧的面容，正是这些感觉推动着人们以一种非常文雅的方式嬉戏。这样的嬉戏与有尊严的自我尊重相一致，就像竖琴用各种音符弹出一首和谐的曲子。[168]无论如何，摩西这位最神圣的人告诉我们，嬉戏是智慧的顶点，这里讲的嬉戏不是儿童们沉溺于其中的那些游戏，不需要加以注意，而是可以在那些头发变得花白的人身上看到的嬉戏，头发花白不仅指年纪，而且指思想的成熟。你难道没有看到吗，他提到一个直接从知识之井中提水的人，这个人不需要听从其他人的教导，不需要向其他人学习，不需要求助于任何人，他没有说这个人有一部分是喜笑，而说他就是喜笑本身？我这里讲的是以撒，他的名字的意思就是喜笑，他很适合与那位"等待的病人"戏玩，在希伯来文中，她叫做"利百加"。

【41】[169]灵魂的神圣戏玩是一种不允许普通公民观看的景象，但它对国王来说是开放的，智慧在他那里很长时间都是客人，尽管国王没有使自己成为智慧永久的居所。这位国王的名字是亚比米勒。他从窗户里往外观

看，他的心灵的眼睛睁得很大，看到以撒和他的妻子利百加戏玩。①[170]对一个贤人来说，有什么事情能比得上欢乐地戏玩，在一个耐心等待的美人的陪伴下寻欢作乐？因此，他显然喝醉了，醉酒有益于他，只要他不过度紧张和过分强烈。[171]烈酒好像能够强化自然的倾向，无论是好还是坏，正如其他许多事情一样。有人说，钱对好人来说是一样好东西，对坏人来说是一样坏东西。还有名望，它会使傻瓜的邪恶变得更加显著，也会使义人依据美德而来的荣耀变得更加明亮。因此，按照这一原则，滥用烈酒会使人把缰绳更加彻底地交给他的情欲，而情欲会使他更加温和，更加乐意珍视正确的情感。[172]还有，大家都知道，当两个对立面之一可以用于两个或更多的人时，那么另一个对立面也只能同时用于两个或更多的人。例如，黑与白是对立面。如果把白说成是恶与善，那么黑当然也同样是恶与善，而不是二者之一。所以清醒和醉酒也是对立面，既可以用于坏人，又可以用于好人，所以我们的祖先说，要分有清醒。所以，醉酒也可以用于两种人。因此，道德高尚的人也会喝醉酒，就像其他那些没有道德的人一样。

【42】[173]正如在法庭上，如果我们不仅要使用逻辑的或辩驳的证据，而且也要使用被称做"非人为的"说服的方式，其中之一是使用证据，那么我们将把许多杰出的医生和哲学家称做证人，他们通过书写和讲话来认可他们的证据。[174]他们留下了无数的论文，标题都是"论醉酒"，除了醉酒这个主题，他们不处理其他主题，也不考察那些有遗忘习惯的人；就这样，他们顺便也把陶醉当做醉酒这个主题的一个方面。我们发现这些人也非常明确地承认醉酒是对酒的效果的承受。但是，说一位贤人偶尔会饮烈酒没有什么错；所以，我们说他会喝醉酒也没有什么错。[175]由于一个人没有对手就不能表现为胜利者，所以参与这种竞争的人当然会被认为是在与影子作战；我们必须提到那些包含着对立面的论证，为的是能够做出完全公平的决

---

①　参见《创世记》26：8。"他在那里住了许久。有一天，非利士人的王亚比米勒从窗户里往外观看，见以撒和他的妻子利百加戏玩。"

定，不会受到缺席双方的谴责。[176] 在这样的论证中，头等重要、分量最重的是这一条。假定一个人不会采取不合理的行动，没有把秘密托付给一个喝醉酒的人，而是把秘密托付给了一个好人，由此推论，好人不会喝醉酒。嗯，好吧，我们不需要一个接一个地把所有论证都拿出来，而是随着每个论证的进展及时应答，这样的话，我们讲的这个故事不会过于冗长。[177] 人们可以反驳刚才这个论证，说按照这种说法贤人决不会陷于忧郁，或者入睡，总而言之，贤人决不会死亡。不过，这种情况只发生在无生命物或者神圣的在者身上，肯定不会发生在人身上。让我们复制一下这个论证：贤人会采取合理的行动；没有人会把秘密托付给忧郁、入睡、死亡的人；因此，贤人决不会陷于忧郁、入睡，或者死亡。

论 酗 酒

提 要

本文的希腊文标题是"ΠΕΡΙ ΜΕΘΗΣ"，英译者将其译为"On Drunkenness"。本文的拉丁文标题为"De Ebrietate"，缩略语为"Ebr."。中文标题定为"论酗酒"。原文共分为53章（chapter），224节（section），译成中文约3.3万字。

本文与前两篇文章（《论耕作》、《论挪亚的农作》）一样，对《创世记》9：20—29进行喻意解释。《论挪亚的农作》的结尾曾讨论哲学家有关醉酒的各种观点，本文开始考虑摩西在这个问题上的看法。

作者在序言部分（1—10节）指出，摩西用酗酒作为五样事情的象征：（1）愚蠢；（2）冷漠；（3）贪婪；（4）喜乐；（5）裸身。在作了简短介绍以后，他对裸身的含义作了特别解释（6—10节）。但在文章的主体部分，内容只涉及前三样事情。

第一，愚蠢（11—153节）。引发愚蠢的主要原因是蔑视教育（11—12节）。悖逆的儿子受到四样指控：顽梗、悖逆、贪食、好酒（13—14节）。顽梗被解释为被动的，悖逆被解释为主动的（15—19节）。贪食要用审慎和自制来切除，不可随众行恶（20—26节）。酒像毒药，原先潜伏在人身上，然后着火燃烧，烧毁整个灵魂（27节）。父母是子女的天然保护人，父母应当成为子女的批评者（28—29节）。在某种意义上，神是我们的父亲，神的智慧是我们的母亲（30—32节）；在另一种意义上，正确的理智或哲学是父亲，习俗、习惯和世俗教育是母亲（33—34节）。根据忠于父亲还是忠于母亲，可以把子女划分为四类：第一类忠于父亲，轻视母亲；第二类忠于母亲，轻视父亲；第三类既忠于父亲又忠于母亲；第四类既轻视父亲又轻视母亲（35节）。首先以叶忒罗为例，讨论轻视父亲，热爱母亲这一类子女，指出真神大于万神（36—45节）。再以拉班为例，讲明拉班是外部世界的崇拜者。年长的是哲学，年轻的是学校里的课程(46—53节)。女性是软弱的，这类人热爱父亲，但轻视习俗，只追随正确的理智（54—64节）。利未人是这类人的代表，在世俗的人眼中，他们是杀人凶手（65—72节）。这类人的最后一个例子是杀死米甸女子的非尼哈(《民数记》25)，对他得到的"和平与祭司权"作简短的反思（73—76节）。不顺从父母的这类子女受到恰当的谴责（77—79节）。对纯粹的哲学家提出最高的赞扬（80—81节）。对正确理智和习俗的顺从配得上以色列这个名称，可以用来接替雅各（82—84节）。摩西用两种祭坛和两种袍子来说明两种卓越（85—87节）。真正的智慧不仅在宗教中，而且在自然科学、伦理学、政治学中，在各种社会活动中表明自身（88—92节）。斥责崇拜金牛犊的以色列人（93—96节），把"营中的声音"解释为情欲的骚乱（97—104节）。把亚伯拉罕拒绝接受所多玛国王的奖赏解释为灵魂除了神以外，拒绝接受其他任何东西，斥责偶像崇拜者（105—110节）。谈论摩西的胜利之歌和水井之歌（111—113节），然后讨论《民数记》一些短语的含义，尤其是"每个人献上他所发现的"（114—120节）。"战败者的声音"指软弱而不是邪恶（121—123节）。喝醉酒是精神上的愚蠢，避免醉酒是真祭司（124—126节）。亚伦接近会幕或祭坛时要禁酒（127—129节）。信徒醉酒是非常糟糕的（130—131节），会幕表示无形体的美德，祭坛表示具体的美德（132—139节）。从结论性的段落引出同样的道德（140—143节），从撒母耳的终生戒酒中得出同样的道德（144节）。哈拿是心里愁苦的妇人，清酒浓酒都不喝，而是把灵魂作为合适的奠酒献给神（145—152节）。酏酒是一种精神上的愚蠢，这方面的讨论到此为止（153 节）。

第二，冷漠或麻木（154—205 节）。在精神或道德领域，心灵的无知就像身体的眼瞎或耳聋，而知识是灵魂的眼睛和耳朵（154—161 节）。必须区分两种无知：一种是纯粹的无知识，另一种是当我们不知道的时候相信我们知道（162—163 节）。用罗得和他的妻子来表示后一种人，罗得的妻子是"习俗"，她一直往后看，他的两个女儿是"商议"和"同意"。"女儿给父亲酒喝"的意思是信念麻痹了心灵，但实际上这是不可能的（164—168 节）。相同的对象在不同的时间会使心灵产生不同的印象，不能依据这些印象下判断（169—170 节）。不确定性的五种表现：动物的身体和习性，随环境变化而变化（171—175 节）；各种情感因人而异（176—180 节）；由于距离和情况发生变化而产生各种幻觉（181—183 节）；两种或两种以上原素组成的混合物，因其比例不同而产生不同的结果（184—185 节）；相对性，只有提到另一样事物时才能知道某一样事物（186—191 节）。无数不同的判断和意见禁止我们肯定或否定（192—197 节）。普通人做出肯定判断不值得奇怪，哲学家仍有可能是教条主义者，在一些重要问题上各持己见（198—202 节）。"女儿几时睡几时起父亲都不知道"，因为心灵的商议和同意都是不可信的（203—205 节）。

第三，贪婪和贪吃（206—224 节）。这是酗酒象征的第三件事情。从法老的故事开始作喻意解释，埃及代表身体，法老在他生日那一天与他的膳长和解（206—209 节）。法老的三名仆人，管烘焙的副主厨、膳长、主厨，都是内臣（宦官），快乐的仆人不能生育智慧，摩西不允许这样的人进入神的会（210—213 节）。放纵与简朴对照，要改进各种奢侈的行为（214—219 节）。与法老和解的是膳长，而不是其他两位仆人，这表明喝酒的欲望是身体放纵采用的最持久的形式（220—221 节）。引用摩西颂歌"所多玛的葡萄树"，再次将醉酒作为愚蠢的象征，最后以一段祈祷结束本文。邪恶者的灵魂不会长出真正的快乐，因为它没有健康的根，只有被烧成灰的根，这种葡萄树不是结果实的，而是承担苦难、邪恶、愤怒、野蛮的，它像毒蛇一样叮咬灵魂，无人能治愈这种叮咬。愿仁慈的神摧毁这种野葡萄，永久惩罚这些宦官和所有不能生育美德的人，把真正有价值的、有男子气的果实，亦即理智的力量，赋予我们（222—224 节）。

正　文

【1】[1] 在前面那篇文章①中，我已经尽我所能，讲述了其他哲学家有关醉酒的观点。现在，让我们来考虑一下这位伟大的立法者在这个主题中用他绵延不绝的智慧把握到的东西。[2] 在他的立法的许多地方，他提到酒和与酒有关的植物——葡萄。他允许一些人喝酒，禁止另一些人喝酒，有时候他下达相反的命令，一个时候允许人们享用它，另一个时候禁止这些人享用它。最后这些人是许了大愿的人②，而被禁止饮酒的那些人是祭司③；饮酒的人非常多，他在他们中间对他们的美德表示最崇高的敬意。[3] 但是，在开始讨论这些事情之前，我们必须仔细考察他在讲述时提到的一些看法。我想，这些观点有如下述。

【2】[4] 摩西用浓酒来象征的东西不止一样，实际上有好几样：胡说八道、胡言乱语、无动于衷、贪得无厌、永不满足、欢乐狂喜、赤身裸体、拥抱他人，表现刚才提到的所有品质，我们读到，挪亚喝醉以后，就处于这种状况。我们知道，所有这些都是由酒引起的。[5] 然而，成千上万的人从来不碰烈酒，他们知道自己是清醒的，但却被同样的情感所把握。我们看到他们可以在有些情况下发疯，变得很愚蠢，在有些情况下完全冷漠，在有些情况下不能得到满足，他们由于缺乏知识而总是渴望那些不可能的事情，而另一方面则充满欢乐和狂喜，最终是真实意义上的赤身裸体。[6] 愚蠢是由那些有害的无纪律引起的，我这样说的意思不仅是不熟悉纪律，而且是厌恶纪律；冷漠是由无知、（始终）盲目和（经常）带有恶意引起的；贪婪是由灵魂

---

① 指《论挪亚的农作》。

② 参见《民数记》6：2。"你晓谕以色列人说，无论男女许了特别的愿，就是拿细耳人的愿（拿细耳就是归主的意思下同），要离俗归耶和华。"

③ 参见《利未记》10：9。"你和你儿子进会幕的时候，清酒、浓酒都不可喝，免得你们死亡，这要作你们世世代代永远的定例。"

的最痛苦的情欲，亦即性欲引起的；而喜乐则产生于获得胜利和践行美德以后。赤身裸体有许多原因：没有能力区分相反的德行、性格过于天真、揭开包藏在晦涩之中的真理的力量。在一个时刻，她揭示的是美德，在另外一个时刻，她揭示的是邪恶。[7] 这是因为，我们脱下的衣服不能多于穿上的衣服。当我们抛弃一项事物的时候，我们必须接纳它的对立面。[8] 老的神话故事告诉我们，神把生来对立的感觉，快乐和痛苦，置于一个脑袋之下，让它们在不同时间被感受，而不是在相同时间被感受，并由此规定，一种感觉的消失就包含另一种感觉的恢复。正是以同样的方式，在我们的主导部分从同一条根会产生两条嫩枝，恶与善，但决不会在同一时刻既发芽又结果。[9] 但是树木会落叶凋谢，与之相反的过程则是展现新的生命和绿色，所以我们可以设定，每一次枯萎都预示着一次繁荣。所以，摩西所说的事情与哲学真理完全一致，他说雅各的出去就是以扫的进来。他说："雅各刚走出去，他哥哥以扫就进来了。"①[10] 这是因为，只要审慎在灵魂中居住和行动，愚蠢的所有朋友都会被驱逐出去。而当审慎改变了她的住处，其他德性就会高兴地溜回来，成为她的凶狠的敌人，驱逐她，让她过着流放的生活，不能再住在原来的地方。

【3】[11] 有关我们这篇论文的序言，我就说这么多。现在我就来开始证明每个端点都始于元一。嗯，我们同意无纪律是愚蠢和谬误的原因，就像许多人喝了大量的酒以后成了愚蠢的人。[12] 无纪律确实是灵魂发生谬误的主要原因，我们从这个源泉涌出的行动不会给任何人带来益处，它只会涌出咸水，充满灾祸，给那些饮水人带来毁灭。[13] 因此，这位立法者说要反对的不是其他任何人，而是无纪律和无训练的人。这就是我们的证明。人类和其他各种动物都有本性，凭着这种本性扮演保护者角色的是谁？确实是父母在扮演这种角色。甚至连疯子也不会有不同的回答。因

---

① 《创世记》27：30。"以撒为雅各祝福已毕，雅各从他父亲那里才出来，他哥哥以扫正打猎回来。"

为本性甚至会本能地推动创造者照料他的创造物，考虑如何长久地保护和保存它。

【4】[14] 摩西提到有些人会恰当地为悖逆者辩护，这些人就是他的父母，他们作为这个悖逆者的原告，其实是想保护他，反对其他那些实际上想要毁灭他的人，这个时候摩西表明了他的想法，这些悖逆者的天然的支持者应当转变为悖逆者的敌人。他说："人若有顽梗悖逆的儿子，不听从父母的话，他们虽惩治他，他仍不听从，父母就要抓住他，将他带到本地的城门，本城的长老那里，对长老说，我们这儿子顽梗悖逆，不听从我们的话，是贪食好酒的人。本城的众人就要用石头将他打死。这样，就把那恶从你们中间除掉。"①[15] 我们看到，这里的指控有四样：顽梗、悖逆、贪食、好酒。最后这样指控是主要的，从第一样顽梗开始，逐步上升到高潮。这是因为，当灵魂开始摆脱缰绳，通过争吵和纠纷向前行进的时候，它在醉酒中达到了极限，醉酒会产生迷乱和疯狂。我们必须逐一了解这些指控，观察它们的完整意义，让我们从第一条开始。

【5】[16] 顺从和遵守美德是高尚的，有益的，反之，不顺从美德是可耻的，在更大程度上是无益的，让我们把这一点当做清楚公认的事实。如果在不顺从的基础上添加争论，那就会增加大量的恶。不顺从美德的人并非在低下的道德水准上热爱争论，而只是忽视他收到的指令，没有其他，而其他人则是在积极主动地执行与这些指令相反的命令。[17] 让我们来考虑这一点是如何显示出来的。举例来说，法律命令我们尊敬父母；不尊敬父母就是不顺从，而主动污辱他们的人则是争斗的爱好者。还有，拯救国家是正义的行为。逃避这种特别义务的人可以归为不顺从，打算背叛国家的人实际上是喜爱争斗的人。[18] 同理，不能与邻居和睦相处的人也是不顺服，与之相反的人会告诉他，向邻居提供帮助是他的义务。除了阻挡他的善意，在争斗精神的推动下，所有伤害者都会产生致命的错误。还有，未能使用神圣祭仪

---

① 《申命记》21：18—21。

以及其他所有相关事情，都是不顺服对这些事情的律法和习俗的反叛，但是反叛的或争斗的挑动者是回避与其直接对立的不虔诚的那个人的名称，他由此成为无神论的领袖。

【6】[19] 这就是他说的"我应当服从谁"，还有"我不认识主"。^① 在说这些话的时候，首先，他断定没有神；其次，他断定，哪怕有神，我们也不认识他。这一结论蕴涵着神圣的天命是不存在的。这是因为，如果有天命这样的东西，那么神也是能认识的。[20] 至于贡献或者付出，当这样做的目的是分享审慎这种最佳财富的时候，这样的付出是值得赞扬的，有益的；当这样做的目的是为了获得愚蠢这种至恶的时候，这样的行为是无益的，应受谴责的。[21] 通过追求美德的欲望、追求卓越的热情、持久的自我训练、不知疲倦、不屈不挠的努力，我们对实现前一个目的做出贡献。通过懈怠、懒散、奢侈、柔弱，以及完全不规则的生活，我们对实现相反的目的做出贡献。[22] 我们确实可以看到，人们做好准备在酒桌上跟自己竞争，自己每天练习，暴饮暴食。他们所做的事情被认为有益，而实际上，他们在金钱、身体和灵魂的每一件事情敲诈勒索他们自己。通过实际支出，他们的实力减弱了，由于过着安逸的生活，他们体力衰退，由于过度放纵食欲，他们把他们的灵魂浸泡在冬天的激流中，在深渊中沉沦。[23] 以同样的方式，那些只是为了摧毁训练和教育而做贡献的人正在诈取他们最重要的元素，理智，并从它的保镖那里砍去审慎和自制，除此以外还有勇敢和正义。我在想，由于这个原因，摩西本人使用了"砍去贡献"这个复合词，更加清楚地表现了他正在描述的这件事情，因为当人们努力收取奉献，也就是说，反对美德的时候，他们伤害、划分和切割温顺的、热爱知识的灵魂，直到将它们彻底毁灭。

【7】[24] 就这样，我们读到，聪明的亚伯兰"杀败"基大老玛和与他

---

① 《出埃及记》5：2。"法老说，耶和华是谁，使我听他的话，容以色列人去呢？我不认识耶和华，也不容以色列人去。"

同盟的王，然后回来；^① 另外，亚玛力人"击杀"练习者的后卫。^② 这两件事情均符合事实真相，因为对立面之间有敌对的关系，它们总是在设法摧毁对方。[25] 还有另外一条指控，一条最大的指控，可以用来反对那些贡献的提供者。那个人的目的不仅是作恶，而且是联合其他人作恶。他保证自己要作恶，而且也同意响应其他人发起的恶，这样一来，他就没有给自己留下一丝获得救赎的希望，因为他的罪既与他的本性相联，又与他向其他人学来的东西相联，但这是律法的直接禁令："不可随众行恶。"^③[26] 在人的灵魂中，恶的方面和产物是多重的，而善是有限的、稀疏的。所以这个建议是最好的：我们不应当与多为伴，而应当与少为伴；因为恶行与前者相联，公正的行为与后者相联。

【8】[27] 第四条最大的指控是，酗酒和醉酒不是比较温和的，而是最强烈的。因为这里用的短语"喝酒像着火一样"，相当于说无纪律是引起愚蠢的毒药，原先潜伏在人身上，然后着火燃烧，无法熄灭，最后快速烧毁整个灵魂。[28] 因此，清除心灵每一种卑劣的倾向是理所当然的。经上说："你们要把恶从你们中间除掉"，^④ 不是从城邦里，不是从国家里，不是从民族里，而是"从你们中间"。这是因为，邪恶的和有罪的思想存在于我们中间，它们的巢穴在我们身上，当它们的状况无法治愈的时候，我们必须砍去它们，摧毁它们。[29] 我们看到，这个人是不顺服者，是喜爱争斗者，为了颠覆道德，他采用说服性的论证，"贡献"和"凑钱"，最后喝醉酒，被烈酒点燃，对美德发起攻击，对她进行疯狂的骚扰。这确实是公正的，这样的

---

① 参见《创世记》14：17。"亚伯兰杀败基大老玛和与他同盟的王回来的时候，所多玛王出来，在沙微谷迎接他。沙微谷就是王谷。"

② 参见《申命记》25：18。"他们在路上遇见你，趁你疲乏困倦击杀你尽后边软弱的人，并不敬畏神。"

③ 《出埃及记》23：2。"不可随众行恶，不可在争讼的事上随众偏行，作见证屈枉正直。"

④ 《申命记》21：21。"本城的众人就要用石头将他打死。这样，就把那恶从你们中间除掉，以色列众人都要听见害怕。"

人应当在他们的同盟者中间发现指控者，亦即在他的父母那里遭遇完全的毁灭，以此告诫那些能获得拯救的人，让他们恢复理智。[30]"父母"是一个有着不同含义的短语。例如，我们可以正确地说，创造这个宇宙的工匠同时又是这个被造者的父亲，而被造者的母亲是它的创造者拥有的知识。神与祂的知识结合，不像人拥有知识那样，生下被造的存在者。而知识，接受了神圣的种子，经受分娩的阵痛，产下唯一钟爱的儿子，它就是感官所认识的我们看到的这个世界。[31] 就这样，在那充满灵感的书中，作者把智慧描绘为在以这样的方式谈论她自己："在祂的所有造物之前，在祂创造万物之先，神就有了我，就看到了我。"① 没错，这是必然的，在创世中生成的一切被造物应当比万物的母亲和保姆年轻。

【9】[32] 如果这些父母指责我们，甚至带有一点恐吓或者轻微的责备，那么有谁能经得起他们的指责？他们馈赠的礼物数量无限，乃至于无人可以包含它们，人们甚至可以说，连这个世界也不能包含它们，而是像某个小水池，被迅速填满和溢出，神的恩惠像泉水一样涌入，满溢的部分会迅速排走。如果不能包含它们的益处，我们又如何能够接受它们的造访，接受它们的惩罚？[33] 但是在当前的讨论中，我们必须忽略对宇宙之父母的思考，把我们的眼睛转向陪伴他们的门徒，照料和指导这样的灵魂，它们并非缺乏训练或者不能培育。所以，我建议，理智、雄性、完善，正确的理智是父亲，各个学派较低的知识是母亲，它有常规的课程或完整的教导。这两样事情和我们的关系就像父母与子女，服从它们是好的、有益的。[34] 现在，我们的父亲，正确的理智，吩咐我们，要遵循自然的步伐，追求无包裹、无伪装的真理。我们的母亲，教育、吩咐我们，要聆听不同城邦、国家、民族制定的法规，而最先拥抱这些法规的人显然倾向于真实。[35] 这些父母有四类子女。第一类子女服从父亲和母亲；第二类子女正好相反，不在意父亲和母亲，而其他两类子女正好缺了一半。他们中有一种人忠诚于父亲，听他

---

① 《箴言》8：22。"在神造化的起头，在太初创造万物之先，就有了我。"

的话，但是轻视母亲和她的警告。另一种子女与之相反，显然忠于母亲，在各方面事奉她，但不在意父亲的话。在这四类子女中，第一类将获胜，而与它相反的第二类将要失败，并会遭遇毁灭。还有两类子女将要获奖，一类获得第二名，另一类获得第三名；第二名属于服从父亲的那类人，第三名属于服从母亲的那类人。

【10】[36] 最后这类人热爱母亲，他们屈服于众人的意见，与人们多样化的生活愿望相一致，他们发生各种变化，就像埃及人的普罗透斯①，他们的真正外貌是不确定的，有本事变成世上任何一样东西，叶忒罗②就具有这种人的典型特点。叶忒罗是一个虚荣的复合体，很像居民杂多的城邦或共同体，受民众的愚蠢意见支配，来回摇摆不定。[37] 你们瞧他是怎么对待摩西的。摩西以他的智慧号召所有人要虔诚和荣耀神，教他们神圣的律法。他的原话是这样的："他们有事的时候就到我这里来，我便在双方之间施行审判，我又叫他们知道神的律例和法度。"③ 然后，貌似聪明的叶忒罗走上前来，他从来不知道神圣赐福的奥秘，他关心的事情是微不足道的，是凡人的事情，可朽者的事情。他就像个煽动家，把律法与自然的法则相对立；因为他的眼睛只看到事物的外表，而实际上它们与真正的存在相连。[38] 然而，摩西甚至对他也感到怜悯，为他巨大的错觉感到遗憾；他感到他应当更好地开导他，说服他离开空洞的意见，追随真理。[39] 他实际上说我们已经"搬走"了，他在练习如何离开空虚的心灵，搬到有知识的地方去，通过神的喻言和应许，这种知识是我们的知识。"到我们这里来，我们会对你们好。"④ 因为你们会失去最有害的邪恶，仅在外观上，你们将获得最有益的馈赠——真

---

① 普罗透斯（Πρωτέως），希腊变幻无常的海神。
② 参见《出埃及记》3：1。"摩西牧养他岳父米甸祭司叶忒罗的羊群，一日领羊群往野外去，到了神的山，就是何烈山。"
③ 《出埃及记》18：16。
④ 《民数记》10：29。"摩西对他岳父（或作内兄）米甸人流珥的儿子何巴说，我们要行路，往耶和华所应许之地去。他曾说，我要将这地赐给你们。现在求你和我们同去，我们必厚待你，因为耶和华指着以色列人已经应许给好处。"

理。[40] 但是，甚至连这样有魅力的话叶忒罗也没有注意，更不会以任何方式追随知识，而是想要赶紧回到空洞的虚无那里去，这确实是他自己的想法。因为我们读到，他对摩西说："我不去。我要回本地本族那里去"①，也就是说，回到无信仰的虚假观念那里去，这是它的亲属，因为它没有学到真正的信仰，而这对真人来说是非常珍贵的。

【11】[41] 他希望把自己的虔诚表现出来，并说"我现今知道主比万神都大"②，他指责自己只是在那些知道如何审判的人眼中显得不虔诚。[42]他们会对他说："亵渎者，你现在知道这一点了吗，迄今为止你难道从来不明白万物之统治者的伟大吗？你以往的经验告诉你有比神更加古老或者更加值得尊重的事物吗？对子女来说，父母的美德不是先于任何其他人的美德吗？造物主和宇宙之父不是从一开始就在掌管宇宙吗？所以如果你说你现在知道，那么甚至现在你也没有真正的知识，因为你自己并非从一开始就存在。[43] 你受到的指责不仅是作假，而且是当你对两样无法比较的事物进行比较时，你说你知道存在者的伟大超过万神。如果你对存在者有真知，你一定不会假设任何神灵有它自己的力量。"[44] 太阳升起的时候，阳光照在其他星辰上，它们自身的光芒被阳光遮蔽；即便如此，启明星的光芒仅对心灵变得可见，纯洁而无污染，穿透到最遥远的地方，在灵魂之眼闪现，其他什么也看不见。这是因为，当存在者的知识光芒闪耀时，它将一切包裹在光芒中，使得那些本身似乎最明亮的物体也变得不可见了。[45] 所以，没有人可以大胆地把真神与伪神作比较，如果他有关于神的任何知识，而神的知识没有任何虚假之处。然而，你对元一的无知使你对杂多的存在产生了意见，而实际上它们根本不存在。

【12】[46] 每一位排斥灵魂之事、钦佩肉身之事的人都会遵循同样的信条和规则，它在肉身之外用一般的形状和颜色装饰打扮，诱惑那些非常容易

---

① 《民数记》10：30。"何巴回答说，我不去。我要回本地本族那里去。"
② 《出埃及记》18：11。"我现今在埃及人向这百姓发狂傲的事上得知，耶和华比万神都大。"

上当的感官。[47] 这位立法者把这样的人叫做拉班，他看不到真正的自然法则，虚假地赞美人为的法律。他说："在我们这地方不是这样的，大女儿还没有给人，先把小女儿给人。"①[48] 拉班认为自己应当维持时间顺序。他认为年长的事物应当先拿过来当我们的伴侣，年轻的事物应当后拿过来。但是这位富有智慧的人知道，即使在自然界也有不受时间影响的事情，人们想要先得到年轻的，然后才得到年长的。人的律法与自然法则在这一点上是一致的，因为实践智慧的人必定先取来较为年轻的文化，然后可以确保自己享受更加完善的事物。[49] 因此，到了这一天，真正热爱高尚的人不会光顾这位姐姐的门，直到他们来取妹妹的知识，姐姐是哲学，妹妹是语法、几何和学校里的所有课程。这就确保了把对智慧的喜爱给予那些真正朴素的，诚实的智慧追求者。[50] 但是喜爱诡辩的拉班有别的想法，他希望我们先娶年长的姐姐，这样做不是为了使我们可以牢靠地占有她，而是使我们后来被妹妹的魅力所诱惑，从而放弃对年长者的欲望。

【13】[51] 这种事情或者其他相同的事情发生在许多人身上，他们在寻找文化的过程中偏离了正确的道路。因为我们可以说，他们从在摇篮里开始就致力于学习哲学这种最完善的学问，但后来他们认为这样做错了，他们根本不需要努力掌握学校里的课程，是他们自己延误了教育。然后他们从比较伟大，历史比较悠久的部门，也就是从哲学，下降到比较弱小、比较年轻的部门，在这些课程的陪伴下成长，由此失去了返回所有课程起点的力量。[52] 我在想，这就是拉班说"满了她的七日"②的原因，意思是"不要让灵魂的真善无限地闪耀，而要让它有阶段性和限制，这样你就可以保持与较为年轻的善为伴，归入这一类的善物有身体的美、荣耀、财富，等等"。[53] 但是雅各并没有答应给她圆满，而只是同意"满足"③她的愿望，也就是决不停止追

---

① 《创世记》29：26。"拉班说，大女儿还没有给人，先把小女儿给人，在我们这地方没有这规矩。"

② 《创世记》29：27。"你为这个满了七日，我就把那个也给你，你再为她服事我七年。"

③ 《创世记》29：28。"雅各就如此行。满了利亚的七日，拉班便将女儿拉结给雅各为妻。"

求有利于她的成长和圆满的东西，始终在任何地方忠于她，无论将他拉向相反方向的那些影响有多么大。[54] 我在想，女人要比男人遵循更多的习俗，这一点在拉结的话中相当清楚，女人羡慕的只是感官所能察觉到的东西。因为她对她的父亲说："现在我身上不便，不能在你面前起来。"①[55] 所以我们看到，服从习俗是女人的特殊财富。确实，习俗是比较柔弱的灵魂的规则。这是因为，自然是男人的，顺从自然是强者和真正阳刚的理智的标志。

【14】[56] 这个灵魂的直率确实非常惊人，她在和她自己谈话，承认自己不能站起来反对明显的善物，而是站在它们每一个的面前，继续荣耀和喜爱它们。[57] 我们有哪一个会站起来反对财富？有谁打算与荣耀摔跤？有多少仍旧生活在空洞意见迷宫里的人会变得藐视荣耀和官职？一个也没有。[58] 确实，由于这些事物没有一样是我们自己的，我们高尚地谈论它们，就好像我们的心沉溺于朴素的满足，这是完全自足和公义的生活的秘密，有益于自由和出生高贵者的生活。但是，当我们的面颊为了这样的事情感受到希望的气息时，尽管它除了是最轻微的气息以外不是其他任何东西，但我们显示了我们的本色，我们会直接缴械投降，不再抵抗。受到我们喜爱的感官的背叛，我们抛弃了与灵魂的所有友谊；我们的逃跑不再是偷偷的，而是毫不隐藏。这很自然。[59] 因为女人的习俗仍旧在我们中间流行，我们不能在它们中间得到净化，也不能逃往男人的居所，如我们所知，那里有热爱美德的心灵，名叫撒拉。[60] 喻言把她说成已经绝经②，而她分娩在即，将要产下自学的本性，名叫以撒。[61] 她也声称自己没有母亲，只从父系而不从母系得到继承权，就这样，她的出身没有女性的部分。因为我们发现，经上说"她确实是我的妹子，与我同父异母"。她不是生于我们的感官能够感受到的质料性的实在，它们一直处于生成与消解的状态，质料被称做被造物的母亲、养母、保姆，这些被造物是从那些起初是智慧产物的东西中生长

---

① 《创世记》31∶35。"拉结对她父亲说，现在我身上不便，不能在你面前起来，求我主不要生气。这样，拉班搜寻神像，竟没有搜出来。"

② 参见《创世记》18∶11。"亚伯拉罕和撒拉年纪老迈，撒拉的月经已断绝了。"

起来的；她是天父和万物之因生的。[62] 所以，在整个物体形式的世界之上翱翔，在神那里狂喜欢乐，她被当做笑话，笑话那些担忧人间事务的男人，无论在战争时期还是在和平时期。

【15】[63] 但是，我们仍旧处在习俗的影响之下，它们没有阳刚，充满阴柔，它们关心的就是感觉、感觉的对象、情欲，它们不能站起来反对任何形式的现象，而只能反对它们全部，甚至反对那些普通种类的现象，有的时候跟我们的自由意愿一道，有的时候没有。[64] 然而，如果我们的军队不能服务于这位父亲的命令，因此遭受失败，那么无论如何应当与母亲，也就是比较低的教育结成同盟，她在各个城邦制定法规，由习俗和意见批准，她的立法因族群不同而不同。[65] 但是，也有一些人藐视母亲的命令，竭尽全力坚持按照父亲的话语办事，按照正确理智的判断，这些话语配得上最高的荣耀，可以担任祭司。如果我们描述他们得奖的行为，也许会引发我们嘲笑众人，他们受到外表的欺骗，神把外表放在他们眼前，但他们不能察觉它们的价值，因为价值是不可见的，被包裹在隐蔽之处。[66]依照他们的判断，祈祷、献祭、神庙里的崇拜都是给予的，实际上是在——奇怪的悖论——杀人、杀害兄弟，杀害跟他们最亲、最近的人，尽管他们应当去找官府，洗白他们自己和他们的家族，说他们与任何污染没有联系，哪怕是不自觉的，更不必说自觉的了。[67] 因为我们读道："各人杀他的弟兄与同伴并邻舍。利未的子孙照摩西的话行了。那一天百姓中被杀的约有三千。"① 他赞扬了那些人，他们按照命令杀了大量的人，"你们今天亲手应验了主的话语，各人攻击他的儿子和弟兄，应当给你们赐福"②。

【16】[68] 那么，除了说这些事均会受到那些在男人中间实施的规则的

---

① 《出埃及记》32：27—28。"他对他们说，耶和华以色列的神这样说，你们各人把刀挎在腰间，在营中往来，从这门到那门，各人杀他的弟兄与同伴并邻舍。利未的子孙照摩西的话行了。那一天百姓中被杀的约有三千。"

② 《出埃及记》32：29。"摩西说，今天你们要自洁，归耶和华为圣，各人攻击他的儿子和弟兄，使耶和华赐福与你们。"

谴责，因为他们有他们的母亲"习俗"作为指控者、政治家和鼓动家，但被自然法则判为无罪，因为他们有他们的父亲"理智"的支持，我们还能说什么呢？[69] 如某些人所假定的那样，祭司在这里杀的不是人，不是由灵魂和肉体组成的那个有生命的理智动物。不，他们切除的是他们自己的心和心灵，是与肉身最亲近的东西。他们认为，这样做有益于那些担任使臣的人前往唯一聪明的存在者，他们与属于这个被创造世界的一切事物疏离，把所有这样的事物当做死敌，对它们充满仇恨。[70] 然而，我们要杀的我们的"兄弟"不是一个人，而是灵魂的兄弟肉体；也就是说，我们将要把对情欲的热爱和可朽的元素从对美德的热爱和神圣中分离出去。我们也将要杀死我们的"邻居"，再说一遍，它不是一个人，而是感官的军队和同伴。那个同伴就是和灵魂最亲热的，是灵魂的敌人，它散布它的种籽，并设下陷阱捕捉她，为的是用感性知觉对象的洪流淹没灵魂，使她无法仰望天空，也无法欢迎神圣的型相，其本性只能靠心灵来把握。还有，我们将要杀死和我们"最近的"人；和理智最近的就是说出来的话语，话语通过似是而非、似乎有理的循循善诱而把虚假观念植入我们身上，以摧毁我们最高贵的所有物——真理。

【17】[71] 那么，我们为什么不应当马上对他进行报复呢？他是智者和恶棍，判处他死刑对他有益——也就是让他沉默，因为沉默就是语言的死亡。这样一来，他就不会再在他的心灵中玩弄智者之术，心灵也不会偏离正道，而会绝对免除他的"兄弟"，也就是身体的快乐，免除他的上门的"邻人"，也就是感官的巫术，免除与他"最亲近的"人，也就是语言的智术，这样他就能够把他不受阻碍的自由献给精神事务的世界。[72] 就是这个心灵"在对自己的父母说话"——他的道德上的双亲——"我未曾看见你们"，从我看见神的事物那天起；就是这个心灵不再认识他的儿子，自从他接近智慧的知识以来；就是这个心灵不承认他的弟兄，①在他在神面前宣布放弃权力

---

① 参见《申命记》33：9。"他论自己的父母说，我未曾看见。他也不承认弟兄，也不认识自己的儿女。这是因利未人遵行你的话，谨守你的约。"

之前，而是被判断为值得获得完全的拯救。[73] 就是同样的心灵，"拿起长枪"，探测和寻找可朽的被造物的秘密，发现食物和饮料是它幸福的宝库；如同摩西告诉我们的那样，他"进入了火炉"——人生的火炉，熊熊燃烧，不能熄灭，把我们无数的过失添加进去当做燃料；领受这种力量的人"刺透"女人和男人——女人由腹中刺透，因为她相信自己是生育的原因，尽管实际上她是被动的，而不是主动的——"男人"在各方面都被说成是遵循这种信仰的——则相信自然是神的行为的对象，自然只属于神，只有神是一切有生成的事物的原因。①

【18】[74] 这样的一个人必定会被众人判定为杀人凶手，被习俗谴责为像女人一样柔弱，但是按照统治万物的天父神的判断，他值得赞扬，而且不能剥夺给他的两样奖赏：和平与祭司权。② [75] 这是因为，要能坚持众人如此渴望和追求的外在生活，要参加猛烈持久的战事，亦即欲望在灵魂中的内讧，在那里建立和平，这是一项伟大光荣的壮举。了解到不是其他任何东西，既不是财富，又不是荣耀，又不是官职，又不是美貌，又不是力气，又不是身体的所有特长，又不是地或天，又不是整个世界，而是真正的原因，那个原因中的至高无上的原因，配得上我们事奉，赋予它最高的荣耀，并由此得到祭司的等级——这是一种不可思议的特权，那么这件事值得我们全力以赴。[76] 当我称它们为两样姐妹奖品的时候，我并没有喊错。我知道没有人可以是真正的祭司，他仍旧是那场凡人战争中的一名战士，受到空洞意见的引导，也没有人可以是一个和平的人，若是他不崇拜真理，并真诚地认为只有存在者能够免除战争，生活在永久和平之中。

【19】[77] 就这样，他们荣耀父亲和属于父亲的东西，轻视母亲和属于

---

① 参见《民数记》25：7—8。"祭司亚伦的孙子，伊莱贾撒的儿子非尼哈看见了，就从会中起来，手里拿着枪，跟随那以色列人进亭子里去，便将以色列人和那女人由腹中刺透。这样，在以色列人中瘟疫就止息了。"

② 参见《民数记》25：2，13。"因为这女子叫百姓来，一同给她们的神献祭，百姓就吃她们的祭物，跪拜她们的神。""这约要给他和他的后裔，作为永远当祭司职任的约。因他为神，有忌邪的心，为以色列人赎罪。"

母亲的东西。但是，摩西把这个与父母不和的儿子说成是这样的，这个儿子说："我不认识主，我没有派以色列人去。"①我们可以期待，这样的人会反对两样事情，既反对正确理智的统治，这是我们对神的义务，又反对训练和教育在我们身上的建树，善待这个被造的世界；因此，他的工作会发生普遍的混乱。[78] 人类决不会净化自身的恶，这些恶与善不混杂，也不会有虔诚的意愿和对人友好的倾向，正好相反，他们与不虔诚和无神论混杂在一起，与他们的同伴一样，不坚持信仰。[79] 这些就是出没于城邦的主要毒虫，它们想要控制城邦，或者讲得更加真实一些，它们想用无休止的诡计颠覆私人和公共生活。我们可以很好地把它们当做大瘟疫、大饥荒、大干旱，或者当做其他任何天谴之事来对待，通过祈祷和献祭来避免它们。它们到处肆虐，危害极大。所以，摩西赞颂它们的毁灭；讲它们如何因自己的同盟者而遭受失败，被它们自己想象的天穹上的大海所吞没。

【20】[80] 下面让我们来谈那些与最后这类人为敌的人，他们赋予教育和正确的理智以一定的荣耀，这类人只依赖一位父母，但却是美德半心半意的追随者。这第四类人是他们法律的勇敢卫士，这些法律由他们的父亲亦即正确的理智制定，也是习俗的忠诚仆人，这些习俗由他们的母亲亦即教导引进。[81] 他们的父亲，正确的理智，教他们要荣耀万物之父；他们的母亲，教导，教他们不要轻视那些由习俗制定并被普遍接受的原则。[82] 现在，我们来考虑雅各的情况。这位美德的实践者现在处于最后一个回合，想要把听改变为看，想要把话语转变为行动，向着圆满前进，因为慷慨的神要在他的理智里种下眼睛，让他能在听以前能最清晰地看，因为看比听更加可靠。然后，那些喻言对他们宣告："你的名不要再叫雅各，要叫以色列，因为你与神和人较力，都得了胜。"②雅各这个名称现在表示学习和进步，这些礼物

_____

① 《出埃及记》5：2。"法老说，耶和华是谁，使我听他的话，容以色列人去呢。我不认识耶和华，也不容以色列人去。"

② 《创世记》32：28。"那人说，你的名不要再叫雅各，要叫以色列。因为你与神与人较力，都得了胜。"

都依赖听；以色列表示圆满，因为这个名称表示神的眼力。[83] 在所有赐福中间，美德能比绝对存在者的眼力更加圆满吗？拥有这种赐福的人拥有公平的名声，并在双亲眼中得到承认，因为他从神那里获得力量，这种力量在凡人中间也是有用的。[84] 我想，善也像箴言中所说的那样，"在神和世人眼前提供卓越的事物，"① 因为通过二者，卓越的获得才趋向于圆满。如果你学会了遵守你父亲的法律，也不排斥你母亲的规定，那么你就不会害怕骄傲地说，"我在父亲面前为孝子，在母亲眼中为独一的娇儿"② 。

【21】哎，确实，我会对这样的人说："如果你希望获得人的友谊，那么你要遵守那些在被造凡人中遵循的习俗，你非常虔诚和热心，也服从这位非被造者的法令，怎么会不能赢得这种喜爱？"[85] 所以，神的通司摩西从事神圣的工作，装饰会幕，向我们展示出双重的圆满。因为，我们看到他给约柜里外贴金③，他给大祭司两套袍子④，他建造了两座祭坛⑤，一座用于献祭，一座用于烧香⑥，他这样做不是毫无目的的。不，他希望用这些东西象征两种美德。[86] 贤人必须用审慎来装饰，审慎比所有黄金更宝贵，它既在灵魂内部不可见的事物中，又在外部可以被所有人看见的事物中。还有，当他从凡人的追求中退却，只崇拜存在者的时候，他必须穿上真理朴素的袍子，不可触碰任何可朽的事物。因为亚麻布造的袍子，不是动物的皮毛制品，动物的本性是可朽的。但是，当他进入公民的生活时，他必须脱下里面的袍子，换上另一件袍子，他的富有令人惊讶。因为生活是多重的，需要那位掌舵的主人也是聪明的，具有多种多样的睿智。[87] 还有，当这位主人站在

---

① 《箴言》3：4。"这样，你必在神和世人眼前蒙恩宠，有聪明。"

② 《箴言》4：3。

③ 参见《出埃及记》25：10。"要用皂荚木作一柜，长二肘半，宽一肘半，高一肘半。"

④ 参见《出埃及记》28：4。"所要作的就是胸牌，以弗得，外袍，杂色的内袍，冠冕，腰带，使你哥哥亚伦和他儿子穿这圣服，可以给我供祭司的职分。"

⑤ 参见《出埃及记》27：1。"你要用皂荚木作坛。这坛要四方的，长五肘，宽五肘，高三肘。"

⑥ 参见《出埃及记》30：1。"你要用皂荚木作一座烧香的坛。"

公开可见的祭坛外的时候，他好像很在意皮、肉、血，以及牺牲的各个部分，这样做是为了不冒犯成千上万的民众，尽管他们把有关肉身的事情视为价值次于灵魂的东西，但他们认为这些事物确实是好的。但是，当他站在祭坛里面时，他只会处理没有血肉和身体的事物，这些事物是理智生下来的，就好像焚香上供。香的味道充满鼻孔，这些东西的芬芳也弥漫灵魂的整个区域。

【22】[88] 我们也一定不可不知，作为技艺中的技艺，智慧似乎在随着主题的变化而变化，然而对那些有着纯洁的视力，不会被层层包裹的真相所误导，能够凭借技艺本身看到事情真相的人来说，它是不变的。[89] 他们说最伟大的雕刻家斐狄亚斯①会用青铜、象牙、黄金，以及其他各种材料来制作雕像，然而在所有雕像中他留下了同一门技艺的印记，不仅行家们能看得出来，而且对这些事情一窍不通的人也能认出他的作品来。[90] 就像自然经常产下双胞胎，两个事物的外形几乎完全相同，完善的技艺也是这样，技艺是自然的模仿和肖像，可以取来不同的质料塑造作品，给它们留下几乎相同的外形，就好像亲属和兄弟，相互之间就像双胞胎。[91]我们将会看到，圣贤身上的力量也在发生同样的事情。在虔诚和神圣的名称下，它涉及真正存在者的属性；作为自然学，在此名目下研究天穹和天体；作为气象学，它要处理气以及气的变化引起的各种后果，每年的主要季节，以及跟日月循环特别有关的事情；作为伦理学，它要处理人的行为的改善，人的行为有许多形式；作为政治学，它要处理国家；作为经济学，它要处理家政管理；作为宴会学，或者举办宴会的技艺，它要处理筵席和节庆；还有，我们具有统治人的能力，要通过立法来使人令行禁止。[92] 所有这些技艺——虔诚、神圣、自然学、气象学、伦理学、政治学、经济学、统治术、立法术，以及其他许多技艺——在他那里找到了自己的家，这是最真实的感觉，有多重声音和多个名称，他甚至就是圣贤，我们可以看到他在各种情况下都具有相同的

---

① 斐狄亚斯（Φειδίας），雅典著名雕刻家。

形式。

【23】[93] 在讨论了四类儿子以后，我们一定不要忽略下面这些要点，这是最清晰的证据，表明我们的分类依据正确的划分。因愚蠢而自我膨胀，忘了自己是谁的这个儿子被他的父母斥责为"我们的这个儿子"，这些话表明他不顺从和不听话。[94]但是用"这个"来指称他，说明他们还有其他孩子，这些孩子服从父亲或者母亲，或者说服从双亲。这是有天赋者的推论，吕便人①是这种人的典型；是温顺的学者，如西缅，因为他的名字的意思是"听见"；在神那里寻求庇护的乞援者，这是利未人的同伴；那些用他们的心而不是用他们的声音唱赞美诗的人，这种唱诗班的领队是犹大；那些自愿辛勤劳动，获取美德的人被判断为配得上奖赏和奖品，如以萨迦；那些抛弃迦勒底人占星术的人沉思非被造者，如亚伯拉罕；那些没有通过其他声音，而是通过他们自己的声音，没有其他老师，而他们自己就是老师的人，如以撒；那些充满勇敢和力量的人，如最完善的人摩西。

【24】[95] 所以，不顺从和爱争论的人有很好的理由"纳贡"，这是罪上加罪，小上加大，老上加新，不自愿加上自愿，就好像喝酒，整个身体就像着火，浸透了愚蠢，被神判定为应受石刑。是的，这是因为他废除了他的父亲正确理智的命令，也废除了他的母亲教导给他制定的规矩，尽管在他面前有真正高尚的典范，也就是他父母荣耀的他的兄弟，但他没有模仿他们的美德，而是顽固地决定要当邪恶的犯罪者。就这样，他造就了一个肉身之神，一个毫无价值，但在埃及人中最受荣耀的神，它的象征是一尊金牛犊。疯狂的崇拜者围着它跳舞、欢乐、唱歌，但这首歌不是旅行者唱的宴会上甜蜜的祝酒歌，而是一首名副其实的在葬礼上唱的挽歌，人们喝了酒才唱这样的歌，曲调松弛，缺乏振奋灵魂的活力。[96] 我们得知，"当约书亚听到百姓呼喊的声音，就对摩西说，这不是人打胜仗的声音，也不是人打败仗的声

---

① 参见《士师记》5：15。"以萨迦的首领与底波拉同来。以萨迦怎样，巴拉也怎样。众人都跟随巴拉冲下平原。在吕便的溪水旁有心中定大志的。"

音，我所听见的乃是人喝酒歌唱的声音。摩西挨近营前就看见牛犊，又看见人跳舞"①。让我们来看他用这样的描述来象征什么。

【25】[97] 我们的本质有时候是平静的，有时候是冲动的，或者我们可以把冲动称做不合时宜的呼喊。当这些本质平静的时候，我们拥有深刻的和平，如果不是这样，我们就有不间断的战争。[98] 关于这一点，没有什么证据能比个人经验更加确定。这样的一个人听到了百姓呼喊的声音，就对那个观察事情发展的人说"在营里有争战的声音"。因为只要非理智的冲动在我们身上"呼喊"，我们的心灵就会变得坚硬和顽固。但是当它们开始用多重的声音充满灵魂的区域，当它们召唤情欲采取行动的时候，它们就发生内战。[99] "营里有了战争。"确实如此。除了在被他比喻性地称做营的地方，也就是在肉身的生活中，在其他什么地方我们能发现争论、战斗、战争，以及其他各种残酷的战事？心灵这个营是不会离开的，它充满了神，发现自己就在存在者面前，在那里沉思无形体的型相。[100] 因为我们读道："摩西将帐篷支搭在营外"，离营不近，而是很远。② 他以这样的描述建议说，这位贤人是一位朝圣者，他从和平转为战争，从混乱的必死者的营转向和平的神的生活，那里没有争斗，是理智和幸福的灵魂生活的地方。

【26】[101] 他在别处说："我一出城，就要向主举手祷告，雷必止住。"③不要假设在这里讲话的是一个人——这是一个复合的动物，灵魂和肉体交织在一起或混合在一起（你想怎么说就怎么说）。不，它是纯粹的、纯洁的心灵。当它被禁锢在身体的城邦和凡人的生活中的时候，它就像一名被关进牢

---

① 参见《出埃及记》32：17—19。"约书亚一听见百姓呼喊的声音，就对摩西说，在营里有争战的声音。摩西说，这不是人打胜仗的声音，也不是人打败仗的声音，我所听见的乃是人歌唱的声音。摩西挨近营前就看见牛犊，又看见人跳舞，便发烈怒，把两块版扔在山下摔碎了。"

② 参见《出埃及记》33：7。"摩西素常将帐篷支搭在营外，离营却远，他称这帐篷为会幕。凡求问耶和华的，就到营外的会幕那里去。"

③ 《出埃及记》9：29。"摩西对他说，我一出城，就要向耶和华举手祷告，雷必止住，也不再有冰雹，叫你知道全地都是属耶和华的。"

房的囚犯，甚至会向它大声宣布，你不能自由地呼吸；但是当它走出这个城邦，它的思想和念头就自由了，就像一名手脚未曾捆绑的囚犯，找到了可以自由使用它的主动力量的范围，所以情欲的喧哗马上受到约束。[102] 它习惯用来进行指挥的快乐的呐喊有多么响亮！雷声无法阻挡那些不能管束他们需要的人，欲望的声音连续不断！每一情欲的呼唤音色丰富，无比响亮！[103] 然而，尽管它们各自有成千上万的舌头和嘴巴，用诗人的话来说，会发出战争的叫嚣，但它不能混淆完善的贤人的耳朵，他已经在别的地方下定决心不再与它们同住在一个城邦里。

【27】[104] 有此经历的人说他感到身体的营中发出的所有声音都是战争的声音，而对和平来说显得那么宝贵的平静却被赶走，这个时候神圣的话语没有表示异议。因为它没有说这声音不是战争的声音，而只是说它不像某人想象的那个样子，是打胜了的声音或战败了的声音，这些声音是那些喝了酒而负担沉重的人发出来的。[105] 因为，"这不是那些用力唱歌的人的声音"，这个短语最后那些词的意思是"那些打胜仗的人"。因为力量是胜利的原因。就这样，聪明的亚伯拉罕被说成击溃了兴起叛乱的九位国王，四种情欲和五种感官，唱起了感恩的颂歌："我要向天地的主至高的神起誓，凡是你的东西，就是一根线，一根鞋带，我都不拿。"①[106] 我想，他用最后这些话道出了整个创世，天、地、水、我们呼吸的气、动物、植物，等等。对于每一样事物，他只希望得到神的帮助，把他自己灵魂的活动朝向神，所以他会正确地说："我不会拿走你的任何一样生灵，不会拿走任何一缕太阳光，不会拿走月亮和星辰的光芒，不会从气或云里拿走雨，不会从水和土里拿走饮料和食物，不会从眼睛里拿走视觉，不会从耳朵里拿走听觉，不会从鼻孔里拿走嗅觉，不会从上颚拿走味觉，不会从舌头拿走语言，不会从手拿走给予和接收，不会从脚拿走前进与后退，不会从肺拿走呼与吸，不会从肝拿走

---

① 《创世记》14：22—23。"亚伯兰对所多玛王说，我已经向天地的主至高的神耶和华起誓。凡是你的东西，就是一根线，一根鞋带，我都不拿，免得你说，我使亚伯兰富足。"

消化，不会从其他内部器官拿走相应的功能，不会从树木拿走每年的果实，但我会从唯一聪明的存在者那里取来所有这些东西，存在者把祂仁慈的力量延伸到任何地方，通过它们来给我提供帮助。"

【28】[107] 所以，能看到存在者的人知道祂是原因，也荣耀那些以祂为原因的事物。他不会使用奉承的话语，然而会承认它们应得的东西。这种承认是最公正的。我不会从你那里拿走任何东西，但我将从神那里取用，神拥有万物；不过，我的取用可能会通过你，因为你制造了工具，可以用来料理祂无尽的恩惠。[108] 但是，没有识别能力的人的理智是盲目的，只有存在者能够识别他的理智，他不会在任何地方看见存在者，只能用他的感官看到显示给他的这个世界的质料，他相信这些质料是一切有生成的事物的原因。[109] 所以，他开始塑造众神，把这个有人居住的世界布满了石头和木头的偶像，以及其他各种质料制成的塑像，赋予画家和雕刻家以极大的奖赏和荣耀，而这位立法家则把这些人从他城邦的疆界内驱逐出去。这个人期待着能产生虔诚；但他完成的是它的对立面，不虔诚。[110] 多神论在愚蠢者的灵魂中创造了无神论，神的荣耀遭到那些把可朽者奉若神明的人的蔑视。他们不满足于塑造太阳或月亮的形像，或者说他们已经这样做了，塑造了所有土和所有水的形像，他们甚至允许无理智的植物和动物享有属于不朽的事物的荣耀。亚伯拉罕谴责这样的人，我们要说，他带着这样的思想唱起了胜利颂歌。

【29】[111] 所以，摩西的颂歌也是这样的。他看见埃及国王，那个自我吹嘘的心灵与他的六百辆战车，① 也就是有机体的六种运动，由那些驾驶战车的军长来调整，② 尽管没有一样被造的事物是稳定的，但他们认为应当阻止诸如此类稳定地建立起来的东西和不明显的变化。他看到心灵由于不虔诚而遭受惩罚，而实践的崇拜者逃离了他的敌人，被带往未曾预料到的平

---

① 参见《出埃及记》14：7。"并带着六百辆特选的车和埃及所有的车，每辆都有车兵长。"
② 参见《出埃及记》15：4。"法老的车辆，军兵，耶和华已抛在海中，他特选的军长都沉于红海。"

安。所以当他赞美事件的真正施予者神的公义时，他唱的颂歌是最适宜的。"祂将马和骑马的投在海中，"① 也就是说，祂把骑在情欲身上的非理智的心灵埋葬在看不见的地方，情欲是一头不知约束的四足野兽，而祂表明自己是可见灵魂的助手和卫士，赋予灵魂完全的拯救。[112] 还有，摩西在井边领唱颂歌，这一次他的主题不仅是击溃情欲，而且是用不可战胜的力量赢得智慧这种最美的所有物，他把智慧比做井。因为智慧潜藏在井下，为那些口渴的灵魂涌出真正高贵的、甜蜜的井水，比其他一切事物更为需要和美味可口。[113] 但是他的这些教训不是针对普遍人的，得到允许挖井的不是百姓，而是国王，因为他说"国王们挖了井"②。寻找和完善智慧属于伟大领袖的事，但是用双手征服大海和陆地的不是这些领袖，而是那些通过灵魂的力量战胜众人之混乱的那些人。

【30】[114] 可以证明这些领袖是有追随者和仆人的，他们对他说："仆人权下的兵已经计算总数，并不短少一人。如今我们将各人所得的都送来为主的供物。"③[115] 这些人似乎也希望唱一首胜利之歌，与这些领袖的完善力量相适应。因为他们说，他们会取一个最大的数字作为总和，也就是勇敢的不同方面的总和。他们依照本性是战士，列队与敌人的两头狮子战斗，一头狮子由胆怯牵着，胆怯这种品质与治病很不一样，另一头狮子由鲁莽牵着，受到激励，表现出战斗的疯狂，没有任何属于良好判断的成分。[116] "并不短少一人"，这话说得很好，或者讲的是未能参与勇敢的完善与完成。就像竖琴或其他任何乐器，哪怕只有一个音符跑了调，整个乐曲就不

---

① 《出埃及记》15：1。"那时，摩西和以色列人向耶和华唱歌说，我要向耶和华歌唱，因他大大战胜，将马和骑马的投在海中。"

② 《民数记》21：16—18。"以色列人从那里起行，到了比珥（比珥就是井的意思）。从前耶和华吩咐摩西说，招聚百姓，我好给他们水喝，说的就是这井。当时，以色列人唱歌说，井阿，涌上水来。你们要向这井歌唱。这井是首领和民中的尊贵人用圭用杖所挖所掘的。以色列人从旷野往玛他拿去"

③ 《民数记》31：49—50。"对他说，仆人权下的兵，已经计算总数，并不短少一人。如今我们将各人所得的金器，就是脚链子、镯子、打印的戒指、耳环、手钏，都送来为耶和华的供物，好在耶和华面前为我们的生命赎罪。"

协调了，在演奏时，琴弓与琴弦一道发出和声，灵魂的乐器也是这样。如果琴弦被鲁莽调得太紧，那么整个音调太高，整个乐曲就不和谐，或者当琴弦被胆怯和软弱调得太松，整个乐曲也不和谐。当勇敢的所有琴弦与每一种美德相结合，产生美妙的乐曲，它就是和谐的。[117] 这个事例中的和谐与优美在他们向神作奉献时说的那些话中得到充分证明，也就是说，他们及时地荣耀存在者，清楚地承认这个宇宙是祂的礼物。[118] 这些话语说得与事实真相完全一致，"一个人要把他找到的东西作为礼物奉献"。也就是说，我们每个人在我们出生时发现，神把整个宇宙本身，以最高的数字，作了伟大的馈赠。

【31】[119] 神赐予的馈赠也有部分的和特殊的，适合人们接受。我们发现它们是美德以及与之相应的活动。我们对它们的发现几乎不受时间限制，因为馈赠者送礼如果过于快捷会使接受者感到惊讶，哪怕是那些没有找到什么东西的人。[120] 就这样，以撒问："我儿，你如何找得这么快呢？"他对他的儿子找东西的速度感到惊讶，各种合乎美德的品性就是这样获得的。神的馈赠的接受者正确地回答："这是主神给我机会得着的。"① 因为通过人来传递的教训和禁令是缓慢的，而那些来自神的教训和禁令极为快捷，甚至超过最快的运动时间。[121] 上面描写的这些人是歌唱流行颂歌的人，领唱人带着合唱队唱着胜利颂歌和感恩颂歌，而他们唱着软弱之歌，战败之歌，伴随着哭泣声，属于另一种类型，我们应当对他们感到遗憾而非谴责他们，就像我们对那些身体遭受自然致命打击的人感到遗憾，他们的疾病给他们带来不幸，甚至阻碍他们寻找健康和安全。[122] 但是有些人遭遇失败不是不情愿的，不是因为他们灵魂的神经比较虚弱，不是因为他们被对手的强力所压制，而是因为他们效法那些囚禁自己的人，自觉自愿地跪在残暴的主人脚下，尽管他们出生是自由人。由于他们出生自由，所以他们不能被出

① 《创世记》27：20。"以撒对他儿子说，我儿，你如何找得这么快呢？他说，因为耶和华你的神使我遇见好机会得着的。"

售，于是他们——极为奇怪地——给自己购买了主人。就这样，他们贪得无厌地喝酒，直到喝醉为止。[123] 出于这样的考虑，可以认为没有人逼他们唱酒，经过充分的考虑，这些人从他们的灵魂中消除了清醒，选择了疯狂。因为经文上就是这样写的，"我听到他们唱的祝酒歌的声音"，这不是疯子不自觉地唱的歌，而是疯子本人自觉地唱的歌。

【32】[124] 嗯，每一个靠近营房的人都能"看见牛犊和跳舞"①吗，如摩西本人所说的那样？我们所有人都有深思熟虑的目的，靠近身体的营房会发现自己有空虚陪伴，有饮酒狂欢者陪伴。而那些渴望看到美景、注视无形体事物的人是实施简洁之人，因此他们的习惯是尽可能使他们的住所远离身体。[125] 所以，向神祈祷吧，决不要变成祝酒歌的领唱人，决不，也就是说，决不要自觉自愿地迈出第一步，走上这条导致无纪律和愚蠢的道路。我说的是自觉自愿，因为不自觉自愿的恶是半恶，是分量较轻的事情，没有那种已被宣告有罪的良心的负担。[126] 但若你的祈祷应验了，你不再是一个平信徒，那么你将获得大祭司的职务。因为这仅仅是神的祭司和使臣的任务，或者说这几乎不是其他任何人的任务，亦即清醒地献祭，用心灵的稳固来抵抗酒杯以及引发愚蠢的一切。[127] 我们读道："神晓谕亚伦说，你和你儿子进会幕的时候，清酒、浓酒都不可喝，免得你们死亡，这要作你们世世代代永远的定例。使你们可以将圣的、俗的，洁净的、不洁净的，分别出来。"②[128] 亚伦是祭司，他的名字的意思是"山一般的"。他是理智，他的思想是高尚的、崇高的，不是自我膨胀、自吹自擂的巨大，而是美德的伟大，美德提升了他的思想，使之高于天空，不让他珍视任何卑鄙和低劣的推理。有了这样的思想，他决不愿意让任何引发愚蠢的烈酒或药剂接近他。[129] 因为他本人必须进入会幕，在神秘的行进中完成看不见的祭仪，或者走向祭坛，在那里献上感恩祭，为了私人的和公共的幸福。这些事情都需要

---

① 《出埃及记》32：19。"摩西挨近营前就看见牛犊，又看见人跳舞，便发烈怒，把两块版扔在山下摔碎了。"

② 《利未记》10：8—10。

清醒的节制，要注意力集中。

【33】[130] 在字面意义上，这条命令也值得我们遵守。人确实应当清醒地进行祈祷和做各种圣事，要能完全控制自己，而喝了酒以后身体和灵魂变得松弛是一件应当受到嘲笑的事情。[131] 我们知道，当仆人将要接近他们的主人，或者儿子将要接近他们的父母，或者臣民将要接近他们的统治者，这个时候他们会保持头脑清醒，不在言行上有所过犯，这样就不会因为藐视尊长而受到惩罚，或者成为嘲笑的对象。那么，声称要事奉主和万物之父，而不把食物、饮料，以及其他生活必需品视为至高无上的人会在放荡和风流生活中堕落吗？酗酒使人双眼沉重，头部歪斜，脖子扭曲，四肢发软，能让这样的人去碰圣水、祭坛，或者供品吗？不，这样的人，甚至连远远地看着圣火都是亵渎的。[132] 但若我们假定这里讲的不是真的会幕或者祭坛，这些东西是用无生命的、可朽的质料塑造出来的可见的东西，而是那些不可见的观念，唯有心灵能够察觉，而其他东西都是对我们感官公开的复本，那么他对这些法规会更加赞叹不已。[133] 造物主在他创造的所有事物中创造了模型和复本，美德也不例外；祂制造了美德原型的印章，还给它的复本打上烙印。原型的印章就是无形体的观念，而通过印象制造出来的复本是另外一样东西——某种质料，感觉生来就能察觉质料，但并非真的与它有什么联系；这就好比我们可以说，一块埋在大西洋最深处的木头具有天然的可燃烧的能力，尽管实际上它决不会着火，因为它的周围和上面都是海水。

【34】[134] 所以，让我们把会幕和祭坛当做观念来思考，它首先是无形体的美德的象征，它的另外一层意思是感觉印象。现在，祭坛的意思很容易看清。因为它建在室外，焚烧牺牲的火焰决不会熄灭，昼夜通明。[135] 但是，会幕和它里面的所有东西都是不可见的，不仅因为它们被正确地放在至圣所的中央，而且因为任何触碰它的人，或者用好奇的眼睛看它的人，按照律法都要处死，不得上诉。只有一个人例外，这个人消除了一切缺陷，不在任何大大小小的情欲上浪费时间，在每个方面都拥有健全、完整、完全的本质。[136] 对他来说，一年进去一次是允许的，但他看到的事情不能告诉

别人，因为那些无形体的、不可灭的善物只在他身上逗留。[137] 所以，他追随的理想美的原型受到打击，通过印记创造出来的具体美德在迷狂中看到了最神圣的爱，或者当他逼近某些接受印记的美德时，无知的和未受教导的状况都被遗忘，知识和教训马上记了起来。[138] 然而，他说："你和你儿子进会幕或靠近祭坛的时候，清酒、浓酒都不可喝。"这句话倒像是在讲述他认为会发生的事情，没有太多的禁令的意思。如果他想要发出禁令，他应当说"当你举行祭仪时，不得喝酒"；讲话者叙述自己的想法时，用"不可"或"不应当"这些短语就很自然。任何学习和联系一般的和具体的美德的人，不可能让作为醉酒原因的无纪律跟随他的灵魂进到他的身上。[139] 他频繁地把会幕称做"证据之会幕"，要么是因为神不能把祂的证据提供给美德，这种证据是卓越的，对耳朵有益，要么是因为美德将坚定不移地植入人的灵魂，从而像证人那样在人生的法庭上揭示真理，这样做可以用强硬手段根除推理，因为推理产生怀疑和动摇。

【35】[140] 还有，他说那些不用酒作供品的人甚至不会死，意思是教导包含着不朽，而缺乏教导包含死亡。因为就像在我们身上疾病是死亡的原因，而健康是身体保存的原因，所以在我们的灵魂中，保存的元素是审慎，也就是说，是精神的健康，而摧毁性的因素是愚蠢，造成无法治愈的疾病。[141] 他说这是一条"永久的法规"，这话意味深长。因为他不认为有一条永恒的法律，刻在宇宙的本性上主张这种真理，教导可以提供健康和安全，而缺乏教导是疾病和毁灭的原因。[142] 但是，这些话还需进一步的解释。本身是法律的法规在真正的意义上是永久的，因为正确的理智与法律等同，是不可摧毁的；而它的对立面非法是短暂的，有死的，凡是有判断力的人都认为这是一条真理。[143] 还有，区分世俗与神圣、不洁与纯洁，是法律和教导的专门任务，与此相反的是，无法无天和无纪律混淆一切，属于这一类别的事物之间又会相互冲突。

【36】[144] 因此，如经文所示，撒母耳这位最伟大的国王和先知"决不喝酒，直到他死的那一天"。因为这位睿智的统帅的天命已经使他位列天

军，他也决不会离开它。可能真有一个人名叫撒母耳；但是我们想象中的圣经里的这个撒母耳不是灵魂和肉体的活的复合物，而是一个心灵，它在事奉和崇拜神的时候感到欢乐，而且只在这个时候感到欢乐。因为他的名字被解释为"被神立为，被神任命为"，他认为所有以愚蠢的意见为基础的行为都是痛苦的混乱。[145] 他的母亲是哈拿，这个名字的意思用我们的话来说是"恩惠"。因为没有神的恩惠，灵魂就不可能离开可朽者的行列，也不可能永远待在不朽者的行列中。[146] 恩惠充满灵魂，灵魂受到神的凭附和激励而喜乐，载歌载舞，这个时候，在许多未受启迪者看来，它似乎醉了，疯了，灵魂出窍了。因此，她被当做一名"男童"来介绍，这里的意思不是男童，而是每个已经长大成人，好动，喜欢反抗和嘲笑卓越者的人，人们会对他说："你要醉到几时呢。你不应该喝酒。"①[147] 这是因为，有神的凭附，不仅灵魂习惯于受到激励，进入迷狂，而且身体也会由于喜乐而激动发热，会把温暖传给外面的人，就这样，许多愚蠢者上当受骗，以为这些清醒者醉了。[148] 确实，这些清醒者在一定意义上是醉了，他们喝的烈酒把所有善物联系起来，他们从完善的美德中接受爱的酒杯；而另外那些过着放纵生活的人远离审慎，喝醉了酒，他们的嘴唇像遭遇饥荒似的尝不出酒的滋味。[149] 所以，她对这个鲁莽者做了恰当的回答，这个人嘲笑她严峻朴素的生活，她说：老兄，"我是心里愁苦的妇人，清酒浓酒都没有喝，但在神面前倾心吐意"②。大胆的灵魂要有多么巨大才能装下神的恩典！[150] 首先，我们看到，她称自己过着"苦日子"，而那个想要嘲笑她的男子和每一个蠢人认为美德的道路似乎崎岖陡峭，很难行走，对此，古代作家有诗为证："你们很容易沾染邪恶；但是在你们和美德之间（这是神的命令）放置了汗水。通向它的道路既遥远又陡峭。出发处路面且崎岖不平；可是一旦到达其最高

---

① 《撒母耳记上》1：14。"以利对她说，你要醉到几时呢。你不应该喝酒。"

② 《撒母耳记上》1：15。"哈拿回答说，主阿，不是这样。我是心里愁苦的妇人，清酒浓酒都没有喝，但在耶和华面前倾心吐意。"

处，美德就成为容易获得的奖品，尽管它很难获得。"①

【37】[151] 其次，她宣称自己没有喝清酒或浓酒，为其终生戒酒感到荣耀。确实没错，追随理智是一项伟大的壮举，理智是自由的、不受束缚的、纯洁的，不会像情欲那样喝醉酒。[152] 这样做的结果是，心灵深深地饮下纯洁的节制，以其整个存在作为奠酒，为神倒的酒。除了"我要把它神圣化献给神，我要松开捆绑它的所有锁链，凡人生活的空洞目标和愿望捆绑在上面；我会把它送往外国，延伸和扩散它，这样的话它将触碰一切事物的边界，加速走向最荣耀、最可爱的愿景——非被造者的愿景"，"我要在神面前倾心吐意"这句话还能是其他什么意思吗？[153] 所以，这是清醒者的同伴，他们前面有教训为首领，而前者是酗酒者的同伴，他们的首领是无纪律。

【38】[154] 我们看到，醉酒不但表示愚蠢和拒绝遵守纪律，而且也表示完全的冷漠，没有感觉。在身体上，这种结果是由酒产生的，而在灵魂上，是由无知产生的，对于那些事物我们本来应当拥有知识，但我们却一无所知。因此，我必须谈论这个主题，只说需要说的，以提醒的方式。现在，我们所谓的无知是灵魂的一种情感。[155] 我们说，除了感官失效，还有哪一种身体的感官与无知相似？所有那些不再使用眼睛和耳朵的人不再能看或听，不再有关于白天和光明的知识，它使生命变为可以期待的，但周围是永久的黑暗，无论做什么事情都是无助的。这些人过着相同的生活，他们有很好的理由被称做"无能的"。[156] 这是因为，哪怕身体其余部分有很大的力量和能力，但若他们的眼睛和耳朵遭遇残废，那么这样的打击是很大的，不可能有任何抵抗。尽管我们说脚是一个人的支柱，但实际上这也是由视力和听力来完成的；拥有完全的视力和听力，人就可以起身直立；丧失视力和听力，他就会放弃站立，俯伏在地。[157]无知会在灵魂中产生同样的结果，无知摧毁了灵魂看与听的能力，使灵魂既承受没有光明的痛苦，光明可以把

---

① 赫西奥德：《工作与时日》287，289—292。

实在显示给灵魂，又承受没有理智的痛苦，理智是它的老师，可以帮助它发现道路；它被笼罩在深深的黑暗之中，被非理智的洪水所裹挟，把灵魂美丽可爱的形式转变为一块无感觉的石头。

【39】[158] 知识是无知的对立面，它同样可以被称做灵魂的眼睛和耳朵。因为它专注于我们所说的事物，对它进行沉思，不允许看错或听错，观察一切值得听与看的事物。如果必须旅行或坐船，它也会设法抵达大地或海洋的终点，看或听某些新的事物。[159] 这是因为，没有任何东西能比求知的欲望更加主动；它仇恨睡眠，喜爱清醒。所以它一直醒着，让它的理智敏锐，迫使它贪婪地朝着各个方向聆听，不断地产生学习的渴望。[160] 所以，知识提供看或听，使我们在各种情况下采取正确的行动。在道德意义上看和听的人，知道什么东西对他好，通过选择它和拒斥它的对立面，发现使他自己受益的东西。但是无知包含的灵魂残废比身体残废更加严峻，这就是它产生恶行的原因，因为它自己不能从外部得到帮助，尽管视和听会给它警告。就这样，它完全独立，没有保护，没有防备，处于敌意和相似的环境之中。[161] 所以，让我们决不要喝烈酒而使我们感觉麻痹，也不要变得与知识如此疏远，乃至于让无知散布的庞大黑暗笼罩我们的灵魂。

【40】[162] 嗯，无知作为一个整体，可以分为两种：一种是单一的，是完全的麻痹；另一种是双重的，也就是说，一个人不仅是他的求知欲望的牺牲品，而且也在他自己的智慧的虚假观念的鼓励下，以为自己知道，但实际上一点儿也不知道。[163] 前一种恶比较小，因为它不那么严重，也许是不自觉的错误；第二种恶比较大，因为它是大恶的父母，不仅是那些不自觉自愿的恶的父母，而且是那些真有预谋的恶的父母。[164] 就是这种恶给罗得带来麻烦——罗得只有女儿，没有儿子，他的灵魂不能完善地成长。他有两个女儿，她们的母亲变成了盐柱①，我们可以称之为"习俗"，如果我们给她一个正确的名称；她的本性与真相敌对，要是我们让她跟我们在一起，

---

① 参见《创世记》19：26。"罗得的妻子在后边回头一看，就变成了一根盐柱。"

她会落在后面，看那些熟悉的东西，在它们中间成为一座无生命的纪念碑。[165] 大女儿的名称应当是"商议"，小女儿的名称应当是"同意"。因为同意跟随商议，没有人会在还在商议的时候表示同意。然后，心灵入座，让它的女儿们忙碌。跟它的大女儿，它开始讨论和考察每一个要点；跟小女儿，它打算对每一个建议表示同意，表示欢迎和友好，无论这些建议有多么敌对，如果它们不得不提供某些快乐的诱惑，无论这些诱惑有多么小。[166] 在它的清醒状态下，心灵不会容忍这一点，只有当它喝醉了酒，被酒征服的时候，它才会这样。

【41】[167] 所以，我们读道："她们叫父亲喝酒。"① 这是完全的麻痹，心灵应当认为自己没有能力商议什么对它有益，或者断定有任何办法能表现事实真相，因为要想仔细发现确定性，或者选择某些真的和有益的事物，拒斥另外一些虚假的和有害的事物，人的本性是相当无能的。这是因为笼罩在这个物体和事件的世界上的巨大黑暗禁止我们看到每一事物的本性；尽管好奇心或爱学习给予我们希望去穿透这道帷幕，但我们就像瞎子，在障碍面前绊倒，失去立足之处，错过我们的目标，若是用手去把握，我们只能在不确定中猜测，我们掌握的不是真理，而是猜测。[168] 哪怕是教导，我们手中的火炬，应当走在心灵前面，用它自己的光明照亮实在，它带来的害处也多于好处。因为它微弱的光线在巨大的黑暗中一定会熄灭，而当光线熄灭的时候，看的力量也就全部不存在了。[169] 所以，他会为自己在商议中提出的判断感到自豪，认定自己能够做出这种选择，避免那种选择，通过追随这些思想，将会把真理回忆起来。如果情况始终是这样，相同的事物在心灵中产生同样的印象而不会变样，那么这也许是必然的，自然在我们身上建立了两样判断工具，感觉和心灵，它们应当得到高度尊重，它们是真实的，不可动摇的，我们不应当表示怀疑，并且在任何一点上悬搁我们的判断，而应当

---

① 《创世记》19：33。"于是，那夜她们叫父亲喝酒，大女儿就进去和她父亲同寝。她几时躺下，几时起来，父亲都不知道。"

接受，两个不同物体可以有相同的表现，我们可以选择一个，拒绝另一个。[170] 但由于我们已经证明我们在不同时间会受到它们不同的影响，所以我们可以说没有任何事情是确定的，因为呈现给我们的图景不是不变的，而是有着多重变化和多种形式。

【42】[171] 由于精神图景是多种多样的，我们形成的有关它们的判断也必定是多种多样的。关于这一点，有许多原因。首先，生灵有无数的差别，不仅在一个方面有差别，而且在所有方面都有差别；它们的出生有差别，结构和装备有差别，食物和生活方式有差别，偏好和厌恶有差别，感性活动和感官的运动有差别，特性有差别，影响身体和灵魂的各种方式有差别。[172] 让我们暂时搁下依据视觉形成的判断，考虑一下这些判断的对象。以变色龙和水螈为例。我们得知，前者在地上爬行时会改变颜色，后者长的就像海里的岩石，我们可以公正地假设，这种改变肤色的能力可以保护它们，使它们逃避危险。[173] 还有，我们不是看到在光线的照耀下鸽子的脖子的颜色发生变化吗？它有上千种不同的色调，有时候绯红或深蓝，有时候火红或炭黑，有时候黄色或红色，还有所有其他颜色，数量巨大，难以说出它们的名称。[174] 确实，在被称做盖隆人的西徐亚人的那块土地上，真的有一种特别的动物，数量稀少，被称做麋鹿，它的大小与公牛差不多，但是长着一张鹿的脸。据说这种动物老是在改变它的毛发的颜色，随着它靠近的地方和事物的颜色发生相应的变化，我们得知，由于它能变色，所以行人很难看见这种动物，而不是由于它的身体强壮有力，难以捕捉。[175] 这些情况和相同的现象清楚地证明了理解的不可能。

【43】[176] 其次，各种事物都有多样性，从一般的动物开始，尤其在人身上，我们可以看到这种多样性。不仅相同的人对相同的对象在不同的时间做出的判断是多种多样的，而且不同的人会察觉到不同的欢乐，或者从同样的事情得出相反的印象。某些人厌恶的东西会被某些人喜欢，与此相反，某些被人们张开双臂拥抱的完全可以接受的东西会受到某些人的嘲笑，被当

做外在的、令人厌恶的东西。[177] 比如，演员在剧场里唱歌，或者乐师在舞台上演奏歌曲，这个时候我经常碰到这样的事情。有些听众受到感动，情不自禁地喝彩。有些人未受感动，无动于衷，就此而言，你可以设想他们坐在一张没有感觉的板凳上。还有一些人被赶出剧场，确实，他们离开的时候用两只手捂着耳朵，好像害怕音乐声使他们产生不舒服的感觉，使他们的灵魂受到骚扰，感到痛苦。这个方面我们就不举例了。[178] 每一个个人，就其自身位格而言都是一个主体，然而，尽管它是一个主体，但它的身体和灵魂会有无数的变化和改变，在一个时候选择，在另一个时候排斥，也就是不改变，一直保持它们天然具有的构造。[179] 疾病中的健康，睡眠中的清醒，年纪中的年轻，不会经历同样的情感。人们按照站立还是移动，自信还是害怕，悲伤还是高兴，是爱还是恨，来得到不同的精神印象。[180] 对这个主题进行考察为什么如此冗长？长话短说，我们的身体和灵魂处于运动状态，自然的或非自然的，作为一个整体不停地使呈现给我们的精神图景发生变化，我们会成为冲突和不协调的美梦的牺牲品。

【44】[181] 但是，产生这种不一致印象的原因在于若干对象所处的位置、环境，以及它们和观察者的距离。[182] 我们看到，海里的鱼，当它在海中游的时候，鱼鳍舒展，看上去总是比较大，船桨是直的，然而在水下它就像是弯的。还有，心灵经常被远处的物体误导，产生虚假的印象。[183] 我们有时候会假定无生命的物体是有生命的，或者正好相反。我们对静止和运动、前进和后退、短的和长的、圆的和多边的事物也会产生相同的幻觉。光线畅通无阻的时候，真相会产生无数其他歪曲的形像，理智健全的人没有一个会把它们当做真的来接受。

【45】[184] 还有，混合物中的数量怎么样？它们带来的好处或害处取决于各种成分的相对数量，我们在无数的例子中可以看到这一点，尤其在医学的药物中。[185] 复合物中的数量用通常的标准来度量，超过规定或者不足，我们就不能保证它的安全；因为较小或较大都会削弱或约束它的效力。两种情况都会带来伤害。在前一种情况下，受到削弱而不能产生疗效，在后

一种情况下，它的高度潜能会使它成为一种主动的不幸的力量。还有，一方面按照它的粗糙或平滑，按照它的密实度；另一方面按照它的疏松度和膨胀度，清楚地表明可以用它来检验它能提供的帮助或造成的伤害。[186]还有，每个人都知道，实际上没有任何存在的事物可以被它自身理解，在其自身中理解，一切事物只有在与其对立面作比较时才能得到理解；就好比小与大相比，干与湿相比，热与冷相比，轻与重相比，黑与白相比，弱与强相比，少与多相比。同样的规则也适用于美德与邪恶。[187]我们只能通过有害来理解有益，通过卑鄙来理解高尚，通过与不义和邪恶相比较来理解一般的正义和善。确实，如果我们进行思考，我们会看到这世上的一切事物均可按照同样的模式来判断。因为每一事物本身都超越我们的理解，似乎只有把它带向与其他事物的联系中才能理解它。[188]那无法检验自身的事物需要其他事物提供保证，它本身没有提供可信的基础。据此原则可以推论，我们可以毫不费力地估计它们的真正价值，也可以否定任何事物的价值。这样说并不奇怪。[189]渗透到事物内部，在一种纯洁的光芒下观察它们，这样的人会认识到，没有一样事物会将它自身绝对的本性呈现给我们，呈现给我们的全都包含最复杂种类的交错与混合。

【46】[190]比如，我们如何理解颜色？我们确实需要借助外在的事物，气和光，以及眼睛本身内在的湿气。我们如何区分甜与苦？没有嘴的公正，我们能区分哪些东西与本性一致，哪些东西与本性不一致吗？当然不能。还有，焚香产生的气味以一种纯粹和简洁的形式向我们呈现这种实在的本质吗，或者以一种混合的形式，它们自身和气，或者有时候还有分解质料的火，结合鼻孔拥有的能力，来呈现吗？[191]由此我们可以推论，我们不理解颜色，我们能理解的只是一种由光和颜色所属的质料产生的结合物，我们也不理解气味，我们能理解的只是所有事物都会接纳的实在散发出来的混合物；我们也不理解滋味，我们能理解的只是我们嘴里的湿气在品尝食物时产生的某种东西。

【47】[192]由于这些事物就是这样的，所以那些人一定会轻率地加以

肯定或否定，认为它们愚蠢、有罪、鲁莽、欺诈。如果事物的属性本身超越我们的视野，如果它只是一种混合物，由许多因素组成，而这些因素对我们的视觉公开，还有，如果通过每一因素具体形式的结合不可能察觉它们不可分，那么除了悬搁判断，留给我们的还能有什么办法？[193] 我们不是警告过吗，不要由于其他考虑而过分相信不确定性？我提到过某些事实，作为证据实际上遍布整个世界，为我们所知——事实上，希腊人也好，野蛮人也罢，普遍倾向于会发生这种由肯定判断带来的错误。凭着这些事情，我的意思当然是指从童年开始的生活方式、传统习惯、古代法律，不是一个普遍一致的东西，而是在每个国家、民族、城邦，或者倒不如说，在每个村庄和家庭，确实，在每个男人、女人、婴儿身上，都是不同的，都会对它产生不同的看法。[194] 作为这一点的证据，我们看到，在我们身上是卑鄙的东西在另外一些人身上是高尚的，在我们身上似乎是正义的东西在其他人身上是不正义的，我们的神圣是他们的不神圣，我们的合法是他们的不合法，我们的值得赞赏是他们的值得谴责，我们的有功绩是他们的有罪过，在其他所有事情上，他们的判断与我们的判断正好相反。[195] 当我们的注意力被召唤去关注更加重要的事情时，为什么要延长有关这个主题的讨论？还有，要是有人集中注意力沉思某些比较新颖的主题，把他的闲暇用于考察摆在我们面前的这些主题，考察不同国家、民族、城邦、地方、臣民和统治者、上层和下层、自由民和奴隶、无知者和有知者的生活方式和风俗习惯，那么所需要的时间不是一天或两天，不是一个月或一年，而是他的整个一生，哪怕他还能活许多年，都会在他后面留下许多这样的问题，这些问题是他不知道的，未经考察的，未经考虑的，未曾听说的。[196] 由于不同人的不同习俗之间的区别不是细微的，而是表现出绝对的对立和敌意，所以心灵产生不同的印象是不可避免的，对它们所下的判断应当是相互敌对的。

【48】[197] 看到这些事实，有谁会愚蠢疯狂地断言任何具体事物是公正的、审慎的、荣耀的、有益的？做出这样的肯定，必定会被另外一个从小

就开始练习对立面的人加以否定。[198] 我现在对这种混乱杂多的情况不会感到惊讶，它们必然受缚于可耻的奴隶制，受制于引入的风俗习惯，人们从在摇篮里开始就受到教训要服从它们，就像对待主人和暴君，他们的灵魂已经习惯于臣服，不能获得高尚或仁慈的情感，他们会相信那些一劳永逸地传递给他们的传统，留下他们未受训练的心灵不加考察和检验地表达肯定或否定。但我确实感到惊讶，大多数所谓的哲学家，假装在事物中寻找精确的、绝对的确定性，他们分成不同的部队，结成不同的团伙，得出完全不同的教条，他们不是在某些观点上经常对立，而是在几乎所有大大小小的观点上对立，由此构成他们想要解决的问题。[199]当某些人断言宇宙是无限的时候，有些人断言宇宙是有限的，有些人宣称它是被造的，有些人宣称它是非被造的；当某些人拒绝将宇宙与任何一位统治者或总督联系在一起，而是将它独立于任何非理智力量的自动时，其他一些人假定了神奇的天命，祂照料整个宇宙和它的每一个部分，由一位神来实施，指导和驾驭宇宙，使它的步伐安全，事物的实在要以同样的形式为它们所理解是不可能的。[200] 还有，当善的本性是考察的主题时，呈现其自身的观念不是在逼迫我们持有判断，而是在表示同意吗？因为有些人认为，道德上的美是仅有的善，灵魂是善的储藏室，而另外一些人对善进行划分，使它包括身体和外在于身体的事物。[201] 这些人说，幸运的环境是身体的护卫和跟班，健康、力气、健全、精确的感官，以及其他所有诸如此类的事物，它们出于同样的目的，服务于至高无上的灵魂。他们认为，善的本性将其自身划分为三类，第三类，亦即最外面的这一类，保护软弱的第二类，而第二类又可以证明是第一类的坚强堡垒和护卫。[202] 和这些问题有关，以及不同生活方式所具有的相对价值，我们所有行动都会涉及的目的，以及无数其他观点，都被包括在逻辑学、伦理学、物理学的研究中，由此产生的一大堆问题，迄今为止还没有一个问题有了完全一致的看法。

【49】[203]我们看到心灵被恰当地表现为是在知识缺位的情况下生育的，它的两个女儿，商议和同意，和它接触，与它同床。因为我们得知，"她们

几时躺下，几时起来，父亲都不知道"①。[204] 心灵似乎没有清晰地掌握睡眠或清醒，静止或运动，在它认为自己已经最好地显示商议的力量时，它证明自己最缺乏这种力量，因为事情的发展与它的期望并无相同之处。[205]还有，心灵高兴地表示同意，说有某些事物是真的，这个时候它就要为它轻率的思考受到谴责，因为它认为确定的事物实际上是最不值得信任的，最不安全的。结论是，由于事物经常转变为我们所期待的情况的对立面，所以最安全的办法就是悬置判断。

【50】[206] 我们已经充分讨论了这个主题。现在让我们的讨论进入下一步。我们说醉酒象征的一件事情是贪吃，它带来的巨大伤害是广泛的，持久的，如我们所见，那些放纵的人有着强烈的欲望，尽管他们肚子已经填满，他们的身体已经没有空闲的地方。[207] 这样的人狼吞虎咽，就像四肢疲乏的运动员不停地喘气，想要在身体里面保留一个呼吸的空间。[208] 所以我们看到，那个埃及国王，也就是身体，尽管似乎在对他的酒政生气，因为酒政使他喝醉酒，但圣经马上就说他与酒政和好了。他在生日那一天想起了激情——他注定要在生日那天灭亡——而不是在光明的那一天，那一天他还没有出生，也不会灭亡。我们知道，那一天是法老的生日，② 他派人去把酒政和膳长提出监来，让他们为众臣仆设摆筵席。[209] 这是激情这位朋友的特点，在他看来，被造的事物和可朽的事物似乎是明亮的、闪光的，与不可朽的事物，亦即知识，相连，他晚上住下以后，喝得酩酊大醉，所以他欢迎带来快乐的酗酒，也就是这位酒政给他带来的快乐。

【51】[210] 意志软弱的灵魂有三名仆人料理膳食，他们是烘焙副主厨、膳长、主厨，我们最尊敬的摩西用这样的话语提到他们，"法老就恼怒酒政

---

① 《创世记》19：33，35。"于是，那夜她们叫父亲喝酒，大女儿就进去和她父亲同寝。她几时躺下，几时起来，父亲都不知道。""于是，那夜她们又叫父亲喝酒，小女儿起来与她父亲同寝。她几时躺下，几时起来，父亲都不知道。"

② 参见《创世记》40：20。"到了第三天，是法老的生日，他为众臣仆设摆筵席，把酒政和膳长提出监来。"

和膳长这二臣，把他们下在护卫长府内的监里"①。但是主厨也是宦官，我们在另一处读到，"约瑟被带下埃及去，成为法老的一位内臣，那位主厨的仆人"②，还有，"他们把约瑟卖给法老的内臣，那位主厨"③。[211]为什么不任命一个真的男人或女人担任其中的一个职司呢？自然不是训练男人播下生命的种子，而让女人接受它们吗？二者的交配是由于生育的原因，也是全者的表现，另外，不能生育是灵魂的本性，或者倒不如说，不能生育是被阉割了的灵魂的本性，它只能在昂贵的烤肉，在各种美味佳肴中取乐吗？这样的灵魂既不能射出真正男性的、美德的种子，又不能接受或养育它们，而像石头地里的植物，只能活着，不能持续生长。[212]事实上，有一种学说提出来对我们大家都是最有益的，每一位以产生快乐为目的的匠人不能产出智慧的果实。他既不是男的，又不是女的，因为他既不能播种，又不能接受种子，春天一到，没有冻死的东西就会生长，可是他从事的卑劣技艺旨在反对人类生活。他摧毁了不可摧毁之物，熄灭了不可熄灭的自然长明灯。[213]摩西不允许这样的人进入神的会，因为他说："凡外肾受伤的，或被阉割的，不可入主的会。"④

【52】[214]在聆听神圣话语的时候，他发现它没有什么用处，割去信仰的力量，它就不能生育智慧的后代，无法掌管有益于人生的真理？如我们所见，人现在有三名仆人料理膳食，他们是烘焙副主厨、膳长、主厨。这很自然，因为我们想要享用这三样东西：面包、肉、饮料。但是，有些欲望是完全必要的，要用这些欲望来使生活远离不健康和卑鄙；而其他人追求它们，以奢侈的形式激发强烈的食欲，给身体带来沉重负担，产生巨大的混乱。[215]这些人中间的第一类人不是提供快乐、感官享受、欲望满足的

---

① 《创世记》40：2—3。"法老就恼怒酒政和膳长这二臣，把他们下在护卫长府内的监里，就是约瑟被囚的地方。"

② 《创世记》39：1。"约瑟被带下埃及去。有一个埃及人，是法老的内臣，护卫长波提乏，从那些带下他来的以实玛利人手下买了他去。"

③ 《创世记》37：36。"米甸人带约瑟到埃及，把他卖给法老的内臣护卫长波提乏。"

④ 《申命记》23：1。"凡外肾受伤的，或被阉割的，不可入耶和华的会。"

专家，而是像城邦里的普通公众，需求很少，过着无害的、无伤大雅的生活，因此不需要厨艺高强的人来服事他们，只需要能提供最普通、最简单服务的仆人，也就是主厨、膳长、烘焙师。[216] 但是，第二类人认为快乐的生活就是主权和王权，并用这个标准来判断大大小小的事物，所以应当雇用主厨、膳长、主烘焙师，这些人会把厨艺发挥到精致的地步。[217] 糕点师会制造牛奶饼、蜂蜜饼，还有其他无数种精致的糕点，这些糕点能骗过人的眼睛和味蕾，不仅用材多种多样，而且在制作、口味、形状等方面都很吸引人。[218] 饮什么酒、饮酒会不会引起头疼、酒是否芬芳、酒要否稀释、要否加热、宴会是热闹还是安静，诸如此类的问题都是膳长要加以研究的学问，膳长的技艺抵达厨艺的顶点。[219] 还有，娴熟地料理鱼、禽等菜肴，准备其他调味品和开胃菜，这些事情需要很高的技能和专业知识，他们不断地钻研练习，心灵手巧，在他们看到和听说过的美味之外，又发明了成百上千的佳肴。

【53】[220] 请注意，这三种人都是宦官，不能生育智慧，心灵跟膳长在一起，它的王国是肚子，要求与它和睦。喝酒的欲望在人身上特别强烈，非常奇特的是，这种欲望不会得到满足。经过一定时间和次数的睡眠、进食、性交等等，每个人都会感到满足，然而饮用烈酒却不是这样，尤其是那些酒徒。[221] 他们饮酒，却不能使他们口渴的欲望得到满足，从小杯开始，然后使用大杯。饮下芳醇，身体发热时，他们就失去控制，把杯里的、壶里的、盆里的酒全都一股脑儿倒入嘴里，一饮而尽，昏昏入睡，或者满嘴冒白沫。[222] 然而，哪怕到了这种时候，他们的欲望仍旧没有止息。如摩西所说："他们的葡萄树是所多玛的葡萄树，蛾摩拉田园所生的。他们的葡萄是毒葡萄，全挂都是苦的。他们的酒是大蛇的毒气，是虺蛇残害的恶毒。"① 所多玛在这里确实可以解释为不育和盲目，摩西把它和葡萄联系起来，提到由此带来的后果，这些人全都处于酒、贪吃、最卑劣的快乐的控制之下。[223]

---

① 《申命记》32：32—33。

他的内在意思是这样的。邪恶者的灵魂不会长出真正的快乐，因为它没有健康的根，只有被烧成灰烬的根，神审判不虔诚者，这是他们应得的判决，上天降雨，扑灭雷电引起的熊熊烈焰。从这样的灵魂中生长出来的欲望不会是卓越的，值得沉思的一切事物在它看来都是盲目的，摩西把这种欲望比做葡萄树；它不是结出累累果实的葡萄树，而是承担苦难、邪恶、愤怒、野蛮情绪和脾气的葡萄树，它像毒蛇一样叮咬灵魂，无人能够治愈这种叮咬。[224]让我们祈祷能避免这些事情，恳求仁慈的神摧毁这种野葡萄树，让这些宦官和所有不能生育美德的人受到永久的惩罚，神在我们的灵魂花园中种下了正确教导之树，祂把真正有价值的、有男子气的果实，也就是理智的力量，赋予我们，使我们能够产生良好的行为，也能带来圆满的美德，使我们拥有团结的力量，让一切与幸福真正有关的事情都平安。

论 清 醒

提 要

本文的希腊文标题是"ΠΕΡΙ ΩΝ ΝΗΨΑΣ Ο ΝΩΕ ΕΥΧΕΤΑΙ ΚΑΙ ΚΑΤΑΡΑΤΑΙ"，意为"论挪亚清醒时说出的祈祷和诅咒"，英译者将其译为"On Sobeiety"。本文的拉丁文标题为"De Sobrietate"，缩略语为"Sob."。中文标题定为"论清醒"。原文共分 13 章（chapter），69 节（section），译成中文约 1.2 万字。

在这篇短文中，作者解释《创世记》9：20—27。这些经文描述了挪亚的农作、葡萄园、饮酒、酗酒、醉酒、赤身、复归清醒，以及对他的子女的诅咒和赐福。全文可分四个部分：

第一部分（1—30 节），解释"挪亚醒了酒，知道小儿子对他做的事"。（《创世记》9：24）这里有两个要点："醒了酒"和"小儿子"。醒酒主要指灵魂的清醒，这在灵魂中的地位就相当于身体有了清晰的视力，能与思想一道指导良好的行动（1—5 节）。"小"这个词的字面含义主要指年纪小，其深层含义是道德方面的意思。"含"是"小的"，因为他不孝顺、不体面的行为证明了他精神上的小和反叛（6 节）。以实玛利被称为"小孩子"，但他已经二十岁，与聪明的以撒相比较，他在精神上和道德上只是一个小孩子（7—9 节）。摩西也把反叛的以色列人叫做"该受责备的小孩子"（10—11 节）。拉结（身体的美）被说成比利亚（灵魂的美）要小（12 节）。约瑟在道德意义上是"小的"，他与他那些兄弟的关系表明了这一点（13—15 节）。相反，聪明的亚伯拉罕被称做"长者"，尽管史书说他的寿命比他的前辈要短（16—18节）。摩西把"长老"这个名称赋予神钟爱的那些律法顾问，他们被称做长老不是因为年纪大，而是因为他们是圣贤（19—20节）。所爱之妻象征快乐，所恶之妻象征审慎。快乐和审慎二者都是母亲；前者是对快乐的热爱，后者是灵魂对美德的热爱。所恶之妻的儿子具有优先权，长子的权利属于他（21—26节）。所以年纪较轻的雅各取得了年长的以扫的长子权，雅各用以法莲表示记忆的能力，他出生较迟，因此年纪较轻，而玛拿西，代表更加幼稚的回忆能力，他出生较早，因此是长子（27—29节）。诅咒"小"的公义（30节）。

第二部分（31—50节），解释"迦南当受咒诅，必给他弟兄作奴仆的奴仆"。（《创世记》9：25）但是，为什么挪亚要咒诅含的儿子迦南，而不咒诅含呢（31—33节）？因为含是潜在的恶或者静止的恶，迦南是积极的恶或运动的恶。为了理解这一点，必须理解与静止和运动相关的习惯和活动（34节）。每一名工匠或艺术家都有一个名称，哪怕他不做任何事情，他仍旧拥有这个名称，因为他拥有这种能力。但是，仅当他真的实施他的技艺时，才会有对他的赞扬或责备（35—37节）。道德领域也是这样。善的或恶的性质可能无机会展示，但这些性质仍旧存在（38—43节）。含这个名字的意思是"热"，也就是灵魂潜在的疾病，迦南的意思是"摇动"，它引发诅咒，可以说闪通过迦南受到诅咒（44—47节）。实际的罪过是潜在的罪过的子女，这就是"必追讨他的罪，自父及子"的真实含义（48节）。关于麻风病的律法以及神对邪恶者说的话，"你犯了罪，你要安静"，道出了同样的教训（49—50节）。

第三部分（51—58节），解释"闪的神是应当称颂的，愿迦南作闪的奴仆"。（《创世记》9：26）这一段祈祷说神是闪的神。闪处在生成中，没有任何专门形式的善，因此断言神是闪的神就是将善置于神的作品中，亦即置于这个宇宙中（51—54节）。说主是"闪的神"也就是说像亚伯拉罕一样，闪是神的朋友（55节）。在这里采用斯多亚学派的著名悖论，断言只有这样做才是高尚的、富裕的，是国王和自由的（56—57节）。最后把"赐福"这个词用于神，而闪应当赞美神，因为这是他能提供的唯一回报（58节）。

第四部分（59—69节），解释"愿神使雅弗扩张，使他住在闪的帐篷里，又愿迦南作他的奴仆。"（《创世记》9：27）作者非常严谨地解释这段祈祷。他建议"扩张"这个词的意思是雅弗只能在道德之美中发现善，提及斯多亚学派的观点，身体的和外在的优势（59—61节）。"使他住在闪的帐篷里"，这个"他"可以是神，因为神最合适的住处是善者的灵魂，这是神特别眷顾和照料的地方（62—64节）。所以，在字面叙述中，闪恰当地被称做十二部落的先祖，被称做神的"宫殿"（65—66节）。如果"他"指的是雅弗，那么我们可以看到对他的"扩张"进行的校正，尽管他可以在其他地方找到善物，但他最后的家应当是卓越的灵魂（67—68节）。文章最后讨论"迦南作他们的奴仆"。愚蠢确实是美德的奴仆，如果可能，它能得到改造和解放；如果不能，它会受到惩罚（69节）。

正　文

【1】[1] 立法者在前面那几页^① 充分处理了"醉酒"和后随的"赤身"，让我们沿着这条思路开始讨论，依序处理下一个问题。"挪亚醒了酒，知道小儿子对他做的事。"^②[2] 我们全都同意，清醒不仅对灵魂，而且对身体是最有益的。因为它能抵制由于过度放纵而产生的疾病；它能最大限度地使感觉敏锐，对我们整个身体起作用，使身体的各个部分做好准备，防止它们感到疲倦，提升和缓解它们，使它们重返恰当的行为。事实上，每一种包含醉酒的邪恶对它的制造者来说，都有对应物，这就是由清醒产生的某种善物。[3] 从那时起，清醒对我们的身体来说，就是最大的利益的源泉，而对身体来说，饮酒是一种天然的练习，所以清醒对我们的灵魂有很多好处，而它与会腐败的食物没有关系，不是吗？什么人的天赋或财富比清醒的理智更加伟大？如果我们只能假定灵魂的眼睛在任何地方都不会眩晕或者闭上，而是能够完全睁开，那么还有什么能比它更加荣耀——或者还有什么形式的财富，或者政治权力，或者身体的力气——能成为人们敬佩的对象？因为在这样的时刻，清晰的视力瞪着判断力和审慎本身，在它的视野范围内，这些理想的型相仅对心灵来说是可理解的，对它们进行沉思可以发现它具有一种魅力，可以避开任何感性的知觉对象，可以免受痛苦。[4] 我们为什么要对清醒和灵魂清晰的视力感到奇怪呢？灵魂的视力比那些在创世中抛撒的事物具有更高的价值，因为身体的眼睛和我们感官察觉到的光线是我们完全无法衡量的，不是吗？我们知道，确实有许多人因为失去了眼睛而自愿放弃生命，因为他们判断死亡对他们来说是一种比眼睛更轻的恶。[5] 那么好，心灵对眼睛拥有同样的优越性，就像灵魂对身体。如果安全的心灵未受损害，没有受

---

① 指上一篇《论酗酒》。
② 《创世记》9：24。"挪亚醒了酒，知道小儿子向他所作的事。"

到邪恶或引发醉酒的情欲的疯狂压迫，那么它会放弃睡眠，因为睡眠会使我们忘记责任，在责任的召唤面前退缩，而清醒则会清晰地凝视一切值得沉思之物。有关记忆的建议会激发讨论和行动，相关的决定会起引导作用。

【2】[6] 所以，这就是清醒的状况。但是，当摩西讲到"小儿子"的时候，这些词不是指任何年龄上的小，而是指一种喜欢反叛或反抗的性情。如果含①没有插手反抗行为，要是他没有嘲笑另外一个人遇到的麻烦，在他本来应当由于害怕而表情沮丧，而不应发出嘲笑的时候，他怎么能够粗鲁地反抗习俗，朝着他不应该看的地方看，大声说出他本应保持沉默的那些事情，或者把本应隐藏在家中，决不能超越内在思想界限的秘密公布于众？[7] 摩西确实在律法书中把"小孩"这个名称用于年龄大的人，而把"长者"这个名称用于还不老的人，因为他考虑的不是人的岁数是多还是少，或者一段时间是短还是长，而是看灵魂功能的运作是好还是坏。[8] 所以，以实玛利已经活到二十岁的时候，摩西称他为小孩子，与以撒相比，他已经长成，满有美德。我们读到，亚伯拉罕赶走夏甲和以实玛利，"他拿饼和一皮袋水，给了夏甲，也把孩子放在她的肩上"，还有"她把孩子撇在小树底下"，"我不忍见孩子死"。② 我们知道，以实玛利十三岁时行割礼，在以撒出生以前，当以撒七岁断奶时，我们看到以实玛利和他的母亲一起被赶走，因为他是使女的儿子，却想拥有与嫡子相同的权利。[9] 还有相似的情况，他已经长大成人，却被称做小孩子，这就是智者和圣贤之间的巨大差别。因为智慧是以撒继承的遗产，智术是以实玛利继承的遗产，就如我们在专门论文中处理二者的特性所说的那样。这是因为纯粹的婴儿之间也具有成年人之间的相同关系，就好比智者与圣贤之间的关系，或者学科与处理美德的这门学科之间的关系。

---

① 参见《创世记》5：32。"挪亚五百岁生了闪，含，雅弗。"

② 《创世记》21：14—16。"亚伯拉罕清早起来，拿饼和一皮袋水，给了夏甲，搭在她的肩上，又把孩子交给她打发她走。夏甲就走了，在别是巴的旷野走迷了路。皮袋的水用尽了，夏甲就把孩子撇在小树底下，自己走开约有一箭之远，相对而坐，说，我不忍见孩子死，就相对而坐，放声大哭。"

【3】[10] 确实，在这首更大的颂歌中，当整个种族显示出反叛精神的时候，他把整个种族称做"小孩子"，说它属于愚蠢的世代。他说："神是公义的，神圣的，应受谴责的小孩子反抗祂就是犯了罪，在这乖僻弯曲的世代，你们就这样报答主吗？你们这样做不是很愚蠢吗？"①[11] 我们清楚地看到，他把"小孩子"或"儿童"这个名称给了那些灵魂该受谴责的人，他们由于愚蠢和麻木而经常失败，无法做到正直生活所要求做的事情。在这里他想到的不是字面上的年龄，我们用它来指年轻人的身体，但它们真的缺乏理智。[12] 因此，表示身体之美的拉结被描写得比利亚年轻，而利亚表示灵魂之美。因为前者是可朽的，后者是不朽的，所有对感官来说宝贵的事物在完善性方面要比灵魂之美低劣，尽管身体之美是多，而灵魂之美只是一。与此相应，约瑟总是被称做小的和最小的。因为当他跟他的那些使女生的哥哥们一道放羊的时候，他被说成是小的，② 他的父亲为他祈祷说："我的小儿子，长大成人，回归于我。"③[13] 现在约瑟是各种身体能力的冠军，是大量外在事物的坚定的、真诚的追随者，他的灵魂在价值和资历方面高于这些财宝，但他从来没有抵达圆满。如果他抵达了圆满，那么他会向四面八方逃离埃及，决不转身往后看。而实际上，他在养育中发现了他的主要荣耀——从人的视角出发对神唱胜利颂歌，他看到埃及的士兵和首领淹死在海里，遭到毁灭。[14] 所以，"小"的性情是那个与他真正的兄弟在一起，但还不能起到牧人作用的人，也就是统治和看守灵魂中的非理智成分，但仍旧与那些出生卑劣者为伴的人，他们荣耀善物的形像，而非真正存在的善物。[15] 在

---

① 《申命记》32：4—6。"他是磐石，他的作为完全，他所行的无不公平，是诚实无伪的神。又公义，又正直。这乖僻弯曲的世代向他行事邪僻。有这弊病就不是他的儿女。愚昧无知的民哪，你们这样报答耶和华么，他岂不是你的父，将你买来的么，他是制造你，建立你的。"

② 参见《创世记》37：2。"雅各的记略如下。约瑟十七岁与他哥哥们一同牧羊。他是个童子，与他父亲的妾辟拉，悉帕的儿子们常在一处。约瑟将他哥哥们的恶行报给他们的父亲。"

③ 《创世记》49：22。"约瑟是多结果子的树枝，是泉旁多结果的枝子。他的枝条探出墙外。"

人们看来，"最小的"也是这样，尽管他得到了改善、成长为较好的东西，与完善或充分成长的心灵相比，它拥有道德上的美，是唯一的善。因此，雅各劝告说，"回到我这里来"，也就是说希望重返老的思维方式。在一切事物中，让你的灵成为那不安分的年轻的灵。你为了美德本身的缘故而热爱美德的时候到了。不要像个愚蠢的小孩子，在幸运的馈赠面前被它的明亮外表弄得眼花缭乱，用欺诈和虚假的意见充斥你自己。

【4】[16] 所以，我们已经表明，这是摩西的习惯，他在许多地方把一个人称做小的，想到的不是身体方面的活力，而只是他的灵魂所表现出来的反叛精神。现在，我们将继续说明，他不把长者这个名称用于老年人，而用于那些值得优先和荣耀的人。[17] 每一位精通圣书的人都知道聪明的亚伯拉罕的寿命被说成几乎比他所有前辈都要短。然而我想，他的这些前辈尽管相比而言寿命长，但都不是长者，而只有亚伯拉罕才是长者。这一点从神谕可见，"亚伯拉罕年纪老迈，向来在一切事上耶和华都赐福给他"①。[18] 就这样，摆在我们面前的这个短语在我看来解释了把圣贤称做长者的原因。因为通过神的精心照料，灵魂的理智部分被带入一个良好的状况，它决不只朝着一个方向想，而是无论在什么地方运用它自己，它的思想就是"年迈的"，它本身也必定是"长老"。[19] 这也是摩西把"长老"这个名称给予那些神钟爱的法律顾问的原因，分派给他们的数字是七乘以十。因为我们看到，"从以色列的长老中招聚七十个人，就是你所知道作长老的人到我这里来"②。[20] 所以，不是年纪大的人才被称做长老，他们一般被人们认做神圣秘仪的发起者，而是圣贤被神认为配得上"长老"的头衔。那些圣贤好比一名好的银钱兑换者，他们拒绝用美德的银钱和那些人渣兑换，而精神上"小"的人的灵魂具有反叛性。但是他想到的那些人将受到考验和批准，在心里和在心灵里必定需要长者。

---

① 《创世记》24：1。

② 《民数记》11：16。"耶和华对摩西说，你从以色列的长老中招聚七十个人，就是你所知道作百姓的长老和官长的，到我这里来，领他们到会幕前，使他们和你一同站立。"

【5】[21] 确实，律法有一条诫命要那些有耳朵听的人察觉摆在我们面前的事情，更加清楚我已经讲过的两条真理。我们读道："人若有二妻，一为所爱，一为所恶，所爱的，所恶的都给他生了儿子，但长子是所恶之妻生的。到了把产业分给儿子承受的时候，不可将所爱之妻生的儿子立为长子，在所恶之妻生的儿子以上，却要认所恶之妻生的儿子为长子，将产业多加一分给他。因为这儿子是他最早的子女，长子的名分本当归他。"①[22] 你马上就可以观察到所爱之妻生的儿子从未被称做"头生子"或"长子"，而所恶之妻生的儿子倒经常被这样称呼。然而，在诫命一开始的地方，他告诉我们前者的出生在先，后者的出生在后。他写道："如果所爱之妻和所恶之妻生了儿子。"[23] 不过，这里仍然先提到妻子，然后提到儿子，按照正确理智的判断，儿子的年纪是小的，他的出生时间较迟，但被认为配得上较高的地位和得到较大的份额。这是为什么呢？因为我们宣称所爱之妻象征着快乐，所恶之妻象征着审慎。[24] 快乐的同伴是被大量民众过度宠爱的人，因为从他们出生那一刻起，直到终老，她在他们面前产生和放置了许多迷人的诱饵和爱的符咒；而审慎是非常严峻和无比威严的，他们对审慎有一种奇怪的深仇大恨，就像愚蠢的孩子仇恨他们的父母以及教训他们的人，厌恶那些完整的令人不快的教训。快乐和审慎二者都是母亲；前者是对快乐的热爱，后者是灵魂热爱美德的倾向。前者决不会完全成长，它实际上始终是一个小孩，无论它已经活了多久，听了多少年的故事。[25] 然而，另一位——美德热爱者——是没有老年的，如话语所说，他"从摇篮起"就位列审慎的元老院的元老。因此，他说所恶之妻的儿子——他的话语非常有力——为大众所厌恶的美德——是"所恶之妻的第一个子女"，所以确实如此，因为他排在第一，具有优先权；还有，按照自然的法则，而非按照人世间盛行的规

---

① 《申命记》21：15—17。"人若有二妻，一为所爱，一为所恶，所爱的，所恶的都给他生了儿子，但长子是所恶之妻生的。到了把产业分给儿子承受的时候，不可将所爱之妻生的儿子立为长子，在所恶之妻生的儿子以上，却要认所恶之妻生的儿子为长子，将产业多加一分给他。因这儿子是他力量强壮的时候生的，长子的名分本当归他。"

矩，"长子的权利属于他"。

【6】[26] 始终如一地遵循这条律法，技艺娴熟地瞄准摆在他面前的目标，摩西告诉我们，雅各在年纪上比以扫小，但在价值上比以扫老，因为愚蠢是天生的，从我们幼年起就开始有了，而对道德卓越的向往是出生以后才有的，因此以扫被迫将长子继承权交给雅各，而雅各公正地取得了这项权利。[27] 约瑟的儿子们的故事也同样是真的，表现出丰富的内容和深刻的思想。我们读到，这位圣贤在圣灵的激励下伸出两只手来，按在站在他对面的儿子们的头上，但他不是直接伸出手去按在他们头上，而是交叉着双手按在他们头上，左手摸到的是长子，右手摸到的是幼子。①[28] 长子名叫玛拿西，幼子名叫以法莲——要是把这些名字译成希腊文，我们会发现它们的意思是"回忆"和"记忆"。因为玛拿西可以解释为"来自遗忘"，来自遗忘的另一个名称就是回忆，因为任何人要回忆的是他遗忘了的东西，使之从遗忘的状态产生。另外，以法莲是"结果实"，这是记忆的一个非常恰当的头衔；因为真理是不会遗忘的，记忆是不会中断的，它是对灵魂真正最有益的食物。[29] 现在记忆属于那些已经成年的人，他们也因为后出生而被算作比较年轻的。但是遗忘和回忆前后相继，几乎从我们早年开始，追随我们每一个人。因此他们的资格较老，当圣贤召集他的队伍时，他们的位置在左边。而在美德的资格方面，记忆有它们自己的地位，被神钟爱的人会站在他的左手边，配得上他赐予的较好的部分。[30]扼要重述一下。当义人醒了酒，知道小儿子对他做的事以后，他发出深深的、严厉的诅咒。确实，当心灵清醒的时候，它必定会马上察觉到前者所做的邪恶之事，而在喝醉的时候他是不能理解的。

【7】[31] 但是，他诅咒的是谁？让我们考虑一下，因为这也是值得详

---

① 参见《创世记》48：13—14。"随后，约瑟又拉着他们两个，以法莲在他的右手里，对着以色列的左手，玛拿西在他的左手里，对着以色列的右手，领他们到以色列的跟前。以色列伸出右手来，按在以法莲的头上，以法莲乃是次子。又剪搭过左手来，按在玛拿西的头上，玛拿西原是长子。"

细考察的一个问题，被诅咒的人，挪亚的儿子，还有这个儿子的儿子，挪亚的孙子，显然不是罪人，摩西已经表明这件事的恶没有大小。[32] 含是挪亚的儿子，他出于愚蠢的好奇心，希望看到他父亲赤身，并且加以嘲笑，大声谈论这件事，而本来他应当沉默地离开。经上说："迦南当受咒诅，必给他弟兄作奴仆的奴仆。"①[33] 我再重复一下，他的冒犯又是什么？那些具体讨论律法字面意思和外在解释的人，在考虑他们自己的原则时，也许考虑过这个问题。我们宁可服从正确理智的建议，对它进行充分的内在解释。然而，有些事情必须以前言的方式来说明。

【8】[34] 静止与运动的状态各不相同。前者是静态的，后者是动态的，动态有两种，一种是从一点到另一点，另一种是围绕一个固定的点旋转。习惯与静止同缘，就像活动与运动同缘。[35] 举一个恰当的例子可能会使这些观点更容易理解。木匠、画匠、农夫、乐师，以及那些实践其他各种技艺的人，可以不进行任何属于他们技艺的活动，但无论如何，我们还是习惯于用前面说的这些名称称呼他们，因为他们拥有在从事各自职业时获得的知识和经验。[36] 会有这样的时候，木匠在雕刻一块木头，画家调好颜料以后在勾勒他心中的一幅画的轮廓，农夫犁开沟垄，撒下种子，种下小树苗或插下嫩枝，给它们浇水施肥，还会做农夫的其他所有工作。还有一些时候，乐师调好了他的韵律和节奏、某种形式的曲调、他的笛子和竖琴，以及其他任何乐器，或者他会使用天然的乐器而非人造的乐器，用他的嗓音来表现整个音域。在这样的时候，或者当各种匠人在工作的时候，我们肯定要用一套名称来称呼他们，以各种知识为基础，与他们相一致。我们不仅谈论木匠，而且实践木匠的技艺，不仅谈论画匠，而且实践绘画，不仅谈论农夫，而且进行耕种，不仅谈论乐师，而且吹笛子、弹竖琴、唱歌，或者进行其他表演。[37] 这两类事物哪一类是赞扬或责备的对象？肯定是那些真正从事某些工作的人。他们的成功或失败分别引起赞扬或责备。那些拥有知识而不拥有其

---

① 《创世记》9：25。"就说，迦南当受咒诅，必给他弟兄作奴仆的奴仆。"

他事物的人不做任何事情，保持平静，他们在静止中找到了安全。

【9】[38] 当判定的性质是愚蠢，或者是一般的美德或邪恶时，同样的原则也成立。灵魂审慎、节制、勇敢、正义的人，由于天然馈赠的幸福而在数量上变得无数，部分由于受到习俗的直接影响，部分由于它们自己身体的坚持和努力，但是，由于贫困或者身体疾病，或者由于其他困扰人们生活的灾祸，使它们不可能显示装扮心灵的本质之美。[39] 所以，它们拥有的这些良好本质似乎就处在锁链和监禁之中。但在其他一些人看来，它们完全自由、无拘无束、不受束缚，因为它们获得的馈赠不断得到补充而得以增强。[40] 审慎的人可以负责管理公共事务或私人事务，在其中可以表现出精明和良好的判断。节制的人可以拥有财富，而盲目的财富会变得非常强大，足以引诱和催促它的拥有者允许它把盲目转为看见。正义的人可以担任公职，从而使他能够毫无障碍地对所有处于他的权柄之下的人做出回报。宗教的实施者可以拥有祭司权，管理圣地和在那里举行的圣仪。[41] 它们仍旧是美德，与机遇分离，但它们是静止的、不活动的美德，就像埋藏在大地深处的金银，无人可以使用它们。[42] 与此相反我们可以看到，成千上万的人是胆怯的、不节制的、愚蠢的、不公义的，心里头是非宗教的，但由于各种不便，他们不能展示各种邪恶的丑陋。而这样的机会一旦剧烈地降临在他们身上，他们就会把恶行发挥到顶点，使之充斥大地和海洋。他们什么也不会留下，大大小小的，或者没有受伤的，而会集中在一次爆发中毁灭。[43] 就好比火要是缺乏燃料，火的能力就是静止的，所以拥有邪恶或美德的灵魂在缺乏机遇的时候，灵魂的力量是静止的，而一旦机会来了，它就会突然迸发出来，燃起熊熊大火。

【10】[44] 单独做出这些评价只是为了一个目的，表明挪亚之子含是一个静止状态的恶的名称，挪亚的孙子迦南也一样，当它进入积极运动的时候。因为含可以解释为"热"，迦南可以解释为"摇动"。[45] 热是身体发烧的一种迹象，也是灵魂的一种恶。正如发烧这种疾病要攻击的不是某个部分，而是整个身体，所以邪恶是整个灵魂的弊病。它有时是静止的，有时是

运动的，它的运动被摩西称做"摇动"，这在希伯来语中就是迦南。[46] 现在还没有立法者将一种针对不正义的惩罚固定下来，仅当它在运动、有了某种非正义的行为时，才会有对它的惩罚，就好比会撕咬的动物，除非它们就要咬了，任何心灵正常的人都不希望杀死它们；这是因为，我们必须忽略任意屠杀的野蛮欲望。[47] 所以，相当自然的是，这位义人好像应当诅咒他的孙子迦南。我说"好像"，乃是因为他在诅咒迦南的时候实际上是在诅咒他的儿子含，因为含在向罪恶移动，他自己变成了迦南，邪恶是一个单一的主体，在静止和运动两个不同的方面表现。但是，静止在年纪方面优先于运动，因此运动与静止的关系就好像子女对父母。[48]因此，当迦南或"摇动"被说成是含或静止的儿子时，就与事实相一致了，这一点足以表明在别处说出来的真理，"必追讨他的罪，自父及子，直到三四代"①。因为根据我们的推理，我们可以算做他们的后代，惩罚将要降临我们，而依据他们自己接受的推理，如果没有该受责备的行为随后发生，我们就逍遥法外，不受传讯，不受惩罚。[49] 因此，关于麻风病的律法也是一样的，摩西以他从未失败过的伟大确定了这种疾病的广泛运动和扩散是不洁的，而静止是洁净的。因为他说："若在皮上发散开了，祭司就要定他为不洁净，是灾病。火斑若在原处止住，没有发散，便是疮的痕迹，祭司就要定他为洁净。"② 就这样，由于静止的状态是灵魂中的恶和情欲的静止（这些东西用麻风病来表示），可以免于受到指控，而运动和进展的状态则应当受到提审和责难。[50] 同样的教训也以更加引人注目的形式出现在创世记的神谕中。因为神对邪恶者说："人啊，你犯了罪，你要安静。"③ 这就意味着，与邪恶一道处于运动和活动之中的罪应当受到惩罚，而静止由于是沉寂的、不动的，所以这样做就可以

---

① 《出埃及记》20：5。"不可跪拜那些像，也不可事奉它，因为我耶和华你的神是忌邪的神。恨我的，我必追讨他的罪，自父及子，直到三四代。"

② 《利未记》13：22—23。"若在皮上发散开了，祭司就要定他为不洁净，是灾病。火斑若在原处止住，没有发散，便是疮的痕迹，祭司就要定他为洁净。"

③ 参见《创世记》4：7。"你若行得好，岂不蒙悦纳，你若行得不好，罪就伏在门前。它必恋慕你，你却要制伏它。"

免受责难，保证安全。

【11】[51] 我想，上面这些话就好像一篇序言，我们已经说够了。现在，让我们来考察诅咒采用的形式。他说："迦南当受咒诅，必给他弟兄作奴仆的奴仆，"①"闪的神是应当称颂的，愿迦南作闪的奴仆。"②[52] 我们在前面说过，闪这个名字的意思是"好"，也就是说，他拥有的这个名称不是专名或名词，而只是一个"名称"，它指称整个种，代表好这个种，因为只有好的事物才是这个名称的事物，才配得上美好的话语和陈述，另外，坏是无名的，是恶的事物的名称。[53] 那么，就好的本性而言，摩西认为配得上这名参与者的这段祈祷的本性是什么？确实，它的本性到底是什么呢？这是一段史无先例、无与伦比的祈祷，没有一个可朽的凡人可以协助进行这样的祈祷，它就像是从大海中奔涌出无数大山一般杰出的事物，无法度量，无穷无尽。面对世界之主和神，以及在世界中的一切，他声称这是闪的神，神对他有特别的恩典。[54] 想一想吧！在这里，什么样的障碍没有被超越？因为，我们完全可以说，这个世界谁能得到这样的恩典，相同的权柄统治和照料二者时，这种护卫权的对象必定需要具有相等的价值。[55] 确实，祂的馈赠就好像出自慷慨之手。因为当宣称祂是世界的主人和恩人的"主和神"这样的话语对我们的感官开放的时候，我们的心灵能够察觉到这种善，我们知道他只是救世者和恩人，而不是主人或主。因为，与其说智慧是神的朋友，倒不如说智慧是祂的仆人。[56] 因此，神清楚地谈到亚伯拉罕，"我所要作的事岂可瞒着我的朋友亚伯拉罕呢？"③ 但是，拥有这种名份的他超越了凡人的幸福。只有他具有高贵的出身，因为他被记在神的名下，神是他的父亲，通过收养，他成为神的唯一的儿子，他不是个别财富的所有者，而是全部财富的所有者，假定在那个地方除了善物没有其他，善物在数量上无限，在价值上很高，只有他不会随着时间的流逝变老，而是一直在更新，永葆青春；

---

① 《创世记》9：25。

② 《创世记》9：26。

③ 《创世记》18：17。"耶和华说，我所要作的事，岂可瞒着亚伯拉罕呢？"

[57] 他得到的不仅是崇高的名望，而且是无上的荣耀，因为他收获的赞扬决不是通过奉承得来的，而是由真理核准的；他是唯一的国王，因为他得到的权杖象征宇宙的主权，是全能的，无人可以置疑；他是唯一的自由人，因为他逃离空洞意见这位最暴虐的女主人，神作为解放者，把她从山岗上的城堡里驱赶出去，摧毁了她所有的傲慢。[58] 所以，为什么他被认为配得上如此巨大、卓越、众多的赐福？除了通过他的嘴唇用他的话语唱颂歌以外，他还应当做什么？也就是说，这似乎就是"赐福的主，闪的神"的内在含义。因为这样做与接受了神的馈赠的他是相应的，他应当赞美神，因为这是他能提供的唯一回报，而其他事情，尽管他会努力，但超越了他的能力。

【12】[59] 这就是挪亚为闪做的祈祷。现在让我们来考虑他为雅弗做的祈祷。他说："愿神使雅弗扩张，使他住在闪的帐篷里，又愿迦南作他的奴仆。"① [60] 如果我们认为道德之美是唯一的善，那么我们寻求的目标就是矛盾的和狭隘的，因为它只和我们无数环境之一有密切关系，亦即与主导性的原则心灵有密切关系。如果我们把这个目的和三个不同的方面相连，涉及灵魂、身体和外部世界，那么这个目的就被分成许多不同的部分，就扩张了。[61] 所以这篇祈祷应当使雅弗扩张，使他不仅能使用灵魂的美德、审慎、节制，以及其他每一种美德，而且也能使用身体的美德、健康、感觉的效能、肢体的灵敏、肌肉的力量，以及其他各种同缘的美德；还有，他可以拥有植于财富和名望的所有外在的好处，享有和使用这样的必要的快乐。

【13】[62] 关于"扩张"就说到这里。但是我们还必须考虑，当他但愿"他"住在闪的家中时，这个"他"指的是谁。这一点没有清楚地显示。一方面，我们可以建议，"他"指的是宇宙的统治者。因为在整个被造的世界中，还能为神找到什么比完全洁净的灵魂更加高尚的住处？这样的灵魂拥有道德之美，被当做仅有的善，位于其他一切事物之首，是神仅有的护卫和下属。

---

① 《创世记》9：27。

[63] 但是，不能把神说成居住在位于某个具体地方的可感的房子里，而是祂包含一切事物，但不被任何事物所包含，在这个意义上可以说神特别眷顾和照料那个地方。因为每一座房子的主人必定要照料由他掌管的房子。[64] 愿神的爱像下雨一样把善落到每个人身上，但愿万物的统治者能将祂的臣民的住处，亦即心灵的住处，提升到大地之上，提升到苍穹之极。[65] 确实，这个故事字面上的意思似乎与这个解释相一致。因为在闪的身上，我们可以说有了高贵品质的根基，从这个根上产生了聪明的亚伯拉罕，这是一棵出产甜蜜营养的树，他的果实是以撒，这个人不需要用话音去教他，他自己就能教导他自己，再从以撒的种子产生出辛勤劳动和生活的美德，雅各本人精通这些德行，他在与情欲摔跤时得到训练，而与理智天使的摔跤则让他做好了准备，面对各种冲突。[66] 还有，雅各是十二部落之源，神谕说它们是"神的殿宇和祭司"①，就这样，按照确定的顺序，这些源于闪的思想在它们的房子里祈求神可以降临。"宫殿"的意思确实是国王的房子，它确实是神圣的，是唯一不可侵犯的圣地。[67] 然而，这段祈祷的话语可能也涉及雅弗，可以用闪的房子作为他的度假胜地。因为，代表那个拥有身体的和外在的优势的人进行祈祷，他只能回归元一，甚至连元一也属于灵魂，不通过整个生活不能获得真正的观念，也不能思考健康或财富这类事物，这些东西在最邪恶和最令人讨厌的人看来是真正的善。不，在卑劣的事物中不可能发现善，因为善的本性不会有恶的参与。[68] 由于这个原因，这种珍宝只隐藏在一个地方——灵魂——因为在灵魂之美中，没有掺杂任何愚蠢的部分。先知书中宣称这种祈祷是他的家族中最高贵的人的祈祷——甚至"回归于我"②，但愿他能回归祈祷者的心灵，欢迎道德之美为唯一的善，把善的观念留给倔强的心灵。然后，让它居住在拥有道德之美的人的唯一善的灵魂之中，而它在其

---

① 《出埃及记》19：6。"你们要归我作祭司的国度，为圣洁的国民。这些话你要告诉以色列人。"

② 参见《创世记》49：22。"约瑟是多结果子的树枝，是泉旁多结果的枝子。他的枝条探出墙外。"

他人的灵魂中只是逗留，因为这些人也看重身体的和外在的事物。[69]还有一个要点。摩西有很好的理由这样写，他宣称傻瓜是那些拥有美德者的奴隶，要么得到提升，过一种较好的受到控制的生活，要么倾向于他的邪恶，他的主人作为统治者会使用他拥有的绝对权柄对他们的快乐进行严惩。

论语言的变乱

提　要

本文的希腊文标题是"ΠΕΡΙ ΕΥΓΧΥΕΩΣ ΔΙΑΛΕΚΤΟΝ"，意为"语言的变乱"，英译者将其译为"On the Confusion of Tongues"。本文的拉丁文标题为"De Confusione Linguarum"，缩略语为"Conf."。中文标题定为"论语言的变乱"。原文共分为38章（chapter），198节（section），译成中文约3.1万字。

本文讨论《创世记》11：1—9。许多人反对巴别塔的故事，认为这个故事与荷马史诗中的阿洛伊代人的故事相似（1—4节）。这种观念是荒谬的，巴别塔的故事与另一则寓言相同，最初所有动物相互之间都能听懂一种语言（5—8节）。巴别塔的故事更加理智，语言的多样性有助于防止众人合作犯罪（9—13节）。作者让那些拘泥于字面解释的人去回答这些批评，自己则提供对整个故事的喻意解释（14—15节）。他认为，通过一样的"口音和言语"，摩西指出有一种邪恶的"和声"，不仅在众人身上看到，而且在个人身上看到（16—20节），更多地表现为困扰灵魂的情欲（21—22节），然后对大洪水的故事作喻意解经（23—25节），并解释反亚伯拉罕的同盟者（26节），以及天使攻打所多玛城的居民（27—28节）。接下去对"唇"这个词进行思考，这个词也表示"边缘"。摩西在河边遇见法老，埃及人的死尸都在海边，解释定为犯罪的虚假死亡（29—38节）。许多人缺乏驳斥虚假的技艺，在神的帮助下才能这样做（39节）。善的和声出现在族长的话语中，"我们都是一个人的儿子，是诚实人"。一个人指神圣的道，只有那些认识它的人是和平之人，而与之对立的多神论者会发出不和谐的声音（40—43节）。这种和平也是一场反对邪恶的战争。先知耶利米被说成"战争之人"（44—56节），甚至在他们听到神的诫命之前，与米甸人战斗的船长也会听到"和声"（57—59节）。

经上说："他们往东边（或升起）迁移的时候，在示拿地（解释为抖落）遇见一片平原，就住在那里。"引用其他经文中出现的"起来"和"抖落"这些词（60—74节）。"发现"表示邪恶者真的在寻找邪恶，"居住在那里"表示善人把自己只当做身体的旅居者（75—82节）。接下去讲述城和塔的建造。

经上说："来吧，让我们做砖，把砖烧透了。"分析塑造邪恶心灵的思想（83—90节），制砖也适用于以色列人的灵魂，它当时处于埃及人的束缚之下（91—93节）。后一想法与神赋予以色列人的解放有松散的联系，对相关细节进行解释（94—100节）。"用火烧砖"表示智者为他们的邪恶提供论证，他们团结一致，所以"他们的砖头成了石头"（101—102节）。但另外，"石漆变成了灰泥"，亦即在他们获得安全之前，神破坏了他们邪恶的计划（103—104节）。后续有关石漆的两个想法表明，他们的安全是身体方面的，而不是精神方面的（105—106节）。

经上说："让我们自己建造一座城和一座塔，塔顶通天。"这里的城指的是我们的灵魂，傻瓜会召唤他的全部感觉和情欲来帮他建造这座城和塔，或卫城（107—112节）。塔顶通天，象征神学谬误不虔诚的企图，尤其是否认天命，攻击天上的真理（113—115节）。"传扬我们的名"，这是恶人在炫耀他的恶行（116—118节）。"免得我们分散在全地上"，表明得到暗示，神的审判在等待他们（119—121节）。一般说来，他们是该隐的后裔，相信凡人的自足，这就是"塔顶通天"的第二个含义（122—128节）。但是这塔将要被推翻，就像基甸推翻毗努伊勒人（背离神）的塔，不是用战争的手段，而是在他和平返回的时候。再次把"天穹"解释为"心灵"，塔顶通天的意思是试图将感觉提升到心灵之上（129—133 节）。经上说："主降临，要看看世人所建造的城和塔。"不能用神人同形同性论的观点理解这句经文。神的潜能无处不在，神的本质不处于空间（134—139节）。摩西使用这个短语的意图是通过神的模样告诉我们，视力对听力具有优越性（140—141 节）。至于"世人"这个短语，有些人嗤笑它是个无用的赘语，但它的真正含义是建造者而不是虔诚者，虔诚者是"神的儿子"（142—145 节），虔诚者也不是"一人"的儿子，"一人"就是圣道（146—147 节）。在圣经中，儿子的身份经常在这种意义上使用（148—149 节）。

经上说："他们成为一样的人民，都是一样的言语。"这可能是一种最不和谐的、最糟糕的联合（150—151 节），而"他们开始作起这事来"这句话表达了一种强烈的鄙视和愤怒。他们不知餍足地做坏事，被罪行充满，反对天空的神圣本性，他们好像建成了这座塔，尽管这座塔实际上并没有建成（152—157 节）。巴兰的命运表示对这种未完成的罪恶的惩罚，律法把杀人的目的等同于杀人罪行本身，不给予杀人犯避难的特权。有许多人希望逃避对他们恶行的惩罚，把实际上属于他们自己的罪责归于不是任何邪恶之因、而是一切善良之因的神。因此把这些人从祭坛上捉走没有任何亵渎（158—161 节）。"以后他们所要作的事就没有不成就的了"，这句话告诉我们神可以无限地给予罪犯最大的惩罚，该因说"我的刑罚太重"，这句话表明了这一点（162—167 节）。

经上说："让我们下去，在那里变乱他们的口音。"解释神讲的这句话里的"我们"是什么意思（168—169 节）。神把某些任务赋予祂的助手，权能和灵性的存在被称做"天使"（170—175 节）。由于人有自由意志，因此会犯罪，所以神让祂的使者分担造人的工作，神本身不是恶的原因（176—179 节）。神也召唤祂的下属（天使）给亵渎者带去变乱的惩罚（180—182 节）。变乱是一种完全的混合，在混合中最初的成分被摧毁（183—189 节）。有些人认为这个故事讲的是语言的分化，这种看法可能有几分道理，但不恰当。变乱是个别性质的灭绝，由此产生一个有它自己专门属性的整体，而分离是把一个事物划分为几个事物。如果圣贤的命令是划分语言，把这个整体分成几种语言，那么他会使用更加恰当和准确的术语，比如分割、分配或分离，而不会使用变乱。神创造生灵，不让生灵的任何一个部分与其他事物结成同盟（190—195 节）。作为创造者的神想要为一切播下高尚生命的种子驱散和驱逐袖诅咒的不虔诚的世界同盟。当这些人被驱散以后，那些被愚蠢的暴君长期流放的人将受到召唤。变乱确实是恶的一个恰当的名称，每个愚蠢者的话语、目的和行为一样，都是无价值的，不稳定的（196—198 节）。

正　文

【1】［1］关于这些事情我们已经说够了。下面需要我们仔细考虑的问题是语言的变乱和摩西智慧的教训。他说了这样一番话："那时，天下人的口音，言语，都是一样。他们往东边迁移的时候，在示拿地遇见一片平原，就住在那里。一个人对他的邻居说，来吧，我们要作砖，把砖烧透了。他们就拿砖当石头，又拿石漆当灰泥。他们说，来吧，我们要建造一座城和一座塔，塔顶通天，为要传扬我们的名，免得我们分散在全地上。主降临，要看看世人所建造的城和塔。主说，看哪，他们成为一样的人民，都是一样的言语，如今既作起这事来，以后他们所要作的事就没有不成就的了。我们下去，在那里变乱他们的口音，使他们的言语彼此不通。于是，主使他们从那里分散在全地上。他们就停工，不造那城了。因此，那城名叫巴别，因为主在那里变乱天下人的言语，使众人分散在全地上。"①

【2】［2］有些人厌恶我们先祖的体制，他们不断地研究并公然谴责和诽谤我们的律法书，想在这些段落和其他一些段落中发现律法的缺陷，为他们的无神论打开缺口。这些不虔诚的嘲笑者说："你们能够严峻地说出包含绝对真理的法典和法令吗？看到你们所谓的圣书也包含着神话，听别人讲述它们的时候，你们通常也会加以嗤笑。"［3］"确实"，他们继续说道："关于律法书，我们不需要收集无数散布在各处的例子，就好像我们有空闲时间揭示

---

① 《创世记》11：1—9。"那时，天下人的口音，言语，都是一样。他们往东边迁移的时候，在示拿地遇见一片平原，就住在那里。他们彼此商量说，来吧，我们要作砖，把砖烧透了。他们就拿砖当石头，又拿石漆当灰泥。他们说，来吧，我们要建造一座城和一座塔，塔顶通天，为要传扬我们的名，免得我们分散在全地上。耶和华降临，要看看世人所建造的城和塔。耶和华说，看哪，他们成为一样的人民，都是一样的言语，如今既作起这事来，以后他们所要作的事就没有不成就的了。我们下去，在那里变乱他们的口音，使他们的言语彼此不通。于是，耶和华使他们从那里分散在全地上。他们就停工，不造那城了。因为耶和华在那里变乱天下人的言语，使众人分散在全地上，所以那城名叫巴别（就是变乱的意思）。"

它的过错。我们只需要用就在我们脚下和手边的事情来提醒你们。"[4] 我们手头就有的一个例子与阿洛伊代人①的那个故事相似，按照最伟大、最负盛名的诗人荷马的说法，他们想要把三座高耸的山峰叠起来，希望能由此构筑一条方便的道路上达天庭。关于这个主题，荷马的诗句是这样的："他们要把奥萨②山叠上奥林波斯③山顶，在奥萨山再叠放葱郁的佩利昂④峰，从而抵达天庭。"⑤ 奥林波斯、奥萨、佩利昂都是山的名称。[5] 这位立法者用一座人造的塔来代替这些山峰，那个时代的人由于愚蠢和傲慢而想要上达天庭。他们确实够愚蠢的，甚至可以说他们疯狂透顶！打下一片小小的基础，在上面建造整个大地的不同部分，就像要竖起一根柱子，从大地直抵遥远的以太，尤其是，我们要是接受研究这些问题的哲学家们的看法，那么他们全都同意说大地是宇宙的中心。

【3】[6] 在神话作家的作品中可以发现另一个相同的故事，讲的是有一个时候，所有动物都有一种共同的语言。故事说，古时候所有动物，无论是陆地上的，还是水中的，或者是长翅膀的，都有一门相同的语言，就好像今天希腊人会与希腊人交谈，野蛮人会与野蛮人交谈，要是他们有一门相同的语言，所以，各种生灵相互之间会交谈，把它们遇到的事情告诉其他族类，以这种方式，它们遇到不幸的时候会一起悲哀，交了好运时会一同喜乐。[7] 这种共同的语言引导他们相互告知快乐和不安，所以他们享有共同的情感。作为其结果，他们获得了相同的性情和感情，直至得到过度丰盛的祝福和想要获得的礼物，如经常发生的那样，使他们的幸福失事。他们派出使团去寻找长生不老的药方，请求豁免老年人，让他们永远享有青春的活力。他们恳求与他们为伴的动物，那只是一条爬行动物，一条已经获得这种恩惠的蛇，

---

① 阿洛伊代人（Ἀλωειδῶν），族名。

② 奥萨（Ὄσσα），山名。

③ 奥林波斯（Ὄλυμπος），山名。

④ 佩利昂（Πήλιον），山名。

⑤ 荷马：《奥德赛》11：315，318。

因为它摆脱了老年，恢复了青春，然而说优越者比低劣者还要差，或者说大全比元一还要差，这样说是荒唐的。[8] 然而，正是由于这种厚颜无耻，他们受到了应有的惩罚。他们的语言马上变得不一样了，从那一天起他们不再能相互理解，因为他们的语言不同了，他们原先全都拥有的同一种语言分成了很多种。

【4】[9] 反对者说，摩西讲述的故事比较接近现实，他在理智的和非理智的动物之间作了区分，所以他确定的统一语言只适合人类。他们说，甚至连这一点也是神秘的。他们指出，把语言划分为不同种类的多种语言，摩西称之为"变乱语言"，在这个故事中是一剂治疗罪恶的药方，人类后来不再通过相互理解而成为共同作恶的伙伴，他们会成为某种意义上的聋哑人，不能相互理解，只好停止为了一个共同的目标而采取共同行动。[10] 但是这样做并没有取得什么良好的结果。因为在他们被分为不同的民族、不再说同一种语言以后，陆地和海洋仍旧充满无数邪恶的行为。因为不是人的说话，而是灵魂对罪恶同样的渴望使其在恶行中相结合。[11] 确实，因故失去语言能力的人可以用点头、扫视和其他肢体活动来表明他们的希望，就像用话语来表达一样。此外，在一个民族里，不仅语言，而且还有法律和生活方式也是相同的，它们经常能够抵达一种邪恶，其恶行可以和全人类的罪过相等。[12] 还有，大多数人由于不懂其他语言而不能预见迫在眉睫的危险，被敌对者的进攻力量不知不觉地捕获，与其相反，这样的知识使他们能够拒斥这些威吓、警告和危险。结论就是，拥有一种共同语言可以使为善多于为恶，以往各个国家的所有经验可以确认这一点，特别是在居民是本地人的地方，没有任何事物能使居民摆脱语言统一带来的灾难。[13] 再说，除了他自己的语言以外，获得其他语言马上就能使他与懂得和使用这种语言的人比肩而立。他们现在把他当做友好人士，他熟悉他们的词汇，这就极大地证明他和他们有亲密的同胞情谊，这种亲密使他们有了安全感，而不会担心这种偶然相遇会带来灾难性的伤害。他们问，神为什么希望剥夺人类这种普世语言呢，就好像它是万恶之源，而他们宁愿神把它坚定地建立为有益事物

之源？

【5】[14] 那些采取法律条文的外在意思并为每一个问题提供表面解释的人，无疑会按照他们自己的原则驳斥这些阴险的批判。而我们将采用喻意解经的解释，不是按照任何引发争论的精神，也不寻求某些智术的调和。倒不如说，我们将遵循逻辑顺序的链条，这样做既不会跌倒，又能轻易消除任何障碍，从而使论证的步伐坚定地迈向它的结论。[15] 我们建议，"天下人的口音和言语都是一样的"，这些词表示的意思是大量的、无数的恶行的一致，这些恶行包括城邦、民族、国家之间的冲突和报复带来的伤害，以及人们犯下的不虔诚的行为，他们不仅相互敌对，而且与神敌对。这些确实是众人的恶行。但是我们也要考虑，在个人身上也能看到大量的恶行，尤其是当他身上发出的声音不和谐、不合调、非音乐的时候。

【6】[16] 有谁不知道命运的灾难，当贫困和坏名声与身体的疾病或残疾结合在一起，然后这些事情又再次与灵魂的衰弱混合在一起，使人忧郁或者衰老，或者使人遇上其他任何可悲的灾难？[17] 确实，这些事情中的某一项就足以颠覆和推翻最强壮的人，如果把它的力量针对他。而当身体和灵魂的疾病和外部世界联系在一起，重叠罗列，尽管服从一个声音的指挥，在同一时刻击败它们各自的受害者，但除了它们以外，还有什么样的不幸是无关紧要的呢？当护卫倒下的时候，他们护卫的东西也必定会倒下。[18] 嗯，财富、名望、荣耀是身体的护卫，它们使身体直立，挺胸抬头，无比自豪，而它们的对立面，不名誉、坏名声和贫困，就像它们的对手，会使身体轰然倒地。[19] 还有，灵魂的护卫有听、看、嗅、尝的力量，所有感官，还有身体的健康和力量，肢体和肌肉。这些东西用于基础牢固、围墙高筑的堡垒，心灵可以快乐地在里面居住，没有任何东西能够阻止它追求自己人格的实现，它可以自由自在地沿着一条方便的大道去任何地方。[20] 但是与这些护卫相反的也有敌对的力量、感官的残缺和疾病，如我所说，它们经常希望理解这些悬崖峭壁。这些灾难独立地对我们起作用，使我们充满痛苦和不幸，它们在分量上远远超过从我们的深思熟虑中产生出来的意志。

【7】[21] 所以，下面让我们转为考虑声音和谐之处，以及我们自己引起的疾病。我们得知，我们的灵魂有三个组成部分，一个部分是心灵和理智，一个部分是激情，一个部分是欲望。灵魂的各个部分都会带来伤害，就各部分与其自身的关系而言，亦就所有部分的相互关系而言，心灵会收获由于它的愚蠢、胆怯而产生的不节制、不正义的行为带来的后果，激情会产生它的愤怒和狂暴，以及它的子宫里的其他邪恶的孩子，欲望通过幼稚的想象一直不停地生长出各种欲望，就像一束光芒，指引着那些物体性的和非物体性的事物。[22] 然后，就好像一条船上的乘客和水手密谋，疯狂地想要沉没这条船，那些计划毁灭它的人最先想要毁掉这条船。这种事情是独特的，极为不幸，就像无法治愈的疾病——灵魂所有部分在罪中合谋，就如一个民族遭受瘟疫侵袭，无人能够拥有治疗患者的健康，只有医生分有民众共同患有的疾病，成为这场无人能够忽视的灾难的牺牲品。[23] 大洪水期间，我们有这一可怕事件的象征，这位立法者用这样的话语描述，"天上的窗户"敞开，倾倒出无比邪恶的洪流，从"地上的大渊"①，也就是从身体，奔涌出每一情欲的众多溪流，它们再和雨水混杂，生成漩涡，奔流而下，不断地通过灵魂整个区域，在那里会聚。[24] 经上说："主神看见人的罪恶在大地上增多，每个人终日所思的尽都是恶"，于是就决定惩罚人，亦即惩罚心灵，由于人犯下了致命的恶行，和人一起受惩罚的还有地上爬的和天上飞的动物，以及其他众多无理智的、未驯服的野兽。② 这一惩罚就是大洪水。[25] 洪水是一种罪恶的释放，是一道邪恶的、无法阻挡的激流，是一切事物不受任何约束地喷发，给那些打算取乐者提供丰富的机会。确实，这种惩罚是合适的。因为腐败的不是只有灵魂的一个部分，通过其他部分的健全可以拯救它，而是灵魂中间没有哪个部分是不染病的和不腐败的。因为经上说"看

---

① 《创世记》7：11。"当挪亚六百岁，二月十七日那一天，大渊的泉源都裂开了，天上的窗户也敞开了。"

② 参见《创世记》6：5—6。"耶和华见人在地上罪恶很大，终日所思想的尽都是恶。耶和华就后悔造人在地上，心中忧伤。"

见"，经上说的"尽"的意思就是全部，而不是只有一个部分，经上说的"打算"表示正直的法官给予每一错误应得的惩罚。

【8】[26] 这些人就是在"盐沟"里结盟的人。因为邪恶和情欲是中空的、粗糙的、沟壑般的；确实，盐和苦涩是它带来的痛苦。聪明的亚伯拉罕摧毁了这些同盟者的誓约，因为他知道这不是圣洁的誓言或立约的祭仪。于是，我们读道："他们都在西订谷会合。西订谷就是盐海。"①[27] 再进一步观察那些没有智慧、在理智上盲目的人，这种人的视力当然应该是敏锐的，他们的品质蒙上了所多玛人的面纱——想一想连老带少各处的人如何围住灵魂的房子，羞辱和摧毁那些作为它的贵客、护卫、卫兵的神圣思想；并非只有一个人在反对非正义者，或者只有他自己在逃避做非正义之事。[28] 因为我们读到，不是只有某些人，而是连老带少所有人都来围住那房子②，密谋反对神圣思想，而它们常被称做天使。

【9】[29] 但是，神的先知摩西将要遇见和阻止它们的洪流，尽管它们的国王位于它们前列，是他们中最大胆、最狡猾、最雄辩的人，这道洪流奔涌而来，就像水流汇聚那样聚集财富。他说："看呀，埃及的国王出来往水边去，你要往河边迎接他。"③[30] 所以，这个傻瓜将会前往水边，那里奔涌着不公义的、情欲的洪水，摩西把情欲比做河流。但是这位贤人首先从神那里得到特许，屹立不动，这一特许与祂的权柄同类，从不转向，从不动摇。[31] 因为神对他说："你可以站在我这里。"④ 到了最后，他会抛弃怀疑和犹豫，这是不稳定的心灵的品质，持有最确定、最稳定的品质，亦即持有信念。这是他的第一项特权——站立；其次是"迎接"他——真是一个奇怪

————————————————

① 《创世记》14：3。"这五王都在西订谷会合。西订谷就是盐海。"

② 参见《创世记》19：4。"他们还没有躺下，所多玛城里各处的人，连老带少，都来围住那房子。"

③ 《出埃及记》7：15。"明日早晨，他出来往水边去，你要往河边迎接他，手里要拿着那变过蛇的杖。"

④ 《申命记》5：31。"至于你，可以站在我这里，我要将一切诫命，律例，典章传给你。你要教训他们，使他们在我赐他们为业的地上遵行。"

的悖论。因为经文说"你要站立去迎接他"，尽管"迎接"包含运动的观念，而"站立"使人想起静止。[32] 不过，这里讲的两件事情并非真的相冲突，而是最自然地前后相继。因为他的心灵的体制和判断已经牢固地建立起来，他会反对所有那些乐于在汹涌波涛中制造骚乱、扰乱他天然安宁能力的人。

【10】[33] 确实，应当在河边迎接对手。唇是嘴的边界，边缘是河的边界，语言之流经过嘴唇，开始向外流逝。[34] 现在，语言是那些仇恨美德、热爱情欲的人雇用的同盟者，他们反复向人们灌输那些站不住脚的教义，也被高贵者雇用，摧毁较好者的教义，抵抗较好者的主权，他们的善没有欺骗。[35] 确实，当他们绕过喜爱挑起争论的智术的暗礁以后，与之对立的圣贤的话语颠覆了他们的狂吠，把他们送进地狱，正义的和恰当的圣贤将建立他的神圣的合唱队，唱起胜利颂歌，音色甜美。[36] 经上说，以色列人看见埃及人的死尸都在海边，^① 而不是在别的地方。说"死"的时候，他说的"死"的意思不是灵魂与身体的分离，而是亵渎的教义和他们的发音器官说出来的话语的毁灭。[37] 话语的死亡是沉默，而不是作为有教养民众良好行为的安静，安静可以视之为稳重的象征，这种沉默实际上是一种力量，是语言力量的姐妹，是恰当话语的丈夫，直到话语说出的那一刻。不，这是一种人们不希望拥有的沉默，属于他们的对手，他们的力量被削弱，直至筋疲力尽，瘫倒在地，此时他们发现自己手头不再有现成的论证。[38] 因为他们正在处理的事情已经在他们手中解决，他们依赖的东西让位于他们之下的东西，所以他们必定需要在站立之前倒下。你可以比较一下取水用的踏车。中间有一些踏板，取水者可以站在上面，当他想要灌溉的时候，他可以用脚取水，但无法防止湿滑，为了避免跌倒，他会用手抓住附近牢固的东西，用尽全身力气来提水。所以，他的脚起到了手的作用，而他的手起到了脚的作用，因为他用手来保持自身的站立，而我们通常用手来工作，他用脚来工

---

① 参见《出埃及记》14：30。"当日，耶和华这样拯救以色列人脱离埃及人的手，以色列人看见埃及人的死尸都在海边了。"

作，而通常他当然是用脚来站立的。

【11】[39] 许多人认为他们没有能力驳倒智者这种似乎有理的虚构，因为他们的职业使他们连续不断地从事实际生活，没有受过任何处理话语的训练，他们在唯一聪明的存在者的支持中找到避难所，恳求祂成为他们的助手。这样的一个人就是摩西的门徒，他在诗篇中这样祈祷："让他们狡猾的嘴唇变得无语。"①[40] 这样的嘴唇怎么会沉默呢，除非他们受到神的约束，只有神可以掌握语言本身，用做祂的奴仆？所以，让我们逃跑吧，不要向后看前来追赶者，它们是罪的结合，而要紧紧抓住我们的同盟者，它们是善意和知识的同伴。[41] 因此，当我听到那些人说"我们都是一个人的儿子，是诚实人"②的时候，我对他们这些话语揭示的和谐精神充满崇敬。"啊，我的朋友"，我会说："你怎么不仇恨战争，热爱和平呢——你们已经把自己登记为一个人的孩子，你们有同一位父亲，他不是凡人，而是不朽的神的人，祂是永恒者的道，祂本身必定是不可灭的？"[42] 他们的体系包括许多灵魂家族的起源，他们把自己隶属于所谓多神论的邪恶，多神论者有时候向这位神灵致敬，有时候向那位神灵致敬，他们是国内外骚乱和争斗的制造者，从出生到死亡，一生充满内讧。[43] 但是这些人享有血统和荣耀的同一，他们共有一位父亲，亦即正确的理智，敬畏美德的通力合作，其中充满谐音与旋律，过着一种安宁平静的生活。然而这种生活，不像某些人设想的那样，是懒散的、卑劣的生活，而是有着高昂勇气的生活，它的精神的边缘极为锋利，可以用来反对那些试图打破条约的人，那些一直试图违反他们所立誓言的人。当他们上阵抵抗那些颠覆灵魂稳定性的人时，他们证明了这种和平之人的本性是战争。

【12】[44] 我的话语的真实性首先可以由每一位热爱美德者的意识来检验，他们可以感觉到我描述的东西，其次可以由唱诗队的指挥来检验，他受

---

① 《诗篇》31：20。"你必把他们藏在你面前的隐密处，免得遇见人的计谋。你必暗暗地保守他们在亭子里，免受口舌的争闹。"

② 《创世记》42：11。"我们都是一个人的儿子，是诚实人。仆人们并不是奸细。"

到神的激励，说出这样的话来："我的母亲哪，我有祸了。因你生我作为遍地相争相竞的人。我素来没有借贷与人，人也没有借贷与我，人人却都咒骂我。"①[45] 是的，每个聪明人不都是傻瓜不共戴天的敌人吗，他们并非装备着战船和戴盔甲的士兵，而是只装备理智？[46] 他看到，这场前后相继的战争旨在最完全的和平，但却是由所有人在私人和公共生活中不断发动的，这场战争所进行的战斗不仅发生在民族和国家之间，城邦和村落之间，而且也发生在所有房子和所有人之间、每一个具体的人与他自身之间，我要说他并没有日日夜夜进行鼓励、申斥、劝告、矫正，因为他的灵魂不能安宁，它的本性仇恨邪恶，不是吗？因为所有战争行为都是和平地完成的。[47] 人们掠夺、抢劫、绑架、糟蹋、洗劫、凌辱、虐待、侵犯、不名誉，由于变节而谋杀，或者由于比较强大而无须伪装。[48] 每个人都把金钱或名声当做目标摆在面前，这个目标指引着他的生活的所有行为，就像对着靶子射箭。他不会注意平等，而会追求不平等。他回避友好的思想，他希望得到的是，天下所有财富全都聚集在他的钱包里。他仇恨其他人，而无论对他的仇恨有无反馈。他的仁慈是伪善。他与伪善的奉承互相勾结，公开向真正的友谊开战；他是真理的敌人，是虚假的护卫者，他缓于帮助，敏于伤害，他持续诽谤，迟缓保护被指控者，他娴熟地进行欺骗，作伪誓，不忠于诺言，他是愤怒的奴隶，受制于快乐，他是恶的保护人，善的腐败者。

【13】[49] 这些事情，以及相似的事情，是人们大声赞扬和崇敬的，是人们梦寐以求的和平的宝藏——供奉在每个傻瓜充满惊讶和崇敬的心灵中。但是对每个贤人来说，这些事情应该是痛苦的源泉，他会经常对他的母亲和保姆，亦即对智慧说："噢，母亲啊，你给了我多么巨大的力量！"这里讲的巨大不是指身体的力量，而是指仇恨邪恶的力量，一个对邪恶不满和与之搏斗的人，依本性是一个和平之人，从原因来看，他也反对那些拒绝和平之人，因为他们看不到和平的价值。[50] "我不欠他们，他们也不欠我"，因

---

① 《耶利米书》15：10。

为他们没有使用我必须提供的善物，我也没有使用他们必须提供的恶物，但是，如摩西所写，"我没有夺过他们期望的任何东西"①。因为他们把所有欲求的东西都当做宝藏，相信这也是最大的幸福，而这正是最大的不幸。[51]我不会忘记他们施加于我的诅咒，而会竭尽全力接近神圣的真理；我不会屈服于他们的虐待，而会用我的力量申斥那些拒绝涤罪的人。[52]因为"神使邻居因我们分争"，如诗篇中的诗句所说②；我们，指的就是所有期望公正审判的人。是的，凭本性他们就是自相矛盾的人，他们全都热心于获得知识和美德，对灵魂的"邻居"心存妒忌；他们检验和分享我们家的快乐，检查在我们这一边生活的欲望、我们的恐惧和我们心的眩晕，使情欲和邪恶蒙羞。还有，他们也检验每一种感官，用来看他们所看之物的眼睛，用来听他们所听之物的耳朵，用来嗅事物气味的嗅觉，用来尝事物滋味的味觉，在接触事物时用来触摸标志着实体性质特点的触觉。最后，他们检验由事物导致的表达方式。[53]我们的感官察觉什么，或者我们的话语表达什么，或者我们的情感使我们感到什么，为什么或者如何获得每一个结果，这是我们应当仔细检查的事情，我们要揭示我们发现的每一个错误。[54]不否定这些事情、赞同摆在面前的一切，这样的人是在无意识地欺骗自己，是在建起一座危险的据点作为恐吓灵魂的邻居，而这些邻居本应当被当做臣民，而不是被当做统治者。如果他们拥有这种主人的权力，而愚蠢是他们的国王，那么他们碰到的悲伤会是巨大的和多重的；而作为臣民，他们将提供服务，服从统治，不会为了担负重轭而激怒。[55]当这些人学会了服从的时候，那些在指挥的不只是知识，而且有赋予他们的权力，这个时候陪伴和护卫灵魂的所有思想在目标上是一致的，他们中地位最高的将会这样说："你的仆人已经计算权下的兵的总数，没有不一致的声音。"③他们会继续说："就像乐器用

---

① 《民数记》16：15。"摩西就甚发怒，对耶和华说，求你不要享受他们的供物。我并没有夺过他们一匹驴，也没有害过他们一个人。"

② 参见《诗篇》80：6。"你使邻邦因我们分争。我们的仇敌彼此戏笑。"

③ 《民数记》31：49。"对他说，仆人权下的兵已经计算总数，并不短少一人。"

所有音符构成完美的曲调，我们用我们的声音唱出我们得到的所有教训。我们的言语和行为没有粗糙的，刺耳的，我们没有因此而成为其他无生命者和不出声的合唱队的笑柄，那是不知沉思者的合唱队，米甸人歌唱颂歌的合唱队，是身体的保姆以及她的后裔，肩负沉重的轭，它的名字是巴力—毗珥。[56] 因为我们是'被选见神的以色列人之一，我们中间没有不和谐的声音'。① 整个世界也是这样，它是万有者的工具，可以充满完全和谐的、甜蜜的乐曲。[57] 因此，摩西也告诉我们应当如何将和平作为最好战的、理智的奖品指派给非尼哈②，因为在追求美德、对邪恶开战的热情激励下，他去掉了一切被造的事物；轮到他们的时候，他们仔细考察如何把奖品给予那些人，然后他们追随更加确定的视觉证据，而不是听觉证据，他们接受了信念，认定死亡充满虚构，只倾向于外表。[58] 所以，这里描述的和声确实是神奇的，但是最神奇的、超过一切和声的是联合起来的、普遍的和声，我们发现全体民众齐声宣布，"凡神所说的我们都要遵行"③。[59] 在这里他们追随的领唱人不再是道，而是作为万物之主的神，由于这个缘故，他们变得回应行动快于回应话语。因为其他人会在他们听到以后采取行动，而这些处于神的激励下的人——奇怪的倒转——他们会先采取行动，然后再听到，所以也可以看到他们采取卓越的行动，不是由于某些教导或教训的引导，而是由于本能的自我行动或自主行动。然后，如他们所说，在采取行动以后，他们会听，会判断他们的行动，无论他们是否对神圣的话语和告诫发出和谐的声音。

【14】[60] 我们得知，那些受到激励追求邪恶的人"从东边迁移（升起），在示拿地遇见一片平原，就住在那里"④。这种本性是多么真实啊！

---

① 《出埃及记》24：11。"他的手不加害在以色列的尊者身上。他们观看神，他们又吃又喝。"

② 参见《民数记》25：12。"因此，你要说，我将我平安的约赐给他。"

③ 《出埃及记》19：8。"百姓都同声回答说，凡耶和华所说的，我们都要遵行。摩西就将百姓的话回复耶和华。"

④ 《创世记》11：2。"他们往东边迁移的时候，在示拿地遇见一片平原，就住在那里。"

因为灵魂中有两种"升起"，较好的和较差的。较好的就是美德之光像阳光一样升起；较差的就是美德进入阴影，邪恶在地平线上升起。[61] 在这些话语中，我们有一个前者的例子："神在太阳升起那面的伊甸立了一个园子。"① 这个园子不是种植草木的泥土的园子，而是天上美德的园子，出于祂自身的无形体的光，种植者使它们升起，从不熄灭。[62] 我还听说过有一则寓言出自摩西的一位门徒之口，它是这样说的："看哪，那个人的名字是升起。"② 确实，这是一个最奇怪的名字，如果你假定这里讲的是一个由灵魂和身体构成的存在者。但若你假定这是一个无形体的在者，与神的形像没有任何差别，那么你会同意把"升起"这个名字用于祂是相当真实的。[63] 因为这个人是长子，万物之父将他兴起，在别处叫他头生子，确实，他遵循他的天父的道而产生，他的形像有不同的种类，由天父提供原型。

【15】[64] 关于升起的这种较差的种类，我们在对他的描述中有一个例子，他希望咒诅一位神赞扬的人。他也被说成居住在"升起"之处，由此得到相同的名字，就好像与它直接对立。[65] 我们读道："巴勒引我出美索不达米亚，他站起来说，来啊，为我咒诅他，神没有咒诅的。"③ 巴勒被解释为"愚蠢"，这个解释是最真实的。期待存在者会上当受骗，希望祂最确定的目的会被人的诡计颠覆，难道不是愚蠢至极吗？[66] 就是由于这个原因，巴兰也居住在河的中央，因为他的理智潜伏在河流深处，不能游上来伸出水面。这种状况就是愚蠢的升起和理智的沉没。[67] 我们得知，这些音乐的创作人，他们的和声是不和谐的，离开"升起"之处。这里的意思是美德升起，还是邪恶升起，不是吗？如果是前者，那么这种运动所建议的是一种完

---

① 《创世记》2：8。"耶和华神在东方的伊甸立了一个园子，把所造的人安置在那里。"

② 《撒迦利亚书》6：12。"对他说，万军之耶和华如此说，看哪，那名称为大卫苗裔的，他要在本处长起来。并要建造耶和华的殿。"

③ 《民数记》23：7—8。"巴兰便题起诗歌说，巴勒引我出亚兰，摩押王引我出东山，说，来啊，为我咒诅雅各。来啊，怒骂以色列。神没有咒诅的，我焉能咒诅，耶和华没有怒骂的，我焉能怒骂。"

全的隔断。但若是后者，它就是一种联合的运动，我们可以这么说，就好比我们移动双手，这里不存在分离或孤立，而是与整个身体保持联系。[68]因为邪恶所处的地方起到一个起点的作用，可以用于愚蠢者对抗自然的活动。现在，所有游离美德、接受这个愚蠢起点的人发现并居住在一个最合适的地方，这个地方按希伯来语叫做示拿，按我们自己的语言叫做"抖落"。[69]因为傻瓜的全部生活是撕裂的、拥挤的、动摇的，一直处于混沌和骚乱之中，没有珍藏于其中的真正善的踪迹。正如把东西倾倒下去，如果不能牢固依附统一的身体，会有一些东西被抖落，所以我也认为，当一个人密谋恶行时，他的灵魂注定要被"抖落"，因为灵魂会抛弃各种形式的善，在它那里看不到任何善的影子或善的相似物。

【16】[70]我们在埃及人那里有一些例子，埃及人代表热爱身体的人，他们显示给我们的不是从水中飞出来，而是"在水下"，亦即处于情欲之河，他们潜入水中，是动摇的，极大地混乱的；他们抛弃了美德的稳定性与平和性，将美德与邪恶混淆。因为我们读到，"祂把埃及人推翻在海中，使他们消失在水下"①。[71]这些人甚至不认识约瑟，亦即多面的、傲慢的世俗生活，给罪恶让路，没有面纱或伪装，没有遗迹、影子或荣耀生活的相似物。[72]我们得知，有另一位"不认识约瑟的新王起来"②——这种事情由感觉提供，在善的序列中是最后的和最迟的。就是这同一位国王，他想要摧毁的不仅是所有完善，而且是所有进步；不仅是视力可见的清晰美景，而且是将要听见的教训。他说："来啊，为我咒诅雅各。来啊，怒骂以色列。"③ 这就相当于说，"要终结二者，灵魂的视力和听力，让它既不能看又不能听任何真正卓越的德性"。因为以色列是看的典型，雅各是听的

---

① 《出埃及记》14：27。"摩西就向海伸杖，到了天一亮，海水仍旧复原。埃及人避水逃跑的时候，耶和华把他们推翻在海中。"

② 《出埃及记》1：8。"有不认识约瑟的新王起来，治理埃及。"

③ 《民数记》23：7。"巴兰便题起诗歌说，巴勒引我出亚兰，摩押王引我出东山，说，来啊，为我咒诅雅各。来啊，怒骂以色列。"

典范。[73] 在某种意义上这样的心灵驱除和抖落整个善的本性，而善良者的心灵与此形成对照，宣扬它自己善的理念，这是一种纯粹的、不混杂的理念，去除了无价值的东西。[74] 请注意这位践行之人是怎么讲的："你们要除掉你们中间的外邦神，也要自洁，更换衣裳。让我们起来上伯特利去。"① 所以，尽管拉班搜寻神像，竟然没有搜出来，② 但是，真正重要的实在是不可磨灭的，它们刻在石头上，刻在贤人的心里，这种实在就是以撒这位自我学习的本性的遗产。因为只有以撒从他的父亲那里接受了"一切所有的"③。

【17】[75] 再来看，他没有说他们待在他们居住的平原，而是在充分寻找和探索后他们发现了最适合愚蠢待的地方。确实，不仅是每个傻瓜给他带来其他人提供的东西，而且是他自己在寻找罪恶，发现罪恶。他不满足于邪恶的自然过程，而是添加某种完善的技艺，努力作恶。[76] 他不是短暂地待在他们那里，改变他的习性，而是决定长时间居住在那里。我们得知，他们"发现了这块平原，居住在那里"，就好像那里是他们的祖国。他们不是旅居在外国人的土地上。因为这是一件不那么悲伤的事情，如果他们在罪中堕落，要把他们算做陌生人和外国人，而不是把他们当做自己的家人和亲戚。如果这是一次偶然的访问，那么他们会在一定的时候离去；而他们在那里的居住确实是一项永久的居留。[77] 由于这个原因，摩西把这些人都说成是旅居者。他们的灵魂决不是离开天庭寻找新家的定居者。他们的方式是，作为一个在外国旅行观光和学习的人，访问其在属地的本性。[78] 所以当他们在身体里逗留的时候，通过观察所有感觉和死亡必定显示的事情，他们返回最初的起点。对他们来说，苍穹是他们的祖国，他们的公民权系

---

① 《创世记》35：2—3。"雅各就对他家中的人并一切与他同在的人说，你们要除掉你们中间的外邦神，也要自洁，更换衣裳。我们要起来，上伯特利去，在那里我要筑一座坛给神，就是在我遭难的日子应允我的祷告，在我行的路上保佑我的那位。"

② 参见《创世记》31：35。"拉结对她父亲说，现在我身上不便，不能在你面前起来，求我主不要生气。这样，拉班搜寻神像，竟没有搜出来。"

③ 《创世记》25：5。"亚伯拉罕将一切所有的都给了以撒。"

于此地；而在大地上，他们变成了旅居外国者。确实，人们发现了一块殖民地，这块土地接受了他们，成为他们的家乡，取代了他们的母邦，但对旅居国外者而言，他们的母邦仍旧是他们的母亲，他渴望返回故土。[79] 所以，我们不会感到惊讶，看到亚伯拉罕从死人面前起来，对看守亡灵者和死者的仆人说，"我在你们中间是外人，是寄居的"①。他的意思是："你们是这块土地的儿子，它在灵魂面前荣耀尘土，判断优先者——这是对这个名叫以弗仑的人说的，他的名字的意思是泥土。"[80] 这就像践行者雅各的话语那么自然，他对他在身体里的旅居感到悲哀。"我寄居在世的年日又少又苦，不及我列祖早在世寄居的年日。"②[81] 自学者以撒也是这样，他得着一个神谕，"你不要下埃及去"，埃及表示情欲，"要住在我所指示你的地"（亦即住在没有身体的智慧中，无人可以对它显示其他事物），"寄居在这地"③亦即以感官可以察觉的形式存在。这样做的目的是向他展示这位贤人只是在我们的感官知道的身体中旅居，就好像生活在一块阳光的土地上，但是他通过心灵的美德知道自己居住在祖国，神"讲到"这一点，因此这些话等同于神圣的话语。[82] 摩西说："我在外邦作了寄居的。"④ 在这里他使用了较强的术语。他租用的身体对他来说并非仅仅是迁徙者的外国。他认为应该与之疏远，决不要把它算做自己的。

【18】[83] 这个邪恶的人希望展示他的声音和话语的统一，通过不正义的行为而非实际话语中的友谊，开始建造一座城市和一座塔，用来安置邪恶，就像一名暴君的城堡。他鼓励所有同工参加工作，首先要做的事情是

---

① 《创世记》23：4。"我在你们中间是外人，是寄居的。求你们在这里给我一块地，我好埋葬我的死人，使她不在我眼前。"

② 《创世记》47：9。"雅各对法老说，我寄居在世的年日是一百三十岁，我平生的年日又少又苦，不及我列祖早在世寄居的年日。"

③ 《创世记》26：2—3。"耶和华向以撒显现，说，你不要下埃及去，要住在我所指示你的地。你寄居在这地，我必与你同在，赐福给你，因为我要将这些地都赐给你和你的后裔。我必坚定我向你父亚伯拉罕所起的誓。"

④ 《出埃及记》2：22。"西坡拉生了一个儿子，摩西给他起名叫革舜，意思说，因我在外邦作了寄居的。"

准备恰当的材料。[84] 他说："来吧，让我们做砖，把砖烧透了。"① 这句话的意思有如下述。我们在无法化解的混乱中拥有灵魂的所有内容，但没有任何具体种类的可识别的清晰形式。[85] 我们的正确过程是取来情欲和邪恶，它们当前是一种没有形式和性质的本体，把它连续划分为恰当的类别和再分为通常的降序排列，直到我们抵达终点；这样我们将对它们获得更加清晰的理解，凭经验享用被算做杂多的我们的快乐和乐趣。[86] 所以，就像一名灵魂的元老院议员前往议事大厅，把你的所有推理排列在一起，用于每一种公义和美德的毁灭，仔细考虑我们的进攻如何能够获得成功。[87] 对这样的成功来说，所谓最坚定的基础就是给无形式者提供形式，通过给它们确定有限度的形状和图形，在各种场合下通过划分界线来区分它们，不是通过犹豫不决的不确定的平衡，而是通过坚定的埋设，使之与正方形的本性相似——这是最稳固的图形——这样埋下去的砖块，就像不动摇的平衡物，将为其上层建筑提供牢固的支撑。

【19】[88] 对每一确定自身反对神的心灵，我们称之为"埃及王"，亦即身体，我们已经证明心灵是这种构造的创造者。因为摩西把法老描述为对用砖建造的建筑物感到欣喜。[89] 这是很自然的，匠人取来土和水这两种实体，一种是固体，一种是液体，二者均处于分解或毁灭的过程中，然后再把它们混合，产生位于二者边界的第三种东西，即黏土，他把黏土分成部分，赋予它们恰当的形状。他希望它们能变得更加坚硬，更加易控，他知道这是确保完成整个建筑物的最方便的办法。[90] 这一过程被那些天然堕落者复制，在大量非理智的冲动下，它们起初与情欲这种最大的邪恶相混合，然后将它们分成种类，先把感觉分成看和听，然后再分为尝、嗅、触；情欲可以分为快乐和性欲、恐惧和悲伤；邪恶一般来说分为愚蠢、放荡、胆怯、不义，以及这一家族的其他成员——以建造者的悲伤为质料塑造堡垒，形成

---

① 《创世记》11：3。"他们彼此商量说，来吧，我们要作砖，把砖烧透了。他们就拿砖当石头，又拿石漆当灰泥。"

这座高高在上的塔，恐吓灵魂。

【20】[91] 还有，在此之前有人走得更远，不仅他们自己的灵魂这样做，而且强迫那些比较好的人也这样做，这个种族的有眼光的子女被迫制砖，以为自己是在为他们的最高统治者的心灵建造强大的城邦。① 他们希望以这种方式表明善是恶的奴隶，情欲强于较高的情感，审慎和各种美德均受愚蠢和所有邪恶的支配，由此也必定服从专制权力的各种命令。[92] 敌人说："看呀，灵魂的眼睛如此透明，如此纯洁，如此敏锐，只有这种眼睛能看到神，这个眼睛的名字是以色列，它被囚禁在埃及的材料织就的网中，被迫按照蛮横的暴君的命令行事，痛苦地不间断地劳动，制造砖头和其他属土的建筑材料。"因此，以色列人为了这个原因而感到悲伤和呻吟是很自然的；在他承受的痛苦中，他仍旧当做珠宝来珍藏的事情就是他还能为他当前的状态哭泣。[93] 在下列话语中有健全的智慧吗？"以色列人因作苦工，就叹息哀求"② 这是聪明的心灵说的话吗？他看到许多人难以忍受这些工作，一般说来，他们过分的热心只用来挣钱，赢得荣耀，或享受快乐，而不会在心里有过度的痛苦，他们对神叹息哀求，因为只有救世主可以减轻他们的苦工，给灵魂提供赎价，使它获得自由？[94] 那么什么样的自由真的是确定的和稳固的吗？啊，什么！这是对唯一聪明的在者的事奉，如神谕所表现的那样，其中说："容我的百姓去，好事奉我。"③[95] 但这是那些为在者服务的人的特殊标志，他们的任务不是斟酒人、面包师、厨师的任务，或者其他任何俗务，他们也不会像制砖者那样去制造材料，但在思想上，他们上抵苍穹，摩西在他们前面，他就是为神钟爱的本性，引导他们沿着这条道路前进。[96] 然后，他们将看到那个地方，那里事实上就是道，神站在那里，从不改变，

---

① 参见《出埃及记》1：11。"于是埃及人派督工的辖制他们，加重担苦害他们。他们为法老建造两座积货城，就是比东和兰塞。"

② 《出埃及记》2：23。"过了多年，埃及王死了。以色列人因作苦工，就叹息哀求，他们的哀声达于神。"

③ 《出埃及记》8：1。"耶和华吩咐摩西说，你进去见法老，对他说，耶和华这样说，容我的百姓去，好事奉我。"

从不摇摆，还有，在祂脚下"仿佛有平铺的蓝宝石，如同天色明净"①，甚至我们感官的世界也是这样，他说明了这一奥秘。[97] 这对于这些人来说是非常适宜的，他们带着知识结为同伴，如果愿意，他们可以有看到在者的愿望，如果不愿意，则无论如何也可以看到祂的形像，亦即最神圣的道，在此之后可以看到我们的感官所知的道的最完善的作品，甚至看到这个世界。哲学，除了是观看这些事物真相的最热忱的愿望，不表示其他任何意思。

【21】[98] 但是，他说我们这个感官世界是神的脚凳，其原因如下。第一，在创世中看不到这个世界被造的原因；第二，要明白，甚至连整个世界也不能按照它自己的不可动摇的自由意志运动，因为它是神的立足地，神驾驭这个世界，给它掌舵。然而，要说祂使用手或其他任何被造的肢体，那么这不是真的。因为神不是人。② 这样说只是一种我们使用的说明的方法，因为我们不能超越我们自身，只能通过我们自己的经验来形成我们关于非被造者的观念。[99] 他在谈论这个世界的时候，以砖的形像为例。这个世界确实就像砖块一样站立和牢固，当我们判断它的时候，我们的视力与它相接，但它的运动实际上很快，超过所有具体运动。[100] 对我们的肉眼来说，白天的太阳和晚上的月亮好像是静止的。然而我们全都知道它们的运行轨道无可媲美，因为它们在一天中就横跨整个天穹。所以，整个天穹本身似乎是静止的，而实际上是旋转的，凭眼睛可以理解这种运动，这眼睛本身不可见，但与神有亲缘关系——这就是理智之眼。

【22】[101] 说到他们用火烧砖，这是以比喻的方式说明他们的欲望和邪恶因加热和经受论证的高压而变得坚硬和牢固，要提防被智慧的护卫摧毁，这些护卫一直在着力颠覆它们。[102] 因此，我们看到经上又说："他

---

① 《出埃及记》24∶10。"他们看见以色列的神，他脚下仿佛有平铺的蓝宝石，如同天色明净。"

② 参见《民数记》23∶19。"神非人，必不致说谎，也非人子，必不致后悔。他说话岂不照着行呢，他发言岂不要成就呢。"

们的砖变成了石头。"① 因为松弛的、不连贯的、流动的谈话不受理智支持，当它通过有力的推理和富有说服力的证明而变得密集和紧凑的时候，它就转变为僵硬的和坚固的实在。得出结论的理智的力量在成长，也就是说，它成年了，但它的幼年是流动的，因为灵魂有一定的湿度，还没有变得坚硬，以获取上面的印象。"又拿石漆当灰泥。"②[103]与此相同，他们的灰泥是石漆。邪恶者似乎能使弱的原因变强，以此反对较优者，使从弱中渗出的松弛的质料变硬，获得坚硬的立足点，反对美德。但是卓越天父的仁爱不会承受这样的黏合平台，抵御消解，这样的黏合会造成不牢固的后果，用松散的黏土制成砖坯。[104]如果砖坯变成了石漆，那么处于不断流动中的可以接受外部感觉的黏土可以完全战胜那种迅速黏合的、不可动摇的力量。然而经过相反的过程，石漆变成了灰泥，所以我们一定不要失去信心，因为我们还有希望，邪恶的坚定支撑会倒在神的大力之斧下。[105]所以，神的大力与正义的挪亚在一起。大洪水泛滥之际，他还不能摆脱身体、单凭灵魂看到实存的真相，他要"给方舟"，我指的是身体，"里外涂上沥青"③，由此强化以身体为中介的印象和活动。但是当麻烦减少、水的流动停滞时，他会上前运用他的理智，摆脱身体，认识真理。[106]另外，摩西，善的种植者，被称做心灵，他在出生时就已经有了这个美名，④ 凭借更大的公民权，他把整个世界当做他的家乡和祖国，他出生时就哭泣，⑤ 在那个时候，他还被囚禁在身体的方舟里，这个身体被俗气地抹上了"石漆"⑥，人们认为它就像黏合剂，可以接受和容纳所有通过感官来展现的印象。他为他的被囚而哭泣，由于疼痛

① 《创世记》11：3。"他们彼此商量说，来吧，我们要作砖，把砖烧透了。他们就拿砖当石头，又拿石漆当灰泥。"

② 《创世记》11：3。

③ 《创世记》6：14。"你要用歌斐木造一只方舟，分一间一间地造，里外抹上松香。"

④ 参见《出埃及记》2：2。"那女人怀孕，生一个儿子，见他俊美，就藏了他三个月。"

⑤ 参见《出埃及记》2：6。"她打开箱子，看见那孩子。孩子哭了，她就可怜他，说，这是希伯来人的一个孩子。"

⑥ 参见《出埃及记》2：3。"后来不能再藏，就取了一个蒲草箱，抹上石漆和石油，将孩子放在里头，把箱子搁在河边的芦荻中。"石漆即沥青。

而渴望一种不知肉身的本性。他也为多重的心灵哭泣，为了它犯错误、充斥空虚、可悲至极——这个心灵倾向于虚假观念，认为它本身，或者任何被造的在者，拥有稳定的东西，能够快速黏合，永久建立，而实际上只有神能够在固定、永恒、永久的环境和条件下存在，就像雕刻在石头上。

【23】[107]"来吧，让我们为自己建造一座城和一座塔，塔顶通天"，这些话表明的思想有如下述。这位立法者认为，除了人们用手在大地上建造的以石头和木头为材料的城市以外，还有其他一类城市，甚至还有人们在他们的灵魂中建立起来的城市。[108] 当然了，后面这些城市是模型或原型，因为建造它们的是一种更加神圣的工艺，而前一类城市是用可朽的材料建造的摹本。灵魂中的城市有两种，一种较好，一种较差。较好的城市采用民主制作为它的政制，这种政制荣耀平等，以法律和正义为它的统治者——这样的城市就像一曲颂扬神的赞歌。[109] 较差的城市就像掺假造出的劣币，是由暴民统治的，以不平等为理想，奉行不正义和无法无天。善人在前一类城邦的议会拥有他们的名字，而众多的恶人会接受第二类城邦，较差的这一类，因为他们喜欢无序胜过有序，喜欢混合而非稳固。[110] 傻瓜不满足于只有他自己在罪中，他宁愿与同伴一起在罪中。他对视觉和听觉提出要求，呼吁每一种感觉将自己安排在他身边，不得拖延，各自带来提供服务所需要的所有工具。还有，他鼓动和鞭策其他情欲的同伴，将其粗野的本性置于训练和实践之下，使它们自身不再表现出抗拒。[111] 所以，心灵召唤这些同盟者，说"让我们为自己建造一座城"，意思是"让我们建造防御工事，用武力保卫它们，这样我们就不会轻易成为那些进攻我们的敌人的牺牲品。让我们对灵魂的几种力量进行分配，把理智分配给某些人，把非理智的部分给予某些人。[112] 让我们挑选我们的行政官员，他们要能从他们可用的每一种资源中为我们提供财富、名望、荣耀、快乐。让我们制定法律，把贫困者和不名誉者从我们的社团驱逐出去——这些法律将确保较强者获得报酬，确保他们掌握的权力超过其他人。[113] 让这座塔成为堡垒，作为邪恶暴君的坚固城堡。让它的脚建在大地上，让它的头抵达苍穹，让我们的野心冲上穹

顶"。[114] 实际上，这座塔不仅有人的错误行为做基础，而且寻求上升到天体的区域，还有不虔诚的和邪恶的论证。这些观点就是它宣称的，要么说神不存在，要么说神存在，但不起作用，要么说这个世界不是被造的，所以没有开端，要么说它是被造的，它的进程多种多样，是随机的，它有时候会犯错误，而有时候则准确无误。最后这一点，经常可以在船只和马车身上看到。[115] 它们一个在水里，一个在陆地上，经常自行，少了舵手或驭手。但是，他们说，天命多于偶然、稀罕的成功。人的深谋远虑经常能够实现它的目的，神也应当能够这样，没有例外，因为错误与神的权能是不相容的。还有，当这些幻相的牺牲品在塔的象征下建造它们邪恶的论证，除了留下一堆有它们邪恶名字的记录，还能达到什么目的呢？

【24】[116] 他们说，"让我们传扬我们的名"。这样说有多么荒谬，多么过分，多么可耻！你们这样说是什么意思？你们应当把你们的恶行在夜间的黑暗中藏匿，你们如果不是真的感到可耻，至少也要装模作样地加以掩饰，无论是比较体面地保持善意，还是逃避对公开罪行的惩罚。与之相反，你们的厚颜无耻竟然到了这种地步，不仅把自己暴露在光天化日之下，而且既不怕优秀者的恐吓，又不怕神的不可阻挡的审判，面对如此亵渎的行为，你们还故意散发各种谣言，叙说你们自己犯下的罪行，让天下人都知道你们的无耻罪行。噢，可怜的家伙，罪大恶极之人！你们想要什么样的名称？[117] 是那个最能适合你们行为的名称吗？只有一个名称吗？一般的名称是一个，具体的名称有成百上千，你们会从其他人嘴里听到这一点，哪怕你们自己保持沉默。轻率与无耻、傲慢与暴力、暴力与凶杀、诱惑与通奸、毫无约束的欲望和毫无节制的快乐、绝望与愚勇、不义与欺诈、盗窃与抢劫、伪证与说谎、亵渎与违法，这些东西和其他一些相似的东西就是你们这些行为的名称。[118] 这确实是自豪和吹嘘的一个很好的理由，当你热切地追求这些名称所给予的名声时，面对这些名称你会因为害臊而有一百个理由躲藏起来。确实，和他们的傲慢一起还产生了一种他们已经获得无敌力量的信念，所有人实际上都这么想，但公义将会惩罚这些神的侍者的胆大妄为。尽管

他们对自己的毁灭也许不仅有预感，而且有清晰的预见。因为他们说，"在我们分散之前"①，让我们思考和传扬我们的名。[119]所以，我会对他们说，你们知道自己会分散吗？你们为什么要犯罪呢？但是，对傻瓜心灵的预示确实表明他们不会躲避不公正，尽管最大的惩罚经常公开地，而非隐匿地威胁他们。可以认为神的探视带来的惩罚是我们看不见的，但又是众所周知的。[120]因为所有人，无论多么邪恶，都会得到这样一个观念，神不可能看不到他们的邪恶，他们不可能完全逃避审判。[121]否则的话，他们怎么知道他们将要分散？他们确实说了"在我们分散之前"。但是，内在的良心会证明他们有罪，会刺痛他们，尽管他们的生活极为邪恶，使得他们犹豫不决而不敢赞同，人的一切行为都被优越的在者俯视，等待他们的是不能收买的复仇者，甚至是公义，它仇恨亵渎者的不公义行为和激发这些行为的争论。

【25】[122]但是，所有这些人都是堕落者的后裔，这位堕落者处于死亡之中，但尚未死去，他的名字叫该隐。该隐生了一个儿子，叫他以诺，后来该隐造了一座城，就按他儿子的名字，将那座城叫做以诺②，在一定意义上，该隐不就是在建造被造的、可朽的东西来推翻那些应当享有荣耀的神圣者的作品吗？[123]这是因为，以诺可以解释为"你的礼物"，每一位非神圣者都认为他的理智赋予他理解和反思，他的眼睛赋予他视力，他的耳朵赋予他听力，他的鼻子赋予他嗅觉，他的其他感官赋予他其他属于感官的东西，还有，声音器官赋予他语言，但是他认为，神既不是任何感觉的原因，又不是第一因。[124]因此，该隐在他自己的收藏中保存他耕作和献祭的果实的初生物，如我们所知的那样，在稍后的日子里仅仅只有果实，尽管在他身边有一个健全的榜样。因为他的兄弟带上祭坛的是畜群头生的幼崽，而非后生的幼崽，因此要承认，对于最高的、万物之首的原因而言，哪怕处于因

---

① 《创世记》11：4。"他们说，来吧，我们要建造一座城和一座塔，塔顶通天，为要传扬我们的名，免得我们分散在全地上。"

② 参见《创世记》4：17。"该隐与妻子同房，他妻子就怀孕，生了以诺。该隐建造了一座城，就按着他儿子的名，将那城叫作以诺。"

果链条中的较高的原因也拥有它们的存在。[125] 不虔诚者的想法正好与此相反，心灵对其播种的东西拥有主权，感官对其接受的东西拥有主权。他认为，后者判断是物体的东西，前者判断一切事物，二者均无谬误。[126] 然而，有什么能够比这些信条更加应当受到真理的谴责或者更加应当被真理判定为谬误？心灵不断地宣判无数观点的虚幻，所有感知都判断虚假的见证有罪，不是那些容易受骗的非理智的判断，而是那些完全不可能腐败的心灵自身受到公开审判，不是吗？[127] 确实，如果我们由心灵和感觉提供的判断方式会犯错误，那么我们必须承认它的逻辑后果，是神使心灵和感觉沐浴观念，由此生成的不是给我们自身任何部分的礼物，而是祂所馈赠的一切，我们也是由祂创造的。

【26】[128] 从他们的父亲那里接受自爱作为他们的命运，他的子女希望增高这座塔，让塔顶通天，直到热爱美德和仇恨邪恶的公义前来帮忙。她将他们建起来恐吓不幸灵魂的城堡夷为平地，《士师记》解释了这座塔的名称。[129] 这个名字在希伯来文中是毗努伊勒，但在我们自己的语言中是"背离神"的意思。因为，通过论证的说服而建造起来的要塞，其目的只是为了消遣，使心灵背离对神的荣耀。[130] 还有什么罪恶能比这种反公义的罪恶更大？ 但是在那里已经有了摧毁这座要塞的武装起来的盗贼，他们抢劫不公义，屠杀她，她在希伯来语中叫做"基甸"，这个名字解释为"抓住抢劫犯"。我们读到，基甸对毗努伊勒人发誓："我平平安安回来的时候，我必拆毁这楼。"① [131] 这真是伟大的自吹自擂，最适合那些仇恨邪恶的灵魂，其刀刃磨得无比锋利，反对不虔诚者，亦即用得到的力量推翻每一说服心灵背离神圣者的论证。这些话语是逼真的，因为在心灵"转变"时，它有一个起点，或者说背离就会通往虚无。[132] 尽管灵魂的洁净与期待相反，如基甸所说，在恰当时候摧毁这一点的不是战争，而是和平。因为，通过虔诚本性所产生的理智的和平与安宁，每个由不虔诚者所锻造的论证都被颠覆。[133]

① 《士师记》8：9。"他向毗努伊勒人说，我平平安安回来的时候，我必拆毁这楼。"

许多人也会高抬他们的感觉，以之为塔，借此触及天穹的边界，天穹象征我们的心灵，其中排列着那些超越其他一切的存在者的神圣形式。不躲避这一点的人宁可偏爱感觉而非偏爱理智。他们会使用可感知的事物去征服和捕获理智世界的事物，由此迫使二者改变位置，一个从主人变成奴仆，另一个从他的天然事奉转为统治。

【27】[134]"主降临要看城和塔"①，这些话肯定需要在比喻的意义上加以理解。因为假定神靠近或离去、上去或下来，或者一般地保持静止，或者使其自身运动，如同具体的生灵那样，那是不虔诚的，甚至可以说是超越了大洋或宇宙本身的边界。[135] 不，如我在别处常说的那样，立法者将凡人的术语用于超越凡人的神，想要帮助我们，亦即他的学生，吸取教训。因为我们全都知道，当一个人下到某处的时候，必定会离开一个地方，占据另一个地方。[136] 但是神充满一切事物；祂包含，但不被包含。祂无处不在，没有任何地方是祂的财产，或只是祂的财产。祂不在任何地方，因为祂本身创造了空间和与物体相应的地方，说创造主被包含在任何由祂创造的事物之中是违反一切正确原则的。说祂无处不在，乃是因为祂的力量延伸到大地、水、气和天空，没有留下任何部分没有祂的临在，直到一切的一切系于不可见的疆域，乃至于决不散失……② [137] 祂超越祂的潜能的这个方面，根本无法用地方来理解，只能当做纯粹的存在，但是祂依靠潜能创造一切事物，神的名称从这个名称中派生出来，神拥抱整个宇宙，而其自身则渗入宇宙的各个部分。[138] 但是这个神圣的本性向我们呈现其自身，如同在各处可见的和可理解的事物，而祂实际上是不可见的、不可理解的、不在任何地方……③ 所以我们有了这样的话语："我站在你面前。"④ 祂说："我好像看到这

---

① 《创世记》11：5。"耶和华降临，要看看世人所建造的城和塔。"

② 此处原文有佚失。

③ 此处原文有佚失。

④ 《出埃及记》17：6。"我必在何烈的磐石那里，站在你面前。你要击打磐石，从磐石里必有水流出来，使百姓可以喝。摩西就在以色列的长老眼前这样行了。"

些证明和理解的对象，然而我超越了被造的事物，我先于对心灵进行的一切证明和呈现。"[139]所以，没有一个术语适合用来表达神的纯粹存在，能够表达从一处移动到另一处，无论是向上或者向下，向左或者向右，向前或者向后。由于没有这样的术语适用于我们有关神的观念，所以祂也必定不能位于某个地方，或者改变祂的处所。[140]但是摩西照样把"降临"（下来看）这个术语用于神，神以其先知理解所有事情，不仅在这些事物生成之后，而且在它们生成之前，摩西这样做是为了警告我们，远离事实、没有听到这种训诫的人决不要仓促得出结论或者依赖危险的猜测，而应当贴近事实，逐一考察它们、正视它们。因为视力提供的证据必须被视为优于听力的更好的证据，听力是会骗人的。[141]因此，在那些生活在最好的体制下的人中间要实行一条法律，不得将听闻当做证据提供，因为听力的判断具有一种天生的错误偏向。事实上，摩西颁布过禁令："不可接受空洞的传闻"①，他这样说的意思不仅是我们一定不要接受虚假的或愚蠢的传闻，而且要把这一点当做理解真理的方法，听力已被证明远远不如视力，因为它充满虚假。

【28】[142]这就是我们给"神降临，来看城和塔"这些话语确定的原因，但在这个短语后面紧跟的"世人所建造"并非无用的添加，尽管也许某个世俗之人会嗤笑说："立法者在这里把新鲜的消息传授给我们，也就是说，是世人，而不是其他存在者，建造了城和塔。"他会继续说："甚至连那些远离疯狂的人也不知道如此明显的、平淡无奇的事实吗？"[143]但是你必须设定，在我们最神圣的谕言中得以记载的不是这个明显的、平淡的事实，而是通过话语的表面含义可以追溯其奥秘的真相。那么，这个真相是什么呢？[144]那些人将现存的事物描述为拥有多个来源，就好比引进杂多的神灵，由于愚蠢和混杂而招致了大洪水，淹没了一切，或者把快乐指定为灵魂的目的或目标，所以他们就真的成了我们经文中的这座城的建设者，或者是它的

---

① 《出埃及记》23：1。"不可随伙布散谣言，不可与恶人连手妄作见证。"

卫城的建造者。他们日积月累，建造如此巨大的工程，就是为了引入这一目的或目标，这和作为娼妓后裔的心灵没有什么区别，律法把他们从神的会中驱逐出去，所以有这样的经文，"娼妓之子不可入主的会。"① 就像弓箭手漫无目标地射箭，从来不瞄准一个目标，他们假定现存世界有多个起源或来源，却完全缺乏这样的知识，万物只有一个创造者和父亲。[145] 但是，那些拥有关于太一的真知识的人被恰当地称做"神的儿子"，因为摩西也这样形容他们。他说："你们是主神的子女"，②"产你的是神"，③"他岂不是你的父吗？"④因此，结论很自然：灵魂处于这种状态的人只把善认作是美的，其态度犹如经验丰富的斗士构筑一座堡垒，反对把快乐作为目的，而想要破坏它和摧毁它。[146] 但若没有任何人配得上神子的称谓，那就让圣道去竭力占据长子的位置，在众天使中保持长者的地位。他有很多名称，所以他被称做"开端"、神的名称、神的话语、按照神的形像创造出来的人，以及"看见他的人"，也就是以色列人。[147] 所以我们可以把圣书向上翻动几页，那里在赞扬美德，他们说："我们都是一个人的儿子。"⑤ 因为我们若是还没有变得适合作为神的儿子，那么我们可以是他的不可见的形像的儿子，这个儿子也就是最神圣的道。[148] 确实，我们在律法书中经常发现另一个短语，"以色列的儿子们"，也就是听众，他的在观看的儿子们，由于听力在评价上次于和低于视力，教训的接受者就总是次于实在呈现于他的那个人，它们的形式对他的视觉来说是清晰的，而非以教训为中介。[149] 我也在《列王纪》中揭示的奥秘面前弯腰致敬，在那里它没有冒犯我们，而赞美诗的作者大卫把

---

① 《申命记》23：2。"私生子不可入耶和华的会。他的子孙，直到十代，也不可入耶和华的会。"

② 《申命记》14：1。"你们是耶和华你们神的儿女。不可为死人用刀划身，也不可将额上剃光。"

③ 《申命记》32：18。"你轻忽生你的磐石，忘记产你的神。"

④ 《申命记》32：6。"愚昧无知的民哪，你们这样报答耶和华么，他岂不是你的父，将你买来的么，他是制造你，建立你的。"

⑤ 《创世记》42：11。"我们都是一个人的儿子，是诚实人。仆人们并不是奸细。"

我们说成神的儿子，^① 世世代代，繁荣昌盛，尽管在大卫生活的时代，我们的曾祖父可能都还没有出生。我们发现书中说他们是高贵生活的标准承受者，我们认为他们是生育我们的父亲，是美德在不朽中高举的灵魂的父亲，而不是可朽身体的父亲。

【29】[150] 但是，涉及那些荣耀他们的不公义的人，主说："看哪，他们成为一样的人民，都是一样的言语"^②，也就是说，看到他们都是一家人，都是一个家族的，还有，他们都讲一样的语言；没有哪个人的心灵是陌生人的心灵，也没有哪个人的声音是刺耳的。对那些没有音乐天赋的人也是这样。有的时候他们的发音器官，尽管每个音符都完全不成调，非常不悦耳，但却极为和谐地产生了不和谐，把一种和谐转变为纯粹的不和谐。[151] 同样的规律性在发烧中也能看到。复发在医学中被称做每天发生的、隔日发生的、每四日发生的，每次复发都在白天或夜晚的同一时辰，保持着它们的相对有序性。[152]"他们开始作起这事来"^③，这句话表达了一种强烈的鄙视和愤怒。在这里他们指的是这些邪恶者不满足于因其同伴而使公义陷入进一步的混乱。他们竟然攻击上苍的权力，播下不公义，收获亵渎。然而这些可怜的家伙这样做并无任何好处。[153] 因为在这样相互虐待的时候，他们获得了许多他们希望得到的东西，他们的行动确认了他们无耻的心计，这与他们的亵渎并不一致。因为属于神的东西不能被伤害或损坏，而当这些恶棍用他们的罪恶来反对它们时，他们获得的只是开端，决不会抵达终点。[154] 因此我们有了这句话，"他们开始做这件事"。因为当时，由于不知餍足地做坏事，他们被罪行充满，反对大地、海洋、天空中的一切事物，而这些事物命定的本性就是毁灭，他们也想到要用他们的力量去反对天空的神圣本性。但

---

① 参见《列王纪上》15：11。"亚撒效法他祖大卫行耶和华眼中看为正的事。"《列王纪下》18：3。"希西家行耶和华眼中看为正的事，效法他祖大卫一切所行的。"

② 《创世记》11：6。"耶和华说，看哪，他们成为一样的人民，都是一样的言语，如今既作起这事来，以后他们所要作的事就没有不成就的了。"

③ 《创世记》11：6。

是通常没有任何存在的事物会有任何效果，除了邪恶的语言，确实，哪怕是傻瓜的话语也不能伤害他的那些对象（因为它们仍旧拥有它们不可改变的本性），只能给谩骂者带来无法治愈的灾难。[155]然而他们只是开始，不能抵达他们亵渎的终点，没有理由不申斥他们，就好像要把他们的意向贯彻到底。因此，他说他们建成了这座塔，尽管这座塔并没有建成。他说："主降临，要看看世人已经建成的城和塔"，而不是他们打算建造城和塔。①

【30】[156]那么，我们有什么证据说这些建筑尚未建成呢？首先，这是不证自明的事实。没有大地的哪个部分可以触及天穹，由于我们已经提到过的原因，亦即圆心不可能触及圆周。其次，因为以太，神圣的火，是永不熄灭的火焰，如其名称所示，是从"$αἴθειν$"这个词派生而来，这个词是一个表示"燃烧"的专门术语。[157]这一点可以用天上的一部分火的扩张来证明，亦即用太阳来证明，尽管它非常遥远，但它的光线仍旧普照大地的每一个角落，大地和这部分天空本来是寒冷的，但在太阳照射下变得温暖，或者说它们消费了阳光。对于所有距离太阳轨道非常遥远的天体，太阳只是给了它们温暖，而对那些距离它很近，或者直接就处于它下方的东西，它实际上就会用它的火焰的力量把它们摧毁。如果事情是这样的话，那些胆敢上天的人不可能不被烧焦，不被烈火吞食，而留下他们膨胀的野心不能实现。[158]摩西后续的话语似乎暗示了这种事情不能实现。他说："他们停止建造那城和塔。"②这里显然不是因为他们已经完成，而是因为他们受到阻碍，在他们中间发生了变乱。然而，作为一项不仅有了计划而且已经在进行的事业，他们无法摆脱想要完成这项事业的罪过。

【31】[159]我们可以拿巴兰来做一个平行的比较，他占卜和预言，依赖空洞的推测，因为巴兰这个名字就可以解释为"徒劳"。律法书说他诅咒眼目明亮的人，尽管在字面上他在为他们祈祷祝福，因为这里考虑的不是他

---

① 参见《创世记》11：5。"耶和华降临，要看看世人所建造的城和塔。"

② 《创世记》11：8。"于是，耶和华使他们从那里分散在全地上。他们就停工，不造那城了。"

实际说的意思，这些话语在神的天命下放大，就像用良币替换劣币，在他心中珍藏的是伤害的念头，而不是有益的想法。猜测和真理、空虚和知道、没有真正灵感的预测和健全清醒的智慧，是天然敌对的。[160] 确实，一个人试图奸诈地反对另一个人，但没有杀死这个人，然而他无论如何要受到杀人的处罚，如适用于这种案例的律法所示。律法写道："人若任意用诡计杀了他的邻舍，就是逃到我的坛那里，也当捉去把他治死。"① 然而，他只是"攻击"这个人，没有杀死这个人，而律法把杀人的目的等同于杀人罪行本身，因此，即使他逃往圣地，也不能赋予他避难的特权，而要从那圣地里把他捉走，因为他的目的是不神圣的。[161] 它的不洁净不仅由此组成，而且在于它把它的令人憎恶的厚颜无耻说成要由神来负责，它计划的死亡也要由反对灵魂的邪恶之手来完成，而通过获得和践行美德，灵魂可以永远活着。"逃往避难所"这些话引导我们反思，有许多人希望逃避对他们恶行的惩罚，把实际上属于他们自己的罪责归于不是任何邪恶之因、而是一切善良之因的神。因此把这些人从祭坛上捉走没有任何亵渎。[162] 他规定的对这些"建造者"的惩罚确实非常极端，这些人把亵渎的论证堆积在一起，尽管某些愚蠢的人可能会想象这样做是有益的而不是有害的。经上说："他们所要作的事没有不成就的。"② 这该有多么可悲，超越限制和尺度的心灵极度迷恋一切事物，试图使之成为服从的下属，它们不会缓慢地提供大大小小的事奉，而会快速满足心灵的各种需要。

【32】[163] 看不到灵魂和灵魂的罪恶之间有任何障碍，这就是灵魂缺乏善意的象征。因为没有远离道德谬误的他会祈求对他心灵的激励不要辜负他，这样的话，当他试图盗窃或通奸、凶杀或盗窃圣物时，或有其他任何相似行为时，他不能发现轻省的道路，反而发现障碍重重，阻碍着罪恶的实施。因为若受阻，他就摆脱了最大的弊端，即不义，若他安全地贯彻他的目

---

① 《出埃及记》21：14。

② 《创世记》11：6。"耶和华说，看哪，他们成为一样的人民，都是一样的言语，如今既作起这事来，以后他们所要作的事就没有不成就的了。"

的，那么这种弊端会降临于他。[164] 既然如此，你为什么还要妒忌和羡慕暴君的幸运呢？这种幸运使他们能够轻易地获取，他们的心灵能够接受疯狂和野蛮，在我们应当为它们感到悲伤的时候把它们当做有福的，因为贫困和身体的虚弱对恶人来说具有肯定的价值，正如充分的办法和力气对善者是最有用的。[165] 肯定会有一个看到不受约束的罪恶有多么可悲的愚蠢者会大胆地说："我的刑罚太重"①。因为这是一件可怕的事情，本性如此野蛮的灵魂竟然承受不受约束之害，甚至当它处于约束之下时，受到充分的鞭策，但几乎仍旧无法受控制而变得温顺。[166] 因此，仁慈的神发布一道充满仁爱的谕言，给那些纪律的爱好者带来良好的希望。它起的作用是这样的。"我必不撇下你，也不丢弃你。"② 这是因为，紧紧捆绑灵魂的镣铐松开以后，后面跟着最大的灾难，它甚至会被神抛弃，神使一切事物成为祂的权柄的坚定不移的链条，想要藉此紧紧地捆绑万物，不让它们放松。[167] 还有，他在另一处说："凡捆绑的是洁净的。"③ 因为不捆绑是不洁净，是毁灭的原因。所以，当你看到有人轻松地尝试任何邪恶的事情，决不要羡慕他的成功，而要与此相反，对他的厄运感到遗憾，因为他的生活在美德方面是连续不育的，而在邪恶方面则硕果累累。

【33】[168] 我们应当仔细考虑这些话语包含的问题，它是通过神的嘴说出来的。"让我们下去，在那里变乱他们的口音。"④ 因为很清楚，祂正在和某些人讲话，把他们当做祂的同工，我们在前面的段落中也发现了同样的情况，那里讲的是造人。[169] 我们看到主神在那里说："我们要照着我们的形像，按着我们的样式造人"⑤；在那里，"让我们造"用的是复数。还有，神

---

① 《创世记》4∶13。"该隐对耶和华说，我的刑罚太重，过于我所能当的。"

② 《约书亚记》1∶5。"你平生的日子，必无一人能在你面前站立得住。我怎样与摩西同在，也必照样与你同在。我必不撇下你，也不丢弃你。"

③ 《民数记》19∶154。"凡敞口的器皿，就是没有扎上盖的，也是不洁净。"

④ 《创世记》11∶7。"我们下去，在那里变乱他们的口音，使他们的言语彼此不通。"

⑤ 《创世记》1∶26。"神说，我们要照着我们的形像，按着我们的样式造人，使他们管理海里的鱼，空中的鸟，地上的牲畜，和全地，并地上所爬的一切昆虫。"

说亚当已经与我们相似，能知善恶；① 在那里，"我们"指的不是一个，而是不止一个。[170] 现在，我们首先要确定没有任何现存事物具有和神一样的荣耀，世上只有一个主权、统治者和国王，只有它可以指引和支配万物。有诗云："许多人统治不是好事情；应当让一个人称君主，当国王。"② 可以说，世界和神比城邦和人拥有更多的公义。因为如若是一个世界，必定要有一个创造者，一个父亲，一个主人。

【34】[171] 取得有关这个先决问题的一致意见以后，我们下一步应当收集相关的事情，以构成连贯的论证。让我们来考虑这些事情是什么。神是其中一样事情，祂把无数权柄置于祂周围，帮助和保护被造物，其中包涵惩罚的能力。惩罚现在不是一件有害的或可悲的事情，而是对罪恶的预防和矫正。[172] 通过这些权柄，无形体的和理智的世界成形了，它是这个现象世界的原型，是一个不可见的型相的体系，就好像这是一个可见的物体的体系。[173] 这两个世界的本性使某些人的心灵产生敬畏，这些人不仅把它们各自当做一个整体，奉若神明，而且还把它们最美丽的部分，太阳、月亮、整个天空，奉为神明，不知羞耻地把它们称做众神。当他说"主啊，主，万神之王"③ 来显示统治者和下属之间区别的时候，摩西看到这是这些人的幻觉。[174] 还有，在天上有一群无形体的灵魂，作为神的同伴，它们通常被称做天使，它们是受到激励的神的年轻同伴，服事天上的权柄。所以整支军队由几支分队组成，它们等级森严、排列齐整、服从队长的指挥、遵守所需要的律法。凡逃离这个队列的必定不是神的战士。[175] 现在，国王可以恰当地和它们交谈，使用它们去完成那些不应当由神单独完成的事情。确实，万物之父不需要任何事物，如果祂想进行某项创造性的工作，祂会命令其他

---

① 参见《创世记》3：22。"耶和华神说，那人已经与我们相似，能知道善恶。现在恐怕他伸手又摘生命树的果子吃，就永远活着。"

② 荷马：《伊利亚特》2：204，205。

③ 《申命记》10：17。"因为耶和华你们的神他是万神之神，万主之主，至大的神，大有能力，大而可畏，不以貌取人，也不受贿赂。"

人合作，然而，看到有什么事情是适合祂自身和这个生成的世界的，祂也会允许祂的下属用他们的权能创造某些东西，尽管祂不会把主权和独立的知识赋予它们，以完成整项任务，免得有什么东西被错误地创造出来。

【35】[176] 我们需要有这样一个概述作为前提。现在让我们来看推论。生灵主要分为两个相反的部分：无理智的和有理智的，有理智的部分又可以分为可朽的种和不朽的种，可朽的种是人，不朽的种是在天上漫游的无形体的灵魂。[177] 这些灵魂是无罪的，因为它们从一开始就命中注定拥有纯粹的幸福，所以它们不会被囚禁在肉体中，过着漫长的可悲的生活。无理智的生灵也分享这种免除，因为它们没有理智的天赋，它们也没有犯罪的罪恶，罪恶的行为是审慎反思的结果。[178] 人实际上是唯一拥有分别善恶知识的生灵，经常做出最坏的选择，避开本应是他的努力目标的事情，由此可以给人定罪，人做事情是有思考和预见的。[179] 因此我们可以恰当地说，当人被造时，神似乎应当给祂的助手指派一份工作，就好像祂说"让我们来造人"，这样的话，人的正确行为可以归于神，而人的罪恶可以归于其他。神是万物的统治者，说这个理智灵魂的邪恶是神造出来的对祂来说似乎是不合适的，因此神会把创造这个部分的工作指派给祂的下属。因为自愿的成分与不自愿的成分必须平衡，以完成整个创造工作。

【36】[180] 这一点我们就讲到这里，但是也应当考虑一下这个真理：神只是善的原因，但决不是恶的原因，因为祂本身是最古老的在者，是最完善的善者。祂的工作与祂的本性同缘，祂会超越一切卓越者，但是惩罚恶人最好还是通过祂的下属来进行。[181] 他通过践行而臻于完善，他的这些话语也在考验我的思想，"一生牧养我直到今日的神，救赎我脱离一切患难的那使者"①。这是因为，他也是这样承认真正好的天赋，滋养热爱美德的灵魂，只把神当做它们的原因，另外，这些天使致力于恶的领域（尽管它们

---

① 《创世记》48：15—16。"他就给约瑟祝福说，愿我祖亚伯拉罕和我父以撒所事奉的神，就是一生牧养我直到今日的神，救赎我脱离一切患难的那使者，赐福与这两个童子。愿他们归在我的名下和我祖亚伯拉罕，我父以撒的名下。又愿他们在世界中生养众多。"

并不充满也不拥有惩罚的权力），没有任何具有毁灭意向的事物会在神那里拥有源泉，因为祂的本性是拯救。[182] 然而祂说："让我们下去，在那里变乱他们的口音。"这些亵渎者确实应当受到这样的惩罚，神的有益的、仁慈的权能竟然会与复仇联系在一起。然而，尽管知道这种惩罚对人类是有益的，但祂还是规定让其他人来做这种事。人类已经受到审判，应当受到这种矫正，神的永远流淌恩惠的源泉不仅应当对他们馈赠，而且应当对所有那些似乎邪恶者馈赠。

【37】[183] 我们现在必须询问"变乱"是什么意思。我们的方法应当是什么呢？下面是我的个人意见。对某些不认识的人，我们经常通过他们的亲属或某些和他们有几分相似的人得到有关他们的知识。所以，以同样的方式，可以通过与它们相似的同类事物来揭示那些难以理解的事物自身的本性。[184] 那么，有什么事情与变乱相似？可以用"机械混合"这个古老的哲学术语，还有用"化学混合"。前一种混合可以用干燥的实体来说明，后一种可以用液体来说明。[185] 当不同的物体无序地并列时，机械混合就发生了，就像我们收割大麦、小麦，以及其他谷物，把它们堆积在一起。化学混合不是并置，而是相互共同扩张，完成不同部分的互渗，尽管它们各种各样的性质仍旧能够借助人工的方法来区别，比如水和酒就是这样。[186] 我们得知，这些实体都会发生化学混合，混合物会化解为构成混合的不同性质。浸泡在酒中的海绵会吸走水而留下酒。这里可能的一种解释是，海绵是从水中创造出来的，它会吸收混合物中与它同缘的实体，也就是水，而留下外在的实体，也就是酒。[187] 但是变乱是最初那些种类和性质的灭绝，通过所有部分的共同扩张而产生一种相当不同的性质。这方面的一个例子是医疗中的膏药。我相信，膏药是由蜡、油脂、沥青和树脂混合而成的，但是一旦混合，就不可能再离析这些东西。它们每一样都灭绝了，从这种身份的丧失产生其他有独特性质的事物。[188] 但是当神用变乱恐吓不虔诚的思想时，祂不仅下令废止每一种恶的特性，而且用祂的命令来帮助它们的集合体。他想到的既不是它们分离的部分，也不是它们的统一体和声音，使之有力量摧

毁其中较好的成分。[189] 因此，他说："让我们下去，在那里变乱他们的口音，使他们的言语彼此不通。"① 这就相当于说，"让我们使每个部分的声音变哑，使它们不能发声，也不能相互联合，以免造成不幸。"

【38】[190] 这就是我们的解释，而那些只追随外在明显事物的人会认为，我们至少可以看到这个故事讲的是希腊人和野蛮人的语言的起源。我不会批评这样的人，因为他们说的也许有几分真理。我还会鼓励他们不要停滞在那里，而要进行一番喻意解释，要承认话语只是对神谕而言，而对实体而言它只是阴影，实体具有更高的价值，显示为真正存在的东西。[191] 立法者本身确实为那些理智尚不盲目的人提供了这种处理方式，如他在我们现在讨论的这个问题上所做的那样，当他把所发生的事情称做"变乱"的时候。确实，如果他的意思只是在那个时候产生了不同的语言，那么他会使用更加正确的术语，称之为"分离"而非"变乱"。因为当事物被划分的时候，它们不是"变乱"，而是正好相反，是"分离"。这里的矛盾不仅是名称问题，而且是事实问题。[192] 变乱——融合的过程——如我所说，是个别性质的灭绝，由此产生一个有着它自己专门属性的整体，而分离就是一个事物划分为几个事物，就好像种与属的关系，种由属构成。因此，如若圣贤的命令是划分语言，把这个整体分成几种语言，那么他会使用更加恰当和准确的术语，比如分割、分配或分离，而不会使用它们的对立面——变乱。[193] 但是他的目的和愿望是驱散恶的陪伴，使恶的协约不起作用，消除与恶结成的友谊，灭绝和摧毁恶的力量，推翻恶的王权，因为恶通过令人憎恶的罪行变得如此强大。[194] 你们瞧，祂创造生灵，没有让生灵的任何一个部分与其他事物结成联盟。眼睛不能听，耳朵不能看，上腭不能嗅，鼻孔不能尝，语言也不能具有任何感官产生的任何感觉，就好像另一方面这些感觉没有讲话的能力。[195] 这是因为伟大的创造者知道这是件好事，没有人应当听到他的邻居的声音。为了动物的利益，祂宁可让生物有机体的每个部分使用它专

---

① 《创世记》11：7。"我们下去，在那里变乱他们的口音，使他们的言语彼此不通。"

门的能力，而不与其他部分相混，每个部分不应当与其他部分结成友谊，另外，恶的部分应当变乱，乃至完全灭绝，这样的话，它们的联合或分离就不会成为伤害较优者的根源。[196] 他又说，由于这个原因——主使他们从那里分散①，成为逃亡者，使他们消失。当播种是善的原因时，抛撒或散播是恶的原因。前者的目的是改善、增进、创造别的事物；后者的目的是毁灭和摧毁。但是作为创造者的神想要给一切事物播下高尚生命的种子，驱散和驱逐祂诅咒的不虔诚的世界共同体。这样的话，仇恨美德的恶的方式至少可以停止建造邪恶的城和塔。[197] 当这些人被驱散以后，那些被愚蠢的暴君长期流放的人将受到召唤，甚至会由神批准和执行一项公告，如神谕所示，其中宣称："你被赶散的人，就是在天涯的，祂也必从那里将你招聚回来。"②
[198] 因此，这是一项最适合神做的工作，使美德的和音圆满和谐，驱散和灭绝邪恶的和音。没错，变乱确实是邪恶的一个恰当名称，这一点的突出证据是，每个愚蠢者的话语、目的和行为都是无价值的，不稳定的。

---

① 参见《创世记》11：8。"于是，耶和华使他们从那里分散在全地上。他们就停工，不造那城了。"

② 《申命记》30：4。"你被赶散的人，就是在天涯的，耶和华你的神也必从那里将你招聚回来。"

论亚伯拉罕的移居

提　要

本文的希腊文标题是"ΠΕΡΙ ΑΠΟΙΚΙΑΣ"，英译者将其译为"On the Migration of Abraham"。本文的拉丁文标题为"De Migratione Abrahami"，缩略语为"Mig."。中文标题定为"论亚伯拉罕的移居"。原文共分为 39 章（chapter），225 节（section），译成中文约 4.2 万字。

全文分为两部分。

第一部分（1—126 节），处理神对亚伯兰说的话（《创世记》12∶1—4）。

（1）神的指令，"你要离开本地，本族，父家"（1—35 节）。"地"表示精神性的身体，"本族"表示感觉（2—3 节），"父家"表示语言，圣道本身被说成是"神的家"（4—6 节）。这些指令是要我们与世俗事务疏离，趋向较高的实在（7—12 节）。这种疏离在经文中的例子有亚伯兰离开罗得，以色列人出埃及（13—15 节）。经上说约瑟的遗体在埃及入殓棺材里，他的骨殖后来在以色列人出埃及时送往迦南，这在精神上象征要葬送较低的品质，使较高的品质，或者约瑟的心灵，存活下来（16—17 节）。约瑟后来的故事显示了较高的品质（18—23 节），由此返回"离去"这个主题，如摩西所说的逾越节（24—25 节），雅各返回父家，在智慧的意义上加以理解（26—30 节）。经文"我必与你同在"，导向思考神的激励和我们自己的努力的关系，以作者自己的文字创作为例（31—35 节）。

（2）第一项应许，"我指示你的地"（36—52节）。"指示你的东西"就是全善，"看见的那个人"就是贤人，"显示者"就是神（36—42节）。显示是在将来显示，因此亚伯兰对此要有信念。以《申命记》中的话为例："现在我使你眼睛看见了，你却不得过到那里去。"拥有全善比拥有善更好（43—46节）。看见高于听见，经上某些地方说看见而不是听见神的话语。我们的发声器官与神的发声器官不同；神圣者发出的声音非常精细，乃至于听力无法听到，而灵魂由于拥有敏锐的视力能够看见神的话语（47—52节）。

（3）第二项应许，"我必叫你成为大国"（53—69节）。"国"这个词在这里表示数量，"大"表示品质的改善和健全（53—55节）。大国在别的地方界定为与神相近（56—59节）。确实，大量经常被说成是邪恶，被少和善征服（59—63节）。有许多足的被称做可憎的。这就提醒我们，无足的用肚子在地上爬的也是可憎的（64—65节）。后面的离题话用胸表示激情，用肚子表示欲望，二者确定了灵魂燔祭的方向，而理智是最高的，它会在数量和伟大两个方面得到改善（66—68节）。正如有许多足的和无足的动物是不洁的，无神论和多神论也是这样，它们在灵魂中都是亵渎的（69节）。

（4）第三项应许，"我必赐福给你"（70—85节）。"赐福"是一个复合词，由"好"和"道"组成。好就是卓越，道就是思想和说话。说话不是一个好的思想解释者，思想会被它出卖。智者是最邪恶的思想家，他们的理智完全没有经过缪斯女神的训练。神的恩惠的接受者既应当察觉最高尚的理念，又应当能够熟练地表达自己的想法（70—75节）。首先以该隐和亚伯为例来说明，然后以摩西为例来说明，接下去评论"兄弟亚伦"，以显示观念清晰时语言感受到的喜乐（76—81节）。用摩西和亚伦的杖的故事来说明语言服务于真理，说明亚伦的杖如何胜过埃及巫师的杖（82—85节）。

（5）第四项应许，"叫你的名为大"（86—105节）。"名"在这里被解释为与外观相当。没有实在的外观是没有价值的，但是真正的幸福由二者组成（86—88节）。服从已经建立的习俗是一个必要的推论，作者借机界定他对律法、安息日、割礼、节日聚会的态度。这些事情有它们的灵魂，即有灵性的解释，也有它们的形体，即有灵魂的处所，所以一定不能轻视（89—93节）。亚伯拉罕把遗产传给庶出的众子，尽管他们是庶出的，但仍旧是他的儿子（94节）。所以利亚本人也被说成得福，因为众女子都称她有福，女子在这里指的是那些受到限制的灵魂，它们表示的尊重无论如何是有价值的（95—96节）。摩西不仅让男人，而且也让女人拿礼物来献给神，她们非常热情地献上用她们的铜镜制作的洗濯盆，"女人"在灵魂中就是感觉，应当受到抚慰（97—100节）。以撒的祈祷进一步发展为这个思想，雅各可以拥有大地的财富和天上的财富，亚伦的袍子饰有铃铛，当他进入圣所时，袍上的响声必被听见（101—103节）。所以可感的东西必定低于合唱队的音调，要稳定地提供必需品、衣服和友谊。必需品是心灵的善物，自然法则会提出这种必然的要求；衣服属于人类生活的现象界；友谊指持久稳定的学习，使我们可以在感性世界中发现与心灵的不可见世界相似的东西（104—105节）。

（6）第五项应许，"你必得福"（106—117节）。解读"被赐福"和"得福"，然后推论，真正得福者应是那个配得上得福的人，而不是享有凡人赋予的名望的人（106—108节）。由于这个贤人的缘故，其他人得福。经上说："为你祝福的，我必赐福与他。那咒诅你的，我必咒诅他。"赞扬善人的人值得赞扬，谴责善人的人应当受谴责。但有一个重要的例外，巴兰祝福以色列，尽管非常好，但只给他带来神的诅咒（109—115节）。与此相反，诅咒可以表示赐福，就好比管教年轻人要用斥责，训斥会给他们带来赐福。一切取决于意向（115—117节）。

（7）通过亚伯拉罕给其他人的应许（118—126节）。要解释的经文是"地上的万族都要因你得福"，表明因亚伯拉罕而得福的人并不限于懂得其价值的人。在某个意义上，这些话确实可以用于个人自身。完善的心灵将其所有家族成员神圣化，所有家族指的是它的所有官能（118—119节）。义人是人类社会的柱石，把自身拥有的一切传给民众，影响他们。让心灵不断地保持公义，让人类不断地涌现义人；只要义人是健全的、良好的，我们就没有理由对完全获得拯救的前景绝望。义人挪亚战胜象征道德堕落的洪水泛滥，人类等待恰当季节再显美德（120—126 节）。

第二部分（127—225 节），讨论《创世记》12：4。

（1）"亚伯兰就照着耶和华的吩咐去了。"这句话被解释为他按照神的律法生活（127—132 节）。他开始问"去了"的目的和奖赏。真正的目的和奖赏就是能够认识到我们能知道的唯一事情就是我们自己的无知（133—135节）。这就导致申斥有关宇宙的沉思，而不是自我考察（136—138 节）。接下去闲散地讨论某些经文（139—142 节）。然后，与亚伯拉罕的"去了"相对立，提到落在队伍后面的"虚弱者"，被亚玛力人击杀（143—144 节），尽管由利亚来象征的"疲乏"可以是比较好的（145—147 节）。

（2）"罗得也和他同去。"罗得的意思是"避开"，所以这位陪伴不是在模仿而是在阻碍，他后来遇到的灾难证明了这一点，亚伯拉罕与他分离（148—150 节）。这种分离不是马上发生，表明亚伯拉罕的灵魂还有许多东西要学。"混杂的多数"象征由这样的陪伴引起的障碍，相当于以色列人在埃及待了四十年（151—154 节）。此处附带提到高兴地或痛苦地流泪（155—157节）。有些人拒绝与混杂的多数交往，另一些人与之结盟，比如妥协者约瑟，他在埃及人的陪伴下埋葬他的父亲（158—163 节）。此处举例说明旅行的好伙伴：亚伯拉罕在战争中的伙伴；以撒与亚伯拉罕一道去献祭，象征着天赋与努力的结合（164—167 节）。较高的心灵当然应当靠近神，如亚伦和其他祭司，摩西说："你若不亲自和我同去，就不要把我们从这里领上去"，因为神必定是我们的同行者（168—172 节）。亚伯拉罕"与天使同行"。跟随神的必定是神的陪同，神的话语和思想经常被称做"天使"（173—175 节）。

（3）"亚伯兰出哈兰的时候，年七十五岁。"这句话是什么意思？我们记得他最初从迦勒底去哈兰。迦勒底人是占星术者，他们观察到宇宙是一个整体，宇宙的各个部分相互和谐（176—179 节）。到此为止，摩西同意他们的意见；而当占星术者否定神及其创造性的善的时候，摩西不同意他们的观点（180—183 节）。亚伯拉罕离开迦勒底，前往哈兰，哈兰是感觉之地，也是心灵之家，所以他吩咐我们要抛弃占星术的沉思，要像苏格拉底那样认识自己（184—189节）。我们这样做了以后，也可以离开哈兰去沉思神本身，正如扫罗在他能掌握王权之前抛弃"行李"（190—197节）。七十是较高的心灵和理智的数字（198—202节），五是感觉的数字，许多经文可以证明这些要点（203—206节）。两个数字结合在一起表示灵魂进步中的一个中间阶段和必经阶段（207节）。所以，利百加吩咐雅各即使在胜利的时候也要逃往哈兰，因为与感觉妥协经常是必要的（208—213节）。雅各最后也离开了哈兰，"为他自己兴家立业"，因为"收生婆敬畏神，神便叫她们成立家室"（214—215节）。

（4）"他经过那地，到了示剑地方，在那棵高大的橡树那里。""经过"告诉我们灵魂踏上寻求智慧的历程，这种寻找必须覆盖整个地方，亦即整个道德哲学（216—220节）。示剑的意思是"背负"，橡树象征这样的旅行包含着辛劳（221—223节）。但是我们记得《创世记》中有一个人代表辛劳，他是底拿的诱惑者。灵性的底拿是不可腐蚀的美德，她的兄弟和保护者的复仇将战胜这个诱惑者（224—225节）。

正　文

　　【1】[1] "主对亚伯兰说，你要离开本地，本族，父家，往我所要指示你的地去；我必叫你成为大国，我必赐福给你，叫你的名为大，你也要叫别人得福。为你祝福的，我必赐福与他。那咒诅你的，我必咒诅他，地上的万族都要因你得福。"① [2] 神开始执行祂的意愿，净化人的灵魂，给它一个完全救赎的起点，对人的三个地方进行净化，亦即身体、感觉和语言。"地"或者"国家"是身体的象征，与感觉"同族"，是语言的"父家"。[3] 为什么会这样呢？因为身体从土（或土地）中取得它的实体，最后仍要归于土。摩西为此作了见证，他说："你本是尘土，仍要归于尘土。"② 他确实还说过，身体是尘土，神用祂创造的手把土捏成人形，人最后仍要化解为构成身体的这种元素。还有，感觉与理智是亲戚，属于同一家族，一个是非理智的，一个是理智的，二者都是灵魂的组成部分。语言是我们的"父家"，之所以说它是"父的"，乃是因为"心灵"是我们的父亲，它在身体的各个部分播下种子，赋予功能，给它们指派工作，控制和管理它们；说它是"家"，因为心灵以语言为家或起居室，而从其他家园隐退。它是心灵的生活场所，就像灶旁是人的生活场所。[4] "心灵"以有序的形式展示自身，产生所有观念，心灵对待观念就像人对待住所。所以，值得惊讶的不是摩西给语言冠以心灵之家的头衔，而是他说神，宇宙的心灵，以其自身的话语为家。[5] 话语看到的景象是这样的，自我训练者明白这一点，强调说"这确实不是神的家"③，就好比说："围绕在我周围的不是神的家，它不是由我们可以指出的事

---

① 《创世记》12：1—3。

② 《创世记》3：19。"你必汗流满面才得糊口，直到你归了土，因为你是从土而出的。你本是尘土，仍要归于尘土。"

③ 《创世记》28：17。"就惧怕，说，这地方何等可畏，这不是别的，乃是神的殿，也是天的门。"

物组成的，或者说可以一般地归为感觉，不，神的家不是这样的，神的家是不可见的，不能用视力看到，只能用作为灵魂的灵魂来理解。"[6] 那么，除了先于一切存在的话语，还能有谁是这个家呢？宇宙的舵手以话语为舵，指引万物的进程吗？当祂塑造这个世界的时候，祂甚至以话语为工具，织造出无可指责的作品。

【2】[7] 我们现在来说明摩西如何用"地"来表示身体，用"本族"来表示感觉，用"父家"来表示语言。"你要离开"这句话并不等同于"和他们绝对断绝关系"，因为发布这样的命令就好像要处死某人。[8] 不，这句话含有的意思是这样的："在判断和估量时要像对待陌生人那样对待他们；不要让他们中的任何人依赖你；不要受他们的影响，他们是你的下属，决不要把他们当作你的君主；你是国王，要教会你自己进行统治，而不是被统治；要认识你自己，直到永远"，就好比摩西在许多地方教导你，说"你自己要注意"①，以这种方式，你会察觉到谁对你表示服从，谁的命令对你有益。[9]因此，你要离开你周围的世俗事务；啊，你要竭尽全力逃离污秽的因牢，你的身体，逃离快乐和欲望，它们是看管因牢的狱卒；每一恐怖行为都能惹恼和伤害他们，没有哪种办法没有用过，恐吓联合在一起的敌人。[10] 你也要离开你的同族——感觉。因为你现在向每种感官借贷，变成了其他人的财产，它们把东西借给你，让你抛弃属于你自己的东西。是的，你知道，哪怕所有人都保持安宁，但是眼睛和耳朵，以及其他同类感官，会把你拉向它们自己热爱的东西。[11] 但若你想要找到你借出去的自我，把它当做你自己的财产，那就不要让它的任何部分疏离和落入他人之手，你要追求一种幸福的生活，永远享受源于你自身而非源于外在善物的利益和快乐。[12] 还有，你也要停止讲话，因为"你的父家"，如摩西所称呼的那样，害怕你会为赞美之辞而陶醉，从而与存在于被表达事物中的真正的美相分离。宁愿喜欢阴

---

① 《出埃及记》24：12。"耶和华对摩西说，你上山到我这里来，住在这里，我要将石版并我所写的律法和诫命赐给你，使你可以教训百姓。"

影而不喜欢实体，或者宁愿喜欢副本而不喜欢原本，这是极为荒谬的。言语的表达就像阴影或副本，而由话语承载的事物与实体和原本相似；这对人来说是理所当然的，应当将其定为目标，使自己与前者分离，紧紧依附后者。

【3】[13] 所以我们发现，当"心灵"开始认识自身，与属于心灵的事物交谈时，它会把灵魂偏向于感觉的那个部分推开，这种偏向在希伯来文中被称做"多"。所以，这个贤人被描述为直率地说，"请你离开我"①。因为，热爱一切无形体的、不会腐朽的事物的人不可能与那些倾向于命中注定有死的感觉的对象住在一起。[14] 那么，好吧，神圣的向导撰写了一本完整的立法书，"导引"或"指引"，可以看出这个名称与其中包含的神谕是相适应的。为了能够很好地训练人、给他们提供充分的告诫、对那些能接受告诫的人进行矫正，他完成了这项任务，引导所有灵魂离开埃及，也就是引导身体离开它们的住处；作为最痛苦、最沉重的负担，理智的天赋与视野一道置于肉体快乐的重压之下，把这样的禁令视为无情的渴望。[15] 确实，这些叹息哀求是为了它们身体的幸福，它们外在于身体的事物非常丰富，因为我们读到，"以色列人因作苦工，就叹息哀求"②。当他们这样做的时候，仁慈的神指示祂的先知关心他们，让他们出来，祂的先知解救了他们。[16] 但是这些人与身体休战，供养它一直到死，把它埋进棺材，或者放进外壳，或者无论你喜欢叫它什么。③ 所有爱身体的——热爱与激情——爱这些部分的，都躺在坟墓里，被湮没遗忘。但若在其侧旁能有热爱美德的趋势生长起来，通过记忆把它们从灭绝中拯救，那么这就是保留了高尚品质的火种。

---

① 《创世记》13：9。"遍地不都在你眼前么。请你离开我，你向左，我就向右。你向右，我就向左。"

② 《出埃及记》2：23。"过了多年，埃及王死了。以色列人因作苦工，就叹息哀求，他们的哀声达于神。"

③ 从第 16 节到第 24 节是一段关于约瑟的离题话。经上说："约瑟死了，正一百一十岁。人用香料将他熏了，把他收殓在棺材里，停在埃及。"（《创世记》50：26）从中得出的教训是，约瑟的本性被埋葬在身体中，被人遗忘，但它可以有较高的"骨骼"，它们可以被人记念，用来激励他人的卓越品质。

【4】[17] 所以，神圣的道（话语）认为它不适宜，纯粹的事物应当有不纯的事物与之相连，除非为了让约瑟的遗骸平安保留下来；我这样说的意思是，这种灵魂的遗骸值得永远记念，就好像它从来未被腐败。[18] 后面一类事情是这样的：约瑟相信"神将造访"这个持有远大愿景的种族，不会将它完全交给无知者，亦即那个无知的女主人；他识别灵魂的可朽部分和不朽部分，离开那里去了埃及，埃及与身体快乐和不受约束的情欲的其他形式有关，它们应当相伴前往美德之城，应当通过誓言达成一致意见。[19] 那么，什么是不朽的部分？她说："你与我同寝吧"，这个时候，它与快乐和享受人间美事没有任何关系；精明与果断相结合，使他能够认识到，许多人认为空洞想象的产物是好的，而实际上要把纯粹的梦幻和现实区别开来；我们要承认，在神的指引下，我们可以获得有关事物的真实确定的解释，① 而可疑的、缺乏确定性的想象会追随错误的规则和路线，未曾经历涤罪，过着受蒙骗的生活，在面包师、厨师和仆役提供的快乐中寻找享受。[20] 不朽者还有其他一些特性：他不是臣民，而是全埃及的统治者②；他为自己是希伯来人而感到自豪③，如同"希伯来"或"移居者"这个名称所表明的，他们习惯放弃感觉而追随心灵；[21] 事实上，他为自己"在这里没有作过什么"④ 而感到高兴，因为他没有做过这些卑鄙者羡慕的事情，而是极端仇恨它们，回避它们，这是值得大加赞扬的行为；他嘲笑所有情欲⑤ 和它们的过分和放纵⑥，

───────────────

① 参见《创世记》40：8。"他们对他说，我们各人作了一梦，没有人能解。约瑟说，解梦不是出于神么。请你们将梦告诉我。"

② 参见《创世记》41：41。"法老又对约瑟说，我派你治理埃及全地。"

③ 参见《创世记》40：15。"我实在是从希伯来人之地被拐来的。我在这里也没有作过什么，叫他们把我下在监里。"

④ 《创世记》40：15。"我实在是从希伯来人之地被拐来的。我在这里也没有作过什么，叫他们把我下在监里。"

⑤ 参见《创世记》39：14。"就叫了家里的人来，对他们说，你们看。他带了一个希伯来人进入我们家里，要戏弄我们。他到我这里来，要与我同寝，我就大声喊叫。"

⑥ 参见《创世记》39：17。"就对他如此说，你所带到我们这里的那希伯来仆人进来要戏弄我。"

他敬畏神①，尽管还没有准备好热爱祂；在埃及的时候，他宣称自己是真正活着的。

【5】[22] 这一宣称使以色列人感到非常惊讶，他们喊道："要是我的儿子约瑟还活着，在我看来真是一件大事"②；这里讲的不是空洞意见的死亡，而是身体的死亡，当他还在躯体里的时候，他承认自己是属神的③，而不是任何被造物的财产；当他和兄弟相认的时候，他情不自禁，放声大哭，这种心境使他的身体愉悦，他们自己的教义给他们提供了坚定的基础④；他宣称自己在人的手中并没有为他的使命得到报酬，但他得到神的指派⑤，对身体和外在于身体的事物进行了恰当的控制。[23] 这些特性属于他们，他们比较优秀，持有较为神圣的立场，他们的身体完全拒绝在埃及居住，决不在棺材里埋葬，他们想要追随摩西的步伐，亦即追随立法之道，超越一切可朽之物。[24] 这是因为摩西是养父，他精心抚养高尚的行为、话语、设计，尽管它们经常与对立面混合而陷入混乱和死亡，但它们无论如何会与静止产生分离，使得道德的卓越萌芽和嫩枝不会被除去和湮没。[25] 摩西也敦促以色列人坚决放弃埃及，她拥有万恶之母的名字，不要推迟，不要延缓，而要加速；他吩咐他们尽快过逾越节⑥，在这里"逾越"的意思是，心灵有着坚定的意图和持久的热忱，心灵可以越过情欲，不回转，也可以对它的救世主神

---

① 参见《创世记》42：18。"到了第三天，约瑟对他们说，我是敬畏神的。你们照我的话行就可以存活。"

② 《创世记》45：28。"以色列说，罢了！罢了！我的儿子约瑟还在，趁我未死以先，我要去见他一面。"

③ 参见《创世记》50：19。"约瑟对他们说，不要害怕，我岂能代替神呢。"

④ 参见《创世记》45：1—2。"约瑟在左右站着的人面前情不自禁，吩咐一声说，人都要离开我出去。约瑟和弟兄相认的时候并没有一人站在他面前。他就放声大哭，埃及人和法老家中的人都听见了。"

⑤ 参见《创世记》452：7—8。"神差我在你们以先来，为要给你们存留余种在世上，又要大施拯救，保全你们的生命。这样看来，差我到这里来的不是你们，乃是神。他又使我如法老的父，作他全家的主，并埃及全地的宰相。"

⑥ 参见《出埃及记》12：11。"你们吃羊羔当腰间束带，脚上穿鞋，手中拿杖，赶紧地吃，这是耶和华的逾越节。"

谢恩，因为当它并未寻找自由的时候，神使它自由。

【6】[26] 那么，他催促心灵又有什么值得惊讶的呢？他这是在控制非理智的情欲，而不是放纵情欲，更不是被情欲之激流淹没，而是竭尽全力抵抗，如若失败，心灵甚至会逃离。因为逃跑对那些不能解除危险的人来说，仍不失为一种可供选择的获得安全的办法。瞧，摩西如何对待那个本性坚强的人，他从来不会成为情欲的奴隶，而是始终与情欲搏斗的勇士，不是吗？甚至连这个人，摩西也禁止他与情欲搏斗到最后，免得有一天，在与它们相遇时，他会受到它们有害的影响；因为现在已经证明有许多人会模仿对手的邪恶，就好像其他人会模仿他的美德一样。[27] 由于这个原因，神的暗示起到这样的效果："回到你父之地那里去，回到你亲族那里去，我必与你同在。"① 这就好比说，"你已经证明自己是一位完善的运动员，获了奖，美德将花冠授予你，这是对胜利的奖赏；但是现在是你结束争斗的时候了，免得过于辛劳，乃至于无力摘取你辛劳的果实。"[28] 当你还在那里的时候，与感觉的对象居住在一起，整天过着各种各样的肉体生活，你决不会发现这一点，拉班是这些方面的首领，拉班这个名字的意思是品性的多样。不，你必须改变你的住所，去你父之地，道（话语）之地是神圣的，在某种意义上，它就是那些接受训练者之父；那土地就是智慧，是热爱美德的灵魂最会选择的住所。[29] 在这个国家里等着你的是本性，这本性是它自己的学生，也是它自己的老师，它不需要像孩子一样喂奶，它得到不要下埃及去的神谕而滞留在此地②，躲开肉体快乐的诱惑。[30] 当你着手成为祂的继承人时，你只能把辛劳放在一边，因为持久丰盛的善物与辛劳无关。仁慈的神是倾泻善物的源泉。盖上祂的印记，以此显示祂的仁慈，他说"我必与你同在"。

---

① 《创世记》31∶3。"耶和华对雅各说，你要回你祖，你父之地，到你亲族那里去，我必与你同在。"

② 参见《创世记》26∶2。"耶和华向以撒显现，说，你不要下埃及去，要住在我所指示你的地。"

【7】[31] 那么，有什么美丽的事情会衰退呢，当作为完善者的神临在，伴以恩典的应许，恩典是祂贞洁的女儿，天父生下她们，抚养她们长大，未受腐蚀，未受污染？所有形式的学习、辛劳和练习，没有自然发明的技艺的干扰，有益的事物全都迸发出来。[32] 收获大量自发的善物被称做"释放"，因为心灵从它自己从事的工程中被释放出来，可以说它是从它自选的任务中释放出来的，通过充沛的、雨水般降临的理智和无止境的赐福。[33] 这些事情具有最神奇的本性，美妙地展现着。因为灵魂自己分娩产下的后裔多半会可悲地流产，不能足月生产；而神用天上的雪水浇灌的那些胚胎能够完善地出生，无与伦比。[34] 记载自己的经验我不觉得有什么羞耻，我知道有件事情在我身上成百上千次地发生。在某些场合，当我下决心要按通常的写作过程撰写哲学文章的时候，我明确知道我想撰写的实质内容，但我发现我的理智竟然不能产生任何想法，于是只好在没有取得任何成果的时候放弃，并斥责我的理智自欺欺人，而我对神打开和关闭"灵魂子宫"的力量感到非常惊讶。[35] 在其他场合，起初我的想法空空如也，后来则突然充满，这些念头像下雨一样从天而降，滋润我的心田，所以，在神的激励下，我就像酒神狂女一样疯狂，地点、在场者、我自己、话语、台词，这些东西我统统意识不到。因为我获得了语言和想法，我享有光明和敏锐的视觉，我能清晰地区别物体，这就是通过眼睛能够接受的、最清晰的指示结果。

【8】[36] 现在得到指示的事物是值得观看、沉思、热爱的事物，是全善，它的本性是改变所有使灵魂痛苦的事情，使之变甜，它是一切调料中最好的调料，甚至能将没有营养的食物转变为有益健康的营养。所以我们读道："主指示他一棵树，他把树丢在水里"①，也就是变得松懈，软弱的心灵充满痛苦，强壮的力量变得甜美。[37] 这棵树不仅提供了营养，而且提供了不

---

① 《出埃及记》15：25。"摩西呼求耶和华，耶和华指示他一棵树。他把树丢在水里，水就变甜了。耶和华在那里为他们定了律例、典章，在那里试验他们。"

朽，因为我们知道这棵生命树被种在园子当中①，具体的美德甚至与善在一起，当善的保镖，依照美德做事。因为美德把灵魂当做自己最中间和最荣耀的位置。[38]"所指示的"就是这个意思，他看到的是聪明人，而傻瓜是盲目的，看不清楚。由于这个原因，他们以前把先知称做先见②，这位自我训练者急切地想要用耳朵交换眼睛，在他听到之前先看到，超越通过聆听得来的东西，他以观看为其主导原则。[39]时下流行的看法是，雅各的名字可以改变为观看的以色列。由此甚至可以看到神圣的光明，与知识等同，可以打开灵魂的眼睛，引导灵魂通过耳朵获得独特的、极好的理解。这是因为，运用音乐的原则要通过音乐的知识，实践每一门科学要通过科学的知识，甚至可以说，只有通过智慧才能察觉聪明的东西。[40]但是智慧，不仅在光明之后，是观看的工具，而且也是对智慧本身的观看。智慧是神的光源，太阳是它的副本和形像。但是，指示各个对象的是神，只有祂拥有完善的知识。据说人是唯一拥有知识的，因为只有他们好像知道知识；而神被这样称呼，因为祂是知识的拥有者，尽管这个短语用来表达这种性质并不恰当；据说与祂有关的所有事物全都缺乏祂的权柄。[41]祂为祂的智慧提供了清楚的证明，祂的智慧不仅来自祂是宇宙的创造者，而且来自祂创造了这些事物的知识，祂的确定拥有亦使这些知识得以存在。[42]因为我们读道："神看着一切所造的都甚好。"③这句话的意思并非只是祂用祂的眼睛看着每个被造物，而是祂有着对祂所造的这些事物的洞察、知识和理解。所以，由此可以推论，事实上由唯一知者对无知者进行"指示"，教导和指引这些事是恰当的，因为祂不会像一个人那样从学问和知识中受益，而是承认祂自己就是所有形式的学问与知识的源泉和根基。

---

① 参见《创世记》2∶9。"耶和华神使各样的树从地里长出来，可以悦人的眼目，其上的果子好作食物。园子当中又有生命树和分别善恶的树。"

② 参见《撒母耳记上》9∶9。"从前以色列中，若有人去问神，就说，我们问先见去吧。现在称为先知的，从前称为先见。"

③ 《创世记》1∶31。"神看着一切所造的都甚好。有晚上，有早晨，是第六日。"

【9】[43] 当祂的话语采取诺言的形式并确定应许的时间不是现在而是将来，这是有意这样做的。他说的不是"我指示"，而是"我指示你"。① 他以此考验灵魂对神的信任，表现他对神的感恩，不是以一种大声呼唤的既成事实的形式，而是通过一种期待来表现。[44] 因为灵魂完全依赖一种良好的希望，相信由神应许的事情虽然不是现在，但无疑已经由祂确定的理智呈现，赢得一种全善的信念作为报酬；因为稍后我们读到，"亚伯兰信神"②。对摩西，祂也这样说，当祂把全地指给他看的时候，"现在我使你眼睛看见了，你却不得过到那里去"③。[45]你们一定不要认为，这里说的，如某些欠考虑的人所认为的那样，是对这位全智领袖的羞辱；因为设想这位神的仆人会先于他的朋友在美德的土地上接受他们的"分"确实是愚蠢的。[46] 不，他希望给你们带来的首先是孩子们有一个地方，成年人有另外一个地方，一个地方名叫训练，另一个地方名叫智慧；其次，事物的本性要最美丽，是把它当做视觉的对象，而不是拥有它。因为变成被占有的事物怎么可能被指定在接近神圣者的地方呢？然而，要看到它们还是有可能的；尽管不是所有人都能看见。仅仅针对那些最纯洁、视力最敏锐的人，万物之父把祂的作品显示给他们，赐予他们非凡的应许。[47] 因为，对一个理智的存在者而言，有什么生活能比沉思的生活更好，或者更恰当？由于这个原因，可朽的存在者的声音是由听力来判断的，神圣的喻言宣告说神的话语可以像光一样被看见；因为我们得知，"众百姓看见了那声音"④，而不是他们听见了；因为这时所发生的事情不是口舌器官对空气的碰撞，而是美德在闪闪发光，完全就像理智的源泉，这位贤人在其他地方也指明了这一点："你们看见我从天上和

---

① 《创世记》12：1。"耶和华对亚伯兰说，你要离开本地，本族，父家，往我所要指示你的地去。"

② 《创世记》15：6。"亚伯兰信耶和华，耶和华就以此为他的义。"

③ 《申命记》34：4。"耶和华对他说，这就是我向亚伯拉罕，以撒，雅各起誓应许之地。说，我必将这地赐给你的后裔。现在我使你眼睛看见了，你却不得过到那里去。"

④ 《出埃及记》20：18。"众百姓见雷轰，闪电，角声，山上冒烟，就都发颤，远远地站立。"

你们说话了，"①而不是"你们听见"，原因与前面相同。[48] 在某个地方，
这位作者区分了听见的事物和看见的事物，区分了听与看，他说："你们听
见了话语的声音，却没有看见形像，而只是看见了声音"②，在这里他作出了
精妙的区别，因为声音本身可以分为名词、动词，以及语言的一般组成部
分，他说这些东西当然是"可听见的"，因为它们要接受听力的考验；但是
声音不是动词和名词的声音，而是神的声音，可以由灵魂的眼睛看见，他正
确地将它描绘为"可看见的"。[49] 在第一次说了"你们没有看见形像"之
后，他加上"而只是看见了声音"，意思显然是要告诉读者"你们确实看见
了"。这表明，神讲的话语是由居于灵魂中的视力来解释的，而那些可以划
分为各个部分的语言显然要求助于听力。[50] 他在各种情况下显示出来的
洞察是新鲜的和原初的，他说这种声音是可以看见的，在这个事例中有一种
专门的、非比寻常的原初性，实际上是我们身上唯一不可见的东西，如果不
考虑理智的话，理智也是不可见的；眼睛以外的其他感官有这样一些对象：
颜色、滋味、香水、热物、冷物、平滑物、粗糙物、软物和硬物，像物体
那样可见。[51] 这样说到底是什么意思，我要说得更加清楚一些。滋味是
可见的，但不是作为滋味，而只是作为一样物体，因为作为滋味，它只是一
样可知的味道；气味，作为气味，要由鼻孔来检验，而作为一样物体，它也
要由眼睛来检验；其他感觉也都是这种双重检验的对象。但这不是声音的本
性，我们可以把它当做某个可以看见的东西或者当做物体，如果它确实是物
体；但是在我们的官能中间有两样官能是不可见的，心灵和语言。[52] 事
情的真相是我们的发声器官与神的发声器官不同；因为我们的声音与空气混
合，前往与它同缘的处所，亦即耳朵；而神圣者是一种纯粹的语言器官，非
常精致，乃至于听力无法听到，而灵魂却由于拥有敏锐的视力能够看见。

---

　　①《出埃及记》20：22。"耶和华对摩西说，你要向以色列人这样说，你们自己看见我
从天上和你们说话了。"
　　②《申命记》4：12。"耶和华从火焰中对你们说话，你们只听见声音，却没有看见
形像。"

【10】[53] 所以，如我所说，对于放弃了世俗事务的灵魂，神赐予的第一项恩惠是把不朽的事物指示给它们，赐予它们沉思这些事物的力量；依据美德原则取得进步，这是第二项恩惠，就好比涉及数量和"大"，因为他说，"我必叫你成为大国"，"国"这个词包含着他们的数量，"大"这个词包含着他们品质的改善。[54] 他们在"大"和数量这两个方面有多大进展，埃及国王的话说明了这一点，"这以色列民是大量的"①。他为这个能够看见神的种族作了见证，这个种族获得了数量和大，这是极高的成就，在生活行为和原则方面。[55] 他没有说"许多数量"，就像一个密切观察名词与述词之间联系的人会说的那样，而是说"大量"，因为他知道，若其自身独立而不添加理解和知道的能力，"许多"只是一种不完整的大。从我们的教师那里接受大量的学习结果有什么益处，除非我们继续将它们发展到合适的地步？土地也是这样，土地包含任何数量的植物，若是只有一点儿植物生长在地面上，土地没有得到充分耕种而生长果实，那么它只是不完善的土地。[56] 善者和高尚者的"大"和"大量"在神的不断汇集中有始有终，招致祂的帮助，对着生命的内在冲突，不间断地处于令人困惑的不规则之中，因为经上说："瞧，这个大国有聪明和理智的万民，哪个大国有这样的神与他们相近，在我们求告祂的时候与我们相近。"②[57] 迄今为止，神的那边已经表明做好了救助我们的准备，拥有主权的统治者本身会接近那些配得上接受祂的恩惠的人。

【11】[58] 那么，配得上获得恩惠的人是谁呢？智慧和知识的所有热爱者是这样的人，这岂不是很清楚吗？这里说的就是聪明和理智的人，每个成员都有卓越的伟大理智，因为他趋向于伟大事物；他急切地向那一位伸手，但决不与最伟大的神断绝联系，而是当祂相近的时候，坚定不移地

---

① 《出埃及记》1：9。"对他的百姓说，看哪，这以色列民比我们还多，又比我们强盛。"
② 《申命记》4：6—7。"所以你们要谨守遵行。这就是你们在万民眼前的智慧，聪明。他们听见一切律例，必说，这大国的人真是有智慧，有聪明。哪一大国的人有神与他们相近，像耶和华我们的神，在我们求告他的时候与我们相近呢？"

忍受祂的接近。[59] 接近神，或者"被神相近"，这是"大"国民众的确定标志。现在，这个世界和这位贤人，这位世界公民，充满了大量善物，其余民众经历大量邪恶，善物则较少；因为在人生的混合中，美好的事物是稀少的、罕见的。[60] 其原因包含在这句话中："主专爱你们，拣选你们，并非因你们的人数多于别民，原来你们的人数在万民中是最少的；只因主爱你们。"① 若把一个人当做国家，那么灵魂就包含众人，他会发现许多无序的同伴，受快乐、欲望、悲伤、恐惧、罪恶、坏事的控制，而只有这些事物的近亲，良好有序的正确理智才是指挥者。[61] 嗯，在人的判断中，偏爱大量的不义胜过单个的公义；但在神的判断中，少量的善胜过无数的不义；祂责令公义者决不要与这样的众人保持一致，因为祂说"你们不可随众行恶"②。那么我们应当追随少数人吗？不，不随任何坏人行恶；坏人，尽管是一个人，却是由多重邪恶构造的，站在他那边是一场大灾难；与此相反，我们应当显示出活力，摆脱他，抗拒他，向他开战。[62] 因为经上说："如果你出去与仇敌争战的时候，看见马匹和骑手"，那是激情，是无礼者、倔强者、无序者，热爱激情的心灵骑在它上面，"并有比你多的人民"，甚至有这些领袖的大批追随者密集挺进，"你们不要怕他们"。有唯一者在你们一边战斗，甚至万物的统治者也和你们在一起，如经上所说，"你的主和神与你同在"③。[63] 这位同伴把战争带向终结，建立和平，推翻大量的邪恶，这些邪恶我们已经习惯，营救那些稀少的爱神者，每一位忠诚的信徒都会讨厌和仇恨那座粗俗的军营。

【12】[64] 因为经上说："凡是有许多足的，就是一切爬在地上的，你

---

① 《申命记》7：7—8。"耶和华专爱你们，拣选你们，并非因你们的人数多于别民，原来你们的人数在万民中是最少的。只因耶和华爱你们，又因要守他向你们列祖所起的誓，就用大能的手领你们出来，从为奴之家救赎你们脱离埃及王法老的手。"

② 《出埃及记》23：2。"不可随众行恶，不可在争讼的事上随众偏行，作见证屈枉正直。"

③ 《申命记》20：1。"你出去与仇敌争战的时候，看见马匹，车辆，并有比你多的人民，不要怕他们，因为领你出埃及地的耶和华你神与你同在。"

们都不可吃，因为它们是可憎的。"① 嗯，这样的灵魂不是值得讨厌和仇恨吗？如果它在地上移动，不是靠它的一个部分，而是靠它的全部或许多部分，甚至舐食地面上的东西，完全不能抬起它的眼睛来观看神圣天体的运行。[65] 再说，多足的爬行动物不准吃，无足的爬行动物也不准吃，前者的原因已经说过，后者的原因在于它完全爬在地上，经上说凡用肚子行走的是不洁的，② 这个形象表示追求肚皮快乐的人。[66] 但是，超越一切界限，在有些人确定要进入灵魂非理智部分的活动时，他们要摧毁心灵，不仅放纵置于欲望名下的一切，而且也把它们的兄弟激情带给它们，这是火热的激情。因为经上说"你必用肚子行走"③，这在字面意义上指的是蛇，但这句话确实是一条真正的神谕，可以用来指每一个非理智的、热爱情欲的人；因为胸部是火热激情的处所，而欲望居于肚腹之中。[67] 依靠火热的激情和欲望这个对子，傻瓜进行整个旅行；因为他驱除了心灵，而心灵是他的驭手和监察。拥有相反品性的人排除了火热的激情和欲望，选择神圣的道作为他的保护人和管控他的向导。甚至摩西也是这样，他最热爱神，当他进行整个灵魂的燔祭时，他会"用水洗脏腑"④，也就是说，他要清洗各种形式的欲望，但是"羊的胸他会拿来为摇祭"⑤。我们可以确定，这里表示的是完整形式的好战的激情；把它取走的是灵魂的较好部分，即理智的部分，而留下的，可以实施它的真正自由，它的高尚的冲动朝着一切美好的事物，再没有任何事物可以反对它，把它拉向另一个方向。[68] 在这些情况下，它会在数量和伟大两个方面得到改善；因为经上说："这百姓藐视我要到几时呢？我在他们

---

① 《利未记》11：42。"凡用肚子行走的和用四足行走的，或是有许多足的，就是一切爬在地上的，你们都不可吃，因为是可憎的。"

② 参见《利未记》11：42。

③ 《创世记》3：14。"耶和华神对蛇说，你既作了这事，就必受咒诅，比一切的牲畜野兽更甚。你必用肚子行走，终身吃土。"

④ 《利未记》8：21。"用水洗了脏腑和腿，就把全羊烧在坛上为馨香的燔祭，是献给耶和华的火祭，都是照耶和华所吩咐摩西的。"

⑤ 《利未记》8：29。"摩西拿羊的胸作为摇祭，在耶和华面前摇一摇，是承接圣职之礼，归摩西的分，都是照耶和华所吩咐摩西的。"

中间行了这一切神迹，他们还不信我要到几时呢？我要用瘟疫击杀他们，使他们不得承受那地，叫你的后裔成为大国，比他们强胜。"① 因为在灵魂中，一旦火热的激情和欲望盛行的汇集被打破，另一项汇集确定无疑会产生，甚至会整个儿依赖理智的性质。[69] 正如有多足的和无足的动物，与爬行的东西相对的那些种类被宣布为不洁的，所以无神论和多神论也是这样，这两种相互敌对的学说在灵魂中都是亵渎的。关于这一点的指示如下：律法从神圣的会中排除这两种学说，禁止无神论入神的会；对多神论也一样，禁止娼妓的儿子入会聆听或者宣讲。② 因为不育者是不信神的；娼妓的儿子是多神论者，由于不知道他真正的父亲，所以他把自己的出生归于多人，而不是归于一人。

【13】[70] 我们已经讲过的两样应许是：沉思的生活所抱有的希望；朝着丰盛和美好的伟大事物前进。第三项应许是"赐福"或者理智和话语的卓越，没有它们，就不可能确保前者得到应许。他说："我必赐福给你"，也就是说"我必赐予你卓越的理智和语言"。"赐福"或"赞颂"是一个复合词，由"好"和"道"组成。[71] 关于这些，"好"除了意味着卓越不意味其他任何东西；"道"有两个方面，一个像清泉，另一个像清泉的流淌；"道"在理智中像一道清泉，被称做"理智"，而通过嘴和舌头说话就像清泉的流淌，被称做"讲话"。若对道的各个方面增进了解，就会在生活中获益无穷。理智可以良好地把握所有大大小小的事物。而讲话要想做到言必尽意，则须接受正确的训练。[72] 这些理智都非常优秀，而"讲话"不是一个很好的解释者，它会背离思想，因为它在日常文化主题中缺乏全面的根基。还有，另外有些人在解释这些主题的时候表现出很强的能力，然而他们是最邪恶的思

---

① 《民数记》14：11。"耶和华对摩西说，这百姓藐视我要到几时呢？我在他们中间行了这一切神迹，他们还不信我要到几时呢？我要用瘟疫击杀他们，使他们不得承受那地，叫你的后裔成为大国，比他们强胜。"

② 参见《申命记》23：1—2。"凡外肾受伤的，或被阉割的，不可入耶和华的会。私生子不可入耶和华的会。他的子孙，直到十代，也不可入耶和华的会。"

想家，也就是所谓的智者；他们的理智完全没有经过缪斯女神的训练，人们可以听到的是从他们的语言器官发出的一致的声音。[73] 但是神赐予祂的服从者的恩惠没有不完善的。祂的所有应许都是完满的。所以，在这个事例中也是这样，祂没有赐福，或者不只赐予圣道的某一部分，而是同时赐予圣道的两个部分，因为祂认为，祂的恩惠的接受者既应当持有最高尚的理念，又应当熟练地表达他的想法。如我们所知，完善取决于圣道的这两个部分，理智用来提示清楚的理念，讲话给它们提供准确无误的表达。[74] 你难道没有注意亚伯的情况吗？他的名字可以替代忧伤的凡俗事务和充满幸福的不朽者，尽管有着无误的理智的优势，然而他由于缺乏训练而在讲话方面不如该隐，该隐是一位能干的摔跤手，能够用技巧而不是凭蛮力取得胜利。[75] 因此，就像我因为他的先天禀赋而敬佩他的品格，迄今为止我也在他身上发现了错误，当他受到语言挑衅时，他不应该走上前去应战，而应当保持冷静，完全不要理睬他那个爱好争论的兄弟；如果他下决心用武力解决问题，那就不要去应战，直至熟练掌握搏斗的技巧；因为村里的能人在面对更加能干的镇上的能人时通常会遭到惨败。

【14】[76] 就是由于这个原因，摩西这位全智者，尽管他说自己不是能言的人，拙口笨舌，无法考察那些似是而非的论证，① 但是神还是把真理之光用知识和智慧自身不朽的话语展现给他，然而，无论能否导致对知识和智慧的观看，都不是为了获得更多的主题——因为沉思的热爱者发现了神和祂的最神圣的权能——而是为了从埃及的智者那里得到更好的东西，因为他们更加华美的故事比有关实在的清晰证据似乎更有价值。[77] 是的，心灵无论何时在物体中穿行，涉及万物的统治者，它在学习中是不需要外来帮助的，好比理智要理解什么主题，它那无须帮助的心灵就是能够敏锐洞察的眼睛；但若它与物体一道被感觉、情欲或身体占用，这些东西以埃及的土地

---

① 参见《出埃及记》4：10。"摩西对耶和华说，主阿，我素日不是能言的人，就是从你对仆人说话以后，也是这样。我本是拙口笨舌的。"

为象征，那么它也需要讲话的技艺和实施讲话的能力。[78] 由于这个缘故，神嘱咐他要召唤他的助手亚伦，那个讲话的理智。祂说："瞧，这不是你的兄弟亚伦吗？"因为理智的本性是他们俩的母亲，理智的后代当然是兄弟。(祂继续说道)"我知道他是能言的。"因为理解是理智的功能，说话是语言的功能。祂说："他会对你说话。"因为心灵不能报道储藏在心灵中的思想，而要以近旁的语言作为解释者，使它的经历为人所知。[79] 然后祂又说："瞧，他出来迎接你"；因为讲话实际上要和心灵的观念相见，要与语言的部分结合，要像铸造金币一样给它们打上印记，使以前不能表达的东西变得能够表达。祂说："他一见你，心里就欢喜。"① 当观念不是那么模糊不清的时候，语言确实会感到狂喜和欢乐，因为它发现当思想在闪闪发光的时候，来自语言丰富库藏的术语就是适当的、流利的、栩栩如生的。

【15】[80] 同理，当被表达的观念以任何方式有点不够清晰时，语言就像踏进空虚，容易滑倒，不能再站起来。"你要对他说话，把我的话传给他。"② 这就相当于说，"你要把思想告诉他"，因为"思想"除了是神的话语或说话以外什么都不是。[81] 没有提词员，话语就不会发出声音来，心灵是讲话的提词员，神是心灵的提词员。"他要替你对百姓说话，你要以他当作口，他要以你当作神。"③ 他的表达是非常生动的。他不仅说"他要替你对百姓说活"，这就相当于说"他要把思想变成话语告诉你"，而且还加上"你要以他当作口"；因为话语携带着思想流经舌头和嘴巴。但是，话语是理智对人的事务的解释者，而理智在神的事务上占据话语的位置，亦即思想和意向，这些都是单独由神掌握的。[82] 所以，这些事情至关重要，因为面对智者的挑战，就要注意这些非常彻底的话语，不仅是为了躲避他的对手的抓

---

① 《出埃及记》4：14。"耶和华向摩西发怒说，不是有你的哥哥利未人亚伦么，我知道他是能言的，现在他出来迎接你，他一见你，心里就欢喜。"

② 《出埃及记》4：15。"你要将当说的话传给他，我也要赐你和他口才，又要指教你们所当行的事。"

③ 《出埃及记》4：16。"他要替你对百姓说话，你要以他当作口，他要以你当作神。"

挠，而且要转为攻势，以证明他自己在技艺和力量两方面的优越。[83] 你必须观察那些使用符咒和妖术的人如何实现他们的目的，他们玩弄诡计，反对神圣的道，胆敢做这种事情，更多地不是为了替他们自己的技艺赢得荣耀，而是为了诽谤和嘲笑所发生的奇迹。杖变作蛇，① 水变成血的颜色，用咒语使青蛙上地，② 当他们把一样东西添加给另一样东西，打算让它们自毁时，他们受到了欺骗，可怜的傻瓜，当他们这样想的时候，他们正在欺骗。[84] 摩西怎么有可能遇见这些人，要是他没有准备就绪，拥有思想解释者的话语，这个解释者被称做亚伦？ 在这个地方，亚伦或话语被说成是"嘴"；再往后，当心灵也受到激励，有了"神"的称号时，他也有了"先知"的名称。因为祂说："我使你在法老面前作为神，你的哥哥亚伦是你的先知。"③ 这一系列思想显示的和谐有多么完善！因为先知被神凭附、陷入迷狂时，就是神的思想的解释者。[85] 与此相应，"亚伦的杖吞了他们的杖"，④ 如谕言所示。因为智者的所有论证都被自然的多重技艺摧毁和消除，成就这些事情的是神的手指⑤，"手指"相当于神的法令，宣称智术被智慧打败；因为圣经在讲到刻写谕言的版时，说谕言是神的手指写的⑥。因此，巫师再也不能站在摩西面前，而是摔倒，就像在拳击中被对手的强大力量所征服。⑦

【16】[86] 那么，第四个应许是什么呢？ 就是那个伟大的名字，因为祂

---

① 参见《出埃及记》7：12。"他们各人丢下自己的杖，杖就变作蛇，但亚伦的杖吞了他们的杖。"

② 参见《出埃及记》8：7。"行法术的也用他们的邪术照样而行，叫青蛙上了埃及地。"

③ 《出埃及记》7：1。"耶和华对摩西说，我使你在法老面前代替神，你的哥哥亚伦是替你说话的。"

④ 《出埃及记》7：12。"他们各人丢下自己的杖，杖就变作蛇，但亚伦的杖吞了他们的杖。"

⑤ 参见《出埃及记》8：19。"行法术的就对法老说，这是神的手段。法老心里刚硬，不肯听摩西，亚伦，正如耶和华所说的。"

⑥ 参见《出埃及记》32：16。"是神的工作，字是神写的，刻在版上。"

⑦ 参见《出埃及记》8：18。"行法术的也用邪术要生出虱子来，却是不能。于是在人身上和牲畜身上都有了虱子。"

说，"我必叫你的名为大"①。在我看来，这句话的意思有如下述。善和道德高尚是一种优势，拥有这样的声誉也是优势。实在比名誉更好，二者皆有就是幸福。众人真诚地，或者没有虚情假意地来到美德脚下，睁大眼睛看着她真正的美貌，她由于不在意一般的意见而成为其敌对的目标，尽管它们被认为是恶的，但实际上它们确实是善的。[87] 确实，你会认为这样或那样东西没有善，只要你此前一直这么想。以我们的身体为例，这是很自然的。这个世界可以认为这个病人是健康的，或者认为这个健康者是有病的，但可以说一般的意见本身既不会产生病患，也不会产生健康。[88] 而神赐给他两方面的应许，既是道德高尚的，又是善的，他也拥有这样的名誉，所以这个人是真正的，他的名字确实是伟大的。我们应当把良好的声誉当做一件大事，当做我们世俗生活的一大优势。快乐地发现和获取这种良好的声誉是一种规则，已有习俗不会加以干涉，而且所有人都会精心维护他们国家的体制。[89] 有些人在理智的光照下按照法律的字面意义来对待它们，并且对后者过分拘泥于形式，而对前者又容易轻率地否定。我要谴责这样的人，他们处事过于轻率。他们实际上应当关注目标的两个方面：更加完整、准确地考察不可见者；事奉不可见者而不是加以责备。[90] 事实上，尽管不可见者独自生活在旷野，或者尽管它们变成无形体的灵魂，既不知道城市，也不知道村庄、家庭，或任何人群，但它们俯瞰所有人，以绝对裸露的形式探索实在。这些人由圣言所教，想要拥有好名誉，不会放过习俗的任何部分，这些习俗是由比我们时代的能人更加伟大的人确定的。[91] 没错，第七日的意思就是告诉我们无起源者的力量和被造的存在者的无所作为。但是让我们不要由于这个原因而废除制定出来供我们遵守的律法，点火、耕地、挑担、诉讼、担任法官、归还存款或收回借款，或者做其他所有允许我们在非节假日里可以做的事情。[92] 这样做也是对的，节日是灵魂喜乐、对神谢

_____

① 《创世记》12：2。"我必叫你成为大国，我必赐福给你，叫你的名为大，你也要叫别人得福。"

恩的象征，但是我们不应当由于这个原因而改变一般的每年各个季节的聚会。没错，接受割礼确实描述了要消除快乐和所有欲望，要消除不虔诚的自负，在这种自负下，心灵假定它能凭自己的力量进行生育；但是让我们不要由于这个原因而废除有关割礼的律法。嗯，除了事物的内涵对我们的显示，如果我们不注意任何事情，那么我们就会无视圣殿的庄严和其他成千上万的事情。[93]不，我们应当把所有这些外在的礼仪视为一个整体，把它们的内在含义视为灵魂。由此可以推论，就像我们思考身体一样，因为它是灵魂的处所，所以我们必须严密注意律法的条文。如果我们遵守条文，我们将对它们所象征的事物获得更加清晰的观念；此外，我们不会招致众人的责难，也不用背负他们肯定会用来反对我们的罪名。[94]要注意，经上说聪明的亚伯拉罕既拥有大善，又拥有小善，大善被称做"财物"，亦即实在，只给他合法的儿子，小善被称做"应许"，给他庶出的众子，他的妾被认为配得上这个应许。① 前者与自然相应，后者与制定的律法相应。

【17】[95]我也敬佩拥有全部美德的利亚，因为当亚设出生时，亚设象征虚假的财富，它们是外在的和可见的，她高声喊道："我有福阿，众女子都要称我是有福的。"② 她的目标在于获得别人的尊重，认为自己应当受到赞扬，不仅来自真正男子的思想，其本性没有玷污，其真理不受贿赂的影响，享有荣耀，而且也来自那些更加女性的人，她们完全受怜悯，无力沉思和理解任何呈现给她们的外在的事物。[96]这就是完善灵魂的特点，它既是这样的，又被认为是这样的，不但尽力在男人中间拥有好名声，而且也受到女人的赞扬。[97]由于这个原因，摩西不仅让男人，而且也让女人拿礼物来献给神，用做会幕和其中一切的使用，这些女人纺织蓝色和朱红色的线，

---

① 参见《创世记》25：5—61。"亚伯拉罕将一切所有的都给了以撒。亚伯拉罕把财物分给他庶出的众子，趁着自己还在世的时候打发他们离开他的儿子以撒，往东方去。"

② 《创世记》30：13。"利亚说，我有福阿，众女子都要称我是有福的，于是给他起名叫亚设（就是有福的意思）。"

把细麻和山羊毛①都拿了来，她们毫不犹豫地奉献了她们自己的珠宝，"印章，耳环，手钏，戒指，全都是金子做的，"②用这些个人饰物交换虔诚的饰品。[98] 不，她们非常热情地献上用她们的铜镜制作的洗濯盆③，供参加圣仪的人使用，因为他们要洗手洗脚，也就是说，抱着这些目的，它们构成心灵的基础和支撑，用铜镜制作的洗濯盆反射出来的印象有助于它们看清自身；如果这样做了，它们就不会忽视任何在灵魂中显现的丑事，经过这样的洗涤，它们可以献上最神圣、最完善的供品，坚持不懈地在禁食以后献祭。[99] 这些东西在利亚眼中是美德，想要得荣耀的是女公民，配得上她们的公民权；但是还有其他人没有公民权，她们点燃大火，给可悲的心灵增添痛苦；因为我们读道："有女人点燃大火，烧尽摩押。"④[100] 难道不是吗？傻瓜的每一种感觉都由感官的对象点燃，在心灵中燃起熊熊大火，猛烈而不可阻挡？所以，这是最好的办法，女人在灵魂中就是感觉，应当受到抚慰，灵魂中的男人就是我们的几种思想；以这样的方式，我们感到这种生命之旅优于其他。

【18】[101] 因此，自学者以撒的祈祷也是值得赞扬的，作为智慧的爱好者，他可以接受善物，心灵的善物和感觉的善物。他说："愿神赐你天上的甘露和地上的肥土。"⑤这就相当于说，首先，"愿神从天上不断地降小雨给你，只有心灵能够理解它，雨下得不猛，所以不会洪水泛滥，而是温和地降

---

① 参见《出埃及记》35：23—26。"凡有蓝色、紫色、朱红色线，细麻，山羊毛，染红的公羊皮、海狗皮的，都拿了来。凡献银子和铜给耶和华为礼物的都拿了来。凡有皂荚木可作什么使用的也拿了来。凡心中有智慧的妇女亲手纺线，把所纺的蓝色、紫色、朱红色线和细麻都拿了来。凡有智慧心里受感的妇女就纺山羊毛。"

② 《出埃及记》35：23。"凡心里乐意献礼物的，连男带女，各将金器，就是胸前针、耳环（或作鼻环）、打印的戒指和手钏，带来献给耶和华。"

③ 参见《出埃及记》38：8。"他用铜作洗濯盆和盆座，是用会幕门前伺候的妇人之镜子作的。"

④ 《民数记》21：28。"因为有火从希实本发出，有火焰出于西宏的城，烧尽摩押的亚珥和亚嫩河邱坛的祭司。"

⑤ 《创世记》27：28。"愿神赐你天上的甘露、地上的肥土，并许多五谷新酒。"

下甘露，给你带来好处"；其次，"愿神赐你土地这种外在的和可见的财富；愿土地肥沃，物产丰富，愿神的恩惠使它的对立面灵魂及其组成部分凋谢干枯"。[102] 要是你们再次考察大祭司圣道，你们会发现祂与此一致，祂的圣衣色彩斑斓，十分美丽，从祂的权能派生而来，有些属于纯粹理智，有些属于感觉。衣裳的其他部分需要更长时间制作，必须延期。让我们来考察一下袍子的两端，上端和下端。[103] 所以，在袍子的上端，"领口处有一块纯金的面牌，上面刻着文字，是给主的圣物"①，在袍子的底边，要有金铃铛和花边。② 那块面牌上刻的是位于所有原则之后的最初的原则，神依据这个原则塑造和建构了这个宇宙，我们知道，这条原则是无形体的，只能用理智来察觉；而花边和铃铛是品质的象征，这些品质只能由感觉来辨认，只能由视觉和听觉来检验。[104] 他说："当他将要进入圣所的时候，袍上的响声必被听见。"③ 他在说这些话的时候很好地作了衡量；到了最后，当灵魂将要进入真正的只有心灵能够理解的圣所时，感觉也可以加入赞颂的队伍，有助于我们对圣所的理解，我们整个复合的存在就像一个完整的合唱队，它们可以一起歌唱，混合不同的音调，形成和谐之声；心灵的思想激励着关键的提示——因为这个合唱队的领队是只有心灵能够察觉的真理——而感觉的对象，就像合唱队的个别成员，相互协调，唱出美妙的音调。[105] 简言之，如律法告诉我们的那样，我们一定不要从灵魂中拿走这三样东西，"必需品、衣服、友谊"④，而要稳定地提供每一样东西。嗯，"必需品"就是心灵的善物，是必要的，自然法则会提出这种要求；"衣服"全部属于人类生活的现象世

---

① 《出埃及记》28：32。"袍上要为头留一领口，口的周围织出领边来，仿佛铠甲的领口，免得破裂。"

② 参见《出埃及记》28：34。"一个金铃铛一个石榴，一个金铃铛一个石榴，在袍子周围的底边上。"

③ 《出埃及记》28：35。"亚伦供职的时候要穿这袍子。他进圣所到耶和华面前，以及出来的时候，袍上的响声必被听见，使他不至于死亡。"

④ 《出埃及记》21：10。"若另娶一个，那女子的吃食，衣服，并好合的事，仍不可减少。"

界；"友谊"指的是持久稳定的学习，指向每一种类，使我们在这个感性世界中发现与心灵的不可见世界相似的东西。

【19】[106] 让我们再继续，第五项应许非常简单，提到前面那些应许之后才提到它，但它具有的价值不一定比前面的应许少，而是完全超过它们。因为还有什么东西能比无伪的天然之善更加完善，更配得上得福？[107] 祂说"你必得福"①，而不是"已经得福"，因为后者被视为众人的看法和一般的标准；前者按照祂的标准实际上是"得福的"。[108] "值得赞扬的"与"被赞扬"不同，"应受谴责的"与"受谴责"不同，这个对子表达了一种内在的品质，其他无非都是我们凡人的意见；而自然不会撒谎，它比意见拥有更加确定的基础；所以我们发现人的赐福通向名誉的道路，比自然的赐福要低劣，尽管人的嘴巴不会这样说；而在神谕中得到庆贺的东西才是"得福的"。

【20】[109] 这些就是神赐给这个贤人的奖赏。下面让我们来看由于这个贤人的缘故而得福的其他人。祂说："为你祝福的，我必赐福与他。那咒诅你的，我必咒诅他。"②[110] 这些应许和其他应许是为了表明，赋予义人的荣耀对任何人来说都是清楚的，但是提出这些应许不仅是由于这个原因，而且是由于他们如此令人敬佩地适应和遵循事实的真相，因为赞扬善人的人值得赞扬，谴责善人的人应当受到谴责。赞扬和谴责更多地并非要由讲话者和作者的能力来认可，而要由事实真相来认可；所以我们并不感到这两个术语适用于那些在任何地方讲假话的人。[111] 你难道看不到谄媚者夜以继日地奉承，使被奉承者的耳朵筋疲力尽吗？不仅赞同他们所说的一切，而且发表漫长的演讲，慷慨陈词，许多时候还进行祈祷，但其内心却从不停止烦恼？所以，理智健全的人对此会怎么说？[112] 他难道不会说，以这种方式

---

① 《创世记》12：2。"我必叫你成为大国，我必赐福给你，叫你的名为大，你也要叫别人得福。"

② 《创世记》12：3。"为你祝福的，我必赐福与他。那咒诅你的，我必咒诅他，地上的万族都要因你得福。"

谈话的人实际上是敌人而不是朋友，应当受谴责而不是受赞扬，尽管他们创作和背诵整篇颂词来吸引他们？[113] 因此，尽管空虚者巴兰对神唱了许多最崇高的颂歌，其中有最神圣的颂词"神非人"①，睁着眼睛的那个人倾吐了上千首颂歌，但是甚至连以色列也被聪明的立法者判定为不虔诚的，该咒诅的，认为他只是个说话人，不能得福，而要受诅咒。[114] 摩西说，作为以色列敌人的受雇的同盟者，他变成邪恶之事的邪恶先知，在他的灵魂中养育着对神钟爱的这个种族最可怕的咒诅，但又被迫用嘴巴和舌头说预言，表达最令人惊讶的祝福祈祷；因为尽管其本性是卑劣的，但这里说出来的话语是高尚的，是由热爱美德的神提示的，而心灵的后裔则嫌恶美德。[115] 关于这一点的证据由与此相关的神谕提供。经上说："神没有让巴兰去咒诅你，却使那咒诅的言语变为祝福的话"，②确实，他说的每个词都充满了祝福。是神在观看储存在灵魂中的东西，只有眼睛有力量察觉它们，祂说这些事物出自被造的存在者的视力，以此为基础，那些谴责的话语立刻就有了绝对真实的见证，祂真是一位无法收买的法官。按照同样的原则，赞扬被归为这种做法的逆反，亦即表面上大声辱骂和指责，实际上是在表达赐福和祝福。[116] 这显然是学监、家教、校长、父母、长老、行政官、法官等人的习惯做法；他们全都通过斥责，有时候通过惩罚，来改善受教育者的灵魂。他们中没有哪一个对某人是敌人，而是全部都是朋友；在真诚无伪的善意的激励下，朋友之间的事务就要使用清晰明白的语言，不含任何恶意。[117] 所以，一方面由祈祷和赐福来象征；另一方面由辱骂和诅咒来象征，这不是在用语言发泄情感，毋宁说是在表达一种意向；由此出发，就像出自一道清泉，提供一种考验各种话语的方式。

【21】[118] 这就是摩西的第一条教训。他告诉我们，由于有了这个有

---

① 《民数记》23：19。"神非人，必不致说谎，也非人子，必不致后悔。他说话岂不照着行呢，他发言岂不要成就呢。"

② 《申命记》23：5。"然而耶和华你的神不肯听从巴兰，却使那咒诅的言语变为祝福的话，因为耶和华你的神爱你。"

道德的人，其他人会面临什么境地，他们答应前去拜访他，带着责备或赞扬、祈祷或诅咒。不过，所有事情中最大的事有如下述：这些人持有和平的时候，没有留下任何不分有赐福的理智的存在，因为神说"地上的万族都要因你得福"①。[119] 这是一项意义重大和意味深长的公告，因为它蕴涵着这样的意思，如果心灵继续免除伤害和疾病，它的各个族类和能力都会处于健康状态，包括所有那些视、听，以及所有与感觉相关的能力，还有所有那些与快乐和欲望相关的能力，以及所有从较低情感向较高情感转化的能力。[120] 还有，通过使一个人的心灵具有高尚品质，从而使一个家族、城邦、国家、民族、区域享有伟大的繁荣。这种情况大多数是由神赐予的，再加上良好的目的，具有不可抗拒的力量，正如神赐给乐师所需要的各种技艺和乐器，或者如同神把火与柴赐给他们作材料。[121] 实际上，义人是人类赖以存在的基础。他把自身拥有的一切带给民众，给使用它们的人带来大量好处。在自己的库藏中没有的某些东西，他就请神施以援手，因为神是无限财富的唯一拥有者；祂打开了天上的库房，发送祂的善物，就好像下雪和下雨，不停地下，大地上的河流和洞穴都充满了水。[122] 这是祂的习惯，发送这些礼物以回应那些祈祷，对此祂不会听而不闻；因为在另一个地方，当摩西请愿的时候，神说"我照着你的话赦免了他们"②；这显然相当于"地上的万族都要因你得福"。由于这个原因，聪明的亚伯拉罕，当他试探了神的不变的仁爱之后，相信哪怕其他所有东西都消失，但只要有一小块美德的残片保留下来，也能像一块炭火点燃柴火，由于这一小块的缘故，神也怜悯其他，乃至于提升堕落者，加速死亡者的推进。③[123] 这是因为，哪怕是很小的火花，也能点燃柴堆，燃起熊熊大火；所以，美德的最小颗粒，当被明亮的希望加热时，它会发出光芒，把视力传给闭着的或盲目的眼睛，使枯萎

---

① 《创世记》12∶3。"为你祝福的，我必赐福与他。那诅诅你的，我必咒诅他，地上的万族都要因你得福。"

② 《民数记》14∶20。"耶和华说，我照着你的话赦免了他们。"

③ 参见《创世记》18∶24 以下。

的东西再次绽放，让所有本性贫瘠而不能生育后代的东西恢复多产。甚至连如此稀罕的善性，由于有了神的青睐而变得无比丰富，并将其他一切同化于其自身。

【22】[124] 所以让我们祈祷，它就像一所房子中间的立柱，为了治疗我们的疾病，可以在灵魂中让心灵不断地保持公义，让人类不断地有义人；只要义人是健全的、良好的，我们就没有理由对完全获得拯救的前景表示绝望，因为我们可以确定，我们的救主神会提供所有治疗，祂拥有仁慈的权能，会交给祂的祈愿者和崇拜者使用，用来救助那些病人，病人可以把它当做药液来使用，涂抹灵魂的伤口，那是愚蠢、不义以及其他所有邪恶的刀刃留下来的。[125] 这方面最明显的例子是义人挪亚，有那么多灵魂已经被大洪水吞没，而在这个时候一匹高大的坐骑载着他乘风破浪，在洪水中前进，躲避危险，使他平安地幸存，从他本人生长出美丽的根，从这些根又长出智慧之树，它获得旺盛的生命力，生下可以看见的三种果实，甚至生下"以色列"的果实，标志着永恒的三重划分：亚伯拉罕、以撒、雅各。[126] 他们现在、将来、过去拥有所有美德，美德可以被深深地笼罩在黑影中，凡人会在某个季节丧失美德，也会由于遵循神的脚步而再次显示美德。在确定的季节里，"撒拉"是健全的感觉，生下凡人的孩子，但不是以时间流逝的年份为尺度来生育，而是按照时间不能决定的适当性和圆满性来生育；因为经上说，"到明年这时候，我必要回到你这里。你的妻子撒拉必生一个儿子"①。

【23】[127] 我们现在来处理这个应许，神习惯于把它赐给那些变聪明的人，由于这些人的缘故，他们也能得福。接下去我们得知，"亚伯兰就照着主的吩咐去旅行了"②。[128] 这就是最优秀的哲学家颂扬的目标，按照自然生活；每当心灵进入美德之路，在这条路上行走，追随神，牢记祂的禁

---

① 《创世记》18：10。"三人中有一位说，到明年这时候，我必要回到你这里。你的妻子撒拉必生一个儿子。撒拉在那人后边的帐篷门口也听见了这话。"

② 《创世记》12：4。"亚伯兰就照着耶和华的吩咐去了。罗得也和他同去。亚伯兰出哈兰的时候，年七十五岁。"

令，在所有地方始终牢记，把它们当做行动和语言两方面都有效的。[129]
"他遵照主的吩咐去旅行了"；这句话的意思是，神说了——祂说得极好，极
美——这个好人就去做所有事情，无过失地遵循正确的生活道路，所以这个
贤人的行为无非就是神的话语，而不是别的任何东西。[130] 所以，在另一
个地方，神说"亚伯拉罕遵守我所有的律法"；①"律法"不是别的什么东西，
显然就是神吩咐我们应当做些什么，禁止我们做那些不应当做的事情，如摩
西的话语所证明的那样，"他从神的话语中接受了律法"②。所以，如果说律法
就是神的话语，那么这个真正高尚的人在"做"律法，他肯定也在"做"话
语；所以，我说神的话语是贤人的"行为"。[131] 所以，按照最神圣的人
摩西的说法，追随神是我们的目标和目的，如他在别处也说："你们要追随
主，你们的神。"③ 他说的不是用我们的腿行走，因为大地承载凡人，但我不
知道是否整个宇宙承载神；这里显然是在用象征性的语言来指出灵魂如何遵
守神的律法，其指导原则是荣耀祂，由于祂，万物才拥有它们的存在。

【24】[132] 用更加崇高的话语表达对高尚品德无法抑制的追求，他号
召他们专靠祂。他的原话是："你要敬畏主你的神，事奉他，专靠他。"④ 那
么，在这里起黏合作用的灰泥是什么？你在问的是什么？噢，是虔诚，当然
了，还有信念；这些美德调整和联系个人的心意与不朽的存在者；比如亚伯
拉罕，据说他在信的时候"接近神"⑤。[133] 然而，若他走自己的路，他既
不会变得疲倦，因此屈服和崩溃，也不会变得怠慢，因此转变方向，一会儿
朝着这个方向走，一会儿朝着那个方向走，迷失和偏离中心道路；但是，以

---

① 《创世记》26：5。"都因亚伯拉罕听从我的话，遵守我的吩咐和我的命令，律例，
法度。"

② 《申命记》33：3—4。"他疼爱百姓。众圣徒都在他手中。他们坐在他的脚下，领受
他的言语。摩西将律法传给我们，作为雅各会众的产业。"

③ 《申命记》13：4。"你们要顺从耶和华你们的神，敬畏他，谨守他的诫命，听从他的
话，事奉他，专靠他。"

④ 《申命记》13：4。

⑤ 《创世记》18：23。"亚伯拉罕近前来，说，无论善恶，你都要剿灭么。"

优秀的奔跑者为榜样，他完成生命之旅而不跌倒，抵达终点时他将获得冠冕和奖品作为恰当的奖赏。[134] 这样的冠冕和奖品难道不是对他辛劳目的的误解，而是那些良好感觉很难获得的终极目标的实现吗？那么，正义感的目的是什么？是裁定它本身以及所有被造物的愚蠢，因为知识的最终目标是坚持我们一无所知，只有祂是聪明的，也只有祂是神。[135] 因此，摩西说得好，他把神说成既是宇宙之父，又是被造物的监工，在那里，他说："神看着祂所造的一切都甚好，瞧，它们美极了！"① 这是因为，任何人都不可能完全看到这些被造的事物，除了它们的创造者。[136] 现在，自告奋勇吧，满载大量虚荣、愚蠢、伪装的你，自负地认为自己是聪明的，不仅声称（在各种情况下）你完全知道每个事物是什么，而且大言不惭地为它是其所是添加理由，就好像这个世界被造时，你站在一旁，观看它的几个部分如何，用何种质料塑造出来，或者起顾问的作用，就造物主塑造的事物提出建议——[137] 嗯，我要说，把其他所有事物都放过去吧，说一说关于你自己的知识，说清楚你是谁，你的身体、灵魂、感觉、理智、语言怎么样，你的每个部分的状况，甚至你在大多数时刻的状况，你的存在的部分，说明白什么是视力，你是怎么看的，什么是听力，你是怎么听的，什么是味觉、触觉、嗅觉，你是怎么使用这些感觉的，或者说这些感觉的源泉是什么，从这个源泉产生哪些感觉。[138] 噢，你们这些傻瓜，请不要讲述月亮、太阳或其他远离我们的天体，或宇宙中的物体，它们的性质如此多样，直到详细考察和认识你自己。在那之后，当你们提供其他论题的时候，我们或许可以相信你们；而在确定你们自己是谁之前，不要以为自己具备法官的能力，或者能对其他事情提供可靠的见证。

【25】[139] 情况就是这样，当心灵抵达顶峰时，会将它的贡物的总数奉献给圆满的神，这与圣文一致，因为有一条律法说总数属于主。② 那么，

---

① 《创世记》1：31。"神看着一切所造的都甚好。有晚上，有早晨，是第六日。"
② 参见《民数记》31：26。"你和祭司以利亚撒，并会众的各族长，要计算所掳来的人口和牲畜的总数。"

他什么时候着手做这件事情？"第三日"，他到达"神所指示他的地方"，① 这个时候已经经历了许多时间，这些时间被当做无时间的存在；[140] 然后，他也要用他唯一的儿子献祭，但他的这个儿子不是人（因为这位贤人不是他的祭品的宰杀者），而是丰饶、肥沃灵魂的雄性后裔，是灵魂开花结出来的果实。灵魂不知道如何生下她的儿子，这是一种神圣的生长；因为它出现的时候，好像是她生了它，她承认自己对善物无知，经文"谁能对亚伯拉罕宣布"就有这个意思（因为她假定他不相信在被抚养者的成长过程中学习不需要教师），"谁能预先对亚伯拉罕说撒拉要乳养婴孩呢？"② 经上说的不是"撒拉乳养婴孩"，因为没有人能够抚养那些学习不需要教师的人，但若一个人能够教而不需要学，那么他对其他人来说是营养的源泉。[141] 她继续说道，"我生了一个儿子，与健壮的埃及妇人不同"，③"而是像希伯来灵魂那样，处于老年"④，在某个时间，也就是说，当可朽的万物和感觉的对象衰败时，不朽的和理智能察觉的事物再次复苏，接受荣耀和尊重。[142] 还有"我生"，但不需要收生婆的额外帮助；因为甚至在它们到来之前我们就生下了人的知识的印象而无习俗的帮助，神生下和播种的善物的种子是适宜的和正确的，要报答生育万物的祂，使感恩的律法应验；"我的供物，我的禀赋，我的成果"，他说："要仔细地献给我。"⑤

【26】[143] 这就是这条道路的终点，那些遵循律法的人在神的话语和

---

① 《创世记》22：3—4。"亚伯拉罕清早起来，备上驴，带着两个仆人和他儿子以撒，也劈好了燔祭的柴，就起身往神所指示他的地方去了。到了第三日，亚伯拉罕举目远远地看见那地方。"

② 《创世记》21：7。"又说，谁能预先对亚伯拉罕说撒拉要乳养婴孩呢？因为在他年老的时候，我给他生了一个儿子。"

③ 《出埃及记》1：19。"收生婆对法老说，因为希伯来妇人与埃及妇人不同，希伯来妇人本是健壮的（原文作活泼的），收生婆还没有到，她们已经生产了。"

④ 《创世记》21：7。"又说，谁能预先对亚伯拉罕说撒拉要乳养婴孩呢？因为在他年老的时候，我给他生了一个儿子。"

⑤ 《民数记》28：2。"你要吩咐以色列人说，献给我的供物，就是献给我作馨香火祭的食物，你们要按日期献给我。"

吩咐的引导下朝着某个方向前进；但是这个人在敌人的攻击下放弃了，他追求快乐，渴望情欲，他的名字是"亚玛力"，意思是吞噬者——这个人发现自己被击杀了。[144]这个神谕表明，亚玛力类型的品格会埋伏起来，看到灵魂军队更加坚强的部分从旁边经过，它会从埋伏的地方跳起来，"攻打"或"击杀"最后面的人①，或者击杀"后面的劳工"。劳工可以表示打算放弃，它是理智的一种虚弱的功能，不能承担赢得美德的重担。在这种情况下，劳工远远地落在后面，变成容易捕获的猎物。或者说这句话也意味着要坚持高尚的事业，坚定地承担一切高尚的任务，拒绝支持任何卑劣的事情，尽管它非常轻巧，也不可加以拒绝，尽管它是最沉重的负担。[145]因此律法给了美德一个恰当的名字，"利亚"，这个词可以翻译为"疲乏"；因为美德可以很好地得出判断，邪恶者的生活道路是繁重的，充满疲乏，所以她下定决心不去观看，把她的注意力转为只注意道德美。[146]但是要让心灵下定决心，不仅要警觉地紧紧跟随神，而且也要保持走正道。让它不要左右摇摆，要么偏向左边，要么偏向右边，要知道在以东地有他的黑洞，这样一来，它有时候是过分和奢侈的牺牲品，有时候是缺陷和不足的牺牲品。更好的办法是行走在中央的道路上，这条道路真的是"王道"②，因为这是神，伟大的、唯一的国王，开辟了这条宽广的大道，让热爱美德的灵魂遵循。[147]因此，有些人追随哲学的温和形式，他们说美德是工具，把它们固定在边界上，他们认为过于自负是不好的，谦卑和含糊其词实际上是在暴露自己，使自己易受攻击和压迫，而公平合理地把二者混合起来是有益的。

【27】[148]我们必须考虑"罗得和他同去"是什么意思。③"罗得"解释起来就是"避开"或"倾向"。心灵有了"倾向"，有时候避开善物，有时

---

① 参见《申命记》25：18。"他们在路上遇见你，趁你疲乏困倦击杀你尽后边软弱的人，并不敬畏神。"

② 《民数记》20：17。"求你容我们从你的地经过。我们不走田间和葡萄园，也不喝井里的水，只走大道（原文作王道），不偏左右，直到过了你的境界。"

③ 参见《创世记》12：4。"亚伯兰就照着耶和华的吩咐去了。罗得也和他同去。亚伯兰出哈兰的时候，年七十五岁。"

候避开恶物。在同一个人身上经常可以看到同时有两种倾向；因为有些人犹豫不定，不知道该朝向哪边，就像一条船在大风中上下颠簸，左右摇摆，不能稳定；这种情况不值得赞扬，哪怕他们转向了比较好的航线；因为这不是判断的结果，而是随波逐流的结果。[149]罗得是这个群体的一名成员，据说他与智慧的热爱者一起离开家。当他跟着启程的时候，缺乏知识对他来说并不是坏事，因为这样的话，他就不会再折回去了。然而，他跟着那位智慧爱好者，实际上不是模仿这个比他强的人，以求得自身的改善，而是制造障碍，把他拉往别处，使他朝着不同方向前进。[150]这里有一个证据。我们将看到罗得故态复萌，重发怨言，在灵魂中被敌人俘虏；而亚伯拉罕，采取各种办法对抗他的埋伏和攻击，建立不同的住处。这种分离以后会起作用，但这个时候还没有。因为这时候他在沉思、学习神圣事务方面还只是个新手，他的原则还没有形成，还在动摇。不久以后，他们会获得一致性，依靠一个更加稳固的基础，他能割断他自己陷入的罗网，消除其他奉承的因素，就好像一位不能和解的、神出鬼没的对手。[151]灵魂在这个地方很难解脱，阻碍灵魂快速取得进步，也就是在灵魂倾向于美德的时候。也就是说，当我们抛弃埃及以及所有身体区域，加速让情欲服从先知话语，甚至服从摩西话语的时候——我要说，它在跟随我们，考察我们的热情，因妒忌而阻止我们快速离去；[152]因为我们读到，"又有许多闲杂人，并有羊群牛群"①，事实上，这个闲杂人等就是和灵魂的畜群相似的学说。

【28】[153]他把这个坏人的灵魂叫做"混杂的"，这样说很好，非常恰当；汇集到一起的确实是混杂物，由许多不一致的意见组成，它在数量上是一，但在性质上是无数。由于这个原因，它被称做"多数"或"很多"，以及"混杂的"；因为他的眼睛只看着一个目标，这个时候它是不混杂的，是真正平滑的和水平的，但当他面前摆放着许多生活目标的时候，它们是多重的、混杂的和真正粗糙的。由于这个原因，谕言把雅各这个训练自己追求高尚的人

---

① 《出埃及记》12：38。"又有许多闲杂人，并有羊群牛群，和他们一同上去。"

说成是光滑的，而把以扫这个做各种卑鄙事情的人说成是有毛的。①[154]
当心灵逃离埃及这个肉身的国度的时候，就会产生这种混杂的、粗糙的多
数，不同的、杂乱的意见的堆积。它能在三日内取得很大进步，②凭借三重
光明而进入美德的继承：对以往事物的回忆，对当前事物的清晰观看，对未
来事物的期待。取代这一点，在四十年的时间里，在所有时间长度里，它在
不停地漫游和循环，服从多数人的歪曲的意见，而它理应采取最直最快的道
路。[155]这种混杂的多数不是在少数几种欲望中取乐，而是追随所有各种
欲望，包括欲望的类别，不留下任何东西。因为我们读到，"他们中间的闲
杂人"③大起贪欲的心，追求所有种类的欲望，而不是只追求某些种类的欲
望，并且坐下来哭号。因为当理智不能获得它所期待的东西时，理智意识
到自身的虚弱，于是就哭泣和呻吟；然而，少了情欲和疾病是一件令人高兴
的事情，请你们考虑一下，要是没有这些东西，那真是大吉大利。[156]然
而，这种事情确实也不是什么非比寻常的事，美德的爱好者本身受到感动，
热泪盈眶，要么是由于那些傻瓜遭遇的不幸，他们出于内在的同感和深情而
恸哭，要么是由于过分狂喜。当后一种事情发生的时候，就像在某些时刻，
未曾预料到的好事突如其来地降临，像洪水一样涌来。我想在这里我们必须
提到诗人的表现，他会大声欢笑，流着高兴的眼泪。[157]高兴是良好情感
中最优秀的情感，一旦未曾预料地落到灵魂身上，使灵魂增大，那么由于身
体不再能装下灵魂，随着灵魂受挤压而渗出水滴，我们习惯上称之为"泪"。
关于这些眼泪，诗篇中说："你要以眼泪当食物喂我们，"④"我昼夜以眼泪当

---

① 参见《创世记》27：11。"雅各对他母亲利百加说，我哥哥以扫浑身是有毛的，我身
上是光滑的。"

② 参见《创世记》22：3—4。"亚伯拉罕清早起来，备上驴，带着两个仆人和他儿子以
撒，也劈好了燔祭的柴，就起身往神所指示他的地方去了。到了第三日，亚伯拉罕举目远远
地看见那地方。"

③ 《民数记》11：4。"他们中间的闲杂人大起贪欲的心。以色列人又哭号说，谁给我们
肉吃呢。"

④ 《诗篇》80：5。"你以眼泪当食物给他们吃，又多量出眼泪给他们喝。"

食物。"① 因为眼泪从真诚的欢乐者的内心升上表面，它是理智的食物，对神的爱在这种泪水中深深地浸润，转变为哀悼被造者的挽歌和赞扬非被造者的颂歌。

【29】[158] 有些人认为这种类型太粗野，太混杂，想要驱逐它，与它保持距离，而只喜欢神钟爱的种类，另外有些人与这种类型形成联系，认为自己的人生地位应当是中道，将其确立为界于有美德之人和神之间的中间地带，所以他们的目标在于联系真实的美德和公认的美德。[159] 政治家的心灵框架属于这个派别，习惯上被称做"约瑟"。约瑟要上去葬他的父亲，"与他一同上去的，有法老的臣仆和法老家中的长老，并埃及国的长老，还有约瑟的全家和他的弟兄们，并他父亲的眷属"②。[160] 你们注意到了吗，这位政治家站在法老之家和他父亲之家的中间？也就是说，他的目标是与身体保持同等的联系，亦即与埃及保持联系，而那些灵魂被当做宝藏保存在他父亲家中，是吗？因为，当他说"我属于神"③ 或其他诸如此类的话语时，他在遵守他父亲之家的习俗。但是当他登上心灵的"副车"④，想象自己是国王，甚至是法老的时候，他又一次空洞地树立了埃及的偶像。[161] 确实，更加可恶的是那个驾着马车的国王被认为更加荣耀；要想在缺乏道德美的事物中赢得荣誉是最丢脸的事情，正如要在恶的分量较轻的事物中取得第二位的奖赏。[162] 关于他所面对的两条道路，你们可以从他发的誓言来得到印象，在一个时候他发誓说"我指着法老的性命起誓"⑤，然后，在与之相反表示否

---

① 《诗篇》42：3。"我昼夜以眼泪当饮食，人不住地对我说：'你的神在哪里呢？'"

② 《创世记》50：7—8。"于是约瑟上去葬他父亲。与他一同上去的，有法老的臣仆和法老家中的长老，并埃及国的长老，还有约瑟的全家和他的弟兄们，并他父亲的眷属。只有他们的妇人孩子，和羊群牛群，都留在歌珊地。"

③ 《创世记》50：19。"约瑟对他们说，不要害怕，我岂能代替神呢。"

④ 《创世记》41：43。"又叫约瑟坐他的副车，喝道的在前呼叫说，跪下。这样，法老派他治理埃及全地。"

⑤ 《创世记》42：16。"须要打发你们中间一个人去，把你们的兄弟带来。至于你们，都要囚在这里，好证验你们的话涉不真，若不真，我指着法老的性命起誓，你们一定是奸细。"

定的时候，他说："不，我指着法老的性命起誓。"①包含否定的誓言是他父亲之家要加以规定的，它总是情欲不共戴天的对手，总是希望它死去；另一誓言是埃及要加以规定的，因为情欲的幸福对它来说是亲近的。[163] 由于所有这些原因，尽管与约瑟有关的原因很多，但摩西江没有称它们为混杂的多数；在这个视觉相当完善、热爱美德的人看来，所有这些都不是美德，美德的行为似乎是混杂的、被混合的，而在那些仍旧珍视世俗奖励的人的眼中，它们本身被认为配得上爱和得荣耀。

【30】[164] 因此，如我所说，健全感觉的热爱者在他和这个人之间竖起一道屏障，像一只雄蜂，给众多蜜蜂有用的劳动成果带来一场浩劫，而那些追随者在做这些事情的时候，对那些道德卓越者非常热情，欢迎他们，陪伴他们，模仿他们，把适合他们的"分"分配给他们；因为亚伯拉罕说，"与我同行的以实各和亚乃，这些人将接受幔利所应得的分"②，意思是自然和具有更高视野的热爱者很好地将性格赋予他们。以实各是本性良好的能力的象征，这个名字的意思是"火"，因为像火一样的自然能力充满大胆和热量，能紧紧抓住与它接触的东西。[165] 亚乃代表美景热爱者，因为它的意思是"眼睛"，灵魂的眼睛由于欢乐也是张开的。这两种沉思的生活是幔利这个名称的继承者，在我们的语言中，它是"看见"的意思；看和沉思之间有一种亲密的联系。[166] 拥有这种训练者的心灵不会省略任何训练，它会与健全的感觉一道行走，既不会超前，也不会落后，而是步伐一致。那个清晰的神谕可以显明这一点，"他们同行，去神告诉他要去的地方"③。[167]在美德中确实有一种特别的性质，劳动与天然适应相对，获得的技艺与自我习得的本性相对，这些对子可以证明以同样的尺度获得美德的奖赏是可能的。正好比

---

① 《创世记》42∶15。"我指着法老的性命起誓，若是你们的小兄弟不到这里来，你们就不得出这地方，从此就可以把你们证验出来了。"

② 《创世记》14∶24。"只有仆人所吃的，并与我同行的亚乃，以实各，幔利所应得的分，可以任凭他们拿去。"

③ 《创世记》22∶8。"亚伯拉罕说，我儿，神必自己预备作燔祭的羊羔。于是二人同行。"

绘画和雕塑产出的作品不仅是被剥夺运动和生命的被造物，而且有力量使画笔和凿子的作品成为有生命和运动的事物；然后你们可以感到，它们从前是模仿自然物的技艺，而现在它们自身成了自然的化身。

【31】[168] 一个上升到大地之上极高处的人，他的灵魂的任何部分不会再下行到可朽的事物中去，而会把它们全都向上提升，就好像挂在绳索上的物体。所以神暗示这个贤人说："上到你们的主这里来，你和亚伦，拿答，亚比户，并以色列长老中的七十人。"①[169] 这句话的意思是："哦，灵魂啊，上来吧，观看存在者元一和谐地到来，也就是带着你的语言和理智，自觉自愿地来，无所畏惧地来，充满深情地来，依照七乘以十的神圣的和完善的尺度。"因为在律法中，亚伦被称做摩西的先知，② 而语言是理智的先知，"拿答"的意思是自愿，他没有被迫荣耀神，而"亚比户"的意思是"我的父亲"，表示这个人需要神统治他，但不是由于他的愚蠢而使他成为主人，倒不如说是由于他的明智而当了父亲。[170] 这些是护卫心灵的力量，心灵配得上主权，适宜陪伴国王，当他的陪同。但是，灵魂有理由害怕凭自己的力量上升，进入神的视线，因为它不知道具体的道路，就好像由于无知和胆大，它马上想要升天，但由于缺乏知识和遭遇坠落而感到痛苦；[171] 因此摩西祈祷他可以拥有神本身指引他通向神的道路；因为他说："你若不亲自和我同去，就不要把我们从这里领上去。"③ 因为没有神指引的所有运动都包含着损失，所以我们最好还是待在原地徘徊，与大多数人一道，而非试图把我们自己提升到天上去，像冒名顶替者那样遭遇海难。这是众多智者的命运，他们通过想象，以为发现具体论证可以构成智慧，而并非需要诉诸事实的可靠证据。[172] 但是祈祷的力量也可以是这样的："不要把我提升得那么高，

---

① 《出埃及记》24：1。"耶和华对摩西说，你和亚伦，拿答，亚比户，并以色列长老中的七十人，都要上到我这里来，远远地下拜。"

② 参见《出埃及记》7：1。"耶和华对摩西说，我使你在法老面前代替神，你的哥哥亚伦是替你说话的。"

③ 《出埃及记》33：15。"摩西说，你若不亲自和我同去，就不要把我们从这里领上去。"

赐给我财富、名誉、荣耀、职位，或其他所有称得上好运的东西，除非你亲自和我同去。"因为这些东西经常会降临在某些既有巨大损失，又有巨大利益的人身上，有巨大利益，这是在神的指引下做出的判断；如果情况不是这样，那么降临的就是伤害；而我提到的成千上万种东西并非真正的善物，它们会变成无法治愈的恶的原因。[173] 跟随神的必定是神的同行者，它是陪同神的话语和思想，常被称做天使。我们读到的是："亚伯拉罕与他们同行，陪同他们，要送他们一程。"① 他们得到的优待多么荣耀啊！陪同受到了陪伴；他提供了他接受的东西；不是为了一样东西而归还另一样东西，而是只有一样东西来回传递。[174] 只要他还不够完善，就有神圣的道作为他的向导；因为有一则谕言说："看哪，我差遣使者在你前面，在路上保护你，领你到我所预备的地方去。他是奉我名来的，你们要在他面前谨慎，听从他的话，不可违背他。"②[175] 而当他有了完全的知识，他就会更加努力地行走，他的步伐会比以前领路的人更大；所以他们都会既变成引导一切的神的侍从，也不会变成奇怪学说的拥护者，跟随它们。不，甚至罗得也会失去他们的陪伴，因为他扭曲了他的灵魂，而他的灵魂原本有能力笔直地成长。

【32】[176] 他说："亚伯兰出哈兰的时候，年七十五岁。"③ 关于七十五岁这个数字，它的意思与前面已经说过的意思相一致，我们晚些时候再具体说。让我们先考察哈兰和离开这个国家的意义。[177] 没有一个精通律法的人会不明白，在更早的时候，亚伯拉罕离开迦勒底，移居哈兰，在他父亲死后，他也离开这个国家，所以在这个时候，他已经离开了两个地方。[178]

---

① 《创世记》18：16。"三人就从那里起行，向所多玛观看，亚伯拉罕也与他们同行，要送他们一程。"

② 《出埃及记》23：20—21。"看哪，我差遣使者在你前面，在路上保护你，领你到我所预备的地方去。他是奉我名来的，你们要在他面前谨慎，听从他的话，不可违背他，因为他必不赦免你们的过犯。"

③ 《创世记》12：4。"亚伯兰就照着耶和华的吩咐去了。罗得也和他同去。亚伯兰出哈兰的时候，年七十五岁。"

关于这一点我们需要说什么呢？迦勒底人擅长复杂的天文学和预测出生，在
这些方面远胜其他民族。他们在地上的事物和天上的事物之间，在属天的事
物和属地的事物之间，建立了一种和谐。遵循一种音乐比例的法则，他们把
宇宙展示为一种完全的和谐或者由其各部分之间的亲和关系构成的和声，它
们在空间上是分离的，但实际上是一家人。[179] 这些人想象，这个可见的
宇宙是唯一存在的事物，它要么本身就是神，要么包含神于其中作为这个整
体的灵魂。他们把命运和必然性神圣化，由此使人生充满许多不虔诚，他们
教导说，离开现象，没有其他任何事物的最初原因，日月星辰的运行决定了
存在的每一事物，决定了善物和它们的对立面。[180] 然而，摩西似乎也肯
定宇宙的各个部分具有和谐与共鸣，但是他们对神的看法不一样。前一种学
说宣称宇宙是一，是被造的；由于它有生成，是一，所以它的所有组成部分
显然都拥有相同的实体元素做它们的基质，依据这些部分互相依赖的原则，
构成一个整体。[181] 关于神，他的看法和他们不一样，他认为宇宙和宇
宙灵魂都不是最初的神，星座或它们的旋转并非发生于人间的事务的原因。
不，他教导说，整个儿环绕我们的世界由不可见的力量支配，造物主造出这
种力量，从大地的地极通向天穹的边界，祂知道哪些东西应当加以限制，不
至于放松；因为宇宙的力量是不能损坏的链条。[182] 因此，尽管律法书的
某个地方说“神在天上地下”①，但任何人都不要设想这里说的是祂，因为这
个存在的在者能够包含，但不能被包含。这里指的是祂的力量，凭此力量祂
建立、制定秩序、安排整理整个存在的世界。[183] 这种力量无非就是仁慈；
它驱赶妒忌，驱赶对美德和道德美的仇恨；它是仁慈行为之母，能使原先不
存在的被造的存在物产生，把它们显示出来观看；尽管有人认为可以设想它
们存在于任何地方，但实际上它不会在任何地方显示自己，所以最真实的谕
言说“我在这里”，这里说的是祂——祂是不能被指的，就好像祂被指出似

---

① 《申命记》4:39。“所以，今日你要知道，也要记在心上，天上地下惟有耶和华他是
神，除他以外，再无别神。”

的，祂又是不可见的——后续的话是"在你们之前被造"①。因为祂先于一切创造；祂的行走在宇宙之外；祂也不向在祂之后产生的任何事物呈现。

【33】［184］这里说的所有这些话都驳斥了迦勒底人的看法，但是与此相关，摩西认为他的责任是改变那些仍旧倾向于迦勒底人观点的人的思维方式，使他们回忆真理，他以这样一种方式开始他的教训："我的朋友，这太奇怪了，你突然被提升到天上，在那里漂浮，离开你下面的气，踏着上方的以太，想要把握有关太阳的运动、月亮的循环、其他星座有节奏的舞蹈的一切细节。这些东西太高，难以被你的思想力量所把握，因为它们的幸福和神圣是普通人难以理解的。［185］所以，从天上下来吧，当你下来的时候，不要又重新开始观察大地、大海、河流，各种各样的植物和动物；而要探索一下你自己和你自己的本性，使你的居所位于你自身，而不在别处；因为通过观察在你自己家中占据上风的情况、作为它的主人的要素，作为它的下属的东西，有生命和无生命的要素，理智的和非理智的要素，不朽的和可朽的要素，较好的和较差的要素，你马上就会得到一种确定的关于神和祂的作品的知识。［186］你的理智会告诉你，你有心灵，宇宙也有心灵，你的心灵会对你采取主权，控制你的一切，把你的每个部分置于它的统治之下，所以祂也一样，会对一切事物行使主权，用法则和绝对统治权指导和控制宇宙，不仅对那些很大的事物拥有先见，而且对那些在我们眼中不太重要的事物拥有先见。"

【34】［187］所以，放弃你的胡乱猜测，如我所说，将你的住所安在你自己身上；放弃你的意见，也就是迦勒底人的国家，移居到感觉的处所哈兰，它是理智的形体的处所。［188］因为哈兰的翻译是"洞穴"，洞穴象征着使用感觉的开口处；在某种程度上，眼睛是视觉使用的开口和巢穴，耳朵是听力使用的开口和巢穴，鼻孔是接受气味的，喉咙是品尝滋味的，身体的

① 《出埃及记》17：6。"我必在何烈的磐石那里，站在你面前。你要击打磐石，从磐石里必有水流出来，使百姓可以喝。摩西就在以色列的长老眼前照样行了。"

整个结构适合触觉。[189] 因此，通过进一步旅行，平缓地、不慌不忙地熟悉这些事情，尽你最大的力量，获得有关每一事物本性的精确知识，当你彻底学到什么是善，什么是恶的时候，你就会回避一样东西，选择另一样东西。当你精确地考察你的个人处所，对它的每个部分的本性获得洞见时，就要激励你自己，寻找离去的道路，因为这里召唤的不是去死亡，而是去不朽。[190] 你能够发现有关这一点的确定标志，哪怕它作为感觉的对象，被紧紧地安放在身体的洞穴之中。沉睡时，心灵会放弃它的住所，从知觉和其他所有身体器官中撤离，开始与它自己对话，如同在镜中凝视真相，净化感觉把印象呈现给心灵而留下的所有污垢，它充满神圣的眩晕，在梦中察觉到涉及未来的绝对真实的预言。事情有时候就是这样。或者说，它也会在人清醒的时候出现。[191] 这是因为，为某些哲学原则所占领的心灵接近它，追随它，必定需要忘记笨拙的身体所关心的所有事情。如果感觉对灵性对象的准确观看是一种障碍，那么那些发现幸福的人会努力打败它的进攻；他们会闭上他们的眼睛，堵塞他们的耳朵，用他们的其他感官来克制它们的冲动，会认为在孤独和黑暗中度日是好事，没有任何感觉对象能够使灵魂的眼睛迷糊，因为神赋予它观看灵性事物的力量。

【35】[192] 如果以这种方式你学会了与世俗事务的分离，你将接受这样一种教育，如何对待非被造者。因为你肯定不会想象，当你的心灵剥离它的形体、感觉和语言时，它在离开这些东西时，能够看到它们赤身裸体的存在，宇宙的心灵，神，没有将祂的永久处所安放在一切物体之外，包含非被包含者，或者会怀疑祂会前去，不仅超越思想上的限制，如凡人所为，而且也超越根本的存在，如神适合做的那样。[193] 我们的心灵没有创造出身体，而是他者的手艺把身体创造出来；因此，心灵被包含在像器皿一样的身体中。但是万物的心灵把宇宙带向存在；宇宙被造得优于被造的事物，所以它不能被包含在比它低劣的事物中；说父亲被包含在儿子中确实也不恰当，倒不如说，儿子在他的父亲的关心下获得完全的成长。[194] 以这种方式，心灵逐渐改变它的地位，抵达虔诚和神圣的天父。它的第一步就是放弃占星

术，因为占星术会出卖它，使它相信宇宙是最初的神，星座的轨迹和运动是人类遭遇厄运和好运的原因。[195] 接下去，它开始考虑自身，研究它自己的处所的特点，研究和身体、感觉、语言有关的事情，它开始明白，如诗人所说，一切善者和恶者共存于其家中。第三阶段就是，当通向它自身的道路打开，希望藉此能够认识如此难以追踪和阐明的宇宙之父，这个时候它也许会把它获得的有关自我的知识与有关神本身的知识一道加冕。它也不会再待在哈兰，即感官，而会退回自身。因为是仍旧处于考察可感事物进程之中的心灵，而不是精神，不能抵达对存在的神的沉思。

【36】[196] 因此，这个人担任了事奉神的最高职位，他被称做"撒母耳"，不是在撒母耳仍旧藏于器具之中的时候对他指出国王的责任，而是在把他领出来的时候。他问主，那个人是否还在路上，神的回答是："瞧，他藏在器具中了。"[197] 那么这个回答中提到的器具是什么呢，是他生来就具有的按照原则行使的力量，所以要尽快把他领出来吗？所以我们读到，"他们跑去从那里领出他来"①，这是因为灵魂的器皿像身体和感觉一样存在于这个器具之中，这个时候他没有能力聆听原则，并顺从国王的统治——我们宣布智慧拥有王权，因为我们宣布这个贤人是国王。当浓雾散去，能够看见的时候，他只能通过改变位置来学习这些原则。所以，不奇怪，知识之间的联系会被视为必要，也会退出名叫哈兰的感觉王国。[198] 他退出这个国度的时候七十五岁；这个数字代表可感存在与可知存在之间、年长与年轻之间、可朽与不朽之间的边界。[199] 因为七十代表理智的理解原则，长辈的原则，不朽的原则，而在数字上与五种感觉相对应的原则是后辈的原则，感觉的原则。仍旧在练习的自我训练者归于这个原则的名目之下，还没有资格获得完全胜利的奖品；因为我们读道："凡从雅各而生的灵魂共有五人和七十人。"②[200] 卫士没有搅乱赢取美德的神圣竞赛，

---

① 《撒母耳记上》10：22—23。"就问耶和华说，那人到这里来了没有。耶和华说，他藏在器具中了。众人就跑去从那里领出他来。他站在百姓中间，身体比众民高过一头。"

② 《出埃及记》1：5。"凡从雅各而生的，共有七十人。约瑟已经在埃及。"

卫士的后裔不是身体，而是灵魂，这些灵魂的非理智元素还没有消除，因此仍旧有许多感性知觉附于其上。因为"雅各"这个名字属于一名摔跤者，他准备竞技，绊倒他的对手，但不是那个赢得胜利的人。[201] 但是，讲到能够看见神，他这个时候应当得到"以色列"这个新名字，他只能诉诸于七十的原则，留下五去和感觉对应；因为经上写道："你的列祖七十人下埃及。"① 这个数字与聪明的摩西有密切联系；因为这个人从所有人中选出七十人，他们全都是长老，但不是年龄意义上的长老，而是判断力、商议和思维方式方面的老练成熟。[202] 每当收集灵魂成熟果实的时候，对神的祭奠由这个数字来决定；因为经上规定，在住棚节，在其他祭奠中，要献上七十只小公牛作燔祭。② 首领们用银碗来保持七十的原则——每个碗重七十舍客勒③——因为灵魂中的一切事物倾向于和平、友谊，与真正的七十的力量一致，埃及这种仇恨美德和热爱情欲的本性被说成是在服丧，因为在他们中间，哀哭的常例是七十天。④

【37】[203] 所以，如我所说，这个数字与摩西有密切联系；但是这个属于五种感觉的数字与被称赞为身体的朋友有关，与这个外在于身体、被称做"约瑟"的人有关。他非常热爱这些事物，但却很少尽父道，他赠给他的异母兄弟，即感觉的后裔，五套衣服，⑤ 把感觉视为卓越的，配得上尊敬和荣耀的。[204] 此外，他为全埃及制定法律，把荣耀赋予感觉，把感觉当做主人每年为它纳贡的赋税；因为他命令埃及人用五分之一的谷物纳税，这就意味着他们要在库房里为五种感觉储藏大量的财物和粮食，这样一来每一种

① 《申命记》10：22。"你的列祖七十人下埃及。现在耶和华你的神使你如同天上的星那样多。"
② 参见《民数记》29：13—36。
③ 参见《民数记》7：13—14。"他的供物是，一个银盘子，重一百三十舍客勒，一个银碗，重七十舍客勒，都是按圣所的平，也都盛满了调油的细面作素祭。一个金盂，重十舍客勒，盛满了香。"
④ 参见《创世记》50：3。"熏尸的常例是四十天。那四十天满了，埃及人为他哀哭了七十天。"
⑤ 参见《创世记》45：22。"又给他们各人一套衣服，惟独给便雅悯三百银子，五套衣服。"

感觉都会沉浸在过分的饱足之中，而心灵会受到它吞食的东西的重压。这是因为，感觉在参加盛宴时，理智是挨饿的；另一方面，感觉在节食的时候，理智是欢乐的。[205]你没有注意到吗，西罗非哈的五个女儿①，我们把她们当做感觉的象征，属于玛拿西族②，玛拿西是约瑟的儿子，他在年纪上较长，但在能力上较轻③？因为他的名字的意思是"使之忘了"④，这件事相当于"回想起心灵"。但是头等奖品归"记忆"，二等奖品归"回想"，以法莲在"记忆"之后命名，他的名字译为"结果实的"，灵魂最美丽最有营养的果实是记忆，而不是遗忘。[206]所以，这些少女说的是真实情况。"我们的父亲死了"——是的，记忆的死亡是遗忘——他不是在他自己的罪中死的——说得相当正确，因为遗忘不是一种自觉的经历，而是不能由我们自己的力量掌控的事情，是从外部降临我们的——他没有儿子⑤，只有女儿，因为记忆的官能天生极为清醒，有男性的后裔，而遗忘处于理智力量麻木的状态，有女性的后裔；因为它是非理智的，感觉是灵魂的非理智部分的女儿。[207]但若有人在追随摩西时超过了约瑟，而他仍旧缺乏力量与之并驾齐驱，那么他会生活在一个混杂的数字之下，亦即七十五，它表示心灵和感觉有相似的性质，二者混合在一起会产生一种东西，在此我们不需要对它进行批评。

【38】[208]我也极为钦佩"耐心"或利百加，她鼓励她的儿子要灵魂饱足，要推翻邪恶和情欲的残暴统治，乃至于逃往哈兰。她说："现在，我儿，你

---

① 参见《民数记》26：33。"希弗的儿子，西罗非哈没儿子，只有女儿。西罗非哈女儿的名字就是玛拉，挪阿，曷拉，密迦，得撒。"

② 参见《民数记》26：34。"这就是玛拿西的各族。他们中间被数的，共有五万二千七百名。"

③ 参见《创世记》48：14。"以色列伸出右手来，按在以法莲的头上，以法莲乃是次子。又剪搭过左手来，按在玛拿西的头上，玛拿西原是长子。"

④ 《创世记》41：51。"约瑟给长子起名叫玛拿西（就是使之忘了的意思），因为他说，神使我忘了一切的困苦和我父的全家。"

⑤ 参见《民数记》27：3。"我们的父亲死在旷野。他不与可拉同党聚集攻击耶和华，是在自己罪中死的。他也没有儿子。"

要听我的话，起来，逃往哈兰，我哥哥拉班那里去，同他住些日子，直等你哥哥的怒气消了。你哥哥向你消了怒气，忘了你向他所作的事。"①[209] 她说得好极了，把去感觉那里称做逃跑或逃离；因为每当心灵放弃适合它的理智的理解对象，转向排在对面的感觉对象的时候，它确实证明自己是在逃跑。然而，有的时候，当一个人这样做不是出于对较优者的仇恨，而是这样做可以使他不暴露在较差者的谋划之下的时候，哪怕是在逃跑也是有用的。[210] 那么，"耐心"的建议是什么呢？极好的建议，非常有价值！她说，如果你发现自己变得非常野蛮，或者看到其他人发怒或生气，那么这是由我们的非理智的、未驯服的本性产生和抚养的，要小心提防它的凶猛，更要提防把它里面更大的野兽唤醒，它的撕咬是不可治愈的，而要使它过分的热度和脾气冷却下来，因为它应当变得温顺和听话，它会带来一些痛苦，但几乎没有伤害。[211] 那么，把它带向平静和被征服状态的办法是什么？让你自己的外表适应外界和发生改变，暂且跟随它喜欢的任何东西，不要反对它的任何建议，公开表示会分享它的好恶。以这种方式，它会变得相当友好。一旦它被软化，你就可以扔掉你的伪装，摆脱在它手中承受痛苦的预期，舒舒服服地重返自己的掌控。[212] 就是由于这个原因，哈兰被说成遍布野兽，有牧牛人作为它的居民；因为，还有什么地方能比我们的感觉更适合非理智的本性，以及成为它们的掌管者和资助者？[213] 例如，这位自我训练者问"你们是从哪里来的？"牧人真实地回答说"我们从哈兰来"②，因为非理智的官能来自感觉，就像理智的官能来自理智。当他进一步问他们是否认识拉班时，他们说他们当然认识他，③ 因为感觉熟悉各种颜色和性质，所以它想象

---

① 《创世记》27：43—45。"现在，我儿，你要听我的话，起来，逃往哈兰，我哥哥拉班那里去，同他住些日子，直等你哥哥的怒气消了。你哥哥向你消了怒气，忘了你向他所作的事，我便打发人去把你从那里带回来。为什么一日丧你们二人呢。"

② 《创世记》29：4。"雅各对牧人说，弟兄们，你们是哪里来的，他们说，我们是哈兰来的。"

③ 参见《创世记》29：5。"他问他们说，拿鹤的孙子拉班，你们认识么。他们说，我们认识。"

拉班是颜色和各种性质的象征。[214] 至于雅各本人，当最后得以完善时，他放弃了感觉的处所，如我们所发现的那样，在话语的真正意义上发现了灵魂的处所，为他自己把这个处所描绘为专注于辛劳和练习；因为他说："我什么时候才为自己兴家立业呢？"① 当我看着那些观看到的事物，有了相应的感觉时，我受过教育的心灵和理智以沉思的形式与事物发生联系，甚至作为灵魂探寻那些超越视觉的事物，不是吗？[215]对这样的灵魂，习惯上给予"收生婆"的名称，因为它们就像埃及的收生婆，为热爱美德的灵魂安排住所，提供安全保障；对那些以神为他们的护卫和无法攻破的堡垒的人来说，敬畏神就是他们最确定的住所。因为经上说："收生婆因为敬畏神，神便叫她们成立家室。"②

【39】[216] 继续往下说。当它出发前往哈兰那个地方的时候，据说心灵经过示剑这个国家，一直走到那棵高大的橡树那里。③ 让我们来考虑"经过"是什么意思。热爱学习依其本性就是好奇和好问，毫不犹豫地朝着各个方向前进，细心观察一切，不愿留下任何未经考察的事物，无论是有形体的还是无形体的。它对所有被看见和听见的事物格外有欲望，不满足在自己的国家里发现的事情，倾向于寻找外国的和遥远地方的事物。[217]我们想起，商贩们为了蝇头小利而渡过大海，穿越旷野，无论酷暑寒冬，狂风暴雨，无论年轻还是年长，无论身体是否有病，他们无法每天与朋友来往，无法与妻儿享受天伦之乐，不能做其他自己的事情，不能享受我们的国家给所有公民提供的生活便利，也不能使用金钱和财产，以及其他大量善物，总而言之，使用其他一切事物，无论大小。[218] 如果是这样的话，那是极为荒谬的，这样的讲话者在催促我们，必须获取最美丽的事物，这种事物值得所有人为

---

① 《创世记》30：30。"我未来之先，你所有的很少，现今却发大众多，耶和华随我的脚步赐福与你。如今，我什么时候才为自己兴家立业呢？"

② 《出埃及记》1：21。"收生婆因为敬畏神，神便叫她们成立家室。"

③ 参见《创世记》12：6。"亚伯兰经过那地，到了示剑地方，摩利橡树那里。那时迦南人住在那地。"

之奋斗，凭着人类专有的特权，亦即智慧，可以穿越大海，探寻大地隐秘之处，寻找可听的和可看的美丽事物，以此为乐，要热情地追随智慧，直到我们能够享用正在寻找的事物。[219] 噢，我的灵魂，如果愿意，你也可以穿越人的每个组成部分。比如，以最初发生的事情为例，发现什么是身体，与理智合作它必须做什么或者经历什么；什么是感觉，它以什么方式事奉它的统治者的心灵；什么是语言，如果要对品德高尚有所贡献，它必须表达什么思想；什么是快乐，什么是欲望；什么是痛苦，什么是敬畏，有什么技艺可以抗拒它们，要是落入它们之手，凭借什么可以毫无困难地逃离，或者完全不被捕获；什么是干蠢事，什么是放纵，什么是不义，什么是产生瘟疫般的邪恶本性的其他众多疾病，预防它们的办法是什么；另外，什么是公义，什么是善意，什么是自律，什么是谨慎，总而言之，什么是一般的美德和道德幸福，以什么方式，它们各自经常获胜。[220] 让我们在出发前往这个最伟大、最完善的人，也就是这个宇宙，仔细扫视它的部分，看清它们占据的位置，看清它们如何与统治它们的力量形成一体，看清这种不可见的和谐与统一是如何构成的。然而，要是你在考察中不容易获得你的考察对象，那么你要坚持，不要放弃，因为这些东西"需要用双手捕捉"，只有通过多重痛苦的辛劳，才能发现它们。[221] 这就是学问的热爱者拥有的这个地方叫做示剑的原因，这个名称被解释为"背负"的时候，它象征着辛劳，因为我们习惯于用身体的这些部位负重，就如摩西本人在其他地方称心灵为努力工作的人，"他低肩背重，成为服苦的仆人"①。[222] 噢，我的理智，你决不要显露弱点，决不要懈怠，即使有什么事情难以辨识，也要睁大眼睛去看，看清它的内里，更加准确地注视存在的事物，决不要自觉或不自觉地合上眼睛；因为睡眠是盲目的，就好像清醒可以保持敏锐的视力。通过坚持不懈的观察，获得有关你寻找的事物的清晰印象，这样的奖赏足够了。[223] 你难道没有看到，他还说过示剑那个地方种着一棵高大的橡树，以此表示教育的辛劳，

---

① 《创世记》49：15。"他以安静为佳，以肥地为美，便低肩背重，成为服苦的仆人。"

作为一种艰苦的、牢不可破的实体，决不会投降和弯曲吗？这是一件至关重要的事情，他应当辛苦工作以求得完善，到最后，灵魂的正义法庭，被称做"底拿"，意思是"判断"，不会被落入相反辛劳的那个人强夺，他就是健全感觉的阴险对手。[224]这个人拥有这个地方的名字，示剑，他是哈抹之子，哈抹是一种非理智的存在——哈抹的意思是"驴子"——表示在愚蠢和无耻中长大，真是个可怜的家伙——试图腐蚀和污损理智的判断力。但是健全感觉的听众和学生，西缅和利未，对他来说真是来得太快捷了。他们使自己的住处安全，然后攻打仍旧被快乐占据的东西，推翻它们——情爱，情欲——情爱就是未受割礼者的辛劳；因为尽管有神的律法，"以色列的女子，可以看见的那些，均不可变成妓女"①，这些人希望乘人不备掳掠处女的灵魂。②[225]空洞的希望，对背信的牺牲品来说，不缺乏救援；但是即使有人想象有救援，它们也只能是想象，由于拥有虚假意见，它们会被判决有罪。公义确实是存在的，公义是邪恶的憎恶者，是冷酷无情、不屈不挠的，是那些犯错误者的扶助者，它使失败者的灵魂知道羞愧，它似乎拥有羞耻感，可以重新成为纯洁的。我说它似乎，乃是因为它从来未被污损。我们拥有这种我们不愿拥有的痛苦，就好像我们犯下这种并非故意的恶行。就好比在第二种情况下我们没有真正地犯下恶行，我们在第一种情况下没有真正的痛苦。

---

① 《申命记》23：17。"以色列的女子中不可有妓女。以色列的男子中不可有娈童。"
② 参见《创世记》34。

谁是神物的后嗣？

提　要

本文的希腊文标题是"ΠΕΡΙ ΤΩΥ ΤΙΣ Ο ΤΟΝ ΘΕΙΝ ΕΣΤΙΝ ΚΛΗΡΟΝΟΜΟΣ ΚΑΙ ΠΕΡΙ ΤΗΣ ΕΙΣ ΤΑ ΙΣΑ ΚΑΙ ΕΝΑΝΤΙΑ ΤΟΜΗΣ"，英译者将其译为"Who Is the Heir"。本文的拉丁文标题为"Quis Rerum Divinarum Heres Sit"，缩略语为"Quis Her."。中文标题定为"谁是神物的后嗣①？"原文共分 62 章（chapter），316 节（section），译成中文约 5 万字。

本文内容是对《创世记》15：2—18 的喻意解读，包含许多精美的段落。全文要点如下：

（1）"亚伯兰说，主阿，我离开时无子，你还赐我什么呢？我家生的女人玛实克，她的儿子是大马色人以利以谢。"（《创世记》15：2）此处值得注意的第一个要点是亚伯拉罕大胆地讲话，这位神的忠诚仆人恰当地表明态度（1—9 节）。就像经文中说"要默默静听"，沉默更加适合无知者，但确实应当记住沉默也包括灵魂的沉默（10—13 节）。通过讲述摩西的故事来进一步强调聪明者有权大胆说话，在引用几段摩西对神的诉求以后，指出这样的诉求是"神的朋友"的标志（14—21 节）。

（2）"亚伯兰又说，因为你没有给我儿子，所以那生在我家中的人就是

_____

① "后嗣"的意思是子孙、后裔，在本文中亦有"继承人"的意思。

我的后嗣。"（《创世记》15：3）亚伯拉罕的这句话有一种虔诚的敬畏感，或者慎重和大胆。"主人"这个术语比"主"更令人恐惧。以同样的方式处理经文"我岂会无子"，否定较高的思想会产生灵性的后代，他没有后嗣，只有玛实克（家生）之子（34—39节）。这个名称的意思是"源于接吻的"，接吻和爱不同，标志着一种较低的、不那么真实的情感（40—41节）。所以，玛实克表示一种感性的生活，贤人把它当仆人，但不爱它（42节）。举例说明"爱"表示一种真正的情感，然后列举所恶之妻和所爱之妻，把所爱之妻等同于玛实克（45—49节），再与利亚和拉结相关联（50—51节）。玛实克的儿子大马色指代我们所有荣耀感觉的人。这个名称的意思是"粗布袍子的血"，象征"血气"或动物——有血气的生活与心灵和理智的生活相对（52—57节）。大马色也称做以利以谢（神是我的帮助者），有血气的生活若无神的帮助不能维持自身。它的父亲没有名称，表明它的低劣（58—62节）。

（3）"马上神的声音传来，说这人必不成为你的后嗣，你本身所生的才成为你的后嗣。"（《创世记》15：4）亚伯拉罕的问题是：这种有血气的生命能继承较高的事物吗？神的回答表达了一种确信：不，不是这样的，他自身所生的才能成为他的后嗣（63—68节）。这些话可以大胆地理解为做神的"后嗣"，也就是向神投降，把自己奉献给神，不仅奉献身体、感觉和语言，而且奉献他自身的全部（69—74节）。

（4）"于是神领他走到外边，说，你向天观看，数算众星，能数得过来么。又对他说，你的后裔将要如此。"（《创世记》15：5）这些话表示天穹是神圣宝库的另一个名字，能向天上观看是真正的以色列人的特权，就像他们能找到吗哪，亦即神的话语，而不是喜欢埃及的葱、蒜、韭菜和死鱼（75—80节）。"领他走到外边"这个短语不是同义反复，如果我们的内在情感与外在行为不一致，那么可以很好地把我们称做外边和里边。所以，这个短语表明亚伯拉罕的心灵完全在外边，外在于感觉、语言和身体的限制（81—85节）。"数算众星"不仅指数数，而且是指像星辰一样的灵魂本性，这里讲的星辰本身不是我们看到的星辰，而是有着巨大荣耀的型相世界的星辰，我们看到的星辰对型相世界的星辰而言只是它的摹本（86—89 节）。

（5）"亚伯兰信神，神就以此为他的义。"（《创世记》15：6）这句经文提出的问题是为什么要把亚伯兰信神算做他的义。有谁不信神吗？信神本身没什么可奇怪的，然而人的本性生来趋向于下，相信低劣的东西，所以可以把亚伯兰的行为称做"正义的"或"公义的"（90—95 节）。

（6）"神又对他说，我是神，曾领你出了迦勒底的土地，为要将这地赐你为业。"（《创世记》15：7）神给我们的思想送来恩惠，祂确认以往的一项应许，使亚伯兰离开迦勒底人有关天象的学问，引导他进入智慧的土地，相信创造者而非相信被造者（96—99 节）。

（7）"亚伯兰说，主阿，我怎能知道我必得此地为业呢？"（《创世记》15：8）亚伯兰在句中提出的问题"我怎能知道"并不包含对应许的怀疑，而只是一种自然的愿望，想要知道此事如何发生，神马上作出的回答表明这个问题问得好（100—103 节）。

（8）"神对他说，你为我取一只三年的母牛，一只三年的母山羊，一只三年的公绵羊，一只斑鸠，一只雏鸽。"（《创世记》15：9）在神的回答中，首先注意"为我取"，这些词首先表明人没有任何东西是他自己的，他的所有东西都是接受来的，其次注意应当为神取，而不是为我们自己取。然后把这一论点运用于感觉、心灵，以及其他所有神的馈赠（104—111 节）。再举例说明把头生者奉献给神，此处讲了许多离题话，涉及大地上的果实的神圣起源，以及人的起源（112—119 节）。开端归于神，终端也归于神。神没有任何需要，因此什么也不取。神之所以"取"是为了训练人的虔诚，神取了利未人作以色列人的赎价（120—124 节）。从这句经文开始，小母牛象征灵魂，公绵羊象征语言，母山羊象征感觉。它们全都是三岁，这个完全数象征开端、中间和终结，孤独的斑鸠和善于交际的鸽子分别象征神的智慧和人的智慧。对三样东西进行划分，把灵魂分成理智的和非理智的，把语言分成真的和假的，把感觉分成真实的和虚假的，而两种智慧不能再划分（125—132 节）。

（9）"亚伯兰就为神取了这些来，每样劈开，分成两半，一半对着一半地摆列，只有鸟没有劈开。"（《创世记》15：10）用创世的各个方面来说明分割或划分是创世的圣道的工作（133—140节）。没有人能把任何事物精确地分为相等的部分，只有神圣的道能够做到（141—143节），相等可以是数量的相等、量级的相等、能力的相等，也可以是比例的相等（144—145节）。作者用大量例证来说明这些内容。他首先列举有数字相等的自然现象（146—151节），提供合乎比例的相等的例子，得出人是小宇宙，宇宙是大人的结论（152—155节），然后进一步说明神按照相同原则处理小事物和大事物（156—160节）。摩西通过赞扬公义来表明他敬畏平等，公义的本质是平等，律法都可以作为平等的事例。提到划分昼夜、男女，以及《创世记》开头也提到的例子（161—165节）。刻在石板上的十诫分成两个组成部分，前一部分包含对神的义务，后一部分包含对人的义务，简要叙述每条诫命的意思（166—173节）。其他例子有祭祀、两套陈设饼、祭司袍上的两块宝石、象征赐福和咒诅的两座山，赎罪祭奉献的两只公山羊（174—181节）。后续的例子是血祭时的平分，一半血盛在搅拌碗中，一半血洒在坛上，表示智慧有两种，一种是神的，一种是人的（182—185节）。半舍客勒银子奉献给神，作为灵魂的赎价，另外半舍客勒银子留给不自由的奴仆，因为他的心灵满足于受奴役（186—190节）。"吗哪"由神圣的道分配给所有人，每个人都得到一份，既不会短缺，也不会多余。过逾越节，每个人都可取得他应得的一份，达成合乎比例的平等（191—193节）。对构成馨香的四样东西进行喻意解释，它们象征四元素和整个世界，要对之谢恩（194—200节）。引述圣经中讲述的故事，亚伦站在活人和死人中间，云彩进入埃及和以色列军营中间，摩西讲述神圣的道的工作，神圣的道是被造物和创造者之间的中介，为两边做担保，担保被造者不会背叛，不会放弃秩序而选择混乱，也担保仁慈的神决不会忘记祂自己的作品（201—206节）。"一半对一半"这些词表示这些划分形成对立面，这种对立的现象充斥整个创世。希腊哲学家赫拉克利特有关对立面的学说是空洞的，因为摩西很久以前就发现了这条真理，对立面产生于整体，对立面之间的关系是部分与部分的关系（207—214节）。在《创世记》中，有三只动物被分成六半，因此神圣的道站在第七这个神圣的位置上。与烛台作比较，处理其构成的细节，说明它的一般结构是七重的，亦即主干加上两边各三个枝子（215—220节）。在七个行星中，太阳位于中央，把灵魂划分为三对，以神圣的道为第七者（221—225节）。祭桌和祭坛象征四元素。对整个天界的所有部分都可以感恩（226—229节）。灵魂的非理智部分接受它的创造者的分割，分为六个部分，创造者是第七个部分。被称做心灵的理智部分未作划分。神圣的道分割和分派一切事物的本性。我们的心灵对事物进行无穷的分割，决不停止（230—236节）。

（10）"有鸷鸟下来，落在那死畜一半的肉上。"（《创世记》15：11）这里的"鸟"当然是在不同的意义上使用的，就像这里说的"下来"，因为向上飞才是鸟的本性（237—238节）。倒不如说，这些鸟就像《利未记》中禁止吃的爬行动物，离开了它们在天上的家，下到地上来。它们是无数的思想，困扰心灵，拉着心灵下来，以我们身上的肉身的元素为食（239—242节）。我们读道："亚伯拉罕和它们坐在一起"，表明了这位圣贤对这些思想的态度。他就像一名政治家，对外终结了战争，也就是攻击了灵魂的邪恶思想，对内终结了骚乱，也就是结束了对立学说之间的竞争（243—246节）。再次提到各个学派的不同理论，描写这位圣贤坐在它们中间，作为思想的产婆，抛弃那些不值得抚养的思想的风卵，保存那些值得精心抚养的思想的活卵（246—248节）。

（11）"日头正落的时候，亚伯兰沉沉地睡了。忽然有惊人的大黑暗落在他身上。"（《创世记》15：12）列举迷狂这个词的四种意思：疯狂、震惊、心神安宁、先知的灵感，分别举例说明（249—256节）。指出挪亚、亚伯拉罕、以撒、雅各，还有摩西，都是先知（257—262节）。当心灵的"太阳"在活动时，我们不能被神凭附。人在神的操控之下，表现神的意愿，先知是神的口舌（263—266节）。

（12）"神对亚伯兰说，你要的确知道，你的后裔必寄居别人的地，又服事那地的人。那地的人要苦待他们四百年。"（《创世记》15：13）从这里转向给亚伯拉罕的应许。灵魂的后裔必须居住在大地上（267—268 节）。他们受到四百年的虐待，直到神把虐待者和被虐待者分开，给予一方完全的自由，让另一方为他们的恶行作出补偿（269—271 节）。

（13）"并且他们所要服事的那国，我要惩罚，后来他们必带着许多财物从那里出来。"（《创世记》15：14）当补偿到来时，我们要带着许多财物离开，作为我们旅行的盘缠。这些东西都是教育的成果（272—274 节）。

（14）"但是你要归到你平安得供养、享大寿数（或如作者的解释，颐养天年）的列祖那里。"（《创世记》15：15）我们首先要注意这里的对立：圣贤的和平和上面描述的战争与奴役。其次要注意，他的离去不是死去。但谁是"先祖"？不是那些留在迦勒底的人，神要他离开他们（275—279 节）。有些人认为先祖指的是天体，有些人认为指的是型相，有些人认为指的是四元素，作者认为先祖指的是第五种元素以太，所以灵魂将回归以太（279—283 节）。解释"平安得供养"的意思。在战争中，敌人可以是外在的，也可以是内在的情欲和邪恶。身体要由好名声和充裕的财富守卫，灵魂要由完全健康和健全的身体守卫，心灵要由获取各种形式的知识守卫（284—286 节）。和平不能仅从字面上理解，摩西的生活充满战争、流放、贫困（286—288 节）。只有善人拥有幸福的晚年和长寿，而恶人是短命的，或者对于合乎美德的生活而言，恶人已经死了（289—292 节）。

（15）"到了第四代，他们必回到此地，因为亚摩利人的罪孽还没有满盈。"（《创世记》15：16）把"第四代"解释为人生的第四个七年。头一个七年是童年时期，儿童的灵魂没有任何善与恶的印记。第二代灵魂紧随儿童时期之后，开始与邪恶发生联系，既有灵魂自身运动产生的恶，又有假他人之手自愿接受的恶。到了第三代有了哲学的治疗。到了第四代人的力气可以在智慧的土地上旅行（293—299 节）。"亚摩利人的罪孽还没有满盈。"有些人根据这句经文把摩西解释为宿命论者，但他不是（300—301 节）。亚摩利人这个名称解释为"健谈者"，此处指那些滥用语言的欺骗者。我们要逃离这些似是而非的论证，渴望在真理的天堂中找到最安全的锚地（302—306 节）。

（16）"日落天黑，不料有冒烟的炉并烧着的火把从那些肉块中经过。"（《创世记》15：17）美德的火焰经常在生命快要结束的时候出现，当我们仍旧处在亚摩利人的土地上时，美德就像炉子里冒的烟。烟使眼睛流下眼泪，所以我们只能看到美德的模糊形式（308—310 节）。这个炉灶也可能是最诚实的灵魂烹调食物的器具。至于"从那些切成两半的肉块中经过的烧着的火把"，它们是神的判断，经过和划分一切事物（311—312 节）。

（17）"当那日，耶和华与亚伯兰立约，说，我已赐给你的后裔，从埃及河直到幼发拉底河之地。"（《创世记》15：18）从这里开始进行总结。在神与亚伯兰立约的日子，这位圣贤正确地宣布他是真理知识的继承人，因为在这里土地指的是智慧（313—314 节）。要注意这里先提到埃及河，再提到幼发拉底河。因为善者的一切进步始于可朽而成于不朽（315—316 节）。

正　文

【1】[1] 在前一篇文章里，我们尽可能仔细地讨论了奖赏问题。我们现在的任务是考察谁是神物的后嗣。[2] 当这位圣贤听到神谕中的应许"你得到的赏赐极大"的时候，他用这样一个问题来作答，他说："主阿，你会赐给我什么呢，我没有儿子。出生在我家中的仆人玛实克①，她的儿子就是这位大马色人以利以谢。"他又说："你没有给我儿子。那生在我家中的人就是我的后嗣。"②[3] 然而，如若不是出于恐惧，而是大喜过望，我们应当期待（谁会不期待呢？）他在神谕提供者的庄严和伟大中会感到惊愕，变成哑巴，说不出话来。因为大喜大悲会使人张口结舌。[4] 由于这个原因，摩西承认从神与他说话开始他就变得虚弱，拙口笨舌。③这位先知的证言确实是真的。因为在这样的时候，语言器官应当受到克制，而理智的语言会变得清晰，以不可阻挡之势流淌出来，它的智慧美好地流淌着，但不是话语之流，而是思想之流，简明而又纯洁。[5] 然而，在我们的尊长面前，勇敢和适时的坦率也是可敬的美德，所以这位喜剧诗人的话似乎比喜剧还要真实："要训练仆人保持安静；无论发生什么，都可以证明仆人就是无赖；要给你的人某些言论自由。"④

【2】[6] 所以，这位仆人什么时候会坦率地对他的主人讲话？没错，就是他的内心告诉他，他没有对他的主人做错事的时候，他的语言和行动全都

---

①　玛实克（Μασὲκ，Masek），这个词的意思是"家生的"。

②　《创世记》15：1—3。"这事以后，耶和华在异象中有话对亚伯兰说，亚伯兰你不要惧怕，我是你的盾牌，必大大地赏赐你。亚伯兰说，主耶和华阿，我既无子，你还赐我什么呢，并且要承受我家业的是大马色人以利以谢。亚伯兰又说，你没有给我儿子。那生在我家中的人就是我的后嗣。"

③　参见《出埃及记》4：10。"摩西对耶和华说，主阿，我素日不是能言的人，就是从你对仆人说话以后，也是这样。我本是拙口笨舌的。"

④　米南德诗句。

是为了他的主人好。[7] 所以，除了他自己纯洁无罪的时候，他的良心判断他忠于他的主人的时候，他感到他事奉的神比所有凡人的国王还要对大地和大海拥有无可争辩的主权的时候，其他还有什么时候神的仆人可以对他自己以及万民的统治者和主人自由地开口说话呢？[8] 对亚伯拉罕的儿子所说的那个神谕中的总结性的话语表现了亚伯拉罕事奉的忠诚，"我要将这些地都赐给你和你的后裔，并且地上万国必因你的后裔得福，都因你的父亲亚伯拉罕听从我的话，遵守我的吩咐和我的命令，律例，法度。"①[9] 这是能给一名仆人的最高赞扬，他没有疏忽主人的任何命令，也从来没有犹豫不决，而是用他的全部力量辛勤劳动，做出健全的判断，使他的所有事务获得成功。

【3】[10] 确实，聆听而非说话对某些人是有益的，经上的这句话就是对他们讲的："要默默静听。"②这是多么好的劝告啊！因为过分大胆和口齿伶俐就是无知；对它的第一种补救就是保持平静，对它的第二种补救就是聆听，听那些值得听的话。[11] 然而，不要以为这就已经穷尽"要默默静听"这句话的意思了。不，这句话还提出了一项更加重大的劝告。它不仅吩咐我们的舌头要保持安静，我们的耳朵要注意聆听，而且我们的灵魂也要默默静听。[12] 有许多前来聆听讲话的人没有带着他们的心灵一起来，而是到处漫游，聆听无数的主题和想法，跟他们的家庭有关，跟私人事务和公共事务有关，这些事情其实应当马上忘记。我们可以说，所有这些事情在心灵中形成一个序列，内心的骚动使得他们不可能聆听这位讲话者的讲话，他的讲话不是对着凡人讲的，而是对着有耳朵而无生命的雕像讲的，这些耳朵没有听觉。[13] 所以，如果心灵决定不处理这些事情，不去了解或者收藏它们，而是保持平静，安宁地聆听讲话者的讲话，那么如摩西所吩咐的那样，心灵

---

① 《创世记》26：3—5。"你寄居在这地，我必与你同在，赐福给你，因为我要将这些地都赐给你和你的后裔。我必坚定我向你父亚伯拉罕所起的誓。我要加增你的后裔，像天上的星那样多，又要将这些地都赐给你的后裔。并且地上万国必因你的后裔得福，都因亚伯拉罕听从我的话，遵守我的吩咐和我的命令，律例，法度。"

② 《申命记》27：9。"摩西和祭司利未人晓谕以色列众人说，以色列阿，要默默静听。你今日成为耶和华你神的百姓了。"

是"默默的"，这样就能聚精会神地听。否则，它就不会有这样的能力。

【4】[14] 对无知者来说，保持沉默是最好的，但对那些想要获得知识，也热爱他们主人的人来说，坦率的讲话是基本的。因此，我们在《出埃及记》中读道："主必为你们争战，你们只管静默"，接下去是另外一道神圣的谕言："你为什么向我哀求呢?"①这里的意思是，那些应当保持沉默的人没有什么有价值的东西要说，而那些对神遣的智慧热爱者抱有信念的人应当讲话，不仅要像平常那样温和地讲，而且还要大声叫喊。这种叫喊不是通过嘴巴和舌头，我们知道，通过嘴巴和舌头空气形成了球形，使听觉能够感知，而通过灵魂的器官用强大的音调联系所有声音，但任何凡人都无法听到这种声音，只有非被造的、不可朽的祂才能听见这种声音。[15] 这是因为，心灵甜蜜的音乐与和谐的旋律只能由心灵的乐师来理解，而不能由陷入感觉困境中的任何人来理解。但当理智的整个器官发出一个或两个八度音阶的交响乐的时候，这位听者会问——我们说祂问，而祂不会真的问，因为一切事物对神来说都是已知的——"你为什么要向我大声叫喊呢?"它是在恳求避免不幸，还是在对赐福感恩，抑或二者皆有?

【5】[16] 他似乎被说成拙口笨舌的，但他又是喜爱说话的，经上有一处不仅说他讲话，而且说他大声喊叫，另一处说他讲起话来滔滔不绝。[17] 我们读道："摩西就对神说话，神有声音答应他。"②在这里，"他说话"的时态不是完成时，而是表示延长和持续的一般现在时态"他在说话"；同样，神没有教他（作为一个完成的行为），而是在一直不间断地回答他。[18] 回答总是以问题为先决条件；每个人就他不知道的东西提问，因为他认为学习是好的，他明白，经过这些步骤他可以得到知识，寻找和提问是最有益的，他认为自己没有知识，而不是设想自己对一切事物都有可靠的理解。[19] 贤人以神为向导和教师，而不完善者以贤人为向导和教师；因此以色列的子

---

① 《出埃及记》14：14—15。"耶和华必为你们争战，你们只管静默，不要作声。耶和华对摩西说，你为什么向我哀求呢，你吩咐以色列人往前走。"

② 《出埃及记》19：19。"角声渐渐地高而又高，摩西就说话，神有声音答应他。"

女说："求你和我们说话，我们必听，不要神和我们说话，恐怕我们死亡。"①
但是高贵者有这样讲话的勇气，他不仅大胆地讲话和叫喊，而且大声斥责，
把心中的烦恼表达出来。[20] 你们来看下面这些话："倘或你肯赦免他们的
罪，赦免他们；不然，求你从你所写的册上涂抹我的名。"②"这百姓岂是我怀
的胎，岂是我生下来的呢？因为你竟对我说，把他们抱在怀里，如养育之父
抱吃奶的孩子？"③ 还有，"我从哪里得肉给这百姓吃呢，他们都向我哭号说，
你给我们肉吃吧。难道给他们宰了羊群牛群，或是把海中所有的鱼都聚了
来，就够他们吃么？"④ 或者，"主阿，你为什么苦待这百姓呢，为什么打发我
去呢？自从我去见法老，奉你的名说话，他就苦待这百姓，你一点也没有拯
救他们"⑤。任何人都害怕说这样的话，哪怕是那些王国的国王；然而他却有
勇气对神说出这些想法。[21] 他到了这种程度，我不说一般的勇气，而说
好的勇气，因为所有贤人都是神的朋友，在最神圣的立法者的判断中更是如
此。讲话坦率与友谊是同缘的。除了对朋友，我们还应当对谁讲话坦率呢？
所以最妙的是这些谕言宣称摩西是神的朋友⑥，表明他勇敢大胆的讲话都是
在友谊中说出来的，而不是在放肆傲慢中说出来的。因为鲁莽的大胆属于放
肆，而勇敢或自信的大胆属于朋友。

【6】[22] 但另外，我们要看到自信与慎重混合在一起。因为"你会赐

---

① 《出埃及记》20∶19。"对摩西说，求你和我们说话，我们必听，不要神和我们说话，
恐怕我们死亡。"

② 《出埃及记》32∶32。"倘或你肯赦免他们的罪，赦免他们；不然，求你从你所写的
册上涂抹我的名。"

③ 《民数记》11∶12。"这百姓岂是我怀的胎，岂是我生下来的呢？你竟对我说，把他
们抱在怀里，如养育之父抱吃奶的孩子，直抱到你起誓应许给他们祖宗的地去。"

④ 《民数记》11∶13，22。

⑤ 《出埃及记》5∶22—23。"摩西回到耶和华那里，说，主阿，你为什么苦待这百姓呢，
为什么打发我去呢？自从我去见法老，奉你的名说话，他就苦待这百姓，你一点也没有拯救
他们。"

⑥ 参见《出埃及记》33∶11。"耶和华与摩西面对面说话，好像人与朋友说话一般。摩
西转到营里去，惟有他的帮手，一个少年人嫩的儿子约书亚，不离开会幕。"

我什么呢"表示自信，而"主人"表示慎重。① 在谈论"原因"的时候，摩西通常使用两个称号，亦即"神"和"主"，但在这里，他两个都没有使用，而是用了"主人"。这表明他在使用术语的时候是非常小心的，是非常准确的。[23] 没错，"主"（κύριος, Lord）和"主人"（δεσπότης, Master）是同义词。尽管二者指称的是同一样事物，但两个称号的含义不同。Κύριος（主）派生于κῦρος（权力），这是一样确定的事情，与ἄκυρος（不确定、无效）相对，而δεσπότης（主人）派生于δεσμός（结合），我相信δέος（恐惧）是从这个词派生出来的。因此，δεσπότης是主人的意思，但还有其他更多的含义，也就是说这是一位可怕的主人，不仅对一切事物拥有统治权和主权，而且也会激起人们对他的害怕和恐惧；也许还有这样的意思，他是一切事物的结合，他把事物结合在一起，使之不可分解，或者说它们本身是不可分解的。[24] 他说"你还赐我什么呢？"这里的意思实际上无非就是："我对你超验的主权并非无知；我知道你的权力的可怕；我在你面前感到恐惧和颤抖；然而我又充满自信。[25] 因为你已经嘱咐我不要害怕；你已经嘱咐我要知道什么时候应当讲话；你曾经缝上我的嘴，等你再把它打开时，你并没有增强它的口才；你已经教过我应当说的话，"我必赐你口才，指教你所当说的话"②，这个神谕确认了这一点。[26]因为，我是谁，你要把这些话语告诉我，而你应当把某些比"礼物"、"恩惠"，甚至"奖赏"更加高尚的东西赐给我。我难道不是一名出自我的国家的流浪者、一名出自我的家族的被驱逐者、一名出自我父家的异化者吗？不是所有人都把我称做被革除教籍的、被流放的、被驱逐的、被剥夺公民权的吗？[27] 但是你，主人，就是我的国家，我的家族，我的父家，我的公民权，我的言论自由，我的伟大光荣和不可让度的财富。[28] 那么我为什么不能勇敢地说出我的感觉呢？我为什么不能向你询问，声称要学习更多的东西呢？不过，声称有自信的我反过来也

---

① 参见《创世记》15：2。"亚伯兰说，主耶和华阿，我既无子，你还赐我什么呢，并且要承受我家业的是大马色人以利以谢。"

② 《出埃及记》4：12。"现在去吧，我必赐你口才，指教你所当说的话。"

承认我的恐惧和惊惶，还有，恐惧和自信在我身上并不处于对立的营帐，而是如人们可以假定的那样，和谐地混合在一起。[29] 所以，我发现在这样一场混合的盛宴中不要吃得太饱，它会使我的讲话不会大胆而不谨慎，也不会谨慎而不大胆。我已经学会如何度量我自己的虚无，我惊奇地凝视着你至高的仁慈。当我明白我是泥土、灰尘，或者其他更无价值的东西时，我有了来到你面前的自信，因为我变得卑微了，成为泥土了，降为这样一种元素状态，就好像根本不存在似的。

【7】[30] 当他记得我的时候，摩西用那支警醒的笔记载了我的灵魂的这种状况。他说，亚伯拉罕走上前去说"我现在开始对主说话，我是泥土和灰尘"①。因为正是在知道自己的虚无时，这个生灵会来到他的创造者的面前。[31] "你还赐我什么呢？"这句话是在喊叫，是对一个人享有众多和巨大的幸福表示感谢，没有太多不确定的内容。他说："你还赐我什么呢？"剩下还有什么东西要我期待的吗？你是慷慨之神，确实大方，你馈赠的恩惠是丰富的、无限的，没有边界或终点，就像喷泉一样涌出，取之不尽，用之不竭。[32] 但是我们不仅应当观看你的不断流淌的仁慈，而且也要观看被它浇灌的田野——也就是我们自己。这是因为，要是河流过分满溢，平地就会变成沼泽，而不再是物产丰富的土地。所以流到我这里来的水应当以土地的肥沃为限度，不能过分。[33] 所以我要问："你还赐我什么呢？"你的馈赠是无限的，几乎相当于人性所能包含的一切事物的总和。我仍旧在寻找，想要了解和获得的是"谁配得上继承你馈赠的福益"？[34] 或者说，我想知道我是否会无子②，请赐我恩惠，或者说我会短命，今天就死，很快遭受厄运；我恳求得到相反的命运，让我长寿，抗拒衰退或死亡，就好像播下种子，长出根须，平安向上生长。[35] 男人的长处一定不是踩着大地，而是向上仰望天空，在那里享受盛宴，并保持不朽和无损。[36] 我知道，是你把存在

---

① 《创世记》18：27。"亚伯拉罕说，我虽然是灰尘，还敢对主说话。"

② 参见《创世记》15：2。"亚伯兰说，主耶和华阿，我既无子，你还赐我什么呢？并且要承受我家业的是大马色人以利以谢。"

赋予非存在，使万物生成，你厌恶无子和不育的灵魂，因为你赐予他们这个种族专门的恩惠，所以他们不应当无子或不育。我本人已经使那个种族的一个成员想要一位后嗣。因为当我沉思这个种族的安全，想要它不被灭绝的时候，我想，要是我的愿望不能实现，那么这是我的一项深深的耻辱。[37]因此我恳求能用火绒或余烬点燃美德之光，让美德的传递能像火炬接力比赛一样经久不衰。[38]你还在崇拜者中间种下生育灵魂的子女的热情，当他们得到这样的馈赠，他们会高兴地大声叫喊："这些孩子是神施恩给你的仆人的。"① 这些清白无辜的孩子实际上是灵魂的护士和保姆，而它们的灵魂是处女，是幼稚和丰富的自然所赠，准备接受美德雕刻的光荣、神圣的印象。[39]请你把这一点也告诉我，我的家生的"玛实克"的儿子适合成为你馈赠的恩惠的后嗣。因为迄今为止，我还没有接到我期待的东西，而我接到的不是我所希望的后嗣。

【8】[40]我们下面要仔细考虑这位玛实克和她的儿子。嗯，玛实克这个名字可以解释为"源于接吻"。"接吻"当然不同于"爱"。后者似乎象征有善意的灵魂的结合，而前者只是在某些场合下相遇，空洞表面地打招呼。[41]正如在 κύπτειν（上升）中不包含 κύπτειν（弯曲的）的意思，在καταπίνειν（吞咽）中也不包含 πίνειν（喝）的意思，在 μάρσιππος（育儿袋）中没有 ἵππος（马）的意思，所以在 καταφιλεῖν（接吻）中，我们不会有 φιλεῖν（爱）的意思。出于某种必要，人们会成百次地向他们的敌人鞠躬致敬。[42]那么，她是谁，"由于接吻的缘故"，而非出于真正的友谊，我们在跟谁接触，我会毫不掩饰地把这些告诉你们。这是我们全都确定拥有的感性生活，因为我们所有人都有感情。大众会把她当做女主人，而善是他们的仆人，不是异族的仆人或用钱买来的仆人，而是家生的，在亲戚的意义上。这位贤人受过训练，用亲吻来向她致意，但并不爱她，而其他人深深地

---

① 《创世记》33：5。"以扫举目看见妇人孩子，就说，这些和你同行的是谁呢？雅各说，这些孩子是神施恩给你的仆人的。"

爱她，认为她值得他们付出三倍的爱。[43] 美德的厌恶者拉班甚至不能与指派给那个实践者的品性接吻。还有，他是伪善的，他虚假地发明了生活的主要原则，他好像很愤怒，但并非真的感到悲伤，他说："我甚至不配与我的孩子和女儿亲吻。"① 对这种接吻的拒绝是自然的、恰当的。因为我们的这些孩子被训练得厌恶虚伪，拒绝所有这样的行为。[44] 所以，要是你亲近美德，用你的灵魂拥抱它们，真正地热爱它们，你就决不会想要成为接吻这种扭曲了的友谊的制造者。"我们要说，他们在你家中还有什么分或产业吗？在你眼中，他们不算是外人吗，或者你不会出卖他们，吞了这笔钱吗？"② 你吞没了他们的赎价，免得能把他们再买回来。现在你假装和他们接吻，把他们当做致命的对手。另外，摩西不会与他的岳父接吻，但会真正地热爱他。我们读道："他爱他，他们彼此问安。"③

【9】[45] 现在一共有三种生活：一种是看着神生活，另一种是看着被造物生活，还有一种位于二者边界，是二者的混合。跟神相关的生活决不会降临于我们，也不会屈服于身体的约束。看着被造物的生活不会上升，也决不会寻求上升，而会把地狱深处当做自己的巢穴，对这种生活方式感到欣喜而不感到痛苦。[46] 这是一种混合的生活，经常被那些受到神的激励和凭附的比较优秀的人所渴望，尽管他们也经常被比较卑劣的人拉回来。当这种比较好的生活成为一个在天平上完全占优势的重物，这时候混合的生活会带上它，制造出一种相反的生活，就像空气那么轻巧。[47] 摩西把这顶无可争辩的胜利王冠给了看着神的生活，他又对另外两种生活进行比较，把它们比做两名妇女，把一个称做所爱的，另一个称做所恶的。[48] 这些名称非常合适，因为有谁不喜欢高兴地观看快乐，通过眼睛或者耳朵，或者通过

---

① 《创世记》31：28。"又不容我与外孙和女儿亲嘴。你所行的真是愚昧。"

② 《创世记》31：14—15。"拉结和利亚回答雅各说，在我们父亲的家里还有我们可得的分么，还有我们的产业么。我们不是被他当作外人么。因为他卖了我们，吞了我们的价值。"

③ 《出埃及记》18：7。"摩西迎接他的岳父，向他下拜，与他亲嘴，彼此问安，都进了帐篷。"

尝、闻、触摸这些感官？谁不厌恶这些东西的对立面——节俭、节制、朴素的生活和知识？在欢乐和活动中找不到知识，知识充满渴望、挂念和辛劳，是沉思的朋友，是无知的敌人，能在它脚下放下的金钱仅仅是名望和快乐，而被自我约束和真正的荣耀所把握的是财富，财富不是盲目的，而是有眼睛的。现在，美德的孩子，所恶的那一个，始终是年长的。

【10】［49］摩西认为他们的本性配得上长子的权利，尽管论及岁数他们比较年轻，摩西把产业多加一分给他们，而从其他儿子那里取走产业的一半。他说：“人若有二妻，一为所爱，一为所恶，所爱的，所恶的都给他生了儿子，到了把产业分给儿子承受的时候，他不可将所爱之妻生的儿子（也就是快乐的儿子）立为长子，因为他是年轻的，哪怕岁月使他头发花白，却要认所恶之妻生的儿子为长子，将产业多加一分给他。”①［50］我们在别处②已经对这些经文做过非常详细的喻意解释，所以让我们转向下一部分主题。然而，有一件事情我们必须首先指出，亦即神打开了所恶之妻的子宫，使她生下高尚的实践和卓越的行为，而那个被认为是所爱之妻的，马上变成不育的。［51］经上说：“主见利亚被恨，就使他生育，拉结却不生育。”③所以，当灵魂怀孕、开始生育对灵魂有益的东西时，所有感觉对象变得不育，不能生养孩子，我们发现这些对象是“通过接吻”被接受的，而不是通过真正的友谊。

【11】［52］所以，这种感性生活被他称做“玛实克”，为了她儿子的荣耀，为了敬佩我们这个可朽种族的保姆和奶妈，也就是感觉，那个被称做亚当的属土的心灵才被塑造出来，看着她，给她起名，并把他自己的死亡交给她。

---

① 《申命记》21：15—17。“人若有二妻，一为所爱，一为所恶，所爱的，所恶的都给他生了儿子，但长子是所恶之妻生的。到了把产业分给儿子承受的时候，不可将所爱之妻生的儿子立为长子，在所恶之妻生的儿子以上，却要认所恶之妻生的儿子为长子，将产业多加一分给他。因这儿子是他力量强壮的时候生的，长子的名分本当归他。”

② 参见《喻意解经法》第2卷，第48节；《论亚伯与该隐的献祭》第19节以下；《论清醒》第21节以下。

③ 《创世记》29：31。“耶和华见利亚被恨，就使她生育，拉结却不生育。”

[53] 经上说："亚当给他妻子起名，因为她是众生之母。"① 这里所指无疑是那些真的已经死了的灵魂的生命。但那些真正活着的人为了他们的母亲而拥有智慧，他们把感觉当做一名起联系作用的女人，她是自然的作品，是照料知识的侍女。[54] 我们已经把这种生活生养的孩子的名字解释为"源于接吻的生命"，而那个在我们面前的大马色人可以解释为"粗布袍子的血"。他用粗布袍子指代身体，用身体指代"有血气的生命"，这个象征是强有力的。[55] 我们在两种意义上使用"灵魂"这个词，既指整个灵魂，也指它的起支配作用的部分，可以恰当地称之为灵魂的灵魂，正好比眼睛可以指整个眼球，或者指它最重要的部分，凭着这个部分我们观看。因此这位立法者认为灵魂的实体是双重的，灵魂作为一个整体是血，而神的气息或灵是它起主要支配作用的部分。所以他清晰地说："每个肉体的灵魂是血。"②[56] 他把流动的血液很好地指定给肉体的多重骚乱，因为它们都有亲缘关系。另外，他没有使心灵的实体依赖任何被造物，而是把它描写为神的气息。他说，因为万物的创造者"将生气吹在他的脸上，这个人就成了活的灵魂"③。就好比我们也得知，他是照着他的创造主的形像造的。④

【12】[57] 所以我们有两种男人，一种依照理智，也就是神的气息生活；另一种依照血气和肉体的快乐生活。后一种生活就像大地塑造的云彩，前一种生活是神的形像的忠实再现。[58] 然而，要像用水一样用血来调和塑造我们的黏土，神的帮助是必要的，所以我们读到"大马色人以利以谢"。以利以谢可以解释为"神是我的帮助者"，因为这一堆黏土和血，它们本身是可以分解的，是有死的，而按照神的旨意，把它们捏合在一起，能够像火焰一样很快复活，神是保护这个人的武器和盾牌，因为我们这个种族自身一天

---

① 《创世记》3：20。"亚当给他妻子起名叫夏娃，因为她是众生之母。"

② 《利未记》17：11。"因为活物的生命是在血中。我把这血赐给你们，可以在坛上为你们的生命赎罪，因血里有生命，所以能赎罪。"

③ 《创世记》2：7。"耶和华神用地上的尘土造人，将生气吹在他鼻孔里，他就成了有灵的活人，名叫亚当。"

④ 参见《创世记》1：27。"神就照着自己的形像造人，乃是照着他的形像造男造女。"

都不能坚定地站立。[59] 你们也要注意，摩西的第二个儿子也有同样的名字。他说"第二个的名字叫以利以谢"，然后他说了原因，"因为我父亲的神是我的帮助者，把我从法老手中拯救出来"①。[60]但是，那些仍旧过着感性和血气生活的人承受着灵的攻击，灵擅长驱散虔诚的思想和行动，这个灵被称做法老，他的僭政充满无法逃避的违法和残忍，除非以利以谢生在灵魂之中，他抱着得到帮助的希望，这种帮助只有救世主神能够给予。[61] 还有，摩西说得很好，大马色不是他父亲而是他母亲玛实克的儿子，以此告诉我们非理智的动物依靠这种血气灵魂生活，与母系后裔有亲缘关系，但没有男性后嗣。[62] 而美德或撒拉则非如此，因为男性后嗣是她唯一的诉求，他没有母亲，是事物的统治原则，由其父亲所生，乃至于由万物之父的神所生。因为经上说："她也实在是我的妹子。她与我是同父异母。"②

【13】[63] 前提性的解释就说到这里；我们已经可以看出问题相当晦涩和困难。现在我们一定要更加准确地解释学问热爱者想要知道什么。确实，这里的问题是这样的："向往血气生活的人还能要求他自己的感性事物变成神圣、无形体事物的后嗣吗？"[64] 不，只有一个人配得上成为后嗣，他受到上苍的激励，拥有上苍神圣的"分"，拥有彻底涤罪过的心灵，不仅漠视身体，而且漠视理智以外的灵魂的其他部分，这些部分沉浸于血气之中，浸透情欲和燃烧的淫欲。[65] 我们看到，他的问题会以这样的形式出现："由于你没有给我其他种子，使我能在精神上感知，能自我教导，能成为形式的神圣者，所以我家生的孩子，血气生活的后代能是我的后嗣吗？"[66] 在这一点上，神抢先用教导制止了提问者，我们几乎可以说神完全预见到他的讲话。因为我们知道，"马上神的声音传来，说这人必不成为你的后嗣"③。不，

---

① 《出埃及记》18：4。"一个名叫以利以谢，因为他说，我父亲的神帮助了我，救我脱离法老的刀。"

② 《创世记》20：12。"况且她也实在是我的妹子。她与我是同父异母，后来作了我的妻子。"

③ 《创世记》15：4。"耶和华又有话对他说，这人必不成为你的后嗣。你本身所生的才成为你的后嗣。"

这些东西没有一样可以归为感觉提供的证据。因为这是无形体的本性在继承理智的东西。[67] 这里的用词非常谨慎。摩西没有说"神说"或"神讲"，而是"神的声音传来"。它表示这是一个响亮的、铿锵有力的、连续的诉求，它的音调很高，传遍整个灵魂，没有哪个部分不能听到它鞭辟入里的正确教训，而且全部充满健全的知识。

【14】[68] 那么谁是后嗣呢？不是那种拥有自由意志，安稳地居住在身体的囚室中的思维方式，而是那种从它的牢笼中解放出来，进入自由状态的思维方式，如果我们可以这样说的话，它把它自身留了下来。因为经上说："你本身所生的才成为你的后嗣。"① [69] 然而，我的灵魂啊，如果你感到有任何渴望，想要继承神的善物，不仅离开你的土地，也就是身体，和你的亲戚，也就是感觉，离开你父亲的家，② 也就是语言，而且你自身也要改变，要走出你自身。你要像那些被凭附的人和科里班忒式，③ 充满疯狂，甚至要像那些受到激励的祭司。[70] 这是因为，处于神圣灵感之下的心灵不再受它自身的控制，而是由于向往天穹而变得激荡和疯狂，受到真正存在向上的吸引和牵引，在真理的引导下，心灵前面的一切障碍都将排除，它的路径可以是平稳的——这就是有它自己遗产的心灵。[71] 我要对心灵说："不要害怕，你把离开前三者④ 的故事告诉我们。对那些受到教育、想要聆听有关心灵的事情的人，你要一直重述这个故事。"她答道："当我停止看重肉体的时候，我就从身体里迁移出来；当我看到所有感觉对象都不具有真正的存在时，我把感觉的判断标准斥责为虚假的、歪曲的、沉浸于虚假观念的，它的判断就像陷阱和欺骗，想要迷惑真理的本性，这个时候我就从身体的感觉中迁移出来；当我判决让它长时期失语的时候，尽管它自鸣得意，自我欣赏，我就从

---

　　① 《创世记》15：4。

　　② 参见《创世记》12：1。"耶和华对亚伯兰说，你要离开本地，本族，父家，往我所要指示你的地去。"

　　③ 科里班忒式（κορυβαντιῶντες），众神之母库柏勒的祭司，在施行秘法时，狂歌乱舞，并用长矛胡乱碰撞，在疯狂中互伤。

　　④ 指上面所说的土地（身体）、亲戚（感觉）、父亲的家（语言）。

语言中迁移出来。[72] 它确实是大胆的，厚颜无耻的，它想缘木求鱼，用阴影向我显示实在，用语词告诉我事实。还有，在它的所有错误中，它最大的错误是唠叨和饶舌，不能清晰表达事物的特点，不能消除语词的模糊和一般。[73] 就这样，我就像一个愚蠢的孩子，通过经验学到了这门比较好的课程，要退出这三者，把它们各自的能力奉献和归还于神，是祂使身体有了体形，是祂给身体装备了感觉去感知，是祂扩展了语言这种讲话的能力。"[74] 这就是心灵的告解，对此我要回答说："难道你要离开其他，离开你自己，从你自身出走吗？"这个"离开"是什么意思？它的意思是："你在思维、盘算、理解这些方面拥有才能，不要把它们当做宝贝藏起来不用，而要把它们奉献给神，祂是精确的思想和无误的理解的源泉。"

【15】[75] 这种奉献将被安放在伟大圣地的更加神圣的地方。我们感到，有两处这样的圣地：一处是可感的，一处是精神的。这个世界是可感事物的大教堂，而心灵发现的那个世界是真的不可见的。现在，那个为了我们走上前去，想要成为神的侍从的人是这一伟大财富的继承者，这笔财富是自然不得不给我们的，摩西的话可以证明这一点，"神领着他走到外边，说你向天观看。"①[76] 这是因为，天穹是神圣赐福的宝库。他说："愿主为你打开府库，天穹"②——慷慨的恩赐者从天上不停地把祂最完善的快乐降在地上。是的，要向上看，这样才能宣判这个盲目种族众多人等的谬误，他们失去了视力，却认为自己仍旧拥有。

[77] 当它更喜欢恶而非善，更喜欢卑劣而非荣耀，更喜欢不义而非公义，更喜欢较低的情欲而非较高的情感，更喜欢可朽而非不朽的时候，一旦回避警告和批评的声音，以及与之相随的确信和指导，欢迎阿谀奉承和溢美之词这些懒惰、无知、奢侈的制造者，它怎么能是不盲目的呢？[78] 所

---

① 《创世记》15：5。"于是领他走到外边，说，你向天观看，数算众星，能数得过来么。又对他说，你的后裔将要如此。"

② 《申命记》28：12。"耶和华必为你开天上的府库，按时降雨在你的地上。在你手里所办的一切事上赐福与你。你必借给许多国民，却不致向他们借贷。"

以，只有高尚的人能够看见，古时候的人把先知称做"先见"①。被喊到"外面的"不仅是先见，而且是神的先见，也就是以色列。而其他那些人哪怕睁着眼睛，也是在弯着腰向地上看；他们追求地上的事物，与地狱中的居民交谈。[79]这个人能把他的眼力延伸到以太，看到天穹的旋转；他也受过训练，能稳定地找到吗哪，亦即神的话语，灵魂的来自天上的不会腐朽的食物，灵魂由于看到美景而感到快乐。但是其他人只能看见葱和蒜，或者其他有臭味的东西，韭菜和死鱼对埃及人来说是恰当的食物。[80]他们说："我们记得，在埃及的时候不花钱就吃鱼，也记得有黄瓜、西瓜、韭菜、葱、蒜。现在我们的灵魂枯竭了，除这吗哪以外，在我们眼前并没有别的东西。"②

【16】[81]"神领他走到外边"这个短语也有一定的道德意蕴，而有些人由于他们缺乏道德感，习惯上会加以嘲笑。他们会问："有谁能够走到外边，或者正好相反，走到里边？"我会说："他们确实能这样做。"以你们的荒唐轻率，你们从来没有追溯过灵魂的道路，而是只追踪身体的道路，你们的全部观察就是它们从一处运动到另一处。因此在你们看来，一个人走到外边或走到里边是矛盾的。但是作为摩西的门徒，我们在这样的短语中没有发现任何冲突之处。[82]当他在最里面的至圣所祭祀祖先的时候，在他可见的身体之内，在他漫游的灵魂之外，你不同意这位大祭司的心在外边和在里边都是不完善的吗，或者正好相反，爱神和被神爱的人，哪怕他不具有神圣的世系，尽管他站在神圣的限度之外，在它们里边的右边，它的心也是完善的吗？因为在身体中，他把全部生命当做在异国他乡旅居，而当他的灵魂能够单独生活时，他感到他是他父家的居民。[83]每一个傻瓜都在这道门槛的外边，哪怕他所有时间都生活在里边，一刻也不曾离开；每一个聪明人都在它的里边，尽管与它是分离的，不仅国度不同，而且区域不同。在摩西看

---

① 《撒母耳记上》9：9。"从前以色列中，若有人去问神，就说，我们问先见去吧。现在称为先知的，从前称为先见。"

② 《民数记》11：5—6。"我们记得，在埃及的时候不花钱就吃鱼，也记得有黄瓜、西瓜、韭菜、葱、蒜。现在我们的心血枯竭了，除这吗哪以外，在我们眼前并没有别的东西。"

来，朋友和人的灵魂没有什么区别，因为他说"朋友，相当于你的灵魂"①。
[84] 还有，按照摩西的说法，祭司进入圣所的时候，会幕里不可有人，直
到他出来，② 这里说的"没有人"的意思就是在运动的是他的灵魂，尽管按
照身体感觉，他仍旧是人。当心灵正在纯洁地照料神的时候，它不是人，而
是神。但是当它照料任何事物的时候，它是人，它改变了它的进程，从天上
下来，或者倒不如说它落到地上，出来了，尽管他的身体仍旧在里边。[85]
所以经上说得非常正确："袖领他走到外边"，这个外边是身体囚室的外边，
是感觉潜藏的巢穴的外边，是骗人的话语和思想的外边，此外，神还领他走
出他自身，走出他自己的信念，通过思想和理智，他知道不存在其他权威，
除了效忠他自身，他不用效忠其他任何人。

【17】[86] 主领他走到外边，说"你向天观看，数算众星，能数得过来
么。你的后裔也要如此"③。经上说得好，它说"也"，而不说"那么多"，也
就是说"与众星一样多"。因为袖希望建议的不但是数目，而且是其他事物
的众多，比如幸福的完善和完整。[87] 袖说，后裔也要如此，就像他眼前
看到的景象，充满光明，没有阴影，纯洁如初，因为夜晚已从天穹上被驱
逐，黑暗也已从以太中被驱逐。它就像散发着光芒的星辰，依循不变的秩
序前进。[88] 因为袖希望把圣贤的灵魂刻画为天空的对应物，或者倒不如
说，如果我们可以这样说的话，它超越大地上方的天空，像以太那样拥有存
在、运动、秩序、节奏、和谐的纯粹形式，在神的指引下旋转，放射着美德
的光芒，像星星那样闪烁和耀眼。如果说计数感官可见的众星超越了我们的
能力，那么计数只有心灵可见的星星要怎么说才会是真的呢？[89] 因为我
认为，这两种判断力，由于心灵优于感觉、感觉愚于理智而一种较好，一种

---

① 《申命记》13：6。"你的同胞弟兄，或是你的儿女，或是你怀中的妻，或是如同你性
命的朋友，若暗中引诱你，说，我们不如去事奉你和你列祖素来所不认识的别神。"

② 参见《利未记》16：17。"他进圣所赎罪的时候，会幕里不可有人，直等到他为自己
和本家并以色列全会众赎了罪出来。"

③ 《创世记》15：5。"于是领他走到外边，说，你向天观看，数算众星，能数得过来么。
又对他说，你的后裔将要如此。"

较差，所以这两种判断力对这些对象的判断是不同的；因此，理智的事物在数量上极大地超过可感事物。身体的眼睛只是心灵的眼睛的极小部分。它就像太阳，而其他东西就像蜡烛，蜡烛的事情就是点燃和熄灭。

【18】[90]"亚伯兰信神"① 这句话是必要的添加，赞扬他有信仰。然而，也许有人会问，你认为这种情况值得赞扬吗？当神在讲话和应许的时候，有谁会不注意，哪怕是那些最不义、最亵渎的人？[91] 对这样的问题我们会回答说："尊敬的先生，请不要批评对圣贤的恰当颂扬，或者断言卑劣之人拥有最完善的美德和信念，或者对我们声称拥有的这些知识予以责难。[92] 如果你愿意深入探讨，而不是停留在表面，那么你会清楚地明白只相信神、只与神联合而不与其他事物联合，不是一件易事，因为我们和我们同伴的理智、我们的必死性，会对我们起作用，我们要保持对财富、名望、职位、友谊、健康、力量以及其他许多事物的信念。[93] 我们要净化这些信念，不要相信被造物，它完全不值得信任，而要相信神，只相信神，只有神才是唯一可信的——这就是那个伟大的属天居民的理智，他不会再落入我们周围事物的圈套。"

【19】[94] 经上说得好，"他因信称义"②，因为除了只信神这种纯粹的信念，其他没有任何事情是正义的或公义的。[95] 然而，由于我们大多数人的不信，这种公义的行为及其与本性的一致不能不说是个奇迹。正是在对我们的谴责中，神圣的经文告诉我们只能坚定地、毫不动摇地依靠存在者，尽管在那些并非纯洁地持有善物的凡人眼中它是一个奇迹，但依据真理的判断它算不上什么奇迹，而只是一项公义的行为，其他就没有什么了。

【20】[96] 经文接着说："神又对他说，我是神，曾领你出了迦勒底的土地，为要将这地赐你为业。"③ 这些话不仅是一项应许，而且也是对以往一项老的应许的确认。[97] 神以往的恩赐就是使他离开迦勒底人的有关天象

---

① 《创世记》15：6。"亚伯兰信耶和华，耶和华就以此为他的义。"

② 《创世记》15：6。

③ 《创世记》15：7。"耶和华又对他说，我是耶和华，曾领你出了迦勒底的吾珥，为要将这地赐你为业。"

的学问，这种学问教导人们这样一种信条，说这个世界不是神的作品，这个世界本身是神，一切存在物的兴衰枯荣皆取决于星辰的进程和有序旋转，善恶的产生也依赖于它们。天体的水平进程和有序运动诱使那些心灵虚弱的人采用这种异想天开的信条。确实，迦勒底这个名称的意思就相当于水平的进程或者水平的程度。[98] 这种新善物的馈赠是智慧要继承的遗产，感觉无法察觉，而完全纯洁的心灵可以理解。通过这种智慧，所有迁徙中最优秀的变成了确定的事实，灵魂从天文学变为真正的自然研究，从不确定的猜测进到确定的理解，给了它最真实的表达，从被造者到非被造者，从这个世界到它的创造者和父亲。[99] 就这样，这个神谕告诉我们，拥有迦勒底人这种观点的人依赖天穹，而那个从这个家迁徙出去的人依赖在天穹上架车飞行，整个世界这辆战车是由神指引的，甚至依赖神。这项遗产确实太好了，它对接受者的能力来说可能太大，但与给予者的伟大来说是相对应的。

【21】[100] 但是，这对智慧爱好者来说是不够的，他们对神谕的应许抱有巨大的期盼。如果他不知道以什么方式能够继承这笔遗产，那么他会感到非常烦恼；因为他渴望得到知识，他不知足。所以他问："主阿，我怎能知道必得这地为业呢？"①[101] 也许可以说，这个问题与我们说他具有的信念不一致。我们知道，不信者会感到困难，而信仰者会停止进一步提问。所以，我们必须说，信仰的困难和事实都在那里摆着，但并不运用于同一主题。远非如此！神相信他是一名智慧的继承者，而他只是在问这种事情将如何发生。凭借神圣的应许，他完全确定地把握将要发生的这个事实。[102] 所以他的"老师"②赞扬他表现出来的对知识的渴望，开始教他一些初步的知识，其中最先而且最重要的话语就是"为我取"。③ 这个片语很短，但是含义广泛，因为它提出的思想不是一两点。[103] 首先，他对我们说："你没有

---

① 《创世记》15：8。"亚伯兰说，主耶和华阿，我怎能知道必得这地为业呢？"
② 指神。
③ 《创世记》15：9。"他说，你为我取一只三年的母牛，一只三年的母山羊，一只三年的公绵羊，一只斑鸠，一只雏鸽。"

你自己的善物，你认为你自己拥有的任何东西都是由'他者'①提供的。"因此我们可以推论，万物皆为作为提供者的祂的拥有物，而不是乞丐式的创造，这些乞丐一直在伸手获取。[104] 其次，"哪怕你拿了，你拿的也不是你自己的东西，而是可以算作贷款或赊卖，以后要归还给祂，是祂赊卖给你的，所以，用善意回报善意是恰当的，公正的"。祂的贷款在先，你的借贷在后；祂先赊卖给你，你以后要偿还。

【22】[105] 拒绝神圣托付的人的数量巨大，他们在无节制的贪婪中使用属于"他者"的东西，就好像这些东西是他们自己的。但是，我的朋友，你试图尽一切可能，不仅保持你获得的东西的完好无损和纯洁，而且也视之为值得精心照料，以便把它托付给你的神在你的保护中找不到任何可以责备的地方。[106] 现在万物的创造者把灵魂、语言和感觉托付给你，圣经上把它们称做母牛、公绵羊和母山羊。②出于自我中心，当偿还的时刻到来的时候有些人马上偿还这些附加物，而有些人则把它们储藏起来。[107] 有这种托付的人在数量上多得数不尽。因为我们中间有谁不曾断言灵魂、感觉、语言各自和全部都是他自己的财产，并以为觉察、讲话、理解只取决于他自己。[108] 守卫这种托付、视之为神圣不可侵犯的人在数量上很少。他们把这三者，灵魂、感觉和语言，归于神，因为他们为了神而向神那里"取"这些东西，而不是为了他们自己；所以他们当然会承认，通过神它们才各自开始活动，心灵进行反思，语言表达自身，感觉呈现图景。[109] 所以，那些断言自己对这三者拥有所有权的人接受了它们应得的可悲遗产：一颗怀有恶意的灵魂，一大片无理智的、为众多邪恶抑制的、混沌一片的情欲，它们有时候被贪婪和欲望所伤害，就像焦虑中的娼妓，有时候节食，被众多恶行所包围，就像处在监狱中，坏人聚集在一起，但它们不是坏人，而是被一种一致的判断宣布的、要加以逮捕的坏习惯；语言会发出恫吓和威胁，会尖锐地

---

① 指神。

② 参见《创世记》15：9。

反对真理，会伤害它的牺牲品，会为它的雇主感到可耻；吸取感官对象的感觉不知满足，因为它的贪欲不受控制，所以不能抵达满足状态，而无论它的监视者如何盲目、耳聋，嘲笑所有为其福益而祈祷的人。[110]但是那些"取"的人，不是为他们自己取，而是为神取，想要把这三者奉献给神，为它们的"所有者"①保护它们，因此它们被神圣化了；思维，其功能不应当思考其他事物，除了神和祂的卓越；语言，它那不受约束的嘴巴应当用颂歌和祈福来荣耀万物之父，应当把所有美好的表达集中起来完成这一展现；感觉，它应当忠实地向灵魂报道整个世界在感觉中呈现的图景，苍天、大地，以及介于其间的各种形式的自然，动物和植物，它们的活动、它们的能力，它们运动或静止的状况。[111]神允许心灵理解世界心灵本身，但是可见的世界只能通过感觉来理解。哦，如果一个人能够用他的存在的所有部分向神而活，而不是向他自身而活，用感性的眼睛穿透感觉对象，由此发现真相，用灵魂研究较高的精神事物和真正存在者的真相，使用他的发音器官赞美世界和它的创造者，那么他将过上幸福的生活，得到赐福。

【23】[112]这就是我说的"为我取"这几个词想要说明的意思。这里还有另外一个例子。由于怜悯我们人类，神想要把神的形像从天上降到大地上，使人类不会在分享较好的命运时丢分，于是他建造了神圣的会幕和里面的摆设，再现和摹仿智慧，作为真理的象征。[113]神谕告诉我们，建造会幕是由于"我们诸般的污秽"，借此我们可以洗涤充满我们生活的污秽与恶名。②所以，让我们考虑，祂如何命令他们奉献建造会幕的方式和方法。经上说："主晓谕摩西说，你告诉以色列人当为我送最初头生的东西来，凡甘心乐意的，你们就可以收下归我。"③[114]在这里我们也得

---

① 指神。

② 参见《利未记》16：16。"他因以色列人诸般的污秽，过犯，就是他们一切的罪愆，当这样在圣所行赎罪之礼，并因会幕在他们污秽之中，也要照样而行。"

③ 《出埃及记》25：1—2。"耶和华晓谕摩西说，你告诉以色列人当为我送礼物来，凡甘心乐意的，你们就可以收下归我。"

到鼓励，不要为我们自己收取，而要为神收取，我们要仔细考虑谁是给予者，不要损坏馈赠，而要完好无损地保存它们，让它们完善和完整。关于把头生者奉献给神，摩西教导我们一条崇高的真理。确实，头生的事物，物体的也好，非物体的也罢，只有神喜欢。[115] 要是你有知识，那么仔细观察各种各样的事物、植物、动物、技艺、学问。植物的开端是什么？是农夫撒下的种子吗，或者说它们是不可见的自然的不可见的工作？人和其他动物的生成是什么？不就是它们的父母把它们当做附属品生下来吗，而自然是最早的和真正的原因？技艺和学问也是这样。[116] 自然难道不是一个潜在的事实、基础、根基或源泉吗，或者你给开端起的无论什么名称，它不就是各门技艺的知识在自然中建立起来的上层建筑吗？而若我们不把它当做由此开始的基础，那么所有知识都是不完善的。我想就是由于这个原因，有些人才说开端是全部的一半。这句话隐秘的意思是，"开端"是潜藏的自然的根源，在各种情况下需要生长，所以这些作家说开端是全部的一半。

【24】[117] 所以，这个神谕说要把"开端"奉献给神这位伟大的向导并非无理。而在别处，他说："主晓谕摩西说，以色列中凡头生的，无论是人是牲畜，都是我的，要分别为圣归我。"①[118] 这里也承认时间上头生的和有价值的都归神拥有，尤其是第一代。因为在任何情况下，种类是不可毁灭的，将它归于不可毁灭的神是公正的。理智和语言给人打开子宫，感觉和身体给牲畜打开子宫，这样说也是对的。[119] 他打开这些人的心灵的子宫，使之能够理解，他打开语言的子宫，使之能够发声，他打开感觉的子宫，使之能够接受物体呈现的图景，他打开身体的子宫，使之能够进行恰当的运动和拥有恰当的姿势，他是不可见的，是种子的创造者，是神圣的道，适宜奉献给天父。[120] 开端归于神，终端也归于神。摩西证明了这一点，他吩咐

---

① 《出埃及记》13：1—2。"耶和华晓谕摩西说，以色列中凡头生的，无论是人是牲畜，都是我的，要分别为圣归我。"

要把最后的留出来，献给主。① 世上发生的事情也证明了这一点。[121] 为什么会这样呢？你会问。在植物中，种子是开端，果实是终端，二者皆为自然的作品，而非农耕的产物。还有，在知识中，如前所述，开端是自然，它的限度实际上外在于人的可能性的范围。没有人的追求能够抵达完善，毫无疑问，一切完善和终结只属于唯一者。所以我们乐意在开端和终端之间设立边界，学习、教学、耕种，以及我们所做的其他工作，我们挥汗如雨，辛勤劳动，作为生灵似乎只能完成这些事情。[122] 更加清楚的是，摩西认为开端和终结是神的意愿，他在讲创世故事时说"起初神创造"②，然后说"天地都造齐了"③。[123] 所以，在我们正在处理的这句经文中，祂说"为我取"，这就把祂应得的给了祂自己，吩咐我们不要在奉献中掺假，而要以一种配得上给予者的方式保护它们。还有，祂在其他地方承认祂没有任何需要，因此什么也不会取，祂之所以"取"是为了训练我们的虔诚，给我们灌输追求神圣的热心，鞭策我们服事祂，因为祂欢迎和接受自愿的敬意，接受灵魂真正的事奉。[124] 因为祂说："看呀，我从以色列人中拣选了利未人，他们要成为以色列人的赎价。"④ 所以我们取和给，但在这个词的完整意义上我们只是取；由于我已经提到过的原因，也可以说我们给。请注意，祂给了利未人一个正确的名称，叫他们"赎价"。因为没有什么事情能够这么好，为心灵赎回自由，使心灵得到神的庇护，成为祂的乞援者。这就是利未人这个成圣部落的行业。

【25】[125] 我们已经说了与这些要点相适宜的事情。现在让我们返回最初的主题，因为我们刚才说了一些需要详细讨论的内容，所以推迟了对

---

① 参见《民数记》31：28—29。"又要从出去打仗所得的人口，牛，驴，羊群中，每五百取一，作为贡物奉给耶和华。从他们一半之中，要取出来交给祭司伊莱贾撒，作为耶和华的举祭。"

② 《创世记》1：1。"起初神创造天地。"

③ 《创世记》2：2。"到第七日，神造物的工已经完毕，就在第七日歇了他一切的工，安息了。"

④ 《民数记》3：12。"我从以色列人中拣选了利未人，代替以色列人一切头生的。利未人要归我。"

主题的讨论。经上说，为我取一只"小母牛"，也就是灵魂，是未曾负轭的、未曾受损的、温柔的、年轻的、精力旺盛的，这样的灵魂容易接受指引、指示和统治；"为我取一只公绵羊"，也就是语言，在论证和论述中起作用，能够进行分析，能够驳斥争论者的诡辩，为它的拥有者提供安全良好的生活；也要为我取来感觉，也就是母山羊，接触这个可感的世界；取来的这些牲畜都要三年的，也就是说，开端、中间和终结，构成一个完全数。[126] 还有，要为我取来斑鸠和鸽子，也就是神的理智和人的理智，二者都是有翼的生灵，擅长快速向上飞翔，然而二者相互之间又不一样，就好像种与属不同，摹本与原型不同。[127] 因为神圣的智慧爱好孤独，孤独对她来说是宝贵的，独居的神是她的所有者，因此在这个寓言中她被称做斑鸠。另一位是温和的、驯服的、善于交际的，时常在人的城邦中出没，喜欢与凡人住在一起。人们把她比做鸽子。

【26】[128] 我想，摩西在讲寓言的时候提到过两位希伯来收生婆的名字，施弗拉和普阿①，施弗拉的意思是"鸟"，普阿的意思是"红的"。这是神圣智慧的专门属性，它像鸟一样高飞，而人的智慧则播种谦虚和谨慎；脸红，还有羞愧，是这些品质最清楚的证明。[129] "亚伯兰就取了这些来"，经上说道。② 这些话赞扬这位高尚的人忠实地保护神圣的托付，也就是他接收到的灵魂、感觉和语言，神圣的智慧和人的知识，他保护它们不是为了他自己，而只是为了神，把这些东西托付给他的是神。[130] 然后，他继续说"他把这些东西从中间劈开"，但他没有说这里的"他"是谁。他希望你们能够想到神是不能显身的，在那里切割一切事物的是祂的道（话语），而一切事物，有形体的和无形体的，其本性在我们看来紧密地联系在一起。而锋利的"道"决不会对着事物的边缘停止切割。[131] 当它处理直至原子和被我们称做"不

---

① 参见《出埃及记》1：15。"有希伯来的两个收生婆，一名施弗拉，一名普阿，埃及王对她们说。"

② 参见《创世记》15：10。"亚伯兰就取了这些来，每样劈开，分成两半，一半对着一半地摆列，只有鸟没有劈开。"

可分割者"的所有感性事物时，它就从这些事物转入理智观察的领域，开始把这个领域划分为无数的部分。如摩西所告诉我们的那样，它把"金片"分割成"头发"①，也就是分割得只有长度没有宽度，就像无形体的线。[132]所以它从中间对三者进行分割：灵魂分成理智的和非理智的，语言分成真的和假的，感觉分成对真实的和可理解的事物的再现和对不真实事物的再现。祂马上把这些部分一半对一半地摆列，理智的对着非理智的，可理解的对着不可理解的。祂留下鸟没有劈开，因为不能把无形体的和神圣的知识切割成冲突的对立面。

【27】[133]把事物分割成相等的和对立的部分是一个广泛的论题，对它进行讨论是重要的。我们既不能省略又不能延长这项讨论，而要尽可能加以压缩，只需把握它的基本点我们就可以满足了。正如伟大的工匠从中间把我们划分为灵魂和肢体，所以当祂创造这个世界的时候，祂要处理的就是分割一切存在者。[134]祂取来这些事物，开始如下划分。首先，祂把事物分成两个部分，重的和轻的，由此把厚重的元素与稀薄的元素区分开来。然后，祂又对这两个部分进行划分，轻元素分成气和火，重元素分为水和土，把这四种元素确定为基础，它们是这个可感世界中的可感元素。[135]然后，祂又按照不同的原则对重元素和轻元素进行第二次划分。祂把轻元素分为冷的和热的，把冷的称做气，当然了，祂把热的称做火。然后，祂把重元素分为湿的和干的，把干的称做土，把湿的称做水。[136]这些部分都可以进一步分割。"土"分为大陆和岛屿，"水"分为海与河、可以喝的水和不可喝的水，"气"分为夏天的和冬天的，"火"分为毁灭性的和保护性的，毁灭性的是多样的、贪婪的，保护性的用于构建天穹。[137]正如划分形成了宇宙的主要成分，所以祂也对这些成分作进一步划分。这些成分有些是有生命的，有些是无生命的。无生命的成分有些待在同一个地方，凝聚在一起，有些由于扩张而产生运动，但不改变它们

---

① 即鸟类。

的位置，由于天然的无意识的成长它们具有了活力，在它们中间，有些植物长出野果，充作旷野中的野兽的食物。有些植物接受园艺的栽培，它们原先长出野果给动物享用，而经过栽培它们的野性大部分消除，这就是人做的工作。[138] 还有，就像划分无生命的成分，祂也划分那些有生命的成分，祂把某些种类区分为有理智的，把其他一些种类区分为无理智的。然后，他对它们再次进行划分。祂把无理智的分成家养的和未驯服的，把有理智的分成不朽的和可朽的。[139] 祂把可朽的分为两部分，一部分祂称之为男人，另一部分祂称之为女人。遵循同一条原则，祂把动物王国划分为雄性的和雌性的，这里也可以进行其他必要的划分，可以从陆上动物和水生动物中区分出有翅膀的动物，最后命名的这种动物①介于其他两类动物之间。[140] 就这样，神用祂锋利的话语分割了宇宙间的存在，而此前宇宙是没有形式或性质的，世界的四元素通过这样的分离而产生，以四元素为质料，形成动物和植物。

【28】[141] 但是这句经文不仅说"他分"，而且也说"他把它们从中间劈开"；因此对划分成相等部分这个主题作一些评价是必要的，因为准确地从中间划分事物就会产生相等的部分。[142] 不过，没有人能够把事物精确地分为相等的部分，某个部分肯定会比其他部分小或大。哪怕没有什么大的差别，也一定会有某些细小的差别躲过我们的察觉，凭着本性和习惯，我们可以与庞大的事物建立联系，却不能把握或认识那些细小的部分。[143] 如果用毫无偏见的真理来检验，可以发现没有什么被造物能够产生相等的部分。所以确切地说，似乎只有神在判断，只有祂能"从中间分开"有形体的和无形体的事物，祂的分割没有哪个部分会大于或小于其他部分，不会有极为微小的差别，每个部分都能分有绝对的和充分的相等。[144] 如果相等只有一种形式，那么我们已经说过的话就足够了；但若相等有几种形式，我们一定要添加合适的解释，不要畏缩不前。"相等"这个术语以一种方式用于

———————————

① 参见《出埃及记》28∶5。"要用金线和蓝色、紫色、朱红色线，并细麻去作。"

数字，比如我们说二等于二，三等于三，其他数目亦相同。它以另一种方式运用于体积，有长、宽、高三个维度。一手宽相等于一手宽，一肘长相等于一肘长。还有其他能力或力量方面的相等，比如重量和尺度。[145] 合乎比例是相等的又一种基本形式，少与多合乎比例地相等，小与大合乎比例地相等。城邦也经常在一些专门场合使用相等，它要求公民为他们的财产支付相等的捐献，这当然不是数量相等，而是与他的财产价值合乎比例地相等，所以，可以认为捐了一百德拉克玛的公民和捐了一塔伦特的公民贡献相等。①

【29】[146] 按照这个预备性的概述，让我们来观察神如何"从中间划分"，创造宇宙的时候，祂实际上按照所有形式的相等进行划分。首先是数的相等，祂使轻的部分在数量上与重的部分相等，土和水是两个重的部分，当然，火和气是两个轻的部分。还有，按照这种划分，我们会有一个最干的和一个最湿的部分，也就是土和水，一个最冷的和一个最热的部分，也就是气和火。以同样的方式，我们有一个最黑的和一个最亮的部分，在白天和黑夜、冬天和夏天、春季和秋季，以及在其他事例中，也有同样的性质。[147] 量级的相等，祂在天穹上给了我们平行的行星轨道、春分和秋分、夏至和冬至，而在大地上有两个区域是相等的，也就是与极点毗连的区域，那里非常寒冷，无人居住，还有两个相邻的区域叫温带和热带，我们知道，这些区域是有人居住的，因为它们气候温和，有一个区域在南面，有一个区域在北面。[148] 时间的间隔也一样，它们在长度上相等，最长的一天等于最长的一天，最短的一天等于最短的一天，半天等于半天。昼夜平分点尤其很好地表现出白天和昼夜在量级上的相等。[149] 这是因为，从春分到夏至，夜晚不断变短，白昼不断变长，直到抵达白昼最长夜晚最短的一天。而夏至以后，太阳沿着同样的轨道往回转，既不走得较快也不走得较慢，保持同样

---

① 德拉克玛（δραχμή）、明那（μνᾶ）、塔伦特（τάλαντ），均为希腊货币。按阿提卡币制，100 德拉克玛合 1 明那，60 明那合 1 塔伦特。

不变的间隔，保持同样的速度，抵达秋分，而在完成白昼和夜晚的相等以后夜晚又开始变长，白昼又开始变短，直到冬至。[150] 等到夜晚最长白昼最短的那一天到来，它又开始按照同样的间隔往回转，抵达春分。以这样的方式，时间的间隔尽管好像不相等，但可以说它具有量级上的相等，它不是真正的相等，而是在每年不同季节的相等。

【30】[151] 在动物中间也可以看到相同的情况，尤其是人。因为一只脚和一只手与另一只脚和另一只手相等，在几乎所有情况下，右边与左边相等。至于力量和能力的相等也有一大批例子，湿的实体和干的实体都有，据此我们估计，认为它们是平衡的和相同的。[152] 至于合乎比例的相等，我们发现它实际上存在于一切大大小小的事物之中，遍布整个世界。那些对自然界的事实做过详细考察的人说，四元素之间是一种合乎比例的相等，整个世界有了这个框架，并始终保持它，按相等的比例组成，给每个部分指定相等的尺度。[153] 他们也告诉我们，我们的四种构成，干、湿、冷、热，通过合乎比例的相等而调和在一起，我们无非就是一个按照这条原则由四种元素调和起来的混合物。

【31】[154] 如果考察每一个案例，可以把我们对这个主题的思考无限延长。我们在观察中会发现，最小的动物也合乎比例地与最大的动物相等，就好像燕子和老鹰、梭鱼和鲸鱼、蚂蚁和大象。因为它们的身体、灵魂和情感，无论是痛苦还是快乐，还有它们的亲和与厌恶，以及动物本性能够拥有的其他感觉，在按照比例的规则生成的时候，这些东西几乎毫无例外都是相等的。[155] 按照这条原则，有些人大胆地断定，人这个微小的动物与整个世界相等，因为它们都由身体和理智灵魂组成，因此他们声称，人是一个小世界，或者声称，世界是一个大人。[156] 他们的这个说法并不离谱。他们判断，神用来使万物归于统一的主要技艺不会接受或高或低的强烈变化，而会始终保持相同，通过祂的超验的美德，使每一存在物趋于完善，造物主会把趋向于完善的每一个数和每一种形式都用到极致。

【32】[157] 用摩西的话来说，祂同等地进行审判，不分贵贱，^① 当祂生成和塑造每样事物的时候，祂既不会受到无价值的质料的引导而减少，也不会由于质料的显赫而增长，这就是祂在使用的技艺。[158] 因为所有具有名望的匠人，无论用什么质料，是昂贵的还是便宜的，只要他们希望这样使用，他们的工作就值得赞扬。事实上，人们知道使用便宜的材料而非昂贵的材料来生产比较高级的产品；产品的美感由于添加了知识而得到增强，他们希望以此弥补材料的低劣。[159] 对神来说没有什么质料是荣耀的，因此祂对所有质料使用同样的技艺，使之具有同等的量级。所以在圣经中我们读道："神看着一切所造的都甚好"，在赞扬者眼中，受到同等赞扬的事物必定拥有同等的荣耀。[160] 神赞扬的不是祂用于制造作品的质料，质料是无灵魂的、不一致的、可分解的，它本身确实是可灭的、不规则的、不相等的，神赞扬的是祂自己的技艺的产品，通过一系列的相等，实施统一的力量而达到圆满，通过知识而始终贯彻如一。就这样，按照比例的规则，按照祂的技艺和知识追随的原则，每一事物都可以算作与其他事物相同和相等。

【33】[161] 摩西比其他所有人都要更多地表明他自己是相等的赞扬者：首先，他到处赞扬公义，如这个名称所显示的那样，把事物划分为物体的和非物体的这两个相等的部分；其次，他批评不义，谴责以最可恨形式表现出来的不平等。[162] 不公平是外战和内战这对双生子之母，与之相反，公平是和平之母。摩西说："你们施行审判，不可行不义，在尺、秤、升、斗上也是如此。要用公道天平、公道砝码、公道升斗、公道秤。"^② 这样说的时候，摩西最清楚地表现出他对公义的荣耀和对不义的谴责，还有他在《申命记》中说的话："你囊中不可有一大一小两样的砝码。你家里不可有一大一

---

① 参见《申命记》1∶17。"审判的时候，不可看人的外貌。听讼不可分贵贱，不可惧怕人，因为审判是属乎神的。若有难断的案件，可以呈到我这里，我就判断。"

② 《利未记》19∶35—36。"你们施行审判，不可行不义。在尺、秤、升、斗上也是如此。要用公道天平、公道砝码、公道升斗、公道秤。我是耶和华你们的神，曾把你们从埃及地领出来的。"

小两样的升斗。当用对准公平的砝码，公平的升斗。这样，在你主神所赐你的地上，你的日子就可以长久。因为行非义之事的人都是主所憎恶的。"①
[163] 所以神热爱公义，仇恨和厌恶不义，不义是内讧和邪恶的根源。至于平等这位公义的保姆，立法者在什么地方没有表明过他的赞同？首先，我们在整个天空的创造中看到了这种赞同。他说："神把光暗分开了，称光为昼，称暗为夜。"② [164] 由于平等产生了昼夜和光暗，它们处于存在的事物之中。平等也把人分为男人和女人，这两个部分在力气上确实不平等，而涉及自然的紧迫目的，他们在繁殖生育方面是相当平等的。他说："神就照着神的形像造人。祂造男造女"——这里讲的不是"他"，而是"他们"。③ 做结论时祂用了复数，如我所说，祂就这样把人这个种族平等地做了划分。

【34】[165] 然后他提到冷和热、夏和春、每年的季节，由同样的划分者来平等分割，④ 整个六天被平等地划分，用来表达时间和永恒。⑤ 神把创造太阳之前的三天用于永恒，把创造太阳之后的三天用于时间，时间是永恒的摹本。[166] 存在者最初的权能，亦即祂用来使这个世界产生的东西，被称做神，祂用这种权能来统治和指挥祂创造的事物，这是惩罚性的，以主的名义实施，如摩西告诉我们的那样，神本身站在他们中间划分。经上说："我要从二基路伯中间的施恩座上对你们说。"⑥ 他想要表示的是，存在者最初和最高的权能，施恩的和惩罚的，二者是相等的，由祂来对它们划分。

----

① 《申命记》25：13—16。"你囊中不可有一大一小两样的砝码。你家里不可有一大一小两样的升斗。当用对准公平的砝码，公平的升斗。这样，在耶和华你神所赐你的地上，你的日子就可以长久。因为行非义之事的人都是耶和华你神所憎恶的。"

② 《创世记》1：4—5。"神看光是好的，就把光暗分开了。神称光为昼，称暗为夜。有晚上，有早晨，这是头一日。"

③ 《创世记》1：27。"神就照着自己的形像造人，乃是照着他的形像造男造女。"

④ 参见《创世记》8：22。"地还存留的时候，稼穑、寒暑、冬夏、昼夜就永不停息了。"

⑤ 参见《创世记》1：5以下。

⑥ 《出埃及记》25：21—22。"要将施恩座安在柜的上边，又将我所要赐给你的法版放在柜里。我要在那里与你相会，又要从法柜施恩座上二基路伯中间，和你说我所要吩咐你传给以色列人的一切事。"

【35】［167］还有，他把那写着十条律法的双面写的石版称为法版，二这个数字不是与灵魂的组成部分的数目相同吗？它们是理智的部分和非理智的部分，非理智的部分必须受到训练和惩罚？法版要由神圣的立法者来分割，也只能由祂来分割。这是因为，"这些法版是神的工作，字是神写的，刻在版上"①。［168］还有，刻在石版上的十句话，十条诫命，平等地分成两个部分，每个部分五句，前者包含对神的义务，后者包含对人的义务。［169］对神的义务中的第一条诫命，反对多神论的信仰，其教训是世界只有一个统治者。第二条诫命，禁止我们制造各种事物之神，它们不是存在的原因，而是那些画匠和雕刻匠用他们有害的技艺制造出来的东西，摩西要把他们从他的共同体中驱逐出去，让他们接受持久的惩罚。制定这条律法的目的是，只有唯一真神才可以受荣耀。［170］第三条诫命，涉及主的名称，并非只有通过这个名称才能获得关于这个变化着的世界的知识——祂是不能用语词来命名的——而是要把这个名称赋予祂的权能。我们得到吩咐，不要虚妄地称呼这个名称。第四条诫命，与数字七、永贞、无母相关。它的目的是创世，要注意创世带来的无为，要记住祂所做的一切事情都是不可见的。［171］第五条诫命，荣耀父母。这条诫命属于关于神的诫命，因为在这里指涉的不是人，而是作为播种和产生一切事物的原因的神，通过祂才产生父母，尽管父母此时并没有真的产生，而只是作为生成的工具。［172］这条诫命刻在两部分诫命的边界线上，由这五条诫命组成的这个部分要我们对神虔敬，而另外那个部分则由禁令组成，禁止我们同胞的不义行为。可朽的父母只是不朽的权能采取的最终形式。它们凭借它们的本性生成一切事物，但也允许可朽者在最后阶段模仿它们的创造性技艺和生成。因为神是生成的最初原因，而最低的、荣耀最少的可朽种类是最终的原因。［173］另一套五条诫命禁止通奸、杀人、偷盗、作伪证、贪婪。这些诫命是一般的规则，实际上一切罪恶都要禁止，在各种情况下，那些具体的罪恶可以归入这些种类。

---

① 《出埃及记》32：16。"是神的工作，字是神写的，刻在版上。"

【36】[174] 再来看一件不同的事情，你会发现那些永久的祭祀也会划分为相等的部分，祭司为他们自己奉献的细面素祭和他们代表族人的奉献，他们得到命令要献上两只羊羔。这条律法规定素祭早晨奉献一半，晚上奉献一半，羊羔早晨奉献一只，黄昏奉献一只。^① 这样就能感谢神，因为神在白天和夜晚都给万物赐福。[175] 还要注意，在圣桌上摆陈设饼，十二个饼要分成两部分摆放，六个一套，以纪念十二个支派，一半支派属于利亚或美德，她是这六个支派之母，另一半属于拉结的子孙，他们是妾侍所生的儿子。[176] 还有，你们瞧，镶在长袍上的两块宝石，一块在左边，一块在右边，平等地划分，上面刻着十二个支派的名称，每边六个，是神刻的，以提醒我们神的存在。^②[177] 还有，摩西不是还用两座山来象征两个种类吗，按照合乎比例的相等来区分，把一部分称做得到赐福的，把另一部分称做该咒诅的？然后他让十二个支派的人站在两座山上，^③ 以此告诉那些需要警告的人，咒诅在数量上与赐福相等，（如果我们可以这样说而不至于冒犯的话）它们具有同等的价值。[178] 赞扬善者和谴责恶者是同等有益的，因为按照人的判断，避免恶与选择善是同一的。

【37】[179] 两只赎罪祭奉献的公山羊也给我留下了深刻的印象，经上对它们进行对比，赋予它们不同的命运。在这里我们看到有两种思维方式：一种关心神圣的美德，把美德奉为神圣或奉献给神；另一种把关注点转向可

① 参见《利未记》6：20。"当亚伦受膏的日子，他和他子孙所要献给耶和华的供物，就是细面伊法十分之一，为常献的素祭，早晨一半，晚上一半。"《出埃及记》29：38—39。"你每天所要献在坛上的就是两只一岁的羊羔，早晨要献这一只，黄昏的时候要献那一只。"

② 参见《出埃及记》28：9—12。"要取两块红玛瑙，在上面刻以色列儿子的名字，六个名字在这块宝石上，六个名字在那块宝石上，都照他们生来的次序。要用刻宝石的手工，仿佛刻图书，按着以色列儿子的名字，刻这两块宝石，要镶在金槽上。要将这两块宝石安在以弗得的两条肩带上，为以色列人作纪念石。亚伦要在两肩上担他们的名字，在耶和华面前作为纪念。"

③ 参见《申命记》27：11—13。"当日，摩西嘱咐百姓说，你们过了约旦河，西缅、利未、犹大、以萨迦、约瑟、便雅悯六个支派的人都要站在基利心山上为百姓祝福。流便、迦得、亚设、西布伦、但、拿弗他利六个支派的人，都要站在以巴路山上宣布咒诅。"

悲的人性，关心那些遭到流放的被造物。有神谕说，为那个被造物拈的阄是放逐。① 因为被造物是无家可归的流浪者，要遭受驱逐，远离智慧。[180] 还有，许多事物有某种形状或印记，也有事物没有形状或印记，就好比硬币，你可以看到那位看不见的分割者如何将它分割为相等的部分，有印记的就核准，奖给那些热爱教训的人，没有印记的就否决，判给那些无知的人。因为我们得知，"无标记的归拉班，有标记的归雅各。"②[181] 灵魂是一块蜡板③，如某位古人所说，如果蜡过于坚硬，那么各种印记都无法加于其上，但若软硬适度，就可以接纳加于其上的印记，可以像再现图章的印记那样保留事物的形式，使之难以抹去。

【38】[182] 大祭司摩西依据本性的指引，他在血祭时作的平分也令人惊讶。我们读到，他将一半血盛在搅拌碗中，一半血洒在坛上，④ 以此告诉我们神圣的智慧有两种，一种是神的，一种是人的。[183] 神圣的智慧是不混合的或不混杂的，因此可以拿来奉献给神，祂知道混合或混杂是不允许的，经过神的分离的智慧应是统一的。而人的智慧是混合的或混杂的，因此散乱地存在于我们身上，在我们身上创造出心灵的统一，我们就是一个混合体，我们的各个部分和行为方式实际上都混合在一起。但是，灵魂的部分是不混合的，心灵的混合是完全纯洁的混合。[184] 心灵充满天上的气，以提防疾病和伤害，然后归为适合其整体的单一元素，成为奉献给它的神圣奠酒，以提防各种能够伤害它的邪恶。感觉属于混合的种类，由于这种性质产生了恰当的搅拌碗。[185] 眼睛是视觉之搅拌碗，耳朵是听觉之搅拌碗，鼻子是嗅觉之搅拌碗，其他各种感觉都有其适当的器皿。对这些搅拌碗，神圣的道倾倒了血，想让我们的非理智部分在某种意义上很快变成理智的，让它

---

① 参见《利未记》16：8。"为那两只羊拈阄，一阄归与耶和华，一阄归与阿撒泻勒。"

② 《创世记》30：42。"只是到羊瘦弱配合的时候就不插枝子。这样，瘦弱的就归拉班，肥壮的就归雅各。"

③ 参见柏拉图：《泰阿泰德篇》191c—d。

④ 参见《出埃及记》24：6。"摩西将血一半盛在盆中，一半洒在坛上。"

追随心灵的神圣过程，洗涤感觉对象，因为感觉总是用它欺骗的力量来诱惑心灵。[186] 神圣的半舍客勒① 不也是按照同样的原则分配的吗？我们必须奉献半舍客勒银子给神，一舍客勒的一半，作为我们自己灵魂的赎价，② 只有神是真正自由的，是自由的赐予者，如果我们向祂乞援，祂会用大力把我们从情欲和恶行的残暴统治下解放出来，如果我们没有乞援，有时候祂也能解放我们。另外一半我们留给不自由的奴仆，属于这种奴仆的一个成员说，"我爱我的主人"，亦即"统治我的心灵"，"我爱我的妻子"，亦即"感觉"，感觉是情欲之家的朋友和管家，"我爱我的儿女"，亦即情欲的邪恶产物。"我不愿意自由出去。"③[187] 这样的种类，由于它分享两德拉克玛，必定给予一种不是命运的命运，亦即作为奉献的德拉克玛的对立面的被驱逐的命运。德拉克玛是一个单位，作为单位它既不接受添加，也不接受减少，作为神的形像，只有神能与祂一致，而祂是圆满的。[188] 其他事物本身没有一致性，如果被浓缩，这是因为它们被神圣的道捏紧，道就像黏合剂，祂使各种成分黏合在一起，用万物填充祂的存在。祂把每一分离的事物捆绑和编织在一起，充满其自身，使之不再需要其他任何事物。

【39】[189] 所以，摩西说得有理，"富足的不可多出，贫穷的也不可少出，各人要出半舍客勒"④。如我所说，这个一半既是一个德拉克玛，又是一个单位，对这个单位来说每个数字都能很好地表达诗人的意思，"我的话从

---

① 舍客勒（shekel）是犹太人的重量和货币单位，一舍客勒相当于 11.5 克白银。此处的希腊原文是 δίδραχμον（两德拉克玛）。一德拉克玛（δραχμή）约合银 4.31 克。半舍客勒大约相当于一德拉克玛。

② 参见《出埃及记》30：12—13。"你要按以色列人被数的，计算总数，你数的时候，他们各人要为自己的生命把赎价奉给耶和华，免得数的时候在他们中间有灾殃。凡过去归那些被数之人的，每人要按圣所的平，拿银子半舍客勒，这半舍客勒是奉给耶和华的礼物，一舍客勒是二十季拉。"

③ 《出埃及记》21：5。"倘或奴仆明说，我爱我的主人和我的妻子儿女，不愿意自由出去。"

④ 《创世记》30：15。"他们为赎生命将礼物奉给耶和华，富足的不可多出，贫穷的也不可少出，各人要出半舍客勒。"

你说起，也到你结束"①。[190] 因为数的系列是无限大，无穷多，它从某个单位开始，排成一个无限的数列。因此那些研究这个问题的人宣称，单位根本不是一个数，而是数得以产生的元素和源泉。[191] 再说，智慧是灵魂在天上的食物，摩西称之为"吗哪"，由神圣的道分配给所有使用它的人，这种分配尤其要保持平等。摩西用这样的话来证明这一点："多收的也没有余，少收的也没有缺"②，他们用的标准是可敬的，他们的度量是准确的。通过这些话我们可以理解，当个人收集他自己需要的一份食物时，他把食物收藏起来，当做他自己的"所有物"，但是这些所有物并不像人们所想的那样是个人的所有物。因为每个人都会得到一份，既不会短缺，也不会多余。

【40】[192] 在所谓逾越节中，我们也可以发现一个相同的例子，合乎比例的平等，灵魂在学习如何忘掉非理智的情欲，从而具有自身的自由意志，使情欲成为经历理智核准的较高形式的情欲。[193] 经上是这样说的："若是一家的人太少，吃不了一只羊羔，他们就要按照人数与隔壁邻舍共取一只，每个人都可以按充足的饭量计算，"③ 取得他应得的和需要的那一份。[194] 另外，当摩西给族人分派美德时，就像一个国家，他吩咐人多的就多给，人少的就少给，④ 他认为把较少的部分给人多的是不对的，因为他们不可能不知道，把较多的部分分给人少的也是不对的，因为他们不能持有较大的份额。

【41】[195] 我们在十二首领的圣礼中有最清晰的例子，⑤ 这个例子说明

---

① 荷马：《伊利亚特》9：97。

② 《出埃及记》16：18。"及至用俄梅珥量一量，多收的也没有余，少收的也没有缺，各人按着自己的饭量收取。"

③ 《出埃及记》12：4。"若是一家的人太少，吃不了一只羊羔，本人就要和他隔壁的邻舍共取一只。你们预备羊羔，要按着人数和饭量计算。"

④ 参见《民数记》35：8。"以色列人所得的地业从中要把些城邑给利未人。人多的就多给，人少的就少给。各支派要按所承受为业之地把城邑给利未人。"

⑤ 参见《民数记》7：10以下。"用膏抹坛的日子，首领都来行奉献坛的礼，众首领就在坛前献供物。"

数的平等，把供品进一步分给祭司。经上说，亚伦的每个儿子都有平等的一份。①[196] 在馨香的制作中，我们也有关于平等的极好的实例。因为我们读道："你要取馨香的香料，就是肉桂的油、甜的丁香、松香、净乳香，各样要一般大的分量，按作香之法，制成清净圣洁的香。"② 从他的话里我们看到，每个部分要有同样的分量，以构成整体。[197] 我认为，构成馨香的这四样东西象征构成整个世界的元素，出自这些元素，整个世界得以完成。摩西把油比做水，把丁香比做土，把松香比做气，把乳香比做火。因为油就像水一样，而丁香是干的，属土的，"甜的"这个形容词用于松香，带来气的观念，因为气是芬芳的，"净"这个形容词用于乳香，表示明亮。[198] 出于同样的理由，他把重元素和轻元素分开，在讲到后者的时候用了一个连接词"和"，而在讲重元素的时候没有用这种连接形式。他首先说，"你要取馨香、丁香"，二者均无连接词，象征重元素土和水。然后他重新开始，用了连接词，"和甜肉桂的油，和净的乳香"，二者表示轻元素气和火，用了连接词"和"。[199] 如此调和出来的复合物证明是最可敬、最完善的工作，是非常神圣的工作，乃至于这个世界，他认为应当用馨香来象征，对它的制造者感恩，所以在外在语言上它呈出复合形式，是香料制造者的技艺在焚香，而实际上是由神圣智慧产生的整个世界在祭祀的大火中日夜奉献和使用。[200] 这确实是这个世界的一项恰当的工作，它应当对它的制造者连续不断地表示感谢，使它自身升华为一种单一元素，表明它不会把任何事物当做宝物来储藏，而会把它自己的全部存在奉献给它的生育者，摆放在它的神龛上。

【42】[201] 经上说，神圣的道急匆匆地跑过来，"站在活人死人中间"，

---

① 参见《利未记》6：18。"凡献给耶和华的火祭，亚伦子孙中的男丁都要吃这一分，直到万代，作他们永得的分。摸这些祭物的，都要成为圣。"

② 《出埃及记》30：34—35。"耶和华吩咐摩西说，你要取馨香的香料，就是拿他弗、施喜列、喜利比拿。这馨香的香料和净乳香，各样要一般大的分量。你要用这些加上盐，按作香之法，作成清净圣洁的香。"

读到这些话的时候我也感到惊讶。因为摩西说："瘟疫马上就止住了。"① 确实，当这位神所钟爱的人把这些活生生的神圣的思想与这些死亡的非神圣的思想分离和分隔时，攻打、摧毁和破坏我们灵魂的所有疾病如何能被止住和减轻呢？[202] 这是因为，能靠近疾病的经常是最健康的，但由于这种疾病会传染，所以它们离死亡也就不远了。但是神圣者不会再碰上这种命运，被木桩隔离，圈在中央，让优秀者攻打低劣者。[203] 当我听到那个神谕，知道云彩如何进入埃及和以色列军营的时候，我就更加钦佩了。② 因为那道云彩禁止热爱情欲者和不敬神者继续追赶清醒者和神所钟爱的种族，对它的朋友来说，云彩是庇护和拯救的武器；对它的敌人来说，云彩是攻击和惩罚的武器。[204] 对土地丰饶的心灵那云彩会降下甘霖，它的本性使它能够躲避一切伤害，而对土地贫瘠，无法生育知识的心灵，它会倾泻复仇的暴风雨，用毁灭一切的大洪水淹没它。[205] 创造万物的天父把一项特权作为精美的礼物赐给祂的道，赐给祂在年纪和荣耀上最高的大信使，让它站在分界线上，把受造物和创造者分开。这同一个道既代表有死者不断向不朽者祈求，也作为统治者的使节派给臣民。[206] 经文自豪地表现了他的这项特权给他带来的荣耀，"我站在主和你们中间"③，他既不像神那样是非被造的，也不像你们那样是被造的，而是介于二者之间，为两边做担保；对父母，它担保被造者决不会背叛，不会放弃秩序而选择混乱；对子女，它担保它们的希望能够实现，仁慈的神决不会忘记祂自己的作品。因为我是和平的预告者，我把和平从神那里带给被造物，祂要终结战争，祂是永久和平的保护者。

【43】[207] 在把平等划分教给我们以后，圣经引导我们掌握有关对立

---

① 《民数记》16：47—48。"亚伦照着摩西所说的拿来，跑到会中，不料，瘟疫在百姓中已经发作了。他就加上香，为百姓赎罪。他站在活人死人中间，瘟疫就止住了。"

② 参见《出埃及记》14：20。"在埃及营和以色列营中间有云柱，一边黑暗，一边发光，终夜两下不得相近。"

③ 《申命记》5：5。"那时我站在耶和华和你们中间，要将耶和华的话传给你们，因为你们惧怕那火，没有上山。"

的知识，告诉我们"他一半对着一半地摆列"①。我们实际上可以这样理解，世上每一事物的本性均与其他事物相对立。让我们从头开始。[208] 热是冷的对立面，干是湿的对立面，轻是重的对立面，黑暗是光明的对立面，夜是昼的对立面。在天上，我们有恒星的轨道相对于行星的轨道，在空中有无云的和有云的，无风的和有风的，夏季和冬季，大地鲜花盛开的春季和草木枯萎的秋季，还有在水里和在陆上，甜和苦，不育的和多产的。[209] 其他对立面也非常明显：有形体的和无形体的；有生命的和无生命的；可朽的和不朽的；可感的和可知的；可理解的和不可理解的；初步的和完成的；开端和终结；发生和消灭；生和死；疾病和健康；白和黑；右和左；公义和不义；精明和愚昧；勇敢和胆怯；自制和无节制；美德和邪恶；所有美德和与之对立的所有邪恶。[210] 还有，我们拥有这样一些对立面：精通文字的和不识字的，有文化的和没文化的，受过教育的和未受教育的，一般说来科学的和不科学的；在技艺或科学方面有元音和辅音，有声和无声，高音和低音，直线和曲线。[211] 在动植物方面有不育的和生产的，多产的和不结果实的，胎生的和卵生的，软皮的和硬壳的，野生的和驯养的，独居的和群居的。[212] 在另外一个类别中有贫困和富裕，身份显赫和默默无闻，出身高贵和出身低贱，贫乏和充裕，战争与和平，守法与违法，有天赋的和无才能的，辛劳和懒惰，年轻和年老，虚弱和有力；软弱和强大。这些对立面的数量是无限的，漫无边际，我们为什么还要把它们都列举出来呢？[213] 所以，这个教导是多么卓越，这位解释者对自然事实作出解释，对我们一直以来到处表现出来的懒惰和粗心表示遗憾，如他在这段话中所说，事物在各种情况下不是作为整体存在，而是作为部分和片段存在，所以它们必定是"一半对着一半地摆列"。因为两个对立面摆在一起形成一个整体，凭着对整体的划分，才知道对立面。[214] 这不就是那个希腊人赫拉克利特②所说的真理吗？他们

---

① 《创世记》15：10。"亚伯兰就取了这些来，每样劈开，分成两半，一半对着一半地摆列，只有鸟没有劈开。"

② 赫拉克利特（Ἡράκλειτος），希腊早期自然哲学家，约公元前 5 世纪。

大肆庆祝他的伟大，把这个真理置于他的哲学的开端，当做他的新发现而大肆吹嘘。实际上，我们可以清楚地看到，摩西在很久以前就发现了这条真理，他从相同的整体出发构成对立面，它们之间是部分与部分或片段与片段的关系。

【44】[215] 这个观点将在别处详细讨论。但是，另外一件事情不应当在沉默中放过。三只动物每只分成两半，一共有六个半只，就这样，"道"作为分割者把三只动物分成两半，它自己位于中间，成为第七个。[216] 我想，神圣的烛台也清楚地表明了同样的道理，它有六个枝子，每边三个，它本身在中间成为第七个，把三者分为两半。它是一件艺术品，被人们认可，是神圣的，"都是一块精金锤出来的"①。因为唯一、绝对纯洁的元一生下七，七是无母的，是由元一单独生下来的，没有通过其他任何中介。[217] 在金子诸多值得赞扬的性质中，那些大声赞美金子的人提到两种性质，首先是它不会生锈，其次是它可以锤打成为极薄的金箔而不断裂。因此它很自然地成为一种较高性质的象征，可以向各个方向延伸，但仍旧保持完整，形成一个和谐的整体。[218] 还有，这位大工匠在他的讲话中提到前面讲过的烛台，"在门的左右各有帷子的柱子三根，两边相等，柱子的顶端装着灯，饰有果子的形状和花纹，灯的上面有烛台，全都是精金制成的，共有七个金烛台"②。[219]这就提供了许多证据，"道"把三样东西分成两半，共有六个一半，第七个位于它们中间，就如我们在当前这个段落中所看到的那样。因为整个烛台与它的六个主要部件，一共是七样东西，也可以说有七盏灯、七种花纹、七盏灯台。[220] 六盏灯台被第七样东西划分，所以花纹也被位于中间的这样东西划分，灯也以同样的方式被它们的第七样东西从中间划分，六个柱子和六个枝子从

---

① 《出埃及记》25：36。"球和枝子要接连一块，都是一块精金锤出来的。"

② 《出埃及记》38：15—17。"门这边的帷子十五肘，那边也是一样。帷子的柱子三根，带卯的座三个。在门的左右各有帷子十五肘，帷子的柱子三根，带卯的座三个。院子四面的帷子都是用捻的细麻作的。柱子带卯的座是铜的，柱子上的钩子和杆子是银的，柱顶是用银子包的。院子一切的柱子都是用银杆连络的。"

灯柱的主要枝子上生长出来，这就是它们的第七样东西。

【45】[221] 这些东西每一样都有很多话可说，但我们必须另找机会。神圣的烛台和七枝的灯柱，就是由七颗行星组成的行进着的合唱队的摹本。[222] 怎么会这样呢？也许有人会问我们。我们会回答，这是因为每颗行星都是光的提供者，就像一个灯台。它们极为明亮，把大量光线抛撒给大地，尤其是位于七颗行星最中央的太阳。[223] 我称之为中央，不仅是因为它占据中心的位置，有些人以此为理由，而且还因为除此之外它有权得到其他行星的事奉和追随，因为它的尊严、大小，以及由它提供给大地上所有居民的福泽。[224] 行星的秩序是一件没有人能够拥有确定理解的事情——确实，其他还有什么天文现象能够被确定地理解呢？——因此，它们全都求助于可能性。不过在我看来，那些把中间位置给予太阳的人的看法是最优秀的猜测，他们认为有三个行星在太阳之上，还有同样数目的行星在它之下。三个在上的是土星、木星和火星，三个在下的是水星、金星和月亮，它们接近气的下部区域。[225] 所以这位大工匠希望我们能够拥有天穹原型的一个摹本，它有七道光，有灯台，是一样精工锻造的辉煌作品。我们也已经说明它与灵魂的相似之处。因为灵魂也有三个组成部分，每个部分都可以分成两半，总共六个部分，而神圣的道是万能的分割者，是恰当的第七样东西。

【46】[226] 还有另外一个观点不应当在沉默中放过。圣地的祭器有三样，灯台、祭桌和焚香的祭坛。在祭坛上，如上所述，我们想要对这些元素感恩，因为祭坛本身包含着四元素组成的部分。祭坛的木头出于土，祭坛上奉献的馨香出于水，因为它起先融化，然后分解为水滴状的东西，散发出来的香气出于气，燃烧的香料出于火；还有，由乳香、松香、丁香、肉桂油混合而成的复合物① 是这些元素的象征。在祭桌上，我们为那些由元素构成的可朽生灵而感恩，因为放在桌上的面饼和奠酒是生灵必需的食物。在烛台

---

① 参见《出埃及记》30：34。"耶和华吩咐摩西说，你要取馨香的香料，就是拿他弗，施喜列，喜利比拿，这馨香的香料和净乳香各样要一般大的分量。"

上，我们对整个天上的世界表示感恩，宇宙没有哪个部分可以是有罪而无须感恩的，我们知道对它的所有部分都可以感恩，亦即元素以及由元素构成的生灵，不仅有大地上的生灵，而且有天上的生灵。

【47】[227] 值得考虑的一个问题是，这位作家为什么说了那么多祭桌和祭坛的尺寸，而对烛台的尺寸什么都没说。这里可能的原因是，祭桌和祭坛象征的四元素以及由四元素构成的可朽生灵由天空来测量，并被限定在一定的范围之内，因为把事物包含在内的事物的尺寸就是被包含的事物的尺寸。[228] 另外，由烛台象征的天空的大小是无限的，不能被任何要么与之大小相同，要么无限的物体性的实在所理解，还有，如摩西所说，也不能被虚空所理解，亦即那个神奇大火的故事提到的虚空。[229] 神是它的边界，神指引并驾驭它。所以正如这个存在者不可理解，所以以祂为边界的这个事物也不能用我们观念能力范围内的任何标准来度量。在另外一种意义上，它或许也是不可度量的，它在旋转中成为一个完全的圆球，既没有长度，也没有宽度。

【48】[230] 说了与此相适宜的话以后，摩西继续说"他没有把鸟劈开"①。他用了两个词说出了鸟的名称或者理智的形式，二者都是有翅膀的，能够展翅高飞。一样东西是高于我们的理智原型，另一样东西是我们拥有的理智原型的摹本。[231] 摩西把第一样东西称做"神的形像"，把第二样东西视为形像的投射。因为他说神造的人不是"神的形像"，而是"照着神的形像"造的。②[232] 因此，我们每个人的心灵，亦即真正和圆满意义上的"人"，是来自创造者的第三层表达，而在它们之间的是作为我们理智原型的理智，但心灵本身是神的肖像或体现，我们的心灵就其本性而言是不可分割的。灵魂的非理智部分接受它的创造者的分割，分为六个部分，创造者是第七个部分，亦即视觉能力、听觉能力、味觉能力、嗅觉能力、触觉能力、声音能

---

① 《创世记》15：10。
② 参见《创世记》1：27。"神就照着自己的形像造人，乃是照着他的形像造男造女。"

力、生殖能力。但是被称做心灵的理智部分，祂留下来未作划分。这位立法者也把心灵比做天空，把它当做一个整体来处理。[233]因为我们知道，恒星最外围的区域是未经分割的，而它内里的区域被我们称做漫游者的行星的七条轨道分成六个部分。事实上，我把人身上的灵魂比做宇宙中的天空。所以，这两个理智和理智的本性，一个在人身上，另一个在一切事物中，可以证明它是完整的，未曾分开的，由于这个原因，我们读道，"他没有把鸟劈开"。[234]我们的心灵就像一只鸽子，因为鸽子是驯服的、家养的，而斑鸠则是我们心灵原型的形像。因为"道"，或者神的理智，是荒野和孤独的爱好者，从来不与有生灭的事物混杂，它习惯去的度假胜地始终就是天上，它要学习的功课就是等候元一，它只等候元一。所以，这两种本性，我们的理智能力和神圣的道，或者在我们之上的理智，是不可分割的，然而，尽管它们本身是不可分割的，但被它们分割的其他事物却数不胜数。[235]神圣的道分割和分派一切事物的本性。我们的心灵处理心理过程提供的事情，这些东西有些是物体的，有些是非物体的，心灵对它们进行无穷的分割，决不会停止。[236]这是由于心灵与万物之父和创造主相似而产生的结果。神性是不混杂的、不混合的，没有部分的，然而它成为整个世界混合、混杂、划分、有部分的原因。因此，我们身上的心灵和我们之上的心灵，二者与神相似是很自然的，它们存在而没有部分或者分隔，但是它们非常强大，足以划分和区别存在的一切。

【49】[237]在谈论了留下来没有劈开的鸟以后，他继续说："有鸷鸟下来，落在那死畜一半的肉上。"① 他用了相同的"鸟"这个词，非常清楚地向那些有眼睛能看见的人显示了两种鸟的对照。说那些展翅高飞的鸟儿"下来"，这是违反本性的。[238]正如陆地是最适宜动物居住的地方，尤其是爬行动物，它们在地面上蜿蜒而行，甚至无法离开地面，它们习惯待在洞穴裂隙中，因为它们的自然场所在下面，而不是在上面；所以天空是鸟类适宜

---

① 《创世记》15：11。"有鸷鸟下来，落在那死畜的肉上，亚伯兰就把它吓飞了。"

的栖息地，天空的轻盈与翅膀给予鸟类的轻盈正好相配。[239] 所以，天上的居民宁愿成为以太层的探索者，当它们下到地上来的时候，它们甚至无法过它们自然的生活。与此相反，摩西高度赞扬那些能够蹦跳的爬行动物。他说："只是有翅膀用四足爬行的物中，有足有腿，在地上蹦跳的，你们还可以吃。"① 这些动物象征着灵魂，尽管灵魂像爬行动物一样扎根于它属地的身体，但它涤罪以后有能力展翅高飞，把大地换成天空，把腐败转为不朽。[240] 所以，我们必须假定那些灵魂普遍遭遇可悲的命运，它们离开充满可朽和邪恶事物的大地，在天空和最纯洁的以太中成长，喂养它们的神的善物是极为丰富的。在这里，它们成为思想和观念的度假胜地，就如同它们涉及的主题一样，数量多到数不清，有些思想会得到承认，有些思想只不过是无知。这些思想就像长翅膀的动物，他把这些思想比做"下来的鸟"。[241] 我们的思想有些向上飞，有些向下飞。向上飞的命运较好，因为它们有美德作伴，美德为它们引路，使它们可以抵达天上神圣的区域；向下飞的命运较差，因为有邪恶在它们前面行走，要是遇到它们抵抗，邪恶会用力拉着它们前行。它们的名称极为清楚地说明了二者相反的归属。美德之所以被称为美德，不仅是因为我们选择了它（αἵϱεσις），而且也因为它在向上提升（ἄϱσις），它向上展翅高飞，因为它一直渴望天堂。邪恶之所以被称做邪恶，乃是因为它"下来"，并强迫那些不得不这样做的人也下来。[242] 就这样，当与灵魂敌对的思想在灵魂上方盘旋时，不仅它们自己下来，而且也使理智坠落，它们从上方接近有形体的事物，而非无形体的事物；它们出自感觉，而非出自理智；它们是不完善的，而不是健全的；它们是腐败的，而不是有生命的。它们不仅坐落在身体上，而且位于分成两半的身体之上。这样划分的身体不可能再有联结或统一，因为灵性的力量之流已经中断，这是它们天生的纽带。

【50】[243] 摩西也把包含深刻真理的思想摆在我们面前，他教导我们

---

① 《利未记》11：21。

说，正义和各种美德热爱灵魂，不义和各种邪恶热爱身体；对某一事物的友好亲密会导致完全敌视其他事物——这是这段话以及其他段落中包含的教训。因为在一幅图景中，他把灵魂的敌人刻画为鸟，它们渴望与肉体纠缠，吃那死畜的肉，正是为了抑制这样的事情，所以他说那高贵者与它们坐在一起，① 就像议事会的主席或议长。[244] 历史告诉我们内乱如何引发各种不和谐的统治和敌对的党派，这样的统治者会召集议事会，调查分歧，如果可能的话，他会运用他的说服力来终结外部战争和民众的内部骚乱。在一种情况下，他会把那些煽动仇恨的人驱逐出境，这种仇恨不可调和，就像暴风骤雨，在另一种情况下，他会恢复人们亲密的亲属关系——两件事情各自都是有用的。[245] 灵魂有一系列致命的、无法和解的敌人，现在开列在这里的有灵魂的愚蠢、胆怯和不义的行为，以及其他所有非理智的欲望，它们不断产生和大量涌现，为了反抗束缚而进行斗争，阻止理智的进程，因此经常分离和打碎灵魂的整个构成。[246] 但是，对那些有可能是同盟者的人来说，他们冒犯的原因我们可以在智者有关教义问题的争吵中发现。就他们的心灵固定于发现自然事实这样一个目标来说，他们可以说是朋友，但就他们对自身处理具体问题结果不一致来说，他们可以说处于纷争之中。因此，有这么两类人处于斗争之中：宣称宇宙不是被造的人和坚持宇宙是被造的人；说宇宙不会被毁灭的人与宣布宇宙本性虽然可毁、但决不会被毁的人，因为有一股强大的力量把宇宙结合在一起，亦即它的创造者的意愿；坚持无物常住，一切皆变的人和那些持有相反观点的人；详细论证人是万物尺度的人和贬低感觉和心灵的判断能力的人；总而言之，那些坚持万物超越我们理解的人和那些断言有大量事物可知的人。[247] 确实，太阳、月亮和整个天空，还有土、气、水，以及实际上由它们产生的一切事物，是争斗的原因，对考察者来说，他们要探索事物的基本性质和特点，以及事物最初发生变化和最后停止存在的阶段和过程。对于天体的大小和运动，他们通过有趣的研究产生了

① 参见《创世记》15：11。

不同的相互冲突的观点，直到那个当产婆的男人也来到他们中间就座，观察每个争论者的灵魂孵化出来的东西，扔掉那些不值得抚养的风卵，保存那些值得精心抚养的活卵。①[248] 哲学史充满了不一致的观点，因为真理逃离轻信的、从事猜测的心灵。真理的本性是逃避发现和追踪，在我看来，这就是有关知识的争论产生的原因。

【51】[249] 经上继续说道："日头正落的时候，亚伯兰迷狂②，有惊人的大黑暗落在他身上。"③迷狂"或"突显"有不同的形式。有时候是由于狂怒而产生精神幻觉，归于年迈、忧郁或其他相似的原因。有时候是对那些经常出乎意料突然发生的事情感到极为惊愕。有时候是心灵的被动，毫无抵抗，如果说心灵确实能够安息；所有这些迷狂的最佳形式是神的凭附或激励，先知这类人就是迷狂的主体。[250]《申命记》在描述诅咒的时候提到迷狂的第一种形式，他说心灵的癫狂、眼瞎和"迷狂"会压倒不虔诚者，所以他们与瞎子无异，在午间摸索，好像瞎子在暗中摸索一样。④[251] 第二种迷狂有好几个地方提到。以撒极为惊讶，陷入大大的迷狂，说"你未来之先，是谁得了野味拿来给我呢，我已经吃了，为他祝福。他将来也必蒙福"⑤。还有，雅各不相信那些人对他说的话，"约瑟还在，并且是埃及全地的统治者"⑥。还有，在《出埃及记》中，在解释会众的时候，经上说"西乃全山冒烟，因为神在火中降于山上。山的烟气上腾，如烧窑一般，所有民众陷入大

---

① 参见柏拉图：《泰阿泰德篇》151c。"当产婆的男人"指苏格拉底，"活卵"是受精卵，能存活，有生命力，"风卵"是未受精卵，没有生命力。

② 迷狂（ἔκστασις），狂喜、忘形。

③ 《创世记》15：12。"日头正落的时候，亚伯兰沉沉地睡了。忽然有惊人的大黑暗落在他身上。"

④ 参见《申命记》28：28—29。"耶和华必用癫狂、眼瞎、心惊攻击你。你必在午间摸索，好像瞎子在暗中摸索一样。你所行的必不亨通，时常遭遇欺压、抢夺，无人搭救。"

⑤ 《创世记》27：33。"以撒就大大地战兢，说，你未来之先，是谁得了野味拿来给我呢，我已经吃了，为他祝福。他将来也必蒙福。"

⑥ 《创世记》45：26。"告诉他说，约瑟还在，并且作埃及全地的宰相。雅各心里冰凉，因为不信他们。"

迷狂"①。还有，在《利未记》中，在第八天的祭祀完成的时候，"有火从天上来，在坛上烧尽燔祭和脂油"；后面的话是"众民一见，就都'迷狂'，俯伏在地"②。这是一个很自然的推论，因为这种意义上的"迷狂"会产生极大的慌乱和惊愕。[252] 附带地，在雅各和以扫的故事中，有一些思想很值得我们钦佩。以扫尽管有知识需要追逐，但他也一直被狩猎和取代，因为他获得的技能不是行善，而是作恶，所以他在狩猎中从不敏捷或热心。雅各不通过教导来猎取情欲，而是在本性的推动下移向情欲，他把猎取的野味带给检验者，由检验者来决定是否适宜。出于这个目的，检验者要吃下他带来的所有野味。[253] 实际上所有元素都是适宜吃的食物，探究、考察、阅读、聆听、专心、持久、自制，以及用不同方法处理不同事物的能力。检验者吃下的当然只是样品，而非全部食物。因为实践者必定会有留给他的恰当食物，就像给他的努力的奖品。[254] 另外还有一条教训。"在你们认真之前"这些话当然是真的。如果情欲进入灵魂，我们将会由于自制而不会享乐。其次，他们宣称对各种教训表现出懒惰、懈怠、迟疑是一种罪过，尽管对无法自制的事情有这样的表现不是罪过。[255] 所以，在埃及有"督工的"③ 催促其他人享受情欲；摩西吩咐那些人赶紧吃羊羔，庆祝逾越节。④ 犹大也是这样，"我们若没有耽搁，如今第二次都回来了"⑤。他的意思不是"我们应当两次去埃及"，而是"我们应当安全地去那里"。[256] 当然了，使雅各感到惊讶的也是身体里的心灵仍旧靠美德活着，并且统治着身体⑥，而不是被身体统治。

————————

① 《出埃及记》19：18。"西乃全山冒烟，因为耶和华在火中降于山上。山的烟气上腾，如烧窑一般，遍山大大地震动。"

② 《利未记》9：24。"有火从耶和华面前出来，在坛上烧尽燔祭和脂油，众民一见，就都欢呼，俯伏在地。"

③ 《出埃及记》5：6。"当天，法老吩咐督工的和官长说"。

④ 参见《出埃及记》12：11。"你们吃羊羔当腰间束带，脚上穿鞋，手中拿杖，赶紧地吃，这是耶和华的逾越节。"

⑤ 《创世记》43：10。

⑥ 参见《创世记》45：26。"告诉他说，约瑟还在，并且作埃及全地的宰相。雅各心里冰凉，因为不信他们。"

如果我们以同样的方式，那么通过其他事例我们应当能够追踪它们包含的真理，但是现在摆在我们面前的任务不是详细完成这件事，所以我们必须转向下一个要点。[257]摩西提到创造女人那个故事中的智慧教训，这个时候我们有了第三类"迷狂"。他说："神使亚当迷狂，他就睡了。"① 在这里，他说的迷狂的意思是心灵没有抵抗，安宁。因为心灵的睡眠是感觉的清醒，感觉的迟钝是理智的清醒。

【52】[258]在我们正在考察的这段话中，我们发现了第四种迷狂。"日头正落的时候，迷狂落在亚伯兰身上"，也就是神灵附体和受神激励的体验。然而，不仅仅是这种体验证明了他是一位先知，而且还有圣经中记载和书写的那些话，有人试图从他家中把撒拉带走，撒拉是美德，它的本性是统治，尽管美德不是只有贤人才拥有，而是属于任何能够仿效良好感觉的人。因为经文说道："把这人的妻子归还他，因为他是先知，他要为你祷告，使你存活。"② [259]对每一位善人，神圣的道确保他拥有预言的天赋。因为先知（作为讲话者）说的不是他自己的话，他的讲话全都来自别处，是另一个声音的和声。恶者决不会是神的解释者，在恰当意义上卑劣者也决不会"被神激励"。这个名称只适合贤人，因为只有他是神的发声工具，由神的不可见的手指挥。[260]所以，所有被摩西描述为公义的人被神凭附，能说预言。挪亚是公义的。他同时不也被说成是一名先知吗？他对后续世代的诅咒，代表他们进行的祈祷，全都有实际事件加以确认，不都是在神的凭附下说出来的吗？[261]以撒怎么样？雅各怎么样？众所周知，有许多证据表明他们也是先知，尤其是他们对子女的讲话。因为，"你们都来聚集，我好把你们日后必遇的事告诉你们"③，这些话是受到神激励的人讲的话。对未来的理解并不

① 《创世记》2：21。"耶和华神使他沉睡，他就睡了。于是取下他的一条肋骨，又把肉合起来。"

② 《创世记》20：7。"现在你把这人的妻子归还他，因为他是先知，他要为你祷告，使你存活。你若不归还他，你当知道，你和你所有的人都必要死。"

③ 《创世记》49：1。"雅各叫了他的儿子们来，说，你们都来聚集，我好把你们日后必遇的事告诉你们。"

属于人。[262] 摩西怎么样？他在别处不也被当做先知来庆贺吗？因为经上说："若有主的先知你们中间兴起，我必在异象中向他显现，但是对摩西我要与他面对面明说，不用谜语"①，还有，"以后再没有兴起像摩西这样的先知，他是主面对面认识的"②。[263] 当他说"日头正落的时候，亚伯兰迷狂"的时候，他极好地把亚伯兰描述为受神激励的。

【53】[264]"日头"是他用来指称我们心灵的一个名称。在我们身上的是理智能力，在这个世界上的是太阳，二者都带来光明，一个给整个世界送来我们感官能够察觉的光明，另一个通过理智的中介给我们送来精神之光。所以，当心灵的光芒仍旧围绕我们时，当它像正午的阳光照耀整个灵魂时，我们是独立自足的，不是被神凭附的。当它到来的时候，迷狂、神的凭附、疯狂就很自然地在我们身上发生了。神的光明闪耀时，人的光明落下；神的光明落下时，人的光明升起，破晓而出。[265] 这就是通常发生在先知身上的伙伴关系。心灵在圣灵抵达的时候被驱逐，而当圣灵离去时，心灵又会重返故里。可朽的和不朽的不能同居一室。因此，围绕心灵的理智和黑暗的居所会产生迷狂和受到激励而癫狂。[266] 把将来的事情与这里所写的事情联系起来，他说，"这是对亚伯兰说的"③。哪怕这位先知似乎不在讲话，而是保持平静，但他的发音器官，嘴巴和舌头，完全处于"另一位"的操控之下，显示出神的意愿。"另一位"用高超的技艺拨动了和弦，使它们成为美妙的乐器，充满各种和谐，这些都是我们的肉眼看不见的。

【54】[267] 要很好地聆听这些预言，它是这样说的。首先，神没有把这样的礼物馈赠给美德的热爱者，说他应当把身体当做家园居住，而是只

---

　　① 《民数记》12∶6。"耶和华说，你们且听我的话，你们中间若有先知，我耶和华必在异象中向他显现，在梦中与他说话。"《民数记》12∶8。"我要与他面对面说话，乃是明说，不用谜语，并且他必见我的形像。你们毁谤我的仆人摩西，为何不惧怕呢。"

　　② 《申命记》34∶10。"以后以色列中再没有兴起先知像摩西的。他是耶和华面对面所认识的。"

　　③ 《创世记》15∶3。"亚伯兰又说，你没有给我儿子。那生在我家中的人就是我的后嗣。"

允许他寄居在那里，就好像在异国他乡。他说："你要的确知道，你的后裔必寄居别人的地。"① 然而，每个傻瓜都以身体为自己的家乡，学习在那里居住，而不是寄居。[268] 这是一条教训。另一条教训是，带来奴役、虐待和羞辱的属地的事情，用他自己的话来说，"不是我们自己的"。因为身体的情欲是真正的杂种，对理智来说是局外人，它从血气中生长，扎根在血气之中。[269] 这里说的奴役长达四百年；他以此说明实施四种情欲的力量。当快乐实施统治的时候，脾气就会膨胀高飞，轻浮地向上飘升。当欲望是主人的时候，对未发生的事情的渴望使灵魂陷于无法满足的希望。因为灵魂一直会感到口渴，但就是喝不到水，承受着坦塔罗斯② 所受的那种折磨。[270] 在悲伤的统治下，灵魂衰退和畏缩，就像树木落叶和枯萎；因为它的茂盛和富裕已经转化为贫瘠。最后，当恐惧使自己成为主人的时候，没有人会认为待在原地是好的，而是尽力逃跑，以为这样做才能找到安全。这是因为，欲望对我们有吸引力，会强迫我们追求欲望的对象，哪怕它逃离我们的掌控；另外，恐惧创造了疏远和分离，推动我们远离我们害怕的景象。

【55】[271] 这里说的情欲的统治包含一种对它们的臣民的可悲奴役，直到作为仲裁者和审判者的神把虐待者和被虐待者分开，给予一方完全的自由，让另一方为它的恶行做出补偿。[272] 因为我们读道："他们所要服事的那国，我要审判，后来他们必带着许多财物从那里出来。"③ 可朽的人必定会受到情欲之族的压迫，经受与被造物相应的灾难，但是减轻内在于我们种族中的邪恶是神的意愿。[273] 所以，我们最初要把这些事情当做对我们自身合适的事情来承受，要经受残忍的主人的奴役，神会完成这项对祂适宜的工作，宣称对灵魂给予救赎，把自由赋予祂的乞援者的灵魂，不仅解开束

---

① 《创世记》15：13。"耶和华对亚伯兰说，你要的确知道，你的后裔必寄居别人的地，又服事那地的人。那地的人要苦待他们四百年。"

② 坦塔罗斯（Ταντάλους），希腊神话中的吕底亚国王，因把自己的儿子剁成碎块给神吃，触怒宙斯，罚他永世站在水中。他口渴想喝水时，水就会减退。

③ 《创世记》15：14。"并且他们所要服事的那国，我要惩罚，后来他们必带着许多财物从那里出来。"

缚，从警备森严的囚室中释放灵魂，而且还把在这里称做"财物"的东西当做盘缠赐给我们。[274] 这是什么意思？当心灵从天上下来的时候，尽管最初被束缚在身体中，但它无论如何不会受到任何混杂的、男人对女人或女人对男人的邪恶的诱惑，而会坚守自己的本性，也就是真正的男子汉气概，有力量成为胜利者，而不是成为搏斗的牺牲品。吸取各种学派的学说，它由此产生一种期盼，希望能进行更高级的沉思，能赢得自制和坚毅这些健全的美德；就这样，当这位朝圣者返回家乡的时候，他随身携带着所有这些教育的成果，在此处称为"财物"。

【56】[275] 涉及这些观点说了许多以后，他继续说道："但是你要归到你平安得供养、享大寿数的列祖那里。"① 所以，我们这些不完善者、战争和奴役的牺牲品很难从威胁我们的恐惧中得到解救。但是完善者是一个没有战争和奴役的种族，肯定得享平安和自由。[276] 当他把这个好人说成不是死去，而是归去的时候，这些话里包含健全的学说。他会拥有完全洁净的灵魂本性，不会消灭，不会腐朽，他注定要从这里开启去天堂的旅程，而不会发生死亡带来的分解和腐烂。[277] 在"你要归"后面是"到你列祖那里"。什么是列祖？值得探询。因为摩西在这里指的不可能是那些住在迦勒底土地上的人，他们是亚伯兰仅有的亲属，而神谕将他的居所定在远离他的亲属的住处。我们读道："主对亚伯兰说，你要离开本地、本族、父家，往我所要指示你的地去，我必叫你成为大国。"②[278] 要他再次与那些被神预见与他疏离的人建立密切关系，这样做合理吗？或者说，将要成为另一个种族和国家的首领的他应当与前一代人保持联系吗？如果不能与那些旧时代的随波逐流的人疏离，神不会把一个新生的，在某种意义上新颖的民族和国家，当做礼物馈赠给他。[279] 他确实是这个国和这个族的创建者，因为从他开始从根上长出被称做以色列的这棵小树，观察和沉思自然中的一切事物。所以，

---

① 《创世记》15：15。"但你要享大寿数，平平安安地归到你列祖那里，被人埋葬。"

② 《创世记》12：1—2。"耶和华对亚伯兰说，你要离开本地、本族、父家，往我所要指示你的地去。我必叫你成为大国，我必赐福给你，叫你的名为大，你也要叫别人得福。"

我们知道要根据新事物来证明旧事物。① 没错，否则那些获得新赐福的人怎么会仍旧在旧世界的知识和古代习俗惯例中发现益处呢，这些赐福是充分的、突如其来的、意想不到的？

【57】[280] 不，他说的"先祖"不是指那些前去朝圣的灵魂留下的人，那些被埋在迦勒底的棺材里的人，而有可能像某些人所说的那样，它指的是太阳、月亮和星辰，大地上的一切事物的出生和成长取决于它们，或者如某些人所认为的那样，它指的是型相的原型，它们是不可见的和可理解的，是在这里可见的、可感的事物的类型，如他们所说，圣贤的心灵在这些型相中发现了自己的新家。[281] 还有一些人猜测"先祖"的意思是四个首要原则和潜能，土、水、气、火，世界就是用它们塑造出来的。他们说，由此生成的每个事物当然会分解。[282] 正如名词、动词和语言的所有组成部分是由语言意义上的"元素"构成的，最后还会化解为元素，所以我们每个人都是由四种宇宙元素构成的，人向每种实体借来很小的部分，到了既定的时间，他要偿还这种债务，把他身上干的东西归于土，湿的东西归于水，冷的东西归于气，热的东西归于火。[283] 这些东西全都属于身体，但其本性可以理解的和属天的灵魂会离去，在以太中寻找一位父亲，以太是实体中最纯洁的。我们可以像古人宣称的那样假定有第五种实体，它循环运动，性质优异，与其他四种实体不同。他们认为星辰和整个天穹都是用这种实体制造出来的，由此可以推论，人的灵魂也是它的残片。

【58】[284] "平安得供养"这些话不是无意义的添加，而是指绝大部分人类几乎毫无例外地受到战争和其他所有附带的邪恶的"滋养"。战争有时候是从外在于我们的事物中产生的，从坏名声、贫困、卑微的出身之类的东西开始攻打我们。战争有时候又从内部的敌人开始——在身体里有疾病、残疾、完全失效的感觉，以及彼此堆积的其他无数灾难；在灵魂里有情欲、心灵的疾病和虚弱、凶猛激烈的暴乱、愚蠢、不义，以及与它们合作篡位的东

---

① 参见《利未记》26：10。"你们要吃陈粮，又因新粮挪开陈粮。"

西的攻不破的专制统治。[285] 所以，如果一个人能够"平安得供养"，那么在获得安宁以后，他会离去，过一种万里无云的、真正幸福的生活。什么时候能看到这种情况？当我们的外部环境拥有幸福的时候，当我们的身体拥有幸福的时候，当我们的灵魂拥有幸福的时候，第一种情况带来轻松的环境和良好的名声，第二种情况带来健康和气力，第三种情况带来因美德而产生的快乐。[286] 每个部分需要有它自己恰当的守卫。身体由好名声和充裕的财富守卫，灵魂由完全健康和健全的身体守卫，心灵由获取各种形式的知识守卫。这就是经文的意思。因为他正在考虑的是另外一种平安，对那些精通圣经的人来说，这是非常清楚的。亚伯拉罕遭遇和经历了巨大的、严峻的战争，一直战斗到底。[287] 还有，离开祖国只是移居，没有可能再回那里去居住，出生在这里或那里，在荒无人烟的地方漫游，这对那些没有神圣消息或应许的人来说，就是一场可悲的战争，①一种胜过移居和战争的邪恶。[288]那么，他的平安是一种什么样的平安？这肯定是一种无家可归的移居，面对众国王的重兵阻吓，面对饥荒，这里预示的不是一起战争，而是多起战争。[289] 但若我们转向语词的喻意解释，可以证明三者每一样都是纯洁简单的和平的证据。因为情欲的缺乏和饥荒、以恶行呈现的敌人的溃败、从迦勒底人的信条转为神的热爱者的信条，亦即从被造的和可感的转为理智的和创造的原因——这些东西增强了良好的秩序和稳定。[290] 对摩西这样享有和平的人应许的大寿数，我们可以肯定，不是指活的岁数长，而是指聪明地活着。因为一天的幸福可以远远超过许多年的幸福，就好像一线光明远远超过永恒的黑暗。这是一种健全的说法，一个有着预言天赋的人合乎美德地活一天胜过在死亡的阴影中活一万年，②此处的死亡他用来说明邪恶者的生活。[291] 在当前这个事例中，摩西依靠记载的事实，而非依靠话语，说明了同

---

① 参见《创世记》12：10。"那地遭遇饥荒。因饥荒甚大，亚伯兰就下埃及去，要在那里暂居。"

② 参见《诗篇》84：10。"在你的院宇住一日，胜似在别处住千日，宁可在我神殿中看门，不愿住在恶人的帐篷里。"

样的道理。因为这位亚伯拉罕在这里被描述为命中注定寿命很长，由他来代表在他之前活得比他短的人。就这样，他告诉我们谁是智慧的学者，谁是长寿幸福的人，最后，我们不应当对那些没有价值的、外在的身体抱有好感，这种空洞的东西充满耻辱，备受谴责，而应当承认正确的判断和得享大寿数的灵魂的稳定，它在名称和本性上都是"奖赏"的双胞胎，给它正确的称号，检验它的真理。[292] 所以，要接受你的教训，聆听这位立法者的教导，听他告诉我们幸福的晚年和长寿只有善人拥有，而邪恶者的生命是短暂的，因为他一直在学习死亡，或者说，对于合乎美德的生活而言，他已经死了。

【59】[293] 下面的经文是"到了第四代，他们必回到此地"①。这些话的意思不只是说到了某个时候他们会在圣地居住，而是把灵魂完全复活的思想摆在我们面前。这个复活可以说是在第四代发生。它如何发生值得我们仔细考虑。[294] 自婴儿降生起的头一个七年是童年时期，儿童的灵魂只拥有最简单的元素，它最接近平滑的蜡，还没有接受任何善与恶的印记，这个时候如果蜡是流动的，那么它的标记出现时会变得模糊。这就是我们可以称之为第一代的灵魂。[295] 第二代的灵魂紧随儿童时期之后，开始与邪恶发生联系，既有灵魂自身运动产生的恶，又有假他人之手自愿接受的恶。犯罪有许多教唆者，保姆、教师、父母、城邦的法律，成文的和不成文的，都是教唆者，它们赞美那些本应受到嘲笑的东西；除了这样的教唆，灵魂在这所犯罪的学校里是它自己的学生，通过自身产生的疾病而颓丧。[296] 摩西说："人从小时心里怀着恶念。"② 这个诅咒对"这一代"来说是最沉重的，这个术语形象地表示了"时代"的词义，身体在这个时期处于青春期，灵魂膨胀，情欲燃烧，"以致将别人堆积的禾捆，站着的禾稼，或是田园，都烧尽了"，③ 还

---

① 《创世记》15：16。"到了第四代，他们必回到此地，因为亚摩利人的罪孽还没有满盈。"

② 《创世记》8：21。"耶和华闻那馨香之气，就心里说，我不再因人的缘故咒诅地（人从小时心里怀着恶念），也不再按着我才行的，灭各种的活物了。"

③ 《出埃及记》22：6。"若点火焚烧荆棘，以致将别人堆积的禾捆，站着的禾稼，或是田园，都烧尽了，那点火的必要赔还。"

有路上的一切。[297]有病的这一代或者这个时代必定要由第三代在它的病榻旁照料，以哲学的形式对它进行治疗，使它处于文字的魔咒和有益的推理之下。通过这些治疗，可以使它承载的罪恶失效，可以填补它的空虚和它的饥饿，弥补它对正确行动的无知。[298]所以在这种治疗以后，从灵魂的力量和活力中生长出第四代，因为它拥有十分健全的判断力，坚定地建立所有美德。这就是"到了第四代，他们必回到此地"的意思。因为在四这个数字下，他指出，灵魂从犯罪迷途知返，被宣布为智慧的继承人。[299]在第一这个数字表示的时期，灵魂不可能形成任何善恶观念，因为它还没有接受任何印象。在第二个时期，我们经历了罪恶的突飞猛进。在第三个时期，我们接受了治疗，抛弃了有病的元素，我们的情欲出现并度过危机。在第四个时期，我们完全抵达健康和强壮，我们感到自己已经从邪恶回归，把握良善。到这个时候，我们还没有这样做过。

【60】[300]摩西本人会告诉我们如何确定"这个时候"，他说："因为亚摩利人的罪孽还没有满盈。"①这样的话给了虚弱的心灵一个把柄，假设摩西把命运和必然性当做一切事务的原因。[301]但是我们应当承认，作为一名哲学家和神意的解释者，他理解的原因有其续发事件、联系和相互影响，他并没有把事件的原因归结为那些附属的因素。他设想了有其他"某一位"高于和先于这些原因在宇宙中出生，就像一名驭手或舵手。祂驾驶着这艘世界航船，一切事物都搭乘这条船航行；祂指引着长翅膀的驭手，对整个天空行使绝对的主权，除了它自身，它不知道还有其他权威。[302]那么，我们对这些话的具体解释是什么呢？是这样的。亚摩利人这个名称可以解释为"健谈者"。语言是自然赋予人类的最大恩惠，但这项馈赠被成千上万的接受者毁损了，他们不感恩、不忠实地使用语言的力量。骗子、奉承者、似是而非的证明的发明者，就是这样的人，他们非常明白如何欺骗和误导，只是从来没有想过诚实的真理。还有，他们喜欢模糊，在语言中模糊就是深深的黑

---

① 《创世记》15：16。

暗，而黑暗则是盗贼的同伙。[303] 由于这个原因，摩西用"显现"和"真理"装饰大祭司，①他断定人的有价值的语言应当是透明的、真实的。但是大多数语言旨在晦涩和虚假，以便被所有易受蒙骗的、无天赋的普通人接受。[304] 所以，"亚摩利人的罪孽"就是诡辩的论证，"还没有满盈"是它们还没有遭到驳斥，仍旧有吸引力，用它们似是而非的论证诱惑我们，而它们的蒙骗则会使我们无力离开它们，只能待在原处。[305] 但若所有貌似有理的谬误受到真信念的驳斥，就像倒满酒杯，使其罪恶在光明下真实地显现，那么我们将会为了我们的生命奔跑而不回过头来看，或者（我们要这样说吗）收回我们的缆绳，驶离虚假和智术之地，渴望在所有锚地中发现真理的天堂这个最安全的锚地。[306] 这就是在这里讲的这个问题所要表达的教训。因为要离开和仇恨似是而非的虚假是不可能的，除非它包含的罪恶被完全揭开。当它与真理的坚实证据正面相遇时，当它受到必需的驳斥时，这种揭示就算完成了。

【61】[307] 他继续说道："日落天黑的时候，有火焰升起。"② 他由此说明，美德是晚生的，确如某人所说，只有在生命快要结束的时候，美德才能坚定地确立。他把美德比做火焰，因为正如火焰消耗燃料，照亮附近的天空，所以美德烧毁罪恶，用它的光芒充满整个心灵。[308] 但是，当这些被他称做亚摩利人的不分析和不分类的思维方式用它们的似是而非来统治我们的时候，我们看不见它们完全不受遮挡的光芒。我们的困境像炉子一样，用他的话来说，没有明火，只有"烟"。③ 知识在我们身上发烟燃烧，但我们还不能承受明火的力量。[309] 然而，我们在这里要向祂谢恩，感谢祂播下了这些闪烁着火光的火种，到了最后，心灵不会被情欲冻僵，像死尸一般，而会被美德灼热的炭火温暖和加热，迸发出火苗，直到它完全转变为圣火，就像拿

---

① 参见《出埃及记》28：26。"要作两个金环，安在胸牌的两头，在以弗得里面的边上。"
② 《创世记》15：17。"日落天黑，不料有冒烟的炉并烧着的火把从那些肉块中经过。"
③ 参见《创世记》15：17。

答和亚比户。①[310] 在明火之前有烟出来，迫使那些靠近它的人流泪。在道德领域，这两种情况都是普通的经历。我们接近了美德的先驱者，如果说在我们充满眼泪和悲伤的这个时代还不能获得美德，那么我们希望能够功德圆满。某种强烈的向往进入我们身上，它在催促我们认真寻找，认真追求，直至牢牢把握。[311] 还有，在这段话中，他把热爱学习、追求圆满者的灵魂比做炉或灶，因为在准备有营养的食物时，它们各自都是一样器具，在一种情况下要准备的是会腐败的肉食，在另一种情况下要准备的是不腐败的美德。还有，烧着的火把指的是神秘火炬祭仪中神对火炬接力者的判断，这是无比光明的审判，一半对一半是它们的习惯，整个世界就是由这样一些对立面构成的。[312]我们读道："有烧着的火把从那些切成两半的肉块中经过。"②由此你可以知道神的潜能从有形体和无形体的事物中间穿过有多么卓越。它们没有摧毁任何事物——因为切成两半的东西并没有受到损害——而是划分和区别了它们各自的性质。

【62】[313] 所以，这位圣贤正确地宣布他是该处提到的真理知识的继承人。因为摩西说："当那日，神与亚伯兰立约，说我已赐给你的后裔这地。"③[314] 除了他在前面提到过，而在这里又再次提起的那块地，他这里说的还能是什么地？他说的也就是那块以对神的智慧的确定理解为果实的土地，借助划分的力量，他区分了所有事物，使善物不能触及恶物，就好像它们生来就是为了过不朽的生活。[315] 然后他继续说："从埃及河直到幼发拉底河。"④他在这里说明人们如何站立和完善。他们的完善始于身体、感觉，以及作为器官的那些人的部分，没有它们，我们就不能活，因为当我们拥有属身体的生命时，我们的训练需要它们。他终结于获得神的智慧，那条

---

① 参见《利未记》10：2。"就有火从耶和华面前出来，把他们烧灭，他们就死在耶和华面前。"

② 《创世记》15：17。

③ 《创世记》15：18。"当那日，耶和华与亚伯兰立约，说，我已赐给你的后裔，从埃及河直到幼发拉底河之地。"

④ 《创世记》15：18。

真正的大河喜乐满盈，还有其他各种赐福。[316] 要注意，他没有确定这块土地的界线，从幼发拉底河到埃及河——他决不会使美德走下坡路，成为身体的情欲——而是按照相反的秩序，从埃及河到幼发拉底河。因为善者的一切进步始于可朽而成于不朽。